Friseurfachkunde

6. Auflage

VERLAG EUROPA-LEHRMITTEL · Nourney, Vollmer GmbH & Co. KG
Düsselberger Straße 23 · 42781 Haan-Gruiten

Europa-Nr. 65445

Autoren:

Karsten Diekmann, Friseurmeister, Betriebswirt d. H., Lehrer für arbeitstechnische Fächer

Petra Jany, Oberstudienrätin

Hanna Lipp-Thoben, Oberstudienrätin

Dieter Lück, Studiendirektor

Das vorliegende Buch wurde auf der **Grundlage der aktuellen amtlichen Rechtschreibregeln** erstellt.

6. Auflage 2009

Druck 5 4 3

Alle Drucke derselben Auflage sind parallel einsetzbar, da sie bis auf die Behebung von Druckfehlern untereinander unverändert sind.

Autoren und Verlag können Fehler im Text oder in den Abbildungen im vorliegenden Buch nicht haftbar gemacht werden.

ISBN 978-3-8085-6544-5

Umschlag: mediacreativ, 40724 Hilden
Druck: M.P. Media-Print Informationstechnologie GmbH, 33100 Paderborn

Vorwort zur 6. Auflage

Liebe Leserinnen und Leser,

auch im Zeitalter von Internet, E-Learning und schnellem Informationsaustausch per Mobiltelefon ist ein Buch immer noch sinnvoll. Besonders in der Aus- und Weiterbildung sind Fachbücher wichtig!

Weshalb, werden Sie fragen?

Hier sind nur einige Gründe:

- ein Fachbuch ist die Grundlage bei der Wiederholung von Unterrichtsinhalten.
- ein Fachbuch hilft bei der Vorbereitung von Klassenarbeiten.
- ein Fachbuch unterstützt Sie beim Ausfüllen des Berichtsheftes.
- ein Fachbuch garantiert Ihnen eine umfassende Prüfungsvorbereitung.
- ein Fachbuch beantwortet Fragen auch außerhalb der Schulzeit und bietet Ihnen Hintergrundwissen.

Um Ihr Wissen zu erweitern, brauchen Sie keinen Strom und müssen keinen Computer einschalten, sondern einfach nur Ihr Fachkundebuch in die Hand nehmen.

Auch die 6. Auflage, die Sie nun in den Händen halten ist von uns wieder mit großer Sorgfalt aktualisiert worden. Manchmal war es schwierig, denn die Friseurbranche ist sehr schnelllebig, die Frisurenmode wechselt häufig, bestimmte Dienstleistungen verschwinden vom Markt, dafür werden andere immer weiter verfeinert.

Um immer wieder neue Trends und Stylings zu entwickeln, benötigt eine Friseurin oder ein Friseur nicht nur Kreativität, sondern auch eine Grundausbildung in allen bekannten Friseurtechniken. Was nützt uns die schönste Idee, wenn wir sie nicht umsetzen können? Dem Motto: *Die Mode wechselt, die Technik bleibt*, trägt besonders die neue Ausbildungsordnung Rechnung, denn im ersten Teil der gestreckten Gesellenprüfung werden die klassischen Techniken und erst im zweiten die modischen Arbeiten verlangt. Damit Sie die Prüfungs- Hürde erfolgreich meistern, finden Sie zu diesem Thema wieder ein ganzes Kapitel. Gemäß dem oben erwähnten Motto haben wir die Friseurfachkunde nicht nach Lernfeldern gegliedert, sondern sind dem Aufbau nach Themen treu geblieben. Dadurch erhalten Sie nicht nur ein aktuelles Lehr- und Lernbuch, sondern auch ein umfassendes thematisches Nachschlagewerk.

Möchten Sie wissen wer Ihre Autoren sind?

Petra Jany

Oberstudienrätin
Fächer:
Körperpflege und
Englisch in Kassel

Karsten Diekmann

Friseurmeister
Betriebswirt d.H.
Lehrer für
arbeitstechnische
Fächer in Kassel

Lernen soll nicht nur Arbeit sein, sondern auch Spaß machen! In diesem Sinne wünschen wir Ihnen viel Erfolg mit Ihrem neuen Fachkundebuch.

Petra Jany und Karsten Diekmann *Juni 2009*

Inhaltsverzeichnis

1 Orientierung im Beruf

Hallo, herzlich willkommen im tollsten Beruf der Welt!

Friseure sind kreativ, können Haare schneiden und stylen. Sie haben viel mit Mode zu tun, sind immer schick angezogen und topp geschminkt. Sie sind Profis im Umgang mit Kunden und Weltmeister in der Weiterbildung. Auf Friseurmessen sieht man die tollsten Typen. Von megaschräg bis super cool. Wir gehören jetzt dazu.

1.1 Auszubildende

Bestimmt möchten Sie jetzt am liebsten Ihrer Kreativität freien Lauf lassen. Eine Kundin vom Mauerblümchen zu einem glamourösen Star stylen oder einen fetzigen Haarschnitt schneiden. Häufig sehen die ersten Tage im Salon anders aus, als man sie sich vorgestellt hat: Ungewohnt lange stehen, nur zuschauen, mit vielen fremden Menschen umgehen und dann kommen die ersten Aufgaben:

„Wasch mir mal schnell Frau Krüger!“

„Kannst du bei Frau Meier noch mal fünf Minuten Trockenzeit nachstellen?“

„Ich habe keine Spülung mehr, du musst dringend die Flaschen auffüllen!“

„Nimm Frau Schmidt mal die Jacke ab!“

„Bring doch Frau Kluge mal schnell eine Tasse Kaffee und spül danach bei Frau Walter die Farbe ab!“

„Kannst du mal Frau Schneiders Karteikarte raussuchen?“

„Hast du endlich die Handtücher aufgehängt?“

„Was, du hast nichts zu tun? Dann leg doch hier mal den Übungskopf in verschiedenen Papillotiertechniken ein!“

„Mach mir doch mal meinen Arbeitswagen für Frau Wielands Dauerwelle zurecht, ich brauche hauptsächlich gelbe und blaue Wickler.“

„Bring Frau Tröger mal was zu lesen und sag, ich käme gleich. Du kannst sie ja schon mal fragen, was heute bei ihr gemacht werden soll.“

Diese Aufgaben sind Ihnen sicherlich bekannt. Putzen, Fegen und Kaffee bringen macht nicht viel Spaß und das kann man sicherlich auch ohne Ausbildung. Aber auch diese Tätigkeiten sind für den Betrieb wichtig, denn die Kundin soll sich im Salon wohl fühlen. Außerdem erwartet die Kundin, dass sie von einer fertig ausgebildeten Fachkraft behandelt wird. Bis Sie soweit sind, heißt es zuschauen, am Medium und an Modellen üben. Nur durch regelmäßiges Training kann man Schnelligkeit und Sicherheit erzielen. Viel Spaß und viel Erfolg!

Aufgabe: Schreiben Sie auf, warum Sie Friseurin werden wollten und was Sie von der Ausbildung erwarten.

1.1 Vom Bader zum Hairstylisten

Schon im Altertum gab es Menschen, die für die Schönheit anderer zuständig waren. Sklaven salbten und ölten die Haut ihrer Gebieter. Haare wurden gefärbt, gelockt, geschnitten, geflochten und frisiert. Massagen waren genauso bekannt wie Gesichtsschminken. Archäologische Funde zeigen raffinierte Arbeitsgeräte.

Im frühen Mittelalter, während der Kreuzzüge, lernten die Ritter und ihr Gefolge die Vorzüge der Warmbäder kennen. Schnell entstanden in den Städten öffentliche Badestuben, die von den **Badern** betrieben wurden. Diese führten auch Haarschnitte und Rasuren aus. Häufig zogen sie Zähne und behandelten kleinere Wunden und Krankheiten. Um anzuzeigen, dass Badetag war, liefen Lehrjungen mit einem gongähnlichen Becken durch die Gassen. Solche Metallschilder kann man heute noch als Berufszeichen an einigen Friseurgeschäften sehen.

Im späten Mittelalter arteten die Veranstaltungen in den öffentlichen Badestuben aus. Männlein und Weiblein feierten mit Musik und Spiel, Essen und Getränken bis zum Umfallen. Die Badestuben wurden zum Treffpunkt manch zwielichtiger Gestalten. Zu dieser Zeit waren auch die hygienischen Verhältnisse sehr schlecht, und gerade die öffentlichen Badestuben trugen zur Verbreitung von Krankheiten bei. Als Folge gerieten die öffentlichen Badestuben und die Bader in Verruf. Sie wurden für unehrenhaft erklärt.

Aus dieser Misere entwickelte sich ein neuer Beruf. Die **Barbiere** oder **Balbierer**. Diese waren geachtete Bürger. Sie rasierten, schnitten Haare und behandelten leichte Krankheiten.

Bei älteren Männern fehlten häufig die Zähne, und man konnte deren eingefallene Gesichter nicht richtig rasieren. Deshalb wurde dem Kunden ein Holzlöffel in den Mund geschoben. Er wurde über den Löffel balbiert.

Ab 1600 entstand ein neuer Beruf: der Perückenmacher. Durch die Haarmode der Adeligen wurden viele Perücken benötigt. Diese wurden von hoch angesehenen Fachkräften erstellt.

Um 1750 gab man Lehrbücher heraus und gründete eine eigene Akademie. 1811 wurde den Barbieren die kleine Chirurgie untersagt.

Um 1820 entwickelten sich aus den Barbieren die Herrenfriseure und aus den Perückenmachern die Damenfriseure.

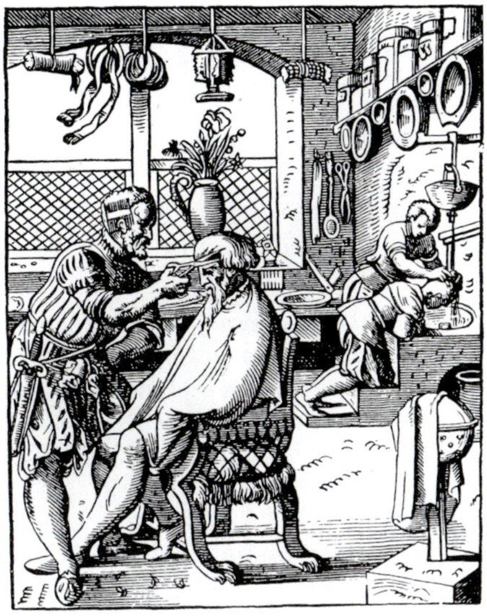

1.2 Barbierstube (Renaissance)

1.3 Der Perückenmacher (Barock)

1872 erfand Marcel Grateau die Ondulation. Darunter versteht man haltbare Wellen, die mit einem heißen Eisen ins Haar „gebrannt" wurden. Diese Technik konnte nur von hervorragenden Fachkräften ausgeführt werden. Dazu war viel Übung notwendig.

1906 stellte Karl Nessler die erste chemische Dauerwelle vor: Die Heißdauerwelle.

Ab 1928 wurde für Friseure eine Vollprüfung im Damen- und Herrenfach verlangt.

Arbeitsbedingungen 1934. Damals kostete eine Dauerwelle 5,50 Mark. Für Waschen, Schneiden, Legen bezahlte die Kundin 2,00 Mark. Einen Herrenhaarschnitt gab es schon für 50 Pfennig.

Die wöchentliche Arbeitszeit betrug 58 Stunden. Samstags waren die meisten Betriebe bis 16.00 Uhr geöffnet. Häufig begann das Wochenende erst um 18.00 Uhr. Sonntags wurden die Kunden von 9.00 bis 12.00 Uhr gekämmt. Der Urlaubsanspruch betrug je nach Betriebszugehörigkeit von 2 über 4 bis zu 8 Tagen im Jahr. Die Lehrzeit betrug für „Mädchen" 3 ½ Jahre und für „Jungen" 4 Jahre.

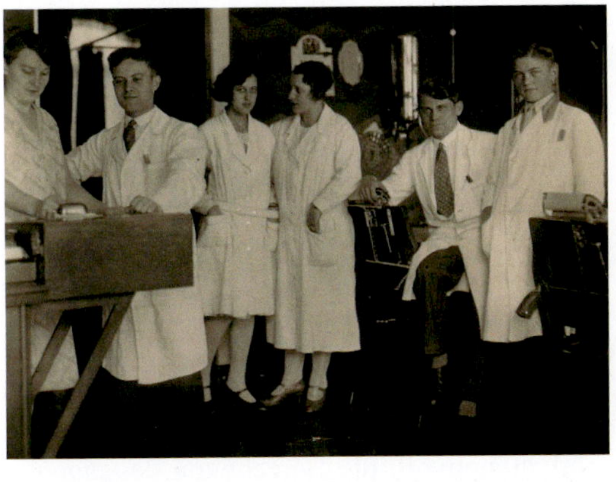

1.4 Friseursalon 1934

1.5 Moderner Friseursalon

Die Frisurenmode war weltweit bis in die 1960er Jahre von französischen Einflüssen geprägt. Dadurch sind viele Fachbegriffe in unserem Beruf aus der französischen Sprache abgeleitet. In Frankreich und der Schweiz gibt es den **Coiffeur**. Deutsche Friseure, die die französische Linie bevorzugen, nennen sich häufig so. Der Name kommt von *Coiffage* – Frisur. Auch die Friktion (*Friction* – Einreibung) und der angeschnittene Herrenhaarschnitt Fasson (*Façon* – Form, Bearbeitung) kommen aus Frankreich.

Unsere Geschäftsräume bezeichnet man häufig als „Friseursalon". Das Wort Salon, auch aus Frankreich, sollte in früheren Jahren ein vornehmes Geschäft kennzeichnen. Der *Salon* – ein Empfangsraum in vornehmen Häusern.

Seit den 1960er Jahren hat sich Vieles im Friseurhandwerk geändert. Die Mode wird mehr und mehr aus England und Amerika beeinflusst. Deshalb gibt es immer häufiger englische Fachbegriffe in unserem Beruf. *Coloration* – Färbung, *cut* – Schnitt, *highlights* – helle Lichter für Strähnen, Auspointen – gezielte Lücken in die Frisur schneiden, *point* – Punkt. Selbst die gute alte Berufsbezeichnung Friseur erscheint manch einem Kollegen zu bieder. Er nennt sich jetzt **Hairstylist** oder in „Denglisch" Haarstylist. Friseur ein biederes deutsches Wort? Sie haben es sicher erraten. Auch das Wort Friseur kommt aus dem Französischen. *Frié* – Haare, *frisee* – lockig, *friser* – Haare kräuseln oder frisieren. Sie merken, auch schon unsere Vorfahren, die Barbiere und Haareschneider wollten moderner und weltoffener erscheinen. Sie nannten sich **Friseur**.

1.2 Friseure – Profis für Haar und Haut

Friseure bieten umfassende Dienstleistungen für ihre Kunden an. Diese kann man aufteilen in die Bereiche: Beurteilung, Beratung, Behandlung und Verkauf.

Handwerkliche Fertigkeiten. Da der Friseur zur Gruppe der Handwerksberufe gehört, werden von ihm handwerkliche Fertigkeiten erwartet. Er muss also mit einer Schere so umgehen können, dass ein perfekter Haarschnitt herauskommt oder mit Kamm und Bürste Techniken anwenden, die eine fertige Frisur ergeben.

Gestalterische Fähigkeiten. Ein weiterer Schwerpunkt liegt auf den gestalterischen Fähigkeiten einer Friseurin. Die Frisur, das Make-up und die Haarfarbe werden von der Friseurin individuell für jede Kundin geplant und ausgeführt.

Beratung. Umfassende Beratung erwartet heute jeder Kunde, wenn er zum Friseur geht. Friseure und Friseurinnen müssen Kundenwünsche ermitteln und Behandlungspläne aufstellen können. Als Fachleute sollen sie in der Lage sein, Haar- oder Hautprobleme ihrer Kunden zu erkennen und ihnen dazu passende Lösungsvorschläge zu unterbreiten.

Verkauf. Die Beratung und der Verkauf von Präparaten für die Haar- und Hautpflege gehören zu den Anforderungen der Friseure.

1.3 Persönliche Kompetenzen

Jede Kundin, die einen Salon betritt, setzt voraus, dass die behandelnde Friseurin ihr Handwerk beherrscht. **Fachkenntnisse** und **Fertigkeiten** werden erwartet. Für den wirtschaftlichen Erfolg benötigt man **betriebswirtschaftliche Kenntnisse**. Auch Auszubildende sollten wissen, wie eine Preiskalkulation erstellt wird. Außerdem ist es sicherlich sinnvoll, die Berechnung des eigenen Lohnes zu verstehen.

EDV-Kenntnisse. Zunehmend werden EDV-Kenntnisse von Ihnen erwartet. Es gibt immer mehr Salons, die mit Computerkassen arbeiten oder die Frisurenberatung computergestützt anbieten. Eine große Zahl von Friseuren verwaltet ihre Geschäfte per EDV oder pflegt eine Homepage im Internet. Das kann z. B. bedeuten, dass Sie zum Lesen der Kundenkarteikarten den Computer bedienen müssen oder auch die Inventur darüber abgewickelt wird.

Kreativität

Wörtlich übersetzt bedeutet dieser Begriff *Schöpfungskraft*. Wenn Sie Stellenanzeigen, Ausbildungsprofile oder Rahmenlehrpläne anschauen werden Sie feststellen, dass kreatives Arbeiten eine der am meisten geforderten Fähigkeit bei Friseuren ist. Allgemein versteht man unter Kreativität, originelle oder ungewöhnliche Einfälle zu entwickeln und sie produktiv umzusetzen. Kreativität beschränkt sich aber nicht nur auf die künstlerische Arbeit des Friseurs, sondern wird im Alltag überall dort gebraucht, wo es darum geht, neue Wege, neue Ideen oder Lösungen zu finden. Vielleicht haben Sie ja eine zündende Idee, wie Haarfarben übersichtlicher geordnet oder die lästige Putzerei effektiver gestaltet werden kann?

Kenntnisse der menschlichen Kommunikation

An das Beratungsgespräch werden heutzutage hohe Erwartungen geknüpft. Um die Beratung kompetent durchführen zu können, brauchen Sie weit reichende Kenntnisse der verbalen, aber auch der nonverbalen Kommunikation.

Ist das denn nun schon alles, was Sie können müssen? Nein, es gibt spezielle Fähigkeiten, die in keinem Schulzeugnis benotet und in keinem Ausbildungsrahmenplan erwähnt werden, die aber wie selbstverständlich von Ihnen erwartet werden. Es handelt sich um Fähigkeiten, die im Umgang mit Menschen sehr wichtig sind.

Einfühlungsvermögen und Menschenkenntnis

Der Friseur ist ein Vertrauter der Kundinnen und Kunden, die nicht nur mit Schönheitssorgen zu ihm kommen, sondern vielleicht auch manchmal nur ein Kommunikationsbedürfnis haben. Mit Einfühlungsvermögen und Behutsamkeit soll er auf ihre Sorgen eingehen und Lösungen aufzeigen. Es ist also ein hohes Maß an Flexibilität und Menschenkenntnis erforderlich, um auf jeden Kunden individuell einzugehen. Ein noch so perfekter Haarschneidetechniker wird als Friseur erfolglos bleiben, wenn er sich nicht auf seine Kunden einstellen kann.

Aufgeschlossenheit

Kenntnisse der aktuellen Trends in der Frisurenmode sind im Friseurberuf selbstverständlich. Kunden erwarten, dass ihre Friseurin modisch auf dem neuesten Stand ist. Oftmals tragen die Mitarbeiterinnen eines Salons die neuesten Haarschnitte, die aktuellen Haarfarben oder das Make-up in den Farben der Saison. Allerdings kann nicht jeder Kunde das tragen, was der Zentralverband des Deutschen Friseurhandwerks oder haarkosmetische Firmen auf ihren Modenschauen präsentieren. Die Mitarbeiterin muss Kenntnisse modischer Tendenzen mit ihrem Gefühl für Formen und Farben kombinieren, um die Mode auf den Typ der Kunden abzustimmen.

Taktvoller Umgang mit Kunden

Früher hat man beim Umgang mit Kunden häufig von taktvollem Verhalten gesprochen. Takt ist Feingefühl, das allein aber bei der Kundenbetreuung nicht ausreicht. Zu taktvollem Verhalten gehören noch mehr Qualitäten wie Freundlichkeit, Höflichkeit, gutes Benehmen, Zurückhaltung, Verlässlichkeit, Pünktlichkeit, Einfühlungsvermögen, Kontaktfähigkeit und Aufgeschlossenheit.

Ein taktvoller Mensch vermeidet alles, was andere verletzen kann.

Beispiel:

„Frau Müller, bei Ihrer großen, dicken Knollennase können Sie die Haare unmöglich so tragen, wie Sie sich jetzt gekämmt haben. Ich style Ihnen eine Frisur, die von der Nase ablenkt und die Augen betont."

„Frau Müller, Sie haben sehr hübsche Augen. Leider kommen die bei Ihrer jetzigen Frisur nur wenig zur Geltung. Sie sollten eine Frisur tragen, die die Augenpartie mehr betont.

Im zweiten Gespräch verhält sich die Friseurin taktvoll. Sie hat die Kundin beraten, ohne ihre „Problemzone" zu erwähnen.

Verschwiegenheit

Verschwiegenheit gehört zum taktvollen Verhalten. Wenn Sie Ihre Mitmenschen beobachten werden Sie feststellen, dass Sie Unbekannten oft mehr persönliche Dinge erzählen als einer Kollegin oder Freundin. Unbekannte haben nämlich kein Interesse am Weitererzählen – am Tratschen. Man kann sich auf ihre Verschwiegenheit verlassen. Ebenso muss sich jede Kundin auf Ihre Verschwiegenheit verlassen können.

Was passiert, wenn Sie mit Frau Meier über die persönlichen Angelegenheiten der Frau Müller sprechen? Wahrscheinlich verlieren Sie beide Kundinnen. Frau Müller könnte von dem Gespräch erfahren und kein Vertrauen mehr zu Ihnen haben; Frau Meier befürchtet, dass Sie auch über sie tratschen und wird deshalb nicht mehr in den Salon kommen.

Teamarbeit

Neben dem Umgang mit Kunden spielt auch der Umgang mit Kollegen eine wichtige Rolle im Berufsleben. Ihre Kolleginnen und Kollegen werden Sie zunächst erst mal kritisch beäugen, wenn Sie Ihre Ausbildung beginnen oder eine neue Stelle annehmen. Vielleicht werden Sie sofort freundlich aufgenommen, Sie haben die gleiche Wellenlänge und die Arbeit läuft ohne große Diskussionen. Oft funktioniert Teamarbeit aber nicht auf dieser informellen Ebene, sondern ist das Ergebnis eines langen Prozesses, der häufige Absprachen oder Teamsitzungen erfordert. Es dauert sicherlich eine ganze Weile, bis Sie Ihren Platz im Kollegenkreis gefunden haben. Wo Menschen zusammenarbeiten, gibt es häufig Konflikte. Haben Ihre Kollegen Ihrer Meinung nach unsachliche Kritik an Ihrer Arbeit geäußert? Beschweren sich Ihre Kollegen umgekehrt über Ihre mangelnde Kritikfähigkeit?

Kritikfähigkeit

Es ist sicherlich nicht sehr angenehm, sich Fehler vorhalten zu lassen. Konstruktive Kritik aber bringt Sie weiter, denn aus Fehlern lernen wir und manchmal wirkt eine kleine Anregung Wunder.

Sollten Sie sich aber ungerechtfertigten Beschuldigungen ausgesetzt sehen, so ist es gut, wenn Sie wissen, was zu tun ist. Jeder Mensch hat eine Reihe von Konfliktlösungsstrategien parat, die er im Laufe seines Lebens entwickelt hat. Leider gibt es keine Patentrezepte, die in jeder Situation funktionieren. Das Problem benennen und darüber zu reden ist oftmals schon eine große Hilfe.

1.4 Ausbildung

Die dreijährige Ausbildung erfolgt an den Lernorten Betrieb und Berufsschule. Die betriebliche Ausbildung wird durch überbetriebliche Kurse in Ausbildungszentren der Handwerkskammern ergänzt. In den drei Ausbildungsjahren muss man die im Ausbildungsberufsbild aufgeführten Qualifikationen erwerben. Dabei unterscheidet der Ausbildungsrahmenplan 3 Bereiche: Abschnitt

AUSBILDUNGSBERUFSBILD DER FRISEURE

Abschnitt A

Bereiche, in denen Qualifikationen währedn der gesamten Ausbildungsdauer von 36 Monaten erworben werden:

1. Kundenmanagement
2. Friseurdienstleistungen, z. B. Haareschneiden, Haarpflege
3. Dekorative Kosmetik und Maniküre
4. Betriebsorganisation
5. Marketing

Abschnitt B

Wahlqualifikationseinheiten, die vom 19. bis 36. Monat der Ausbildung vermittelt werden:

1. Pflegende Kosmetik
2. Langhaarfrisuren
3. Nageldesign/-modellage
4. Haarersatz
5. Coloration

Abschnitt C

In diesen Bereichen sollen während der gesamten Ausbildungsdauer von 36 Monaten Kenntnisse erworben werden:

1. Berufsbildung, Arbeits- und Tarifrecht
2. Aufbau und Organisation des Ausbildungsbetriebs
3. Sicherheit und Gesundheitsschutz bei der Arbeit
4. Umweltschutz

A beschreibt gemeinsame berufsprofilgebende Kenntnisse und Fähigkeiten, so genannte Kernqualifikationen. Abschnitt B bezeichnet die Wahlqualifikationen, Abschnitt C erläutert die integrativen Fertigkeiten.

Etwa nach der Hälfte der Ausbildungszeit legt man Teil 1 der Gesellenprüfung ab, Teil 2 der Gesellenprüfung am Ende des dritten Ausbildungsjahrs. Mehr dazu finden Sie im Kapitel 12.

Auszubildende im Betrieb

Obwohl Betriebspraktika den Übergang von der Schule in den Beruf erleichtern, ist der Berufseintritt mit vielen Umstellungen belastet. Sie verlassen die vertraute Umgebung der Klasse, müssen sich in eine neue Gemeinschaft – das Arbeitsteam des Salons – eingliedern, sich in fremder Umgebung möglichst schnell zurechtfinden und neue Aufgaben bewältigen. Die Ausbilderin kann sich nicht ständig um Sie kümmern. An der Kundenbedienung können Sie sich anfangs nur wenig beteiligen und den ganzen Tag am Übungskopf mag auch niemand arbeiten. So stehen Sie schüchtern an einer Ecke, sehen zu und sind eigentlich recht unzufrieden mit diesem Zustand. Was können Sie dagegen tun? Sie sollten sich den Arbeitsablauf im Salon einmal genau auf mögliche Eigenleistung hin anschauen.

Von der Dienstleistung zur Mitarbeit. Die Arbeit im Salon ist so kompliziert wie eine Maschine. Um die Arbeitsweise einer Maschine zu erklären, muss man die Einzelteile kennen. Um erfolgreich mitarbeiten zu können, muss man sich Stück für Stück Teilleistungen aneignen. Zu Beginn der Ausbildung beherrscht man erst wenige Teile, kann sich aber als das Öl in der Maschine schon nützlich oder sogar unentbehrlich machen. Denken Sie daran, dass die Kunden nicht nur wegen der perfekten Frisur in den Salon kommen: Sie wollen auch verwöhnt und umsorgt werden.

Aufgabe: Verfolgen Sie in Gedanken den Weg einer Kundin von der Eingangstür bis zum Abschluss der Behandlung. Notieren Sie Dienstleistungen, mit denen Sie dieser Kundin den Aufenthalt im Salon möglichst angenehm machen können.

> Durch hilfsbereites und umsichtiges Verhalten kommt man mit den Kunden in Kontakt, gewinnt ihr Vertrauen und das Vertrauen des Ausbilders/der Ausbilderin.

Natürlich sind die Auszubildenden nicht allein zur Kundenbetreuung da. Viele der von Ihnen geforderten Hilfsleistungen kommen auch der Ausbildung zugute. Tätigkeiten wie etwa das Nachfüllen von Waren aus dem Lager, die Pflege der Arbeitsgeräte, das Zusammenstellen von Präparaten für eine Behandlung sowie das Auszeichnen von Verkaufswaren sind nicht ausschließlich Arbeitsentlastungen für die Friseurinnen, sondern helfen der Auszubildenden, mit den Tätigkeiten und Warenangeboten des Salons vertraut zu werden.

Diese Aufgaben beschäftigen Sie neben der Arbeit am Übungskopf zu Beginn der Ausbildung. Mit zunehmenden Fachkenntnissen und Fertigkeiten sollten Sie perfekte Teilbehandlungen (z. B. eine Dauerwelle oder das Auftragen eines Haarfärbemittels) durchführen können. Je selbstständiger und gewissenhafter Sie Arbeitsaufträge ausführen, umso mehr wird der Bereich der Dienst- und Hilfsleistungen zugunsten der Kundenbedienung zurücktreten.

1.5 Arbeits- und Aufstiegsmöglichkeiten

Friseur ist nicht gleich Friseur!

Nach der Gesellenprüfung kann man sich z. B. in einem großen Salon auf bestimmte Arbeitstechniken spezialisieren oder in kaufmännische Aufgaben einarbeiten. Auch die Wahl des Arbeitsortes ist wichtig. Besonders begehrt sind Arbeitsplätze bei bekannten Starfriseuren in Großstädten, Saisonstellen in Urlaubsorten, im Ausland und auf großen Passagierschiffen. Um einen gut bezahlten und abwechslungsreichen Arbeitsplatz zu bekommen, sollten Sie sich rechtzeitig qualifizieren. Sie können sich den Meister, den Meisterassistent oder den Betriebswirt des Handwerks als späteres Ziel setzen. Akademien, Fachschulen und Innungen bieten Kurse an, um Sie auf die Prüfungen vorzubereiten. Eine Übersicht Ihrer zukünftigen Arbeits- und Aufstiegsmöglichkeiten zeigt das Schaubild auf Seite 9.

1.6 Unfallverhütung – Arbeitsschutz

Jede Tätigkeit ist mit Gefahren verbunden. Beim Skilaufen, Joggen, Drachenfliegen und anderen Sportarten sind uns die Gefahren hinreichend bekannt. Sogar der wohlverdiente Schlaf kann damit enden, dass Sie aus dem Bett fallen und sich die Hand verstauchen.

Gleich zu Beginn Ihrer Ausbildung sollten Sie sich über die Gefahren Ihres Berufs informieren und das Sprichwort „Gefahr erkannt – Gefahr gebannt“ in die Tat umsetzen. Die für Sie zuständige Berufsgenossenschaft für Gesundheitsdienst und Wohlfahrtspflege BGW hat außer den allgemein gültigen Vorschriften spezielle für das Friseurhandwerk erlassen. Alle Vorschriften müssen im Betrieb ausliegen. Ihre Chefin muss auf die Einhaltung achten und Sie entsprechend unterweisen. Verstoßen Sie gegen diese Vorschriften, erlischt möglicherweise Ihr Versicherungsschutz. Wissen Sie, wo die vorgeschriebenen Aushänge in Ihrem Salon sind?

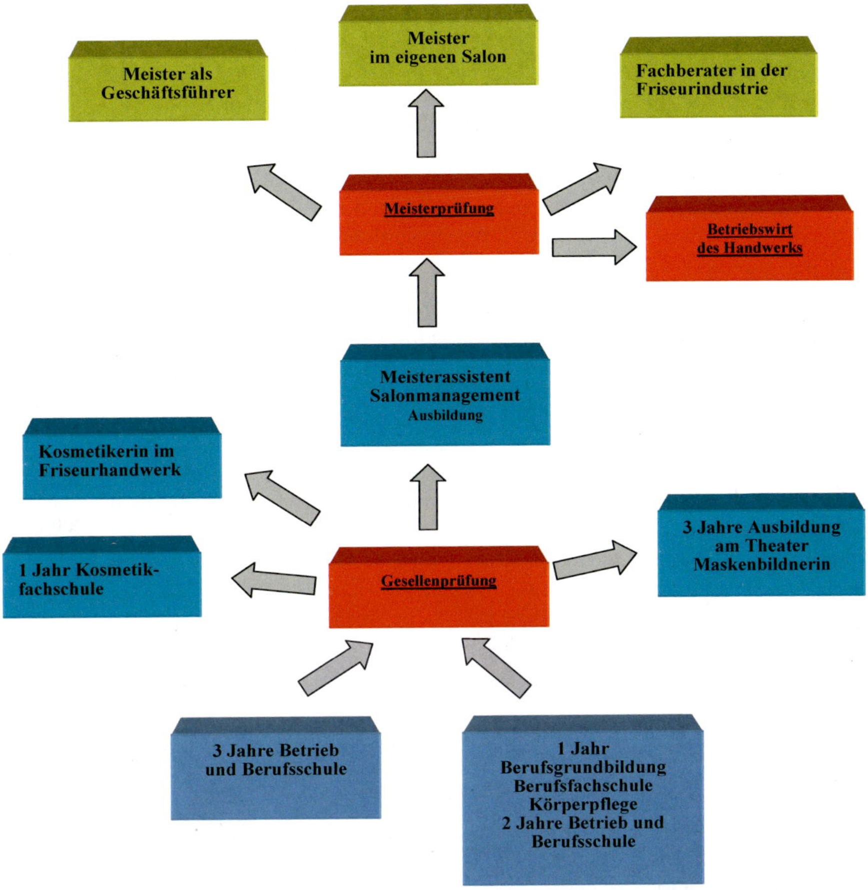

Informationen zur Unfallverhütung und zum Arbeitsschutz:
Berufsgenossenschaft für Gesundheitsdienst und Wohlfahrtspflege BGW,
Papellallee 35-37, 22089 Hamburg, **www.bgw-online.de**

Doch bevor wir große Probleme heraufbeschwören, sollten Sie lieber die wichtigsten Vorschriften kennen lernen. Unfälle zu vermeiden ist immer der bessere Weg. Sie ersparen sich Schmerzen und der Berufsgenossenschaft Kosten.

Wasser oder verschüttete Präparate sorgen oft für echte „Ausrutscher". Im günstigsten Fall gibt es blaue Flecken, im ungünstigsten Krankenhaus und Gips. Die Sauberkeit des Fußbodens ist also nicht nur eine optische Notwendigkeit, sondern dient auch der eigenen Sicherheit. Sie sollten Feuchtigkeit sofort aufwischen, Haare wegkehren und Flaschen so hinstellen, dass nichts auslaufen kann. Außerdem müssen Sie Schuhe mit rutschfesten Sohlen tragen.

Tische, Stühle, Hocker oder **Getränkekisten** sind kein Leiterersatz! Mit einer Sicherheitstrittleiter erreichen Sie die oberen Regale und Schränke besser, denn schließlich wollen Sie ja nicht allzu plötzlich „herunterkommen".

Werkzeuge. Scheren und Messer müssen nach Gebrauch geschlossen und sicher in einer Ablageschale aufbewahrt werden, bis sie ins Desinfektionsbad kommen. In der Blusen- oder Hosentasche sind sie ebenso falsch untergebracht wie am Beckenrand! Um Fußverletzungen vorzubeugen, müssen immer rutschfeste geschlossene Schuhe getragen werden.

Achten Sie auch auf die sichere Aufbewahrung Ihres Stielkamms, die lange Nadel kann gefährliche Stichverletzungen verursachen.

Heiße Lockenstäbe und Föhndüsen eignen sich nicht nur zum Frisieren, sondern auch zum Verbrennen der Finger! Nur ein sorgfältiger Umgang schützt vor Brandblasen.

Strom wird nur zur tödlichen Gefahr, wenn Sie fahrlässig mit elektrischen Geräten und Einrichtungen umgehen. Bei defekten Geräten kann das Gehäuse unter Spannung stehen. Bei Berührung fließt der Strom durch den Körper. Der Stromschlag kann zu Verbrennungen, Verkrampfungen, Herzflimmern und Herzstillstand führen. Schützen Sie sich, indem Sie folgende Regeln beachten:

- Geräte, Stecker und Leitungen nie mit nassen Händen berühren. Föhngeräte nicht im Waschbecken ablegen! Feuchtigkeit ist ein hervorragender Stromleiter!
- Geräte nie am Kabel aus der Steckdose ziehen, nur am Stecker anfassen.
- Zum Säubern erst die elektrischen Geräte abschalten, Stecker ziehen und nur feucht abwischen. Wasser darf nicht in das Geräteinnere gelangen.
- Regelmäßig Steckdosen, Kabel, Leitungen und Geräte auf äußere Beschädigungen untersuchen.
- Bei Verdacht auf einen Gerätedefekt (z. B. bei Überhitzung oder Geruch nach verschmortem Kunststoff) sofort Stecker herausziehen!
- Defekte elektrische Geräte nie selbst reparieren.

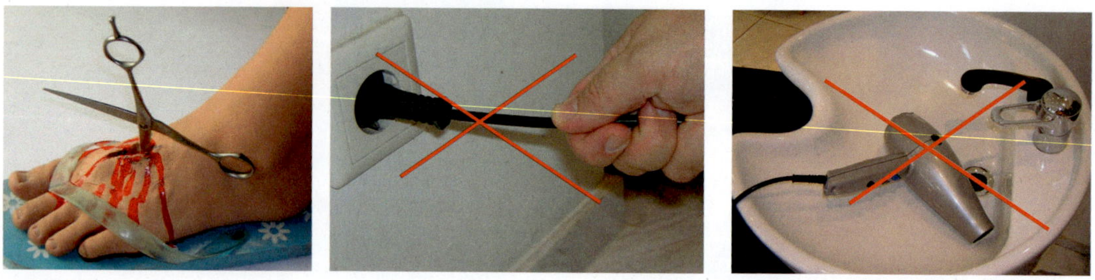

1.6 Verletzungsgefahr!

Chemische Produkte werden, um überflüssige Verpackungen zu sparen, oft in Großbehältern geliefert. Diese sinnvolle Einrichtung verlangt von Ihnen jedoch größte Sorgfalt beim Abfüllen und Verdünnen. Schutzhandschuhe, die der Betrieb stellen muss, sind beim Umgang mit Chemikalien selbstverständlich. Bei leicht staubenden Produkten wie Blondierpulvern oder nicht granulierten Pflanzenfarbstoffen schützen Sie Ihre Atemwege durch eine Staubmaske. Grundsätzlich dürfen die Präparate nur in dafür vorgesehene und entsprechend gekennzeichnete Gefäße abgefüllt werden.

Gesundheitsgefährdende Stoffe haben nichts in Getränkeflaschen oder in den für Nahrungsmittel vorgesehenen Behältern zu suchen!

Abfälle trennt man aus Umweltgründen. Scharfe Gegenstände wie Rasierklingen müssen in einem verschließbaren Behälter gesammelt und in den Restmüll entsorgt werden.

1.7 Gesundheitsschutz

Sie können als gesunder Mensch jeden Tag mehrere Stunden gehen, wandern oder laufen. Sind Sie aber gezwungen, mehrere Stunden für eine Eintrittskarte ihres Lieblingssängers anzustehen, so wird man Folgendes beobachten können: *Sie stehen sich die Beine in den Bauch, treten von einem Bein aufs andere oder Ihr Kreuz bricht durch.* Bei länger andauernder Stehbelastung ist unser Körper überfordert. Die zum Stehen notwendigen Stabilisierungsmaßnahmen des Halteapparates (Skelett, Gelenke, Sehnen, Muskeln) und des Kreislaufs (Blut- und Lymphgefäße, Herz) funktionieren nur bei ausreichender Bewegung einwandfrei. Bei der bei Friseuren üblichen einseitigen Stehbelastung versagen sie je nach Veranlagung beim einen früher, beim anderen später. So kommt es häufig zu nicht wieder gutzumachenden Schäden wie z. B.

- Fehlhaltungen durch seitliche Verkrümmung der Wirbelsäule
- Bandscheibenvorwölbung, Bandscheibenvorfall
- Platt- oder Knickfüße, die zu weiteren Beschwerden in den Knien, in den Hüften oder im Rückenbereich führen
- Schiefzehen
- Krampfadern (Spätfolge: offene Beine)
- Wassereinlagerungen (Ödeme)

Wie können Sie aktiv diesen Beschwerden entgegenwirken? Die gesetzliche Unfallversicherung (GUV), vertreten durch die BGW, und die Bundesanstalt für Arbeitsschutz und Arbeitsmedizin sind nur zwei von vielen Organisationen, die Informationen zu den Themen ergonomisches Arbeiten und Gesundheitsschutz herausgeben.

> Informationen zum ergonomischen Arbeiten und Gesundheitsschutz:
> www.next-line.de und www.baua.de

- Arbeiten Sie nicht in gebückter oder verdrehter Haltung.
- Achten Sie auf einen Wechsel zwischen Stehen, Gehen und Sitzen.
- Lernen Sie beidhändig zu föhnen, Sie vermeiden eine einseitige Belastung.
- Benutzen Sie vorhandene Stehhilfen, z. B. beim Haareschneiden.
- Stellen Sie höhenverstellbare Kundenstühle auf die richtige Arbeitsposition ein.
- Tragen Sie fußgerechte Schuhe.
- Heben oder tragen Sie Lasten nicht einseitig, benutzen Sie Hebe- oder Traghilfen.
- Sorgen Sie für ausreichende Bewegung und Sport in Ihrer Freizeit. Besonders zu empfehlen sind: Wandern, Schwimmen, Gymnastik, Radfahren oder Walken.
- Besuchen Sie Wirbelsäulengymnastikkurse oder stärken Sie Ihre Muskulatur mit speziellen Übungen in Fitnessstudios.

Auch die Atemwegsorgane sind besonders gefährdet:

- Haarspraynebel kann zu Atemwegserkrankungen führen. Setzen Sie Haarsprays gezielt und sehr sparsam ein. Treibgasfreie Produkte vernebeln und zerstäuben die Inhaltsstoffe nicht so klein, dadurch werden sie nicht so schnell eingeatmet.
- Benutzen Sie granulierte Blondierpulver, die nicht so stark stauben.
- Rauchen belastet die Atemwege zusätzlich.

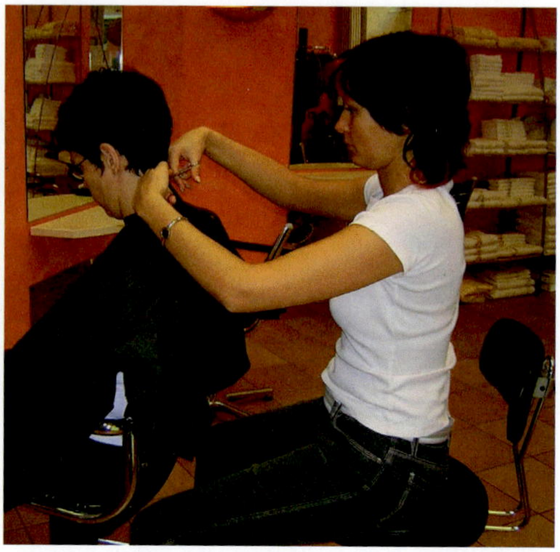

1.7 Falsche Körperhaltung Ergonomisches Arbeiten

1.8 Umweltschutz

Leere Spraydosen, Tuben mit Farbresten, Alufolie, Strähnenhauben, Plastikumhänge, Haarkurflaschen … unaufhaltsam wächst der Müllberg. Sollen wir auf Schönheit und Pflege verzichten, nur um die Umwelt zu schonen? Es gibt sie, die Friseure, die umweltverträgliche Dienstleistungen anbieten, und Kunden, die das zu schätzen wissen. Überlegen Sie doch mal in Ihrem Team, wo der meiste Abfall anfällt oder wie Sie Energie einsparen können. Vielleicht bringen Sie die folgenden Vorschläge noch auf andere Sparideen.

Mehrwegsysteme und Großgebinde für Shampoo, Spülungen und Spray sparen Verpackungsmüll. Außerdem kann man sie für den Service nutzen, indem man für Kunden Nachfüllstationen einrichtet. Sparsames Dosieren und Verdünnen von Shampoo und Spülungen bringt trotzdem ein gutes Ergebnis.

Tubenquetschen verhindert, dass Tuben mit 5–10 % Restinhalt auf den Müll gelangen.

Ersetzen Sie Einmalumhänge durch waschbare Mehrfachumhänge.

Energiesparlampen haben eine längere Lebensdauer als normale Glühbirnen und verbrauchen außerdem weniger Strom.

Sparperlatoren verringern den Wasserdurchfluss des Wasserhahns auf 5–8 l Liter pro Minute. Vorteil: Wasserersparnis. Noch mehr Wasser lässt sich sparen, wenn Sie während der Haarwäsche den Wasserhahn nicht dauernd laufen lassen!

Energiesparhandtücher (30 × 100 cm) sind nur halb so breit wie gewöhnlich. Vorteil: weniger Wäsche, geringerer Wasser- und Energieverbrauch.

Jeder Bewohner der Bundesrepublik Deutschland benötigt täglich etwa 130 Liter Trinkwasser. Dies entspricht einer Menge von etwa 186 Flaschen Mineralwasser oder 15,5 Kästen! Von dieser Menge Wasser werden nur etwa 5 Flaschen zum Trinken benötigt, den Rest des Trinkwassers verwenden oder verschwenden Sie folgendermaßen:

Täglicher Trinkwasserverbrauch pro Person in Deutschland

17 Liter	beim Geschirrspülen, Kochen und Putzen
49 Liter	zum Baden, Duschen, für die Körperpflege
36 Liter	auf dem WC
18 Liter	zum Wäschewaschen
5 Liter	im Garten
5 Liter	beim Autowaschen

Täglicher Verbrauch nach Sparmaßnahmen

15 Liter	beim Geschirrspülen, Kochen und Putzen
35 Liter	zum Baden, Duschen, für die Körperpflege
16 Liter	auf dem WC
10 Liter	zum Wäschewaschen
0 Liter	im Garten
3 Liter	beim Autowaschen

Durch geeignete Wassersparmaßnahmen können Sie Ihren Wasserverbrauch pro Tag um etwa 50 Liter senken, das schont Ihren Geldbeutel und hilft der Umwelt. Nun haben Sie bereits einige Wasserspartipps erhalten, es gibt aber viele weitere Einsparmöglichkeiten für unser Lebensmittel Nr. 1. Führen Sie in Ihrer Klasse doch mal ein Projekt *Wasser ist zum Sparen da* durch. Geeignete Arbeitsaufträge für die verschiedenen Gruppen könnten sein:

Stellen Sie Vorschläge zum Wassersparen für folgende Bereiche vor

- In der Küche
- In Bad und WC
- Beim Wäschewaschen
- Im Garten
- Im Salon

Finden Sie außerdem heraus, wie viel die Ersparnis in Litern, Prozent und/oder Euro beträgt.

Zur Informationsbeschaffung geben Sie entweder die Stichworte *Wasser sparen* in eine Suchmaschine ein oder besuchen Sie die folgenden Webseiten, die nur einige wenige von vielen Möglichkeiten sind, sich Informationen zu diesem Thema zu beschaffen.

> Informationen zum Wasser- und Energiesparen:
> www.umweltbundesamt.de/ www.bmu.de/ www.umweltbildung.de/ www.bund.net

Wenn Sie die benötigten Informationen haben, überlegen Sie in Ihrer Gruppe in welcher Form Sie die Arbeitsergebnisse präsentieren möchten. Auch dazu gibt es eine Liste von Vorschlägen:

- Als Power-Point-Präsentation
- Mit Hilfe von Bildern, Zeichnungen, Karikaturen
- Als Quiz, Rätsel, Puzzle oder Lückentext
- Als Referat
- Als Mindmap
- Als Sketch, Rollenspiel oder Pantomime
- Als Wandzeitung

Diese Präsentationsvorschläge sind nur eine kleine Auswahl. Vielleicht hat Ihre Gruppe eine bessere Idee?!

Aufgaben zu Kapitel 1

1. Wie unterscheidet sich ein Friseur von einem Coiffeur und Hairstylisten?
2. Welche Aufgaben gehören zum Friseurberuf?
3. Was versteht man unter Einfühlungsvermögen?
4. Was ist Takt?
5. Wie können Sie sich als Berufseinsteiger besser in den Salonbetrieb einbringen?
6. Welche Möglichkeiten gibt es nach der Gesellenprüfung zur weiteren Qualifikation?
7. Wo bekommen Sie Informationen zu Unfallverhütung und Arbeitsschutz?
8. Warum muss verschüttetes Wasser sofort aufgewischt werden?
9. Weshalb soll man Scheren nicht auf den Waschbeckenrand legen?
10. Föhne gehören nicht in ein Waschbecken. Warum?
11. Wie verstauen Sie Ihren Stielkamm?
12. Wie entsorgen Sie gebrauchte Rasierklingen?
13. Warum soll man abwechselnd den Föhn in der rechten und linken Hand halten?
14. Warum ist Rauchen besonders für Friseure schädlich?
15. Durch welche Maßnahmen können Sie den Wasserverbrauch in Ihrem Betrieb senken?
16. Beim Regale aufräumen sind Sie von einem Bedienungsstuhl gefallen. Wie hätte der Unfall vermieden werden können?
17. Wodurch können Sie im Salon Energie sparen?
18. Warum sind Großgebinde umweltschonender als Einzelportionen?
19. Erklären Sie, warum umweltschonenderes Verhalten auch Kosten senken kann.

2 Hygiene

2.1 Sauberkeit und Hygiene

Sie betreten als Kunde den Behandlungsraum eines Salons. Eine Friseurin führt Sie an das Waschbecken, in dem Haare und Schaumreste kleben. Man kämmt Sie mit einer Bürste, die ungereinigt von einer Kabine zur anderen weitergereicht wird. An den Lockenwicklern hängen Haare Ihrer Vorgängerinnen und der Umhang ist offensichtlich seit Wochen nicht mehr gewaschen worden. Was tun Sie?

Sauberkeit ist oberstes Gebot im Salon. Dazu gehören die persönliche Sauberkeit der Angestellten sowie sauberes Arbeitsmaterial und saubere Arbeitsplätze. Sauberkeit ist nicht nur Voraussetzung für das Wohlbefinden der Kunden, sondern auch für die nötige Hygiene.

Hygiene ist mehr als Sauberkeit; sie bedeutet vorbeugender *Gesundheitsschutz.* Sie bewahrt die Kunden vor ansteckenden Krankheiten und dient zugleich der Gesundheit der Angestellten.

Wie wichtig Hygiene ist, zeigen die umfangreichen Maßnahmen der *öffentlichen* Hygiene. Sie umfasst die Aufgaben der Gesundheitsämter (z. B. Schutzimpfungen, Reihenuntersuchungen) ebenso wie die Müll- und Abwasserbeseitigung und den immer wichtiger werdenden Umweltschutz.

Die *persönliche* Hygiene erstreckt sich auf die regelmäßige Pflege von Körper und Kleidung. Sie ist bei dem engen Kontakt zu Kunden für Friseurinnen und Friseure besonders wichtig.

Hygiene

Öffentliche Hygiene	Persönliche Hygiene	Gewerbliche Hygiene
z. B. Schutzimpfungen Müllbeseitigung Abwasserreinigung Umweltschutz Luftreinhaltung	z. B. Hautpflege Haarpflege Zahn- und Mundpflege Maniküre saubere Kleidung	z. B. saubere Handtücher Desinfektion der Schneidegeräte Arbeitsraumbelüftung Entfernen abgeschnittener Haare

Die im Salon erforderlichen Hygienemaßnahmen zählen zur *gewerblichen* Hygiene. Sie betrifft den Arbeitsplatz, die Arbeitsgeräte und -materialien. Ebenso wichtig ist die Sauberkeit der Handtücher und Umhänge. Da es sich in Ihrem Beruf, der sich mit Körperpflege beschäftigt, eigentlich um Selbstverständlichkeiten handelt, zählt der Gesetzgeber solche Maßnahmen nicht einzeln auf. Er fasst sie unter dem Begriff „Allgemein anerkannte Regeln der Hygiene" zusammen (Verordnung zur Verhütung übertragbarer Krankheiten).

Infektionshygiene-Verordnung. Für besonders gefährliche Bereiche sind die in den einzelnen Bundesländern erlassenen Verordnungen viel genauer. Um eine Übertragung schwerer Infektionskrankheiten wie Hepatitis (Leberentzündung durch Viren) oder der tödlichen Immunschwäche AIDS auszuschließen, müssen alle Schneidegeräte (z. B. Scheren, Messer, Manikürzangen, Geräte zur Aknebehandlung) nach *jedem* Gebrauch desinfiziert werden. Mit den scharfen Schneidegeräten kann die Haut leicht verletzt werden, sodass Krankheitserreger eindringen können.

Gewerbeaufsicht. Genau sind die Rechte der Gewerbeaufsicht geregelt. Ihr Chef darf den möglicherweise etwas unliebsamen Besucher nicht vor die Tür setzen. Er muss ihn in seiner Arbeit sogar unterstützen und verlangte Auskünfte erteilen. Tut er es nicht, begeht er eine Ordnungswidrigkeit.

2.2 Mikroorganismen – eine ständig lauernde Gefahr

Versuch 1 Drücken Sie einen gewaschenen Kamm in einen Nährboden und stellen Sie den Nährboden in einen Brutschrank (37°C).

Versuch 2 Machen Sie mit einem Nährboden einen Abdruck von Ihrer Stirn oder einer Fingerkuppe und stellen sie den Nährboden in den Brutschrank.

Versuch 3 Lassen Sie einen Nährboden 15 Minuten geöffnet an der Luft stehen und stellen Sie ihn anschließend in den Brutschrank. Betrachten Sie die Nährböden nach etwa 2 Tagen (**2.**1).

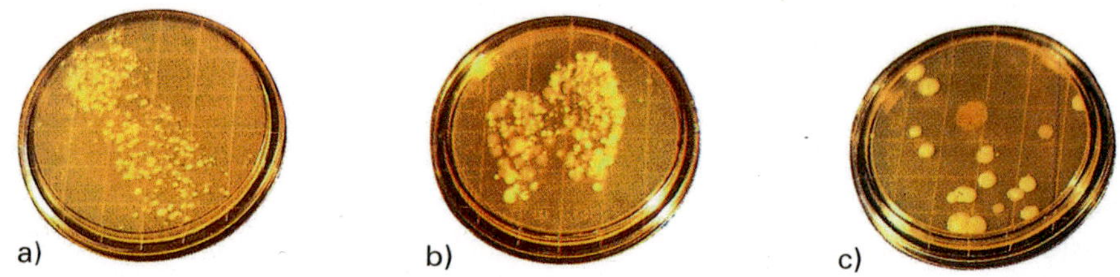

2.1 Wachstum von Mikroorganismen auf Nährböden
a) Abdruck eines Kamms, b) Abdruck einer gewaschenen Fingerkuppe, c) Mikroorganismen aus der Luft

Auf allen Gegenständen in unserer Umgebung sowie auf der Haut und den Schleimhäuten befinden sich winzige Lebewesen, die mit dem bloßen Auge nicht sichtbar sind. Einige dieser Kleinstlebewesen (*Mikroorganismen*) sind für uns lebensnotwendig (z. B. die der Darmflora). Andere sind gefährliche Krankheitserreger. Wenn sie in den Körper gelangen, vermehren sie sich und können Krankheiten auslösen. Der Körper erkrankt entweder durch die von den Mikroorganismen ausgeschiedenen Gifte oder durch die Zerfallstoffe, die beim Absterben der Erreger übrig bleiben.

Infektion und Inkubation. Das Eindringen von Krankheitserregern in den Körper nennt man Ansteckung oder Infektion. Sie wird begünstigt durch Unsauberkeit oder schwache Abwehrkräfte des Körpers. Nach der Infektion dauert es eine bestimmte Zeit, bis die Krankheit ausbricht. Diese Frist heißt Inkubationszeit.

Um sich und die Kunden vor Infektionen zu schützen, muss man die Erreger und ihre Übertragungswege kennen.

2.2.1 Arten

Zu unterscheiden sind 5 Arten von Krankheitserregern (**2.**2).

Tabelle **2.**2 **Krankheitserreger und Arten der Krankheiten**

Art			Krankheiten
Pilze (pflanzlich) Sporenpilze 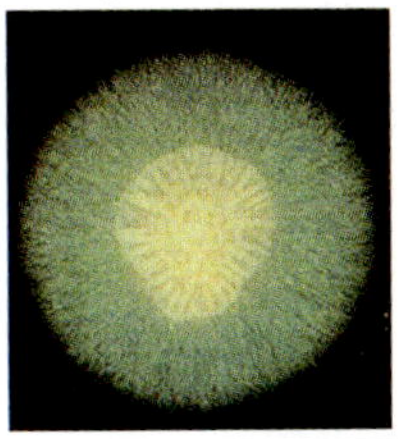	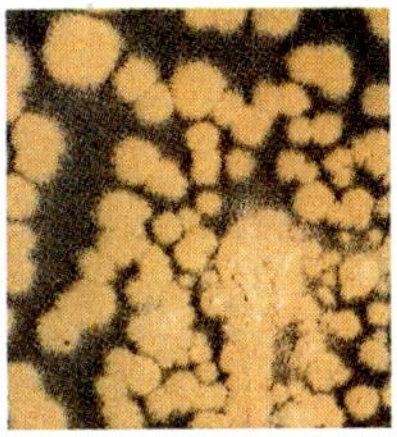	Sporenpilze 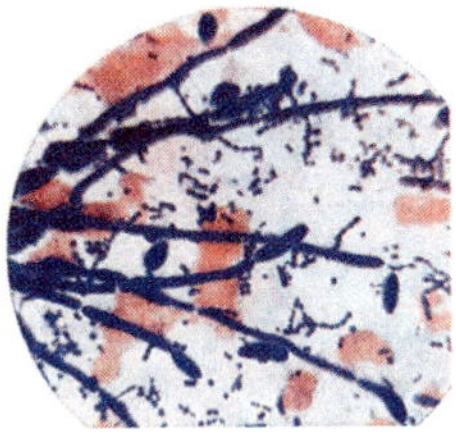	Mykosen, z. B. Bartflechte, Fußpilz
Protozoen (tierisch) 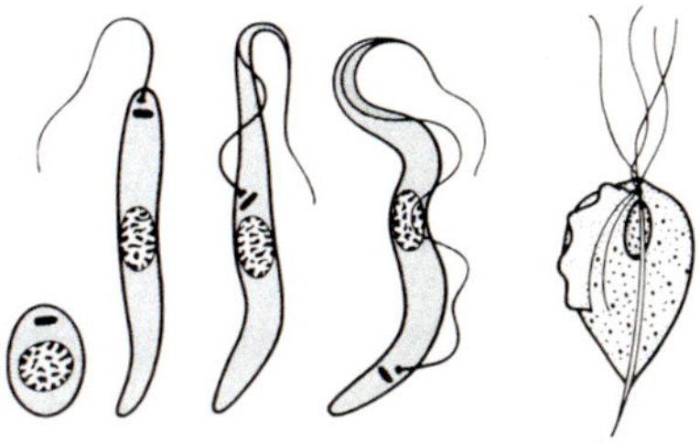		Krätzemilbe 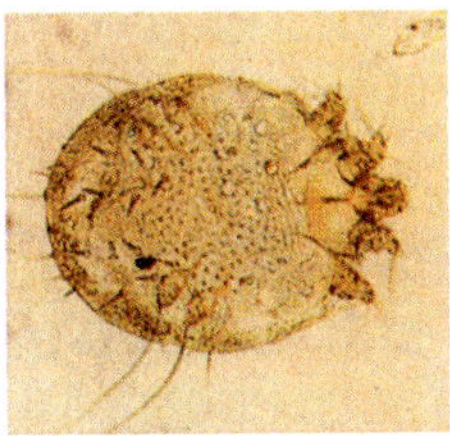	Krätze, Malaria, Schlafkrankheit
Bakterien Kugeln 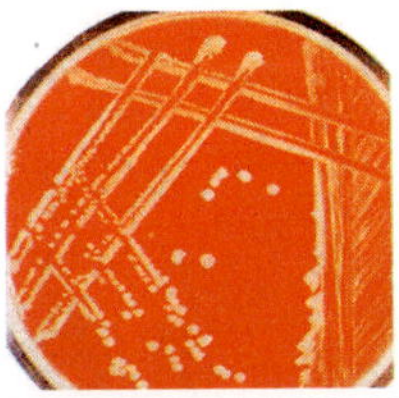	Stäbchen 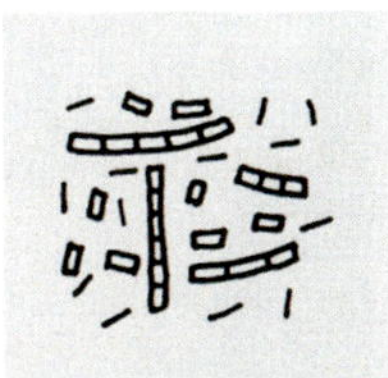	Schrauben 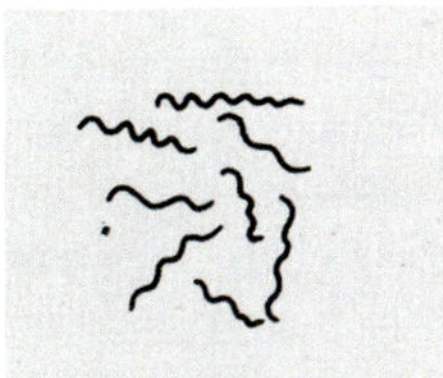	Entzündungen, Akne, Furunkel, Tuberkulose, Syphilis
Viren Herpes 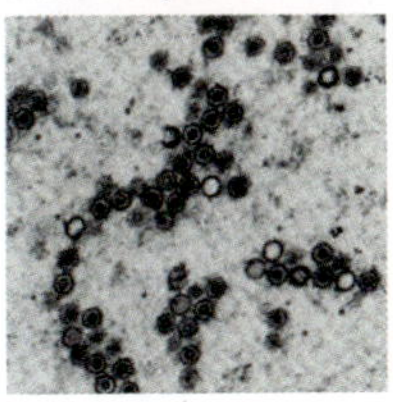	Poliovirus 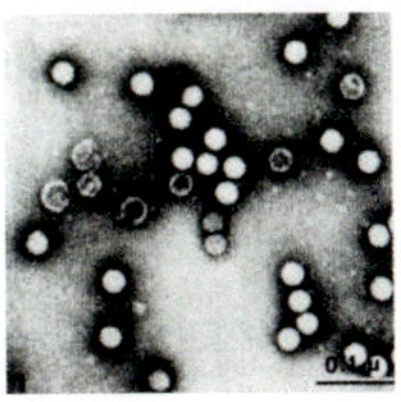	Grippevirus 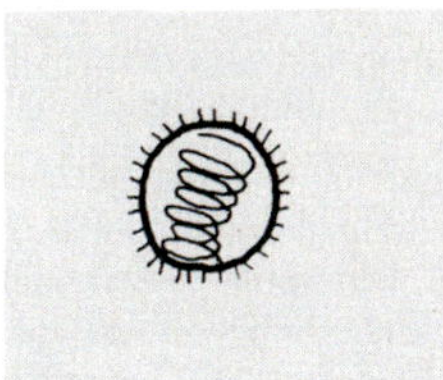	Masern, Grippe, Kinderlähmung, Herpes Simplex, AIDS, Hepatitis, Gelbsucht

Pilze sind ein- oder mehrzellige Mikroorganismen. Sie befallen häufig Haut- und Schleimhäute sowie Haare und Nägel. Hautpilzerkrankungen (Fuß- und Nagelpilz) gehören zu den häufigsten Hauterkrankungen unserer Zeit. Besonders leicht gelangen die Pilze in wenig verhornte Hautstellen (z. B. zwischen den Zehen oder in winzige Hautrisse). Sie ähneln Pflanzen und bilden bis zu 1 cm lange Pilzfäden. Damit dringen sie in und zwischen die Gewebezellen und verschlingen sich dort zu Pilzgeflechten. Sie ernähren sich durch Aufsaugen der in den Gewebezellen gelösten Nährstoffe (**2.**3).

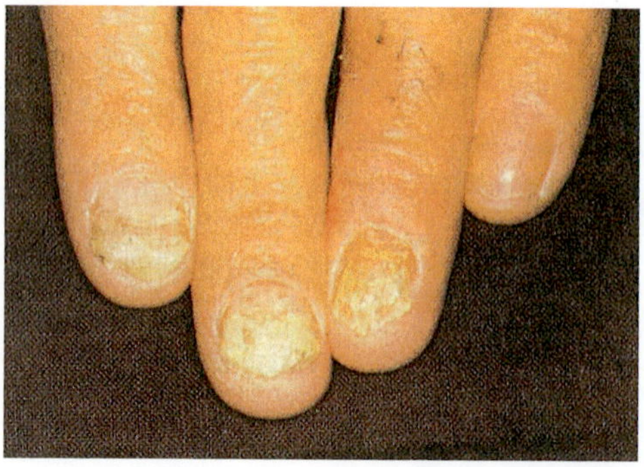
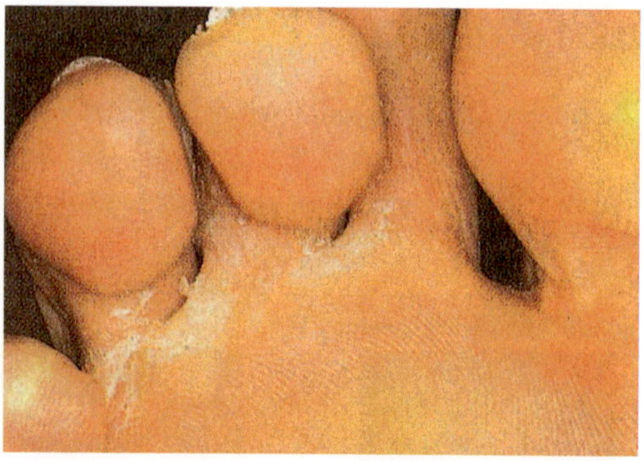

2.3 Nagel- und Fußmykosen

Protozoen bestehen aus einer Zelle, deren Teile so spezialisiert sind, dass der Organismus einem Tierchen ähnelt. Die kleinsten Protozoen sind etwa so groß wie ein rotes Blutkörperchen: $1/_{100}$ mm. Sie vermehren sich durch Befruchtung oder Zellteilung. Bei ungünstigen Temperaturen oder Nahrungsmangel sterben sie nicht ab, sondern bilden *Zysten,* indem sie sich mit einer schützenden Haut umgeben und den Stoffwechsel vermindern. Im Darm ernähren sich Protozoen durch feste Nährstoffe oder Bakterien, im Blut durch gelöste Stoffe. Als Erreger von Tropenkrankheiten (Malaria, Schlafkrankheit) sind sie besonders gefährlich. Ihre fühlerartigen Fortsätze benutzen sie zur Fortbewegung in Flüssigkeiten und zum Zufächeln von Nahrung.

Bakterien sind die häufigsten Krankheitserreger. Die einzelligen Lebewesen sind etwa $1/_{1000}$ mm groß und vermehren sich durch Zellteilung. Wenn ausreichend Nährstoffe vorhanden sind, teilen sie sich bei 15 bis 40°C alle 15 bis 20 Minuten. So können in 10 Stunden aus einer Bakterie über eine Milliarde entstehen (**2.**4). Einige Bakterien, z. B. die *Bazillen,* bilden unter schlechten Lebensbedingungen Sporen. Diese überstehen Temperaturen zwischen – 200°C und + 100°C und sind auch mit Alkohol nicht abzutöten.

In der Umgangssprache werden häufig alle Krankheitserreger als *Bazillen* bezeichnet. Das ist natürlich falsch, denn Bazillen sind nur eine bestimmte Bakterienfamilie.

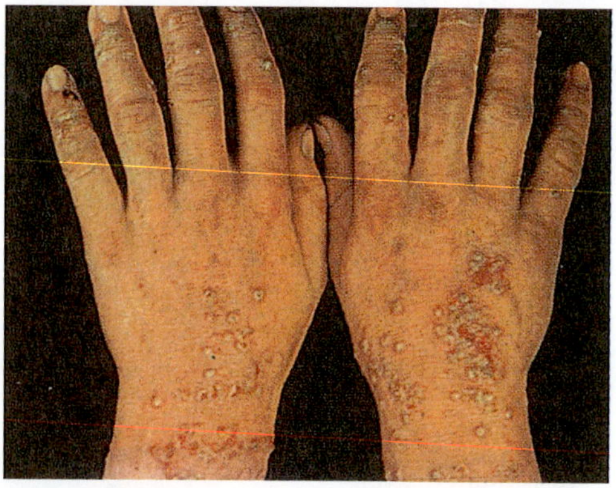

2.4 Erkrankung der Haarfollikel durch Bakterien

Nach der äußeren Form unterscheidet man *Kugel*bakterien (z. B. die Akne-Erreger), *Stäbchen*bakterien (z. B. Tuberkulose-Erreger) und *Schrauben*bakterien (z. B. Syphilis-Erreger). Jede Krankheit wird durch einen bestimmten Bakterientyp hervorgerufen.

Rickettsien sind etwa $1/_{5000}$ mm lang und leben in Gewebezellen von Menschen und Tieren. Sie vermehren sich durch Zellteilung. Nach mehreren Teilungen zersprengen sie die Zelle und schädigen dadurch das Gewebe. Dauerformen wie Sporen oder Zysten können sie nicht ausbilden.

Viren sind mit $3/_{10\,000}$ mm die kleinsten Krankheitserreger. Da sie keinen Stoffwechsel haben, kann man sie nicht mehr als Lebewesen bezeichnen. Sie schädigen den Menschen, indem sie in Zellen eindringen und deren Erbgut verändern (**2.**5).

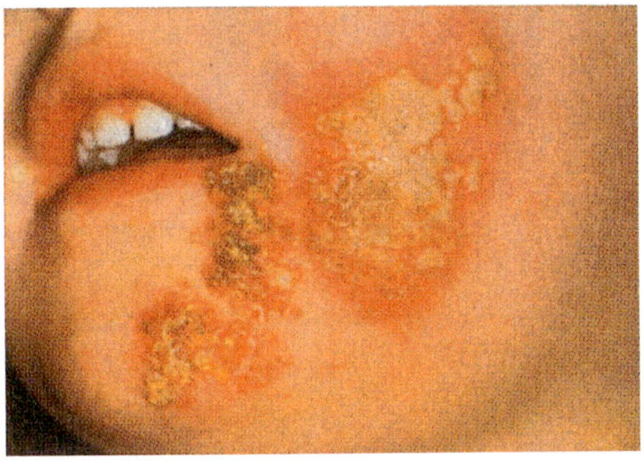

a) Erstinfektion beim Kleinkind

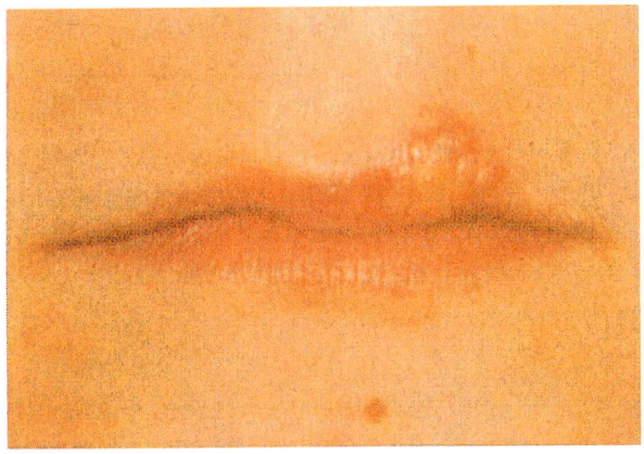

b) Herpesinfektion der Lippen

2.5 Viruserkrankung (Herpes)

Die 5 Arten der Krankheitserreger

Pilze – Protozoen – Bakterien – Rickettsien – Viren
Infektion = Eindringen von Krankheitserregern in den Körper
Inkubationszeit = Zeit zwischen Infektion und dem Ausbruch der Krankheit

2.2.2 Übertragungswege

Wie kommen die Erreger in den Körper? Durch die gesunde Haut können sie nicht eindringen, aber durch offene Wunden oder Schleimhäute (**2.**6).

Kontaktinfektionen entstehen durch Berühren erkrankter Menschen, Tiere oder keimbehafteter Gegenstände. Die Infektionsgefahr durch Kämme, Bürsten, Scheren, Messer, Umhänge und Handtücher ist im Friseursalon groß, besonders wenn es beim Rasieren oder Haareschneiden eine Wunde gegeben hat. Deshalb enthalten die Hygieneverordnungen in Bezug auf Kontaktinfektionen genaue Vorschriften.

Tabelle **2.6** **Übertragungswege von Krankheitserregern**

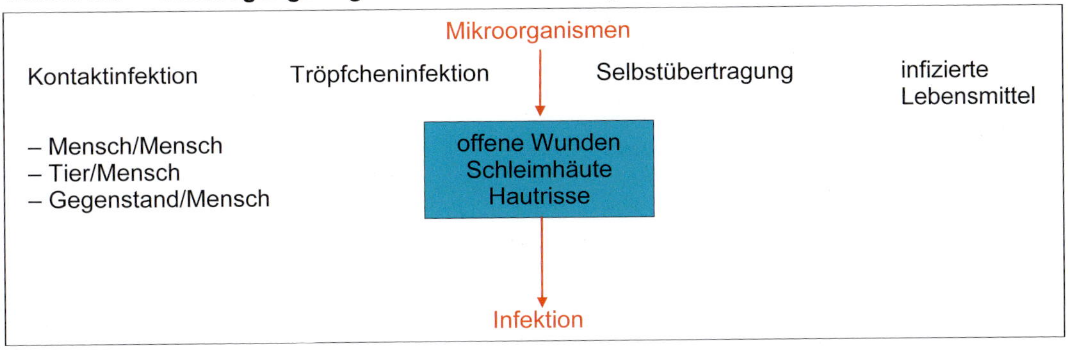

Manche Menschen sind zwar selbst gesund, beherbergen aber Krankheitserreger; möglicherweise sogar, ohne es zu wissen. Man nennt sie *Zwischenträger*. Beim Ausscheiden der Keime können sie andere Menschen infizieren. Oft sind Tiere Zwischenträger, z. B. Hamster, Meerschweinchen, Hunde und Katzen. Kleine Kinder können sich dann beim Schmusen mit ihrem Liebling infizieren.

Auch AIDS – eine Viruserkrankung, die die körpereigenen Abwehrkräfte zerstört – wird durch Kontaktinfektion übertragen, z. B. durch Blut oder Sperma, die das Virus enthalten. Alle handelsüblichen Desinfektionsmittel töten dieses gefährliche Virus ab.

Bei der Tröpfcheninfektion werden die Erreger durch winzige Schleimtropfen übertragen. Diese werden von den Schleimhäuten kranker Personen aus Lunge, Mund oder Nase abgesondert und gelangen durch Husten oder Niesen in die Atemluft. Erkältungen und andere grippeartige Erkrankungen verbreiten sich auf diese Art ebenso wie Lungentuberkulose.

Durch Selbstübertragung bringt der Erkrankte selbst die Erreger von einer befallenen Hautstelle auf gesunde Stellen. Typisch sind dafür die Ausbreitung einer Akne durch Ausdrücken der Pickel oder die Übertragung von Fußpilz auf die Hände durch Kratzen.

Verseuchte Lebensmittel (ungewaschenes Obst, schimmeliges Brot, verdorbenes Fleisch oder Fisch) können Krankheitserreger übertragen. Sie sind dann Ursache von Magen- und Darmerkrankungen oder schweren Vergiftungen.

Krankheitserreger werden hauptsächlich durch Kontaktinfektion, Tröpfcheninfektion, Selbstübertragung oder infizierte Lebensmittel übertragen.

2.3 Insekten als Krankheitsüberträger

Kindergarten und Schule wegen Läusebefall geschlossen

Gesundheitsaufseher auf Läusejagd

Berlin Kaum zu glauben, aber es ist wahr. Die Läuseplage ist wieder unterwegs und scheint kaum zu stoppen. Die Gesundheitsaufseher bitten Eltern, Kindergärtnerinnen und die Schulleitungen bei der Jagd nach den gefürchteten Krabbeltieren um Mithilfe. Sichtbar sind meist nicht die Läuse, sondern die Nissen (Eier der Laus), die sich als weiße Punkte im Kopfhaar der Kinder gut erkennen lassen. Kontrollieren Sie die Köpfe Ihrer Kinder! Sind Sie im Zweifel, rufen Sie das Gesundheitsamt der Stadt an; dort bekommen Sie rasch Rat und Hilfe.

2.7 Zeitungsausschnitt

Kopfläuse sind kleine flügellose Insekten, die sich mit den Beinen am Kopfhaar festklammern. Sie saugen Blut aus der Kopfhaut und können dabei Rickettsien übertragen, bilden also eine doppelte Gefahr für die Gesundheit. Der Läusebefall zeigt sich durch Rötungen, Bläschen, Schuppen und Krusten auf der Kopfhaut. Sichtbar ist er vor allem durch typische weißlich-helle Punkte am Haar. Dies sind die Läuseeier, *Nissen.* Sie kleben fest am Haar und sind auch durch gründliche Haarwäschen nicht zu entfernen (**2.**8).

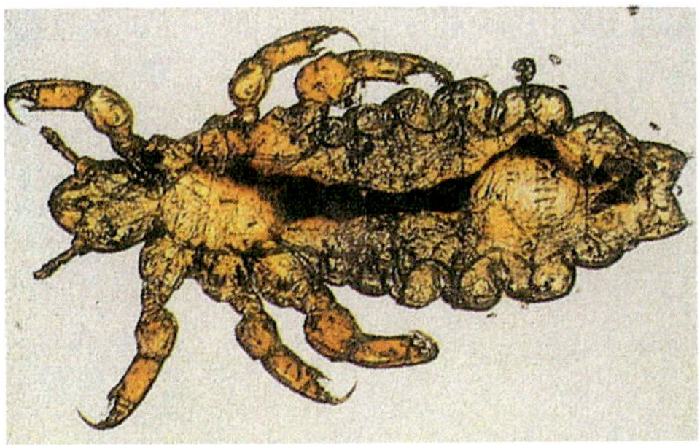

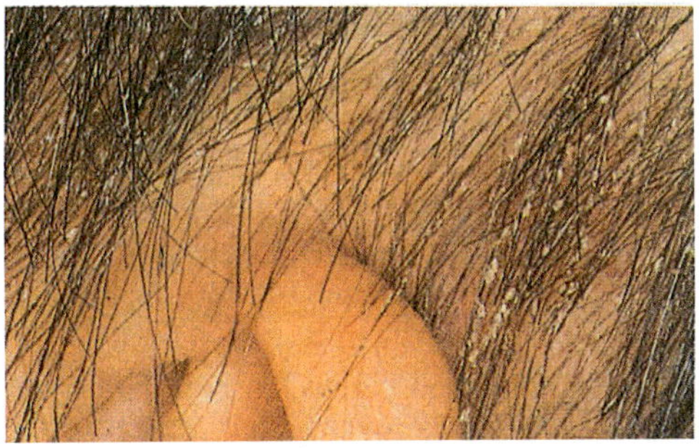

2.8 a) Kopflaus (Foto) b) Nissen im Haar

Läusebefall bekämpft man am erfolgreichsten mit pyrethrumhaltigen oder hexachloryclohexanhaltigen Mitteln, wie Goldgeist oder auch Jacutin. Die Mittel werden nach der Haarwäsche ins Haar und auf die Kopfhaut aufgetragen und müssen 12 bis 24 Stunden im Haar wirken. Die Behandlung wird zur Sicherheit an drei aufeinander folgenden Tagen wiederholt. Anschließend kann man mit Essigwasser spülen (1 Teil Essig auf 2 Teile Wasser), um die Nissen von den Haaren zu lösen und sie mit einem Nissenkamm auszukämmen.

Kopfläuse sind kein Zeichen mangelnder Hygiene, denn sie können auch gewaschene und gepflegte Haare befallen. Übertragen werden sie häufig durch Kopfstützen in öffentlichen Verkehrsmitteln, durch Kissen oder Mützen, die von mehreren Personen benutzt werden.

Wie verhalten Sie sich, wenn Sie bei einem Kunden Läuse entdecken?

Sollten Sie während einer Behandlung bei Ihrem Kunden oder Ihrer Kundin einen Befall mit Läusen feststellen, so müssen Sie dies dem Kunden sofort mitteilen und die Behandlung abbrechen. Weisen Sie den Kunden auf die hohe Ansteckungsgefahr hin und schicken Sie ihn umgehend zum Facharzt.

Wenn der Kunde den Salon verlassen hat, müssen Sie alle Gegenstände mit denen er oder sie Kontakt hatte, desinfizieren. Das können u.a. sein:

- Arbeitsgeräte: Kamm, Schere, Bürsten, Wickler
- Umhang und Handtücher
- Kopfstütze des Behandlungsstuhls

2.4 Körpereigener Schutz vor Infektionen

Bei gleicher Infektionsgefahr erkranken nicht alle Personen, die mit den Erregern in Berührung gekommen sind. Während einer Grippewelle erkrankt evtl. nur einer innerhalb der Familie oder infizieren sich nur einige Schüler aus einer Schulklasse. Die natürliche Widerstandskraft der Menschen ist verschieden. Der Körper wehrt sich zwar auf doppelte Weise (durch äußeren und inneren Schutz) gegen die Erreger, bleibt aber nicht immer erfolgreich.

Als äußeren Schutz umgibt die Haut den Körper. Sie ist undurchlässig für Mikroorganismen. Ein *Säureschutzmantel* aus Hauttalg (Fett) und Schweiß umgibt sie wie ein dünner Film. Er verhindert das Wachstum von Krankheitserregern.

Ein Beispiel aus dem Haushalt verdeutlicht die keimhemmende Wirkung von Säuren. In Essig eingelegtes Fleisch (Sauerbraten) oder Früchte verderben nicht. Zusätzlich ist der Säureschutzmantel Nährboden für die körpereigenen Mikroorganismen. Diese erstaunliche Tatsache kann mit dem Wachstum von Blumen verglichen werden. Ein Kaktus braucht zum Gedeihen eine andere Blumenerde als ein Alpenveilchen.

Einen weiteren Schutz bilden die *hauteigenen Bakterien* selbst. Sie können fremde Bakterien vernichten oder das Wachstum und damit die Ausbreitung behindern. Schleimhäute sind besonders infektionsgefährdet, weil sie keinen Säureschutzmantel haben. Stattdessen sind sie mit Flimmerhaaren ausgestattet. Wie ein kleiner Besen wedeln sie ständig die Mikroorganismen von den Schleimhäuten. Zusätzlich verfügen sie über eine eigene Bakterienflora.

Ist die Haut durch eine Wunde verletzt oder rissig, ist der äußere Schutz zerstört – die Krankheitserreger können in den Körper eindringen.

Zum inneren Schutz stehen die *weißen Blutkörperchen* bereit. Sie umschließen die eingedrungenen Erreger und vernichten sie. Den zweiten Kampf führen die *Antikörper* (Gegenkörper). Sie lösen die Zellen der Erreger auf oder schädigen sie so stark, dass sie keine Gifte mehr bilden können. Diese wichtigen Antikörper bildet der Körper selbst. Durch Impfungen mit abgeschwächten Krankheitserregern oder kleinsten Mengen ihrer Gifte kann man die Antikörperbildung vorbeugend anregen (z. B. Pockenimpfung). Sie machen den Körper immun (unangreifbar) und wirken z. T. viele Jahre.

Der körpereigene Schutz vor Infektionen

Äußerer körpereigener Schutz
- mechanisch (Haut, Flimmerhaare der Schleimhäute)
- chemisch (Säureschutzmantel)
- bakteriell (körpereigene Bakterien)

Innerer körpereigener Schutz
- weiße Blutkörperchen und Antikörper

2.5 Desinfektion und Sterilisation

Im Friseursalon kann man sich nicht auf die Widerstandskraft der Kunden gegenüber Krankheitserregern verlassen, sondern muss die Keime unschädlich machen. Dies wird von der „Hygieneverordnung“ der Bundesländer vorgeschrieben.

Durch *Desinfektion* verringert man die Anzahl der Mikroorganismen, sodass sie keine Infektion mehr verursachen können. Das vollständige Keimfreimachen, also auch das Abtöten von Sporen und Zysten, erreicht man durch *Sterilisation.* In beiden Methoden schädigt man durch physikalische Verfahren (z. B. Hitze, Bestrahlung) oder chemische Mittel die Zellen der Mikroorganismen, sodass sie absterben.

Tabelle **2**.9 **Desinfektion und Sterilisation**

physikalisch	Austrocknen	durch trockene Hitze im Sterilisator (Heißluft, 150 bis 180°C)
	Verbrennen	durch offenes Feuer
	Bestrahlen	durch ultraviolette Strahlen im UV-Sterilisator, Gammastrahlen (z. B. bei Lebensmitteln und Kunststoffen)
chemisch	Oxidation	mit Jod, Chlor oder Wasserstoffperoxid (3- bis 6 %ig)
	Eiweiß-Denaturierung (= Zerstörung durch Gerinnen)	mit Alkohol (z. B. Ethanol 70- bis 80 %ig oder 2-Propanol 60 %ig) oder mit Phenolen, Aldehyden durch Kochen in Wasser (mindestens 10 Minuten)

Für die physikalischen Methoden bietet der Handel Spezialkassetten und -boxen an. Die chemischen Mittel kauft man als Lösungen, Sprays oder Tabletten. Die meisten Lösungen sind Konzentrate und müssen daher verdünnt werden.

Materialverträglichkeit. Die Hygieneverordnung schreibt vor, dass Sie zur Desinfektion nur Präparate benutzen dürfen, die in der Liste des Robert Koch Institutes oder der Deutschen Gesellschaft für Hygiene und Mikrobiologie (DGHM) verzeichnet sind. Diese Mittel sind nicht nur sorgfältig auf ihre Wirksamkeit hin getestet, sondern auch vom Hersteller auf Materialverträglichkeit geprüft. So kann ein Präparat ein ausgezeichnetes Mittel für Fußböden und Waschbecken sein, sich aber nicht für Schneidegeräte aus Metall eignen, weil es hierauf Flecken hinterlässt.

Die Hautverträglichkeit der Präparate spielt bei der Desinfektion von Fußböden, Textilien und Geräten nur eine geringe Rolle. Sie ist aber sehr wichtig bei der Desinfektion von Haut und Händen. Die Anwendungsvorschriften der Hersteller sind deshalb zu beachten und zu befolgen. Auch eine zu geringe Dosierung oder Konzentration ist schädlich, weil sie die Desinfektion unvollständig macht.

Desinfektion
- Verringerung der Anzahl der Mikroorganismen, sodass sie keine Infektionen mehr hervorrufen können

Sterilisation
- Vernichtung oder Entfernung aller Mikroorganismen und ihrer Dauerformen – vollständig keimfrei

Anleitung zur Herstellung und zum Gebrauch einer Desinfektionsmittellösung für Schneidegeräte
- Schützen Sie Ihre Hände mit Handschuhen!
- Waschen Sie Wanne und Korb gründlich aus.
- Lesen Sie in der Gebrauchsanweisung des Desinfektionsmittels oder in der Dosiertabelle nach, wie viel ml Konzentrat Sie auf 2l Wasser brauchen. Messen Sie das Konzentrat genau ab oder benutzen Sie eine eingestellte Dosierpumpe.
- Füllen Sie zuerst die Wanne mit 2L Leitungswasser und geben Sie dann das Konzentrat zu. So vermeiden Sie eine stärkere Schaumbildung, die eine Kontrolle der Wassermenge erschwert.
- Um Konzentrat und Wasser zu vermischen, fassen Sie den Gerätekorb an den seitlichen Griffen und tauchen ihn vorsichtig zwei- oder dreimal in das Bad.
- Legen Sie nun vorsichtig die Messer und *geöffneten* Scheren so in den Korb, dass alle Schneideflächen zu einer Seite zeigen.
- Verschließen Sie die Wanne mit dem Deckel und stellen Sie die erforderliche Einwirkzeit ein.
- Nach Ablauf der Einwirkzeit heben Sie den Deckel ab, drehen ihn um und stellen den Gerätekorb zum Abtropfen hinein. Spülen Sie die Schneidegeräte noch im Korb gründlich unter fließendem Wasser ab, bevor Sie sie trockenreiben.
- Verschließen Sie die Desinfektionslösung wieder mit dem Deckel.
- Angesetzte Lösungen sollten längstens eine Woche benutzt werden.
- Bei sichtbarer Trübung oder Verunreinigung muss die Lösung auf jeden Fall erneuert werden.

2.6 Allergien und Ekzeme

Ekzeme sind Rötungen, Schwellungen und Bläschenbildungen in der Haut. Meist sind sie von starkem Juckreiz begleitet. Die Bläschen platzen auf, nässen und bilden Schuppen oder Krusten. Ursache ist oft eine Unverträglichkeit von Stoffen – eine Allergie.

Allergien sind Überempfindlichkeiten gegenüber bestimmten Stoffen. Man unterscheidet drei Allergiegruppen: Nahrungsmittel-, Inhalations- und Kontaktallergien.

Die Nahrungsmittelallergie ruft z. B. durch Erdbeeren, Orangen, Milcheiweiß, Eier oder Getreide Juckreiz, Hautrötung, Übelkeit, Kopfschmerzen, Durchfall oder sogar Erbrechen hervor.

Die Inhalationsallergiker sprechen auf eingeatmete Stoffe an. Dazu gehören Blütenstaub (Pollen) von Gräsern, Bäumen und Getreide, aber auch Blondierpulver, Schimmelpilzsporen und Milbenkot, Chemikalien und pulverisierte Pflanzenfarbstoffe. Ergebnis ist der „Heuschnupfen", der mit Müdigkeit, Abgeschlagenheit, Augenbrennen, häufigem Niesen und Atemnot einhergeht. In schlimmen Fällen entsteht eine chronische Bronchitis mit lebensbedrohlichem Asthma.

Kontaktallergien werden durch Berührung von Stoffen mit der Haut verursacht. Das können Haarfärbemittel, Metalle, saure Wellmittel, Lanolin, Tenside oder Konservierungsmittel sein. Sie führen zu Juckreiz und dem oben beschriebenen allergischen Ekzem.

Ein Allergiker muss nicht auf alle Stoffe einer Gruppe, kann aber auf mehrere Allergene der drei Gruppen allergisch reagieren. Entsprechend vielfältig sind die Symptome der Krankheit. Besonders oft plagen sich Personen mit Allergien, die an *Neurodermitis* leiden. Dies ist eine vererbbare Erkrankung, die sich durch Blutuntersuchung nachweisen lässt. Neurodermitiker haben als Kleinkinder häufig Milchschorf – eine Hauterkrankung, die sich durch Milcheiweiß stark verschlimmert. Diese Personengruppe ist wegen der vererbten Neigung zu Allergien nicht geeignet für Berufe, die Atemwege und Haut stark belasten.

Sensibilisierung. Gelangen Allergene durch die Haut oder Schleimhäute in den Körper, bilden sich bei einigen Personen Antikörper (Gegenkörper) aus. Die Betroffenen spüren davon nichts, denn die Antikörper verursachen weder unliebsame Hauterscheinungen noch Heuschnupfen oder Asthma. Doch der Organismus ist durch die Bildung der Antikörper gegen die Berührung mit dem entsprechenden Allergen empfindlich geworden, *sensibilisiert.*

Allergische Reaktion. Kommt es nach der Bildung von Antikörpern erneut zu einer Berührung mit dem Allergen, reagieren Antikörper und Allergen miteinander. Bei dieser chemischen Reaktion bilden sich Stoffe (Histamine), die die oben beschriebenen Krankheitssymptome verursachen.

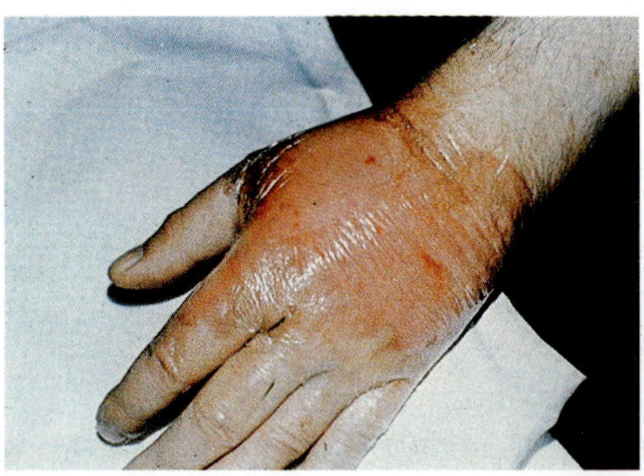

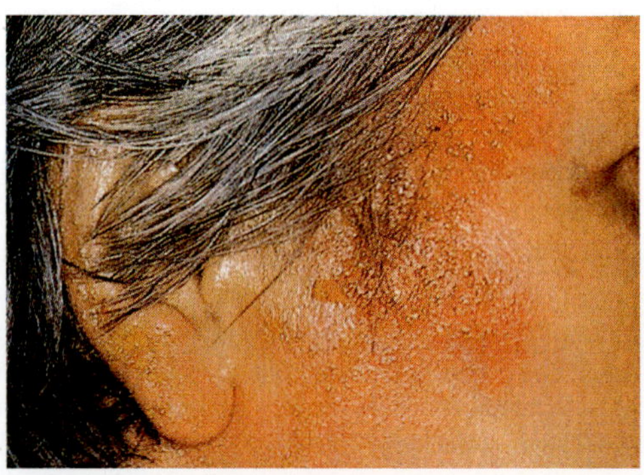

2.10 a) Friseurallergie b) Haarfärbemittel-Allergie

Durch häufigen Umgang mit Chemikalien gehören Allergien zu unseren Berufskrankheiten (**2.**10). Sie müssen ärztlich behandelt werden. Dabei ist vordringlich festzustellen, welcher Stoff die Allergie ausgelöst hat. Dazu führt man bei Kontaktallergien einen *Epikutantest* durch.

Man bringt verdünnte Lösungen aller Stoffe, die als Allergen in Frage kommen, mit einem Testpflaster auf die Haut des Rückens oder der Arme. Nach 48 Stunden wird der Test „abgelesen“, d. h., die Pflaster werden entfernt und die Hautstellen beurteilt. Zeigen sich Rötungen oder Bläschen, ist der Test positiv, bei unveränderter Haut ist er negativ (**2.**11).

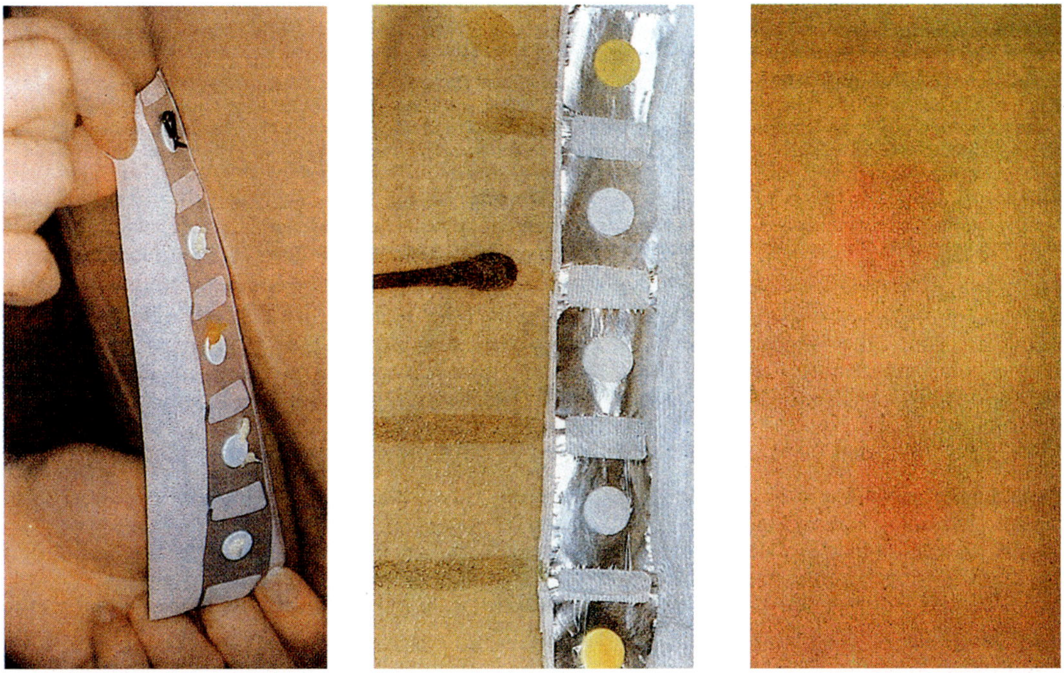

a) Aufkleben der Teststreifen   b) Abnahme nach 45 Stunden   c) 2 positive Testergebnisse

2.11 Allergietest (Epikutantest)

Bei positivem Testergebnis stellt der Arzt einen Allergiepass aus mit allen Allergenen, die bei der betroffenen Person eine Allergie auslösen. Sind die Allergene erst einmal erkannt, lässt sich die Berührung oftmals ausschließen, sodass die Allergie nicht mehr zum Ausbruch kommt.

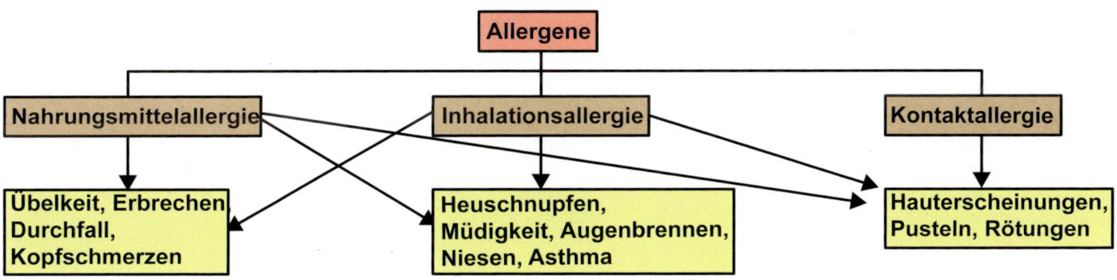

Allergie	Überempfindlichkeit der Haut gegenüber bestimmten Stoffen (z. B. Haarfärbemittel, Blütenstaub, Kosmetika, Metalle)
Allergene	dringen durch die Haut oder Schleimhäute in den Körper ein
Antikörper	bilden sich im Blut einiger Menschen. Bei erneuter Berührung reagieren sie mit dem Allergen
Kontaktallergie	zeigt sich durch Rötung, Schwellung, Bläschenbildung und Juckreiz

2.7 Hautschutz für Friseure – TRGS 530

Gerötete Haut, juckende, brennende oder schuppende Stellen, Bläschenbildung, offene, nässende oder blutende Partien – von diesem Hautproblem stark betroffen waren jahrelang besonders die Friseur-Azubis des 1. Ausbildungsjahres. Die Anzeigen auf Verdacht von beruflichen Haut- und Atemwegserkrankungen waren bei den Friseuren über einen langen Zeitraum extrem hoch. Aus diesem Grund wurden in 1992 die Technischen Regeln für Gefahrstoffe im Friseurhandwerk rechtskräftig. Die TRGS enthalten Anforderungen, die aus arbeitsmedizinischer und sicherheitstechnischer Sicht erfüllt werden müssen. Hauptursachen für die Hauterkrankungen im Friseurhandwerk sind über 100 Stoffe in Präparaten, Arbeitsmitteln und Werkzeugen (z. B. Kaltwellmittel, Tenside, Para-Farbstoffe, Nickel) und der hohe Anteil an Feuchtarbeiten. Deshalb steht bei der TRGS ein konsequenter und systematischer Hautschutz an erster Stelle. Die wesentlichen Festlegungen sind:

1. das Tragen von Schutzhandschuhen bei verschiedenen beruflichen Tätigkeiten
2. die Verwendung von Hautschutz- und Hautpflegepräparaten
3. ein ausgewogenes Verhältnis von Nass- und Trockenarbeiten

Der **Hautschutzplan** ist eine Übersicht, in der man für jede hautgefährdende Tätigkeit die erforderlichen Schutz-, Reinigungs- und Hautpflegemaßnahmen ablesen kann.

Jeder Arbeitgeber im Friseurhandwerk ist verpflichtet, den exemplarischen Hautschutzplan der TRGS oder einen auf seinen Betrieb zugeschnittenen Hautschutzplan an gut sichtbarer Stelle im Salon auszuhängen. Mindestens einmal jährlich muss jeder Arbeitgeber/Saloninhaber außerdem alle Beschäftigten über mögliche Unfall- und Gesundheitsgefahren und den Umweltschutz beim Umgang mit friseurtypischen Gefahrstoffen informieren. Die schriftliche Form dieser Unterweisung ist die

Betriebsanweisung, die als Anlage 2 in der TRGS zu finden ist und ebenfalls ausgehängt werden muss. Außer den Anordnungen und Verhaltensregeln zum Schutz vor Unfällen und Gesundheitsgefahren, dem Umweltschutz beim Umgang mit Gefahrstoffen, enthält die Betriebsanweisung auch Regeln für die Erste Hilfe und Anweisungen im Gefahrfall.

Schutzhandschuhe muss Ihr Chef zur Verfügung stellen, und Sie sind verpflichtet, diese bei folgenden Arbeiten zu tragen: Haarwaschen, Kopfmassage, Färben, Tönen, Blondieren, Dauerwellen, Zubereiten, Mischen und Umfüllen von Arbeitsstoffen und bei Reinigungsarbeiten im Salon. Das bedeutet, dass sie täglich viele Stunden mit einer zweiten Haut arbeiten müssen, an die hohe Anforderungen gestellt werden. Leider gibt es bisher keinen Handschuh, der für alle Tätigkeiten geeignet ist. Folgende Tabelle zeigt eine Übersicht der gebräuchlichsten Handschuhe:

Bezeichnung	Material	Geeignet für	Vorteile	Nachteile
GUMMIHAND-SCHUHE (Waschhand-schuhe)	Latex, Chloropren, Neopren, Acrylnitrilbuta-dien und Fluorkaut-schuk	– Haarwaschen, Kopfmassage mit Mitteln – Auftragen und Auswaschen von Pflegemit-teln	– mehrfach ver-wendbar – elastisch	– verlieren bei länge-rer/unsachgemäßer Lagerung Schutz-eigenschaften – können Allergien auslösen
PLASTIKHAND-SCHUHE (Haushaltshand-schuhe)	PVC, Vinyl	– Reinigungsar-beiten	– mehrfach ver-wendbar – dicker als Waschhand-schuhe – gefüttert	– biologisch nicht ab-baubar, setzen bei Verbrennung um-weltschädl. Chlor-wasserstoff frei – weniger elastisch – wärmeempfindlich
EINMALHAND-SCHUHE	Polyethylen, Lupolen	– Aufemulgieren von Farben, Tönungen, Blondierungen – Probewickel u. Fixieren bei der Dauerwelle	– umweltverträg-lich, – verbrennt o. Rückstände – preiswert	– nicht elastisch – schlechte Passform – Schweißnähte oft-mals undicht

Allerdings hat das Handschuhtragen nicht nur Vorteile, sondern bringt auch Probleme mit sich. Undichte Handschuhe erhöhen das Risiko, Handekzeme zu entwickeln. Da Handschuhe die Haut luftdicht abdecken, staut sich Feuchtigkeit und Wärme. Der vermehrt gebildete Schweiß, der nicht verdampfen kann, quillt die Hornschicht auf und somit können hautreizende oder sensibilisierende Stoffe problemlos in die Haut eindringen, wenn sie auf irgendeine Art durch die Handschuhe gelangen. Besonders heikel ist auch die Tatsache, dass Friseure auf das Material, das sie eigentlich schützen soll mit gesundheitlichen Problemen reagieren. Allergien treten hauptsächlich bei der Verwendung von Latexhandschuhen auf und werden entweder von den Latexproteinen selbst oder von Zusatzstoffen verursacht. Die Reaktionen reichen von Quaddelbildung, Asthmaanfällen, Schockreaktionen bis zum allergischen Kontaktekzem. Aus diesem Grund dürfen sie nicht mehr verwendet werden!

Zu Ihrem eigenen Schutz sollten Sie einige Regeln beim Handschuhtragen unbedingt beachten:

1. Einmalhandschuhe wirklich nur 1 x tragen.
2. Schutzhandschuhe nur auf sauberer, trockener Haut tragen
3. Vor dem Anziehen der Handschuhe spezielle Hautschutzpräparate auftragen, die die Schweißbildung vermindern.
4. Schutzhandschuhe nicht ununterbrochen tragen, Verhältnis Feuchtarbeit mit Handschuhen zu Trockenarbeit 1:1 einhalten.
5. Nach dem Handschuhtragen Puderrückstände abspülen, Hände abtrocknen und Hautschutzcreme auftragen.

Sie können sich umfassend über dieses Thema mit folgender Broschüre informieren: Hautkrankheiten und Hautschutz, GUV 50.0.11 Theorie und Praxis der Prävention.

Aufgaben zu Kapitel 2

1. Was bedeutet Hygiene?
2. Welche Maßnahmen gehören zur öffentlichen Hygiene?
3. Nennen Sie Maßnahmen zur persönlichen Hygiene.

4. Was schreibt die Hygiene-Verordnung in Bezug auf die Desinfektion von Schneidegeräten vor?
5. Übungsgespräch: Sie entdecken bei einer Kundin Kopfläuse und sollen es ihr taktvoll beibringen.
6. Was versteht man unter Infektion?
7. Erläutern Sie den Begriff Inkubationszeit.
8. Nennen Sie die 5 Arten der Krankheitserreger.
9. Was sind Sporen? Welche Mikroorganismen bilden Sporen?
10. Nennen Sie Erkrankungen, die durch Pilze hervor gerufen werden.
11. Welche Krankheiten werden durch Bakterien ausgelöst?
12. Geben Sie 3 Beispiele für Kontaktinfektionen.
13. Warum muss man sich sorgfältig die Hände waschen, wenn man Tiere gestreichelt hat?
14. Welche Übertragungsmöglichkeiten für AIDS bestehen im Friseursalon?
15. Beschreiben Sie die körpereigenen Schutzmaßnahmen gegen Infektionen. Unterscheiden Sie dabei den äußeren und den inneren Schutz.
16. Wodurch unterscheiden sich Desinfektion und Sterilisation?
17. Nennen Sie chemische und physikalische Verfahren zur Desinfektion.
18. Warum müssen bei Desinfektionsmitteln die Verdünnungsvorschriften der Hersteller genau eingehalten werden?
19. Warum müssen Sie bei der Desinfektion von Schneidegeräten Handschuhe tragen?
20. Wann sollte eine angesetzte Desinfektionslösung erneuert werden?
21. Wie entsteht eine Allergie?
22. Beschreiben Sie ein Ekzem.
23. Wie führt man einen Epikutantest durch?
24. Warum kann man Friseurallergien nicht vor der Berufsausbildung feststellen?
25. Was bedeutet die Abkürzung TRGS?
26. Welche wichtigste Schutzmaßnahme sehen die TRGS 530 vor?
27. Was wird im Hautschutzplan festgelegt?
28. Welche Pflegemaßnahmen schreibt der Hautschutzplan vor und nach dem Tragen von Handschuhen vor?
29. Bei welchen Tätigkeiten im Salon müssen Sie Handschuhe tragen?
30. Welche Nachteile haben Einmalhandschuhe aus Polyethylen?

3 Haare

3.1 Haararten und ihre Aufgaben

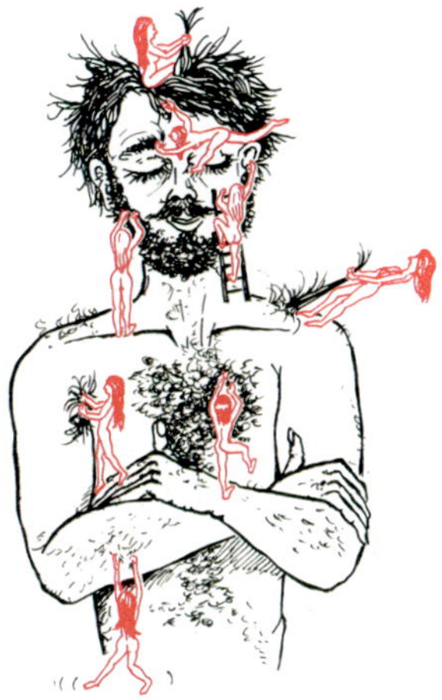

3.1 Haare wachsen nicht nur auf dem Kopf

Die Haare an unserem Körper unterscheiden sich in *Länge*, *Dicke* und *Farbe*. Wimpern und Augenbrauen werden nicht so lang wie Kopf- oder Barthaare. Auch die Behaarung an Armen, Beinen und am restlichen Körper ist kürzer. Während Augenbrauen und Wimpern verhältnismäßig dunkel und hart sind, ist die Körperbehaarung feiner, heller und weicher. Die drei unbehaarten Stellen am Körper sind Lippen, Handinnenflächen und Fußsohlen. Man unterscheidet Haare nach ihrer *Länge* in:

Tabelle **3**.2 Haararten

Haarart	Länge	Beispiel
Langhaar	in der Regel 60–80 cm	Kopfhaare, Barthaare, Achsel- und Schambehaarung
Borsten- oder Grannehaare	ca. 1 cm	Augenbrauen, Wimpern, Haare in Nase und Ohren
Woll- oder Flaumhaare	ca. 1,5 cm	feine, helle Körperhaare

Aufgabe der Haare. Wenn man einen Menschen ohne Haare sieht, wird sehr schnell klar, welche Aufgaben Haare erfüllen: Sie sind in erster Linie zum Schmuck da und dienen erst an zweiter Stelle dem Schutz. Ursprünglich war es genau umgekehrt, der Schutz vor Kälte durch eine Art *Fell* war früher überlebenswichtig. Heute ist die Körperbehaarung zurückgebildet, den Kälteschutz übernimmt unsere Kleidung. Obwohl die Kopfhaare auch eine Schutzfunktion haben, steht die modische und ästhetische Funktion absolut im Mittelpunkt, denn die Pflege der Haare gehört zu den wichtigsten Behandlungsverfahren, die die äußere Erscheinung eines Menschen prägen und ist außerdem Grundlage Ihres Berufs!

Unten erhalten Sie eine Übersicht über die Aufgabe von Haaren:

Tabelle **3**.3 Aufgaben der Haare

Haarart	Aufgabe
Kopfhaare	Schmuck, Schutz vor Sonne, Kälte und Stoßeinwirkung
Augenbrauen	Schutz vor herablaufendem Schweiß
Wimpern	Schutz vor Staub und Insekten
Haare in Ohren	Schutz vor Staub und Insekten
Haare in der Nase	Schutz vor Schmutz und Insekten
Achselhaare	erleichtern die Verdunstung des Schweißes
Barthaare	männlicher Schmuck
Brusthaare	männlicher Schmuck
Körperbehaarung	keine Funktion mehr, früher Kälteschutz

Aufgabe von Haaren → Schmuck und Schutz

Haararten

- Langhaar → Kopf-, Bart-, Achsel-, Schamhaare
- Borsten/Grannenhaar → Augenbrauen, Wimpern, Nasen- und Ohrenhaare
- Woll-/Flaumhaar → Körperhaare

3.2 Entstehung und Aufbau von Haaren

Am menschlichen Körper unterscheidet man drei unterschiedliche Haarsorten nach dem Zeitpunkt ihrer Entstehung.

Primärbehaarung. Der Embryo im Mutterleib ist mit dem Lanugohaar bedeckt. Es ist kurz und weich, besitzt keine Markschicht und ist farblos. Diese Haare bilden sich vom dritten Schwangerschaftsmonat an, indem sich Zellen der Epidermis in die Cutis senken und über eine Gefäßschlinge stülpen. Daraus bilden sich Haarkeime, die das erste Haarkleid des Fötus entstehen lassen. Das Lanugohaar bedeckt den ganzen Körper und fällt noch im Mutterleib wieder aus. Insgesamt werden beim Embryo etwa 5 Millionen Haarfollikel angelegt, allerdings wächst später nicht aus jedem ein Haar!

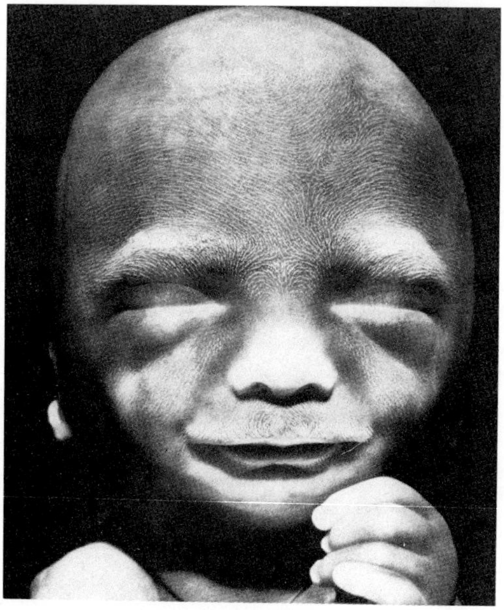

3.4 Lanugobehaarung auf Stirn, Wangen und Oberlippe beim Embryo (4 ½ Monate, 25 cm)

Sekundärbehaarung. Gleich nach der Geburt werden Lanugohaare durch Vellushaare (Wollhaare) ersetzt. Vellushaare bedecken den ganzen Körper mit Ausnahme der Kopfbehaarung, der Wimpern und Augenbrauen bis zur Pubertät. Sie sind ebenfalls kurz und dünn, überwiegend ohne Markschicht und ohne Pigmente.

Terminalbehaarung. Mit Beginn der Pubertät wandelt sich bei Männern 90 Prozent des Vellushaares in Terminalhaar um (Achsel-, Scham-, Brust- und Bartbehaarung), bei der Frau hingegen werden nur etwa 25 Prozent der Körperbehaarung in das festere Terminalhaar verwandelt. Das Terminalhaar ist dick, lang und in der Regel dunkler pigmentiert.

Kopfbehaarung, Wimpern und Augenbrauen bestehen hingegen bereits ab der Geburt aus dem festeren Terminalhaar.

Vellus- und Terminalhaare lassen sich nicht immer so genau voneinander unterscheiden. Die Übergangsform nennt man dann Intermediärhaar. Ein Haarfollikel kann im Laufe seines Lebens verschiedene Haartypen bilden. Am deutlichsten wird dies in den Achselhöhlen und im Genitalbereich, wo Vellushaare in der Pubertät durch den Einfluss der Sexualhormone in Terminalhaare umgewandelt werden. Aber auch der umgekehrte Weg ist möglich, so kann beispielsweise beim anlagebedingten Haarausfall am Kopf eine allmähliche Rückbildung vom Terminalhaar zum Vellushaar erfolgen.

Das Haar in der Haut – Haarfollikel. Am Querschnitt durch die Kopfhaut erkennt man, dass das Haar aus einer Hauteinstülpung, dem Follikel, herauswächst (3.5). Vier Schichten sind beim Haarfollikel zu unterscheiden: die innere und äußere *Wurzelscheide* (Fortsetzungen der Epidermis), die *Glashaut* und der *bindegewebige Haarbalg*. Der Follikel sitzt immer schräg in der Haut und bestimmt so die Wachstumsrichtung und damit den Fall des Haares. Talgdrüsen im oberen Drittel des Follikels fetten das Haar und halten die Haut geschmeidig. Unterhalb der Drüse ist der Follikel durch den Haarbalgmuskel (Haaraufrichtermuskel) mit der Cutis verbunden. Bei Kältereiz zieht sich der Muskel zusammen und richtet dadurch das Haar aus der Schräglage auf – wir bekommen „Gänsehaut". Dabei drückt der Haarbalgmuskel gegen die Talgdrüse und entleert sie. Als Kälteschutz gelangt folglich mehr Talg auf die Hautoberfläche.

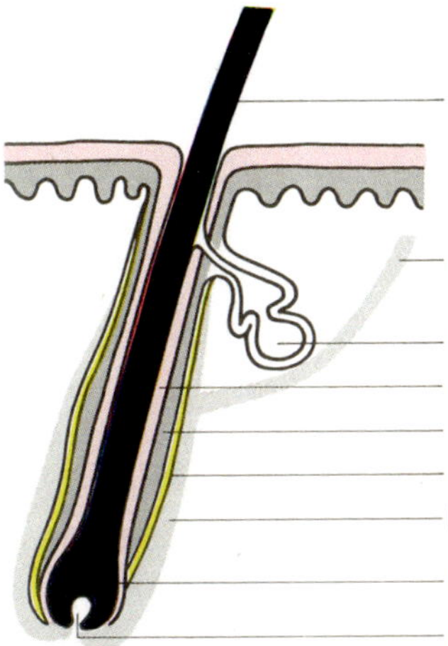

Schemazeichnung

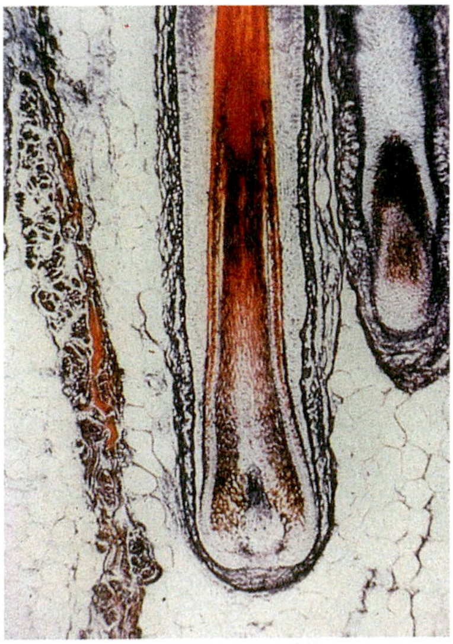

Mikrofoto

3.5 Haarfollikel

Im unteren Drittel verdickt sich die Haarwurzel zur Haarzwiebel, die auf der Haarpapille sitzt, einer zapfenförmigen Erhöhung der Cutis. Die Papille ist von Kapillaren durchzogen und bildet den Haarkeim. Oberhalb der Papille befinden sich Zellen, die sich teilen können; sie werden Haarmatrix (= Mutterzellen, Keratinocyten) genannt. Sie bestehen aus Protein, einem Eiweißstoff, der im Follikel verhornt. Beim Auszupfen reißt die Wurzel über der Haarzwiebel ab, die Papille mit der Matrix bleibt in der Haut – ein neues Haar kann nachwachsen.

Das Haar in der Haut – Haarwachstum und Haarformen. Die Matrixzellen teilen sich und bilden Tochterzellen. Die anfangs rundlichen Zellen werden durch ständig nachwachsende Zellen nach oben geschoben.

Dabei verändert sich sowohl ihre Form als auch der Zellinhalt. Sie strecken sich und nehmen eine Spindelform an (Spindelzelle oder Faserzelle). Dabei verhornen sie erst langsam und nehmen insgesamt die Form des sie umgebenden Follikels an. Im unteren Drittel, kurz über der Haarwurzel bestehen die Zellen noch aus weichem Protein, erst im letzten Drittel des Follikels wandelt sich das Protein in Präkeratin um. Präkeratin ist zwar schon verhornt, hat aber noch nicht die endgültige Verhornungsstufe erreicht. Es ist deshalb sehr empfindlich gegen äußere Einflüsse und kann daher leicht durch eindringende Dauerwellflüssigkeit geschädigt werden (**3.6**). Oberhalb der Kopfhaut, am Haaransatz, sind die Proteinzellen der Haarwurzel schließlich zu Keratin verhornt.

Die Form des Haares ergibt sich aus der Form des Haarfollikels. Die Follikel von dunkelhäutigen Menschen sind stark gebogen und ergeben so die typische Krause (**3**.7). Bei den glatten Haaren hellhäutiger Menschen findet man gerade Haarfollikel. Ungeklärt ist allerdings bislang, warum bei manchen Menschen zu verschiedenen Zeiten welliges und glattes Haar wechseln. Z. B. haben viele Kleinkinder Locken, die später glatten Haaren weichen. Bei einigen werden sie später wieder wellig. Der Haarfollikel dürfte dabei seine Form nicht verändert haben.

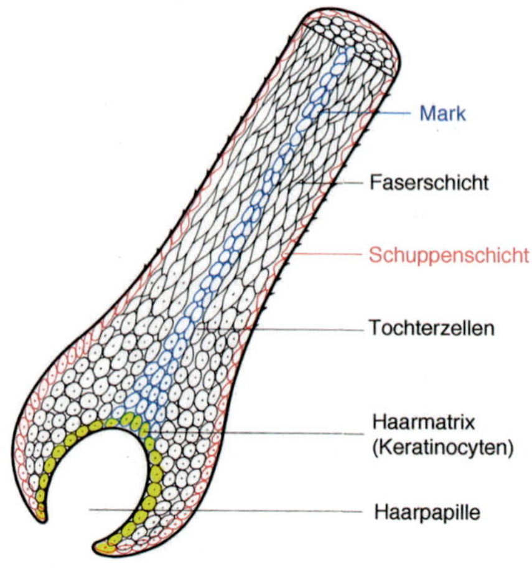

Haarzwiebel mit Matrix

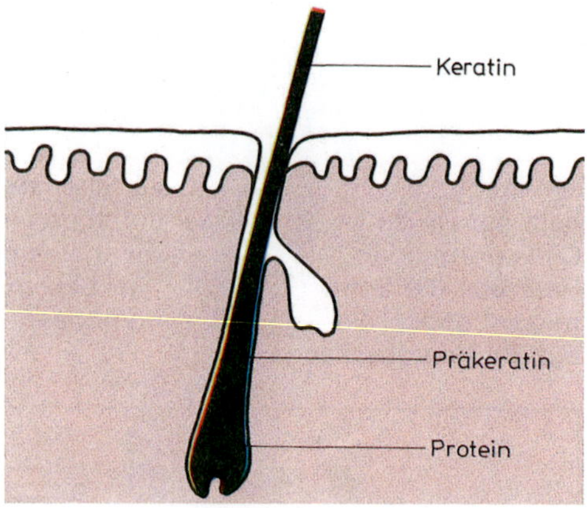

3.6 Umwandlung von Protein in Keratin

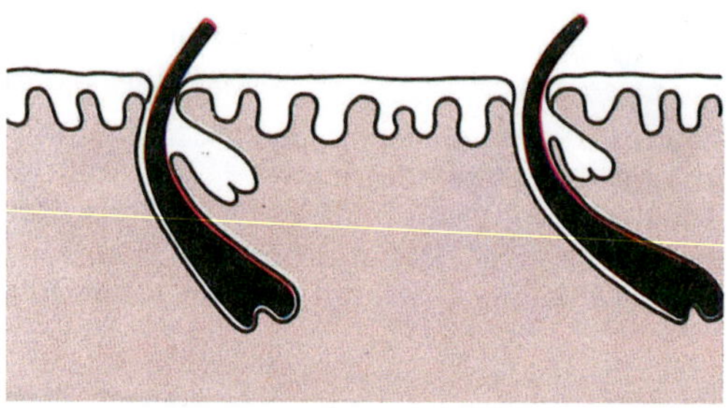

3.7 Haarwurzeln dunkelhäutiger Menschen

3.3 Längenwachstum, Haardicke, Haarquerschnitt, Haarmenge

Das Längenwachstum von Haaren ist unterschiedlich stark. Kopfhaare wachsen im Monat etwa 1 bis 1,5 cm, Barthaare etwas mehr, Augenbrauen etwas weniger. Die Wachstumsgeschwindigkeit des Haares hängt davon ab, wie schnell sich die Matrixzellen teilen. Sie ist in den Zellen programmiert und weder durch Schneiden, noch durch Massage, noch durch Kosmetikprodukte zu beeinflussen. Die verbreitete Meinung, dass Haare schneller wachsen, wenn sie öfter geschnitten werden, beruht auf einem Irrtum.

Auch die **Dicke** des einzelnen Haares ist für jeden Menschen genetisch festgelegt und lässt sich von außen, z. B. durch Schneiden nicht beeinflussen. Wie dick ein Haar wird, hängt vom Durchmesser der Haarfollikel ab, die wiederum von der Größe der Papillen bestimmt werden. Feines Kinderhaar wird nach und nach dicker, da auch die Follikel an Umfang zunehmen und länger werden. Geschnittenes Haar ist aber nicht dicker, sondern täuscht durch den breiteren Querschnitt nur dickeres Haar vor. Dickes Haar hat eine größere Sprungkraft als dünnes Haar, deshalb halten

Frisuren mit dünnem Haar auch nicht so lang wie mit dickeren Haaren. Vor Dauerwellen oder Färbungen sollten sie die Haardicke Ihrer Kundin messen, da die Stärke des Haares das Well- oder Färbeergebnis beeinflusst.

Wir können die Haardicke mit einem Haarstärkenmessgerät prüfen und teilen sie folgendermaßen ein.

Tabelle **3**.8 Haarstärken

Bezeichnung	Dicke in mm
Feines Haar	0,04
Normales Haar	0,06
Starkes Haar	0,08
Südeuropäisches Haar (Spanien, Italien, Griechenland)	0,06–0,10
Asiatisches Haar (China, Japan, Korea)	0,08–0,12

Der Haarquerschnitt kann rund oder oval sein. Meist ist er oval, manchmal sogar stark abgeflacht. Diese Haare bezeichnet man dann als *Bandhaare.*

Das Erkennen von Bandhaar ist vor allen Dingen vor einer Dauerwelle wichtig, da dauerhafte Umformungen in Bandhaaren nicht halten. Bandhaar hat eine geringe Sprungkraft. Seine flache Seite entspricht dem Querschnitt eines dünnen Haares. Bei der Dauerwelle legt es sich wie ein Band mit der flachen Seite um den Wickler und lässt sich schlecht umformen. Mit dem Haarstärkenmessgerät kann man herausfinden, ob ein Bandhaar vorliegt. Sie müssen dazu zwei Messungen durchführen: Die erste erfolgt mit dem Haar flach zwischen den Stempeln des Messgerätes. Bei der zweiten Messung bilden Sie eine Schlaufe, deren stärkste Stelle das Gerät misst. Bei einem ovalen oder bandförmigen Haar ist das Messergebnis größer, als wenn es flach dazwischen liegt, d. h. Sie erhalten zwei unterschiedliche Messergebnisse.

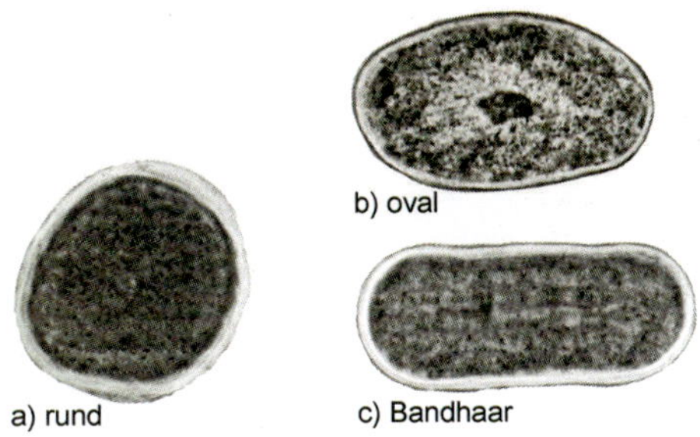

3.9 Haarquerschnitte

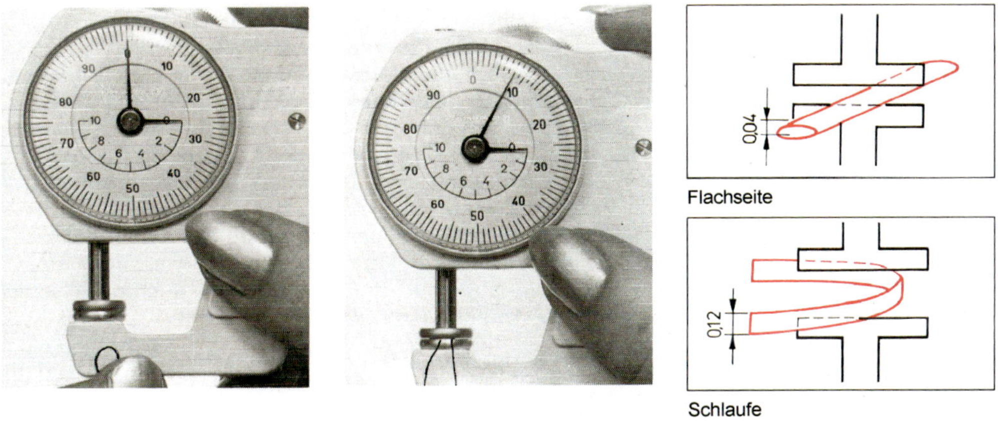

3.10 Prüfen von Bandhaar mit dem Haarstärkenmessgerät

Die Haarmenge ist von der Haarfarbe abhängig. Rund 100 000 Haare wachsen durchschnittlich auf dem Kopf eines Menschen. Das sind etwa 120 auf jedem Quadratzentimeter. Es gibt aber Unterschiede: Blonde Menschen haben in der Regel feinere Haare und weisen 20 % mehr Haare auf. Rothaarige und Menschen mit dunklen Haaren haben zwar kräftigere Haare, dafür aber ca. 20 % weniger.

Haare in Zahlen

100.000	Anzahl von Kopfhaaren bei Menschen mit mittel- und dunkelblonden Haaren
120.000	Anzahl von Kopfhaaren bei hellhaarigen Menschen
80.000	Anzahl von Kopfhaaren bei dunkel- und rothaarigen Menschen
5.000.000	Anzahl der Haarfollikel, die beim Embryo angelegt werden
120	Anzahl der Haare pro Quadratzentimeter Kopfhaut
250.000	Anzahl von Terminalhaaren, aus denen der männliche Bart besteht
300	Anzahl von Haaren einer Augenbraue
200	Anzahl von Wimpern an einem Auge
1–1,5 cm	Wachstum von Kopfhaaren pro Monat
ca. 30 Meter	Wachstum des Gesamthaares pro Tag
0,04 mm	Dicke von feinem Haar
0,06 mm	Dicke von normalem Haar
0,08 mm	Dicke von starkem Haar
0,06–0,10 mm	Dicke von südeuropäischem Haar
0,08–0,12 mm	Dicke von asiatischem Haar

3.4 Schichten des Haares

Versuch 1: Ziehen Sie sich ein Haar aus und fahren Sie daran mit Daumen und Zeigefinger von der Wurzel bis zur Spitze entlang. Anschließend drehen Sie das Haar um und fahren nun mit den Fingern von der Spitze zur Haarwurzel. Welchen Unterschied merken Sie?

Beim Durchziehen des Haares von der Wurzel bis zur Spitze spüren Sie einen Widerstand und man hört ein leichtes „Quietschen". Die Haaroberfläche scheint also nicht glatt zu sein.

Schuppenschicht, Cuticula. Betrachtet man ein Haar unter dem Mikroskop, bestätigt sich die Vermutung: Die Haaroberfläche besteht aus flachen Schuppenzellen, von denen etwa 7 das Haar spangenartig umgreifen (**3.**11a, b). Sie überlagern sich teilweise und zeigen mit den freien Rändern zur Haarspitze. An einer Bruchstelle wird deutlich, dass 6 bis 8 Lagen solcher Schuppenzellen das Haar umspannen (**3.**11c). Sie sind fest miteinander verbunden, sodass sie bei gesundem, unbeschädigtem Haar eine geschlossene Oberfläche bilden, die das Licht reflektiert und das Haar glänzend erscheinen lässt. Durch chemische Behandlung wird die dazwischen liegende Masse (Zellmembrankomplex) angegriffen, sodass die Schuppen abspreizen. Die Oberfläche wird rau, das Haar glanzlos (**3.**11d, e).

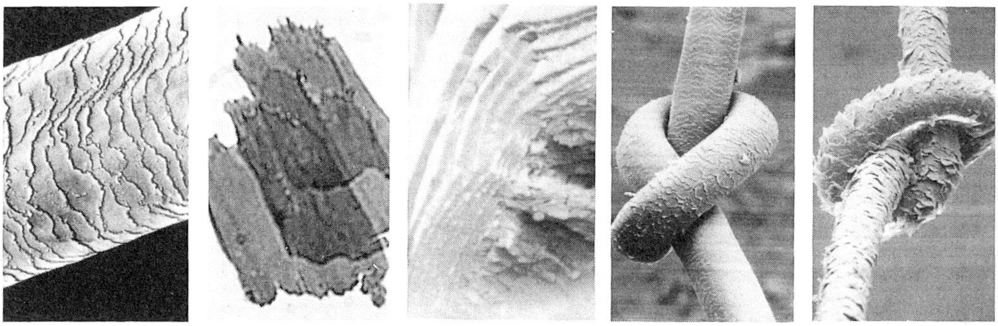

3.11 Schuppenschicht des Haares,
a) unter dem Raster-Elektronenmikroskop
b) isolierte Schuppenzellen
c) Dicke der Schuppenschicht
d) Schuppenschicht eines unbehandelten, gesunden Haares
e) Schuppenschicht eines chemisch behandelten Haares

3.12 a) Faserzellen

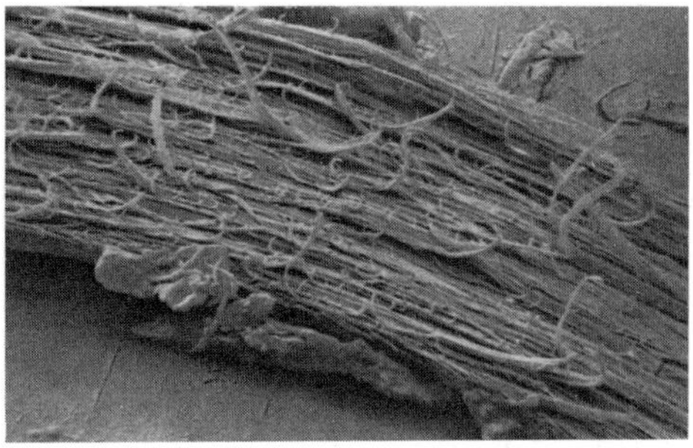

3.12 b) Keratinfasern in aufgerissenem Haar

3.12 c) Mikro- und Makrofibrillen in abgebrochenem Haar

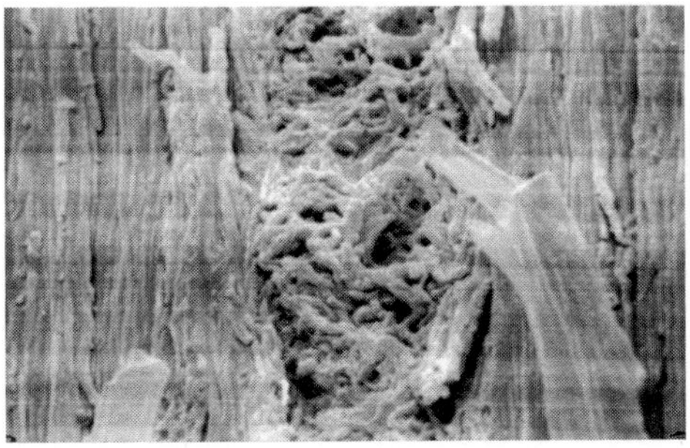

3.12 d) Mark

Faserschicht, Cortex. Unter der Schuppenschicht befindet sich die Faserschicht, die etwa 80 % des Haares ausmacht. Sie besteht aus spindelförmigen Faserzellen (**3.**12a). Während der Verhornung im Haarfollikel strecken sich die Zellen, die in der Haarzwiebel noch rund sind. Im Zellinnern (Plasma) entstehen dabei lange Keratinfasern, wie man auf elektronenmikroskopischen Aufnahmen erkennt (je 0,6 mm Länge und nur 0,0006 mm Durchmesser). Sie liegen wie die Faserzellen in Längsrichtung des Haares, sind aber untereinander verschlungen. Wie beim gedrehten Garn ergibt sich dadurch die große Festigkeit des Haares. An einer Bruchstelle (**3.**12b, c) erkennt man, dass die Keratinfasern zu größeren Einheiten (Mikro- und Makrofibrillen) zusammengeschlossen sind. Zwischen den Mikrofibrillen befindet sich eine schwefelreiche ungeformte (amorphe) Masse, die die faserigen Bauteile umhüllt und verbindet. In ihr spielen sich die chemischen Vorgänge der Dauerwelle ab. Etwa 60 % der Faserschicht sind Keratinfasern, der Rest ist amorphe Masse. Diese amorphe Masse besteht nicht nur aus den schwefelreichen Anteilen, sondern auch aus Resten der Zellmembran und nichtkeratinisierten Anteilen (Lipide).

Mark, Medulla. Bei mittelstarken Haaren findet man in der Mitte eine schwammige Masse, das Mark. Es besteht aus Markzellen mit Hohlräumen (**3.**12d). Starkes Haar sowie die Borsten der Wimpern und Augenbrauen haben statt dessen Lufteinlagerungen (Markkanal). Sehr feines Haar und Wollhaare haben keine Markschicht.

Aufbau der Haare

Schuppenschicht = Cuticula

↓

Schuppenzellen, 6 bis 8 Lagen übereinander, freie Ränder zur Haarspitze
Zellmembrankomplex

Faserschicht = Cortex

↓

spindelförmige Faserzellen – Makrofibrillen, Mikrofibrillen, Keratinfasern
amorphe schwefelhaltige Masse

Mark = Medulla

↓

Markzellen
bei dickem Haar (Borstenhaar)
Markkanal = Lufteinlagerungen

3.13 Aufbau des Haares

3.5 Haarwechsel

Bei jedem Kämmen und Waschen gehen Haare aus. Doch keine Angst – bei gesunder Kopfhaut wächst neues Haar nach. 5 bis 6 Jahre alt wird ein Haar durchschnittlich, bevor es ausfällt. Doch schon im Abstand von etwa 4 Monaten wächst ein neues nach. Dieser Haarwechsel vollzieht sich in drei Phasen: Aus der Wachstumsphase tritt das Haar in die Übergangs- und schließlich in die Ruhephase (**3.**14). Danach beginnt eine neue Wachstumsphase.

Die Übergangsphase (Katagenphase, 2 bis 3 Wochen) beginnt mit einer Verdickung der Glashaut. Daraufhin stellt die Matrix die Zellteilung ein und löst sich von der Papille. Die äußere Wurzelscheide fällt in sich zusammen und bildet den Haarkeim, aus dem später ein neues Haar wächst. Die Haarwurzel verhornt allmählich und steigt im Follikel nach oben. Der Follikel ver-

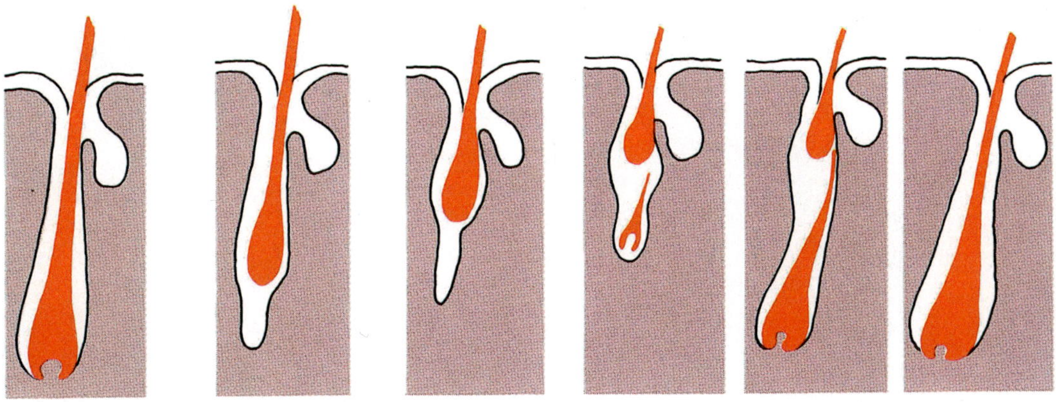

3.14 Haarwechsel

kürzt sich um etwa zwei Drittel. Ein in der Katagenphase gezogenes Haar hat eine volle Wurzel, aber noch Wurzelscheiden. Es heißt *Beethaar* (**3.**15a).

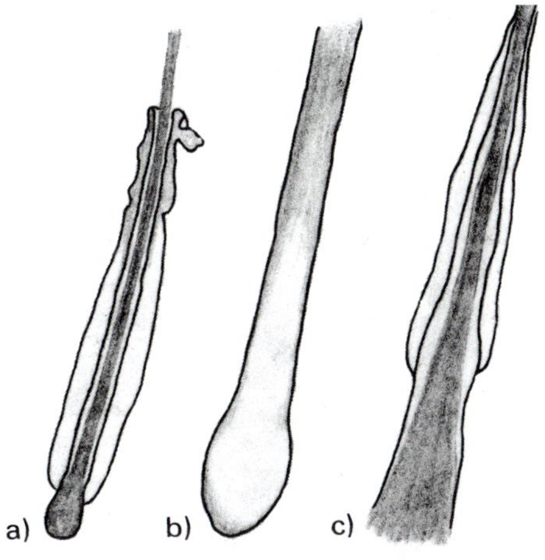

3.15 Haarwurzeln in den verschiedenen Phasen
a) Beethaar – Katagenphase
b) Kolbenhaar – Telogenphase
c) Papillarhaar – Anagenphase

In der Ruhephase (Telogenphase, 3 bis 4 Monate) ist die Haarwurzel kolbenartig voll und hell. Sie ist fest mit der inneren Wurzelscheide verbunden und schwer auszuziehen. Erst am Ende der Ruhephase wird das alte Haar durch das nachdrängende neue Haar herausgeschoben. Ausgekämmte Haare haben die typisch volle, kolbenartige Haarwurzel und keine Wurzelscheiden mehr. Man nennt sie *Kolbenhaare* (**3.**15b).

Die Wachstumsphase (Anagenphase, 5 bis 6 Jahre) beginnt mit einer regen Zellteilung des Haarkeims. Zunächst wachsen die Zellen nach unten in das alte bindegewebige Bett und bilden einen neuen Follikel. Sobald der Haarkeim die Papille erreicht hat, wächst das neue Haar auf die Hautoberfläche zu und durchstößt sie. Ein in dieser Phase ausgezogenes Haar erkennt man an der Wurzel. Sie ist oberhalb der Papille abgerissen und von beiden Wurzelscheiden umgeben (**3.**15c). Das Haar in der Anagenphase heißt *Papillarhaar*.

Normalerweise befinden sich etwa 80 % der Haare in der Wachstumsphase und 20 % in der Ruhephase. Weniger als 3 % sind in der Übergangsphase. Körperhaare haben eine kürzere Anagen- und eine längere Telogenphase als Kopfhaare. Augenbrauen und Wimpern sind nur rund 8 Wochen in der Wachstumsphase. Die Anagenphase des Kopfhaares dauert im Durchschnitt bei Frauen 5 bis 6 Jahre, bei Männern dagegen nur 2 bis 4 Jahre. Das wird durch die männlichen Keimdrüsenhormone, die Androgene, gesteuert.

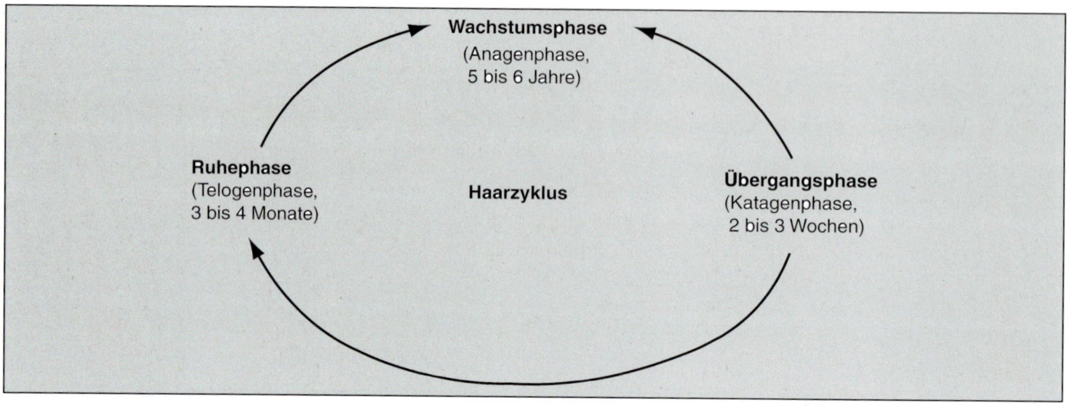

3.6 Naturfarbe des Haares

Pigmente. Die natürliche Haarfarbe wird durch Farbkörnchen (Pigmente) gebildet. In der Haarwurzel befinden sich Melanocyten (Pigmentbildungszellen, **3.**16), die mit ihren ärmchenartigen Fortsätzen Farbstoffvorstufen in die zukünftigen Faserzellen einlagern. Mit der Umwandlung der Zellen während der Verhornung entwickeln sich aus diesen Pigmentvorstufen die Pigmente. Deshalb erscheint die unverhornte Haarwurzel meist heller als der schon verhornte Haarschaft.

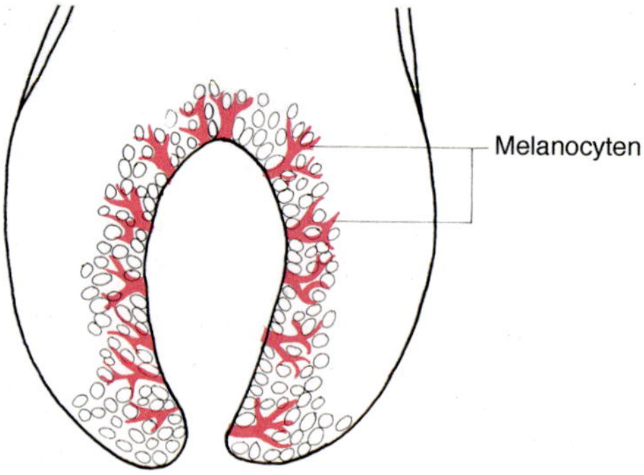

a) Schemazeichnung

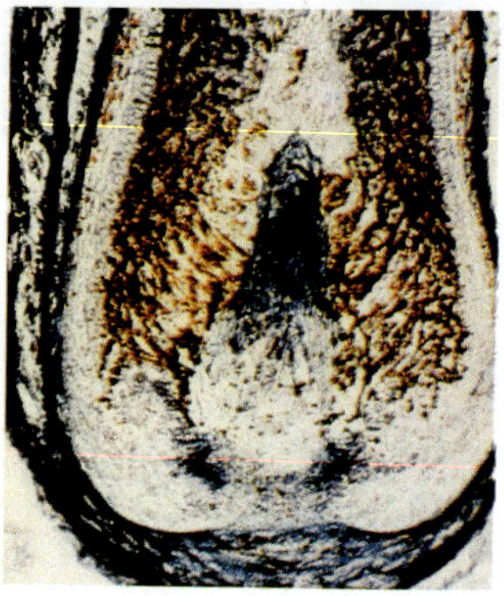

b) Mikroskop

3.16 Haarzwiebel mit Melanocyten

Unter dem Lichtmikroskop (bis 1000fache Vergrößerung) erkennt man beim naturroten Haar ein anderes Pigment als beim dunkelbraunen (**3.**17a, c). Bei dunklem Haar sind grobe schwarzbraune Farbkörnchen in der Faserschicht zu sehen, die im äußeren Teil besonders zahlreich sind, in der Mitte weniger (**3.**17a). Bei naturrotem Haar entdecken wir davon nur ganz wenige, dagegen eine gleichmäßige gelbrote Anfärbung (**3.**17c).

Daraus hat man zwei Arten von Pigmenten unterschieden: ein *schwarzbraunes*, *grobkörniges* und ein *gelbrotes*, *feinkörniges*. Elektronenmikroskopische Untersuchungen (bis 200000fache Vergrößerung) haben diese Erkenntnis nicht bestätigt. Bei schwarzen Haaren hat man gleichmäßig gefärbte Pigmente entdeckt, die viel Farbstoff enthalten (*Eumelanin*, **3.**18a). Bei blonden Haaren erkennt man nur geschichtete Pigmente, die weniger Farbstoffe enthalten (*Phäomelanin*, **3.**18b). Das feinkörnige, gelbrote Pigment erkennt man nicht.

Früher hat man Pigmente und Farbstoff gleichgesetzt, heute unterscheidet man beim Pigmentkorn den Farbstoff und das Eiweiß, woran der Farbstoff gebunden ist.

Da die Vergrößerung bei Elektronenmikroskopen so viel stärker ist, können deren Bilder nicht ohne weiteres mit denen vom Lichtmikroskop verglichen werden (200-mal stärker als das Lichtmikroskop). Elektronenmikroskopische Bilder lassen außerdem keine Farbe erkennen. Manche Forscher halten deshalb die geschichteten Pigmente für das gelbrote Pigment. Andere glauben, dass das Rotpigment anders aufgebaut, aber noch nicht genug erforscht sei.

Die meisten Haare enthalten beide Pigmentarten, allerdings in unterschiedlichem Mischungsverhältnis. Daraus ergibt sich die Vielfalt der Haarfarben.

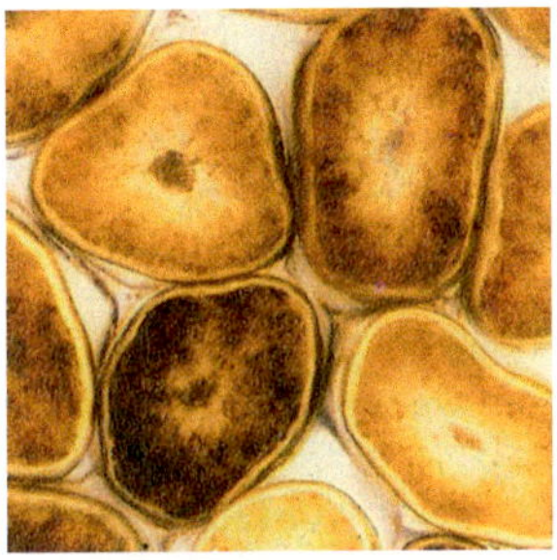

a) dunkelbraunes Haar

b) blondes Haar

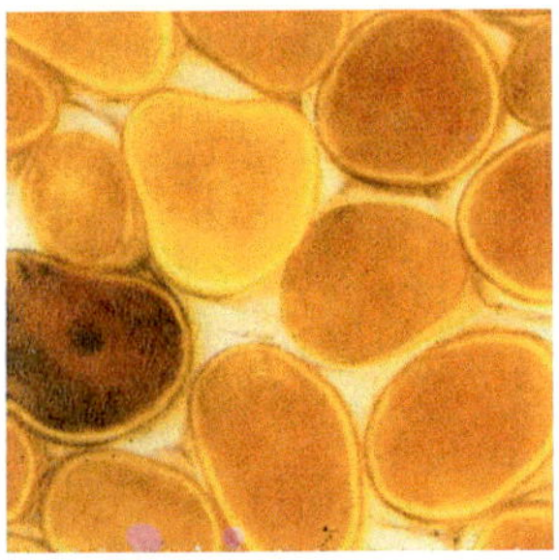

c) rotes Haar

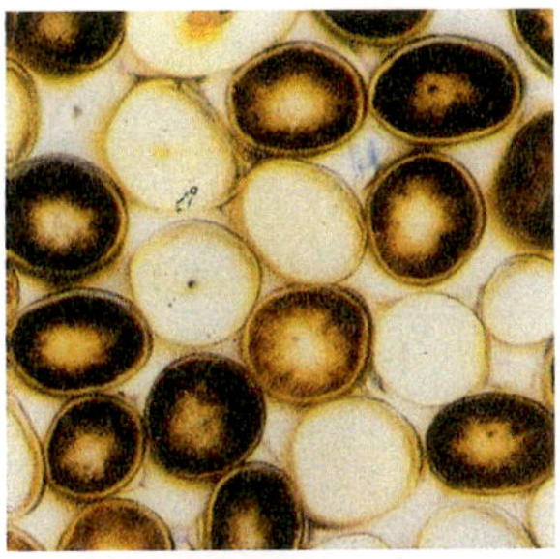

d) graues Haar

3.17 Haarquerschnitt – Pigmente

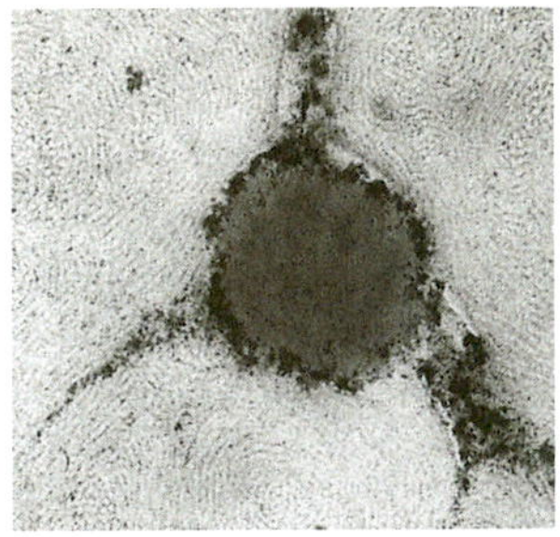

a) Eumelanin

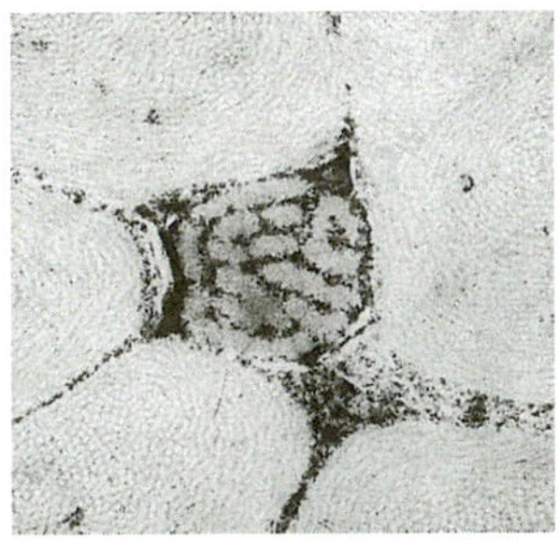

b) Phäomelanin

3.18 Pigmente (elektronenmikroskopische Aufnahmen)

Pigmente

- **lichtmikroskopisch**
  - schwarzbraun, grobkörnig, gehäuft im äußeren Bereich der Faserschicht
  - gelbrot, feinkörnig, gleichmäßig über die Faserschicht verteilt (diffus)
- **elektronenmikroskopisch**
  - **Eumelanin**: gleichmäßig gefärbt, viel Farbstoff in schwarzen Haaren
  - **Phäomelanin**: geschichtete Pigmente, weniger Farbstoff in hellblonden Haaren

Farbtiefe. Dunkles Haar hat viele Pigmente, die viel Farbstoff enthalten (Eumelanin), helle Haare haben dagegen weniger Pigmente, die auch weniger Farbstoff enthalten, weil sie geschichtet sind (Phäomelanin). Weshalb Haare, die gleich dunkel sind, unterschiedliche Farbtöne haben (Nuancierung = Farbrichtung, z. B. matt oder leuchtend), hat man früher mit der unterschiedlichen Mischung der schwarzbraunen und gelbroten Pigmente erklärt. Die Elektronenmikroskopie lässt offen, ob vielleicht verschiedene Farbstoffe in den Pigmenten sind.

Farbtiefe/Tonhöhe (Helligkeit)
viele Pigmente mit viel Farbstoff → dunkle Haarfarbe
wenige Pigmente mit wenig Farbstoff → helle Haarfarbe
Farbrichtung
Nuancierung, z. B. asch, matt, gold, rot

Beim Blondieren verändert sich die Haarfarbe, sie wird nicht nur heller, sondern auch leuchtender und lebhafter. Beim Abbau der Pigmente wird der Farbstoff in Bruchstücke geknackt, die rot sind. Bei längerer Einwirkung werden auch sie aufgehellt.

Ergrauen. Lichtmikroskopische Aufnahmen von Haarwurzeln vollpigmentierter Haare zeigen viele Melanocyten (**3.**19a), während sie bei Weißhaarigen fehlen (**3.**19b). Die Melanocyten haben sich nicht wie normal beim Haarwechsel in die Papille zurückgezogen, sondern sich mit dem Haar zusammen von der Papille gelöst. Dem neuen Haar fehlen die Melanocyten – es kann keine Pigmente bilden und bleibt weiß. Da nicht alle Haare zugleich ihre Melanocyten verlieren, wachsen zunächst nur einige weiße Haare im pigmentierten Schopf. Nach und nach werden es mehr, und es entsteht der Eindruck von grauem Haar. Tatsächlich erscheint uns nur die Mischung aus weißem und pigmentiertem Haar als grau. Graues Haar ist kein Zeichen des Alters, wie immer wieder gesagt wird. Manche Menschen haben bis ins hohe Alter hinein vollpigmentiertes Haar, andere schon mit 20 Jahren weiße Haare. Ebenso wie die Dicke des einzelnen Haares ist auch der Zeitpunkt des Ergrauens erblich bedingt.

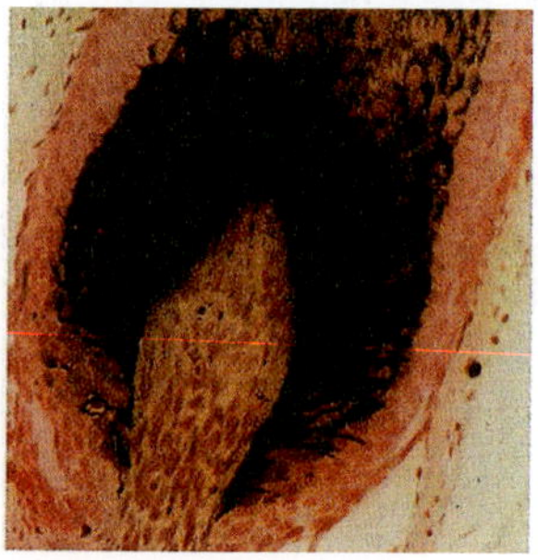

a) mit vielen Melanocyten

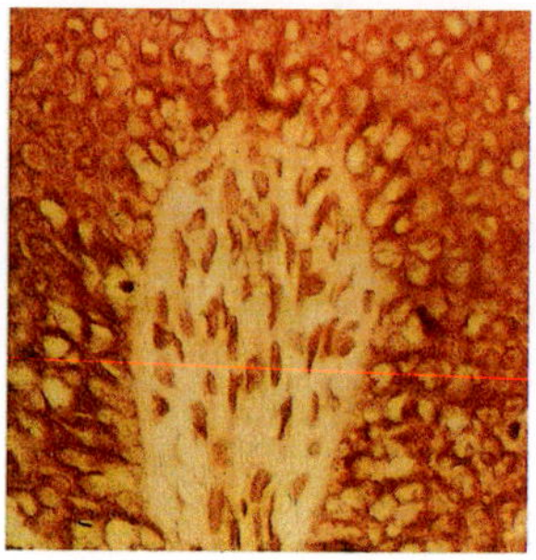

b) ohne Melanocyten

3.19 Haarwurzel

Plötzliches Ergrauen. Ab und zu hören wir, dass jemand vor Schreck oder Sorge „über Nacht" weiß geworden sei. Solche rührenden Geschichten sind ungenau. Denn ein pigmentiertes Haar behält seine Farbe bis zum Ausfallen, und über Nacht können nicht auf dem ganzen Schopf neue, weiße Haare in die Höhe schiessen – allenfalls wäre ein weißer Ansatz sichtbar. Dagegen können extreme seelische Belastungen zu verstärktem Haarausfall führen. Dabei fällt möglicherweise überwiegend vollpigmentiertes Haar aus und die zurückbleibenden weißen Haare täuschen plötzliches Ergrauen vor.

Ergrauen → allmählicher Verlust der Melanocyten
Plötzliches Ergrauen → verstärkter Ausfall pigmentierter Haare

3.7 Eigenschaften des Haares

Im Folgenden erhalten Sie einen Überblick über die Eigenschaften des Haares. Damit ist gemeint, wie sich Haare bei bestimmten physikalischen oder chemischen Einwirkungen verhalten. Viele der beschriebenen Eigenschaften sind Voraussetzungen dafür, dass Haare umgeformt werden können, andere erklären, warum manche Behandlungen nicht die erwünschte Wirkung erzielen.

Reißfestigkeit

Haare können stark gezogen werden und reißen erst bei einer bestimmten Belastung:

- Unbehandelte, trockene Haare tragen je nach ihrer Stärke 40–100 g, manchmal sogar noch mehr, ehe sie reißen
- Nasse Haare reißen in der Regel schon bei der Hälfte der Belastung.
- Chemisch behandelte Haare reißen leichter als unbehandelte Haare. Die Reißfestigkeit von blondiertem und hellergefärbtem Haar ist am geringsten.

Dehnbarkeit

Bevor Haare reißen, lassen sie sich bis zu einem gewissen Grad dehnen. Dabei verschieben sich wahrscheinlich die Mikrofibrillen gegeneinander, die durch die Einlagerung der amorphen Masse in gewissen Grenzen beweglich sind:

- Unbehandelte, trockene Haare lassen sich um 30–40 % ihrer ursprünglichen Länge dehnen.
- Nasse oder feuchte Haare lassen sich stärker dehnen, die Dehnung ist fast doppelt so groß wie im trockenen Zustand.
- Chemisch behandelte Haare lassen sich nur gering dehnen, reißen deutlich schneller.

Elastizität

Unter Elastizität versteht man, dass Haare nach einer Dehnung wieder in den Ausgangszustand zurückgehen. Dies geschieht allerdings nur bei einer Dehnung bis 10 %. Wird das Haar darüber hinaus gedehnt, bildet es sich nicht mehr zurück – es ist überdehnt wie ein ausgeleiertes Gummiband. Je stärker man ein Haar dehnt, desto mehr ist seine Struktur geschädigt und umso weniger bildet es sich zurück.

> Reißfestigkeit, Dehnbarkeit und Elastizität sind abhängig von der Haarstärke, Haarqualität und Haarstruktur.
> Diese Eigenschaften spielen beim Kämmen und Bürsten eine Rolle, dabei sind Dehnung und Zugkraft allendings so gering, dass nicht mit einer Haarschädigung gerechnet werden muss.

Formbarkeit

Haare werden erst durch Wasseraufnahme formbar. Diese Eigenschaft nutzt man beim Wasserwellen und Föhnen. Das Wasser erweicht das Keratin, d. h. die Wasserstoffbrückenbindungen werden gelöst. Das geformte Haar wird getrocknet, dabei bilden sich die Wasserstoffbrückenbindungen an anderen Stellen wieder aus, die Haare werden in der neuen Form gefestigt. Auch trockenes Haar enthält immer einen gewissen Anteil Wasser, das es aus der Luft anzieht (Hygroskopizität). Bei der Ondulation (Lockenstab, Kreppeisen etc.) wird dieses Wasser entzogen, um eine Formbarkeit zu erreichen. Bei zu häufiger Anwendung werden die Haare stark ausgetrocknet und können abbrechen.

Hygroskopizität

Sicher haben Sie auch schon die Erfahrung gemacht, dass Ihre Frisur bei einem Herbstspaziergang schnell zusammenfällt oder glattgeföhnte Partien wieder wellig werden. Regen, Nebel, Küchendunst und starkes Schwitzen wie beim Sport sind die Feinde der Frisur!

Haare nehmen Feuchtigkeit aus der Luft auf und werden dadurch schwerer. Naturgewellte oder dauergewellte Haare werden durch die Feuchtigkeitsaufnahme kraus, das Wasser löst die Wasserstoffbrückenbindungen und erweicht die amorphe Masse, die wellige Form kommt wieder durch. Besonders Kundinnen mit blondierten oder dauergewellten Haaren haben dieses Problem, denn vorbehandelte Haare können noch mehr Feuchtigkeit aufnehmen als unbehandelte.

Saugfähigkeit

Die größere Saugfähigkeit chemisch behandelter Haare ist besonders wichtig beim Färben oder Dauerwellen. Ein Versuch zeigt, dass unbehandelte Haare am wenigsten Wasser aufnehmen, blondierte dafür am meisten. Die Saugfähigkeit nimmt mit der chemischen Behandlung zu. Ursache dafür ist die Porosität des Haares. Die chemische Behandlung greift das Keratin an, besonders die amorphe Masse. Dadurch bilden sich Öffnungen in der Schuppenschicht und Zwischenräume zwischen den Keratinfasern, in die Feuchtigkeit gut eindringen kann.

Beim Färben können nun durch die zahlreichen Öffnungen mehr Farbstoffe eindringen als bei unbehandeltem Haar. Das Farbergebnis wird dunkler, folglich muss man bei stark porösem Haar einen helleren Farbton wählen.

Bei der Dauerwelle dringt die Wellflüssigkeit schneller ein, das Haar wird in kürzerer Zeit umgeformt. Aus diesem Grund muss die Einwirkzeit verkürzt oder das Wellmittel verdünnt werden. Eine andere Möglichkeit die Saugfähigkeit zu verringern ist die Vorbehandlung mit speziellen Kurmitteln, die die Öffnungen der Schuppenschicht füllen, so dass die Haare weniger aufsaugen können.

Kapillarwirkung

Haben Sie sich nicht schon einmal gewundert, dass die Wellflüssigkeit auf dem Wickler aufgetragen, problemlos bis in die Spitzen vordringt?

Dabei ist es nicht so, dass sich das Wellmittel einfach quer durch alle übereinander liegenden Haarschichten einen Weg sucht, sondern es steigt in den feinen Hohlräumen des Haares langsam vom Ansatz in die Spitzen. Diesen Effekt nennt man Haaröhrchen- oder Kapillareffekt. Je feiner oder enger die Zwischenräume, umso höher können Flüssigkeiten steigen.

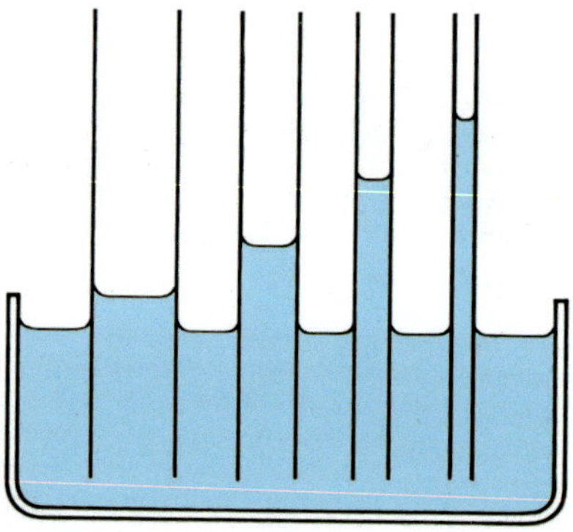

3.20 Kapillarwirkung. Wasser steigt in den Kapillaren hoch – je enger die Röhren, um so höher

Quellung

Durch Dauerwellmittel oder Blondierungen quillt das Haar auf. Die Alkalien dringen in das Haar ein und lockern die Struktur des Keratins. Dabei werden Keratinfasern auseinander gerückt, das Haar kann eine andere Form annehmen. Bei der Dauerwelle kann das Haar bis zu 100 % gequollen werden, durch Wasser kann man eine Quellung von 10 bis 15 % erzielen.

Formbarkeit, Hygroskopizität, Saugfähigkeit, Kapillarwirkung und Quellung spielen bei der Wasserwelle, der Dauerwelle und beim Färben eine wichtige Rolle und müssen im Behandlungsplan beachtet werden.

Hygroskopizität = Wasseraufnahme des Haares aus der Luft
Die Saugfähigkeit nimmt mit dem Grad der Porosität zu.
Kapillarwirkung = Aufsteigen von Flüssigkeiten in engen Hohlräumen
Quellung durch Wasser 10 bis 15 %, durch Wellmittel bis 100 %

Aufgaben zu Abschnitt 3.1 bis 3.7

1. Welche Haararten gibt es? Wodurch unterscheiden sie sich?
2. Welche Aufgaben haben Kopfhaar, Augenbrauen, Wimpern und Nasenhaare?
3. Was sind Lanugo-, was Terminalhaare?
4. Erklären Sie, wie ein Haar entsteht.
5. In welchem Alter fällt das erste Haarkleid aus?
6. Welche Unterschiede gibt es in der Behaarung bei Mann und Frau? Welche Ursachen haben sie?
7. Woraus besteht ein Haar?
8. Woran kann man die Wurzel bei einem ausgezupften Haar erkennen?
9. Was ist ein Haarfollikel?
10. Wie heißen die Schichten des Haarfollikels?
11. Wodurch werden Wuchsrichtung und Wirbel des Haares bestimmt?
12. Welche Aufgaben erfüllt der Haarbalgmuskel?
13. Was bedeuten die Begriffe Haarpapille, -zwiebel und -matrix?
14. Beschreiben Sie Wachstum und Ernährung des Haares.
15. Was sind Protein, Keratin und Präkeratin?
16. Woraus besteht die Faserschicht?
17. Wie ist die Schuppenschicht aufgebaut?
18. Bei welchen Haaren kommt die Markschicht vor, bei welchen nicht?
19. Beschreiben Sie den Haarwechsel.
20. Wie lange dauert die Wachstumsphase der Kopfhaare bei Frauen und Männern?
21. Zeichnen Sie die Wurzel eines ausgezupften Haares in der Wachstums-, Übergangs- und Ruhephase.
22. Wie lange dauert die Wachstumsphase der Augenbrauen und Wimpern?
23. Wie lange dauern Übergangs- und Ruhephase des Kopfhaares?
24. Was sind Kolben-, Beet- und Papillarhaare?
25. Welche Pigmente erkennt man unter dem Lichtmikroskop?
26. Unter dem Elektronenmikroskop unterscheidet man 2 Pigmentarten. Wie heißen sie? Notieren Sie die Unterschiede.
27. Was sind Melanocyten? Wo befinden sie sich?
28. Wie entstehen die Haarpigmente?
29. Sammeln Sie abgeschnittene Kundenhaare und ordnen Sie sie nach der Farbtiefe und Nuancierung. Benutzen Sie zur Farbbestimmung eine Farbkarte.
30. Beschreiben Sie den Vorgang des Ergrauens.
31. Warum kann man nicht „über Nacht“ ergrauen?
32. Welche Querschnittsformen gibt es beim Haar?
33. Welche Stärke hat das Haar?
34. Was ist Bandhaar? Welche Eigenschaften hat es?
35. Wie verhält sich die Reißfestigkeit von behandeltem und unbehandeltem Haar?
36. Beschreiben Sie die vorübergehende und bleibende Dehnung des Haares.
37. Was bedeutet Hygroskopizität des Haares, und wie wirkt sie sich aus?
38. Wovon hängt die Saugfähigkeit des Haares ab, und welche Bedeutung hat sie?
39. Wie kommt die Quellung des Haares zustande?
40. Was versteht man unter der Kapillarwirkung des Haares?

3.8 Haaranomalien

In seltenen Fällen treten Abweichungen vom normalen Haarwachstum auf. Sie sehen eigenartig aus und sind angeboren. Man nennt sie Haaranomalien (nicht normal).

Gedrehte Haare (Pili torti) sind um ihre Längsachse gedreht (**3.**21). Meist sind sie in der betroffenen Familie mehrfach zu finden (erblich), aber immer nur bei Kindern (hauptsächlich blonden). Um das 12. Lebensjahr werden sie durch normale Haare ersetzt. Die Ursache dieser Anomalie ist unbekannt. Ihre Normalisierung hängt wohl mit der in der Pubertät einsetzenden

Talgdrüsentätigkeit zusammen. Durch Behandlung lassen sich gedrehte Haare nicht normalisieren. Da sie sehr störrisch sind, verbessert man das Aussehen durch fetthaltige Packungen oder Frisiercremes.

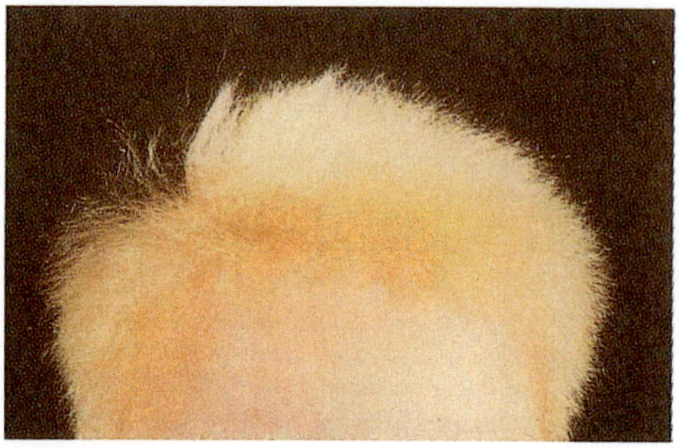

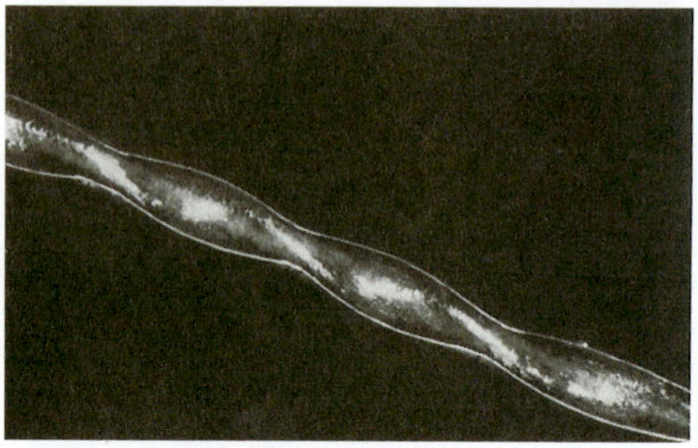

3.21 a) Gedrehte Haare (Pili torti) b) gedrehtes Haar unter dem Mikroskop

Spindelhaare (Monilethrix) haben dickere Stellen, die regelmäßig mit Einschnürungen abwechseln (**3**.22). Sie sind sehr brüchig und brechen an den Einschnürungen ab. Meist führen sie zu bleibender Kahlheit mit Hornkegeln an den Haarfollikeln. Spindelhaare sind erblich. Eine wirksame Behandlung ist bisher nicht bekannt.

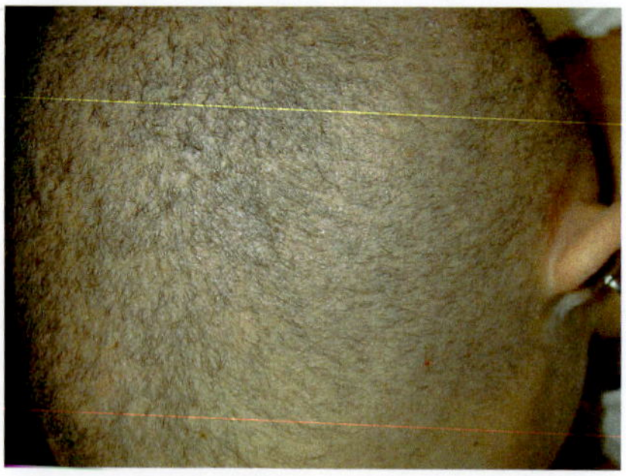

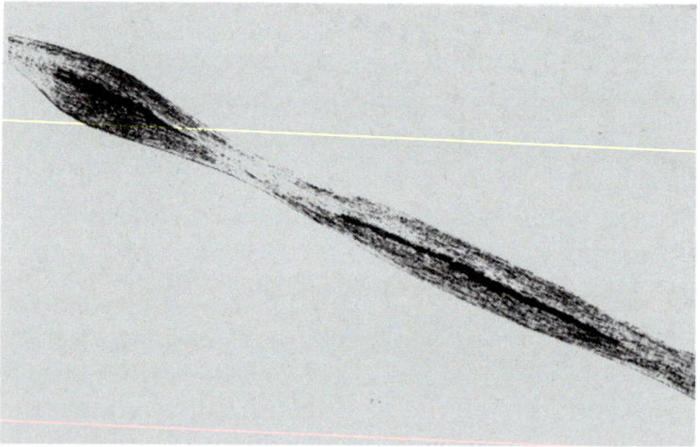

3.22 a) Spindelhaare (Monilethrix) b) Spindelhaar unter dem Mikroskop

Ringelhaare (Pili anulati) sehen eigenartig gefleckt aus (**3**.23). Pigmentierte Abschnitte wechseln regelmäßig mit farblosen. Die unterschiedliche Farbe beruht auf Lufteinlagerungen. Auch Ringelhaare sind erblich bedingt und lassen sich zwar nicht dauerhaft beseitigen, aber durch Färben im Aussehen verbessern.

Da Ringelhaare weder abbrechen noch vermehrt ausfallen, sind sie eine harmlose Anomalie. Sie können wie normales Haar gepflegt und behandelt werden.

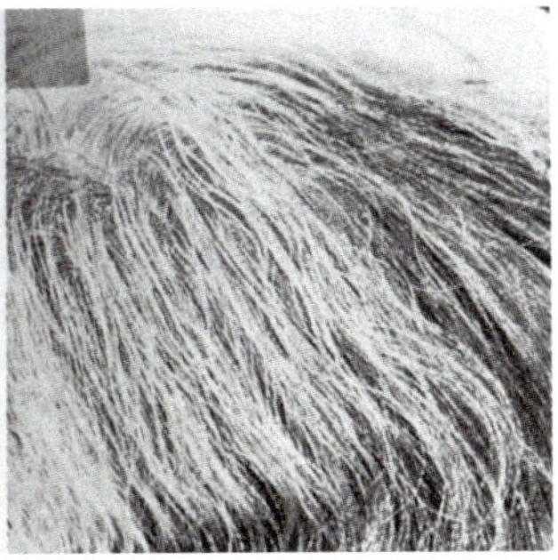

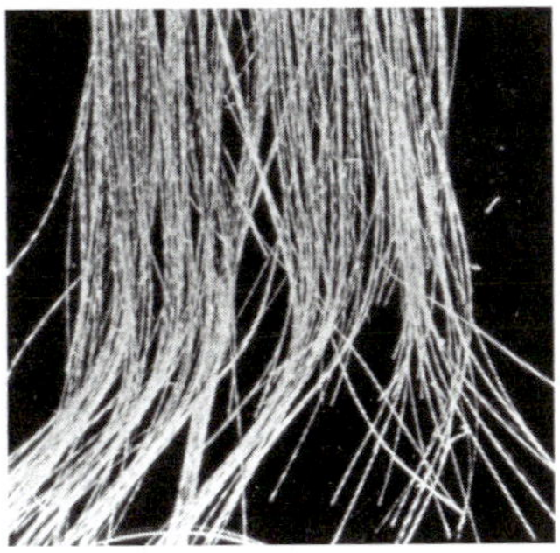

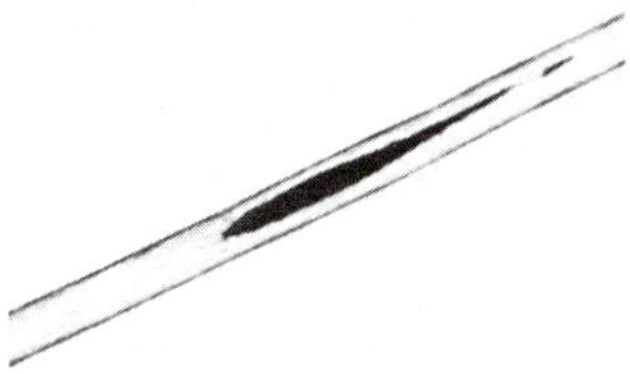

3.23 a) Ringelhaare (Pili anulati) b) Ringelhaarsträhne in Nahaufnahme c) Ringelhaar unter dem Mikroskop

3.9 Schäden/Veränderungen des Haarschafts

Glanzloses, poröses Haar wird auch häufig als strukturgeschädigtes Haar bezeichnet. Diesen Schaden bekommen Sie bei der täglichen Arbeit im Salon oft zu sehen. Das Haar fühlt sich trocken und spröde an, lässt sich schlecht auskämmen, verfilzt leicht. Beim Betrachten unter dem Elektronenmikroskop kann man deutlich die abgespreizten Schuppenzellen erkennen. Die Schuppenzellen des gesunden Haares liegen an und bilden eine glatte, geschlossene Schutzschicht. Glanzloses Haar ist ausgelaugt und angegriffen. Zwischen den einzelnen Schuppenlagen bilden sich Hohlräume, das Haar ist porös, die Oberfläche rau, der Zellmembrankomplex zwischen den Schuppen fehlt.

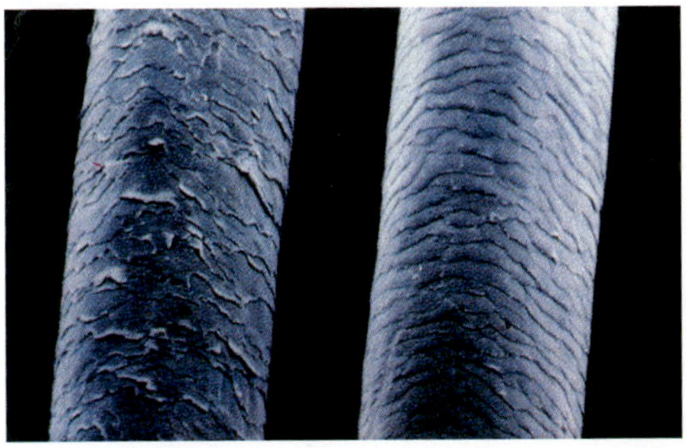

3.24 Schuppenschicht, links beansprucht – rau, rechts intakt – glatt

Ursachen für glanzlose, poröse Haare können starke Sonnenbestrahlung und Meerwasser im Urlaub sein oder Behandlungen des Friseurs wie Blondieren, Hellerfärben, Färben oder Dauerwellen. Aber auch Übertrocknung durch häufiges zu heißes Föhnen oder Benutzung des Curlers kann auf Dauer zu porösen Haaren führen.

Behandlung. Das angegriffene Keratin lässt sich nicht reparieren, der entstandene Schaden bleibt also. Er kann nur abgemildert werden, in dem man die Hohlräume auffüllt und die Schuppen anlegt. Dazu dienen Spülungen, Packungen und Haarkuren. Sie enthalten Fettstoffe oder Silikone, die das Haar wieder geschmeidig machen. Säurezusätze adstringieren die Haare zusätzlich, andere Wirkstoffe wie Eiweißhydrolysate sollen die Hohlräume auffüllen oder ziehen aufs Haar auf und glätten es.

Haarspliss (Trichoptilosis, gespaltene Spitzen). Für die Diagnose benötigt man kein Mikroskop, da die gespaltenen Spitzen oft schon mit bloßem Auge zu erkennen sind. Sie sind heller als das übrige Haar, und man kann deutlich eine oftmals mehrfach gespaltene und ausgefaserte Haarspitze erkennen.

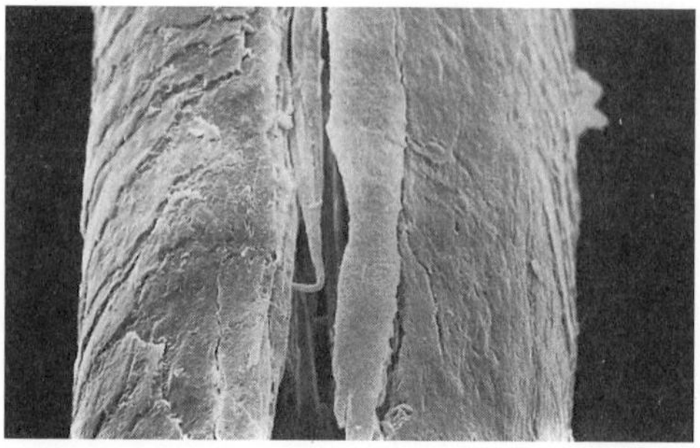

a) unter dem Raster-Elektronenmikroskop

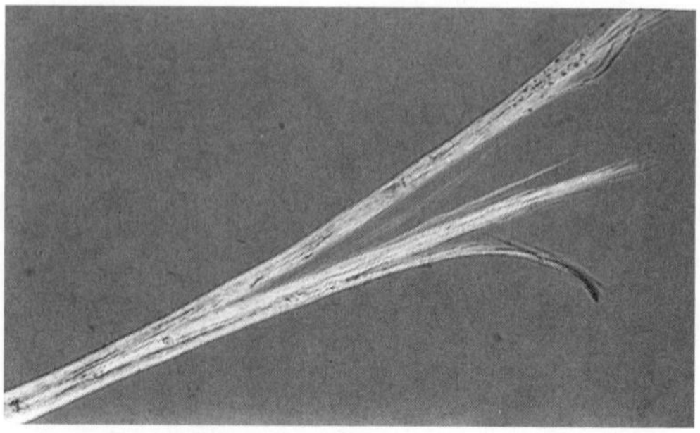

b) unter dem Lichtmikroskop

3.25 Haarspliss

Ursachen. Man findet Spliss häufig bei schulterlangen und längeren Haaren, da die Haarspitzen auf der Kleidung reiben und sich dadurch spalten. Übertrocknung durch häufiges heißes Föhnen kann ebenso eine Ursache sein wie die Verwendung von scharfkantigen Haarbürsten oder Spritzgusskämmen, die durch die scharfen Kanten das Haar regelrecht *aufschlitzen.*

Behandlung. Geschädigte Spitzen lassen sich nicht reparieren, sondern müssen abgeschnitten werden. Das ist nicht immer einfach, da meistens nicht die längsten Haare gespalten sind. Früher hat man versucht, Haarspliss mit *Sengen* zu beseitigen. Diese Technik wird heute so gut wie nicht mehr angewandt, dafür arbeitet man mit der *heißen Schere* oder führt einen *Splissschnitt* durch (s. Kap. 5). Eine dauerhafte Besserung des Problems erreicht die Kundin nur, wenn sie Haare so kurz trägt, dass die Haare nicht auf der Kleidung reiben, nicht so heiß föhnt und keine scharfkantigen Kämme oder Bürsten benutzt. Außerdem müssen vermehrt Pflegepräparate wie Spülungen, Haarkuren oder Ölhaarwäschen angewandt werden, sonst taucht das Problem erfahrungsgemäß nach kurzer Zeit erneut auf.

Haarknötchenkrankheit und Pinselhaarbruch treten manchmal zusammen mit Spliss auf. Das befallene Haar sieht aus, als enthalte es kleine Knötchen. Unter dem Mikroskop kann man erkennen, dass der Haarschaft an der betreffenden Stelle aufgetrieben und knötchenartig verdickt ist. (**3**.26a + b). An einem Haarschopf findet man Stellen, an denen ein Knötchen entsteht, andere mit voll ausgebildetem Knötchen und schließlich solche, an denen das Knötchen abgebrochen ist. Da die Bruchstelle kurz ausfasert, nennt man es Pinselhaarbruch (**3**.27a + b).

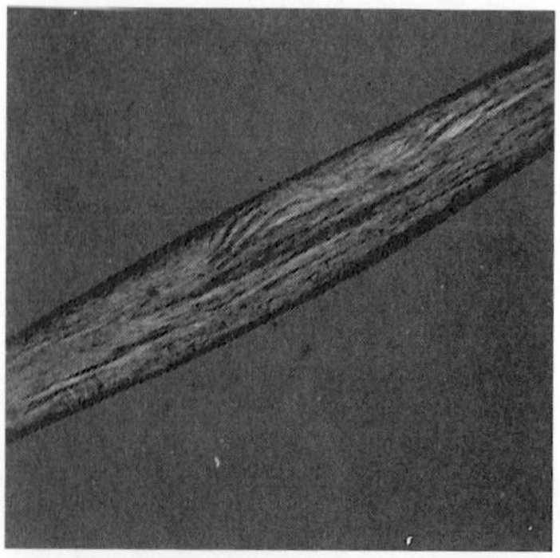

a) beginnende Auftreibung im Haarschaft

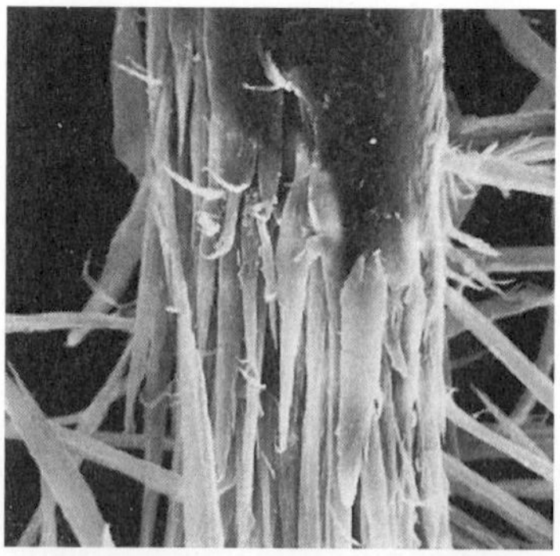

b) voll ausgebildetes Haarknötchen unter dem Raster-Elektronenmikroskop

3.26 Knötchenkrankheit (Trichorrhexis nodosa)

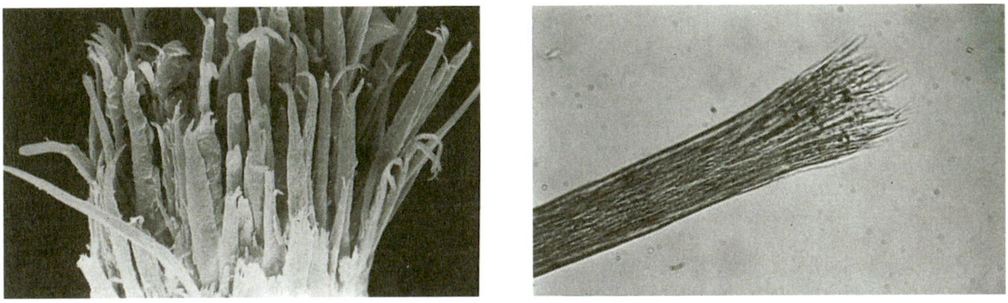

a) unter dem Raster-Elektronenmikroskop b) unter dem Lichtmikroskop

3.27 Pinselhaarbruch-Endstadium der Knötchenkrankheit

Ursachen. Bei Vorliegen einer genetischen Veranlagung wird die Haarknötchenkrankheit durch chemische Einflüsse wie Dauerwelle, Färben oder Blondieren, scharfkantige Werkzeuge und Austrocknen sowie Knickstellen an Spangen, Klemmen und Einsteckkämmchen verursacht.

Behandlung. Die Stellen mit Knötchen und Pinselbruch müssen abgeschnitten werden, Spangen oder Klemmen sollten nicht verwendet werden. Durch Packungen, Ölhaarwäschen und Spülungen wird das Haar geschmeidig gehalten.

Tabelle **3**.28 Veränderungen des Haarschafts

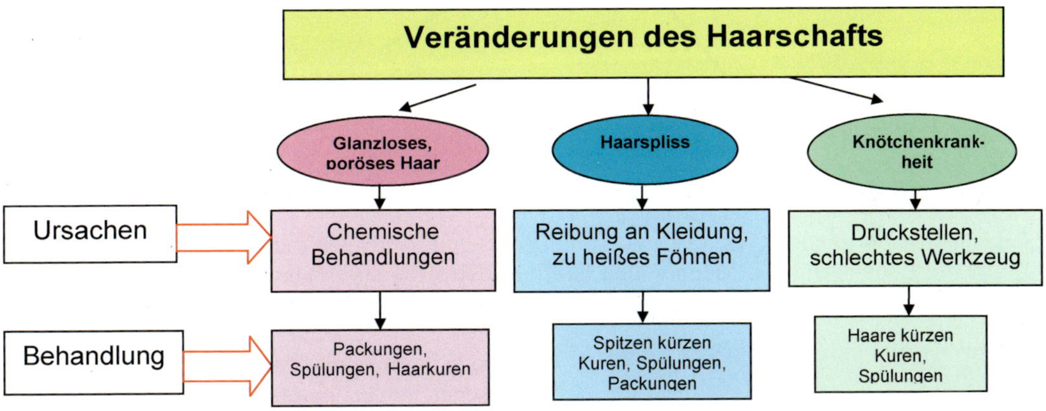

3.10 Störungen der Kopfhaut

Wenn Sie Ihre Kunden bei der Wahl des Shampoos beraten, sprechen Sie häufig von trockenen oder fettigen Haaren. Um zu dieser Diagnose zu gelangen, haben Sie sich aber nicht nur die Haare Ihrer Kundin angesehen, sondern auch die Kopfhaut geprüft.

Trockenes Haar, Schuppen oder fettiges Haar hängen unter anderem hauptsächlich von der Talgproduktion der Kopfhaut ab. Wir unterscheiden trockene Kopfhaut (Sebostase), Kopfhautschuppen und fettige Kopfhaut (Seborrhö).

Trockene Kopfhaut erkennt man an der glanzlosen, rauen oder spröden Oberfläche. Trockene Kopfhaut ist in der Regel empfindlich und kann eine minimale Schuppung aufweisen. Da Hauttalg die Kopfhaut normalerweise mit einem Film überzieht, kann er zum einen Feuchtigkeit aus der Luft binden und zum anderen verhindern, dass Feuchtigkeit aus der Haut verdunsten kann.

Bei einer Unterfunktion der Talgdrüsen gibt es nicht genügend Talg, so dass weder genug Feuchtigkeit aus der Luft gebunden werden, noch die Verdunstung aus der Haut verhindert werden kann. Das führt dazu, dass ein Mangel an Talg einen Mangel an Feuchtigkeit nach sich zieht. Eine trockene Kopfhaut kann aber auch durch die häufige Verwendung von stark austrocknenden Haarwaschmitteln entstehen oder durch dauernden Aufenthalt in Räumen mit trockener Luft, wie z. B. in klimatisierten Büros oder in Flugzeugen.

Schuppen. Bei schuppender Kopfhaut gibt es mehrere mögliche Ursachen:

Tabelle **3**.29 Ursachen von Schuppen

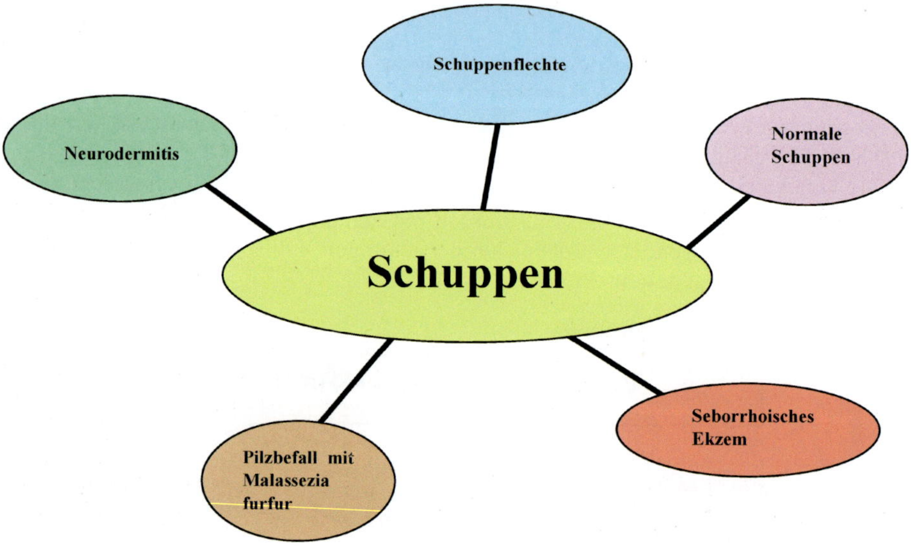

Kinder haben bis zur Pubertät fast nie Schuppen. Schuppen treten hauptsächlich zwischen dem 20. und 40. Lebensjahr auf. Männer sind häufiger betroffen als Frauen. Im Frühjahr und Herbst ist die Schuppenbildung ausgeprägter als während der übrigen Jahreszeiten.

3.30 Schuppenbildung

Normale Schuppen. Etwa 10 bis 20 % der Erwachsenen leiden unter Kopfhautschuppen. Normalerweise werden täglich Hornzellen abgestoßen. Diese sind allerdings mit dem bloßen Auge nicht erkennbar. Der Vorgang der Zellerneuerung dauert in der Regel 4 Wochen. Bei Schuppenbildung ist der Prozess stark beschleunigt, die Zellen können nicht vollständig verhornen. So ballen sich mehrere hundert Hautzellen zusammen und werden dann als Schuppe sichtbar.

Normale Schuppen können mehrere Ursachen haben. Oft ist die Kopfhaut durch häufiges Haarewaschen und heißes Föhnen strapaziert. Verschlimmernd wirken austrocknende Shampoos, die die Kopfhaut weiter entfetten. Die Talgdrüsen können nicht mehr genügend Talg produzieren, es entstehen Schuppen auf der ausgetrockneten Kopfhaut.

Behandlung. Es sollten nur Shampoos verwendet werden, die milde Tenside enthalten und rückfettend wirken. Als zusätzlicher Wirkstoff wird meist Selendisulfid eingesetzt, das die übermäßige Zellteilung reduzieren und damit die Schuppen zum Verschwinden bringen soll. Um normalen Kopfhautschuppen vorzubeugen, sollten Sie Ihren Kunden empfehlen, ihre Haare nicht öfter als zweimal pro Woche mit milden, rückfettenden Shampoos und lauwarmem Wasser zu waschen. Danach gründlich ausspülen. Vorsichtig auskämmen, Haare an der Luft trocknen lassen oder mit mäßig warmer Temperatur föhnen.

Die folgenden Ursachen von Schuppen können nur durch einen Facharzt festgestellt werden. Oftmals treten Malassezia furfur und seborrhoisches Ekzem in Kombination auf.

Pilzbefall der Kopfhaut mit Malassezia furfur. Geht die Schuppenbildung mit starkem Juckreiz einher, liegt wahrscheinlich ein Befall der Kopfhaut mit Malassezia furfur vor. Dieser Hefepilz ist ein natürlicher Bestandteil unserer Hautflora. Er ernährt sich von den Fetten aus den Talgdrüsen der Kopfhaut. Produzieren diese viel Fett, so fühlt sich der Pilz dort besonders wohl und vermehrt sich stark. Bei der Verdauung der Fette entstehen freie Fettsäuren, die die Haut reizen. Kratzt man, wird die Kopfhaut noch mehr gereizt und ist empfindlicher für Entzündungen, denn weitere Pilze können sich ansiedeln. Die Kopfhaut reagiert auf die Reize, indem sie verstärkt neue Hautzellen bildet. Ursache für die starke Vermehrung des Pilzes scheint die Wirkung von Androgenen zu sein. Sie regen die Talgdrüsenproduktion an und verändern die Zusammensetzung des Hautfetts. Dadurch ändert sich auch der pH-Wert, so dass optimale Lebensbedingungen für den Pilz geschaffen werden können.

Behandlung. Die Behandlung besteht darin, die Anzahl von Malassezia furfur zu verringern. Dazu verwendet man Antimykotika (pilztötende Mittel), die den Wirkstoff Ketokonazol oder Bifonazol enthalten. Die Wirkstoffe sind in apothekenpflichtigen Shampoos enthalten. Die Haare werden normal gewaschen, das Mittel muss aber vor dem Ausspülen etwa 5 Minuten einwirken. Die Behandlung ist nur erfolgreich, wenn sie über einen längeren Zeitraum hin erfolgt, da die auslösenden Faktoren weiter bestehen. Wird das Mittel zu früh abgesetzt, tritt die starke Schuppenbildung bald wieder auf.

Seborrhoisches Ekzem. Schuppen können durch eine milde Form des seborrhoischen Ekzems hervorgerufen werden. Das Ekzem kann u.a. an der behaarten Kopfhaut und den Augenbrauen auftreten. Neben den starken Schuppen findet man rötliche und gelbliche entzündete Stellen, vor allem an der Stirnhaarwuchsgrenze und hinter den Ohren. Häufig juckt die Kopfhaut stark. Ursachen für das Auftreten des Ekzems sind eine vermehrte Talgproduktion, eine veränderte Zusammensetzung des Hauttalgs, das vermehrte Vorhandensein des Hefepilzes Malassezia furfur, früher auch Pityrosporum ovale genannt, und vermutlich eine genetische Veranlagung. Klimatische Faktoren wie Hitze oder Feuchtigkeit und psychische Einflüsse wie Stress scheinen weitere Faktoren zu sein, die die Schuppenbildung auslösen oder verschlimmern können. Das seborrhoische Ekzem tritt vermehrt zwischen dem 40. und 60. Lebensjahr auf, Männer sind häufiger davon betroffen, da die männlichen Geschlechtshormone (Androgene) die Talgproduktion verstärken, es tritt aber auch bei Frauen auf.

Behandlung. Auch beim seborrhoischen Ekzem verwendet man Shampoos, die die Anzahl von Malassezia furfur reduzieren, die übermäßige Talgproduktion etwas eindämmen und die Schuppen ablösen. Zinkpyrithion, Piroctolamin (Octopirox) und Climbazol hemmen das Wachstum von Mikroorganismen, Schwefel und Vitamin A sollen die Talgproduktion verringern, Salizylsäure wirkt keratolytisch. Oftmals sind die verwendeten Wirkstoffe aber zu schwach, um den Pilz einzudämmen, so dass auf die oben genannten Antimykotika zurückgegriffen werden muss.

Neurodermitis und Schuppenflechte. Kopfschuppen können auch Kennzeichen einer Erkrankung wie Psoriasis oder Neurodermitis sein. Bei der Schuppenflechte findet man stark verdickte, gerötete und schuppige Hautstellen, und zwar nicht nur auf der Kopfhaut. Die Behandlung dieser Erkrankung gehört unbedingt in die Hand eines Arztes. Da eine Reizung der Kopfhaut durch Massage oder Shampoos einen neuen Schub auslösen kann, dürfen Kunden mit Psoriasis nur leicht gewaschen werden. Das verwendete Shampoo sollte ganz mild sein, darf keine Duft-, Farb- oder Konservierungsstoffe enthalten, um die empfindliche Kopfhaut keinesfalls zu reizen.

Sehr gut vertragen werden Kopfpackungen aus Oliven- oder Distelöl oder Mischungen aus Totem-Meer-Salz und Meerschlick.

Bei der Neurodermitis wendet man die gleichen Behandlungsmethoden wie bei der Schuppenflechte an. Die Kopfhaut kann rot, nässend, stark verkrustet oder schuppend sein und juckt stark. Die Reinigung muss sehr vorsichtig mit milden Shampoos erfolgen, Ölpackungen sollen fettend wirken, teerhaltige Tinkturen setzt man gegen den Juckreiz ein.

Ursachen von Schuppen

- beschleunigter Verhornungsvorgang der Oberhaut
- ausgetrocknete Kopfhaut durch falsche Haarpflege: häufiges Waschen, austrocknende Shampoos, heißes Föhnen
- verstärkte Talgdrüsentätigkeit ⟶ seborrhöisches Ekzem } Häufigste Ursachen von Schuppen
- verstärkte Ausbreitung von Malassezia furfur
- Schuppenflechte und Neurodermitis

Seborrhö (Fettige Kopfhaut und fettige Haare)

Diese Erscheinung beruht auf einer Überfunktion der Talgdrüsen. Die Talgdrüsen produzieren zu viel Fett, so dass die Haare schon nach zwei oder drei Tagen wieder strähnigfettig sind. Diese Störung nennt man Seborrhö = Talgfluss.

Ursache von fettiger Haut sind die männlichen Keimdrüsenhormone, Testosteron genannt. Diese Hormone werden mit Beginn der Pubertät gebildet und verstärken die Tätigkeit der Talgdrüsen. Östrogene und Gestagene sind die weiblichen Keimdrüsenhormone und vermindern die Talgproduktion. Da aber beide Hormone nicht ausschließlich nur entweder bei Frauen oder bei Männern vorkommen, gibt es auch bei Frauen eine Seborrhö. Man unterscheidet zwei Arten der Seborrhö:

Seborrhö oleosa (ölige Seborrhö) und ***Seborrhö sicca*** (trockene Seborrhö).

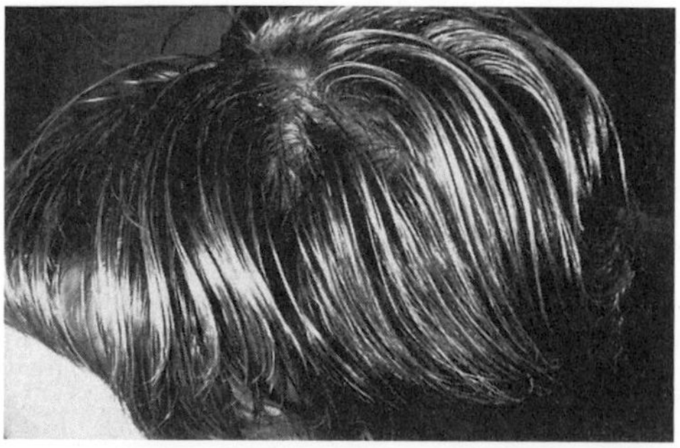

3.31 Ölige Seborrhö (Seborrhö oleosa)

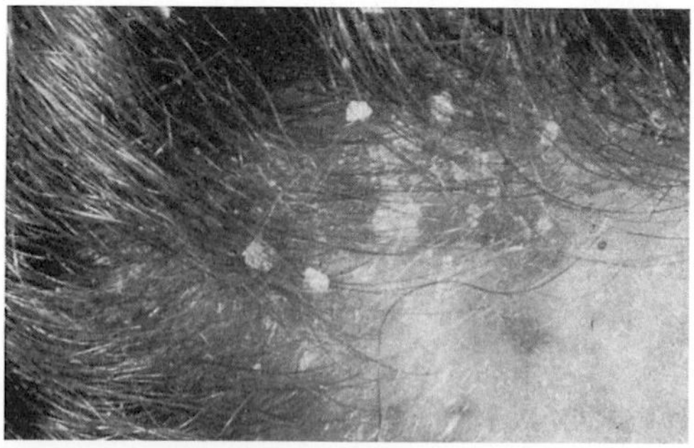

3.32 Trockene Seborrhö (Seborrhö sicca)

Bei der öligen Seborrhö (Seborrhö oleosa) ist das Haar vom Ansatz bis zur Spitze strähnigfettig, weil der Hauttalg ölig-flüssig ist (**3.**31).

Bei der trockenen Seborrhö (Seborrhö sicca) sieht das Haar gar nicht fettig aus, eher trocken und spröde. Erst bei genauerem Hinsehen stellt man fest, dass es am Ansatz fettig ist. Der Hauttalg ist wachsartigfest, verteilt sich deshalb nicht bis in die Haarlängen. Gelegentlich bildet er Schuppen, die größer sind als bei der Schuppenbildung und sich fettigklebrig anfühlen (**3.**32).

Behandlung. An der Veranlagung zu fettiger Haut und an den Hormonen kann der Friseur nichts ändern. Doch er sorgt dafür, dass sich das Fett nicht in der Frisur verteilt. Dazu dienen Kurfestiger, die verhindern, dass das Haar zusammenfällt. Außerdem enthalten sie Kunstharze, die Fett aufsaugen. Nach der Dauerwelle scheint das Haar nicht so schnell fettig zu werden – es ist porös geworden und saugt das Fett auf. Weil Hauttalg ein guter Nährboden für Bakterien und Pilze ist, muss das Haar notfalls täglich mit mildem Shampoo gewaschen werden. Desinfizierende Wirkstoffe in Kopfwässern verhindern, dass sich Bakterien und Pilze vermehren. Zusätze (z. B. Teer, Menthol) bekämpfen den Juckreiz und vermeiden Entzündungen. Außerdem muss der Friseur Behandlungen vermeiden, die die Talgdrüsen reizen könnten – besonders heißes Fönen, starke Kopfmassagen, konzentrierte Shampoos und zu heißes Wasser.

Seborrhö = Überfunktion der Talgdrüsen

Arten	Ursachen	Behandlung
– Seborrhö oleosa = ölige Seborrhö – Seborrhö sicca = trockene Seborrhö	– Veranlagung – männliche Keimdrüsenhormone (Testosterone) – Reizung der Talgdrüsen	– regelmäßige schonende Haarreinigung – desinfizierende Kopfwässer – fettaufsaugende Kurfestiger

3.11 Haarausfälle

Woran erkennen Sie Haarausfall? Eigentlich ist es ganz leicht: Sie müssen einfach nur die Haare zählen, die täglich ausfallen. Während beim normalen Haarwechsel etwa 80 bis 100 Haare ausfallen, liegt die Zahl bei Haarausfall deutlich über 100.

Es gibt viele Arten von Haarausfall, er kann an einzelnen Stellen auftreten, wird dann fleckförmig genannt oder kann sich über den ganzen Kopf verteilen. So wie es verschiedene Ursachen für Haarausfall gibt, sind auch die Chancen, dass die Haare wiederkommen unterschiedlich: Manchmal wachsen sie selbst nach Jahren wieder nach, in anderen Fällen bleiben Stellen kahl. Man spricht auch von **reversiblem** und **irreversiblem Haarausfall.**

Unten sehen Sie ein Mind-Map zum Thema Haarausfälle.

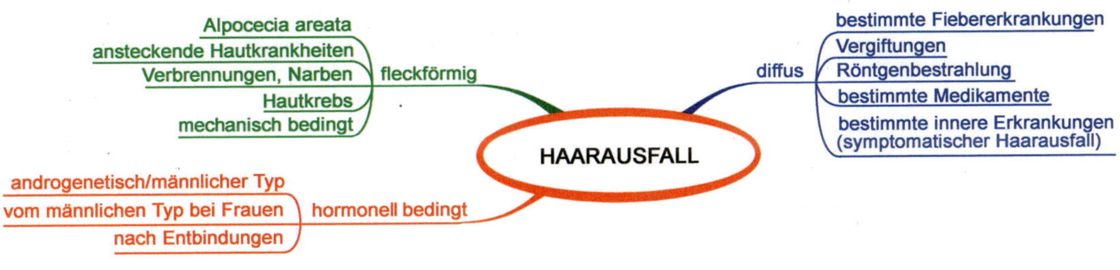

3.33 Übersicht Haarausfälle

3.11.1 Fleckförmiger Haarausfall

Alopecia areata oder kreisrunder Haarausfall ist die häufigste entzündliche Haarausfallerkrankung und kann in jedem Lebensalter auftreten.

Kennzeichen sind eine oder mehrere kreisrunde kahle Stellen am behaarten Kopf (**3**.34). Die Stellen sind scharf begrenzt und von dicht stehenden, normalen Haaren umgeben. Die Kopfhaut der Kahlstellen ist unverändert, die Haarfollikel sind deutlich zu erkennen. Im Randbereich findet man häufig so genannte ***Ausrufungszeichen-Haare*** (**3**.35) oder Kommahaare. Dies sind kurz abgebrochene Haare, die statt der normalen runden Wurzel eine spitz zulaufende, schwächer pigmentierte Wurzel haben und sich schmerzlos ausziehen lassen. Häufig bestehen zusätzlich Veränderungen der Fingernägel mit Grübchen oder Rillen.

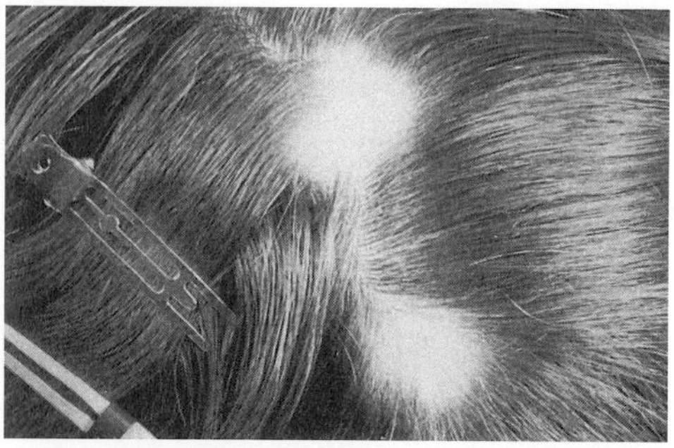

3.34 Kreisrunder Haarausfall

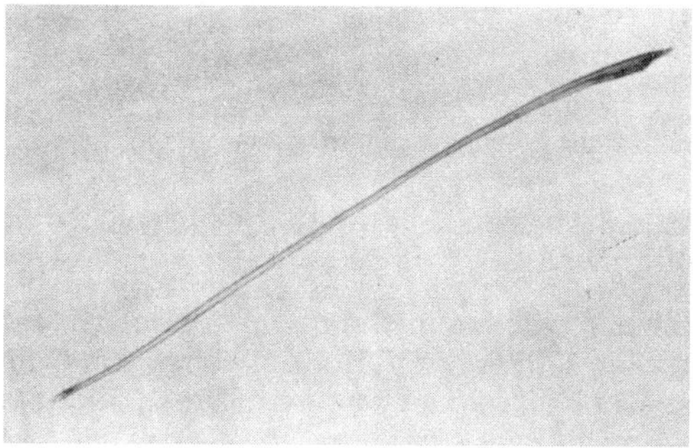

3.35 Ausrufungszeichen-Haar beim kreisrunden Haarausfall

Jeder Haarfollikel des Körpers kann betroffen sein, auch Augenbrauen, Wimpern, Achsel- und Schamhaare. Verlauf und Heilung des kreisrunden Haarausfalls sind unberechenbar. Fallen alle Haare auf dem Kopf aus, spricht man von einer Alopecia areata totalis. Schwer betroffene Menschen können alle Haare des Körpers verlieren (Alopecia areata universalis). Bei einem Großteil der Patienten verschwindet der Haarausfall nach etwa 3–6 Monaten wieder von selbst und die Haare wachsen spontan nach, können allerdings erneut ausfallen. Dauert der Haarausfall länger an, kann es sein, dass die Haare nicht mehr nachwachsen.

Da die Haarwurzeln beim kreisrunden Haarausfall nicht zerstört werden, können Haare nachwachsen. Zunächst wachsen sie sehr fein und farblos nach, nach einiger Zeit gewinnen sie ihre alte Farbe und Stärke.

Ursachen. Niemand kennt bisher die genauen Ursachen dieser Erkrankung. Man spricht von einer ***Autoimmunerkrankung*** und nimmt an, dass Immunzellen, die sich eigentlich um die Abwehr von Krankheitserregern kümmern sollen, ihre Aktivität gegen die Zellen in den Haarwurzeln des eigenen Körpers richten. Die Haare werden somit vom Immunsystem als „fremd“ erkannt und deshalb *bekämpft*. Dies geschieht, indem zunächst eine Entzündungsreaktion entsteht, die das Haarwachstum stört und schließlich zum Ausfallen des Haares führt.

Behandlung. Die Behandlungsmöglichkeiten sind sehr beschränkt und selten erfolgreich: Die Immunentzündung versucht man durch die Einnahme von Kortison zu unterdrücken. Nach Absetzen des Kortisons kommt es allerdings sofort zum erneuten Haarausfall. Eine andere Möglichkeit ist die äußerliche Einreibung oder das Einspritzen von Kortison in die kahlen Stellen. In schweren Fällen versucht man durch die *Topische Immuntherapie* die Haare zum Wachstum anzuregen. Dieses Verfahren befindet sich zurzeit noch in der Erprobung, die Erfolgsaussichten werden mit 40 bis 70 % angegeben.

Es wird wöchentlich eine Substanz auf die betroffenen kahlen Stellen gepinselt, die eine örtliche allergische Reaktion auslösen und so die Immunreaktionen des Körpers verlagern soll. Zwei Mittel sind als Kontaktallergene für diese Therapie auf dem Markt, am meisten verwendet man DCP (Diphenylcyclopropenon). Bei richtiger Dosierung entsteht auf der Kopfhaut bzw. an der behandelten Körperstelle ein kleines Ekzem als Ausdruck der allergischen Reaktion. Durch diese künstlich hervorgerufene Entzündung wird die Immunabwehr von den Haarwurzeln abgelenkt. So können sich die Haarwurzeln wieder erholen. Nachteil dieser Behandlung ist aber, dass sie nur während der Anwendung wirkt. Bei einer Unterbrechung können die Haare erneut ausfallen.

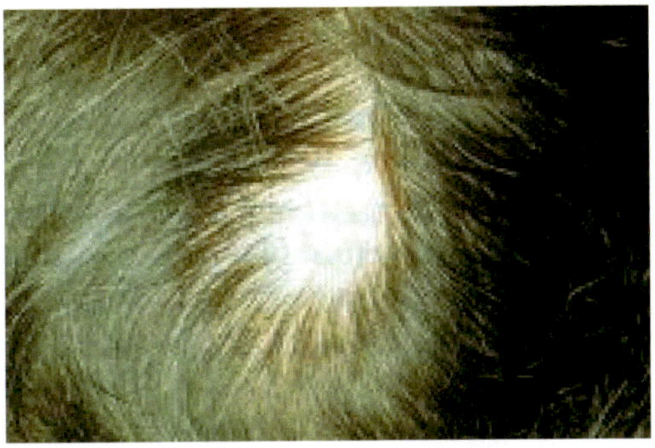

3.36 Typische Kahlstelle

Manchmal kann man die Haare wieder durch eine so genannte „PUVA"-Behandlung – eine Kombinationsbehandlung von UV-Bestrahlung und speziellen Medikamenten – zum Wachsen bringen.

Der Friseur kann die ärztliche Behandlung durch Massage mit durchblutungsfördernden oder kortisonhaltigen Kopfwässern unterstützen.

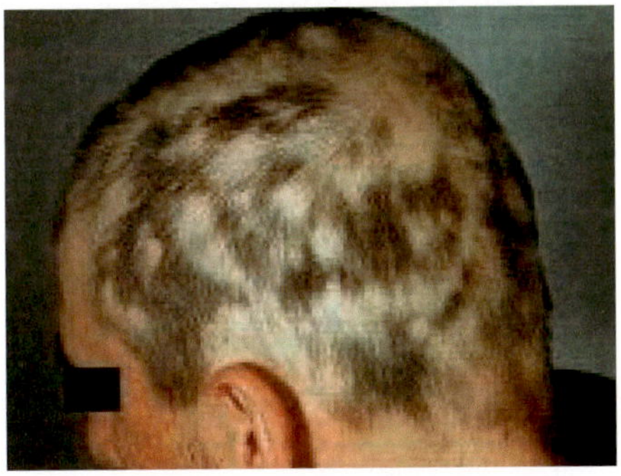

3.37 Alopecia areata mit mehreren Kahlstellen

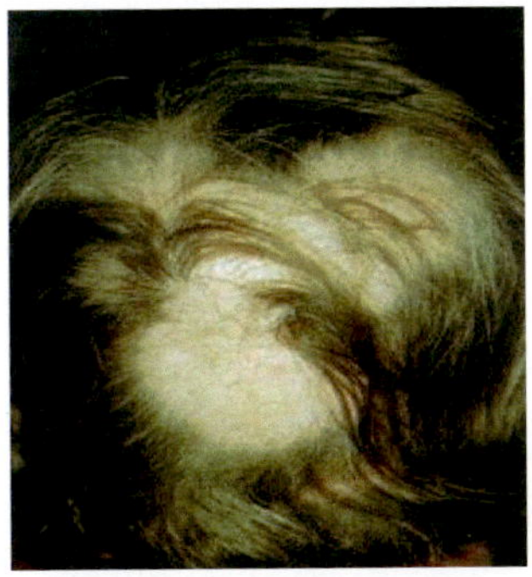

3.38 Mehrere unregelmäßige Kahlstellen

Kreisrunder Haarausfall = Alopecia areata

Aussehen
- kreisförmige, scharf begrenzte Kahlstellen, Ausrufungszeichen-Haare

Ursache
- wahrscheinlich Autoimmunerkrankung

Heilung
- nach Monaten von selbst, Rückfälle und totale Kahlheit möglich

Behandlung
- durch den Facharzt
- wird unterstützt durch Massagen mit durchblutungsfördernden Mitteln beim Friseur

Kahlstellen durch Narben und Hautkrankheiten

Narben bilden sich häufig nach Einwirkungen auf die behaarte Haut oder Hauterkrankungen wie:

- Quetschungen
- Verätzungen
- Verbrennungen
- Hauttuberkulose
- Pilzinfektionen
- Hautkrebs

Wenn durch die Infektionen, Entzündungen oder Tumore die Haarwurzeln zerstört sind, ist der Haarverlust endgültig.

Pilzinfektionen der behaarten Kopfhaut sind recht weit verbreitet. Kopfhaut und Bart bieten für Pilze unzählige Möglichkeiten, entlang des Haarschafts in die Haut einzudringen.

Die **Mikrosporie** ist eine Krankheit, die fast ausschließlich Kinder vor der Pubertät befällt. Die Haare brechen 2–3 mm oberhalb der Kopfhaut ab und hinterlassen den Eindruck einer *abgemähten Wiese*, die gleichzeitig wie mit Mehl bestäubt aussieht. Die Erkrankung ist hochansteckend und kann sich in Kindergärten, Heimen oder Schulen wie eine Seuche verbreiten.

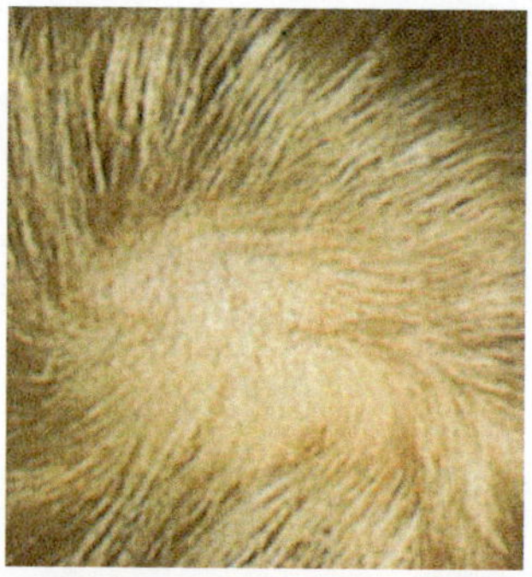

3.39 Mikrosporie bei einem 12-jährigen Jungen

Die Infektion erfolgt durch Übertragung der Erreger vom Tier auf den Menschen. Haustiere (Hund, Katze), Kuscheltiere (Hamster, Meerschweinchen) und auch Großtiere (Kälber) können die Infektionsquelle sein.

Wesentlich tiefer geht die **Trichophytie**. Hier kann die Haut bis in die Tiefe befallen werden, und es zeigen sich kahle Stellen mit starker Schuppung und eitrigen Geschwüren. Die Trichophytie befällt nicht nur die Kopfhaut sondern auch den Bart beim Mann. Wie bei der Mikrosporie geht die Infektion meist von Tieren aus, so dass Landwirte häufig betroffen sind.

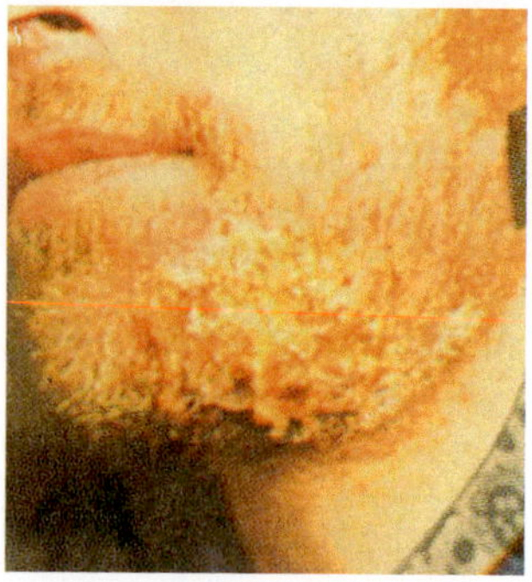

3.40 Scherpilzflechte des Bartes (Barttrichophytie), von Rindvieh übertragen

Favus oder **Erbgrind** war früher im Vorderen Orient stark verbreitet. Er ist eine Sonderform der Trichophytie. Favus ist eine Erkrankung, die hauptsächlich Kinder befällt. Vor allem in Afrika, Vorderasien und Südosteuropa erkranken Menschen heute noch genauso oft daran wie hierzulande noch vor wenigen Jahrzehnten. Von dort gelangt die Krankheit auch in regelmäßigen Abständen wieder nach Europa.

Favus beginnt mit roten, grauweiß schuppenden, krustigen Herden auf der behaarten Kopfhaut. Die Pilze setzen sich zuerst im Bereich der Haarwurzeln fest. Später entwickeln sich dann krustige Auflagerungen auf der Kopfhaut, die so genannten *Schildchen*. Diese gelben Schildchen können 1-Cent-gross werden und bestehen komplett aus Pilzen. Im Extremfall bedecken die Pilzmassen den ganzen Kopf. (3.41)

Wenn es bis zu diesem Stadium kommt, ist irreversibler Haarausfall die Folge, denn die Pilze ernähren sich nicht nur vom Haarkeratin, sondern zerstören im Laufe der Erkrankung auch die Haarwurzeln und hinterlassen Narben.

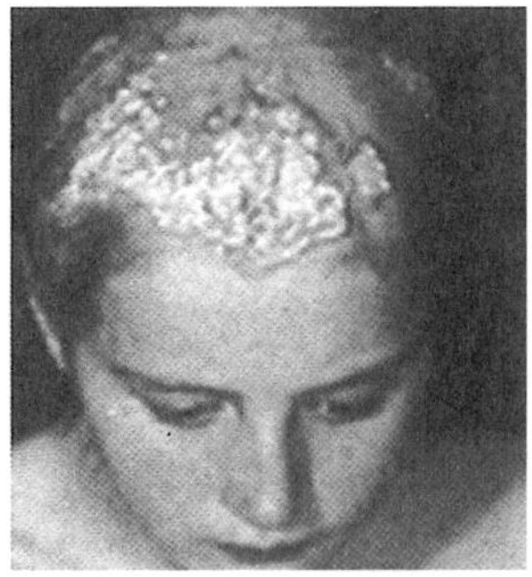

3.41 Favus mit schildchenförmigen Auflagerungen und narbiger Kahlheit

Mechanisch bedingter Haarausfall

Fleckförmige Kahlstellen können auch durch länger andauernden Druck, z. B. durch Tragen von Haarschmuck entstehen. So brechen durch ständiges Befestigen mit Klemmen oder Haarspangen, z. B. bei Häubchen, an diesen Stellen die Haare kurz über der Kopfhaut ab. Zug, z. B. durch Pferdeschwanzfrisuren oder straff nach oben gekämmte Frisuren, lässt die Haare abbrechen oder ausfallen. Beim Kombinieren von Pony und Pferdeschwanz kann sich an der Querscheitelung eine Kahlstelle bilden. Auch diese Form des Haarausfalls geht zurück oder verschwindet ganz, wenn der Zug oder Druck auf die Haare aufhört. Der Haarausfall ist irreversibel, wenn die mechanische Schädigung bereits zu einer Zerstörung der Haarwurzel geführt hat.

Ursachen von Kahlstellen
- **Alopecia areata**
- **Narben** durch Verbrennungen, Verätzungen, Quetschungen, Hautkrebs
- **Ansteckende Hauterkrankungen** bakteriell ⟶ Hauttuberkulose
- mykotisch ⟶ Mikrosporie, Trichophytie, Favus
- **Druck oder Zug** auf die Haarfollikel durch Haarschmuck oder bestimmte Frisuren

3.11.2 Diffuser Haarausfall

Beim diffusen Haarausfall erscheint das Haar schütter und stark gelichtet, der Haarausfall verbreitet sich über den ganzen Kopf.

Beim diffusen Haarausfall steigt die Zahl der ausfallenden Haare stark an. Die Haare in der Wachstumsphase wachsen langsamer und schwächer nach, dadurch verringert sich die Haardichte. Auch wenn es phasenweise zu Haarausfall kommt, so leitet doch jedes ausgefallene Kolbenhaar das Nachwachsen eines neuen Papillarhaares ein.

Auch für diese Art des Haarausfalls gibt es mehrere Ursachen:

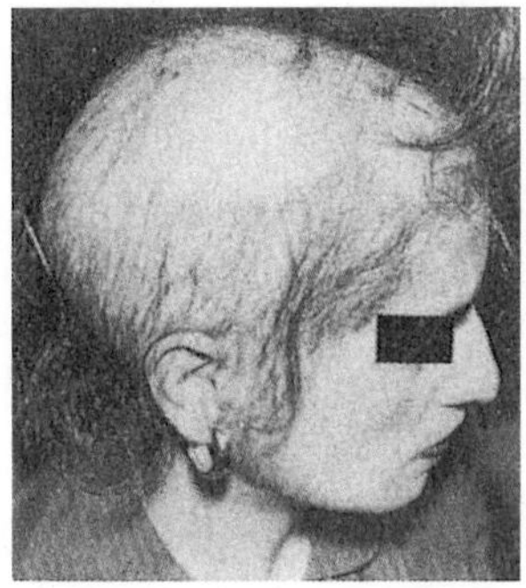

3.42 Diffuser Haarausfall nach Typhuserkrankung

Haarausfall nach Fieberkrankheiten

Krankheiten, die mit sehr hohem Fieber einhergehen, wie z. B. Typhus, Scharlach, Lungenentzündung oder schwere Grippe können zu Haarausfall führen. Die gesteigerte Überführung von Haaren in die Ruhephase ist als Schutzreaktion des Körpers gedacht, da die Haaranlagen dann weniger geschädigt werden als in der Wachstumsphase. Nach dem Abklingen der Krankheit wachsen die Haare wieder nach, denn die Kopfhaut zeigt keine Veränderungen, die Haarfollikel sind gut sichtbar. Wie lang es dauert bis die Haare wieder nachwachsen, hängt u. a. von der Schwere der Krankheit ab.

Die Behandlung mit durchblutungsfördernden Kopfwässern und Massagen kann das Nachwachsen unterstützen.

Symptomatischer Haarausfall

Dieser Haarausfall kann als Begleiterscheinung (Symptom) von bestimmten inneren Erkrankungen auftreten, wie z. B.:

- Schilddrüsenfunktionsstörungen
- Nebennierenerkrankungen
- Lebererkrankungen
- Syphilis im zweiten Stadium
- Schwere Unterernährung
- Vitamin- und Mineralstoffmangel

Wenn die Krankheit geheilt oder die Störung beseitigt ist, hört der Haarausfall auf und die Haare wachsen wieder nach.

Haarausfall nach Vergiftungen

Haarausfälle durch Vergiftungen werden meist durch die Schwermetalle Thallium, Kadmium und Quecksilber ausgelöst. Diese Metalle, die auch in Rattengift vorkommen, schädigen die Haarpapille so, dass die Haare schon in der Wachstumsphase ausfallen.

Bei Thalliumvergiftungen sind die Haarwurzeln eigentümlich schwarz gefärbt. Auch die anderen Gifte lagern sich in den Haarwurzeln ab, wo sie nachgewiesen werden können und deshalb ein gutes Beweismittel für Kriminalisten sind.

Je nachdem wie viel von dem Gift eingenommen wurde und über welchen Zeitraum es eingewirkt hat, fallen die Haare entweder sofort oder zeitlich verzögert aus. Nach erfolgreicher Behandlung der Vergiftung wachsen die Haare wieder normal nach.

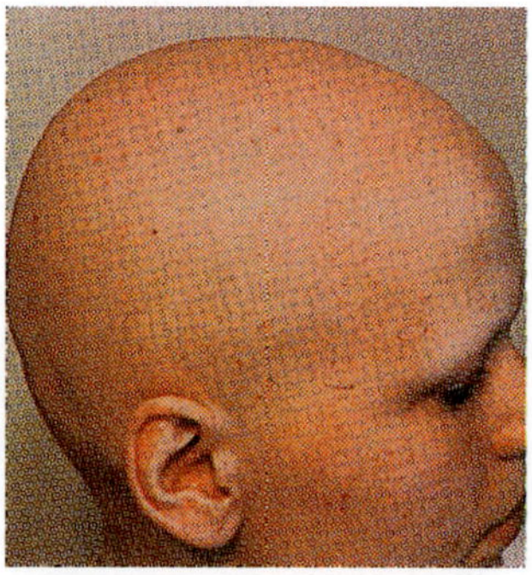

3.43 Vollständiger Haarausfall nach Thalliumvergiftung bei einer 36jährigen Frau

Haarausfall nach Medikamenten

Arzneimittel sind recht häufig eine Ursache für Haarausfall. In der empfindlichen Wachstumsphase kommen die Wirkstoffe aus den Mitteln mit der Blutversorgung in die Haarwurzel und bremsen so das Haarwachstum oder unterbinden es vollständig. Dieser Haarverlust geht meistens zurück, wenn die Medikamente nicht mehr eingenommen werden. Bei folgenden Medikamenten kann es zu Haarausfall kommen:

- Blutdrucksenkende Mittel (Betablocker)
- Mittel gegen zu hohe Blutfette (Lipidsenker)
- Chemotherapeutika (Mittel zur Krebsbekämpfung)
- Blutgerinnungshemmende Mittel
- Einige Antibiotika
- Rheumamittel
- Antibabypille mit hohem Gestagenanteil

Haarausfall nach Röntgenbestrahlungen

Dieser Haarausfall droht nicht bei normalen Röntgenuntersuchungen, sondern im Rahmen von Strahlentherapien oder durch Strahlenunfälle. Bei niedriger Strahlendosis kann etwa drei Wochen nach der Bestrahlung ein diffuser, meist reversibler Haarverlust eintreten. Zu einem erneuten

Wachstum kommt es nach etwa vier bis zwölf Wochen. Bei erhöhten Strahlendosen kann es zu einem dauerhaften Verlust der Haare kommen, da hierbei die Haarmatrix vollständig zerstört wird.

Ursachen von diffusem Haarausfall

- Krankheiten mit hohem Fieber
- Symptomatischer Haarausfall
- Vergiftungen
- Medikamente zur Blutgerinnung, zur Blutdrucksenkung, zur Krebsbekämpfung, zum Blutfettsenken, gegen Rheuma, bestimmte Antibiotika, bestimmte Antibabypillen
- Röntgenbestrahlung

3.11.3 Hormonell bedingte Haarausfälle

Androgenetischer Haarausfall/Haarausfall vom männlichen Typ

Teilglatze, Halbglatze oder Kahlkopf - fast jeder dritte Mann und fast jede achte Frau in der Bundesrepublik ist von dem Problem des anlagebedingten Haarausfalls betroffen. Dies ist ein Problem für viele Männer, denn, glaubt man den Umfragen, symbolisieren dichte Haare Jugend, Schönheit, Vitalität und Kraft.

Der androgenetische Haarausfall beginnt in der Regel ab dem 20. Lebensjahr, in Ausnahmefällen schon ab dem 16. Lebensjahr, mit zurückgehender Stirnkontur, den so genannten *Geheimratsecken.* Allmählich wird das Haar auch am Scheitel und am Hinterkopf im Bereich des Wirbels dünner, dies wird als *Tonsur* bezeichnet. Später laufen Geheimratsecken und Tonsur zusammen, es entsteht der charakteristische hufeisenförmige Haarkranz um den Schädel. Eine völlige Kahlheit entsteht nicht, der seitliche und hintere Haarwuchs bleibt bestehen (3.44).

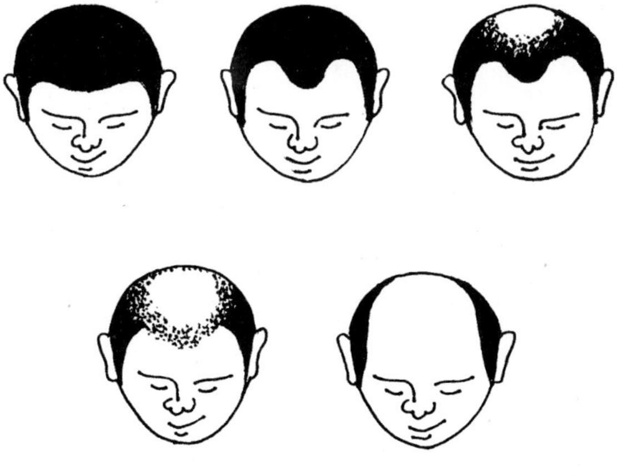

3.44 Stadien des androgenetischen Haarausfalls

Ursachen. Schuld an der Glatzenbildung ist das Hormon DHT (Dihydrotestosteron), ein Abbauprodukt des männlichen Sexualhormons Testosteron. Männer, die unter androgenetischem Haarausfall leiden, haben eine angeborene bzw. vererbte Empfindlichkeit gegen DHT. Alle Männer haben das Hormon DHT im Blut, aber nur Männer deren Haarwurzeln anlagebedingt empfindlich auf DHT reagieren, verlieren ihre Haare. Die Folgen sind:

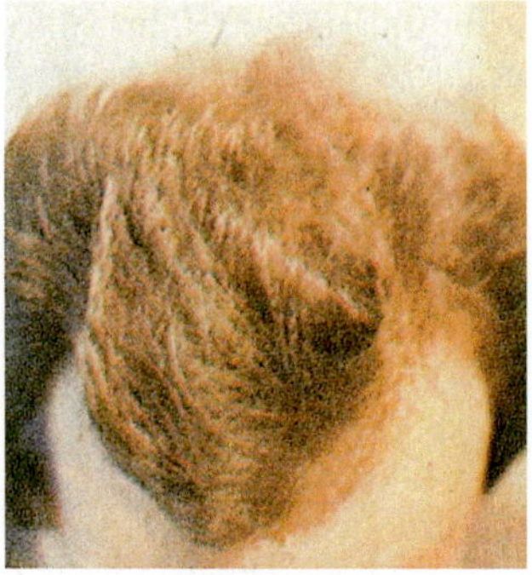

3.45 a Geheimratsecken – beginnende Glatzenbildung

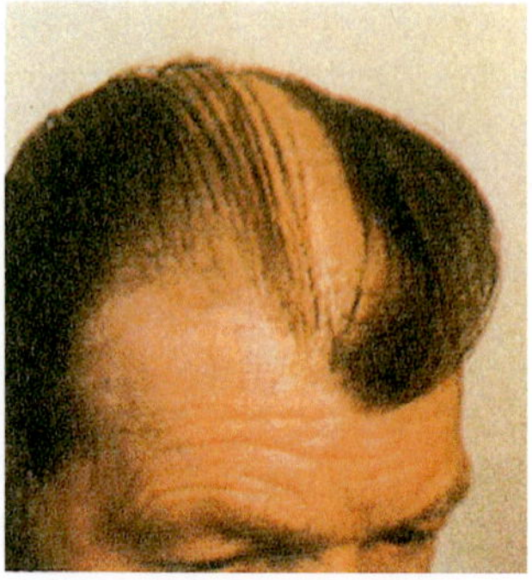

3.45 b Geheimratsecken mit Wirbelglatze

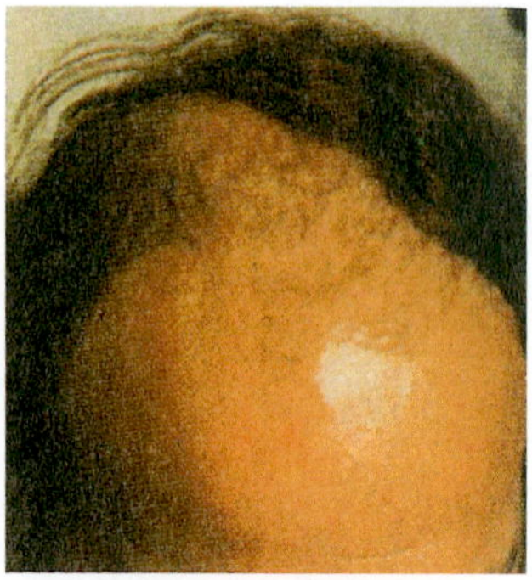

3.45 c fortschreitende Stirnglatze

- der Haarfollikel wird kleiner (Miniaturisierung), die feinen Blutgefäße bilden sich zurück
- der Haarfollikel wir immer schlechter mit Nährstoffen versorgt
- die Wachstumsphasen des Haares verkürzen sich von 2–6 Jahren auf weniger als 1 Jahr
- es wachsen nur noch dünne, helle Haare

Die Geschwindigkeit des Haarausfalls vom männlichen Typ kann sehr unterschiedlich sein: So können 20-jährige schon eine ausgeprägte Glatze haben, während bei 50-jährigen Männern dagegen gerade erst die Geheimratseckenbildung einsetzt.

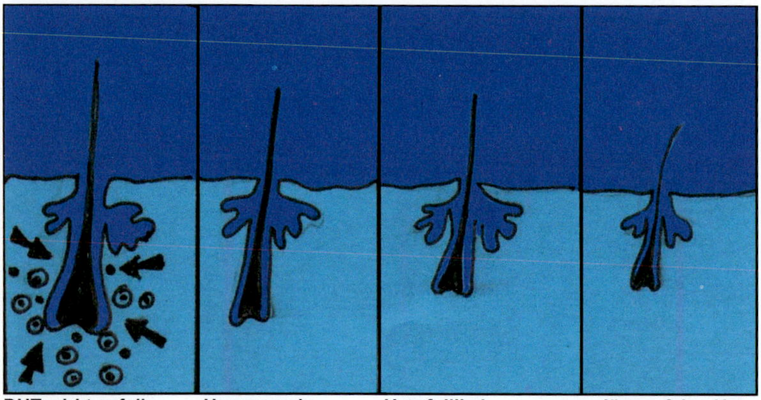

3.46 Haarrückbildung beim androgenetischen Haarausfall

Behandlung. In den vergangenen Jahren hat sehr viel Forschung in diesem Bereich stattgefunden.

Die **medizinische Therapie** setzt auf Medikamente, die die Wirkung von DHT unterdrücken oder die Umwandlung von Testosteron in DHT verhindern. Allerdings können auch diese Mittel keine Wunder vollbringen, sondern scheinen nur zu wirken, wenn die Männer zwischen 20 und 30 Jahren alt sind und der Haarausfall erst in den letzten 5 Jahren eingesetzt hat. Auf dem Markt sind z. Z.

- Wirkstoff Minoxidil (Produktname Regaine)
  Ursprünglich ein blutdrucksenkendes Mittel. Es kommt als 5 %ige Tinktur auf den Markt und muss auf die Kopfhaut aufgetragen werden. Es soll Haarausfall stoppen und in ca. 25 % der Fälle ein neues Haarwachstum erreichen. Eine Wirkung zeigt sich erst nach 4–12-monatiger Anwendung. Um ein dauerhaftes Haarwachstum zu erzielen, muss das Mittel lebenslang angewandt werden.
- Wirkstoff Finasterid (Produktname Propecia)
  Rezeptpflichtige Tabletten, die ebenfalls lebenslang eingenommen werden müssen. Der Wirkstoff soll die Miniaturisierung der Haarfollikel rückgängig machen und in 60 % der Fälle wirksam sein.
- Wirkstoff 17-Alpha-Estradiol (Produktnamen Pantostin, EllCranell)
  Östrogenhaltige Lösung, die auf die Kopfhaut aufgetragen wird und die Umwandlung von Testosteron in DHT hemmt. Es scheint eines der wirksamsten Mittel gegen anlagebedingten Haarausfall zu sein.

Die chirurgische Therapie setzt auf ***Eigenhaarverpflanzungen***. Dabei stanzt der Arzt in einer Operation kleine Hautinseln mit zwei bis drei Haarfollikeln aus dem übrig gebliebenen Haarkranz des Patienten und pflanzt sie auf der Kahlstelle wieder ein. Dort hat er zuvor ebenfalls kleine Inseln ausgestanzt. Da die Papillen mit verpflanzt werden, wachsen die Haare weiter. Von der Geschicklichkeit des Arztes hängt es jedoch ab, wie die Kahlstelle mit den Haarinseln ausgefüllt wird. Sie werden schachbrettartig verpflanzt, damit die nachwachsenden Haare die Zwischenräume bedecken. Dabei muss der Arzt die Wuchsrichtung jeder Insel genau beachten, sonst wachsen die Haare kreuz und quer. Die Operation ist teuer und mit starken Schmerzen verbunden, weil die Wunden über den ganzen Kopf verteilt sind.

Eine zweite Möglichkeit ist die ***Einpflanzung von Kunsthaaren***. Dabei setzt man Kunsthaare mit einem besonderen Instrument in die Kopfhaut ein. Die Implantation kann nur als zusätzliche Auffüllung im schütteren Haar oder zwischen bereits transplantierte Haare ausgeführt werden.

Der jährliche Verlust der implantierten Kunsthaare durch Kämmen, Bürsten oder Waschen und Föhnen beträgt ca. 40 % bis 60 %.

Da die Kunsthaare in die Haut eingesetzt werden, ist das Risiko einer bakteriellen Infektion oder einer Abstoßungsreaktion des Körpers sehr hoch.

Androgenetischer Haarausfall/Haarausfall vom männlichen Typ bei Frauen

Auch bei Frauen kann es zu Haarausfall vom männlichen Typ kommen. Dabei kommt es zwar nicht zu einer ausgeprägten Glatzenbildung, aber zu einer erheblichen Lichtung der Haare am Oberkopf (**3**.47). Bei älteren Frauen ist dies gar nicht so selten. Schuld daran sind die Androgene, die ja auch bei Frauen vorhanden sind. Hinzukommen muss, wie bei den Männern, eine ererbte Empfindlichkeit gegen Testosteron/DHT. Normalerweise bleiben die Androgene durch die weib-

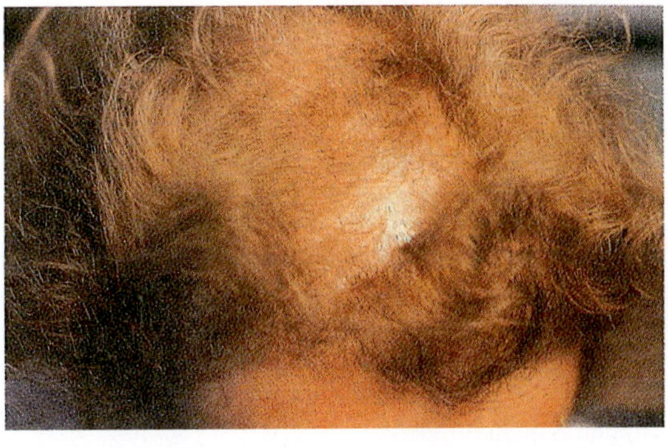

3.47 Beginnender androgenetischer Haarausfall bei einer 27-jährigen Frau

lichen Keimdrüsenhormone (Östrogene) wirkungslos. Nach den Wechseljahren ändert sich das Verhältnis, weil nun weniger Östrogene produziert werden und die Androgene an Wirkung gewinnen.

Behandlung. Diesen Haarausfall behandeln die Ärzte in der Regel mit so genannten Antiandrogenen. Diese Medikamente neutralisieren die Wirkung der männlichen Sexualhormone im Körper der Frau. Man kann auch versuchen, mit östrogenhaltigen Lösungen die Kopfhaut direkt zu behandeln und dadurch die Wirkung von DHT auszuschalten.

3.48 Schema des Haarausfalls vom weiblichen Typ

Haarausfall nach Entbindungen

Dieser hormonell bedingte Haarausfall kommt recht häufig vor. Etwa drei Monate nach der Entbindung fallen die Haare diffus bis fleckförmig aus. Das Haar lichtet sich, vor allem an der Stirn und an den Schläfen. Nach ein paar Wochen hört die Störung in der Regel von selbst auf, die Haare wachsen langsam wieder nach. Ursache für den Haarausfall ist die Hormonumstellung in der Schwangerschaft. In dieser Zeit bilden sich vermehrt Östrogene. Während Androgene die Wachstumsphase verkürzen, regen Östrogene die Haarwurzeln an, die Haare bleiben dadurch länger in der Wachstumsphase. So kommen weniger Haare in die Ruhephase und es fallen kaum Haare aus. Nach der Entbindung normalisiert sich die Östrogenproduktion, die Haare aus der verlängerten Wachstumsphase treten in die Ruhephase ein und fallen aus.

Behandlung. Eine Behandlung ist nicht erforderlich, weil das Haar von selbst wieder nachwächst. Massagen mit durchblutungsfördernden Kopfwässern können das Nachwachsen unterstützen.

Aufgaben zu den Abschnitten 3.8 bis 3.11

1. Welche Haaranomalien kennen Sie?
2. Wie kann der Friseur das Aussehen von Ringelhaaren kosmetisch verbessern?
3. Nennen Sie Kennzeichen von strukturgeschädigtem Haar.
4. Was sind mögliche Ursachen von strukturgeschädigten Haaren?
5. Woher kommt es, dass geschädigte Haare stumpf und glanzlos aussehen?
6. Welche Wirkstoffe setzt man bei glanzlosen, porösen Haaren ein?
7. Welche Ursachen hat Haarspliss?
8. Was versteht man unter Pinselhaarbruch?
9. Zeichnen Sie eine gespaltene Spitze und Pinselhaarbruch.
10. Wie lässt sich Haarspliss beseitigen?
11. Welche Behandlungsmöglichkeiten gibt es bei Pinselhaarbruch?
12. Wodurch unterscheidet sich trockene Kopfhaut von schuppender Kopfhaut?
13. Welche Ursachen können Kopfschuppen haben?
14. Wie entstehen normale Kopfschuppen?
15. Welche Behandlungsmöglichkeiten gibt es bei normalen Kopfschuppen?

16. Was ist Malassezia furfur?
17. An welchen Körperstellen tritt das seborrhöische Ekzem auf?
18. Welche Wirkstoffe setzt man gegen Malassezia furfur und das seborrhöische Ekzem ein?
19. Was muss der Friseur bei der Haarwäsche von Neurodermitis- und Psoriasis-Kunden beachten?
20. Welche Behandlungen können die Talgdrüsen reizen?
21. Welche Ursachen hat schnell fettendes Haar (Seborrhö)?
22. Nennen Sie die Arten der Seborrhö und ihre Unterschiede.
23. Wie behandelt man eine Seborrhö?
24. Durch welche Hormone wird die Talgdrüsentätigkeit gesteigert, durch welche vermindert?
25. a) Welche Ursachen hat der kreisrunde Haarausfall? b) Beschreiben Sie das Aussehen der nachwachsenden Haare.
26. Durch welche Hauterkrankungen können narbenähnliche Kahlstellen entstehen?
27. Weshalb führen nicht rechtzeitig behandelte Pilzinfektionen der Kopfhaut zu bleibenden Kahlstellen?
28. Wie heißen die häufigsten Pilzinfektionen der Kopfhaut, die bleibende Kahlstellen hinterlassen können?
29. Nennen Sie Beispiele für mechanisch bedingten Haarausfall.
30. Beschreiben Sie das Erscheinungsbild des diffusen Haarausfalls.
31. Nach welchen Krankheiten kann diffuser Haarausfall auftreten?
32. Welche Vergiftungen führen zu Haarausfall?
33. Was versteht man unter symptomatischem Haarausfall?
34. Welche Arzneimittel können Haarausfall verursachen?
35. Weshalb haben normalerweise nur Männer eine Glatze?
36. Was versteht man unter a) Geheimratsecken b) Tonsur?
37. Welche Wirkung hat DHT?
38. Warum bekommen nicht alle Männer eine Glatze?
39. Erklären Sie die Wirkung der medizinischen Therapie bei der männlichen Glatzenbildung?
40. Was versteht man unter Eigenhaarverpflanzung?
41. Welche Nachteile hat die Einpflanzung von Kunsthaaren?
42. Wie unterscheidet sich der androgenetische Haarausfall bei Frauen und Männern?
43. Weshalb kann man „Glatzenbildung" bei Frauen erfolgreich behandeln, bei Männern nicht?
44. Erklären Sie die Ursache für den vermehrten Haarausfall nach der Entbindung.

4 Haarreinigung und Haarpflege

4.1 Beurteilung von Haar und Kopfhaut

Die Mehrzahl der Behandlungen, die Sie im Salon anbieten, setzt eine Haarwäsche voraus. Bevor Sie die Haare des Kunden oder der Kundin waschen, müssen sie eine Beurteilung des Haares und der Kopfhaut durchführen. Dabei erfahren Sie eine Menge über den Pflegezustand des Haares und der Kopfhaut Ihrer Kunden. Die Diagnose hilft Ihnen, Shampoo und Pflegepräparate entsprechend auszuwählen.

Die Haar- und Kopfhautdiagnose mit der anschließenden Produkt- und Frisurberatung spielt heute eine wichtige Rolle. Sie dürfen sich für diese Tätigkeit nicht zu wenig Zeit nehmen. Viele Kunden, die entweder keine oder eine *Sekundenberatung* bekommen, fühlen sich übergangen oder nicht Ernst genommen. Diese Kunden werden ihre Unzufriedenheit nicht äußern, sondern wegbleiben und sich einen anderen Salon suchen. Welche Bedeutung die Haar- und Kopfhautberatung hat, können Sie außerdem daran ablesen, dass sie Bestandteil der 1. Zwischenprüfung ist. Erfahrungsgemäß wird diese Aufgabe von vielen Auszubildenden unterschätzt, sie sind so gut wie gar nicht vorbereitet. Näheres dazu finden Sie in Kapitel 12.

Sie sollten sich viel Zeit für die Beratung nehmen, Sie werden dadurch viele zufriedene Kunden bekommen.

Bei der Diagnose sollten Sie verschiedene Schritte beachten und Ihr Ergebnis auf einem Diagnosebogen festhalten:

- Fragen Sie den Kunden zunächst, ob Sie sich seine Haare und seine Kopfhaut ansehen dürfen
- Erklären Sie ihm oder ihr, warum Sie die Diagnose durchführen
- Kämmen Sie die Haare mit dem Kamm oder der Bürste durch
- Ziehen Sie mehrere Scheitel und streichen Sie mit dem Finger über die Kopfhaut
- Teilen Sie Ihrem Kunden oder Ihrer Kundin mit, was sie festgestellt haben
- Befragen Sie Ihre Kunden, welche Pflegepräparate sie benutzen, wie häufig sie ihre Haare pflegen und welche chemischen Behandlungsverfahren an ihren Haaren ausgeführt wurden
- Tragen Sie Ihre Beobachtungen und das Ergebnis Ihrer Befragung in den Diagnoseplan ein

4.1 Feststellen der Haarstruktur

4.2 Produktempfehlung

Diagnoseplan
Haar und Kopfhaut

Kopfhautzustand

☐ normal ☐ trocken ☐ fettig ☐ Schuppen ☐ schwitzend

Kopfhautveränderungen

☐ Narben ☐ Grützbeutel ☐ Wunden ☐ _______ ☐ _______

Kopfhautspannung

☐ leicht verschiebbar ☐ leicht verspannt ☐ schwer verspannt

Allergische Reaktionen

☐ nein ☐ ja, bei folgenden Anwendungen ____________

Haarstärke und Querschnittsform

☐ fein 0,02 – 0,04 mm ☐ mittel 0,05 – 0,06 mm ☐ stark 0,07 – 1,20 mm
☐ rund ☐ oval ☐ flach / bandförmig

Haarstruktur

☐ normal ☐ weich ☐ hart ☐ porös ☐ stark porös ☐ glatt
☐ leicht wellig ☐ stark wellig ☐ kraus
☐ viel Haar ☐ wenig Haar ☐ gelichtete Stellen ____________
☐ auffällige Haarschäden ________________

Vorangegangene Behandlungen

☐ Dauerwelle ☐ Farbe ☐ Blondierung / Strähnen ☐ Tönung

Heimbehandlung

☐ Haarwäsche __ wöchentlich ☐ Haarkur ☐ Sonstiges ____________

Sonstiges

____

4.2 Haarreinigung

Verunreinigungen des Haares entstehen nicht nur durch die Absonderungen der Haut (Hauttalg, Salze aus dem Schweiß, Hautschüppchen), sondern auch durch Umweltverschmutzungen wie Staub, Ruß, Abgase und Küchendünste. Hinzu kommen Reste von Haarpflegemitteln (Fette, Gel, Haarspray und Haarfestiger).

Zur Haar- und Kopfhautreinigung reicht Wasser allein nicht aus. Um die fettigen Verschmutzungen zu lösen, benötigt man ein Shampoo.

4.2.1 Wirkungsweise waschaktiver Substanzen (WAS)[1)]

Versuch 1 Füllen Sie ein kleines Glas bis zum Rand mit Wasser und lassen Sie vorsichtig nacheinander Münzen hineingleiten (4.3). Beobachten Sie dabei die Oberfläche des Wassers.

Versuch 2 Füllen Sie ein Fläschchen mit kleiner Öffnung randvoll mit Wasser und halten Sie es dann mit der Öffnung nach unten über eine Schale (4.4). Warum läuft das Wasser nicht aus?

4.3 Der „Wasserberg"

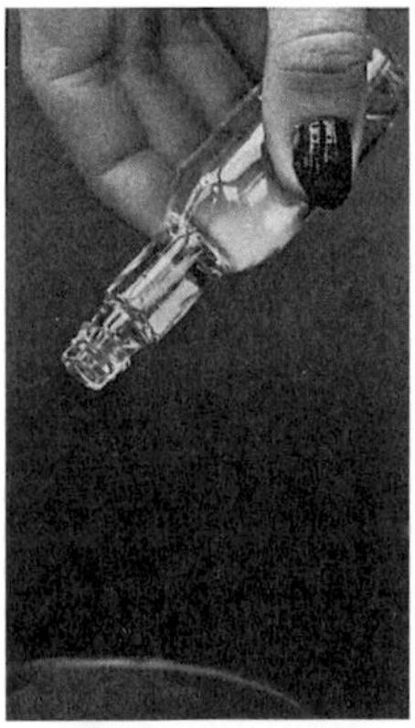

4.4 Wasser läuft nicht aus der Flasche

4.5 Stahl kann schwimmen

4.6 Wassertropfen

Versuch 3 Füllen Sie Wasser in eine Schale und legen Sie vorsichtig eine Nähnadel, Büroklammer oder eine Rasierklinge auf die Wasseroberfläche (4.5).

Versuch 4 Tropfen Sie mit Hilfe einer Pipette angefärbtes (Methylenblau-)Wasser aus etwa 30 cm Höhe auf eine glatte Fläche. Beobachten Sie die Tropfenform beim Lösen von der Pipette, beim Fall und nach dem Aufprall (4.6).

Grenzflächenspannung (früher Oberflächenspannung). Es scheint, als werde Wasser durch eine „Haut" zusammengehalten. Diese Haut entsteht durch eine Kraft, durch die Grenzflächenspannung. Bei gleichem Rauminhalt ist die Oberfläche eines Würfels um etwa 20 % größer als die einer Kugel. Wasser „kugelt" sich also zusammen, weil es dann eine kleinere Oberfläche hat. Wodurch kommt die Kraft der Grenzflächenspannung zustande? Wasser besteht aus kleinsten Teilen, den Wassermolekülen. Zwischen diesen Teilchen wirken Anziehungskräfte: Die Teilchen

---

1) **W**asch**a**ktive **S**ubstanzen, abgekürzt WAS; gelesen W-A-S

ziehen sich gegenseitig an. In der Mitte des Wasserglases heben sich die Anziehungskräfte auf, weil jedes Wasserteilchen ringsum von gleichstarken anderen umgeben ist. Nur bei den Teilchen an der Oberfläche fehlt die Anziehung von oben – sie werden deshalb nach innen gezogen (**4**.7). Dadurch versucht sich das Wasser zusammenzuziehen. Da Quecksilber, ein flüssiges, giftiges Metall, die größte Grenzflächenspannung hat, kann man an dieser Flüssigkeit das Zusammenkugeln am besten beobachten.

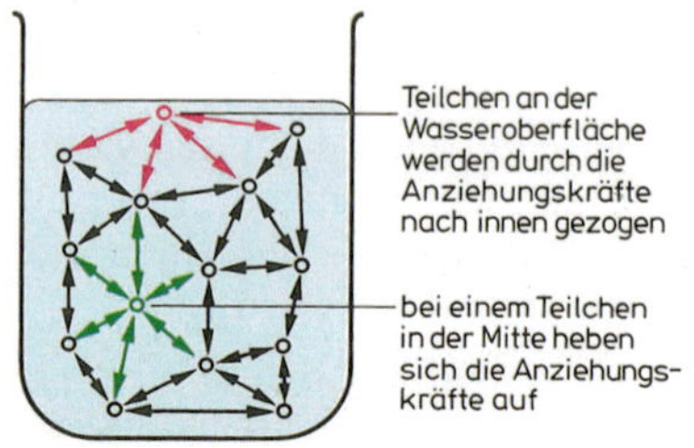

4.7 Grenzflächenspannung

Grenzflächenspannung ist das Bestreben einer Flüssigkeit, eine möglichst kleine Oberfläche auszubilden.

Die Grenzflächenspannung des Wassers verhindert das Auseinanderlaufen von Tropfen und damit die Benetzung (das Nasswerden) des Haares bei der Haarwäsche (4.8). Die vollständige Benetzung ist Voraussetzung für das Ablösen von Schmutz und damit für den Waschvorgang.

Versuch 5 Wiederholen Sie die Versuche 1 bis 3 unter Zugabe einer Waschmittel- oder Shampoolösung.

Versuch 6 Geben Sie je einen Tropfen Wasser und Shampoolösung auf eine Glasplatte und vergleichen Sie die Form.

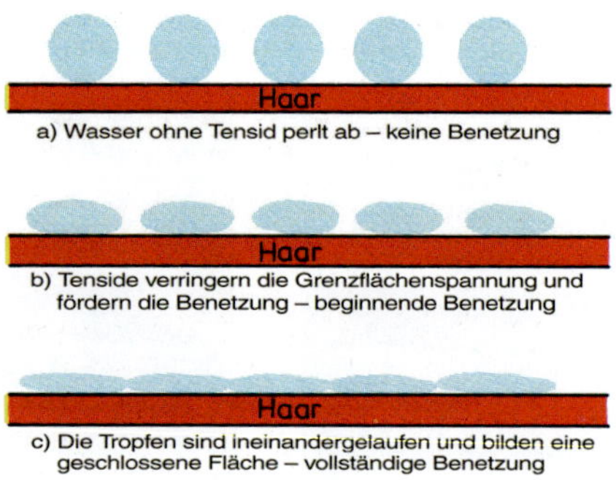

4.8 Benetzung des Haares

Während der Wassertropfen fast eine Halbkugel bildet, verläuft der flachere Tropfen der Waschmittellösung.

Tenside. Waschmittel und Shampoo verringern, wie die Versuche zeigen, die Grenzflächenspannung. Sie enthalten waschaktive Substanzen (WAS), die das Wasser „flüssiger" machen und die Benetzung fördern. So dringt das Wasser besser zwischen Haar und Schmutz. Stoffe, die die Grenzflächenspannung herabsetzen, heißen Tenside. Sie sind Hauptbestandteile von Shampoos, Seifen, Haushaltswasch- und Geschirrspülmitteln, unerlässlicher Zusatz für jede Art der Reinigung mit Wasser.

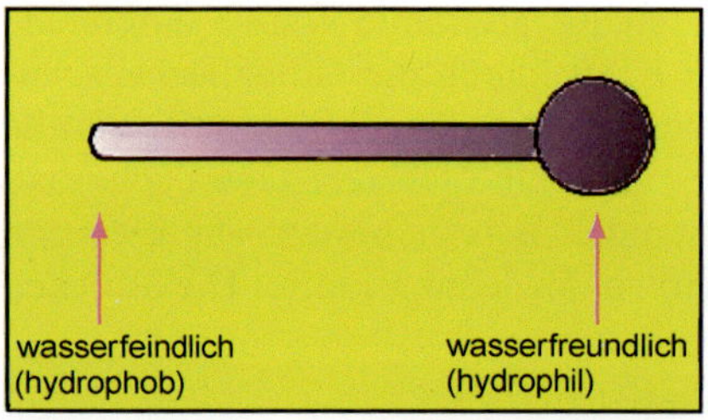

4.9 Modell eines Tensidteilchens

Die chemische Industrie stellt zahlreiche verschiedenartige Tenside her, die jedoch alle nach dem gleichen Prinzip aufgebaut sind: Ihre Moleküle haben ein *wasserfreundliches* und ein *wasserfeindliches* Ende (**4**.9). Wenn sie in Wasser tropfen, ordnen sie sich an der Grenzfläche an. Dabei liegt der wasserfreundliche Teil im Wasser, während der wasserfeindliche aus dem Wasser herausragt (**4**.10). Dadurch zerstören sie die „Haut des Wassers" – die Grenzflächenspannung wird verringert.

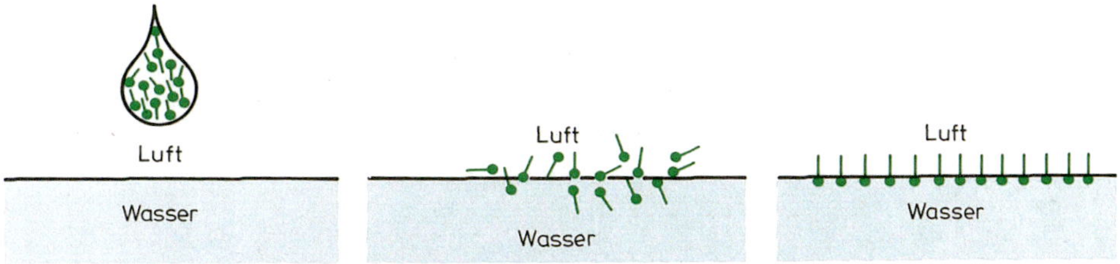

a) Ein Tropfen Tensidlösung wird in Wasser gegeben

b) Die Tensidteilchen verteilen sich im Wasser

c) Da die wasserfeindlichen Enden der Tensidteilchen nicht im Wasser bleiben können, sammeln sich die Tenside an der Grenzfläche und verringern dadurch die Grenzflächenspannung

4.10 Tenside verringern die Grenzflächenspannung

4.2.2 Waschvorgang

Versuch 7 Tauchen Sie je einen Objektträger in Wasser und in eine Tensidlösung. Beobachten Sie die Benetzung der Gläser.

Versuch 8 Bestreichen Sie zwei Objektträger mit angefärbtem Öl, bewegen Sie einen in Wasser, den anderen in einer Tensidlösung hin und her.

Versuch 9 Mischen Sie in einem Reagenzglas Ruß (pulverisierte Aktivkohle) mit Wasser und in einem zweiten mit einer Tensidlösung. Schütteln Sie beide Gläser kräftig und gießen Sie dann die Mischungen durch je ein Filterpapier (**4.**11).

4.11 Dispergierwirkung der Tenside

Durch Tenside und Bewegung wird auch bei der Haarwäsche der Schmutz abgelöst. Die Fette verteilen sich als feine Tröpfchen im Wasser – sie werden emulgiert (Emulsion = feine Verteilung von Fett in Wasser). Dabei ragen die wasserfreundlichen Teile der Tenside ins Wasser, die wasserfeindlichen in die Fetttröpfchen. Durch diese Umhüllung werden die Fetttröpfchen im Wasser gehalten und können sich nicht wieder auf dem Haar ablagern. Feste Schmutzteilchen werden durch die Tenside nicht nur vom Haar abgelöst und umhüllt, sondern auch zerteilt – dispergiert (Dispersion = Zerteilung von festen Stoffen in Flüssigkeiten, **4.**12). Dies zeigt Versuch 9 deutlich: Die von den Tensiden dispergierten Rußteilchen schlüpfen durch die engen Poren des Filterpapiers hindurch. Wasser allein kann die Rußteile nicht zerkleinern, sodass sie im Filter zurückbleiben.

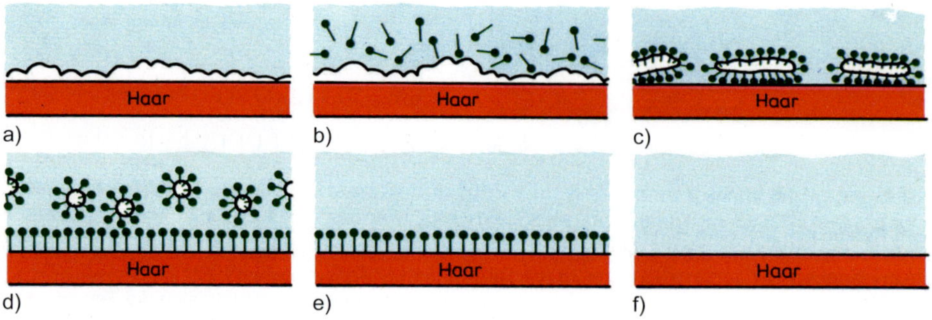

4.12 Waschvorgang
a) Das Haar ist durch Fette, Salze und wasserunlösliche feste Verunreinigungen verschmutzt. Salze lösen sich im Wasser.
b) Tenside verringern die Grenzflächenspannung und ermöglichen die vollständige Benetzung des Haares mit Wasser.
c) Mit ihrem wasserfeindlichen Ende schieben sich die Tenside zwischen Haar und Fett. Sie umhüllen das Fett und emulgieren es im Waschwasser.
d) Feste wasserunlösliche Verschmutzungen (z. B. Staub, Hautteilchen) werden dispergiert.
e) Weil das Keratin des Haares wasserabweisend ist, lagern sich die Tenside mit ihrem wasserfeindlichen Ende am Haar an.
f) Um sie wieder zu entfernen, muss das Haar gründlich gespült werden.

Tenside
- haben ein wasserfreundliches und ein wasserfeindliches Ende
- ordnen sich an der Wassergrenzfläche an und verringern die Grenzflächenspannung
- fördern die Benetzung und lösen Verschmutzungen ab
- emulgieren Fette und dispergieren feste Schmutzteilchen

Durchführen der Haarwäsche

Bevor Sie den wasserabweisenden Umhang anlegen, befestigen Sie eine Halskrause, damit der Umhang nicht die Haut Ihrer Kundin berührt. Vom Nacken aus legen Sie ein Handtuch als zusätzlichen Nässeschutz um. Vor der Wäsche kämmen Sie die Haare durch, damit es beim Einschäumen nicht so ziept.

Vor dem Anfeuchten der Haare legt man Handtuch, Gesichtstuch und Saugserviette, Shampoo, Spülung und Kurmittel griffbereit an den Arbeitsplatz. Jetzt wird es Zeit, die ebenfalls bereit gelegten Waschhandschuhe anzuziehen. Achten Sie beim Anfeuchten darauf, dass der Kundin kein Wasser in den Nacken, ins Gesicht oder in die Ohren läuft. Fragen Sie Ihre Kundin gleich zu Beginn, ob ihr die Wassertemperatur angenehm ist. Nach dem Anfeuchten wird das Shampoo in die Hand gegeben, Konzentrate werden zuvor verdünnt. Mit Ihren Händen verteilen Sie das Shampoo durch leichte Massagebewegungen im Haar der Kundin. Bei starken Verschmutzungen entsteht wenig Schaum, weil die Tenside die Verschmutzungen umhüllen und nicht mehr zur Schaumbildung zur Verfügung stehen. Durch sorgfältiges Spülen der Haare entfernt man mit den Tensiden Fette und Schmutzteilchen. Werden die Haare wöchentlich mehrmals gewaschen, genügt eine Wäsche ohne Vorwäsche. Nach dem Spülen wird das Haar leicht ausgedrückt und mit dem Handtuch frottiert. Auf keinen Fall dürfen Sie Ihrer Kundin dabei das Gesicht abdecken oder sogar mitfrottieren. Anschließend wird das Haar mit einem groben Kamm entwirrt. Um ein übermächtiges Ziehen an den Haaren zu vermeiden, beginnen wir mit dem Durchkämmen in den Haarspitzen und halten den Ansatz mit der anderen Hand fest. So arbeiten wir uns bis zum Haaransatz vor.

Haaransatzwäsche

Haaransatzwäschen werden dann durchgeführt, wenn Kunden ihre Haare täglich waschen oder wenn das Haar der Kundin nur am Ansatz leicht fettig erscheint, die Haare aber in den Längen und Spitzen eher trocken sind. Zum einen sollen die trockenen Haare nicht noch weiter durch Shampoo ausgelaugt werden, zum anderen hat die Ansatzwäsche einen Energiespareffekt: Man braucht nämlich deutlich weniger Wasser.

Durchführung: Shampoo in eine Auftragsflasche geben, etwa 1 bis 2 Sparstifte auf einen Liter Wasser. Die Wasser-Shampoo-Mischung auf die trockenen Ansätze auftragen, durchschäumen, kurz massieren, anschließend gut ausspülen.

Wie oft sollen Haare gewaschen werden?

Diese häufige Frage lässt sich sehr einfach beantworten: Haare sollen so oft wie nötig gewaschen werden! Obwohl sich die Ansicht durchgesetzt hat, dass Haare einmal in der Woche zu reinigen sind, lässt sich daraus keine feste Regel ableiten. Die Kopfhaut sondert ständig mehr oder weniger Talg und Schweiß ab. Bei trockener Haut, also bei geringen Absonderungen, reicht die wöchentliche Haarwäsche sicher aus. Fetten Haar und Kopfhaut jedoch stark, kann sogar täglich eine Haarwäsche erforderlich sein. Seltene Reinigung bei rasch fettenden Haaren ist nicht nur ein Problem des Aussehens, sondern auch der Hygiene. Hauttalg ist ein guter Nährboden für Mikroorganismen, die sich bei seltener Haarwäsche ungehindert vermehren und ausbreiten können. Dabei steigt die Gefahr von Infektionen der Kopfhaut, die zu Haarausfall führen können. Für die tägliche Haarwäsche ist nicht jedes Shampoo geeignet. Kopfhaut, Haarschaft und Spitze dürfen nicht ausgetrocknet werden. Mangelnder Glanz des Haares, Brüchigkeit und gespaltene Spitzen wären die Folge. Geeignet sind deshalb nur milde Shampoos mit rückfettenden Bestandteilen.

4.2.3 Haarreinigungsmittel

4.2.3.1 Seife

Warum ist Seife zur Haarreinigung ungeeignet?

Seife war früher das einzige Reinigungsmittel für Haut und Haare. Wenn Ihre Urgroßmutter ihrem Haar etwas besonders Gutes tun wollte, nahm sie Regenwasser zur Haarwäsche mit Seife. Heute kommt niemand mehr auf den Gedanken, Seife zur Haarwäsche zu benutzen. Moderne Shampoos haben sie abgelöst.

4.13 Kalkseifenbildung

Eine mit Shampoo gewaschene Haarsträhne fühlt sich weich und geschmeidig an, lässt sich gut auskämmen und trocknet schnell. Benutzen Sie dagegen Seife, ist die Strähne selbst nach gründlichen Spülen verklebt und lässt sich schwer auskämmen. Sie trocknet schlecht, fühlt sich rau an und hat je nach Wasserhärte einen weißlichen Belag aus Kalkseife: der Kalk aus dem Wasser hat mit den kleinsten Teilchen der Seife reagiert, klebt in den Haaren, macht sie grau und unansehnlich. Außerdem reagiert Seife wie alle Laugen alkalisch, quillt die Haare, laugt sie aus und spreizt die Schuppenschicht ab. Deshalb fühlen sich mit Alkalien behandelte Haare spröde an und sind glanzlos.

Seifen	Shampoos
reagieren alkalisch	reagieren neutral/schwach sauer
quellen des Haar	adstringieren das Haar
bilden Kalkseife	bilden keine Kalkseife
machen Haare stumpf, rau, glanzlos	lassen Haare glänzen

4.2.3.2 Shampoo

Für die reinigende Wirkung von Shampoos sind vier verschiedene Arten von waschaktiven Substanzen verantwortlich. Sie unterscheiden sich in ihrem chemischen Bau und in ihrer Waschwirkung.

Arten der WAS

Verschiedene Tensidarten/WAS		
anionenaktive WAS	—⊖	negativ geladen
kationenaktive WAS	—⊕	positiv geladen
nichtionogene WAS	—○	keine Ladungen
amphotere WAS	—⊕⊖	positive und negative Ladungen

ANIONAKTIVE WAS

Beispiele: Alkylsulfate, Alkylethersulfate

Typische Formel:

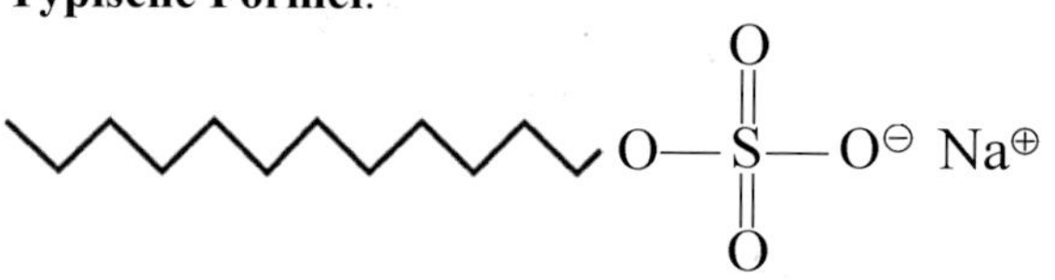

Eigenschaften: Diese WAS haben die stärkste Waschwirkung, schäumen sehr gut und sind daher Hauptbestandteil der Shampoos. Ihr Name leitet sich von ihrem chemischen Bau ab, der aktive Teil ist negativ geladen. Leider haben die anionaktiven WAS neben der starken Waschwirkung auch eine stark entfettende Wirkung. Dieser Nachteil soll durch rückfettende Zusätze abgeschwächt werden. Trotzdem eignen sie sich nicht für trockenes, strapaziertes Haar und auch nicht für die tägliche Haarwäsche.

Verwendung: in Shampoos, als Emulgator, Schaummittel in Zahncremes.

KATIONAKTIVE WAS

Beispiele: Quartäre Ammoniumsalze „Quats“

Typische Formel:

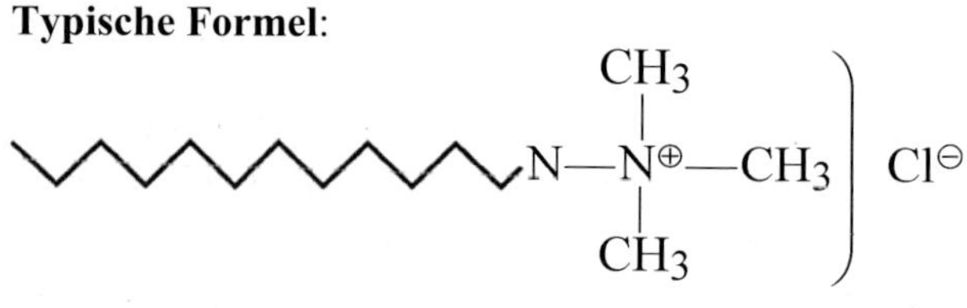

Eigenschaften: Kationaktive WAS haben im aktiven Molekülteil eine positive Ladung. Weil das Keratin des Haares negativ geladen ist, werden die kationaktiven WAS vom Haar angezogen. Eine große Waschwirkung haben sie nicht, weil sie am Haar haften bleiben und keine Schmutz- oder Fettteilchen umhüllen. Sie werden jedoch zu anderen WAS zugemischt, denn sie machen die Haare geschmeidig, verbessern den *Griff* des Haares. Haare laden sich besonders beim Durchkämmen mit Kunststoffbürsten negativ auf. Diese elektrostatische Aufladung lässt sie nach dem Trocknen *fliegen* und macht sie schwer frisierbar. Kationaktive WAS verhindern die elektrostatische Aufladung. Die negativen Ladungen des Keratins ziehen nämlich die positiven der kationaktiven WAS an – die Ladungen heben sich auf – die Haare *fliegen* nicht mehr. Kationaktive WAS sind außerdem milde Desinfektionsmittel, sie lassen Eiweiß gerinnen. Man kann sie allerdings nicht mit anionaktiven WAS mischen, da sich beide durch die elektrostatische Anziehung in der Wirkung aufheben.

Verwendung: Shampoos, Spülungen, Haarkuren.

NICHTIONOGENE WAS

Beispiele: Fettalkoholoxethylate, Zuckertenside

Typische Formel:

$$CH_3 - (CH_2)_{17} - (\overline{\underline{O}} - CH_2 - CH_2)_{20}\,\overline{\underline{O}} - H$$

Eigenschaften: Diese WAS haben weder positive noch negative Ladungen. Sie bilden nur wenig Schaum, entfalten ihre volle Wirksamkeit auch in hartem Wasser, sind aber in der Herstellung teurer als andere WAS. Sie besitzen eine gute Netzwirkung (Förderung der Benetzung durch Herabsetzung der Grenzflächenspannung), können als Verdickungsmittel eingesetzt werden, wirken als Schaumstabilisatoren für andere Tenside, mit denen sie sich problemlos mischen lassen oder können als Rückfetter verwendet werden.

Verwendung: als Zusatz (Verdickung, Rückfettung) in Shampoos; in kosmetischen Präparaten, bei denen die Verteilung des Präparates auf die Kopfhaut eine wichtige Rolle spielt; in Dauerwellmitteln, Blondier- oder Färbemitteln (Netzwirkung).

AMPHOTERE WAS

Beispiele: Alkylbetaine, Sulfobetaine

Typische Formel:

$$\begin{array}{c} \\ CH_2 - (CH_2)_{12} - \end{array}\begin{array}{c} CH_3 \\ | \\ N^{\oplus} \\ | \\ CH_3 \end{array}\begin{array}{c} \\ - (CH_2)_3 - SO_3^{\ominus} \end{array}$$

Eigenschaften: Amphotere WAS haben positive und negative Ladungen, vereinigen also die Eigenschaften der anionischen und der kationischen WAS. Ihre Wirkung hängt vom pH-Wert der Lösung ab: Im sauren Milieu haben sie kationischen Charakter, in alkalischer Umgebung anionische Wirkung. Sie reinigen allerdings milder und sind haar- und hautschonender als die anionaktiven WAS. Sie machen das Haar geschmeidig und haben eine schwache Desinfektionswirkung. Sie sind gut schleimhautverträglich und brennen nicht, wenn sie ins Auge kommen, sind in der Herstellung recht teuer.

Verwendung: als Co-Tensid (immer in Verbindung mit anderen Tensiden) in Babyshampoos, Shampoos für empfindliche Kopfhaut, Shampoos für strapaziertes Haar, Intimpflegemitteln, Haarkuren.

Bestandteile von Shampoos

Einzelne WAS oder eine Mischung von WAS sind noch kein Shampoo, das die Erwartungen des Verbrauchers erfüllt. Ein Shampoo kann aus 10 bis 30 Bestandteilen zusammengesetzt sein, damit folgende Kundenwünsche erfüllt werden können. So möchten Verbraucher, dass Shampoos

- gut reinigen
- stark schäumen
- leicht anzuwenden sind, d. h. nicht zu dick- oder zu dünnflüssig sind
- mild sind, d. h. keine Hautirritationen hervorrufen
- möglichst umweltverträglich sind, d. h. sich gut biologisch abbauen lassen

Die Inhaltsstoffe lassen sich folgendermaßen einteilen:

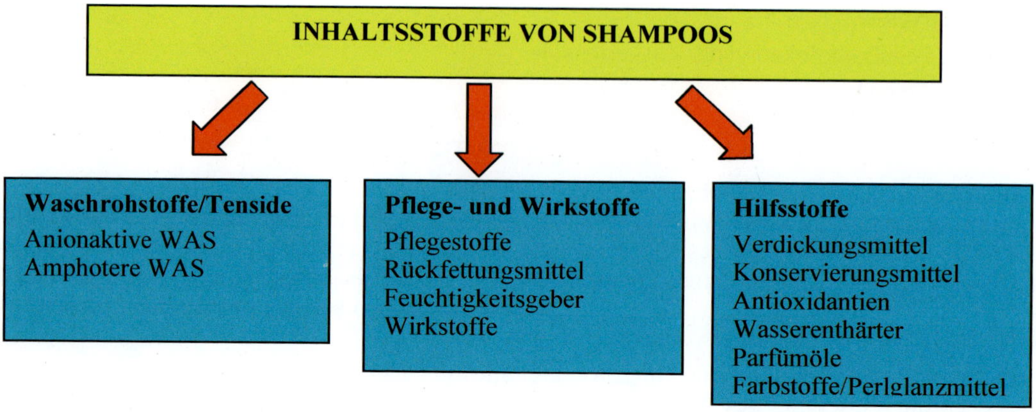

In der Tabelle erhalten Sie einen Überblick der einzelnen Bestandteile und ihren Aufgaben.

Tabelle 4.14 Inhaltsstoffe von Shampoos

Hauptinhaltsstoffe		
Waschrohstoffe/ Tenside	Anionische WAS	gute Reinigungskraft bei gleichzeitiger guter Hautverträglichkeit
	Amphotere WAS	
Pflegestoffe	Eiweißhydrolysate	ziehen auf die Haare auf, füllen Hohlräume
	Nichtionogene WAS	glätten die Schuppenschicht
	Organische Säuren z. B. Zitronensäure, Milchsäure	glätten die Schuppenschicht, machen das Haar besser kämmbar
Rückfettungsmittel	Lanolin	sollen der Kopfhaut und den Haaren die Geschmeidigkeit zurückgeben
	Lecithin	
	Fettsäuren, Fettsäureester	
	Silikonverbindungen	
Feuchtigkeits-gebende Stoffe	Glycerin	binden Wasser, sollen die Kopfhaut und das Haar vor dem Austrocknen schützen
	Sorbit	
	Polyethylenglykol	
	Propylenglykol	
	Panthenol	
Wirkstoffe	Vitamin	
	A	schützt vor Austrocknung der Kopfhaut
	B	soll übermäßige Talgabsonderung vermeiden
	H	soll vor Haarausfall schützen
	Schuppenwirkstoffe z. B. Climbazol/Piroctone Olamin/Zinkpyrithion/Selendisulfid	hemmen das Wachstum von Mikroorganismen
	Teebaumöl, Thymol	desinfizierend
	Menthol, Nikotinsäureester	durchblutungsfördernd, juckreizstillend
	Schwefel	keratolytisch
	Gerbsäuren/Siliciumdioxid	rauen das Haar auf
Hilfsstoffe		
Verdickungsmittel	Kochsalz	machen das Shampoo dickflüssiger und verhindern das Ablaufen des Präparats von den Haaren
	Polyvinylakohol	
	Methylcellulose	

Konservierungsmittel	Benzoesäure Sorbinsäure PHB-Ester	verhindern die Zersetzung des Shampoos durch Bakterien und andere Mikroorganismen
Antioxidantien	Ascorbinsäure Tocopherol	soll oxidationsempfindliche Inhaltsstoffe vor einer Reaktion mit Luftsauerstoff schützen
Wasserenthärter		binden den im Leitungswasser enthaltenen Kalk
Parfümöle		sollen das Produkt für den Kunden attraktiv machen
Farbstoffe		
Perlglanzmittel		

Welche besonderen Inhaltsstoffe haben denn nun Shampoos für spezielle Haarprobleme?

Hauptbestandteil aller Shampoos ist Wasser, gefolgt von den waschaktiven Substanzen; Pflege-, Wirk- und Hilfsstoffe sind zusammen in der Regel nur bis zu einem Anteil von 10 % enthalten.

Die verschiedenen Shampoos unterscheiden sich durch die Art und Menge der WAS, dem Anteil von Pflegestoffen und der Zugabe von Wirkstoffen.

Shampoo für normale Haare

Diese Shampoos enthalten in der Regel einen hohen Anteil anionaktiver WAS, wenig amphotere WAS und kaum Pflegestoffe, da hier die Reinigung im Vordergrund steht.

Shampoo für trockene und strapazierte Haare

Die Tensidmischung weist hier einen geringeren Anteil anionaktiver WAS auf, die das Haar sonst noch zusätzlich austrocknen würden. Dafür sind die milden amphoteren Tenside und Pflegestoffe, wie z. B. Eiweißhydrolysate, Aminosäuren oder andere *Repairwirkstoffe* (wie z. B. Quats) in höherer Konzentration eingesetzt, außerdem enthalten Shampoos für trockenes und strapaziertes Haar rückfettende Substanzen in größeren Mengen.

Shampoo für fettige Haare

Leider gibt es keinen Wirkstoff, der die übermäßige Talgproduktion der Kopfhaut reguliert. Diese Shampoos enthalten mehr anionaktive und amphotere WAS als andere Shampoos. Oftmals werden auch Spezialtenside wie Protein-Abietinsäure-Kondensate verwendet, die für mehr Volumen sorgen sollen. Um das Verteilen des Fettes in den Haaren zu vermeiden, das sich übrigens nicht von der Haarwurzel aus verbreitet, sondern durch den Kontakt der Haare untereinander, setzt man Gerbstoffe, wie z. B. Tannin ein, das man aus Rosmarin gewinnt. Dadurch rauen die Haare leicht auf und können nicht so stark aneinander kleben. Eine ähnliche Wirkung hat Siliciumdioxid, es raut aber nur leicht auf und erschwert das Aneinandergleiten der Haare. Weitere Wirkstoffe, die das Nachfetten verzögern sollen sind Birke, Kamille, Salbei, Schachtelhalm, Huflattich, Fumarsäure. Shampoos gegen fettiges Haar sollten keine Rückfetter und nur einen geringen Anteil an Pflegestoffen enthalten.

Shampoos für feine Haare

Shampoos für feine Haare können neben der üblichen Tensidmischung aus anionaktiven und amphoteren WAS auch die Spezialtenside gegen fettiges Haar enthalten. Sie haben wenig Pflegestoffe und rückfettende Substanzen, um das Haar nicht unnötig zu beschweren. Statt dessen brauchen sie mehr Volumen, die so genannte *Body*-Wirkung. Dafür setzt man ähnlich wie bei Shampoos für fettiges Haar als besondere Wirkstoffe Gerbsäuren oder Siliciumdioxid ein, um das Haar durch die Aufrauung voluminger ausssehen zu lassen.

Shampoos gegen Schuppen

Bei Shampoos gegen Schuppen sind vor allem die zugesetzten Wirkstoffe von Bedeutung: Selendisulfid, Zinkpyrithion, Pirocton Olamin und Climbazol hemmen das Wachstum von Pilzen und Bakterien, Salizylsäure und Schwefel haben schuppenlösende Eigenschaften und Ketoconazol hemmt das Wachstum von Malassezia furfur. Früher wurde Teer gern als Wirkstoff eingesetzt, da er Bakterien und Pilze tötet, Entzündungen hemmt und den Juckreiz stillt. Leider hat sich Teer in Tierversuchen als krebsverdächtig erwiesen, so dass Teershampoos nicht mehr frei verkäuflich, sondern nur noch auf Rezept erhältlich sind.

WAS-freie Haarreinigungsmittel

Trockenshampoo ist ein Puder zur Haarentfettung. Die feinen Puderteilchen werden aus der Streudose oder als Spray auf das Haar gegeben, durch Frottieren verteilt und gründlich ausgebürstet. Trockenshampoo entfernt keinen Schmutz, sondern *nur* Fett. Es ersetzt deshalb keine Haarwäsche und ist nur zur Zwischenreinigung geeignet.

Lavaerde ist ein besonderes, für Allergiker beliebtes Reinigungsmittel. Sie ist *tensidfrei* und deshalb auch für empfindliche Kundinnen geeignet. In Nordafrika wird sie seit Generationen zur schonenden Haar- und Hautreinigung verwendet. Bei uns ist die Erde als Pulver und als gebrauchsfertige Reinigungspaste erhältlich. Die gebrauchsfertige Paste enthält zusätzlich verschiedene Pflanzenöle (Lavendel-, Kamillen-, Rosen-, Geranienöl) und eignet sich deshalb besonders für extrem trockenes Haar.

2 bis 3 Teelöffel des Pulvers werden mit warmem Wasser zu einem dünnflüssigen Brei aufgeschlämmt, dann die angefeuchteten Haare und die Kopfhaut kräftig damit massiert. Nach 2 bis 3 Minuten Einwirkzeit wird gründlich gespült, wobei wir das Haar immer wieder mit gespreizten Fingern lockern.

4.2.4 Haarpflegemittel

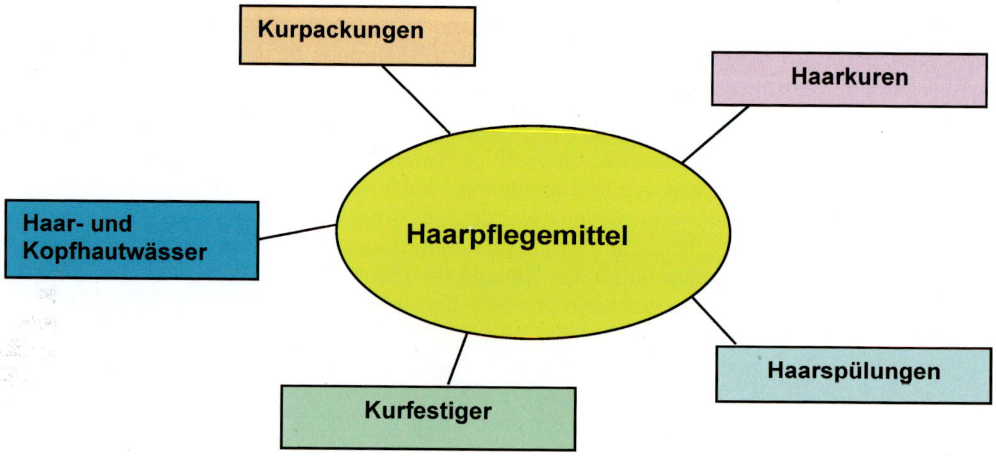

Mittel zur Haarpflege sollen die Frisierbarkeit des Haares verbessern, Haarschäden mildern und Störungen der Kopfhaut beseitigen.

Haar- und Kopfhautwässer sowie Kurfestiger sind Lösungen, Haarspülungen, Haarkuren und Kurpackungen dagegen Emulsionen. Sie erhalten im folgenden Abschnitt einige chemische Informationen zum Thema Emulsionen zusammen mit praktischen Versuchen. Diese Mischung soll Ihnen den Aufbau und die Wirkungsweise von Emulsionen näher bringen, damit Sie die Präparate anschließend richtig anwenden können.

Emulsionen sind Mischungen aus Fett und Wasser.

Versuch 1 Füllen Sie in ein Reagenzglas gleiche Mengen Wasser und Öl, schütteln Sie das Glas kräftig und beobachten Sie es dann.

Vor dem Schütteln schwimmt das Öl auf dem Wasser. Unmittelbar nach dem Schütteln sind Öl und Wasser in kleinen Tröpfchen ineinander verteilt. Nach wenigen Sekunden aber steigen die Öltropfen nach oben, und die Wassertropfen setzen sich ab. Kurz darauf haben sich Öl und Wasser wieder getrennt (4.15). Durch das Schütteln ist aus beiden Flüssigkeiten eine Emulsion entstanden. Da sich Öl und Wasser nach dem Schütteln wieder trennen, handelt es sich um eine unbeständige Emulsion.

Versuch 2 Geben Sie zu der Mischung aus Wasser und Öl etwas Shampoo oder Spülmittel, schütteln Sie erneut und beobachten Sie. Die Tröpfchen aus Wasser und Öl sind kleiner geworden. Selbst nach ein paar Minuten haben sie sich noch nicht getrennt. Die Emulsion ist also beständiger geworden. Das Shampoo hat die Grenzflächenspannung des Wassers herabgesetzt und die Verteilung der Phasen begünstigt. Stoffe, die eine Emulsion haltbar machen, nennt man *Emulgatoren.*

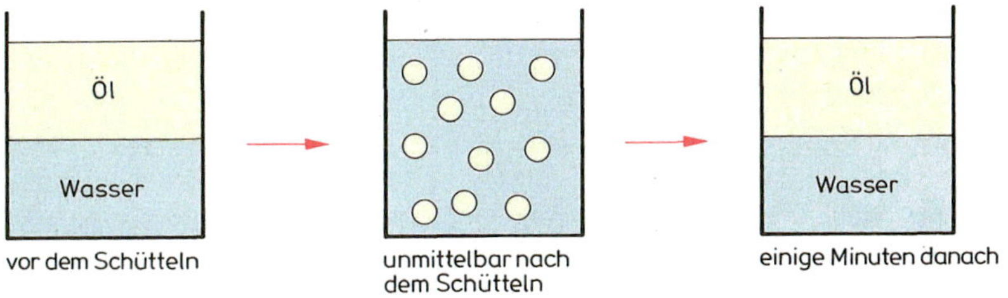

4.15 Emulgier-Versuch

Emulsion
- feine Verteilung von zwei nicht miteinander mischbaren Flüssigkeiten, z. B. Öl und Wasser

Emulgatoren
- sind grenzflächenaktive Substanzen (Tenside/WAS), die zwei nicht miteinander mischbare Flüssigkeiten wie Öl und Wasser zu einer Emulsion vermischen und stabilisieren

Emulsionstypen. Emulgatoren haben wie Tenside ein wasserfreundliches (hydrophil) und ein wasserfeindliches (hydrophob) Ende. Bei der Bildung der Emulsion richtet sich das wasserfreundliche Ende zum Wasser aus, das wasserfeindliche Ende legt sich dem Fett oder Öl zu. Je nachdem, welcher Emulgator eingesetzt wird, können zwei verschiedene Emulsionstypen entstehen:

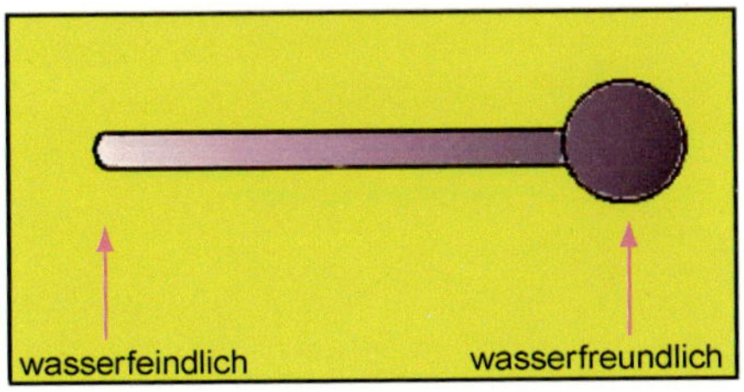

4.16 Emulgatormodell

Ö/W-Emulsionen = Öl-in-Wasser-Emulsionen. Hier befindet sich Wasser in der Außenphase, d. h., viele kleine Öltröpfchen sind in Wasser gebunden. Dieser Emulsionstyp entspricht der Struktur von Milch. Tages-, Feuchtigkeitscremes oder Reinigungsmilch sind Ö/W-Emulsionen. (**4.**17a)

W/Ö-Emulsionen = Wasser-in-Öl-Emulsionen. Hier sind viele Wassertröpfchen als innere, verteilte Phase in Öl (äußere oder umschließende Phase) verteilt. Dieser Emulsionstyp ist mit Butter

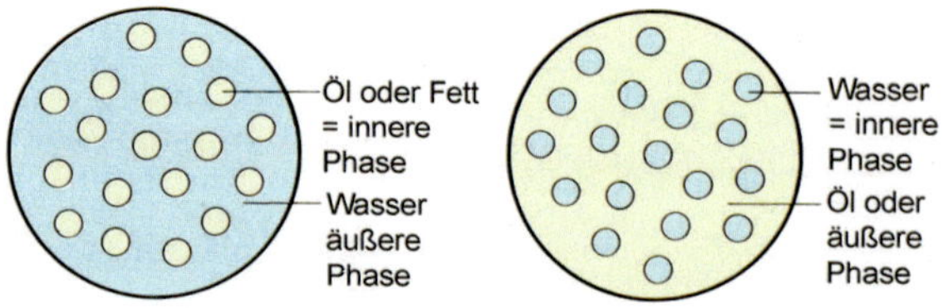

a) Öl-in-Wasser-Emulsion (Ö/W-Emulsion)
b) Wasser-in-Öl-Emulsion (W/Ö-Emulsion)

4.17

vergleichbar. Nacht- und Augencremes sind häufig nach diesem Prinzip aufgebaut, aber auch Produkte für sehr trockene Haut oder Hautschutzcremes. (**4.**17b). Neben diesen einfachen Emulsionstypen gibt es noch Mehrfach-Systeme vom Typ W/Ö/W und Ö/W/Ö.

Emulgatoren für W/Ö-Emulsionen sind fettlösliche Stoffe wie z. B. Bienenwachs, Lanolin, Cetylalkohol oder Fettalkohole.

Emulgatoren für Ö/W-Emulsionen sind wasserlösliche Tenside wie z. B. Fettalkoholsulfate, Zuckerester (im Handel erhältlich unter Confonder), Methylglukosid-Sesquistearat (im Handel erhältlich unter Emulsan) oder gehärtetes Palmöl (im Handel erhältlich unter Tegomuls).

Prüfung des Emulsionstyps. Emulsionen lassen sich stets mit ihrer äußeren Phase mischen. Einer Ö/W-Emulsion kann man also Wasser zumischen, einer W/Ö-Emulsion dagegen Öl.

Versuch 3 Geben Sie in ein Reagenzglas mit Wasser etwas Tagescreme, in ein zweites etwas Fettcreme. Schütteln Sie beide Gläser. Was beobachten sie?

Die Tagescreme vermischt sich mit dem Wasser zu einer milchigen Flüssigkeit. Die Fettcreme klumpt, mischt sich nicht. Um welchen Emulsionstyp handelt es sich?

Versuch 4 Geben Sie auf je zwei Uhrgläser etwas Ö/W- und W/Ö-Emulsion. Rühren Sie mit einem Glasstab jeweils einen wasserlöslichen (Methylenblau) oder öllöslichen Farbstoff (Sudanrot) darunter.

a) Methylenblau mit Ö/W Emulsion verrührt
b) Sudanrot mit W/Ö Emulsion verrührt

4.18

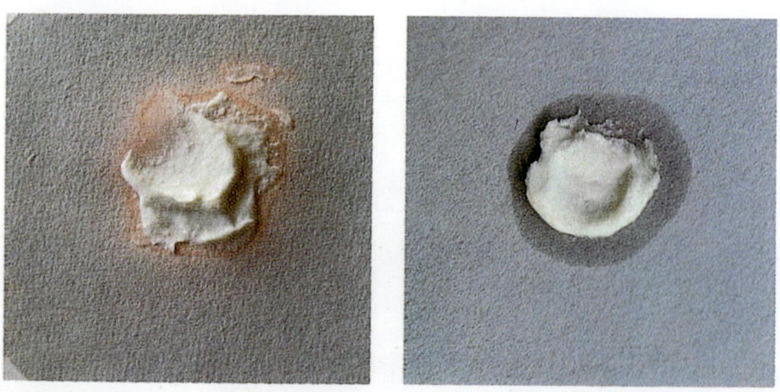

a) Ö/W Emulsion auf Kobaltchloridpapier – rosa Rand
b) W/Ö Emulsion auf Kobaltchloridpapier – Fettrand

4.19

Der wasserlösliche Farbstoff lässt sich gut mit der Ö/W-Emulsion mischen, weil die äußere Phase Wasser ist (**4.**18a). Dagegen mischt er sich nicht mit der W/Ö-Emulsion. Der öllösliche Farbstoff mischt sich nicht mit der Ö/W-Emulsion, aber gut mit der W/Ö-Emulsion (**4.**18b).

Versuch 5 Tragen Sie etwas Tagescreme (Ö/W) auf ein Filterpapier oder Löschblatt auf. Wiederholen Sie den Versuch mit Massagecreme (W/Ö) auf einem zweiten Blatt.

Eine einfache Methode den Emulsionstyp zu bestimmen, besteht darin, etwas Creme auf ein Filterpapier zu geben und nachzuschauen, ob sich ein Ring aus Wasser um die Probe bildet (Ö/W), der nach dem Verdunsten verschwindet oder ob ein bleibender Fettfleck entsteht (W/Ö).

Versuch 6 Tragen Sie etwas Hautschutzcreme auf die linke Hand und etwas Haarkurpackung oder Tagescreme auf die rechte Hand. Beurteilen Sie den Glanz der Haut. Wie ziehen die Emulsionen ein? Spülen Sie anschließend beide Hände unter Wasser ab.

Die Hautschutzcreme macht die Haut glänzend und weich, lässt sich gut verteilen. Die Tagescreme oder Haarkurpackung glänzt nicht auf der Haut; nach kurzer Zeit fühlt sich die Haut eher stumpf an und lässt sich nicht gut massieren. Unter Wasser lassen sich Tagescreme und Haarkurpackung leicht abspülen, von der Sportcreme perlt das Wasser jedoch ab.

Wirkungsweise der Emulsionen auf Haut und Haar. Wie der Versuch zeigt, ziehen Tagescreme oder Haarkurpackung (Ö/W-Emulsionen) leichter in die Haut ein als W/Ö-Emulsionen. Die Hautschutzcremes vom Typ W/Ö sollen auch gar nicht schnell eindringen, damit sie die Hautoberfläche vor Witterungseinflüssen schützen. Bei einer Haarkurpackung ist es dagegen wichtig, dass man sie mit Wasser entfernen kann. Das Haar nimmt einen Teil der Creme-Packung auf, den überschüssigen Teil spült man mit Wasser aus, damit das Haar nicht klebt.

W/Ö-Emulsion	**Ö/W-Emulsion**
– dringt langsam in die Haut ein	– dringt schnell in Haut und Haar ein
– hinterlässt Fettglanz, macht die Haut gleitfähig	– hinterlässt keinen Fettglanz, macht die Haut stumpf
– lässt sich nicht mit Wasser entfernen	– lässt sich mit Wasser entfernen

Kurpackungen sind Ö/W-Emulsionen gegen Schäden des Haarschafts und Störungen des Haarbodens, werden also bei stark geschädigten Haaren und z. B. bei trockener Kopfhaut angewendet. Sie enthalten Fette und Wachse, die besonders hautfreundlich sind und gut aufgenommen werden, z. B. Lanolin, Cholesterin, Lecithin, Fettalkohole. Zunehmend werden auch Silikonverbindungen als fettende Stoffe verwendet. Als Emulgatoren dienen meist Substanzen, die selber fettende Eigenschaften haben und gut einziehen, z. B. Wachsalkohole und Fettalkohole. Ein Zusatz von Gerbsäuren oder Zitronensäure adstringiert das Haar und legt die Schuppenschicht an. Kräuterzusätze wie Schafgarbe, Brennnessel oder Kamille wirken schwach desinfizierend, entzündungshemmend und sollen bei Seborrhö helfen, weitere Wirkstoffe können Schwefel, Anti-Schuppen-Mittel oder Vitamine sein. Durch die Fettstoffe der Packungen wird das Haar geschmeidig. Diese Wirkung ist besonders bei sprödem Haar mit abgespreizter Schuppenschicht zu spüren.

Versuch 7 Verteilen Sie etwas Cremepackung auf einer Glasplatte (Objektträger) und trocknen Sie das Präparat auf einer Wärmeplatte oder Heizung. Halten Sie anschließend die Packung unter fließendes Wasser. Was geschieht?

Ergebnis Von der getrockneten Packung perlt das Wasser ab.

Bei porösem Haar dringt die Emulsion in die Hohlräume und füllt sie aus. Beim Haartrocknen verdunstet das Wasser der Emulsion und lässt – wie der Versuch zeigt – die Fettstoffe zurück, die einen wachsartigen Film bilden. Dieser glättet die Haaroberfläche und schützt das Haar vor Feuchtigkeit.

Anwendung. Kurpackungen sind besonders empfehlenswert nach Dauerwellen, Blondierungen oder Färbungen. Sie sollten 1-mal wöchentlich in Kreuzscheiteltechnik mit dem Pinsel aufgetragen werden. Der Kopf der Kundin sollte mit Folie und Handtuch abgedeckt werden, damit die Eigenwärme die Wirkung der Kurpackung verstärken kann. Die Einwirkzeit beträgt 15 bis 30 Minuten.

Kurpackungen

- enthalten als haarpflegende Bestandteile Fette, Gerb- oder Zitronensäure zum Adstringieren, Kräuter- und Wirkstoffzusätze
- machen das Haar geschmeidig, glätten und schützen die Oberfläche

Haarkuren. Hier unterscheidet man zwischen den ***Kuren auf Emulsionsbasis***, die wieder ausgespült werden (***Rinse-Off-Präparate***) und den so genannten ***Leave-in-Präparaten***. Dies sind flüssige Kuren oder auch Schäume, die auf das Haar aufgesprüht und nicht wieder ausgespült werden. Pflegestoffe wie Kationaktive Tenside (Quats), Eiweißhydrolysate und rückfettende Substanzen wie Lanolin oder Silikonverbindungen sind in eine wässrige Lösung eingebunden.

Haarkuren auf Emulsionsbasis sind flüssiger als Kurpackungen. Sie enthalten als wichtigste Inhaltsstoffe kationaktive Tenside, die durch eine Salzbindung gut an der negativ geladenen Haaroberfläche haften können. Weitere Pflegestoffe sind Kollagene und Proteine (Eiweißhydrolysate) und Rückfetter wie Lanolin, Fettalkohole, Paraffinöle oder Silikonöle, die in der Emulsion gelöst sind.

Anwendung. Haarkuren werden gleich nach dem Haarewaschen aufs handtuchtrockene Haar aufgetragen. Das Präparat wird auf die Innenfläche der Handschuhe gegeben und dann Strähnenweise ins Haar eingearbeitet.

Die Einwirkzeit beträgt 5 bis 10 Minuten.

Haarkuren

- enthalten als haarpflegende Bestandteile kationaktive Wirkstoffe zur Glättung der Haaroberfläche
- enthalten Eiweißhydrolysate zum Füllen der Hohlräume
- enthalten weniger Rückfetter als Kurpackungen
- wirken kürzer ein als Kurpackungen

Haarspülungen. Spülungen werden im Salon auch Kräuterazid oder Kräuterregenerator genannt. Es sind meist dickflüssige Ö/W-Emulsionen, die eine großen Anteil Zitronensäure enthalten. Azidspülungen werden nach alkalischen Behandlungen eingesetzt, denn die Säure adstringiert das gequollene Haar und legt die Schuppenschicht an. Zugleich machen die Fette das Haar geschmei-

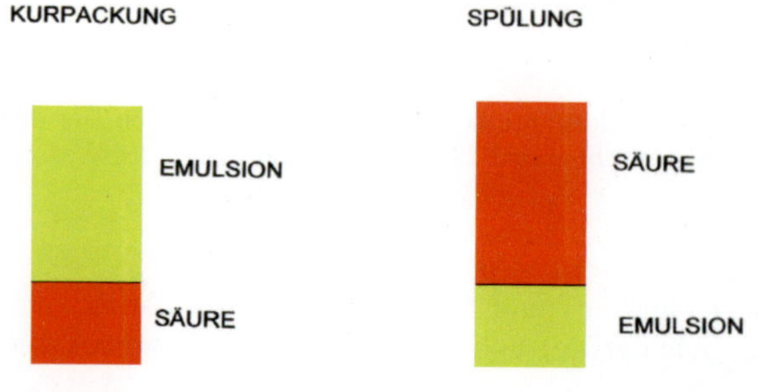

4.20 Unterschiede zwischen Kurpackungen und Haarspülungen

dig und besser kämmbar. Darum setzen viele Friseure eine Azidspülung nach Dauerwelle, Blondierungen und Färbungen ein, aber auch zum Auskämmen stark verwirrter Haare.

Kunststoffkuren. Während kationaktive Wirkstoffe nur oberflächliche Haarschäden ausgleichen, dringen Kunststoffkuren tiefer ins Haar ein.

Versuch 8 Erhitzen Sie eine Kunststoffkur so lange, bis die Flüssigkeit verdampft ist. Es bleibt eine klebrige Masse zurück, von der Sie mit einem Glasstab Fäden ziehen können.

Kunststoffkuren sind Präparate zum Ausgleich der Haarstruktur. Diese Schnellkuren werden nicht ausgespült. Sie bestehen aus zwei Komponenten, z. B. Pulver und Flüssigkeit. Bei einigen ist das Pulver schon in der Flüssigkeit gelöst. Das in der Flüssigkeit gelöste Pulver dringt gut in die Schuppenschicht ein, weil die Moleküle klein sind. Beim Haartrocknen verketten sich die kleinen Moleküle zu großen Kunststoffmolekülen (Polymere), die Hohlräume im Haar verschließen. Nur an den geschädigten Stellen bildet sich der Kunststoff. Dadurch wird die Haarstruktur ausgeglichen.

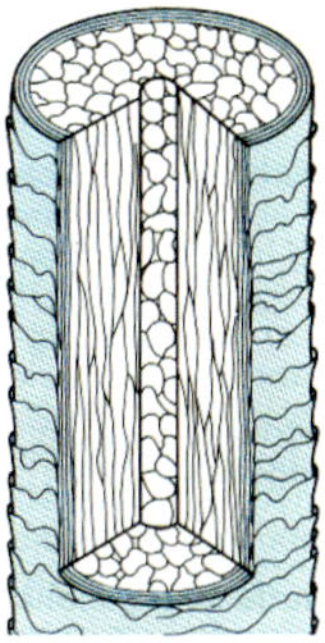

4.21 Haarkur

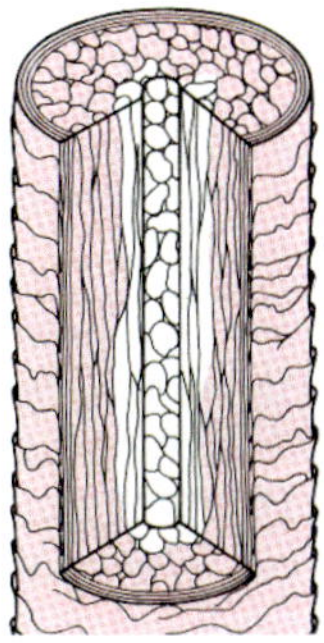

4.22 Kunststoffkur

Spitzenfluid und **Flüssighaar** sind zwei weitere Präparate aus diesem Bereich, die aber ganz gezielt nur Haarschäden mildern und nicht auf die Kopfhaut wirken sollen (Hair-repair-Produkte).

Spitzenfluid wird eingesetzt, um gespaltene Haarspitzen zu versiegeln. Dazu arbeitet man wasserunlösliche Silikonverbindungen in ein Fluid ein. Ein Fluid ist eine Emulsion, aber statt Emulgatoren setzt man Lecithinmoleküle ein, die die Wirk- und Pflegestoffe mit einer Doppelschicht einkapseln. Für Hair-repair-Produkte verwendet man so genannte schwere Silikonverbindungen, die eine festere Konsistenz haben als die Silikonpolymere in den Wash-and-go-Produkten. Spitzenfluid kann 20- bis 90-mal mehr Silikon enthalten als Shampoos oder Pflegespülungen.

Zur Wirkungsweise von Phospholipiden/Liposomen siehe Kapitel 6.

Flüssighaar ist eine alkoholisch-wässrige Lösung, die u. a. Weizen-, Milch-, Seidenproteine oder natürliche Haarkeratinbausteine enthält. Dazu bereitet man abgeschnittene menschliche Haare in einem speziellen chemischen Verfahren auf und löst bestimmte Keratinbestandteile heraus. Flüssighaar wird auf das trockene oder feuchte Haar aufgesprüht. Die Keratinbestandteile sollen sich in die Hohlräume im Haar einlagern, das Haar kann mehr Volumen erhalten und besser kämmbar sein.

Kurfestiger sind alkoholische Lösungen verschiedener Wirkstoffe. Sie dienen zur Ergänzung oder Unterstützung von Kurpackungen und Haarkuren oder als Zwischenbehandlungen. Es gibt spezielle Kurfestiger für angegriffenes, strukturgeschädigtes Haar und Schuppenbildung. Die Wirkstoffe sind jeweils in Isopropylalkohol gelöst.

Kurfestiger für strukturgeschädigtes Haar enthalten kationaktive Wirkstoffe und Proteine, die sich an der Haaroberfläche anlagern, sie glätten und damit den Glanz verbessern.

Kurfestiger gegen Schuppen enthalten die Antischuppen-Wirkstoffe Piroctom Olamin, Zinkpyrithion, Climbazol, Schwefel oder Selendisulfid. Sie wirken antistatisch und leicht desinfizierend durch kationaktive Stoffe.

Kurfestiger gegen fettiges Haar enthalten Kräuterauszüge, die antiseborrhöisch wirken sollen. Spezielle Kunstharze festigen das Haar besonders stark und saugen das Fett auf. Damit das Haar nicht beschwert wird, enthalten diese Festiger keine kationaktiven Wirkstoffe.

Kurfestiger
- enthalten kationaktive Stoffe und Eiweißhydrolysate in Alkohol gelöst, Kräuterzusätze oder Wirkstoffe
- ergänzen oder unterstützen Haarkuren oder Kurpackungen oder dienen für Zwischenbehandlungen

Haar- und Kopfwässer

Unter der Bezeichnung Kopf- und Haarwässer fasst man eine Reihe von Präparaten zusammen, die im Salon gebraucht oder verkauft werden.

Die auf das Haar wirkenden Kabinett-, Frisier- und Dufthaarwässer sind aus der Mode gekommen. Ihre ursprüngliche Aufgabe war die Erhaltung und Pflege des Haares. Sie sollten durch äußerliches Auftragen den Haarwuchs beschleunigen oder bei Glatzen neues Haarwachstum fördern. Diese Mittel werden heutzutage nicht mehr verwendet. Der Begriff Haarwasser wird aber weiterhin oft für ***Kopfhautwässer*** gebraucht, weil ja schließlich auch etwas auf die Haare kommt. Sehr beliebt sind medizinische oder biologische Kopfwässer, die scheitelweise oder sogar mit einer Pipette auf die Kopfhaut aufgetragen werden, da sie dort wirken sollen.

Inhaltsstoffe. Hauptbestandteil mit 40 bis 60 % sind Lösungsmittel wie Ethanol oder Isopropanol. Ethanol löst Duftstoffe und Wirkstoffe, die sich nicht in Wasser lösen lassen. Es steigert die Hautdurchblutung, entfettet und desinfiziert bei 70 %, Isopropanol bei 50 %. Durch schnelle Verdunstung kühlt und erfrischt es. Aminosäuren, Eiweißhydrolysate oder Quats sollen pflegend auf die Haare wirken. Als Zusätze findet man Salizylsäure oder Schwefel bei Schuppen, Vitamine und Kräuterzusätze oder durchblutungsfördernde Substanzen wie Nicotinsäure. Bei Haarausfall vom männlichen Typ werden oftmals Kopfwässer angewendet, die östrogenähnliche Stoffe enthalten. Diese Stoffe sollen die Zellteilung anregen, die Durchblutung verbessern und – so verspricht der Hersteller – den Haarwuchs fördern. Eine weitere Möglichkeit sind echte Östrogenzusätze. Die Wirkung wird in Kap. 3 erläutert.

Anwendung. Die Haare werden zunächst gewaschen. Dann trägt man – Schutzhandschuhe nicht vergessen – das Kopfwasser scheitelweise auf und massiert mit dem Zeigefinger kurz nach oder man benutzt zum Auftragen eine Pipette.

Anschließend erhält der Kunde eine Kopfmassage.

Kopfmassage

Durch die Kopfmassage soll die Kopfhaut gelockert und die Durchblutung angeregt werden. Ob der Haarwuchs dadurch angeregt wird, ist zweifelhaft. Bei Haarwuchsstörungen nach Fiebererkrankungen u. Ä. mag eine Anregung möglich sein, bewiesen ist sie aber nicht. Bei einer normalen, gesunden Kopfhaut wird durch die Massage das Haarwachstum nicht beschleunigt. Haarwässer können allerdings besser in die Haut eindringen. Eine Kopfmassage dient vor allem der Entspannung.

Bei der Kopfmassage unterscheiden wir verschiedene Massagearten.

Lockerungsmassage:	zum Entspannen der Kopfhaut
Durchblutungsmassage:	fördert die Durchblutung, dies zeigt sich durch eine Rötung der Kopfhaut
Streichmassage:	zur Beruhigung der Kopfhaut und für einen angenehmen Abschluss

1.		Die Kopfmassage beginnt mit der Kontaktaufnahme. Dazu legen wir kurz die Hände auf die Schultern des Kunden. Von diesem Augenblick an muss immer eine Hand am Kunden sein. Eine Unterbrechung des Körperkontaktes wird als unangenehm empfunden. Deshalb darf bei Griffwechseln immer nur eine Hand nach der anderen umgesetzt werden.
2.	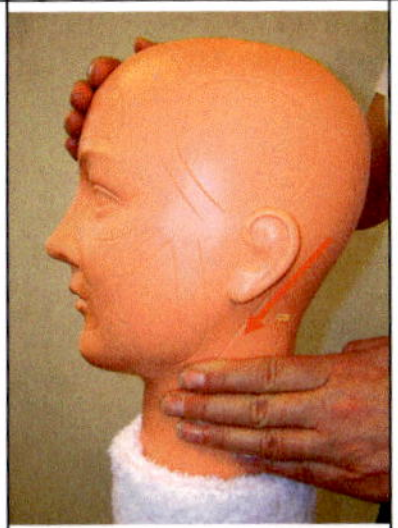	Zur Eröffnung der Massage legen wir eine Hand an die Stirn und streichen mit der anderen die Venen und Lymphbahnen hinter den Ohren und entlang der Wirbelsäule aus. Der Blutabfluss Richtung Herz wird dadurch gesteigert und es kann zu keinen Blutstauungen kommen. Dieser Griff wird dreimal wiederholt, dann wird die streichende Hand zur Stirn geführt und die andere Hand streicht die zweite Halsseite aus.
3.	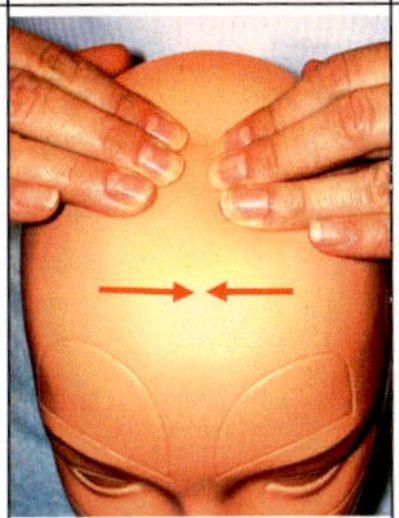	Die **Lockerungsmassage** beginnt man an der Stirnkontur. Die Fingerkuppen werden fest, in einem Abstand von ca. 2 cm, auf die Kopfhaut aufgesetzt. Durch dreimaliges, ruckartiges Zusammenschieben und Nachgeben wird die Kopfhaut gelockert. Bei diesem Vorgang muss sich die Haut nach oben wölben. Die Finger dürfen dabei nicht über die Haut reiben, sondern müssen am Platz bleiben. Abwechselnd werden die Hände weitergesetzt und der Vorgang wiederholt, bis der ganze Kopf massiert ist.
4.	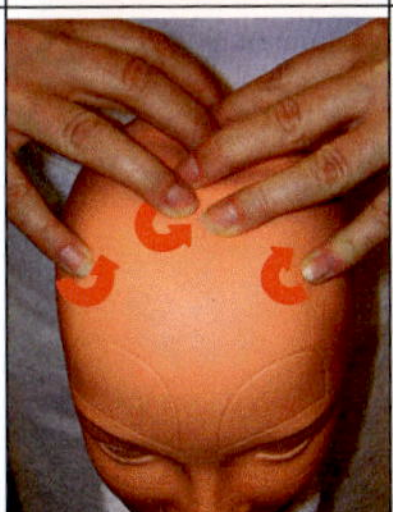	Die **Durchblutungs- oder Druckmassage** wird im Bindegewebe durchgeführt. Die Finger werden mit ihren Kuppen leicht angewinkelt, und dabei fest aufgesetzt. Anschließend verschieben die Finger die Kopfhaut mit kleinen, gegen die Schwimmrichtung kreisenden Bewegungen. *Die Finger dürfen nicht über die Kopfhaut rutschen, denn das wäre dann eine Friktionsmassage.* Machen Sie diesen Griff 3-5 Mal und setzen Sie Ihre Hände dann nacheinander weiter.
5.	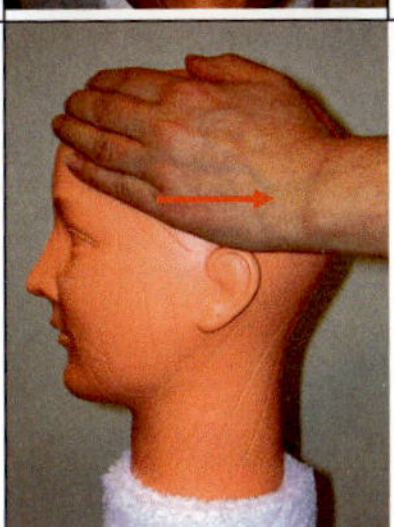 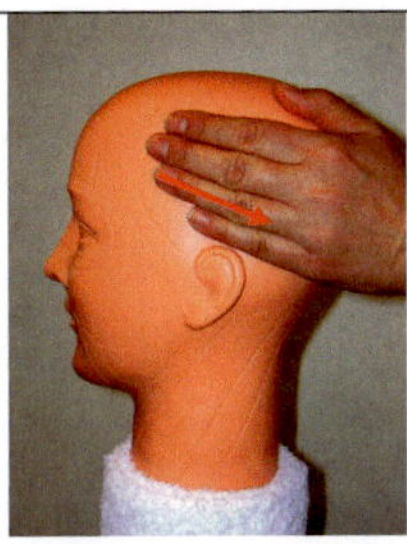 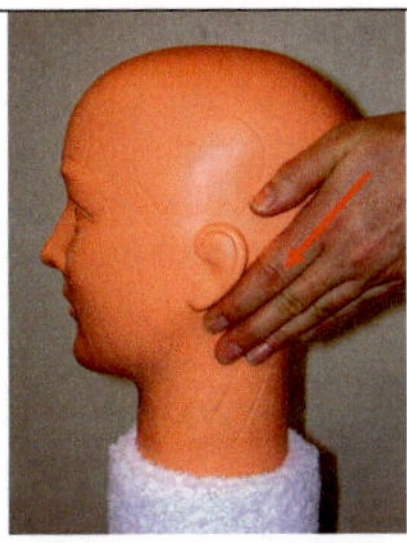 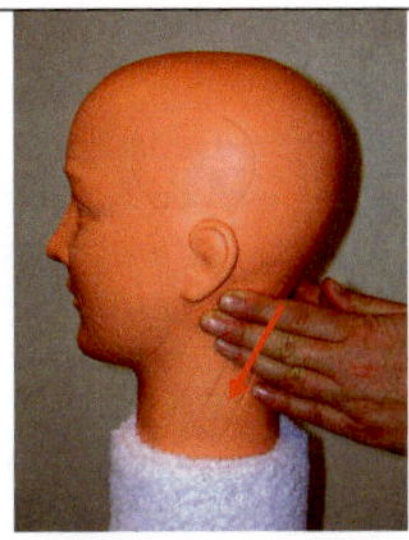	Beim **Ausstreichgriff** legt man beide Hände flach auf die Seiten und den Oberkopf. Mit sanftem, beruhigendem Druck werden die Hände nach hinten gezogen und streichen um den Ohrbogen den Hals aus. Viele Kunden empfinden ein Ausstreichen bis zu den Schultern als angenehm. Dieser Griff dient der Beruhigung und wird mehrmals wiederholt. Er kann auch als Bindeglied zwischen anderen Massagearten eingesetzt werden.

Kopfmassage

Aufgabe

– Kopfhaut lockern, Durchblutung fördern, Eindringen des Kopfwassers unterstützen

Durchführung

– Eröffnungsmassage, Druck- und Verschiebungsmassage, Beruhigungsmassage

Aufgaben zu Kapitel 4

1. Warum müssen Sie vor der Haarwäsche eine Haar- und Kopfhautdiagnose durchführen?
2. Warum müssen Sie Ihre Beobachtungen in einen Diagnoseplan eintragen?
3. Warum sollten Sie sich für die Haar- und Kopfhautdiagnose besonders viel Zeit nehmen?
4. Warum müssen Sie während der Diagnose immer wieder mit Ihrem Kunden sprechen?
5. Welche Verunreinigungen des Haares gibt es?
6. Warum führt man Haaransatzwäschen durch?
7. Warum muss schnell fettendes Haar täglich gewaschen werden?
8. Was versteht man unter Grenzflächenspannung? Wie kommt sie zustande?
9. Was bedeuten die Begriffe benetzen, dispergieren, emulgieren?
10. Welche Aufgaben haben Tenside?
11. Worin sind Tenside enthalten?
12. Wie sind Tenside aufgebaut?
13. Nennen Sie die vier Arten der WAS.
14. Welche waschaktiven Substanzen haben die stärkste Waschwirkung?
15. Warum eignen sich anionenaktive WAS nicht für trockenes und sprödes Haar?
16. Welche WAS sind schwache Desinfektionsmittel?
17. Warum verhindern kationenaktive WAS das „Fliegen" der Haare?
18. Warum dürfen Sie anionen- und kationenaktive WAS nicht zusammen verwenden?
19. Welche WAS fördern die Benetzung am stärksten und werden deshalb den Präparaten als Netzmittel zugesetzt?
20. Welche WAS reinigen mild und sind besonders schleimhautverträglich?
21. Warum werden in Shampoos gern anionaktive und amphotere WAS zusammen als Waschrohstoffe eingesetzt?
22. Welche WAS können auch als Rückfetter wirken?
23. Welche 5 Wünsche haben Verbraucher an Shampoos?
24. Wie wirken organische Säuren in Shampoos?
25. Nennen Sie Wirkstoffe, die die Schuppenbildung bekämpfen.
26. Welche WAS setzt man in Shampoos für trockenes/strapaziertes Haar ein?
27. Welche Wirk- und Zusatzstoffe enthalten Shampoos für fettiges Haar?
28. Warum eignet sich Trockenshampoo nur für die Zwischenreinigung?
29. Nennen Sie die Arten der Haarkurmittel.
30. a) Welche Emulsionstypen gibt es?
    b) Wodurch unterscheiden sie sich?
31. Beschreiben Sie die Prüfmethoden für Emulsionstypen.
32. Welche Bedeutung hat der Emulgator?
33. Beschreiben Sie die Wirkung der Emulsionstypen auf Haut und Haar.
34. Welchen Emulsionstyp haben Kurpackungen, Spülungen und Haarkuren? Warum?
35. Erklären Sie die Begriffe Rinse-Off und Leave-In.
36. Wodurch unterscheiden sich Kurpackungen von Haarkuren?
37. Welche Wirkungen sollen Haarspülungen hervorrufen?
38. Welchen Vorteil haben Kurfestiger gegenüber normalen Festigern?
39. Welche Alkoholarten werden in Kopfwässern verwendet?
40. Wie trägt man Kopfwasser auf?
41. Weshalb beginnt man eine Kopfmassage mit Ausstreichen der Venen und Lymphbahnen zum Herzen hin?
42. Beschreiben Sie den Ablauf einer Kopfmassage.

5 Haarschnitt – Frisur – Haarersatz

Mode ist für viele Frauen ein Zauberwort. Zeitungen steigern ihre Auflage enorm, wenn sie über neue Kleidungskollektionen berichten. Ein wichtiger Bestandteil der Mode sind auch die Haare. Früher wurde der Frisurenstil durch den Adel und den eigenen Stand bestimmt. Noch in den 1970er Jahren gab es einen ziemlich einheitlichen Stil. Viele Frauen ließen sich von berühmten Schauspielerinnen inspirieren. Heute im Zeitalter von Satellitenfernsehen und Internet, ist der globale Austausch von Modeimpulsen viel schneller und vielfältiger. Die Einflüsse aus den USA, England, Frankreich, Asien, Afrika usw. werden viel schneller in die aktuelle Frisurenmode eingebunden. Aber auch Fernsehsendungen, Musikclips, Retroshows und Ähnliches geben immer wieder Impulse. Auch der Zentralverband des deutschen Friseurhandwerks gibt zweimal im Jahr eine Modeempfehlung heraus.

5.1 Modetrends

Unterschiedliche Frisuren werden mit unterschiedlichen Techniken erstellt. In den 1950er und 60er Jahren waren Lockenwickler, Clipse und Trockenhaube aus dem Salon nicht wegzudenken. Ende der 1970er Jahre hieß es: „Schmeißt den alten Kram auf den Müll, wir föhnen nur noch". Die 1980er brachten die Knetfrisuren. „Also Bürsten auf den Müll". Heute nimmt man wieder große Klettwickler, um großlockige, elegante Frisuren zu erstellen. Früher wurde viel mit Effilierer und Rasiermesser gearbeitet. In den 1970er und 80er Jahren waren exakte, sehr kompakte Schnitte modern. Heute wird wieder *gesoftet*, *gepointet* und *gesliced*. Die alte Effiliertechnik erscheint nur mit einem neuen, modernen Namen.

Im Herrensalon der 1970er Jahre fand man fast nur Langhaarige. 20 Jahre später mussten viele wieder das Übergangsschneiden mit Kamm und Schere oder der Haarschneidemaschine lernen.

Die Mode ändert sich, die Technik bleibt.

Wer alle Techniken beherrscht, kann auch in Zukunft jede Spielart der Mode schneiden und frisieren.

5.1 Frisurenberatung

Beratung und Frisurengestaltung sind untrennbar miteinander verbunden. Große Künstler mögen vielleicht einfach drauflos arbeiten und irgendetwas Tolles kommt dabei heraus. Doch unsere Kunden wollen vorher wissen, wie sie später aussehen und welche Variationen sie mit ihrem Schnitt frisieren können. Deshalb kommen sie ja auch zu uns, dem Friseur ihres Vertrauens. Die Kundin erwartet von uns, dass wir erkennen und erklären, welche Frisuren und Haarfarben zu ihr passen. Jetzt kann man natürlich sagen, jeder hat seinen eigenen Geschmack und die Mode zeigt doch was man auf dem Kopf tragen soll. Aber die Stilrichtungen ändern sich immer wieder. Was uns noch vor einigen Jahren gut gefallen hat, finden wir heute unmöglich (**5**.2).

5.2 a) Frisur um 1970 b) Frisur um 1985 c) Frisur um 1995

Häufig hört man auch den Spruch: „Über Geschmack lässt sich streiten" oder „Geschmack hat man, oder man hat ihn nicht". Was ist eigentlich Geschmack?

Von gutem Geschmack bei Frisuren und Kleidung spricht man, wenn jemand dem Schönheitsideal in Frisurenwahl und Kleidung der Zeit entspricht. Die Mehrheit der meinungsbildenden Leute trägt die Mode so. Neben dem Zeitgeschmack gibt es aber noch einige allgemeinverbindliche Regeln. Diese Regeln nennt man Gestaltungsgrundsätze. Bei der Beratung müssen die Gestaltungsgrundsätze beachtet werden. Sie dienen als Ausgangsbasis für die zu empfehlende Frisur.

5.1.1 Gestaltungsgrundsätze

Proportionen – Der Goldene Schnitt

Auf der Suche nach Gesetzmäßigkeiten des Schönen kamen schon die Griechen auf ein mathematisches Verhältnis von großen zu kleinen Flächen, Linien oder Körpern zueinander. Man spricht hier von den Proportionen. Durch Vergleiche stellte man fest, dass die nach dem Goldenen Schnitt gestalteten Gegenstände besser gefallen als andere.

Lassen sich Frisuren mathematisch berechnen? Ersetzt der Computer demnächst den Friseur? Nein, denn Aussehen und Persönlichkeit sind mit Empfindungen und Gefühlen verbunden. Auf diese muss die gute Friseurin eingehen. Trotzdem gibt es einige Regeln, die man für ein stimmiges Aussehen beachten muss.

Proportionen

Die Frisur muss zu Körpergröße und Form passen.

- Eine große schlanke Kundin sieht mit einer hoch gestreckten Frisur noch größer aus.
- Eine kleine kräftige Person mit ganz kurzen Haaren wirkt wie ein Kegel.
- Eine kleine zierliche Kundin mit langen wallenden Haaren wirkt noch kleiner.

Kopf- und Gesichtsformen

Es gibt so viele verschiedene Formen, wie es Menschen gibt. Doch fünf Formen treten am häufigsten auf.

5.3 Fünf typische Kopf- und Gesichtsformen

Das Oval ist die optimale Kopfform. Kundinnen mit dieser Kopfform können jede Frisurenform tragen. Für alle anderen Kopfformen müssen wir mit der Frisur einen Ausgleich schaffen, um die Idealform oder die dem Zeitgeschmack entsprechende Form vorzutäuschen. Wir müssen deshalb wissen, wie sich die verschiedenen Frisurenformen auf die Gesichtsformen auswirken.

5.4 Ovaler Kopf mit breiter Frisur   Ovaler Kopf mit schmaler Frisur

Äußerer und innerer Frisurenumriss

Äußerer Frisurenumriss
Die äußere Umrisslinie begrenzt die Frisur nach außen. Sie kann die Frisur größer oder kleiner erscheinen lassen.

Innerer Frisurenumriss
Die innere Umrisslinie trennt Frisur und Gesicht. Die Gesichtsform kann durch die innere Umrisslinie verändert werden.

5.5 Äußerer und innerer Frisurenumriss

Äußerer Umriss

Durch einen gestreckten Umriss wirkt der Kopf länger und schmaler. Ein weit ausladender Umriss lässt den Kopf breiter erscheinen.

a)

b)

a) Durch die Locken ist der äußere Umriss weit gehalten. Die Frisur ist voluminös, der Kopf wirkt größer.

b) Der äußere Umriss ist eng gehalten. Der Kopf wirkt kleiner.

c)

d)

c) Die Seiten sind anliegend frisiert. Der Oberkopf ist hoch gestreckt. Die Kopfform wirkt länglicher.

d) Oberkopf und Seiten sind sehr voluminös. Der ganze Kopf wirkt größer und vor allem breiter.

5.6 Äußerer Frisurenumriss

Innerer Umriss

Durch einen engen inneren Umriss, wirkt das Gesicht kleiner. Frisiert man das Haar aus dem Gesicht, wirkt der innere Umriss weiter und das Gesicht großflächiger. Durch einen Pony wird der innere Umriss gedrückt und das Gesicht wirkt breiter. Eine hohe Stirn kann so ausgeglichen werden. Bleibt die Stirn frei, wird der innere Umriss länger und das Gesicht erscheint schmaler.

a)

b)

a) Das Haar ist ganz aus dem Gesicht frisiert. Der innere Umriss ist weit gehalten. Das Gesicht wirkt größer und flächiger.

b) Das Haar ist ganz ins Gesicht frisiert. Der innere Umriss ist eng gehalten. Das Gesicht wirkt kleiner.

c)

d)

c) Der Pony drückt den inneren Umriss. Das Gesicht wirkt breiter.

d) Bei dieser asymmetrischen Frisur ist der innere Umriss einseitig verengt. Das Gesicht erscheint schmaler. Die Frisur wirkt durch die Asymmetrie interessanter.

5.7 Innerer Frisurenumriss

Aufgabe:

Die Bilder **5.**8a und **5.**8b zeigen das gleiche Modell mit unterschiedlichen Frisuren. Beurteilen Sie die Gesichtsform, benennen Sie die Gestaltungsgrundsätze und beschreiben Sie ihre Wirkung.

5.8 a) b)

Ob eine Kopf- oder Gesichtsform ausgeglichen oder betont werden soll, hängt vom Kundenwunsch und der Mode ab. Manche anatomischen Unregelmäßigkeiten müssen ausgeglichen werden.

Ausgleichen oder Betonen

Hohe Stirn. Eine hohe Stirn kann durch einen gefransten Pony optisch verkürzt werden.

Tiefe Haaransätze an der Stirn sind schwierig auszugleichen. Ein geschlossener Pony lässt die Stirn noch schmaler erscheinen. Werden die Haare ganz aus dem Gesicht frisiert, fällt der tiefe Ansatz besonders auf. Mit einigen Ponyfransen ist die beste Wirkung zu erzielen.

Flacher Hinterkopf. Ein flacher Hinterkopf wird durch Volumen ausgeglichen. Stützhaare einschneiden und toupieren hilft. Auch Hochsteckfrisuren, die den Hinterkopf erhöhen sind eine Möglichkeit. Der Nacken sollte dann anliegen oder sogar kurz geschnitten werden.

5.9 Flacher Hinterkopf betont Ausgeglichener Hinterkopf durch Hochsteckfrisur

Langer Hals. Durch kurze oder hoch frisierte Haare wird ein langer Hals noch betont. Lange, fransig zum Gesicht geschnittene Frisuren gleichen aus. Entsprechende Kleidung wäre zwar auch eine Möglichkeit, aber wer trägt im Hochsommer schon gerne Rollkragenpullover?

Kurzer Hals. Lange Haare lassen einen kurzen Hals noch kürzer erscheinen. Als Ausgleich bieten sich Frisuren mit angeschnittenem Nacken an oder die Frisur muss zumindest schmal auslaufen. Auch mit entsprechender Kleidung kann viel gewonnen werden.

Lange spitze Nase. Wenn die Seiten aus dem Gesicht frisiert werden, fällt die Nase besonders ins Auge. Auch Frisuren die den Hinterkopf sehr betonen, lassen die spitze Nase besonders hervortreten. Maskenbildner machen sich dies zunutze, wenn sie Hexen oder alte Gouvernanten darstellen müssen. Im täglichen Leben wollen wir diese Unregelmäßigkeit aber kaschieren. Deshalb müssen die Haare an den Seiten fransig zu Gesicht frisiert werden.

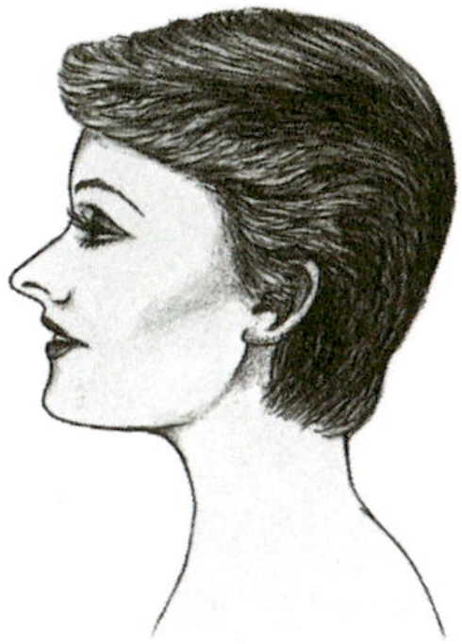

5.10 Die Nase wird betont — Ausgleich durch Fransen zum Gesicht frisiert

Aufgabe:

Nur durch Übung kann man in der Analyse und Beratung sicherer werden. Deshalb haben wir für Sie noch drei Bilder vorbereitet. Stellen sie fest, welche Kopfform vorhanden ist. Wurde sie mit der jetzigen Frisur ausgeglichen oder betont? Machen Sie Vorschläge für andere Frisuren. Berücksichtigen Sie dabei Kopfform, innere und äußere Umrisslinie, anatomische Abweichungen vom Ideal.

5.11 Übungsfrisuren

Gestaltungselemente

Unter Gestaltungselementen versteht man das Zusammenspiel verschiedener Formen. Die Gestaltungselemente beeinflussen die Wirkung einer Frisur.

Symmetrie. Beide Seiten sind spiegelbildlich deckungsgleich. Symmetrische Frisuren wirken geordnet, gleichmäßig, klar und ausgewogen.

Asymmetrie. Eine asymmetrische Form hat zwei ungleiche Seiten. Die Frisurenhälften sind unterschiedlich gestaltet.

Steigerung ist ein Auftürmen von Elementen ähnlicher Gestalt. Frisuren mit Formsteigerung sind auffallend und extravagant.

Kontrast ist ein Gegensatz. Dick – dünn. Schwarz – weiß. Bei Frisuren kann der Kontrast in der Farbe oder der Frisur liegen, z. B. glatt und lockig.

Reihung ist eine Wiederholung. Formen gleicher Art und Größe werden aneinandergereiht. Bei der Frisur wäre das eine Anordnung von Locken oder Wellen. Dieses Gestaltungselement wirkt klar und ruhig.

Rhythmus ist Abwechslung. Eine Abfolge von zwei oder mehreren Formteilen in regelmäßiger Folge. Frisuren wirken schwungvoll und lebendig.

5.1.2 Analyse und Beratung

Bevor Sie mit einer Beratung beginnen, müssen Sie erst einmal wissen, wie Ihre Kundin jetzt aussieht. Der Ist-Zustand ist der Ausgangspunkt für alle Überlegungen, wie man die Kundin verändern könnte. Grundsätzlich wollen wir die Kundin ja zum Positiven verändern, also verschönern. Das heißt, Sie müssen die Gestaltungsgrundsätze einhalten und anwenden. Um die Analyse zu erleichtern, haben wir für Sie eine Checkliste entwickelt. Wenn diese Punkt für Punkt abgehandelt wird, haben Sie eine gute Ausgangbasis für die Beratung.

Kundenwunsch. Die Ermittlung des Kundenwunsches ist häufig das Schwierigste an der ganzen Behandlung. Viele Kunden möchten eine ganz andere Frisur, können aber ihre Wünsche nicht genau formulieren. Die Frage „Bitte schön, was möchten sie denn für eine Frisur?“ oder „Wie haben Sie sich ihre Frisur denn vorgestellt?“ bringt den Friseur selten weiter. Viele Kunden fangen dann an zu „wünschen“. „Der Pony muss aber so lang bleiben wie er ist. An den Seiten darf nur ein Zentimeter abgeschnitten werden. Und der Nacken sieht eigentlich ganz gut aus wie er ist. Aber ich möchte eine ganz andere Frisur als vorher.“ Sie merken, diese Kundenaussage bringt nicht viele Erkenntnisse. Hilfreicher ist da häufig ein Frisurenbild. Wir können zwar aus einem „Ackergaul“ keine Schönheitskönigin machen und mit „drei Haaren in sieben Reihen“ keine Löwenmähne zaubern, aber so ein Frisurenbild ist ein guter Ausgangspunkt für ein Beratungsgespräch. Grundsätzlich muss man entscheiden, ob die Wünsche mit der Haarqualität und der Haarlänge umsetzbar sind.

Im Gespräch müssen dann die Vorstellungen der Kundin mit denen der Friseurin zueinander gebracht werden. Ist die gewünschte Frisur von der Haarlänge schon machbar oder muss das Haar noch an bestimmten Stellen wachsen. Empfehlen wir erstmal eine Übergangsfrisur? Sollen die Haare nach vorne oder nach hinten frisiert werden? Nacken lang oder kurz? Pony aus dem Gesicht oder fransig zum Gesicht? Soll das Haar lockig oder glatt sein?

Aufgabe 1:

Entwickeln Sie in der Klasse einen Wunschkatalog. Welche Veränderungen kann sich eine Kundin wünschen?

Frisurenberatung

Checkliste

Frisurenbild

Kopfform / Gesichtsform

oval	rund	kantig	dreieckig	

Proportionen

schlank	kräftig	normal	
groß	klein	mittel	

Besondere Merkmale

Ohren	Stirn	Kinn	
Nase	kurzer Hals	langer Hals	
flacher Hinterkopf			

Persönlichkeit des Kunden

extravagant	sportlich	modisch	nachlässig	klassisch

Haarmenge

viel	normal	wenig	Kahlstellen	

Haarqualität

weich	schlaff	fest / drahtig	wellig	lockig

Wie frisiert sich der Kunde selbst?

____

____

Kundenwunsch

____

Welche Änderungen schlagen Sie vor?

Haarfarbe	Tönung	Strähnen	Farbe	
Dauerwelle	leicht	mittel	stark	
Haarlänge	kurz	mittel	lang	

____

____

____

Begründung__________________________________

____

____

____

Aufgabe 2:

Kopieren Sie die Checkliste und führen Sie eine Beratung für eine Klassenkameradin durch.

Im Kapitel 10 beschäftigen wir uns ganz ausführlich mit dem Thema Beratung. Die Grundsätze, die für die Produktberatung gelten, sind bei der Beratung zu einer Dienstleistung wie Haarschnitt und Frisur genauso gültig.

Mithilfe des Handspiegels und durch Halten mit den Händen kann man der Kundin schon mal zeigen und erklären, wie die fertige Frisur aussieht. Auch ein Frisurencomputer ist sehr hilfreich. Die Kundin kann verschiedene Frisuren und Farben ausprobieren, ohne dass etwas an ihren Haaren passiert. Um Missverständnisse zu vermeiden, muss durch Rückfragen immer geklärt werden, ob Kundin und Friseurin auch das Gleiche meinen. Für den einen sind fünf abgeschnittene Zentimeter nicht viel, für den anderen vielleicht schon der Weltuntergang.

Nicht jeder ist beim Beratungsgespräch ein Naturtalent. Deshalb muss die Gesprächsführung und Argumentation genauso geübt werden, wie das Frisieren oder Haare schneiden. Denn nur Kunden, die ihre Wünsche erfüllt bekommen, sind zufriedene Kunden. Und zufriedene Kunden kommen wieder.

Aufgaben zu Abschnitt 5.1

1. Warum muss die Körperform bei der Frisurengestaltung berücksichtigt werden? Nennen Sie mindestens drei Beispiele.
2. Was versteht man unter Proportionen und dem Goldenen Schnitt?
3. Nenne Sie fünf typische Kopfformen
4. Welche Gesichtsform wird als ideal bezeichnet?
5. Was ist der innere Umriss?
6. Was ist der äußere Umriss?
7. Wie lässt sich eine hohe, fliehende Stirn ausgleichen?
8. Wie gleichen Sie einen flachen Hinterkopf aus?
9. Beschreiben Sie eine Frisur die den Kopf a) länger, b) breiter erscheinen lässt.
10. Eine junge Kundin mit sehr schmalem Gesicht möchte eine vorteilhaftere Frisur, dabei aber möglichst wenig von ihren schulterlangen Haaren abschneiden. Welchen Haarschnitt und welche Frisur empfehlen Sie?
11. a) Wie kann man einen langen Hals ausgleichen? b) Wodurch wird der lange Hals betont?
12. a) Wie kann man einen kurzen Hals ausgleichen? b) Wodurch wird der kurze Hals betont?
13. In einer Frisur haben Sie erst kleinlockige und dann immer mehr großlockige Partien. Um welches Gestaltungselement handelt es sich?
14. Wie müssen Sie eine Frisur gestalten, um einen runden Kopf ovaler erscheinen zu lassen?
15. Wie gleichen Sie ein breites Gesicht frisurentechnisch aus?
16. Wie wirken asymmetrische Frisuren?
17. Was versteht man unter einem Kontrast?
18. Mit welchem Frisurenumriss kann die Körpergröße optisch verlängert werden?
19. Wie wirkt ein eingeengter innerer Frisurenumriss auf die Gesichtsform?
20. Sammeln Sie Frisurenbilder zu den Kopfformen oval, breit, lang, schmal, rund und dreieckig
21. Schlagen Sie einer Kundin mit rundem Gesicht und Pausbacken eine kleidsame Frisur vor. Leider hat sie sehr feines Haar. Beschreiben Sie alle arbeitstechnischen Möglichkeiten.
22. Eine kleine, zierliche Frau mit sehr dichtem, langem Haar möchte einen Haarschnitt. Beschreiben sie eine vorteilhafte Frisur. Welche Frisuren sind unvorteilhaft?
23. Sammeln Sie Frisurenbilder mit den verschiedenen Möglichkeiten für einen inneren und äußeren Umriss. Denken Sie dabei an die Kombinationen der verschiedenen Umrisse.
24. Erstellen Sie für Ihre Tischnachbarin eine Analyse und machen Sie eine professionelle Beratung.

5.2 Haarschneidetechniken

Ohne Haarschnitt keine Frisur. Viele Kunden föhnen und stylen sich ihre Frisur selber. Wenn der Haarschnitt nicht stimmt, kommt es im heimischen Badezimmer zur Katastrophe. Nur mit perfekt geschnittenen Haaren lassen sich Wunschfrisuren erstellen. Natürlich können wir aus dünnen Haaren keine dicken, wallenden Locken machen. Aber mit einer ausgesuchten Technik, kann sehr viel ausgeglichen werden.

Voraussetzung ist die Beurteilung der Haarqualität. Insbesondere Wirbel, Wuchsrichtung, Haarstärke, Haarmenge, der Konturenverlauf und die Fallrichtung spielen eine Rolle. Dazu kommt noch der Kundentyp, die Mode und natürlich als Wichtigstes: der Kundenwunsch. Dazu aber mehr im Kapitel 5.1 Frisurenberatung.

Im folgenden Abschnitt zeigen wir verschiedene Haarschneidetechniken. Diese sind häufig gewissen Vorlieben unterworfen. Deshalb werden Sie hier auch einige Techniken finden, die momentan nicht so häufig eingesetzt werden. Andere sind zurzeit hochaktuell. Manchmal findet man aber auch ganz alte Techniken mit neuem Werkzeug und anderem Namen wieder.

Damit wir Fachleute uns untereinander besser verstehen, müssen einige Fachbegriffe gelernt werden. Oder wissen Sie schon, was *slicen*, *pointen*, *stumpf schneiden* usw. heißt? Sicherlich nicht. Und bevor Sie mit dem Schnitt loslegen können, sollten Sie auch wissen, mit welchen Arbeitsgeräten man welche Technik ausführen kann.

5.2.1 Haarschneidewerkzeuge

Haare kürzen gehört seit Jahrtausenden zum Schönheitsritual der Menschen. Durch absengen mit Feuer, stutzen mit Messern und natürlich dem Schneiden mit der Schere versuchten die Menschen sich zu verschönern.

Heute gehören die Scheren zu den Hightech-Werkzeugen der Friseure. Jede Friseurin hütet ihr Schneidewerkzeug wie einen Schatz. Was bei den Preisen für gute Scheren auch kein Wunder ist.

Haarschneideschere. Hochwertige Scheren bestehen aus einem rostfreien Spezialstahl. Die Industrie bietet sogar welche aus Titan an. Es gibt aber auch Modelle, bei denen die Scherenblätter aus Keramik bestehen (teuer und leicht zerbrechlich).

Scheren bestehen alle aus den gleichen Bauteilen: zwei Scherenblätter, zwei Schenkel mit Griffen (Augen) und dem Schloss (**5**.12).

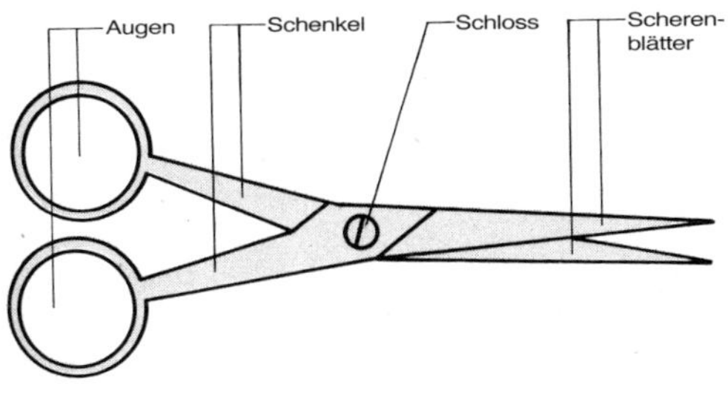

5.12 Haarschneideschere mit Bezeichnungen

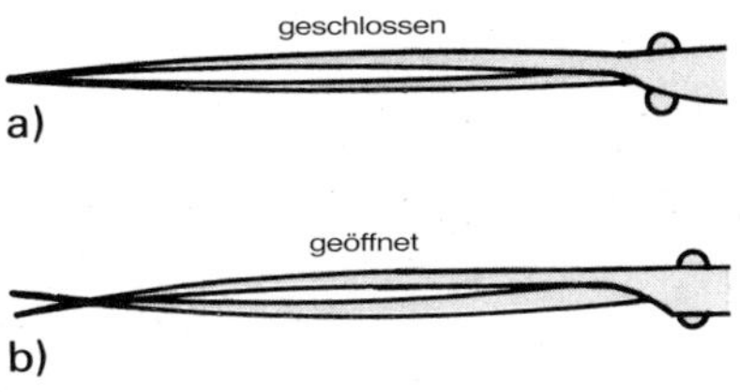

5.13 Haarschneideschere

Die Haarschneideschere hat leicht gebogene Scherenblätter. Im geschlossenen Zustand berühren sie sich nur an den Spitzen. Schaut man seitlich auf die Scherenblätter, so ist ein Zwischenraum zu sehen. Beim Öffnen der Schere berühren sich die Scherenblätter an der Stelle, an der sich die

Schneiden kreuzen. So steht die Schere immer unter einer Spannung, die die Schneiden aneinander drückt (**5**.13). Wenn eine Schere auf die Spitze fällt, verliert sie häufig ihre Spannung und schneidet nicht mehr. Die Haare rutschen zwischen die Scherenblätter und werden eingeklemmt, nicht geschnitten. Das Wichtigste bei den Scheren ist der Schliff. Man unterscheidet gezahnte und ungezahnte Scheren. Ohne Zahnung kann man mit der Schere auch eine Schereneffilation, das *Slicen* durchführen. Eine feine Microzahnung verhindert beim normalen Schneiden ein Wegschieben der Haare an der Scherenspitze. Der Haarschnitt wird exakter.

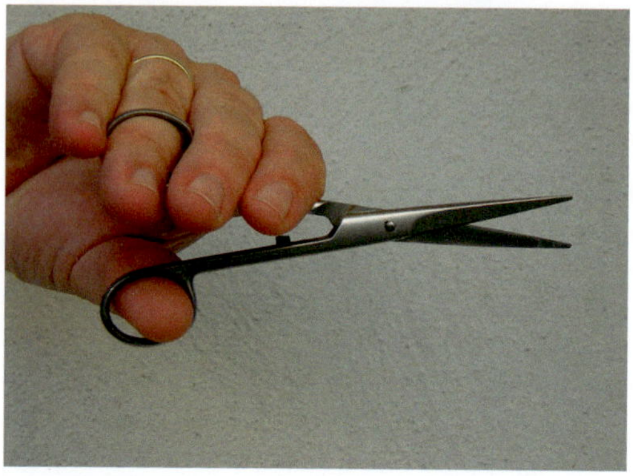

5.14 Handhaltung der Haarschneideschere

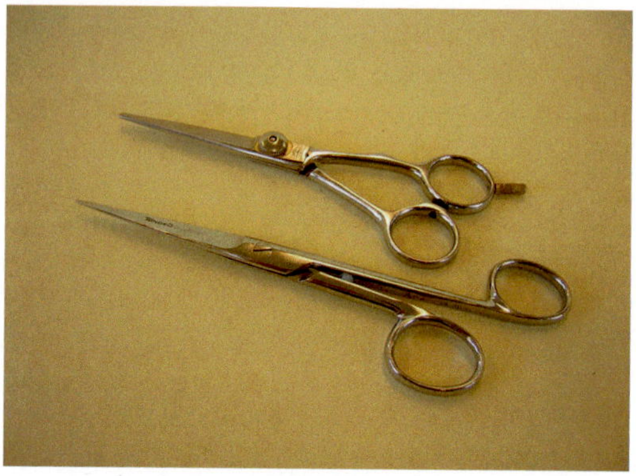

5.15 Haarschneidescheren mit ergonomisch kürzerem Schenkel

Die Haarschneideschere wird mit Daumen und Ringfinger gehalten. Zeigefinger und Mittelfinger liegen auf dem oberen Schenkel. Das Scherenschloss zeigt zur Hand. Der Daumen darf nicht zu weit durch das Auge (Fingerloch) der Schere geschoben werden, sonst öffnet sich die Schere nur sehr schwer. Das Schneiden wird zu anstrengend und eine sichere Scherenführung ist nicht möglich (**5**.14). Beim Schließen der Schere bewegt sich nur der Daumen. Der obere Schenkel = unteres Scherenblatt bewegt sich beim Haareschneiden nicht. Dadurch ist ein gerader Schnitt ohne Absätze möglich.

Um die Scherenhand zu entlasten, bietet die Industrie Scheren mit einem kürzeren Schenkel an. Anfangs ist dies gewöhnungsbedürftig. Doch schon nach kurzer Zeit möchte man diesen Vorteil nicht mehr missen (**5**.15).

Effilierschere. Die Effilierschere dient zum Ausdünnen der Haare. Es werden ca. 30 % eines Passees ausgeschnitten. Beide Scherenblätter sind gezahnt (**5**.16). Damit die Haare beim Schließen der Schere nicht verrutschen, ist ein Scherenblatt an den Zähnen zusätzlich gekerbt.

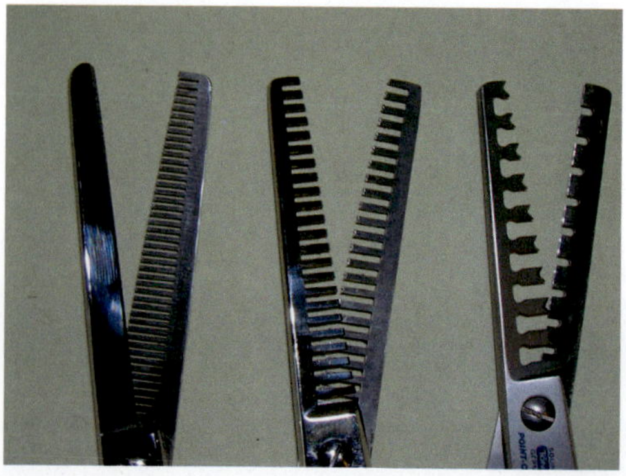

5.16 Modellierschere – Effilierschere – Point Cut Schere

Modellierschere. Die Modellierschere ist eine Kombination aus Haarschneideschere und Effilierschere. (**5.**16) Bei ihr ist nur ein Scherenblatt gezahnt. Wobei die Zahnung enger und feiner ist. Mit der Modellierschere werden bis zu 50 % aller Haare geschnitten. Sie eignet sich nicht zum Ausdünnen, weil sie zu viele Haare wegnimmt (**5.**17).

Das Einsatzgebiet der Modellierschere sind weiche Übergänge im Nackenbereich. Sie wird häufig zum Übergangsschneiden im Herrensalon genommen.

5.17 Wirkung der Modellierschere in der vollen Mesche

Point Cut Schere (**5.**16). Diese Schere hat zwei gezahnte Scherenblätter. Allerdings sind diese Zähne extrem dick. Dadurch entstehen sehr stark ausgepointete Frisurenpartien. Pointen kommt aus dem Englischen. Point – Punkt. Es werden also punktförmige Lücken in die Haare geschnitten.

5.18 Point Cut Schere

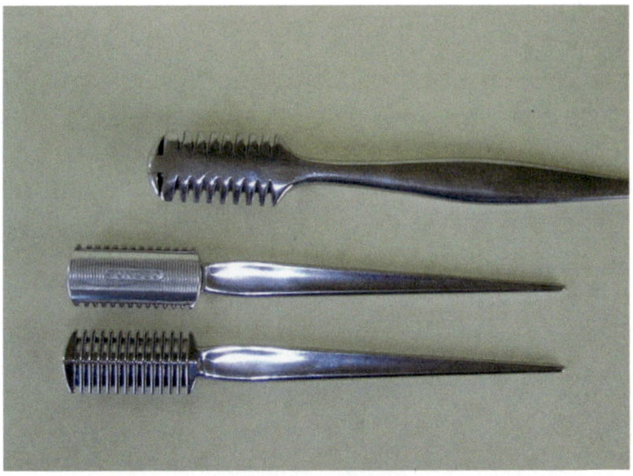

5.19 Klingeneffilierer

Klingeneffilierer sind Effilier- und Modellierwerkzeuge mit einer auswechselbaren Rasierklinge. Zum Schutz wird die Klinge durch eine Kammzahnung abgedeckt (**5.**19). Mit der glatten Seite wird schabend gekürzt. Es entsteht eine leichte Graduation. Die gezahnte Seite ermöglicht ein Ausdünnen, also Effilieren der Haare.

Rasiermesser. Das Rasiermesser diente früher, bevor es vom Rasierhobel und später dem Elektrorasierer abgelöst wurde, zur täglichen Rasur. Die Rasiermesser waren relativ teuer und der Umgang für Ungeübte sehr schwierig. Deshalb ging man zum Barbier und ließ sich für wenige Pfennige den Bart abschaben. Aus Kostengründen geschah dies gerade bei den ärmeren Schichten

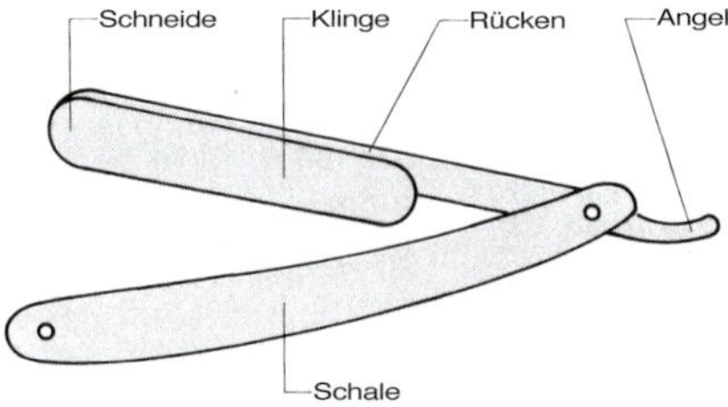

5.20 Bau eines Rasiermessers

höchstens einmal in der Woche. Damals bestanden die Rasiermesser aus einer festen Klinge und der Schale, die die Schneide schützte.

Das Messer musste häufig auf einem Stein geschliffen werden. Zwischendurch wurde es auf einem Lederriemen abgezogen (**5**.21).

5.21 Streichriemen und Stoßriemen

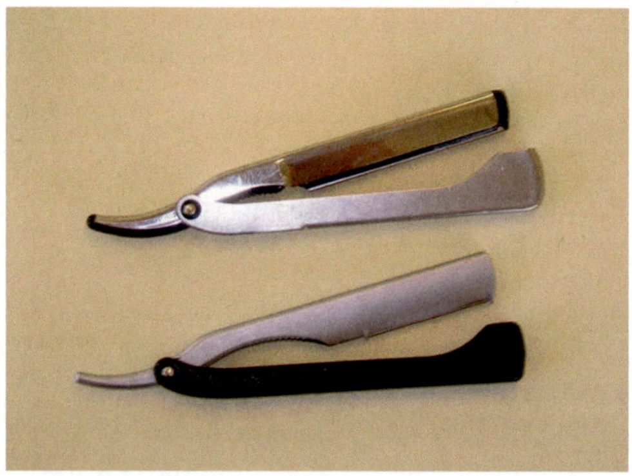

5.22 Klingenmesser

Zurzeit erleben diese Rasiermesser eine Renaissance. Es werden sogar Seminare für Selbstrasierer angeboten. Im Friseurbereich haben sich Klingenrasiermesser durchgesetzt (**5**.22). Sie werden aber nicht nur zum Rasieren benutzt, sondern häufig auch in der Frisurengestaltung. Man schneidet mit einem Rasiermesser, indem man an einer Haarsträhne entlang schabt. Der Haltewinkel und der Druck entscheiden, wie viele Haare abgeschnitten werden. Noch besser ist jedoch der Einsatz als Modellierwerkzeug. Modellieren heißt Formen der Haare bzw. der Frisur. Durch schabende Anwendung wird das Haar ausgedünnt (**5**.23). Beim Schneiden mit der Effilierschere entstehen harte Schnittflächen. Das Rasiermesser lässt die Haarmesche weicher auslaufen.

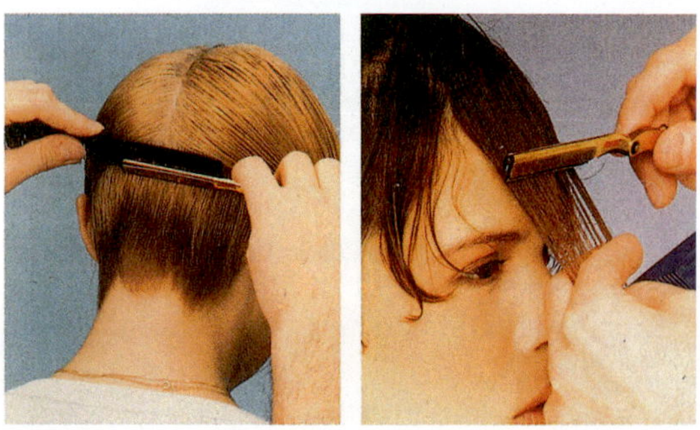

5.23 Formendes Effilieren mit dem Rasiermesser

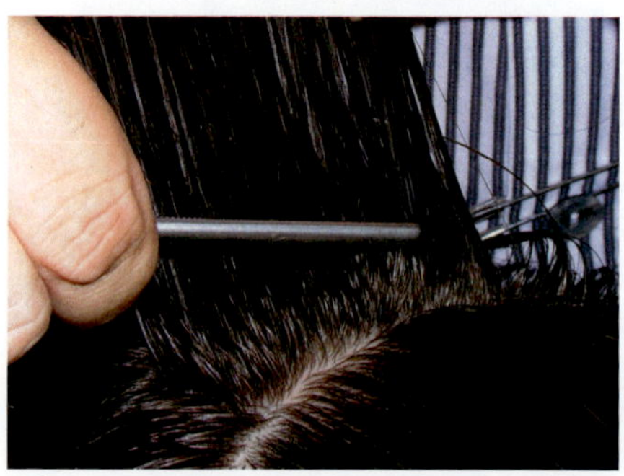

5.24 Stützhaare einschneiden mit dem Rasiermesser

Der Fall der Haare kann durch die Schnitttechnik beeinflusst werden. Dazu muss die Strähne von der Seite angeschnitten werden, nach der sie fallen soll. Auch Stützhaare am Ansatz lassen sich gezielt mit dem Messer erarbeiten. Das Rasiermesser ist nicht nur das älteste Schneidewerkzeug, sondern auch das vielseitigste.

Um Unfälle zu vermeiden, muss das Rasiermesser in einem sicheren Griff gehalten werden. Dazu klappt man das Rasiermesser auf, legt den Daumen an das Klingenende, Zeige-, Mittel- und Ringfinger auf den Messerrücken. Der kleine Finger liegt je nach Tätigkeit auf oder unter dem Sporn. Die Schale wird nach oben geklappt und durch Ringfinger und dem kleinen Finger gehalten.

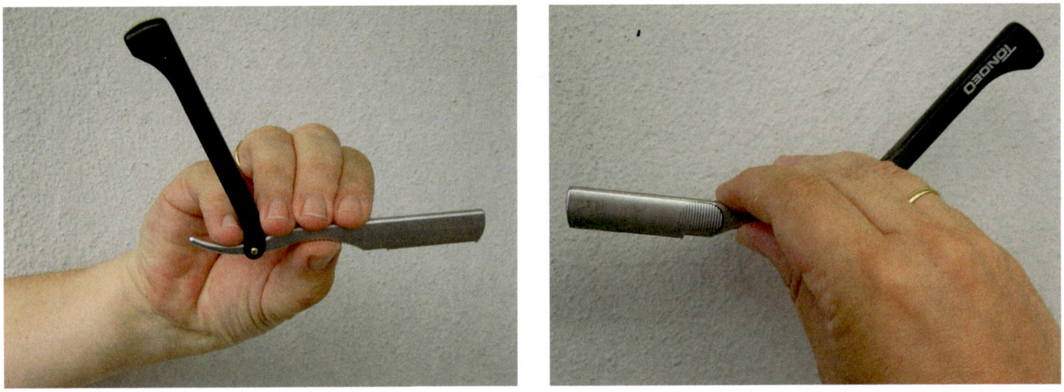

5.25 Haltung des Rasiermessers

Haarschneidemaschinen mit Handantrieb sind schon 100 Jahre im Gebrauch. Auch heute werden sie noch hergestellt und in Gegenden ohne Strom benutzt (**5.**26).

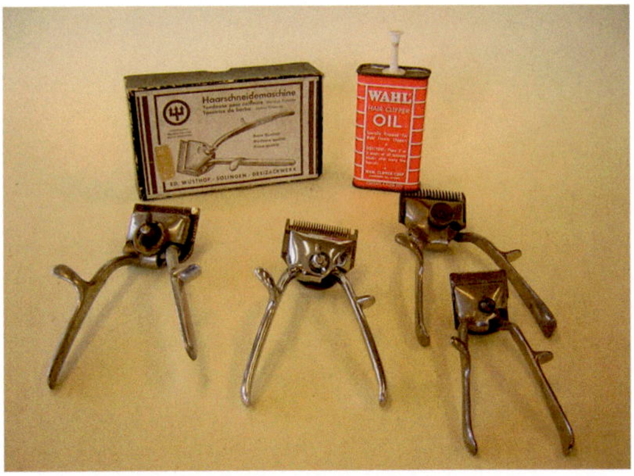

5.26 Handhaarschneidemaschine

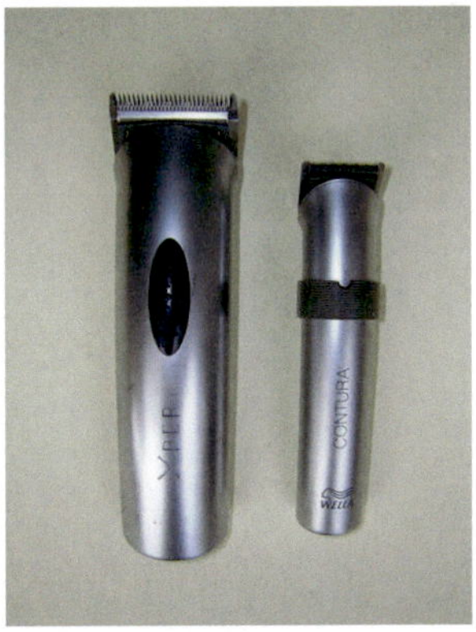

5.27 Haarschneidemaschine mit Akku

Durch immer leistungsfähigere Akkus und die bessere Handhabung haben sich die schnurlosen Haarschneidemaschinen durchgesetzt. Sie werden zum Ausrasieren des Nackens und der Konturen benutzt. Durch Aufsätze lassen sich ganze Haarschnitte damit ausführen. Am häufigsten werden sie zum Übergangsschneiden eingesetzt.

Aufgabe:

Der Einsatz von Haarschneidemaschinen mit Aufsatz wird seit Jahren kontrovers in der Friseurbranche diskutiert. Die eine Gruppe sagt: „Schnelligkeit und Ergebnis zählen". Die Gegner sagen: „Das kann ja jeder Laie selbst". Diskutieren Sie diese Argumente in der Klasse.

Haarschneidemaschinen müssen regelmäßig gesäubert, desinfiziert und geölt werden.

Unfallgefahren. Zum Handwerkszeug der Friseure gehören besonders scharfe Werkzeuge. Es besteht eine hohe Verletzungsgefahr. Scheren und Messer gehören nicht in Hosen- oder Blusentaschen. Schon manch eine Friseurin hat in eine scharfe Klinge gefasst. Deshalb Werkzeuge immer in speziellen Gürteltaschen aufbewahren oder auf einem Arbeitswagen ablegen.

Reinigung und Pflege von Schneidewerkzeugen

Nach jedem Gebrauch müssen die Schnitthaare abgewischt und die Schneidewerkzeuge desinfiziert werden. Am besten geschieht dies in einem Desinfektionsbad. Anschließend müssen Werkzeuge gut abgetrocknet werden. Scheren müssen von Zeit zu Zeit mit einem Spezialöl behandelt werden. Achten Sie darauf, dass die Schneidewerkzeuge nicht mit Chemikalien in Berührung kommen. Selbst hochwertiger Stahl kann darunter leiden.

5.2.2 Grundtechniken

Querschnitt. Beim Querschnitt oder Horizontalschnitt wird das Haar quer zur Fallrichtung geschnitten. Die Schnittlinie ist dabei parallel zur Abteilung. Alle Haare des Passes werden gleich lang und behalten ihre Fülle. Der Querschnitt wird zum Kürzen der Haare über den Fingern und beim Konturenschneiden eingesetzt. Er eignet sich für geschlossene, kompakte Formen, wie beim Pagenkopf und allen Haarschnitten mit gleichmäßiger Länge.

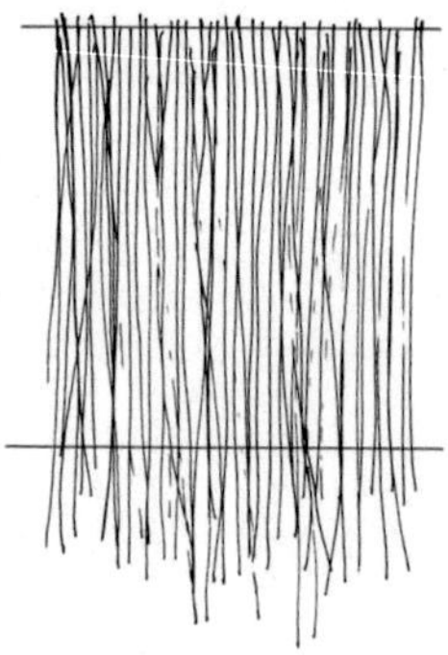

Schema

Schneiden quer zur Fallrichtung

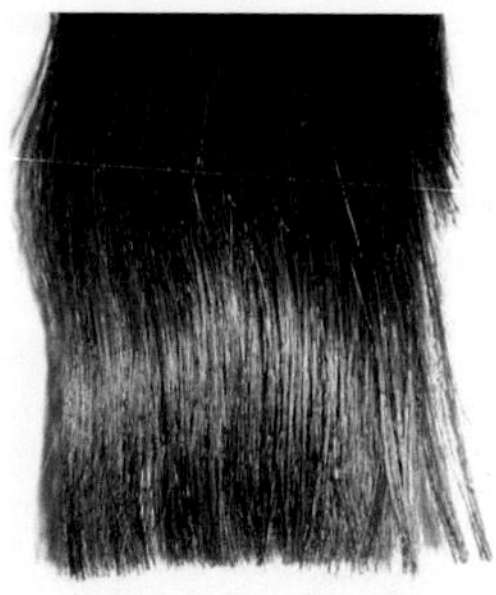

Ergebnis des Querschnitts

5.28 Querschnitt

Stumpfschneiden ist die Anwendung des Querschnitts. Unter Stumpfschneiden versteht man, dass alle Haare auf eine Länge geschnitten werden. Es entsteht keine Stufung innerhalb des Passees. Früher wurde im Herrensalon der ganze Haarschnitt nur mit Effilierschere oder Messer erarbeitet. Anschließend kürzte man überstehende Haare mit der Schere. Die Spitzen wurden stumpf geschnitten (**5.**29).

Längsschnitt. Beim Längsschnitt oder Vertikalschnitt schneidet man parallel zur Abteilung in Fallrichtung. Dabei wird das Haar gleichmäßig stumpf geschnitten. Es entsteht eine Stufung. Diese Art Längsschnitt darf nicht mit dem Längsschnitt schräg entlang der Fallrichtung verwechselt werden.

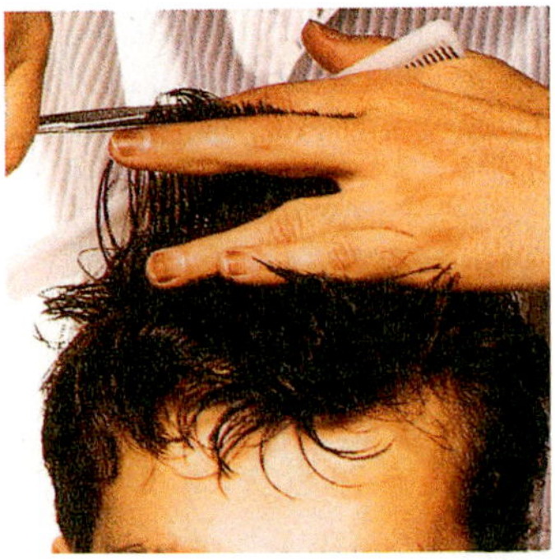

5.29 Stumpfschneiden über die Finger

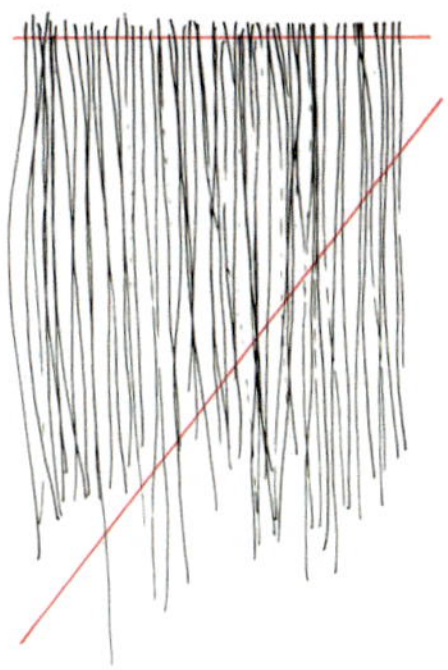

5.30 Längsschnitt schräg zur Fallrichtung

Der **Längsschnitt halb schräg zur Fallrichtung** geschnitten, wird beim Ausdünnen mit der Effilierschere oder dem Messer eingesetzt. Dabei wird das Haar ausgedünnt. Es fällt spitz ineinander. Man erzielt unterschiedliche Haarlängen. Durch diese Technik fällt das Haar natürlicher (**5**.30).

5.2.3 Effilieren

Unter Effilieren versteht man das Ausdünnen der Haare. Die Haarmenge wird reduziert, um einen weicheren, natürlicheren Fall der Haare zu erzielen. Dazu muss man darauf achten, dass die kürzeren Haare gleichmäßig über die Haarpartien verteilt sind, sonst entstehen Lücken. Effiliert wird mit der Haarschneideschere, dem Rasiermesser, den Klingeneffilierern und der speziellen Effilierschere.

Effilieren mit der Haarschneideschere

Beim Ausdünnen mit der Haarschneideschere gibt es vier Techniken.

Schabendes Effilieren wird am trockenen Haar ausgeführt. Mit einer halbgeöffneten Haarschneideschere schabt man an der abgeteilten Haarsträhne entlang. Dazu sollte man aber eine Schere ohne Zahnung verwenden. Die Kundin dankt es Ihnen, weil es sonst ziept. Mit der einen Hand wird die Strähne gehalten, während man mit der Schere von der Spitze zum Ansatz gleitet. Dabei wird die Schere vorsichtig leicht geschlossen. Es wird nur ein Teil der Haare geschnitten (**5**.31).

Toupier-Effilieren hat man früher bei Naturkrausen oder dauergewellten Haaren eingesetzt. Damit genügend „Krause" übrig bleibt, werden die kürzeren Haare zum Ansatz zurücktoupiert. Anschließend schabend effilieren. Nach dem Auskämmen sind nur die längeren Spitzen geschnitten worden (**5**.32).

5.31 Schabendes Effilieren

5.32 Toupier – Effilieren

Slicen kommt aus dem Englischen und heißt schleifen. Also ist diese Technik ein schleifendes Effilieren. Sie wird am häufigsten im Ponybereich eingesetzt. Im Gegensatz zum schabenden Effilieren wird jetzt aber vom Ansatz zur Spitze gearbeitet. Es bringt verschiedene Längen in das Haar (**5**.33).

5.33 Slicen

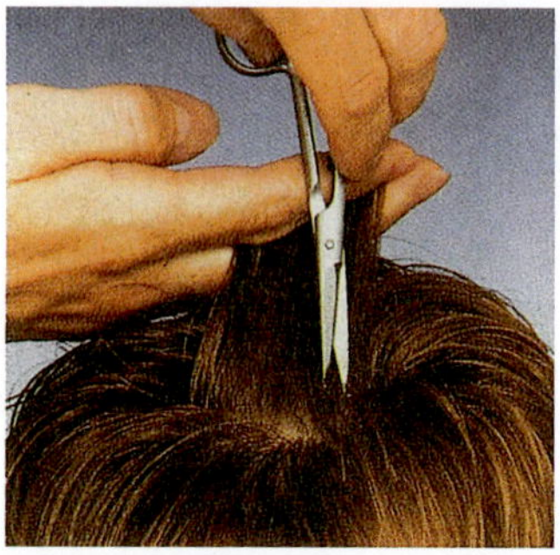

5.34 Pointen

Pointen. Beim Pointen werden kleine Lücken in die Haarsträhne geschnitten. Wird diese Technik am Ansatz ausgeführt, ergeben sich Stützhaare (**5**.34). In eine flächige Haarpartie geschnitten, bekommt man eine unruhige, interessantere Oberfläche. Die Haarmenge wird deutlich verringert. Wenn großflächig gearbeitet werden soll, kann die Point Cut Schere eingesetzt werden. Diese Technik erfordert viel Übung und Erfahrung. Das Pointen muss sehr gezielt eingesetzt werden. Ansonsten ergeben sich leicht unerwünschte Löcher.

Rasiermesser und Klingeneffilierer werden zum schabenden Effilieren eingesetzt. Dabei nimmt man die Strähne in die Hand und schabt mit der Klinge vom Ansatz zur Spitze. Dies gibt eine sehr weiche Effilation. Der Druck und die Häufigkeit des Schabens ergeben die Stärke der Effilation.

Effilieren mit der Effilierschere. Beim Ausdünnen mit der Effilierschere ist auf die richtige Schnitttechnik zu achten. Die Schere muss schräg zur Fallrichtung eingesetzt werden. Ansonsten ergeben sich sehr leicht Kanten. Um keine Löcher zu bekommen, darf nicht mehrmals an der gleichen Stelle geschnitten werden. Man beginnt mit dem Ausdünnen in der Nähe des Ansatzes und arbeitet sich langsam zur Spitze vor. Je häufiger die Schere innerhalb einer Strähne angesetzt wird, desto dünner wird die Spitze.

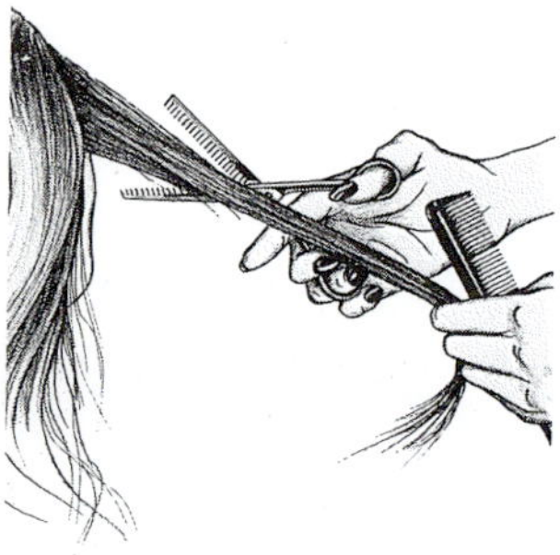

5.35 Schräg angesetzte Effilierschere

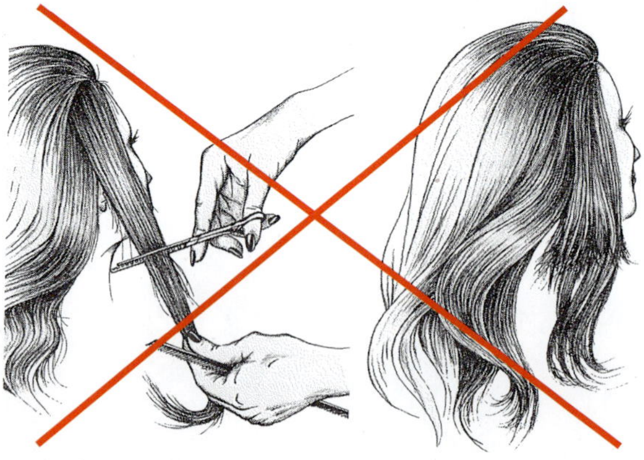

5.36 Falsche Handhaltung – es entstehen Kanten

5.2.4 Linien und Abteilungen

Die Basis für jede gelungene Frisur ist ein perfekter Haarschnitt. Früher wurde im vollen Haar mit Messer oder Effilierschere modelliert. Nur überstehende Haare wurden abgeschnitten. Durch Einlegetechnik und viel Toupieren entstanden trotzdem tragbare Frisuren. Erst in den 1960er Jahren entwickelte der Engländer Vidal Sassoon den lehr- und lernbaren Haarschnitt. Durch systematisches Abteilen und Halten der Haare wurde der Haarschnitt nachvollziehbar. Verschiedene Hilfslinien und Abteilungen teilen den Kopf in überschaubare Bereiche ein.

Führungslinie = Grundlinie = Schnittlinie

Die Führungslinie ist die zuerst geschnittene Linie, auf die alle anderen Linien zugeschnitten werden. Diese Linie kann im Nacken, am Oberkopf oder an den Seiten sein.

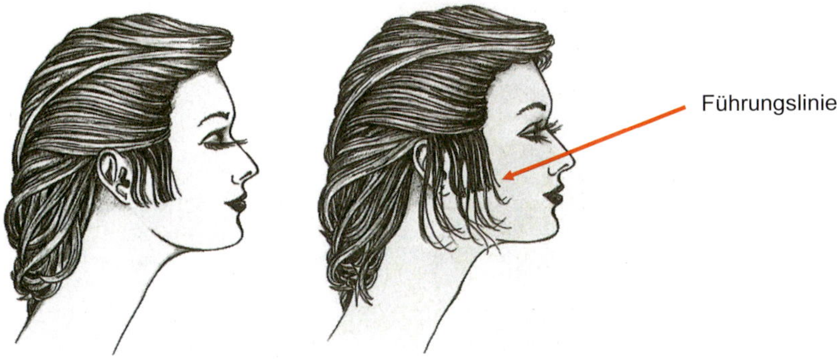

5.37 Führungslinie

Die Führungslinie im Nacken kann verschiedene Formen aufweisen.

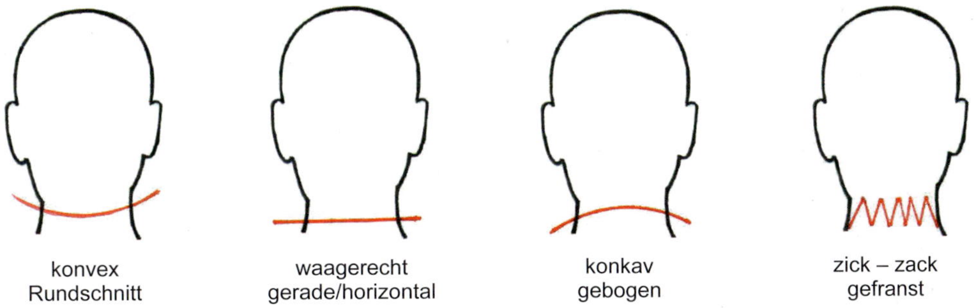

5.38 Nackenführungslinien

Konturenschneiden an der natürlichen Haarwuchsgrenze

Bei diesem Konturenschnitt wird der Frisurenabschluss an der natürlichen Haarwuchsgrenze festgelegt. Nur überstehende Haare werden geschnitten. Schneidewerkzeuge sind: Haarschneideschere, Rasiermesser, Haarschneidemaschine.

Konturenschneiden außerhalb der Haarwuchsgrenze

Bei dieser Kontur handelt es sich um eine freie, der Frisur entsprechenden Linie. Man spricht hier auch von der **Grundlinie** oder **Führungslinie**.

Der Konturenverlauf kann waagerecht, gradlinig, schräg, gebogen oder abgerundet sein. Der weitere Schnitt richtet sich nach dieser äußeren Form.

Hutlinie

Die Hutlinie trennt den Oberkopf (das Deckhaar) von dem Konturenbereich.

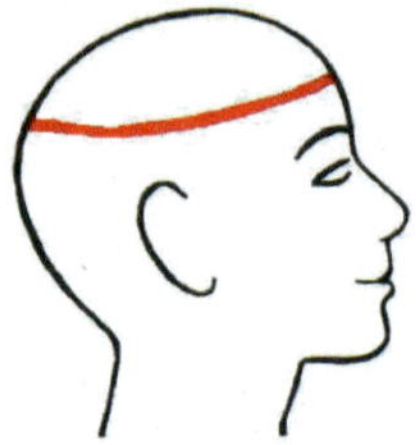

5.39 Hutlinie

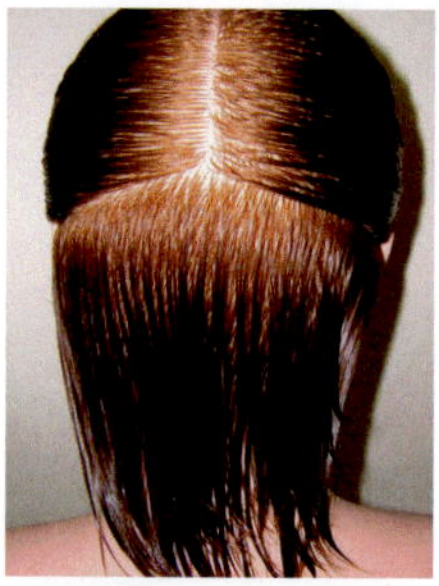

5.40
Scheitel von Ohr zu Ohr über das Hinterhauptsbein. Die Nackenpartie wird abgeteilt.

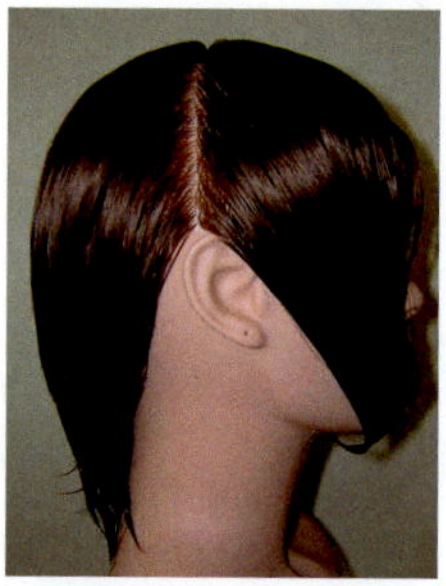

5.41
Scheitel von Ohr zu Ohr über den Oberkopf. Der Kopf wird in Vorderkopf und Hinterkopf eingeteilt.

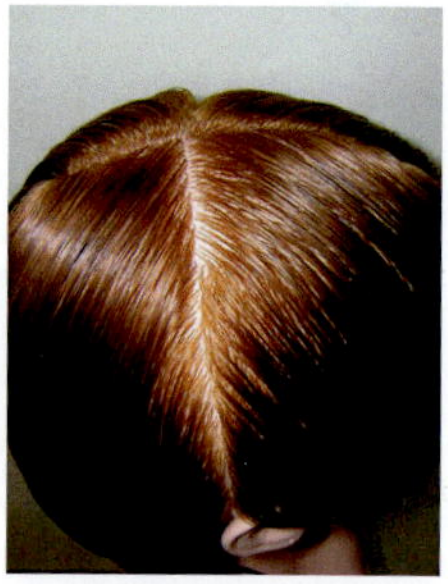

5.42
Der **Kreuzscheitel** wird von der Stirnmitte zum Nacken über den höchsten Punkt auf dem Kopf und von Ohr zu Ohr gezogen. Er teilt den Kopf in vier Bereiche ein.

5.2.5 Basishaarschnitte

Seit den 1960er Jahren und der Entwicklung des strukturierten Haarschnitts durch Vidal Sassoon ist viel Zeit vergangen. Die Technik des Haarschnittes ist ständig weiterentwickelt worden. Viele namhafte Friseure und Friseurschulen haben ihre eigene Technik erarbeitet. Der Anfänger, aber auch der Fortgeschrittene hat so die Qual der Wahl, für welche Technik er sich entscheiden soll. Ausschlaggebend für das Schnittergebnis sind der systematische Aufbau und die Sauberkeit der Ausführung.

Pagenkopf – Bob

Beim Pagenkopf oder Bob werden alle Haare auf eine Länge geschnitten. Man zieht einen Kreuzscheitel und beginnt den Haarschnitt im Nacken. Von dort arbeitet man sich Passee für Passee bis zum Oberkopf vor. Danach gleicht man die Seitenpartien an. Alle Haare werden auf eine Linie geschnitten. Das ergibt eine geradlinige Konturenführung. Der Friseur spricht hier von einer kompakten Form = geschlossenen Form.

5.43 Pagenkopf

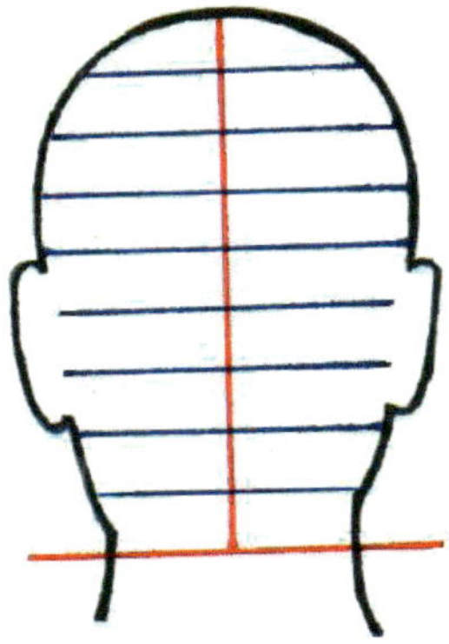

5.44 Schnittlinie, hinten waagerecht

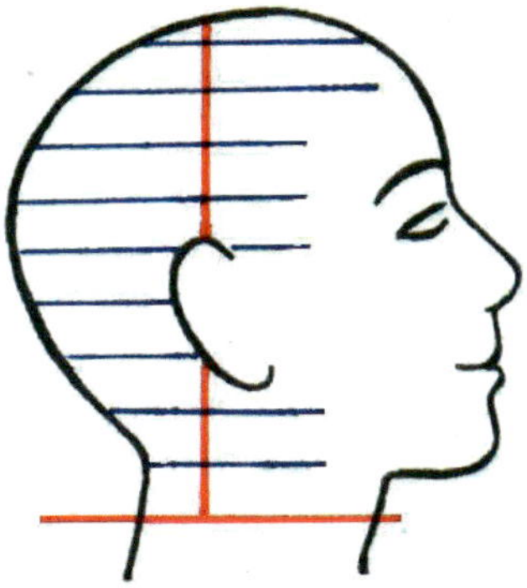

5.45 Schnittlinie, seitlich

Dieser Haarschnitt kann mit sehr vielen Variationen geschnitten werden: kurzer Nacken, vorne länger, leicht bis stark durchgestuft, fransige Konturen.

Lange Zeit war eine konvexe Form bei längeren Haaren beliebt. Die Schnitttechnik ist die gleiche. Nur die Abteilungen und die Scherenführung sind konvex gehalten.

5.46 Pagenkopfvariation

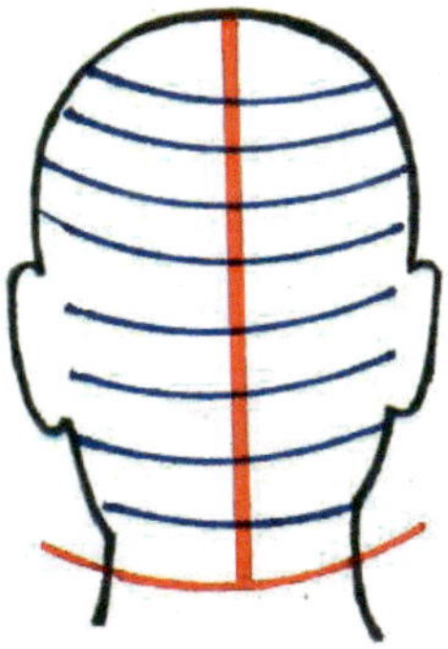

5.47 Schnittlinie, hinten konvex

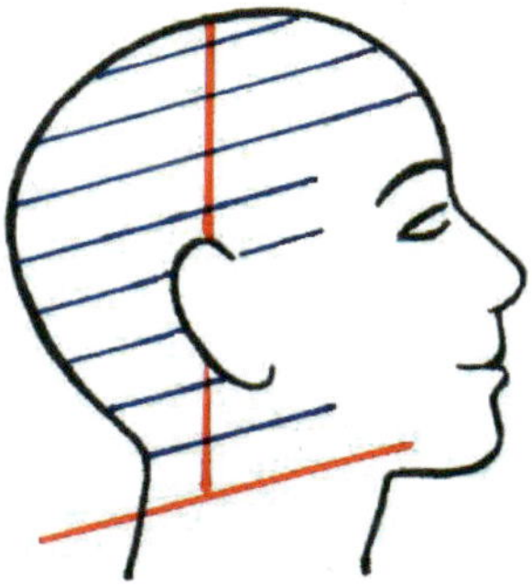

5.48 Schnittlinie seitlich ansteigend

Kurzhaarschnitt mit gleichmäßiger Stufung

Eine gleichmäßige Stufung erzielt man beim Stumpfschneiden über den Fingern mit einem rechten Winkel (90°-Winkel). Alle Haare werden parallel zur Kopfform gleichmäßig abgeschnitten.

Diesen Haarschnitt beginnt man am Oberkopf. Es wird tortenstückförmig um den Wirbel gearbeitet, bis alle Haare oberhalb der Hutlinie geschnitten sind. Anschließend wird die Partie zwischen Hutlinie und Kontur bzw. Nackenabteilung geschnitten. Der letzte Schnittbereich ist dann der Nacken.

Der Winkel von 90° muss genau eingehalten werden, damit ein exakter Haarschnitt entsteht. Dabei ist auch zu beachten, dass schmal abgeteilt wird.

5.49 Kurzhaarschnitt mit gleichmäßiger Stufung

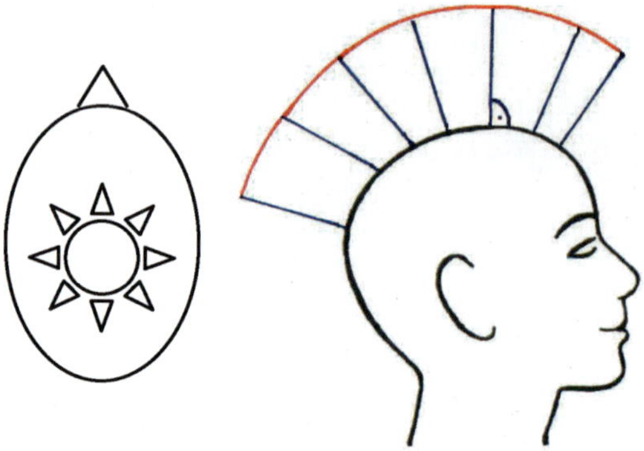

5.50 Tortenstückförmig im 90°-Winkel abgeteilt

Graduierter Haarschnitt

Den Winkel, in dem das Passee von der Kopfhaut abgehalten wird, nennt man Schnittwinkel, Projektionswinkel oder Arbeitswinkel.

Der Pagenkopf wird auf einer Linie geschnitten. Die Haare werden nicht vom Kopf abgehalten. Man spricht vom 0°-Winkel.

Bei der gleichmäßigen Stufung hält man die Haare im rechten Winkel (90°-Winkel) vom Kopf ab. Es wird parallel zur Abteilung stumpf geschnitten und alle Haare haben eine Länge.

Die Graduierung ist auch eine Abstufung, aber mit unterschiedlichen Haarlängen. Durch die Handhaltung kann man jeden beliebigen Winkel erzielen. Der Schnittwinkel bestimmt die Stärke der Graduation (Stufung). Also lautet die Regel: Je weiter man die Haare vom Kopf weg hält, desto stärker wird die Graduation. Beim graduierten Kurzhaarschnitt haben wir ein längeres Deckhaar mit einem kurzen Nacken.

5.51 graduierter Haarschnitt

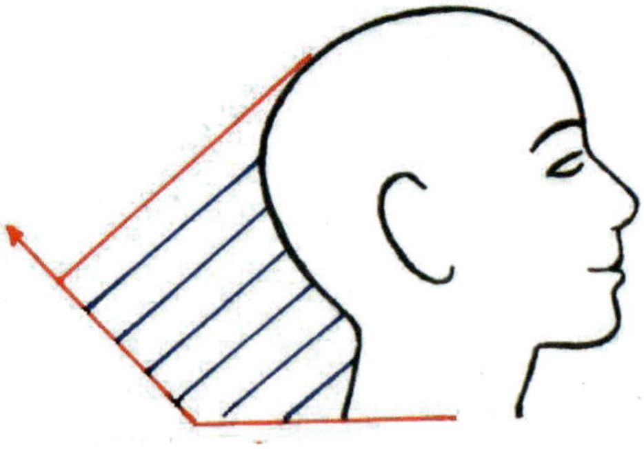

5.52 Winkelhaltung einer Graduierung

Versuch 1: Zeichnen Sie in der Schule einen Profilkopf auf die Tafel. Befestigen Sie einige Wollfäden am Hinterkopf und schneiden diese in gleicher Länge auf einer eingezeichneten 0°-Schnittlinie. Jetzt nehmen Sie die Wollfäden und verändern den Haltewinkel. Was passiert? Notieren Sie Ihre Ergebnisse und führen den Versuch mit verschiedenen Winkeln noch mal durch.

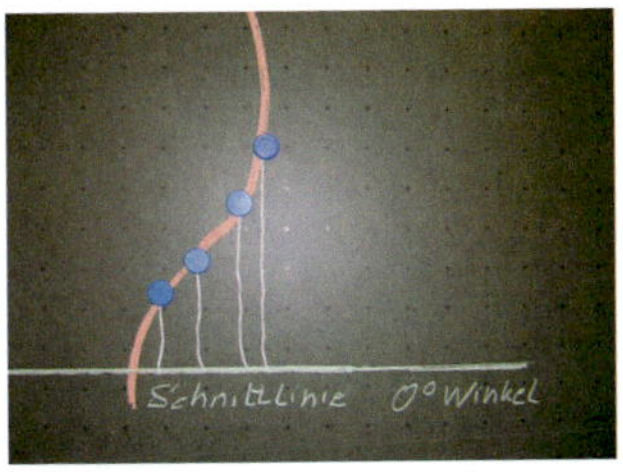

5.53

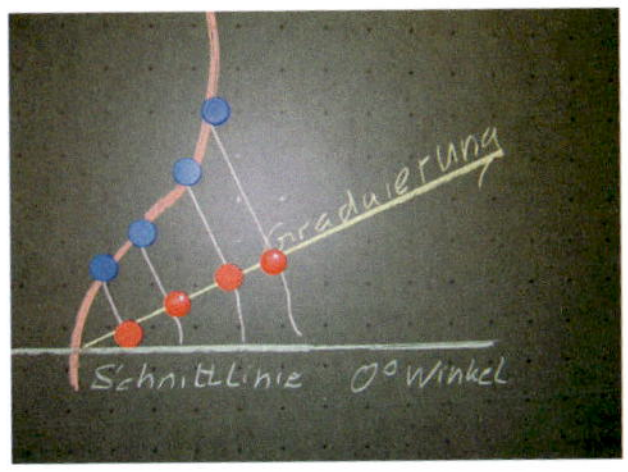

5.54

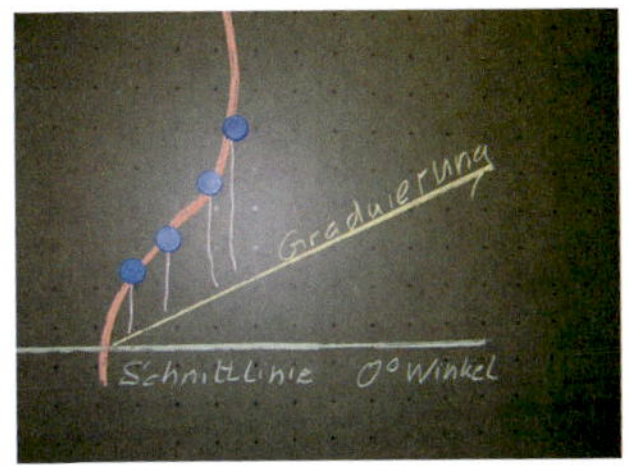

5.55

Versuch 2: Zeichnen Sie eine waagerechte Linie auf die Tafel. Befestigen Sie mehrere Wollfäden auf dieser Linie. Nehmen Sie jetzt alle Fäden auf einem Punkt zusammen und schneiden Sie sie ab. Was für eine Linie entsteht, wenn die Wollfäden wieder im rechten Winkel zur Linie „gekämmt" werden? Notieren Sie Ihre Beobachtungen. Welche Auswirkungen hat die Abteilungsbreite oder Passeebreite auf den Haarschnitt?

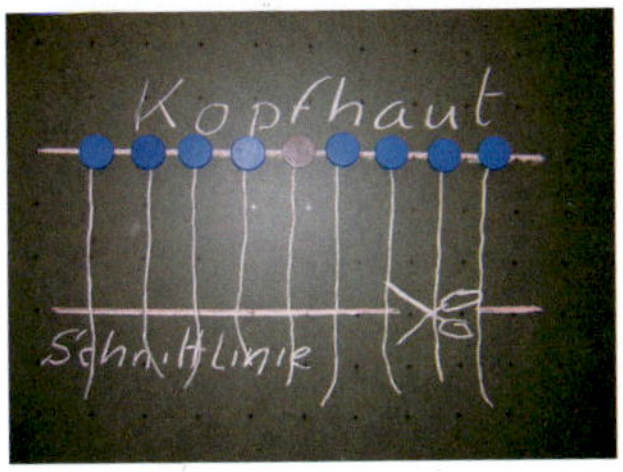

5.56

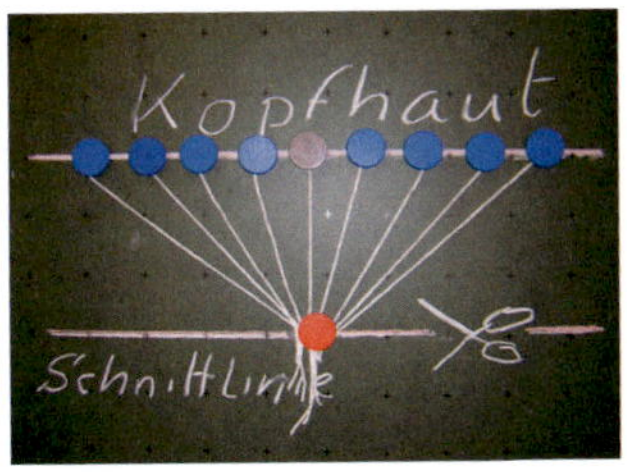

5.57

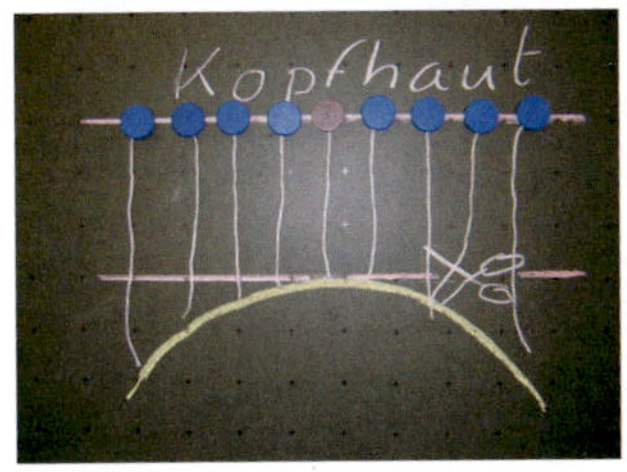

5.58

Herrenhaarschnitt

Wie bei den Damenfrisuren sind auch Männerhaare der Mode unterworfen. Die Haare sind mal lang, mal kurz, glatt, geföhnt oder struppig mit Gel. Ein zeitloser, immer wieder modisch aktueller Haarschnitt ist der Fasson. Dabei bleibt das Deckhaar etwas länger. Seiten, Konturen und der Nacken werden kurz gehalten. Der kürzeste Punkt befindet sich im Konturenbereich. Von dort soll eine gleichmäßige Abstufung von den ganz kurzen Haaren zum längeren Oberkopfhaar entstehen. Der Fachmann nennt diese Technik einen *Übergang schneiden*.

Das Haar wird über Kamm und Schere geschnitten. Das heißt, man hebt die Haare mit dem Kamm an und schneidet mit der Haarschneideschere überstehende Haare ab. Man muss dabei auf die exakte Kammführung achten. Der Kammrücken soll näher an der Kopfhaut sein. Die Kammzähne zeigen von der Kopfhaut weg. Arbeitet man andersherum ergeben sich schnell Löcher. Die Konturen und vor allem der Nacken müssen sauber geschnitten und ausrasiert werden. Es dürfen dabei aber keine harten Kanten entstehen. Der Übergang zur unbehaarten Haut muss fließend sein. Dieser Haarschnitt erfordert viel Übung. Anfänger können hier mit der Modellierschere schon gute Ergebnisse erzielen.

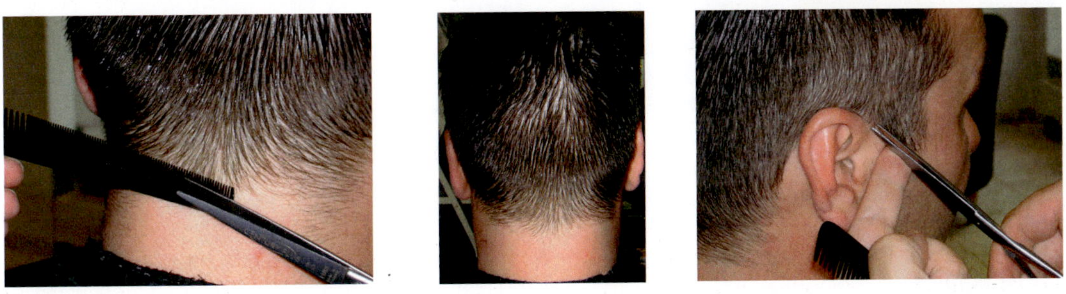

5.59 Fassonhaarschnitt

Wenn die Kontur im Nacken *abgestochen*, also mit der Haarschneidemaschine oder Haarschneideschere stumpf geschnitten wird, spricht man von einem Rundschnitt.

5.60 Modefrisur

5.61 Verschiedene Herrenfrisuren

5.2.6 Spliss – Schnitt

Haarspliss = gespaltene Haarspitzen erkennt man häufig mit bloßem Auge. Die Spitzen sind meist heller als das übrige Haar. Unter dem Mikroskop sieht man deutlich, dass die Spitze meist mehrfach der Länge nach gespalten und ausgefasert ist.

5.62 gespaltene Spitze – Mit Kur behandeltes Haar

Haarkuren und Spitzenfluids können die Kämmbarkeit nur kurzfristig verbessern. „Heilen" kann nur ein Haarschnitt. Natürlich will nicht jede Kundin gleich ihre langen Haare opfern. Deshalb macht man einen speziellen Spliss-Schnitt.

Der Kopf wird in mehrere Bereiche abgeteilt. Einzelne Haarsträhnen werden heraus genommen und in sich gedreht. Danach streicht man von der Spitze zum Ansatz mit Daumen und Zeigefinger an der Strähne entlang. Die Spitzen stellen sich auf und man kann den Spliss durch Schneiden entfernen. Zuletzt wird der Grundschnitt durchgeführt. Diese Vorgehensweise ist sehr aufwändig und benötigt viel Zeit, ist aber die einzig vernünftige Art splissige Haare zu bekämpfen.

Heiße Schere. Bei heißen Scheren werden die Schneideblätter elektrisch erwärmt. Die Temperatur ist individuell einstellbar. Die Schnittfläche am Haar soll durch die Wärme versiegelt werden. Dadurch ist die Schnittkante nicht rau und reißt nicht so schnell auf.

Aufgaben zu Abschnitt 5.2

1. Welche Bedeutung hat der Haarschnitt für die Frisurenformung?
2. Nennen Sie die Bestandteile der Haarschneideschere.
3. Nennen Sie die Bestandteile des Rasiermessers.
4. Beschreiben Sie den Unterschied zwischen einer Effilier- und einer Modellierschere. Für welchen Zweck benutzen Sie welche Schere?
5. Nennen Sie 3 Einsatzgebiete der Haarschneidemaschine.
6. Beschreiben Sie Reinigung und Pflege von Haarschneidegeräten.
7. Welche Nackenkonturenlinien gibt es?
8. Was verstehen Sie unter Effilieren?
9. Mit welcher Haarschneidetechnik schneiden Sie gleiche Haarlängen?
10. Wie schneiden Sie Stützhaare?
11. Welche Wirkung erzielt man beim Effilieren der Spitzen?
12. Wo beginnen Sie den Schnitt bei einem Pagenkopf? Erklären Sie die weiteren Abteilungen.
13. Warum wird die Modellierschere zum Schneiden über den Kamm genommen?
14. In welchem Winkel müssen die Haare oberhalb der Hutlinie geschnitten werden, wenn Sie eine gleichmäßige Stufung erreichen wollen?
15. Was verstehen Sie unter dem Begriff Kontur?
16. Erklären Sie den Unterschied zwischen einem Rundschnitt und einem Fassonschnitt.
17. Sie sollen stumpf schneiden. Was erzielen Sie dadurch?
18. Mit welchem Haarschneidegerät oder Haarschneidwerkzeugen schneiden Sie einen Pagenkopf?
19. Der Scherenverkäufer zeigt Ihnen eine Haarschneideschere mit einem kürzeren Schenkel. Welchen Vorteil hat diese Schere?
20. Nach dem Schnitt sollen die Haare weich und natürlich ineinander fallen. Welche Technik setzen Sie ein?
21. Weshalb darf man eine Schere nicht in die Tasche stecken?
22. Was verstehen Sie unter schabendem Effilieren?
23. Welche Bedeutung hat die Führungslinie?
24. Was heißt Graduation?
25. Wie wird die Stärke der Graduation verändert?
26. Bei welchem Haarschnitt wird über den Kamm geschnitten? Mit welchem Schneidewerkzeug?

5.3 Frisurentechnik

Wie schon beim Haarschnitt gilt auch bei der Frisurengestaltung: Die Mode ändert sich, die Technik bleibt. Wurde früher onduliert, eingelegt oder geclipst, so werden heute fast alle Frisuren geföhnt. Doch bei bestimmten Frisuren ist es gut, wenn man auch die alten Techniken beherrscht. So werden gerade für festliche Frisuren oder Brautfrisuren Einlegetechniken benötigt. Auch die Preisfriseure bedienen sich gerne bewährter Arbeitsmethoden.

5.3.1 Kämme und Bürsten

Neben den Scheren sind Kämme und Bürsten die meistgebrauchten Werkzeuge des Friseurs. Schon in den ersten Arbeitstagen bemerken Sie, dass sie sich nach Form und Aufgabe, aber auch im Material unterscheiden.

Kämme. Die Kammform wird in erster Linie durch den Verwendungszweck bestimmt (**5.**63). Haarschneidekämme sind z. B. schmaler und feiner gezahnt als Frisierkämme. Wichtiger aber ist die Unterscheidung nach dem Material.

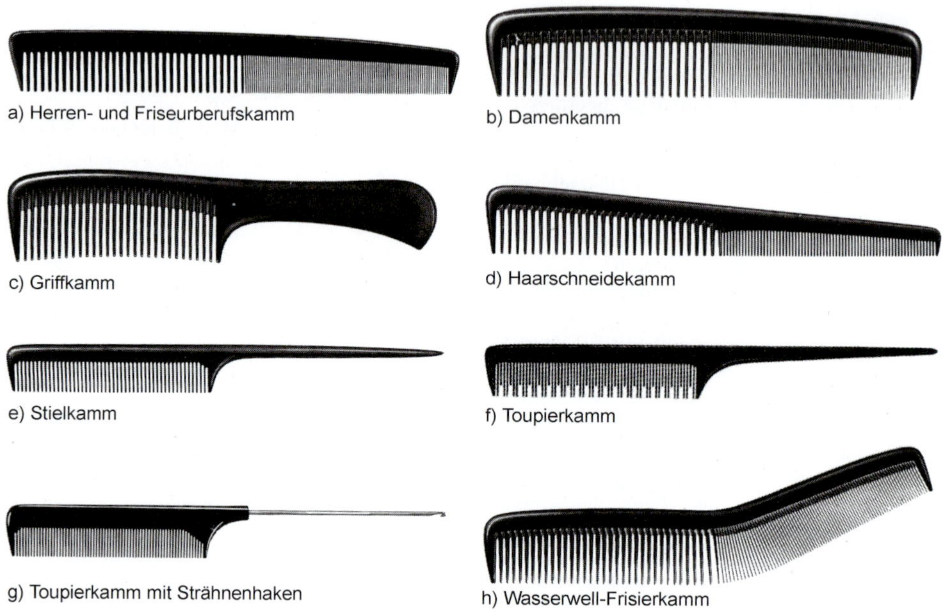

5.63 Kammformen

5.64 Verschiedene Bürstenformen

Versuch: Reiben Sie einen Celluloidkamm über einen Wollstoff, z. B. einen Pullover. Halten Sie ihn dann über Ihr Haar. Was beobachten Sie? Wiederholen Sie den Versuch mit einem Hornkamm.

Kämme stellt man vor allem aus Celluloid, Perlon oder Nylon, Hartgummi oder Horn her. Die ersten vier Stoffe sind Kunststoffe. Durch Reibung werden Kunststoffkämme entgegengesetzt elektrisch aufgeladen wie Wolle oder Haar (beide bestehen aus Keratin). Weil Haare die gleiche elektrische Ladung haben, stoßen sie sich gegenseitig ab und „sträuben" sich auch dann, wenn man nicht mit dem Kamm in ihre Nähe kommt. Diese Wirkung beobachten wir besonders bei frisch gewaschenem Haar. Horn dagegen besteht wie das Haar aus Keratin und lädt deshalb das Haar nicht elektrisch auf.

Material für Kämme

Kunststoff	**Horn**
Celluloid, Perlon, Nylon, Hartgummi	Büffelhorn – gewachsenes Material – Keratin
statische Aufladung des Haares	keine statische Aufladung

Herstellung. Für *Hornkämme* nimmt man Büffelhörner. Sie werden der Länge nach aufgeschnitten, durch Wärme und Feuchtigkeit erweicht und in eine flache Form gepresst. Aus diesen Hornplatten schneidet man Kamm-Rohlinge aus und sägt mit feinen Kreissägen Zähne ein. Zum Schluss werden diese *gesägten Kämme* geschliffen und poliert. Das Material und die Herstellung sind teuer.

Um *Kunststoffkämme* herzustellen, presst man den durch Erwärmen flüssig gewordenen Kunststoff in Formen. Diese *Spritzgusskämme* haben scharfe Kanten, die auf der Haut kratzen und das Haar verletzen können. Die Fertigung ist billiger als bei Hornkämmen. Nicht so teuer wie diese, andererseits nicht so scharf wie Spritzgusskämme sind *Hartgummikämme.* Man presst sie aus gehärtetem Naturgummi und sägt die Zähne ein. Sie sind die meistgebrauchten Berufskämme. Daneben gibt es auch gesägte Celluloidkämme. Sie haben zwar keine scharfen Kanten, laden aber das Haar beim Kämmen statisch auf.

Versuch: Probieren Sie die Wirkung eines Horn-, Perlon- und Hartgummikamms am eigenen Kopf aus. Welcher gleitet am besten über die Kopfhaut und durch das Haar? Warum?

Herstellungsverfahren

- **Spritzgusskämme**
  billig, scharfkantig mit Grat – Haarschäden und Verletzung der Kopfhaut möglich
- **gesägte Kämme**
  abgerundete Zähne ohne Grat
  - **Hornkämme**
    teuer, zur Haarpflege am besten geeignet – laden nicht auf
  - **Hartgummikämme**
    preisgünstige Berufskämme

Durch das Geschäft mit Haarteilen und die Verwendung von Kunsthaar wurden auch *Aluminiumkämme* gebräuchlich. Sie verhindern die elektrische Aufladung der Kunsthaare, wirken antistatisch. Andere antistatische Kämme bestehen aus Edelhölzern (z. B. Ebenholz, **5.**67).

Zur Reinigung sollen die Kämme täglich mindestens einmal mit Wasser und einem Shampoo gewaschen und mit einem Desinfektionsmittel desinfiziert werden. Hornkämme darf man nicht zu warm waschen und nicht längere Zeit in der Waschlauge liegen lassen – sie verbiegen durch Wärme und Feuchtigkeit.

Bürsten gibt es ebenfalls in verschiedenen Formen, die vom Verwendungszweck bestimmt werden. Entscheidend für die Güte einer Bürste sind Art und Befestigung der Borsten.

Borstenarten. Beim Ausfrisieren muss die Bürste die einzelnen Haarpartien erfassen, also das Haar glätten, streichen und bürsten. Dazu dürfen die Borsten nicht zu hart sein. Andererseits müssen sie bis zur Kopfhaut durchgreifen, um das Haar von Grund auf zu formen. Sie dürfen also auch nicht zu weich sein. Frisierbürsten stellt man aus Natur- oder Kunstborsten her.

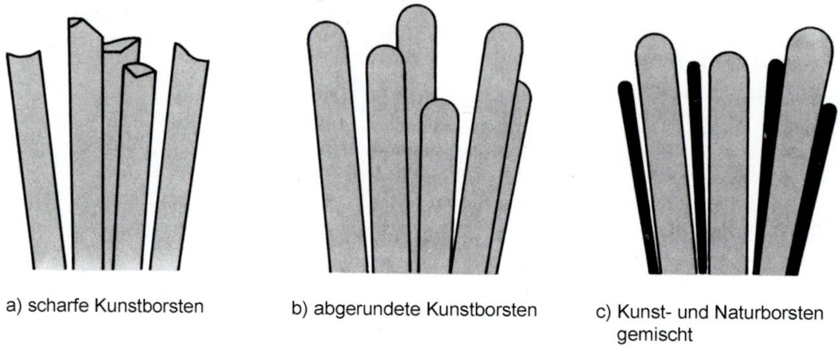

5.65 Borsten

Als *Naturborsten* nimmt man vor allem Schweineborsten, meist die dunklen und harten Wildschweinborsten. *Kunstborsten* sind billiger als Naturborsten. Preiswerte Gebrauchsbürsten haben Borsten aus Perlon oder Nylon oder anderen Kunstfasern. Das Material wird meist flüssig durch Düsen zu einem Faden in gewünschter Stärke und Härte gepresst. Die Schnittkanten der abgeschnittenen Kunstborsten kratzen auf der Kopfhaut und können die Schuppenschicht des Haares verletzen. Bessere und entsprechend teurere Bürsten haben abgerundete Kunstborsten. Weil Kunstborsten härter sind als Naturborsten und dadurch besser auf die Kopfhaut durchgreifen, mischt man sie mit den Naturborsten (**5.**65).

Drahtbürsten enthalten Drahtstifte statt der Borsten. Sie sind in eine Gummiplatte eingesetzt, damit sie beim Bürsten nachgeben. Man benutzt sie zum Auskämmen langer Haare, weil sie gut durchgreifen und das Haar ordnen. Auch zum Frisieren von Haarteilen eignen sie sich, weil sie das Haar nicht elektrisch aufladen und die Knüpfknoten nicht lockern. Weil Drahtbürsten auf der Kopfhaut kratzen, gibt es solche mit Kunststoffkappen über den Drahtstiften. Sie sind zwar angenehmer für die Kopfhaut, lassen sich aber schwerer reinigen (**5.**66).

5.66 Drahtbürste (Pneumatikbürste) mit Drahtborsten und Plastiknoppen

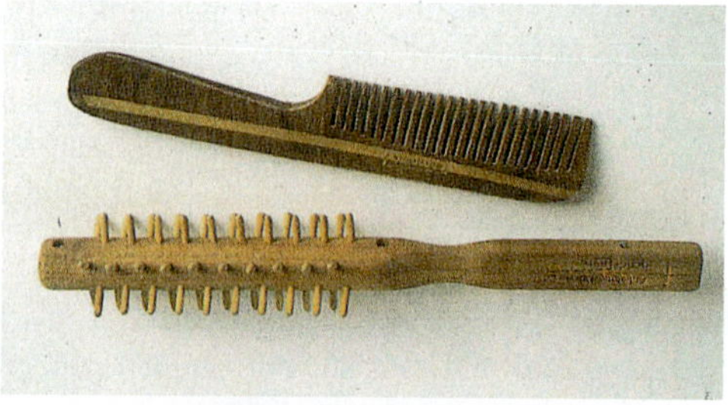

5.67 Antistatische Bürste und Kamm aus Ebenholz

Bild **5**.67 zeigt neben einem Kamm aus Ebenholz auch eine entsprechende Bürste. Statt der Borsten hat sie Stifte aus Holz. Beim Föhnen lässt sich die Holzbürste leicht im Haar drehen. Wie die Drahtbürsten laden auch Bürsten aus Edelhölzern das Haar nicht auf.

Föhnbürsten enthalten weniger Borsten, damit sie sich leichter im Haar drehen lassen. Da Naturborsten zu weich sind, werden meist Kunstborsten verwendet.

Die Bürstenreinigung ist besonders wichtig, weil sich zwischen den Borsten leicht Haare, Schuppen, Reste von Haarfestigern und Krankheitserregern festsetzen können. Die mechanische Reinigung der Bürsten durch Auskämmen sollte nach jedem Gebrauch selbstverständlich sein. Mindestens einmal täglich müssen sie jedoch gründlich gereinigt werden. Dazu tauchen wir sie in eine Waschmittellösung und geben zur Desinfektion nach Gebrauchsanweisung ein Desinfektionsmittel zu.

Worauf ist beim Bürstenwaschen zu achten?

a) die Waschmittellösung darf nicht zu heiß sein, damit die Borsten nicht verbrühen.

b) Die Bürsten werden nur in die Waschlösung eingetaucht und darin geschwenkt - nicht hineingelegt. Bei Holzbürsten quillt sonst der Bürstenkörper, und die Borsten gehen aus. Bei geklebten Borsten kann sich der Klebstoff lösen, sodass sich die Borsten lockern.

c) Nach dem Waschen spült man die Bürsten in klarem kalten Wasser, um die Waschlösung zu entfernen.

d) Zum Trocknen legt man die Bürsten mit den Borsten nach unten, damit kein Wasser in den Bürstenkörper eindringt.

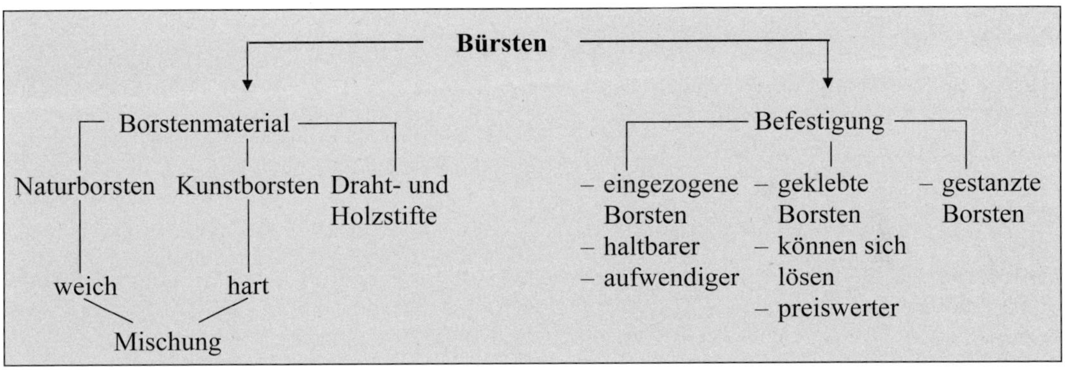

5.3.2 Finishprodukte

Feines Haar neigt dazu, zusammenzufallen und sich an den Kopf zu legen; es braucht also eine Stütze. Frisch gewaschenes Haar „fliegt" leicht, weil es sich elektrisch auflädt. Trockenes und geschädigtes Haar ist spröde und lässt sich schwer formen; es braucht Stoffe, die es geschmeidig machen. Dazu dienen Haarfestiger, Föhnlotionen, Haarsprays, Frisiercremes und Gele.

Haarfestiger enthalten Kunstharze, antistatische Stoffe, Silikonöle, Farb- und Duftstoffe in Alkohol gelöst. Die Kunstharze bilden beim Trocknen einen Film, der das Haar stützt, ihm Standfestigkeit gibt. Sie bilden zwischen den einzelnen Haaren Quervernetzungen, die zwar beim Kämmen zerreißen, aber durch die eckigen Bruchstellen die Haare wieder ineinander verhaken (**5**.68). Silikonöle schützen das Haar gegen Feuchtigkeit. Die antistatischen Stoffe (kationaktiv) verhindern die elektrische Aufladung und damit das „Fliegen" der Haare. Haarfestiger für trockenes und strukturgeschädigtes Haar enthalten Fettstoffe und machen es geschmeidig (z. B. Lanolin Isopropanol oder Proteine). Gelöst sind diese Stoffe meist in Isopropanol, Duftfestiger auch in Ethanol.

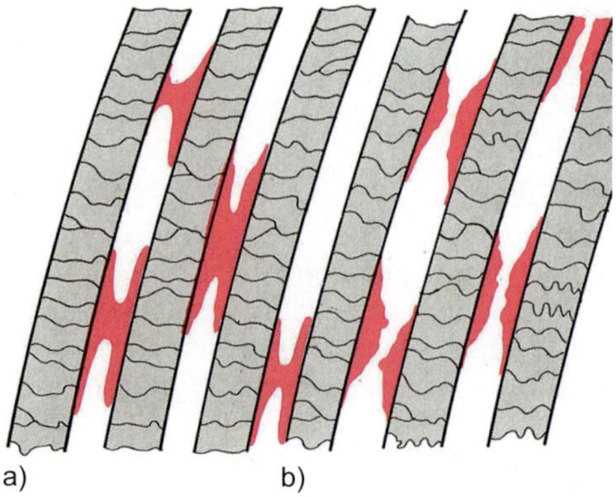

5.68 Quervernetzungen zwischen den Haaren durch Haarfestiger
a) im nassen Zustand,
b) nach dem Trocknen und Durchkämmen

Föhnlotionen erfüllen die gleichen Aufgaben wie Festiger. Weil das Haar aber beim Föhnen nicht so stark verkleben darf, enthalten sie andere Kunstharze, sonst bleiben die Bürsten hängen.

Aufhellende Haarfestiger enthalten Wasserstoffperoxid, das durch langsamen Zerfall Sauerstoff abspaltet und dadurch die Pigmente aufhellt („schleichende Oxidation"). Leider ist damit meist auch eine starke Strukturschädigung verbunden. Deshalb sind aufhellende Festiger abzulehnen.

Kurfestiger sind mit verschiedenen Zusätzen im Handel, z. B. Schwefel, Kräuterwirkstoffe, Proteine und kationaktive Stoffe.

Haarfestiger und Föhnlotionen enthalten Kunstharze, kationaktive Stoffe (antistatisch), Silikonöle, Duft- und Farbstoffe sowie Alkohol als Lösungsmittel.

Haarspray soll die fertige Frisur haltbarer machen, sie vor Feuchtigkeit schützen und den Haarglanz erhöhen. Haarsprays als Aerosole enthalten außer dem in Alkohol gelösten Lack ein Gas, das sich unter Druck leicht verflüssigt und mit dem Lack vermischt. Das Gas dient also als Treibmittel. Durch das Steigrohr gelangt die Mischung aus Treibgas, Alkohol und Lack nach oben und wird durch das Ventil fein verteilt (**5.**69). In dem Augenblick, in dem das Treibgas aus der Dose entweicht, steht es nicht mehr unter Druck und verdampft sofort. Dabei zerstäuben die Lacktröpfchen und verteilen sich fein auf dem Haar. Der Alkohol verdunstet und hinterlässt nur das unsichtbare Lacknetz. Beim Durchkämmen zerreißt dieses Netz zwar, doch verbinden sich die Bruchstücke wie Häkchen miteinander und festigen die Frisur nachhaltig.

Inhaltsstoffe der Haarsprays sind Lack, Weichmacher, Lösungsmittel, Treibgas, Glanz- und Duftstoffe sowie evtl. Zusätze. Die Lacke werden durch Weichmacher geschmeidig und blättern deshalb beim Kämmen nicht ab. Als Weichmacher dienen unter anderem Fettstoffe wie Lanolinverbindungen oder Rizinusöl. Lösungsmittel ist Isopropanol. Glanzstoffe (z. B. Silikonöle) erhöhen den Haarglanz und geben Schutz vor Feuchtigkeit, Duftstoffe verbessern den Geruch.

Treibgase. Die fluorierten Kohlenwasserstoffe (FCKW) werden schon lange nicht mehr in Haarspray verwendet. An ihre Stelle sind Treibgase wie Propan, Butan oder Dimethylether getreten. Sowohl diese Gase als auch der Alkohol sind brennbar. Deshalb darf ein Haarspray nie in offene Flammen gesprüht werden. Auch brennende Zigaretten können gefährlich sein. Der unbrennbare Stickstoff kann auch als Treibgas verwendet werden, benötigt aber einen sehr hohen Druck.

Pumpsprays kommen ganz ohne Treibgas aus. Allerdings sprühen sie häufig nicht so fein.

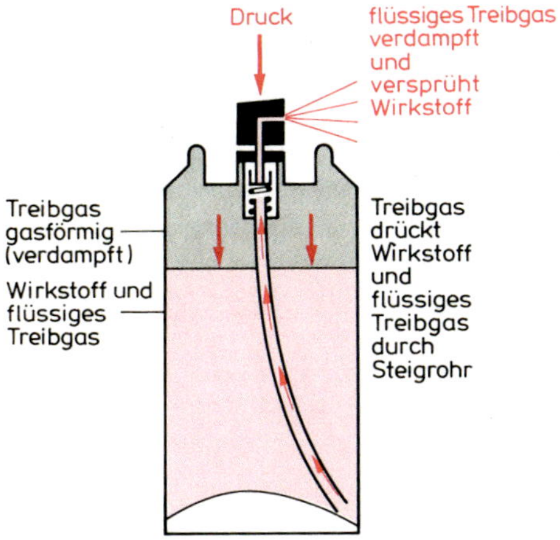

5.69 Funktion der Spraydose

Spezielle Haarsprays. Sprays für schnell fettendes Haar enthalten Zusätze zum Aufsaugen des Fetts. Desodorierende Zusätze überdecken unangenehme Gerüche, die sich im Haar festsetzen. Glanzsprays sind fetthaltig. Sie machen trockenes Haar geschmeidig und erhöhen seinen Glanz. Sie enthalten keinen Lack, da sie nicht festigen sollen.

Haarspray

Inhaltsstoffe

Kunstharzlacke
Weichmacher
Alkohol als Lösungsmittel
Glanz- und Duftstoffe

Treibgase

brennbare
- Propan
- Butan
- Dimethylether
- Mischung daraus

nicht brennbare
- Stickstoff

Vorsicht: Spraydosen stehen unter Druck! Nicht gewaltsam öffnen, nicht erwärmen oder erhitzen, nicht in der Nähe von Heizungen oder Öfen aufbewahren! Sie könnten sonst explodieren. Nur entleert fortwerfen!

Frisiercremes sollen trockenem Haar Fettstoffe zuführen und die Frisur haltbar machen. Es handelt sich vorzugsweise um Emulsionen vom Typ Ö/W, aber auch W/Ö. Die Verwendung hängt sehr von der Frisurenmode ab. Lockere Frisuren vertragen keine Frisiercreme, weil das Haar „verklebt".

Frisiergele enthalten keine Fette, sondern gelbildende Substanzen (Pflanzenschleime wie Pektine, Alginate = Seetangextrakt und künstliche Gelbildner, z. B. Methylcellulose). Sie festigen das Haar, ohne zu fetten. Einige Produkte werden als Wetgele bezeichnet; sie täuschen Nasseffekte vor.

Haarglättungsbalsam (smoothing balm) gehört zur Gruppe der Haarglättungsmittel, die es ermöglichen sollen, lockiges, aber auch störrisches, widerspenstiges Haar für einen bestimmten Zeitraum glatt zu halten. Es handelt sich bei dieser Produktgruppe um ***Leave-in-Präparate***. Das Balsam wird in die handtuchtrockenen Haare eingearbeitet, die anschließend strähnenweise mit Föhn und Bürste glatt gezogen werden. Andere Produkte können auch auf trockenem Haar angewendet werden und sollen für die Behandlung mit dem Glätteisen einen Hitzeschutz gewährleisten.

Wirkstoffe, die den ***Anti-Frizz-Effekt*** (Durchkrausen aufgrund von Feuchtigkeitsaufnahme) vorrübergehend ausschalten sollen, sind hauptsächlich Silikonverbindungen und Cetrimoniumchlorid, ein kationaktives Tensid aus der Reihe der ***Quats*** (Kap.4.2.3.2). Diese Wirkstoffe ziehen auf das Haar auf, verleihen ihm Glanz und sollen es vor schädigenden Einflüssen, in diesem Fall starker Hitze, schützen und die Frisur stabilisieren. Außerdem wird die Griffigkeit und Kämmbarkeit des Haares erhöht und die statische Aufladung verhindert.

5.3.3 Einlegen und Föhnen

Zum Trocknen und Gestalten der Haare kann man verschiedene Techniken anwenden. Wir unterscheiden zwischen Einlegetechniken, bei denen das Haar mit Hilfsmitteln in Form gebracht wird und nach dem Trocknen ausfrisiert werden muss und den Föhntechniken, bei denen Formen und Trocknen in einem Arbeitsgang erfolgt.

Handgelegte Wasserwelle

Wellen und Locken machen Frisuren interessanter. Deshalb versuchten schon die Menschen in der Antike ihre Haare in kunstvolle Formen zu bringen. Die handgelegte Wasserwelle war damals schon bekannt. In neuerer Zeit so um 1925, als der Bubikopf modern war, wurde sie zur meistgebrauchten Technik. Die handgelegte Wasserwelle gehört zu den Grundlagen unserer Berufsausbildung. Mit dem Erlernen dieser Technik wird das Verständnis für einen gleichmäßigen Wellenverlauf geübt.

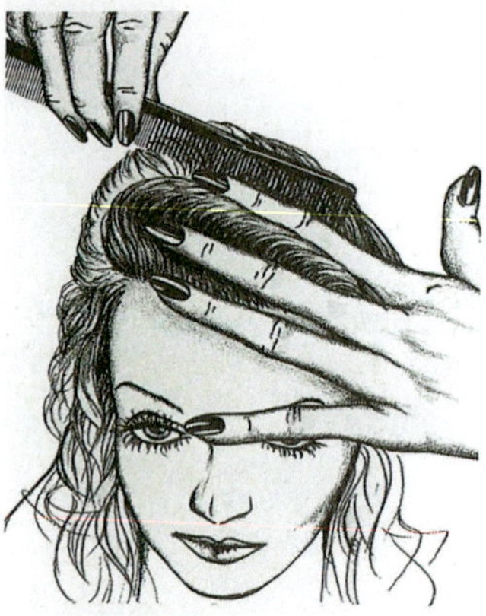

5.70

5.71

Man legt die handgelegte Wasserwelle im nassen Haar. Das Haar wird gleichmäßig nach hinten gekämmt. Um die Ansatzwelle zu legen, schiebt man das Haar etwas nach vorne. Es bildet sich eine leichte Welle nach links oder rechts. Dies ist der natürliche Fall des Haares. Wenn man den nicht berücksichtigt, kann die Welle nicht halten. Mit dem Kamm wird nun die Welle geformt. Zeige- und Mittelfinger „quetschen" die Welle in Form. Die Wellen werden immer von einer Seite zur anderen gelegt. Die nächste Wellenreihe beginnt auf der Kopfseite, wo die letzte aufgehört hat. Die Wellenbögen laufen also abwechselnd nach rechts und links. Eine Welle, bei der der Wellenbogen nach rechts geht, nennt man rechtsgerichtete Welle. Zeigt der Wellenbogen nach links, nennt man das linksgerichtete Welle. Man fängt mit dem Wellenlegen an der Seite an, zu der der Wellenbogen hinzeigt. Die Erhebung bei einer Welle nennt man Wellenkante, die Vertiefung Wellental.

Besonders wichtig ist das saubere Arbeiten. Es muss immer wieder gründlich gekämmt werden und die Wellen müssen bis zum Grund (Kopfhaut) durchgelegt sein.

Die handgelegte Wasserwelle wirkt etwas steif und streng, weil das Haar flach am Kopf anliegt. Sie wirkt etwas weicher, wenn sie an der offenen Stelle schmaler als an der geschlossenen ist (**5.**71).

Ondulation

Krepp- und Brenneisen wurden schon lange zum Legen von Locken und zum Fülligmachen der Haare benutzt (**5.**72, **5.**73). Der Franzose Marcel Grateau (sprich Grato) entwickelte 1872 die Ondulation, das Legen von Wellen mit einem Brenneisen.

Diese waren deutlich steifer und härter als eine handgelegte Wasserwelle. Auch die Haltbarkeit war deutlich länger. Bis zur Einführung der chemischen Dauerwelle um 1925 war die Ondulation die Haupttätigkeit der Damenfriseure.

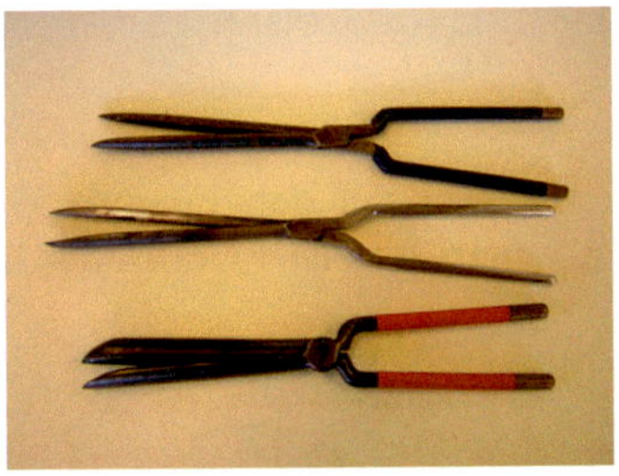

5.72 Onduliereisen

5.73 Kreppeisen

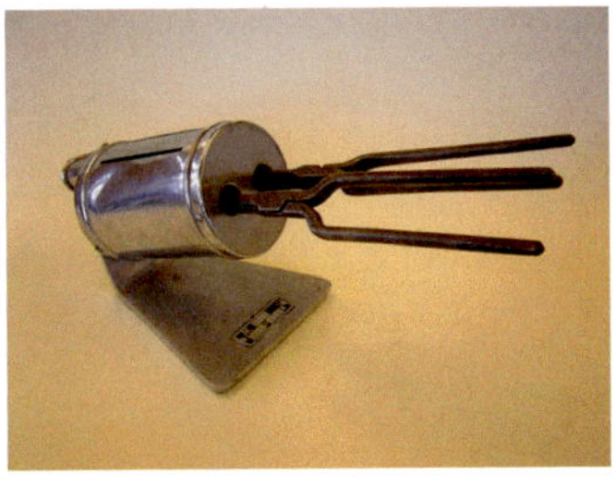

5.74 Elektroheizer

Das Onduliereisen besteht aus einem Hohlschenkel und einem vollen Schenkel. Es ist wie eine Schere gebaut. Das Eisen wurde früher über dem Feuer erhitzt. Viele Salons hatten extra Gasheizer. Später gab es dann auch Elektroheizgeräte (**5.**74). Das Haar wird zwischen die Schenkel des Onduliereisens gelegt. Der volle Schenkel drückt die Haare in den Hohlschenkel. Durch Schließen des Eisens entsteht eine Wellenkante. Mit dem Kamm wird jetzt die nächste Welle vorgeformt und dann mit dem Eisen behandelt. Es wird so weiter gelegt, bis der ganze Kopf bearbeitet ist (**5.**75).

5.75 Ondulierte Frisur um 1900

Wellenfrisur 1987

Auch heute noch werden Locken und Kreppwellen als Akzente in modischen Frisuren eingesetzt. Die Geräte sind etwas moderner, aber die Arbeitstechnik bleibt.

5.76 Wellen mit dem Lockeneisen

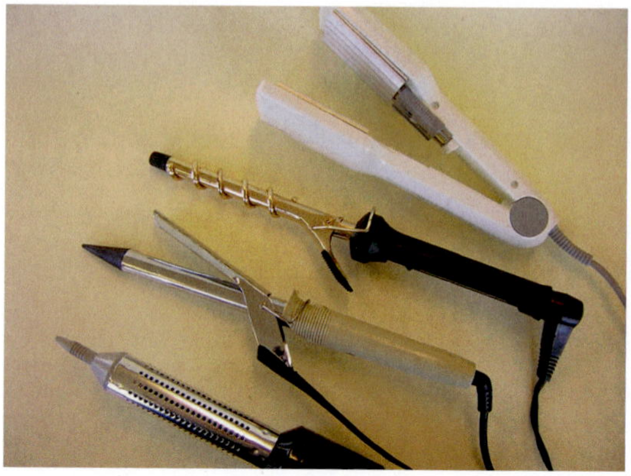

5.77 Moderne Locken und Kreppeisen

Papillotieren

Schon um 1750 hat man Papilloten (frz. Locken) gelegt. Das Haar wurde mit den Fingern zu einer Locke geformt und in ein Stück dünnes Papier gepackt. Mit einem heißen Quetscheisen wurde die Form gefestigt (**5.**78).

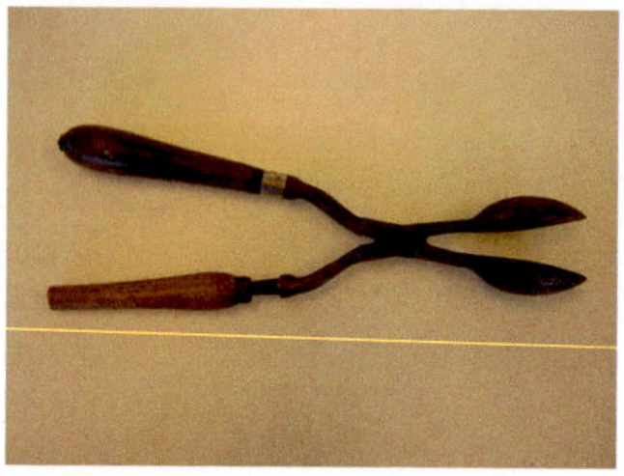

5.78 Papilloteisen

5.79 liegende Papillote

5.80 Stehende Papillote

Heute wird die Papillote im feuchten Haar erstellt. Dazu wird ein Haarband mit den Fingern geformt und mit einem Clips festgesteckt.

Liegende Papillote. Papillotieren ist das Formen von Locken mit der Hand. Abgeteilte Haarsträhnen werden zu einer Locke gedreht und mit einem Clip festgesteckt. Bei von der Spitze eingedrehten Papilloten wird der Bogen enger. Bei Papilloten, die vom Ansatz aus geformt wurden, liegt die Spitze außen. Der Bogen wird größer (**5.**79).

Wellenpapillote. Bei dieser Papillotenart handelt es sich um liegende Papilloten. Diese werden in Reihen mit wechselnder Richtung ausgeführt.

Stehende Papillote mit hoch geführtem Ansatz. Die Locke wird aufrecht stehend befestigt. Sie gibt viel Volumen. Für Locken oder füllige Frisurenteile (**5.**80).

Stehende Papillote mit liegendem Ansatz. Der Ansatz liegt am Kopf an und die Locke steht vom Kopf ab. Mit dieser Technik erzielt man einen gestreckten, flachen Ansatz mit aufspringenden Spitzen. Für füllige Locken oder eine Außenrolle (**5.**81).

Spitzenpapillote Bei dieser Papillotenart wird der Ansatz in Form gekämmt und nur die Spitze eingedreht. Sie wird für flach auslaufende Frisurenteile eingesetzt (**5.**82).

5.81 stehende Papillote

5.82 Spitzenpapillote

5.83 Steilformer

Spannungspapillote – Steilformer – Lockwellmethode

Naturkrauses oder stark dauergewelltes Haar ist zum Papillotieren ohne Hilfsmittel nicht geeignet, weil die gebildeten Papilloten während des Trocknens ihre Form verlieren. Die Bezeichnung Lockwell gilt eigentlich nur für eine Erfindung des Schweizer Friseurs Georg Kramer (1949). Sie hat sich aber als Sammelbegriff für alle ähnlichen Techniken durchgesetzt. Im Gegensatz zur heutigen, gebräuchlicheren Flachwicklung werden die Wickler stehend auf den Kopf gesetzt (**5.**83).

Volumenwicklung

Bei der Volumenwicklung werden die Wickler flach auf den Kopf gewickelt (Flachwelltechnik). Dabei ist auf sorgfältiges Abteilen und schlaufenfreies Wickeln zu achten. Die Spitzen dürfen beim Eindrehen nicht geknickt werden. Das Haar wird gleichmäßig auf dem Wickler verteilt. Die Feststecknadel darf nicht zu fest auf die Kopfhaut drücken.

Die Größe, also der Durchmesser des Wicklers bestimmt die Sprungkraft der Wellen und die Lockengröße.

> Große Volumenwickler – wenig Spannkraft und große Wellen
> Kleine Volumenwickler – viel Spannkraft und kleine Locken

Normalerweise wird immer rechtwinklig zur Kopfhaut gewickelt. Der 90°-Winkel ergibt ein gutes Volumen und Abscheitelungen werden vermieden. Um mehr, also ein stärkeres Ansatzvolumen zu erzielen, kann man die Haare nach vorne überziehen. Es ergibt sich ein stumpfer Winkel. Für flachere Frisurenteile ohne Ansatzvolumen zieht man beim Eindrehen das Passee auf sich zu. Es entsteht ein spitzer Winkel.

Das Haar nach vorne überzogen viel Ansatzvolumen

Stumpfer Winkel

Senkrecht zur Kopfhaut gewickelt.

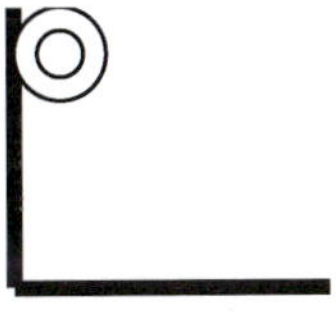

90° rechter Winkel

Das Haar nach hinten gezogen wenig Ansatzvolumen

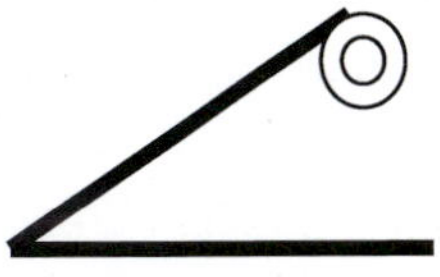

Spitzer Winkel

a) Schemawicklung b) versetzt gewickelt c) versetzt gewickelt d) zwei Einlegetechniken

5.84 Einlegetechniken

Frisuren mit Volumenwicklern eingelegt, ergeben volumig fallende Locken mit großer Spannkraft. Diese Technik ist für füllige Frisurenteile, Locken, ruhige Wellen und großzügige Flächen geeignet. Viele jüngere Kunden und Friseure denken, wenn sie Volumenwickler hören an unmodische, hausbackene Frisuren. Aber gerade im Langhaarbereich lassen sich mit Wicklern tolle Effekte erzielen. Es muss nicht immer klassisch eingelegt werden, Klettwickler in trockene Haare gedreht, ergeben schöne ruhige Locken. Und dies ist gerade für die junge Kundin mal eine Abwechslung.

Föhntechnik

Früher musste eine Frisur lange halten. Dadurch waren die Formen sehr steif und fest. Heute möchte die Kundin möglichst natürliche, locker fallende Haare. Das Föhnen hat sich zur Hauptstylingart entwickelt. Dabei wird nicht nur das Haar getrocknet, sondern auch in Form gebracht.

Locken und Volumen. Um Volumen in das Haar zu bekommen, muss man eine Rundbürste benutzen. Ähnlich wie bei den Volumenwicklern entscheidet der Durchmesser der Rundbürste über die Spannkraft. Kleine Rundbürsten ergeben weniger Volumen, dafür aber mehr Spannung und Locken im Haar. Große Rundbürsten bringen mehr Volumen aber weniger Haltbarkeit. Ansatzvolumen wird auch beim Föhnen durch den Haltewinkel bestimmt. Je weiter man das Haar überzieht, desto mehr Stand gibt es am Ansatz.

Für sprungkräftige Locken nimmt man mehrere kleine Rundbürsten. Diese werden mit viel Spannkraft in das Haar gedreht. Die Bürsten werden nacheinander eingerollt, so dass sie möglichst lange auskühlen können.

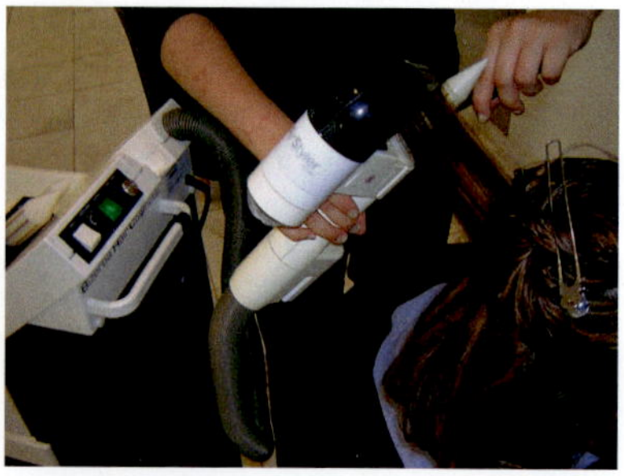
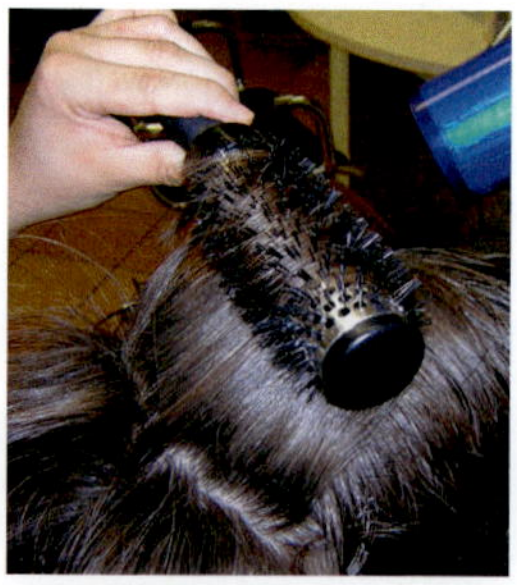
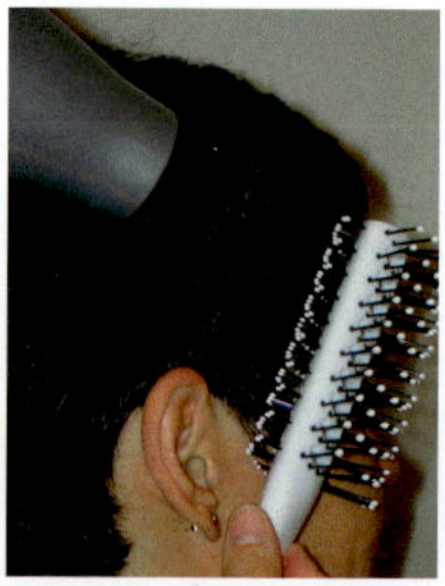

5.85 a) Föhnen mit einem Föhngerät b) Volumenföhnen durch Überziehen c) Anliegende Konturen

5.86 Geföhnte Wellen und Locken

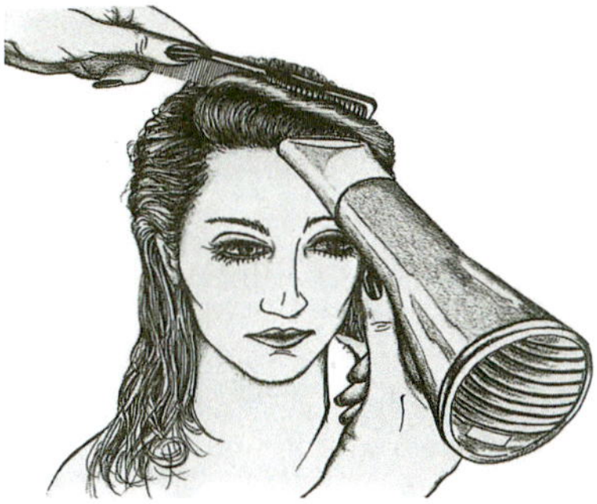

5.87 Formen einer Welle mit dem Föhn

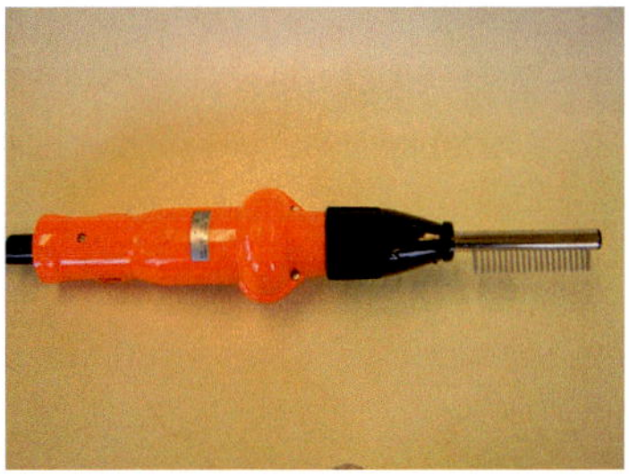

5.88 Föhnkamm

Wellen lassen sich auch mit dem Föhn erarbeiten. Entweder mit dem speziellen Föhnwellkamm oder durch Formen mit Kamm und Föhndüse.

Kurze Haare werden mit der halbrunden Föhnbürste gestylt. Bei sehr wuscheligen Frisuren ist häufig Handarbeit gefragt. Durch Kneten wird das Haar in Form gebracht. Von vielen älteren Kollegen wird diese Technik als nicht technisch genug angesehen. Doch auch hier gelten die Föhnregeln. Die Finger heben das Haar vom Ansatz weg und halten es unter Spannung. Der warme Luftstrom trocknet und festigt die neue Form. Richtiges Kneten will also genauso gelernt sein, wie Föhnen mit der Bürste.

Föhnregeln. Wie beim Eindrehen kann man auch beim Föhnen viele Fehler machen oder sich die Arbeit erschweren.

- Vortrocknen: Zu nasses Haar kann man nicht formen. Die Umformung ergibt sich erst, wenn das nasse Haar in den trockenen Zustand übergeht. Dauergewelltes oder naturkrauses Haar nicht zu stark vortrocknen, sonst ist kein Glattziehen mehr möglich.
- Föhnlotion oder -schaum schützt vor Hitze und gibt mehr Halt. Trotzdem den Föhn 3–4 cm vom Haar weg halten. Mit dem Finger die Temperatur prüfen.
- Dünne Partien abteilen. Eine dicke Haarsträhne braucht länger zum Trocknen als zwei dünne. Ähnlich wie beim Einlegen sollte das Passee nicht breiter und dicker als die Bürste sein.
- Haltewinkel der Föhnbürste beachten. Ein stumpfer Winkel bringt viel Stand und Volumen. Ein spitzer Winkel lässt die Haare anliegen.
- Immer vom Ansatz zur Spitze föhnen. So werden die kurzen Haare nicht gegen die Frisierrichtung gepustet. Die Frisurenoberfläche wirkt ruhiger und bekommt mehr Glanz.
- Mit gleichmäßiger Spannung föhnen, sonst ergibt sich ein ungleichmäßiges Frisurenbild, besonders wichtig bei dauergewelltem oder naturkrausem Haar.
- Zu hektisches Föhnen ist für die Kundin unangenehm und verkürzt trotzdem nicht die Trockenzeit.
- Auskühlen: Um mehr Sprungkraft zu erzielen, muss die geföhnte Haarsträhne gut ausgekühlt sein. Kaltlufttaste am Föhn benutzen.

Frisurentechniken

Wellentechnik
- Handgelegte Wasserwelle
- Ondulation
- Föhnwelle mit Föhnwellkamm
- Föhnwelle mit Föhn und Düse
- Kreppwelle mit Kreppeisen

Lockentechnik
- Volumenwickler
- Lockwellwickler
- Liegende Papilloten
- Stehende Papilloten mit stehendem Ansatz
- Stehende Papilloten mit liegenden Ansatz
- Lockenstab
- Föhnen mit Bürsten

5.3.4 Frisierkunst

Ausfrisieren. Bevor das Haar frisiert wird, sollte es ganz trocken und ausgekühlt sein, denn sonst verliert es unnötig Spannkraft. Zuviel Spannung zieht das Haar zu sehr zusammen. Die Form kann nicht halten. Deshalb wird kräftig gebürstet. Um unliebsame Scheitel zu beseitigen, bürstet man in alle Richtungen kreuz und quer. Keine Angst, bei richtig eingelegter Frisur kann die Form nicht verloren gehen. Es ist eher umgekehrt: Je stärker man bürstet, desto besser. Mit den letzten Bürstenstrichen wird das Haar glatt an den Kopf gebracht. Um jetzt eine Form zu bekommen, kämmt man mit dem Frisierkamm die gewünschte Form ein. Anschließend kann toupiert werden.

Toupieren. Mit der Technik des Toupierens soll mehr Stand, Volumen und Haltbarkeit in die Frisur gebracht werden. Dazu schiebt man mit einem Toupierkamm die kürzeren Haare zum Ansatz. Dies kann nur gelingen, wenn durch eine Effilation genügend unterschiedliche Längen im Haar sind. Achten Sie dabei darauf, dass nicht zu viele Haare am Ansatz verwirrt werden. Denn sonst geht die geplante Frisurenform verloren. Den Abschluss des Frisierens bildet das Sauberkämmen. Dazu werden die sichtbaren Deckhaare mit einem weit gezahnten Kamm geglättet, ohne die Toupage auszukämmen. Der Kamm dringt nur wenige Millimeter in die Partie ein.

5.89 Lockere Hochsteckfrisur

5.90 Steckfrisur mit echten Blumen

5.91 Abendfrisur mit Haarersatz

5.92 Preisfrisieren um 1960

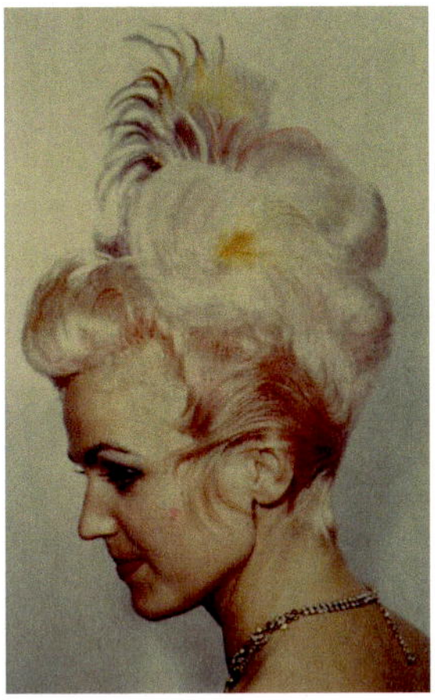

5.93 Preisfrisieren um 1960

5.94 Frisur am Medium mit Haarersatz

Festliche Frisuren – Hochstecken und mehr.

Diese aufwändigen Frisuren sehen heute natürlich ganz anders aus als noch vor 20 Jahren. Auch sind sie einer Mode unterworfen. Waren in den 1960er Jahren noch sehr sorgfältig frisierte, riesig aufgetürmte Hochsteckfrisuren modern, so wirken die heutigen hochgesteckten Frisuren lockerer und verspielter. Trotzdem können die Frisuren nur mit viel Übung und der Kenntnis der alten Techniken gelingen.

Das Preisfrisieren ist die hohe Schule und die Krönung perfekter Frisierkunst. Die Teilnehmer an diesen Wettbewerben trainieren wochen-, monate-, ja teilweise jahrelang für den Sieg. Jede freie Minute wird geübt, denn nur so kann perfekte Frisierkunst mit Schnelligkeit kombiniert werden. Aber auch auf Sie als Auszubildenden kommt ja einiges zu.

Aufgaben zu Abschnitt 5.3

1. Welche Arten von Kämmen kennen Sie?
2. Beschreiben Sie die Herstellung von Hornkämmen und Spritzgusskämmen.
3. Welche Borsten werden für Frisierbürsten verwendet?
4. Beschreiben Sie Reinigung und Pflege von Kämmen und Bürsten.
5. Warum werden Holzbürsten nicht in Waschlösungen eingeweicht?
6. Wodurch entsteht die festigende Wirkung von Festigern und Föhnschäumen?
7. Wie kommt das Haarspray aus einer Dose?
8. Warum dürfen Spraydosen nicht neben der Heizung gelagert werden?
9. Welche Inhaltsstoffe sind in Haarsprays enthalten?
10. Welche Vor- und Nachteile haben Pumpsprays gegenüber anderen?
11. Wo setzen Sie Gel ein und wann nehmen Sie eher einen Haarwachs?
12. Welche Bedeutung hat die handgelegte Wasserwelle?
13. Wodurch unterscheiden sich handgelegte und ondulierte Wellen?
14. Nennen Sie verschiedene Papillotenarten.
15. Wie muss man das Haar papillotieren, wenn man Wellen erzielen will?
16. Welche Papillotenart entspricht der Flachwelltechnik?
17. Weshalb wird das Haar nach dem Einlegen und Trocknen stark gebürstet?
18. Was verstehen Sie unter einem stumpfen Winkel und was erreicht man damit?
19. Wie föhnen Sie kleine Locken?
20. Wodurch wird Volumen beim Föhnen erzielt?
21. Welche Föhnregeln kennen Sie?

22. Nennen Sie die Wellentechniken.
23. Nennen Sie die Lockentechniken.
24. Wie toupieren Sie richtig?

5.4 Haarersatz

Solange Menschen ihre Haare frisieren, sind sie auch unzufrieden mit Haarlänge, Farbe oder Qualität ihrer eigenen Haare. Schon die Ägypter vor 4000 Jahren benutzten Perücken um besser auszusehen.

Im Rokoko trugen die adeligen Frauen riesige, haarige Aufbauten auf dem Kopf. Dies war sicherlich sehr unbequem, aber zu ihrer Zeit sehr *trendy*. Der letzte große Perückenboom war in den 1970er Jahren. Viele Frauen hatten 2, 3 oder mehr verschiedene Perücken zu Hause. So konnten sie schnell lange Haare oder eine andere Haarfarbe bekommen.

Heute werden Perücken hauptsächlich für kranke Menschen mit Haarausfall oder nach einer Chemotherapie benötigt. Bis die eigenen Haare nachwachsen, möchten sie möglichst natürlich aussehen.

Früher wurden Perücken individuell von Hand gearbeitet. Perückenmacher und Friseure nähten und knüpften Haarteile und Perücken in großer Zahl. Heute kommen die meisten Haarersatzteile aus Haarwarenfabriken. Dies ist billiger und geht auch schneller. Der Friseur ist somit heute nur noch für den Verkauf, die Pflege, Reparatur und das Anpassen zuständig. Allerdings werden Film- und Theaterperücken noch immer von Friseuren bzw. Maskenbildnern in Handarbeit hergestellt.

Für modische Effekte, Haarverlängerung und Verdichtung wird gerne die Extension-Technik angewendet. Extension (sprich ikstänschn) kommt aus dem Englischen und heißt Ausdehnung, Erweiterung, Verlängerung.

5.4.1 Arten von Haarersatz

Haarersatz kann man in zwei Bereiche einteilen. Zum einen den modischen, der nur dem Zweck der Veränderung und der Verschönerung dient oder um gewollt aufzufallen. Der zweite Bereich hat medizinisch psychologische Gründe. Hier sollen Mängel wie krankheitsbedingter Haarausfall, Glatzen oder Haarlichtungen unsichtbar gemacht werden. Der Verwendungszweck bestimmt die Qualität der Herstellung. Haarersatz kann geknüpft, tressiert oder in Folie gestochen sein.

5.95 Modische Haarersatzteile

Haarersatz

Haarteil	 	Ersetzt fehlendes Eigenhaar. Setzt modische Akzente	geknüpft, geschweißt, gestochen, tressiert
Frisett	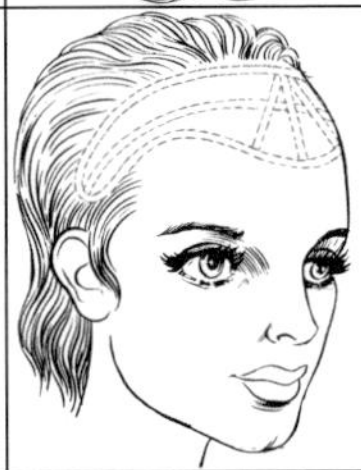 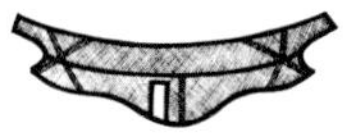	Haarersatz für Frauen mit lichten Haaren. Wird im Vorderkopfbereich eingesetzt	geknüpft
Teilperücke	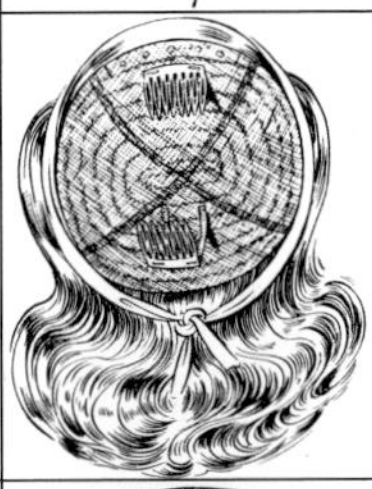	Haarersatz bei Kahlstellen, um mehr Haarfülle zu bekommen. Setzt modische Akzente	geknüpft, tressiert
Straßen-perücke	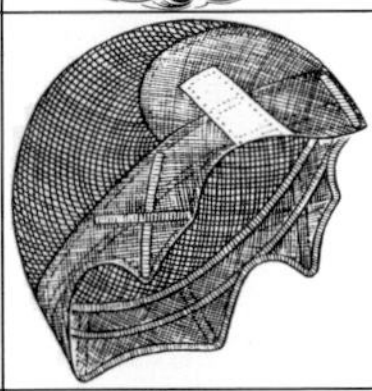	Krankheitsbedingter Haarersatz. Modischer Einsatz, um Farbe, Frisur, Haarlänge zu wechseln	geknüpft, tressiert, gestochen, geschweißt
Ansteckklocken	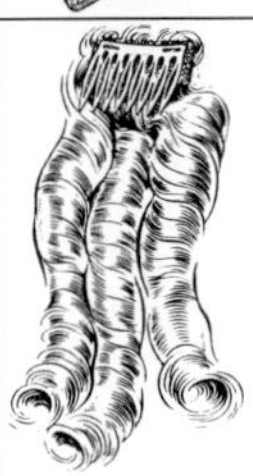 	Festliche Frisuren oder modischer Gag	tressiert, gekordelt
Toupet	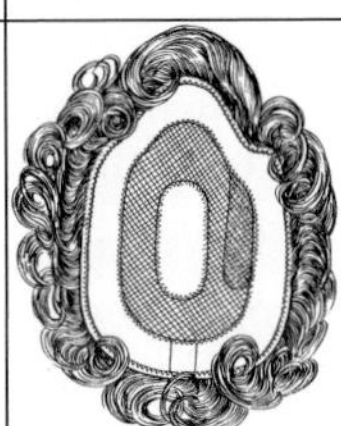	Haarersatz, um Kahlstellen zu verdecken	geknüpft, gestochen, geschweißt
Extension		Haarverlängerung und Verdichtung mit Einzel-strähnen oder Tressen	angeschweißt, angeknüpft, angeklebt

5.96 Arten von Haarersatz

5.4.2 Haarsorten

Menschenhaare

Früher steckten die Frauen ausgekämmte oder abgeschnittene Haare in eine Tüte und verkauften sie an reisende Haarhändler. Die heutigen Haarlängen in Nordeuropa reichen meistens nicht aus, um daraus Haarersatz herzustellen. Auch gefärbte oder Haare mit Dauerwelle sind nicht geeignet.

Man unterscheidet die Haarsorten nach der Herkunftsgegend.

Menschenhaar			
Eurohaar	oft aus Südeuropa	feines bis mittelstarkes Haar, blond bis hellbraun	sehr gute Qualität, sehr gute Perücken, Haarteile und Toupets
Indohaar	Indien	kräftiges dunkles Haar, wird von Frauen im Tempel geopfert	gute Qualität, wird veredelt Perücken, Haarteile, Toupets, Extensions
Chinahaar	China, Japan, Korea	sehr starkes, blauschwarzes Haar	muss veredelt werden
Exporthaar	Asien	verfeinert, aviviert, entfärbt, neu eingefärbt	Übungsköpfe

Die Haare kommen in verschiedenen Zuständen in die Haarfabrik.

Rohhaar – ist unbehandeltes, abgeschnittenes oder ausgekämmtes Haar.
Wirrhaar – ist ausgekämmtes Haar, Spitzen und Kopfenden sind ungeordnet.
Schnitthaar – abgeschnittene Zöpfe, die Haare liegen geordnet, haben aber unterschiedliche Längen.

Haarveredelung. Asiatische Haare werden durch Chlorbleiche verfeinert und gebleicht. Bei diesem Vorgang wird das Haar „geschält". Die Schuppenschicht und manchmal auch Teile der Faserschicht werden entfernt. Damit das Haar trotzdem glänzt, erhält es durch *Avivieren* eine neue, künstliche Oberfläche. Kationische Stoffe bilden einen Film, der die Haaroberfläche glättet und glänzen lässt. Diese Haare werden meistens mit Textilfarben eingefärbt. Verfeinerte, entfärbte, avivierte Haare nennt der Fachmann Exporthaar.

Tierhaare

Schon in der Barockzeit wurden lange Pferdeschweifhaare zur Herstellung von Allongeperücken benutzt. Heute nimmt man für weiße Theaterperücken Büffel- oder Angorahaare. Diese Tierhaare werden verwendet, weil naturweißes Haar in dieser Menge sehr selten ist und sich farbiges Haar chemisch niemals reinweiß aufhellen lässt.

5.97 Tibetanischer Yak

Büffelhaar vom tibetanischen Yak (Zentralasien, Tibet). Das Haar lässt sich weiß bleichen, ist kräftig und hart, bis zu 60 cm lang.

Angorahaar von der Angoraziege (Zentralanatolien, Türkei). Sehr weich und fein, naturweiß. Bis zu 30 cm lang.

Supermelierung. Die Mischung aus Büffel- und Angorahaar ist für bestimmte Haararbeiten optimal. Preisfriseure benutzen sie gerne für Haarteile, weil sie in allen Farben- auch in Pastelltönen eingefärbt werden können.

Kunsthaare

Halbsynthetische Fasern sind Kunstseide und anderen Zellulosefasern. Sie haben häufig einen unnatürlichen Glanz und werden deshalb nur für billige Scherz- und Theaterperücken verwendet.

Vollsynthetische Fasern sind Perlon, Nylon und Acryl. Polyacrylhaare sehen echten Haaren sehr ähnlich. Sie werden unter verschiedenen Namen wie Alphahaar, Unaty oder Bergalon u.a. gehandelt. Sie verblassen nicht so schnell wie Naturhaare, weil sie durchgefärbt sind. Die Haarfarbe lässt sich nachträglich nicht mehr verändern. Auch Dauerwellen sind nicht möglich.

Kunsthaare sind leichter zu pflegen als Echthaare. Einfaches Waschen und Trocknen reichen. Mit speziellen Dampfwärmegeräten lassen sich diese Haare gut in Form bringen. Achtung, zu große Wärme zerstört die Fasern!

Versuch: Verbrennen Sie einige echte Haare und Kunsthaare mit einem Feuerzeug. Beurteilen Sie Flamme, Geruch und die Rückstände.

Echte Haare und Kunsthaare kann man leicht unterscheiden. Man gleitet mit Daumen und Zeigefinger über das Haar. Beim Echthaar spüren Sie in eine Richtung einen leichten Widerstand. Sie reiben gegen die Schuppenschicht. Beim Kunsthaar sind beide Richtungen glatt. Ein weiteres Hilfsmittel ist die Brennprobe. Echthaar verbrennt mit kleiner Flamme und starkem Horngeruch. Das kleine Ascheknötchen lässt sich leicht zerkrümeln. Kunsthaar schmilzt zu kleinen, harten Kügelchen.

5.4.3 Haarverlängerung – Extensions

Vor dem Einarbeiten von Haarverdichtungen, Haarverlängerungen oder Einzelsträhnen muss immer eine ausführliche Beratung durchgeführt werden. Für ein gelungenes Ergebnis ist ausschlaggebend, dass die Wünsche und vor allem die Erwartungen der Kundin erfüllt werden. Oft hat die Friseurin mit ihrem Fachwissen eine andere Vorstellung als die Kundin. Frauen denken häufig, sie können lange volumige Haare haben, ohne etwas dafür zu tun. Die Möglichkeiten einer Extensionsbehandlung werden dabei oftmals überschätzt. Da eine Haarverlängerung oder -verdichtung aufwändig und teuer ist, kommt es bei Nichtgefallen häufig zu Reklamationen. Eine ausführliche Beratung schafft zufriedene Kundinnen.

Checkliste
Haarverlängerung – Haarverdichtung

Haarstruktur:	**Haarmenge am Oberkopf:**	**Haarlänge am Oberkopf:**	**Hautprobleme:**
☐ gut/fest ☐ schlaff/weich ☐ chemisch überstrapaziert	☐ gut ☐ ausreichend ☐ zu wenig	☐ gut ☐ ausreichend ☐ zu kurz	☐ Allergie ☐ Schuppenflechte

Kundenbefragung:

Hatten Sie schon mal Extensions?	☐ ja	☐ nein
Haben Sie genug Zeit für Pflege und Styling?	☐ viel	☐ wenig

Gewünschtes Frisurenergebnis:

☐ natürlich ☐ modisch ☐ glatt ☐ wellig ☐

Gewünschte Haarlänge:

☐ bis Schulterlänge ☐ über Schulterlänge ☐

Frisurenwunsch:	**Sonstiges:**

Empfohlene Technik:

☐ Haarverdichtung mit Einzelsträhnen	☐ Haarverlängerung mit Einzelsträhnen
☐ Haarverdichtung mit Haarteil	☐ Haarverlängerung mit Tresse
☐ Haarverdichtung mit Tresse	☐ Modische Einzelsträhnen

Haarsorte:

☐ Kunsthaar glatt	☐ Kunsthaar wellig	☐ Kunsthaar stark gewellt
☐ Echthaar glatt	☐ Echthaar wellig	☐ Echthaar stark gewellt

Haarlänge:............... cm

Haarfarbe:

Sonstiges:	**Empfehlungen zur Heimbehandlung:**

Frisurenwunsch. Die erste Frage richtet sich nach dem Frisurenwunsch, denn er entscheidet, welche Technik angewendet werden muss.

Haar- und Hautzustand. Zuerst schauen wir uns den Haar- und Hautzustand an. Ist das Haar zu stark vorgeschädigt oder zu fein, kann es beim Befestigen oder später zu einem Haarbruch kommen.

Bei Schuppen oder einer Schuppenflechte benutzt die Kundin spezielle Pflegeprodukte, die die *Bondings* (Klebepunkte) der Strähnen lösen können.

Haarverlängerungen oder Verdichtungen sind nur bei genügender Haarmenge unsichtbar einzuarbeiten. Ist die Haarmenge zu gering, sieht man die Klebe- bzw. Schweißpunkte. Hier kann zur Haarverdichtung ein Haarteil eingesetzt werden.

5.98 Eingeschnittene Extensions

Haararten. Der Preis hängt von der gewählten Haarsorte ab.

Kunsthaare sind leicht, lichtecht und preiswert. Sie werden in jeder gewünschten Länge, Farbe und Wellung angeboten.

Echthaar ist schwieriger zu beschaffen und daher teurer. Es kommt meist aus Indien und darf chemisch nicht vorbehandelt sein. Die Haarfirmen liefern die Strähnen in allen Farben, Längen und Wellungen. Echthaar lässt sich im Salon wie eigenes Haar weiterbehandeln.

Einarbeiten von Einzelsträhnen. Das wichtigste bei dieser Technik ist das sorgfältige Arbeiten. Wenn die Kundin den Kopf bewegt oder die Haare im Wind spielen, dürfen keine Befestigungsstellen zu sehen sein. Die verschiedenen Zulieferer bieten unterschiedliche Methoden zur Befestigung an. Grundsätzlich müssen schmale Passees abgeteilt werden. Bei der Einzelbefestigung wird rund oder leicht trapezförmig abgeteilt und die anzuschweißende Haarsträhne nahe an den Ansatz gehalten. Anschließend erweicht man die *Connectsubstanz* (Befestigungsmittel) mit einem *Connector* (Wärmegerät oder Ultraschall). Das Bonding wird geformt. Das Befestigungsmittel wird in verschiedenen Formen angeboten. Bei einigen Firmen muss ein extra Klebeplättchen zugegeben werden, andere haben das Befestigungsmittel schon an den Haarsträhnen, wieder andere benutzen Hülsen. Zum schnelleren Arbeiten bieten einige Firmen auch mehrere Strähnen auf einer Foliengrundlage an.

Der Frisurenwunsch entscheidet darüber, wie viele Extensions gesetzt werden. Man arbeitet vom Nacken zum Oberkopf. Dabei müssen Scheitel, Wirbel sowie die Ansätze berücksichtigt werden. Man sollte 4–6 cm, je nach Haardichte, von diesen Stellen wegbleiben, da sonst die Bondings zu sehen sind. Möchte die Kundin eine sehr variable Frisur mit wechselnden Scheiteln, darf der Oberkopf nicht behandelt werden.

Einarbeiten von Tressen. Mit Tressen kann man auf eine schnelle Art eine Haarverlängerung oder -verdichtung erstellen. Hierbei werden waagerechte Scheitel gezogen und die Tresse angelegt. Zur Befestigung gibt es verschiedene Methoden. Im Häkelverfahren werden eigenen Haare durch die Tresse gezogen und mit einem Zwirnsfaden verknotet. Beim Klebeverfahren befestigt man die Tresse an einigen abgeteilten Stellen mit der Connectsubstanz und dem Connector. Die einfachste Möglichkeit ist das Einclipsen.

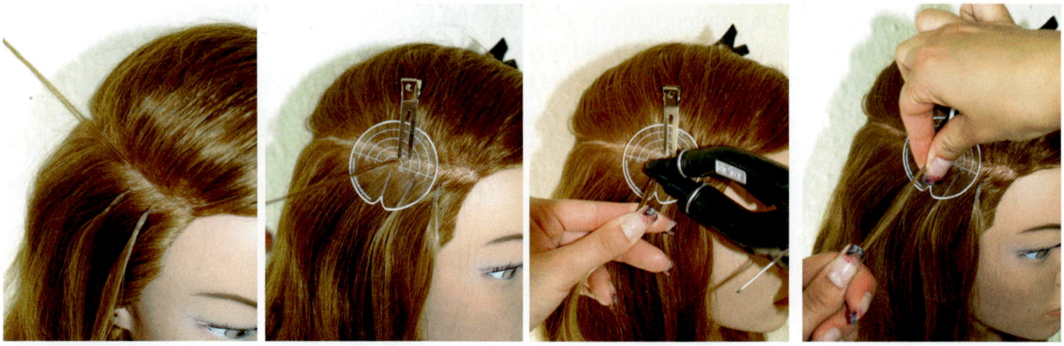

5.99 a) Schmale Abteilung b) Schablone ansetzen c) Untergelegtes Bonding erweichen d) Bonding formen

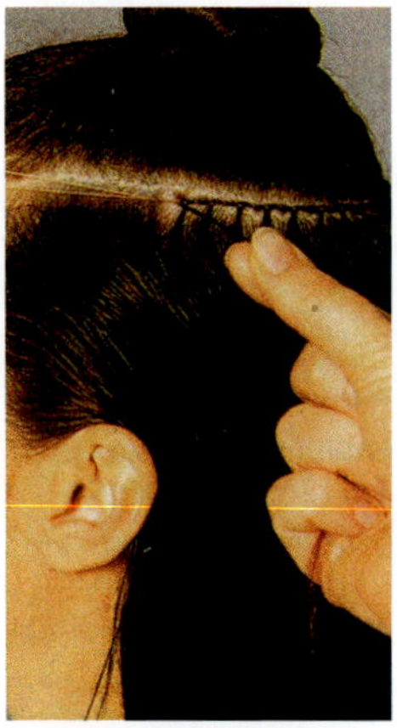

5.100 Das erste Grounding

5.101 Tresse ansetzen

5.102 Verknüpfung der Tresse

5.103 Lösen der Tresse

Einarbeiten von Haarteilen. Häufig kommt es vor, dass Kundinnen mit wenig Oberkopfhaaren eine Lösung für ihr Problem suchen. Extensions (Einzelsträhnen) sind hier keine Lösung. Durch die geringe Haarmenge würde man die Befestigungsstellen sehen. Deshalb empfiehlt es sich, ein Haarteil einzuarbeiten. Die Befestigung erfolgt wie bei der Tressentechnik.

Chemische Behandlung. Grundsätzlich sollte man beachten, dass die Extension-Haare schon vorbehandelt sind. Deshalb sollten Sie immer so schonend wie möglich arbeiten. Echte Haare können mit milden Dauerwellprodukten umgeformt werden.

Zum Färben sind die handelsüblichen Mittel geeignet. Dabei muss man beachten, dass die Haare durch die chemische Vorbehandlung schneller annehmen. Bei der Verwendung von Oxidationshaarfarben sollte man nur mit einem 3%igen H_2O_2 arbeiten. Um das Haar zu schonen, verzichtet man auf eine zusätzliche Wärmequelle.

Achtung: Extensions dürfen niemals heller gefärbt oder blondiert werden, da die starke Alkalität die Bondings zerstören kann.

Einschneiden. Wenn die Friseurin vom Schneiden redet, haben viele Kunden Angst um ihre teuren „neuen“ Haare. Unsere Dienstleistung heißt: eine tolle, natürliche Frisur. Damit die Frisur richtig fällt und die Kundin zuhause gut damit zurecht kommt, müssen die Haare in Form gebracht werden.

Zum Einschneiden des Haarersatzes kann man alle gebräuchlichen Haarschneidewerkzeuge benutzen. Da mit einer Haarschneideschere glatte Schnitte erstellt werden, setzt man sie hauptsächlich zur Längenbestimmung ein. Damit sich die „neuen" Haare besser mit dem Eigenhaar verbinden, arbeitet man mit der Effilierschere oder dem *Razor*.

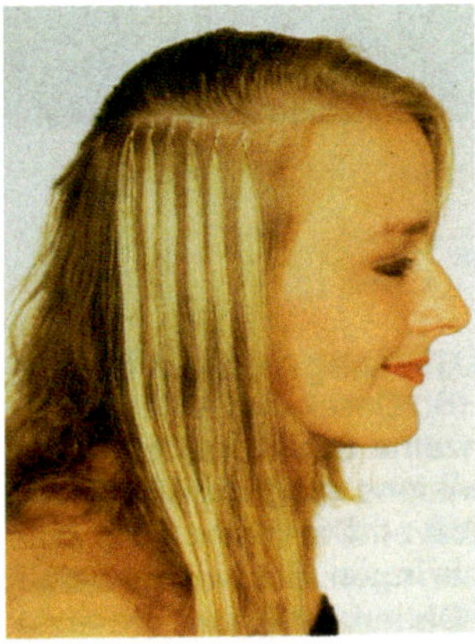

5.105 Extensions eingefügt

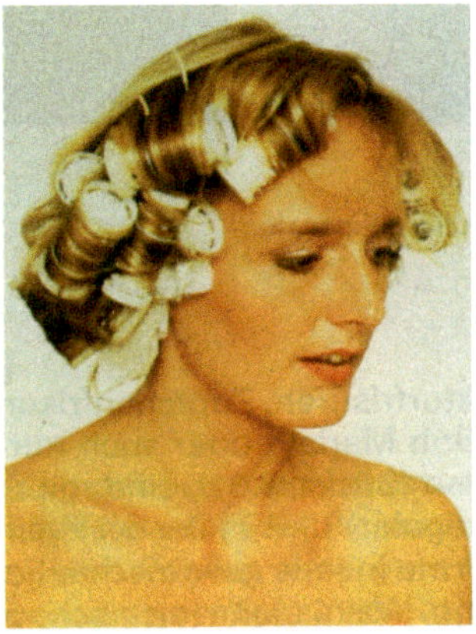

5.106 Extensionsfrisur mit Heißwickler aufgedreht

5.107 Extensionsfrisur

Styling. Zum Bürsten der Haare verwendet man weiche Borstenbürsten. Wie beim Naturhaar muss man immer von der Spitze zum Ansatz bürsten. Vom Hersteller aus gelockte Extensions sollten nur mit den Fingern gekämmt werden, damit sich die Haare nicht verfilzen.

Beim Einsatz von Stylingprodukten muss man auf einen geringen Alkoholanteil achten, denn die Extensions könnten beschädigt werden. Zum Föhnen den Haartrockner auf die niedrigste Stufe stellen und mit einer weichen Rundbürste stylen. Der Einsatz von Lockenstäben, Heißwicklern und Glätteisen ist möglich. Man muss aber darauf achten, den Befestigungsstellen nicht zu nahe zu kommen, da sie sich bei zu großer Wärmeentwicklung lösen können.

Pflege. Nachdem Durchbürsten gibt man etwas Shampoo auf die Kopfhaut und führt eine Ansatzhaarwäsche aus. Schuppenschampoos können die Bondings lösen, falsche Produkte schädigen die Haare. Deshalb bieten die meisten Zulieferer spezielle Pflegeprodukte an. Die Haarlängen und Spitzen sollten nicht zu stark massiert werden, da die Extensions verfilzen können.

Nach der Haarwäsche wird das überschüssige Wasser mit einem Handtuch abgedrückt. Durch Rubbeln würden die Extensions verfilzen.

Haltbarkeit. Die Extensions wachsen mit den eigenen Haaren heraus. Nach ca. 4 Monaten ergibt sich so ein Ansatz und beim Auseinanderfallen der Haare sieht man die Bondings. Je weiter die Haare heraus gewachsen sind, desto höher ist auch das Risiko, dass die Ansätze verfilzen.

Wenn die Haare gut gepflegt sind, kann man die Extensions herausnehmen und wiederverwenden.

a) vorher

b) nachher

5.108 Haarverdichtung

Problembehandlung bei Haarverlängerungen und Haarverdichtungen	
Problem	**Ursache**
Schmerzende Kopfhaut	– Zu großes Passee – Zu nahe an der Kopfhaut angebracht – Haare sind zu lang, zu schwer
Extension fällt aus	– Zu wenig eigene Haare genommen – Nicht sauber abgeteilt – Falsche Produkte genommen – Extensions wurden im nassen Zustand gebürstet – Eigene Haare zu fettig – Bonding nicht gut genug bearbeitet
Bonding wird weiß	– Flüssigkeit unter die Klebestelle gelaufen – Falsche Pflegemittel verwendet
Verfilzung	– Passees zu dick abgeteilt – Falsche Haarwäsche – Falsches Pflegemittel – Zu viele Extensions

5.109 modische Akzente mit Extensions Zöpfchen

5.110 lockige Frisur mit Extensions

5.4.4 Material für Haararbeiten

Für Haararbeiten benötigt man außer Haaren, Bänder, Stoffe und Stahlfedern. Daraus fertigt man die *Montur*, auf der die Haare befestigt werden.

5.111 Montierbänder

Montierbänder

Montierbänder dienen als Gerüst für den Montierstoff. Sie können aus Kunstseide, Perlon oder Nylon gewebt sein. Diese Bänder werden in allen gewünschten Farben geliefert. Um sie besser vernähen zu können, haben sie eine verstärkte Kante. Für die unterschiedlichen Arbeiten gibt es verschiedene Breiten.

Bespannstoffe

Bespannstoffe dienen als Untergrund zum Knüpfen. Man verwendet Nylon, Seide oder Baumwolle.

Gaze ist ein besonders feines Gewebe meist aus Seide. Sie wird für Ansätze und Scheitel genommen.

Tüll ist ein wabenförmiges, grobmaschiges Gewebe. Es wird als Knüpfgrund für Haarteile benutzt. Steiftüll aus Baumwolle, Seide oder Nylon ist durch Appretur versteift. Filettüll ist ein besonders elastisches, grobmaschiges Baumwollgewebe. Er wird häufig für Tressenperücken eingesetzt.

Nanking ist ein hautfarbener Baumwollstoff für Theaterglatzen.

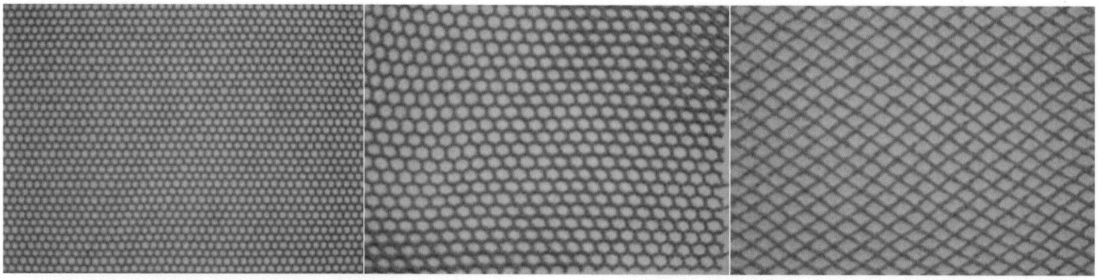

a) Steiftüll b) Baumwolltüll c) Filettüll

5.112 Bespannungsstoffe

Das verwendete Material der Bänder und Stoffe wirkt sich auf die Verarbeitung aus. Nylon und Perlon laufen nicht ein, Seide und Baumwolle können schrumpfen, wenn sie feucht werden. Die Folge ist, dass die Form der Perücke sich ändert.

Perückenfedern

Perückenfedern halten die Montur in Form und drücken hervorstehende Teile wie die Tampeln an den Kopf. Sie werden in schlauchförmige Hohlbänder eingenäht.

5.4.5 Herstellung von Haarersatz

Arbeitsschritte zur Herstellung von Haarersatz

1. Maßnehmen – Ausmessen des Kopfes bei Perücken, Abdruck bei Toupets
2. Die Monturzeichnung auf den Perückenkopf übertragen
3. Montieren der Bänder
4. Vernähen der Bänder und Federn
5. Aufspannen der Stoffe
6. Vernähen
7. Knüpfen

Geknüpfte Haarteile. Durch Knüpfen wirkt dieser Haarersatz besonders natürlich. Es werden immer nur wenige Haare im Bespannstoff verknotet. Die Knüpftechnik ist besonders langwierig und deshalb teuer. Um geknüpfte Haarteile haltbarer zu machen, verschweißt die Haarteilindustrie die Innenseiten mit Kunststoff.

Tressierte Haarteile sind in der Herstellung sehr einfach und schnell. Die Haare werden auf Fäden geschlungen und auf eine Unterlage genäht.

Gestochene Haarteile. Die Haare werden in eine transparente Folie gestochen. Diese Folien sind atmungsaktiv.

Knüpfen

Beim Knüpfen wird das Haar mit einer Knüpfnadel im Bespannungsstoff verknotet. Mit der umgebogenen Spitze wird durch den Stoff gestochen. Der Haken der Nadel zieht 3–4 Haare aus einem Haarbüschel schlaufenförmig durch den Stoff. Mit einer drehenden Bewegung wird das Haar durch die entstandene Schlaufe gezogen. Es entsteht ein Knüpfknoten.

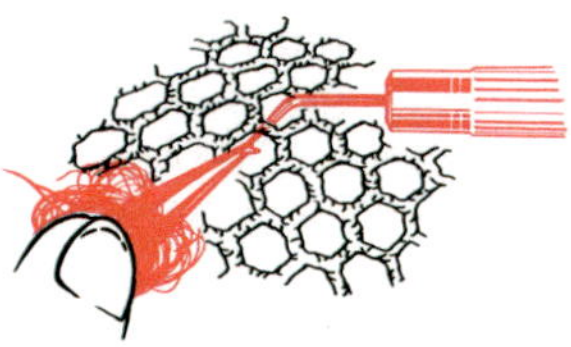

a) Die Knüpfnadel fasst den Stoff, der Widerhaken nimmt die Haarschlaufe

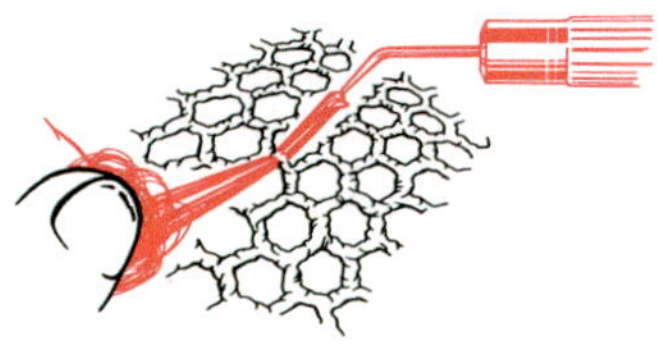

b) Durchziehen der Haarschlaufe

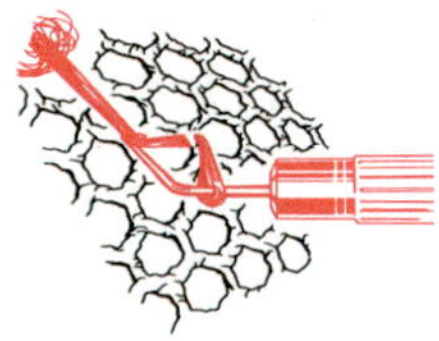

c) Durchziehen der Haarlänge durch die Haarschlaufe

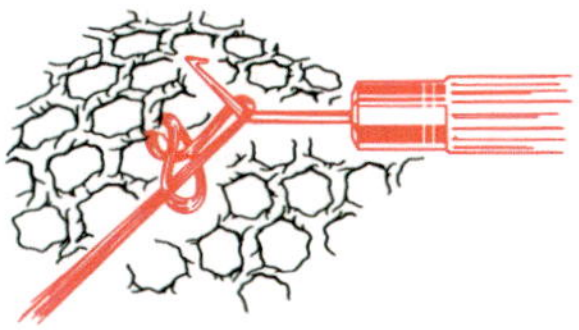

d) Knoten anziehen

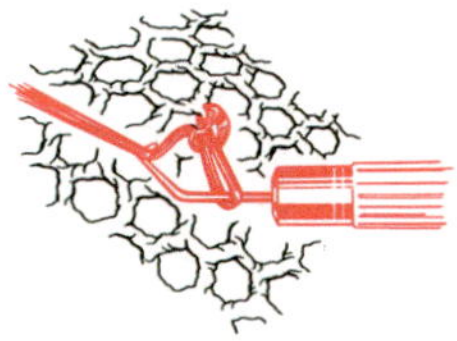

e) Doppelknoten

5.113 Knüpfen

Bei gröberen Stoffen wie Filettüll, muss ein Doppelknoten gesetzt werden. Die Haarenden (Bärte) sollen möglichst kurz sein, damit sich das Haarteil nicht verfilzt. Je weniger Haare für die einzelnen Knoten genommen werden, desto feiner und besser ist die Haararbeit. Beim Knüpfen ist die Knüpfrichtung zu beachten. Die Knüpfrichtung bestimmt den späteren Fall der Haare.

Knüpfarten

Flächenknüpfen. Beim Flächenknüpfen wird reihenweise gearbeitet. Die Knüpfknoten müssen dabei versetzt sein, damit keine Lücken entstehen.

Randknüpfen. Beim Randknüpfen werden die Ansätze in Fallrichtung verdichtet.

Kettenknüpfen. Dabei wird das Austrittsloch des ersten Knüpfknotens als Einstichloch für den nächsten Knoten benutzt. Dadurch entsteht eine sehr dichte Knüpfkette.

Gegenknüpfen oder Unterknüpfen wird als Abschluss der Haararbeit gemacht. Dazu dreht man das Haarteil oder die Perücke um und bearbeitet den unteren Rand.

Tamburieren ist eine besondere Technik zur Herstellung von Scheiteln. Bei geknüpften Scheiteln liegen die Haare flach an. Das wirkt unnatürlich und die Knüpfknoten werden sichtbar. Bei einem tamburierten Scheitel kommen die Haare wie bei der Kopfhaut aus der Gaze und die Knüpfknoten sind nicht zu sehen.

Tressieren

Beim Tressieren werden Haare auf Fäden verschlungen. Dazu braucht man einen Tressierrahmen. Das sind zwei Holme, die in einem Abstand von ca. einem Meter voneinander entfernt am Tisch befestigt werden. Zwischen diesen Holmen werden drei Tressierfäden gespannt.

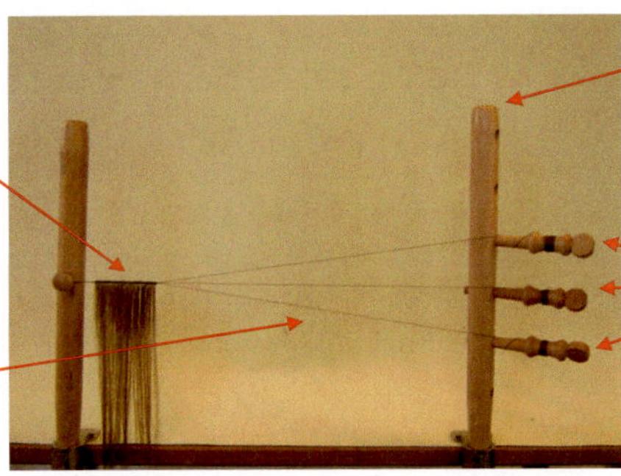

5.114 Tressierrahmen

Zum Tressieren nimmt man jeweils 3–4 Haare und schlingt sie nach einem bestimmten Muster um drei Tressierfäden und zieht sie fest. Durch Wiederholen dieser Arbeit entsteht ein Haarband in jeder gewünschten Länge. Zum Abschluss schlägt man mit dem unteren Zwirn einen Doppelknoten und schneidet die Tresse vom Rahmen.

Deutsch einfache Tresse

Für kurze Tressen mit möglichst vielen Haaren.

Zopftressen

Deutsch doppelte Tresse

Für längere Tressen. Die Haare werden einmal mehr um die Fäden geschlungen.
Tressenperücken

Englische Tresse (Decktresse)

Mit besonders wenigen Haaren, fein tressiert.

Abschlusstresse

5.115 Tressenarten

Einfache Haarteile fertigt man aus Tressen, die mehrfach übereinander gelegt und vernäht werden. Bei Lockenteilen wird ein Faden durch einen dünnen Draht ersetzt. Dadurch lässt sich die Tresse in Form biegen. Für Tressenperücken werden die Haarbänder auf eine Stoffmontur genäht, meist auf ein dehnbares Stretchgewebe, das sich der Kopfform anpasst.

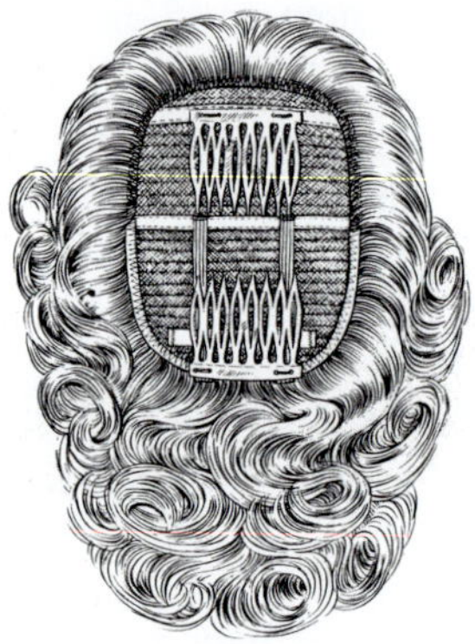

einfach genähtes Teil

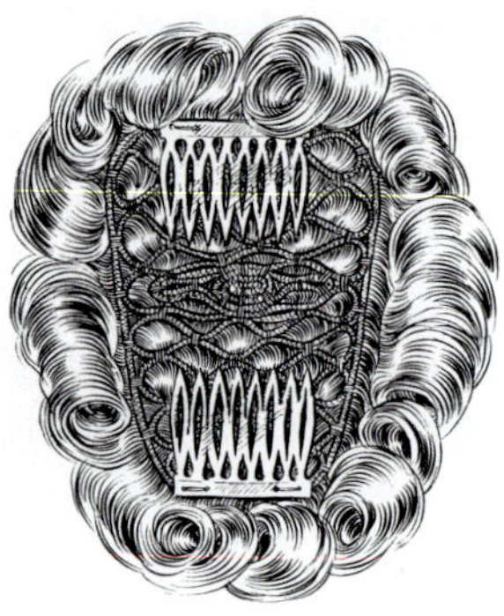

auf Draht tressiertes Carre-Teil

5.116 Tressenteile

5.4.6 Reinigung und Pflege

Damit der Haarersatz möglichst lange hält, muss er regelmäßig gereinigt und gepflegt werden. Zuerst den Haarersatz gründlich ausbürsten. Für Echthaar benutzt man Bürsten mit Naturborsten und für Kunsthaar Drahtbürsten. Damit sich die Knoten nicht öffnen, immer in Knüpfrichtung bürsten. Anschließend auf einen Styroporkopf aufspannen, damit sich die Montur nicht verziehen kann. Eine Waschlösung aus lauwarmem Wasser und Shampoo herstellen.

Wie in der folgenden Tabelle beschrieben, Kunst- und Echthaar unterschiedlich weiterbehandeln.

Kunsthaarteile	Echthaarteile
Toupets aus Synthetikhaar einige Minuten in die Waschlösung legen Nicht reiben oder auswringen	Haarteil mehrmals in der Waschlösung schwenken
Gründlich klarspülen	Unterseite der Montur eventuell mit einem weichen Schwamm reinigen
Spezielle antistatische Pflegemittel verwenden.	Nicht reiben oder massieren, sonst droht Verfilzungsgefahr
An der Luft trocknen und mit einem speziellen Dampfföhn nacharbeiten	Gründlich ausspülen
Antistatische Pflegeemulsion für Kunsthaar verwenden	Pflegeemulsion verwenden
Keine Lockenstäbe oder Ähnliches verwenden. Die Kunstfasern können schmelzen	Einlegen und bei mäßiger Wärme trocknen
Haarersatz erst vom Styroporkopf nehmen, wenn die Montur ganz trocken ist	

Farbkorrektur – Farbveränderungen

Farbveränderungen an Kunsthaarteilen sind nicht möglich.

Echthaarteile können mit allen handelsüblichen Färbemitteln behandelt werden. Es empfiehlt sich aber, so schonend wie möglich vorzugehen.

Leichte Farbkorrekturen lassen sich schon mit Farbfestiger erzielen. Reicht dies nicht aus, nimmt man Tönungsgel. Oxidationshaarfarben müssen vorsichtig eingesetzt werden, sie können die Montur angreifen. Blondierung nur in Ausnahmefällen oder für Strähnen benutzen.

Dauerwellen

Kunstfasern reagieren nicht auf Dauerwellflüssigkeiten. Hier ist nur eine thermische Umformung möglich. Vorsicht mit hohen Temperaturen, sonst schmelzen die Fasern.

Echte Haare können mit herkömmlichen Dauerwellpräparaten umgeformt werden. Es empfiehlt sich, Präparate für gefärbtes Haar auszuwählen. Die Einwirkzeit wählt man ohne Wärme. Bedenken Sie, dass die meisten Haare schon chemisch vorbehandelt sind. Gehen Sie vorsichtig vor und beginnen Sie mit geringen Einwirkzeiten.

5.4.7 Das Toupet

„Igitt, ein Toupetträger!“ Ist es Ihnen auch schon so gegangen, wenn sie solch einen „Mützenträger“ gesehen haben? Das, wovon wir jetzt sprechen ist kein Toupet, sondern ein „Zustand“. Einige Kunden sparen am falschen Ende. Sie kaufen sich billige Haare im Kaufhaus und setzen sie auf den Kopf. „Endlich Haare, bloß nichts abschneiden, diese Haare wachsen ja nicht nach“. Genau diese Einstellung ist falsch. Toupets sind keine Massenware. Sie müssen für jeden Träger individuell in der Haarfabrik bestellt werden.

Beratung. Als Erstes muss eine eingehende Beratung durchgeführt werden. Der Kunde entscheidet sich dabei nicht für ein bestimmtes Haarteil, sondern für eine neue Frisur. Profis zeigen dem Kunden keine Toupetfotos, sondern normale Frisurenmodehefte. Damit später die Haarfarben übereinstimmen, wird eine Probe des Eigenhaares entnommen. Gewelltes Haar kann bestellt oder bei Echthaar nachträglich mit einer Dauerwelle eingearbeitet werden.

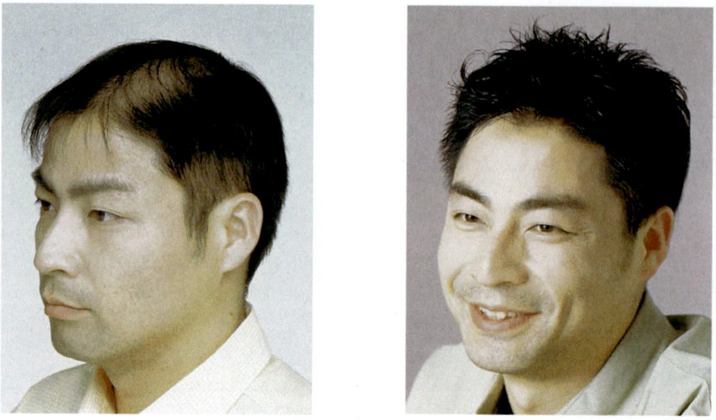

5.117 Ohne und mit Toupet

Maßnehmen. Damit das fertige Toupet später die richtige Größe hat und vernünftig sitzt, muss man Maß nehmen. Dafür gibt es verschiedene Methoden. Beim Gipsabdruck bekommt der Kunde eine weiche Folie über den Kopf gezogen. Mit einem Fettstift werden dann Größe, Konturen, Wirbel und Fallrichtung der Haare eingezeichnet. Der Oberkopf wird nun mit eingeweichten Gipsbinden umwickelt. Nach dem Trocknen nimmt man die entstandene Halbschale ab und zeichnet die Abdrücke des Fettstiftes nach.

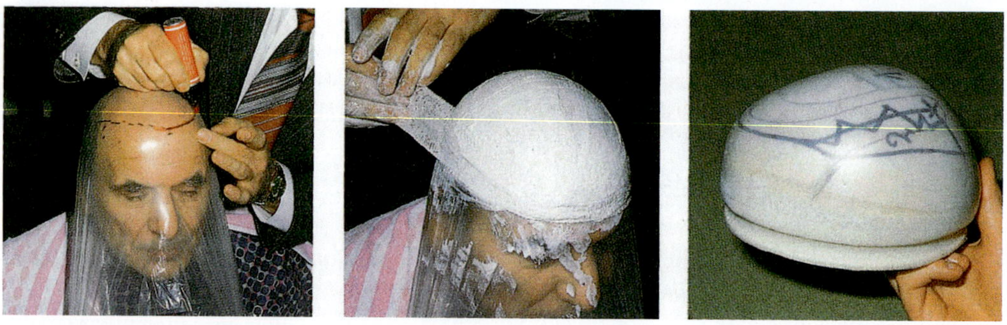

a) Anzeichnen auf der Folie b) Anlegen der Gipsbinde c) Ausgegossenes Modell

5.118 Gipsabdruck

Diese wird zur Haarfirma geschickt. Dort wird die Halbschale ausgegossen und ein Modell erstellt. In der Zwischenzeit gehen viele Firmen dazu über, mit Schablonen zu arbeiten. Diese durchsichtigen Kunststoffschablonen werden aufgesetzt und mit einem wasserfesten Stift zeichnet man Konturen, Wirbel und Fallrichtung ein.

Einschneiden. Die Zulieferer schicken einen Rohling, d. h. das Toupet muss vom Friseur in die richtige Form gebracht werden. Das was bei uns ankommt, ist zu lang und hat viel zu viele Haare. Zuerst wird grob effiliert. Dazu wird die Effilierschere dicht über dem Ansatz eingesetzt. Danach wird dem Kunden das Toupet aufgesetzt und befestigt.

Echthaar wird nass geschnitten mit Haarschneideschere, Messer, Effilier- und Modellierschere.
Kunsthaar wird trocken geschnitten mit Haarschneide-, Effilier- und Modellierschere.

Als Erstes wird jetzt die Kontur in 1–2 cm Breite abgeteilt und mit der Modellierschere ein Übergang zum Eigenhaar geschnitten. Es folgt die Längenbestimmung am Oberkopf. Danach wird mit Effilier- und Modellierschere die endgültige Haarmenge erarbeitet. Besondere Sorgfalt ist im Stirnbereich nötig. Viele Kunden haben Angst, dass jetzt zu viel abgeschnitten wird. Aber bei den meisten Männern ist der Stirnansatz etwas höher und lichter. Deshalb muss hier auch sehr fransig gearbeitet werden, um ein natürliches Aussehen zu gewährleisten. Folientoupets lassen sich sogar zu einem kurzen Bürstenhaarschnitt schneiden, ohne dass der Haarersatz auffällt.

Über gute Toupets spricht man nicht, denn niemand sieht sie.
Nur schlechte Toupets fallen auf, meist unangenehm.

5.119 Toupets

Aufgaben zu Abschnitt 5.4

1. Welche Haarteile unterscheidet man nach Verwendung und Herstellung?
2. Wozu braucht man Montierbänder?
3. Aus welchem Material bestehen Montierbänder?
4. Beschreiben Sie die wichtigsten Montierstoffe.
5. Woraus wird Gaze hergestellt und wozu wird sie verwendet?
6. Wozu braucht man Tüll?
7. Erklären Sie den Unterschied zwischen den Perückenstoffen Baumwolle, Seide und Perlon.
8. Welchen Zweck hat das Unterknüpfen?
9. Welche Tressenarten gibt es? Wozu werden sie gebraucht?
10. Wodurch unterscheiden sich Euro-, Indo- und Chinahaar?
11. Wie wird Chinahaar veredelt?
12. Welche Haararten können Sie färben und welche nicht?
13. Welche Tierhaare werden bei der Perückenherstellung eingesetzt?
14. Erklären Sie das Maß nehmen für ein Toupet.
15. Erklären Sie den Unterschied zwischen geknüpften und tressierten Haarteilen.
16. Wie können Haarteile lockig oder wellig gemacht werden? Berücksichtigen Sie dabei Naturhaar und Kunsthaar.
17. Erklären Sie Reinigung und Pflege von Haarersatz.
18. Welche Haarverlängerungstechniken kennen Sie?
19. Wie werden Einzelsträhnen befestigt?
20. Welches Material wird bei der Extension-Technik verwendet?
21. Wie dick sind die Strähnen bei den Extensions?
22. Weshalb benötigen Extension-Frisuren spezielle Pflegemittel?
23. Wie werden Extensions wieder gelöst?

6 Chemie für den Friseur

6.1 Was ist Chemie?

Chemie – wie sieht Ihre erste Reaktion beim Lesen dieses Wortes aus? Meine Güte, auch das noch! Klar, wenn Sie zurückdenken und sich nur noch an komplizierte Formeln, unverständliche Versuche oder undurchsichtige Reaktionsgleichungen erinnern. Was hat der Friseur/die Friseurin mit Chemie zu tun?

Haar- und Hautpflegemittel sind im umfassenden Sinne chemische Stoffe. Um diese Präparate richtig auszuwählen und anzuwenden, muss ein Friseur wissen wie sie auf Haut und Haar wirken. Voraussetzung dafür sind Kenntnisse über Aufbau und Zusammensetzung von Stoffen. Diese berufliche Kompetenz ist aber nicht nur wichtig, um Fehler zu vermeiden oder zu wissen, wie man sie wieder ausbügelt. Chemische Fachkenntnisse sind auch im Alltag für uns von Vorteil, um abzuschätzen, welche langfristigen Auswirkungen die Anwendung von Körperpflegemitteln auf unseren Körper hat.

In diesem Teil des Kapitels werden grundsätzliche Begriffe und Reaktionen vorgestellt, im zweiten Teil werden Sie über die Zusammensetzung verschiedener Haar- und Hautpflegemittel informiert.

Versuch 1 Lassen Sie in einem Uhrglas ein cremeförmiges Oxidationshaarfärbemittel (z. B. Mittelblond) und in einem anderen ein Tönungsmittel (z. B. Farbfestiger, Tonspülung) 30–45 Minuten lang an der Luft stehen. Welchen Unterschied stellen Sie fest?

Chemische Vorgänge verändern Stoffe. Während das Tönungsmittel unverändert bleibt, wird das Färbemittel dunkler – Stoffe in der Creme reagieren mit dem Luftsauerstoff und verändern sich. Einen ähnlichen Vorgang kennen wir aus dem Alltag: das Rosten von Eisen. Festes, stabiles Eisen wird durch Rosten spröde und verliert seine Eigenschaften. Was ist geschehen? Der Stoff Eisen, ein Metall, wandelt sich in einen anderen Stoff um, in Rost (= Eisenoxid), eine rotbraune, pulvrige Substanz. Damit dieser Prozess ablaufen konnte, waren noch andere Stoffe nötig: Sauerstoff aus der Luft und Wasser, das ebenfalls fein verteilt in der Luft vorkommt. Solche Stoffumwandlungen sind chemische Vorgänge, bei denen zwei oder mehrere Stoffe miteinander reagieren und neue Stoffe mit oft ganz anderen Eigenschaften bilden.

Physikalische Vorgänge. Erwärmt man einen Eiswürfel, schmilzt er zu Wasser. Erwärmt man Wasser, verdampft es. Ein chemischer Vorgang? Nein, denn der Stoff hat sich nicht geändert – Eis, Wasser und Wasserdampf haben die gleiche Zusammensetzung, sind nur verschiedene Zustandsformen. So wird umgekehrt Wasserdampf durch Abkühlung (Wärmeentzug) wieder flüssig und bei weiterer Abkühlung zu Eis. Wasser und auch alle anderen Stoffe können in verschiedenen Zustandsformen (Aggregatzuständen) vorkommen. Als Eigenschaft eines Stoffes gibt man immer den Aggregatzustand bei Raumtemperatur an, denn er ist temperaturabhängig. Die Änderung des Aggregatzustands ist stets ein physikalischer Vorgang.

Aggregatzustände der Stoffe

$$\text{fest} \underset{\text{Wärmeentzug}}{\overset{\text{Wärmezufuhr}}{\rightleftarrows}} \text{flüssig} \underset{\text{Wärmeentzug}}{\overset{\text{Wärmezufuhr}}{\rightleftarrows}} \text{gasförmig}$$

Chemische und physikalische Arbeitsverfahren führen Sie ständig im Salon aus. Bei chemischen Verfahren verändern sich die Stoffe, z. B. beim Blondieren. Die Naturpigmente werden dabei durch einen chemischen Vorgang zerstört. Auch die Anwendung von Selbstbräuner ist ein chemisches Verfahren, denn die obersten Lagen der Hornschicht werden dauerhaft angefärbt, verschwinden aber wieder durch die natürliche Abschilferung der Haut. Dagegen ist das Schneiden der Haare ein physikalischer Vorgang, denn auch das kleinste abgeschnittene Härchen ist immer noch derselbe Stoff, nämlich Keratin.

Tabelle **6**.1 Beispiele chemischer und physikalischer Arbeitsverfahren

Chemische Arbeitsverfahren	Physikalische Arbeitsverfahren
Blondieren, Strähnen	Haare schneiden
Färben	Tönungsfestiger auftragen
Dauerwelle	Auftragen von Make-up
Anwenden von Hautbräunungsmitteln	Wasserwelle

Bei chemischen Vorgängen entstehen dagegen neue Stoffe mit anderen Eigenschaften.
Bei physikalischen Vorgängen ändern sich die Stoffe nicht.

6.2 Stoffarten

Mit welchen Stoffen geht der Friseur um? Er verwendet Scheren und Messer, die aus Stahl bestehen, benutzt Lockenwickler aus Kunststoff oder Kämme aus Gummi. Er geht aber auch mit Stoffen wie Nagellack, Hautcreme oder Haarwasser um. Bei näherem Betrachten dieser Stoffe, z. B. unter dem Mikroskop, erkennt man, dass sie aus ein, zwei oder mehreren Anteilen (Phasen) bestehen.

Phasen sind deutlich voneinander unterscheidbare Bestandteile eines Stoffes.

Stoffe, die aus zwei oder mehreren Phasen bestehen, heißen uneinheitliche (heterogene) Stoffe. Einheitliche (homogene) Stoffe bestehen nur aus einer einzigen Phase. Die Phasen können verschiedene Aggregatzustände haben.

Tabelle **6**.2. Heterogene Stoffe

Name	1. Phase	2. Phase	Beispiele
Emulsion	flüssig	flüssig	Hautcreme, Cremehaarkur, Reinigungsmilch
Suspension	flüssig	fest	Make-up, Perlmuttlack, Peeling
Mischung	fest	fest	Blondierpulver, Teintpuder
Schaum/Aerosol	flüssig	gasförmig	Tönungsschaum, Haarspray, Rasierschaum

Heterogene Stoffe lassen sich in ihre Phasen trennen. Beim Erwärmen einer Creme scheidet sich je nach Emulsionstyp das Wasser auf der Oberfläche ab. Bei Cremes, die älter als zwei Jahre sind, kann man diese Beobachtung ebenfalls machen, denn die Phasen entmischen sich nach längerer Zeit. Die Perlmuttteilchen des Nagellacks setzen sich bei längerem Stehen ab, und viele Aerosole müssen vor Gebrauch gut geschüttelt werden.

Aber auch einheitliche Stoffe können aus mehreren Teilen bestehen. Erhitzt man z. B. einen Haarfestiger, so verdampft die Flüssigkeit und eine feste Masse bleibt zurück. Der Festiger besteht also aus Flüssigkeiten (Wasser und Alkohol) und aus dem festen Stoff Kunstharz. Man bezeichnet Festiger als *Lösungen*. Eine Sonderform der Lösungen sind die Gele. Hier ist das Lösungsmittel nicht mehr flüssig, sondern durch Quellstoffe eingedickt.

Tabelle **6.3** Homogene Stoffe

Name	Aggregatzustand des homogenen Stoffs/Entstehung	Beispiele
Legierung	fest	Scheren, Messer, Schmuck
Lösung	Feststoffe in Flüssigkeiten flüssig	Festiger, Gesichtswasser,
Lösung	Flüssigkeiten gemischt flüssig	Fixierlösung

Lösungen sind homogene Stoffe, die aus mehreren Teilen bestehen (Lösungsmittel und gelöste Stoffe).

6.3 Chemische Elemente und Verbindungen

Wie im vorhergehenden Abschnitt beschrieben, lassen sich homogene Stoffe durch einen physikalischen Vorgang (Erhitzen) noch weiter in *reine Stoffe* trennen. Reine Stoffe lassen sich auf physikalischem Weg aber nicht weiter zerlegen. Erst durch eine chemische Reaktion lassen sich reine Stoffe oder Verbindungen noch weiter in *Elemente* trennen.

Verbindungen
- sind reine Stoffe, die sich durch eine chemische Reaktion in andere Stoffe zerlegen lassen (Analyse)
- entstehen durch die Vereinigung von Stoffen (Synthese)

Einige Stoffe wie z. B. Eisen, Silber, Sauerstoff oder Gold lassen sich nicht weiter zerlegen. Es sind Grundstoffe oder Elemente. 115 solcher Elemente sind bekannt und international einheitlich durch Symbole gekennzeichnet. Die Symbole sind von den lateinischen oder griechischen Namen der Grundstoffe abgeleitet.

Metalle. Etwa 70 Elemente sind bei Raumtemperatur fest (Ausnahme Quecksilber), leiten Strom und Wärme und glänzen – es sind *Metalle.*

Nichtmetalle. Die Gruppe der Grundstoffe ohne diese Eigenschaften heißen Nichtmetalle.

Tabelle **6.4** Wichtige Elemente

Element	Symbol	lat./griech. Name	Aggregatzustand	Element	Symbol	lat./griech. Name	Aggregatzustand
Nichtmetalle				**Metalle**			
Wasserstoff	H	Hydrogenium	gasförmig	Natrium	Na	Natrium	fest
Sauerstoff	0	Oxygenium	gasförmig	Kalium	K	Kalium	fest
Stickstoff	N	Nitrogenium	gasförmig	Magnesium	Mg	Magnesium	fest
Kohlenstoff	C	Carboneum	fest	Calcium	Ca	Calcium	fest
Schwefel	S	Sulfur	fest	Eisen	Fe	Ferrum	fest
Chlor	Cl	Chloros	gasförmig	Quecksilber	Hg	Hydragyrum	flüssig
Brom	Br	Bromos	flüssig	Kupfer	Cu	Cuprum	fest
Jod	J	Joeides	fest	Silber	Ag	Argentum	fest
Fluor	F		gasförmig	Gold	Au	Aurum	fest

Elemente sind Stoffe, die sich nicht weiter zerlegen lassen.

6.4 Atombau und Periodensystem

Obwohl sich Elemente nicht weiter zerlegen lassen, bestehen sie dennoch aus noch kleineren Stoffteilchen, die man Atome nennt. Atome (gr. atomos – das Unteilbare) sind weder mit dem bloßen Auge noch mit dem Mikroskop erkennbar. Den Bau der Atome hat man aus Versuchen erschlossen und verschiedene Modelle entwickelt. Eines dieser Modelle ist das Schalenmodell

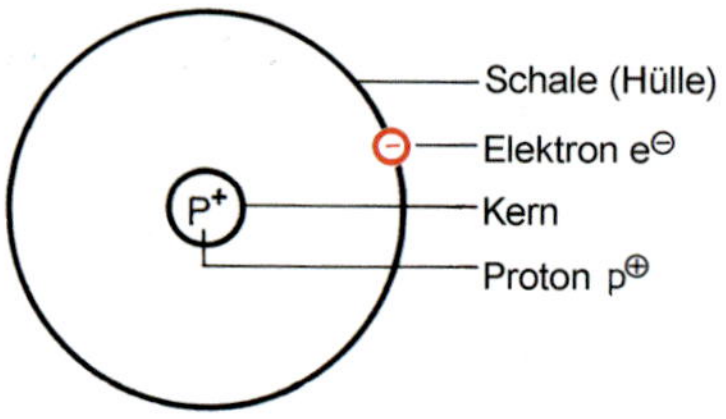

6.5 Atommodell des Wasserstoffs

Das Atom
- ist der kleinste Teil eines Elements.
- besteht aus dem Kern mit positiv geladenen Protonen und den Schalen mit ebenso vielen negativ geladenen Elektronen.

Elektronenschalen. Die Atome unterscheiden sich durch die Anzahl der Protonen und damit auch der Elektronen. Das Wasserstoffatom hat im Kern 1 Proton und auf seiner Schale 1 Elektron. Es folgt Helium mit 2 Protonen und 2 Elektronen. Mehr als 2 Elektronen kann die Innenschale nicht aufnehmen. Das nächste Element Lithium benötigt für sein drittes Elektron eine weitere Schale. Diese Schale kann bis zu 8 Elektronen aufnehmen, die dritte bis zu 18 Elektronen.

Von Element zu Element nimmt die Anzahl der Protonen und der Elektronen um 1 zu, die Masse wird größer.

Periodensystem der Elemente. Im Periodensystem sind die Elemente nach ihrer Masse, d. h. nach steigender Protonenzahl (Ordnungszahl) geordnet. Elemente, die in den waagerechten Reihen (Perioden) nebeneinander stehen, haben die gleiche Anzahl von Schalen. Elemente, die in senkrechten Reihen (Gruppen) untereinander stehen, haben die gleiche Anzahl von Elektronen auf der Außenschale. Da die chemischen Eigenschaften eines Elements von der Anzahl der Außenelektronen abhängig sind, haben die Elemente innerhalb einer Gruppe ähnliche chemische Eigenschaften, Lithium, Natrium und Kalium gehören z. B. zur 1. Hauptgruppe, den Alkalimetallen. Alle drei Leichtmetalle sind wachsartig weich und lassen sich mit dem Messer in Stücke schneiden. Die Schnittfläche ist zunächst silbrig, überzieht sich aber sofort mit einer matten Oxidationsschicht. Alle drei Metalle reagieren heftig mit Wasser unter Bildung einer Lauge.

Periodensystem der Elemente
- Übersicht über die Elemente
- Perioden waagerecht = gleiche Elektronenschalen
- Gruppen senkrecht = gleiche Anzahl Außenelektronen = gleiche Eigenschaften

Tabelle **6.**6 Periodensystem der Elemente

Periode	Gruppen I Alkalimetalle	II Erdalkalimetalle	III Erdmetalle	IV C/Si	V N/P	VI Chalkogene	VII Halogene	VIII Edelgase
1	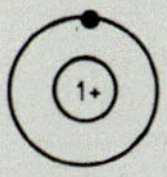 1 H Wasserstoff							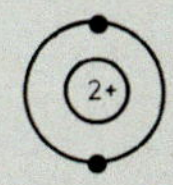 2 He Helium
2	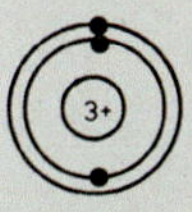 3 Li Lithium	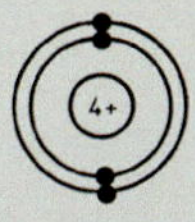 4 Be Beryllium	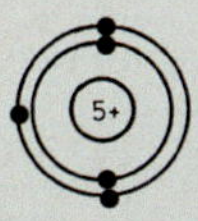 5 B Bor	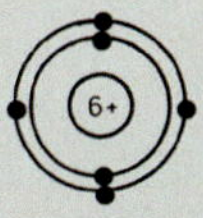 6 C Kohlenstoff	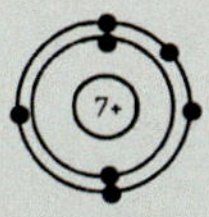 7 N Stickstoff	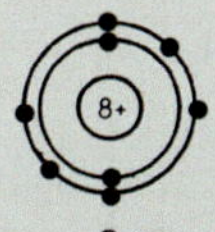 8 O Sauerstoff	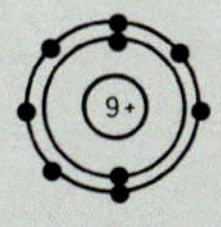 9 F Fluor	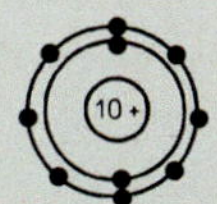 10 Ne Neon
3	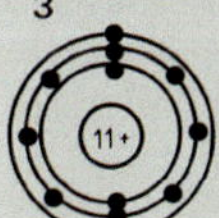 11 Na Natrium	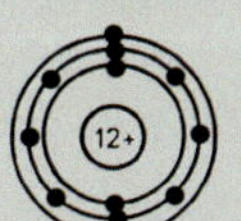 12 Mg Magnesium	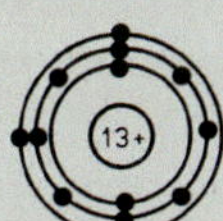 13 Al Aluminium	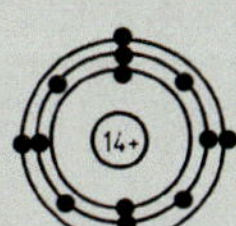 14 Si Silicium	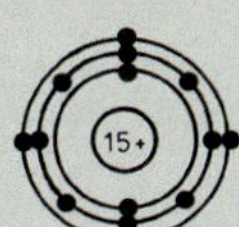 15 P Phosphor	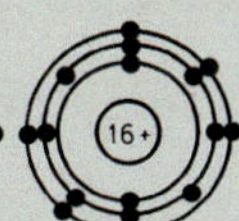 16 S Schwefel	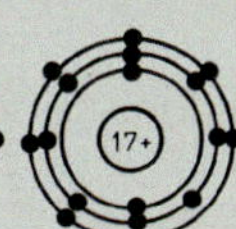 17 Cl Chlor	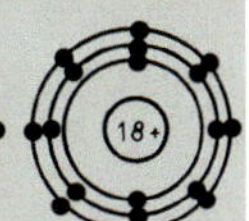 18 Ar Argon
4	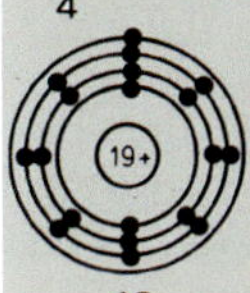 19 K Kalium	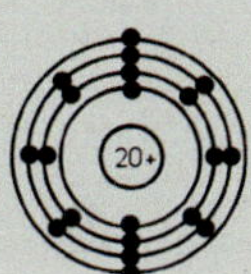 20 Ca Calcium	usw.					

6.5 Bindungsarten

Wenn man in gasförmigem Chlor ein Stückchen Natrium erwärmt, reagieren beide Stoffe, wie das aufflammende gelbe Licht zeigt, besonders heftig miteinander. Natrium ist mit Sauerstoff und Wasser so reaktionsfähig, dass man es unter Petroleum aufbewahren muss. Woran liegt das?

Edelgaskonfiguration. Die Elemente der Gruppe VIII im PSE heißen Edelgase. Sie gehen kaum Verbindungen ein, weil ihre Außenschale mit 8 Elektronen vollbesetzt ist. Andere Elemente mit weniger Elektronen auf der Außenschale streben danach, den Idealzustand von 8 Elektronen (Edelgaskonfiguration oder Oktettregel), auf der ersten Schale von 2 Elektronen zu erreichen. Das geht aber nur, wenn sie miteinander reagieren.

6.5.1 Ionenbindung

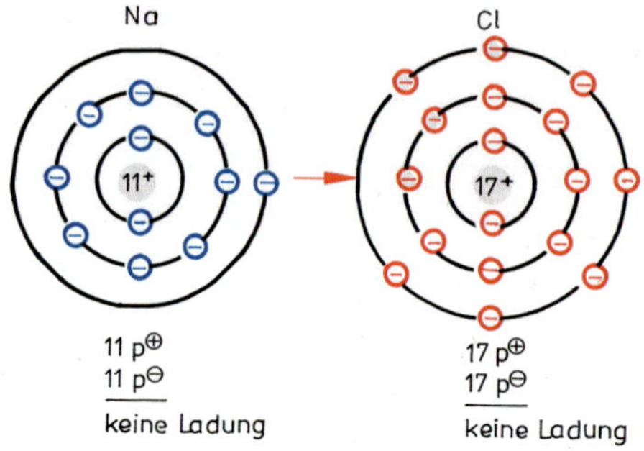

6.7 Elektronenschalen von Na und Cl

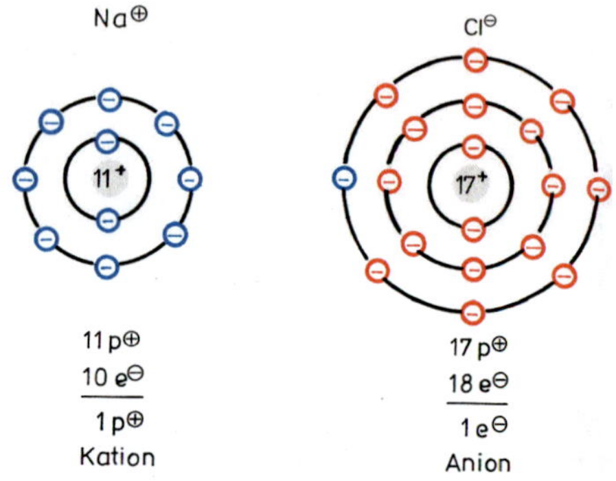

6.8 Elektronenschalen von NaCl mit Anion und Kation

Ionen. Bei der Verbindung von Natrium und Chlor gibt Natrium sein Außenelektron ab, die dritte Schale wird frei, die zweite ist mit 8 Elektronen voll besetzt. Chlor nimmt zu seinen 7 Außenelektronen das Elektron vom Natrium auf und besitzt nun ebenfalls eine gefüllte Außenschale. Durch den Übergang von Elektronen hat Natrium nun nur noch 10 Elektronen aber weiterhin 11 Protonen, sodass es nicht mehr elektrisch neutral ist, sondern zum *Kation* wird. Auch Chlor hat durch den Elektronenübergang 18 Elektronen, aber nur 17 Protonen im Kern, es wird also zum *Anion*.

Ion	⟶	elektrisch geladenes Teilchen
Kation	⟶	elektrisch positiv geladenes Teilchen
Anion	⟶	elektrisch negativ geladenes Teilchen

Da sich positive und negative Ladungen anziehen, bilden die Ionen eine Verbindung. Ionenbindungen entstehen, wenn sich Elemente der ersten drei Hauptgruppen (Metalle) mit Grundstoffen der Gruppen 5 bis 7 (Nichtmetalle) verbinden. Die Metalle geben ihre Außenelektronen gern an die Nichtmetalle ab.

Elektronenschreibweise. Da bei der Entstehung von Verbindungen nur die Außenelektronen beteiligt sind, lässt man zur besseren Übersicht bei der Elektronenschreibweise Kern und übrige Schalen weg. Man schreibt das Elementsymbol und verteilt die Elektronen als Punkte um dieses möglichst gleichmäßig herum. Zwei benachbarte Elektronen können auch als Strich dargestellt werden.

Beispiele

Na·	·Ċ·	oder |Cl
H·	·Ö·	oder |O oder ·O
·Mg· oder Mg |	:C̈l·	oder |Cl·
·Ȧl· oder | Al·	:N̈e:	oder |Ne|

Ionenbindung in der Elektronenschreibweise

Beispiele

	Metall	+	Nichtmetall		Ionenbindung
1.	$Na\cdot$	+	$\overline{\underline{Cl}}|$	⟶	$Na^{+}\ |\overline{\underline{Cl}}|^{-}$
2.	$K\cdot$	+	$\overline{\underline{Cl}}|$	⟶	$K^{+}\ |\overline{\underline{Cl}}|^{-}$
3.	$\cdot Mg\cdot$	+	$2\cdot\overline{\underline{Cl}}|$	⟶	$Mg^{2+}\ |\overline{\underline{Cl}}|_2^{-}$
4.	$\cdot Mg\cdot$	+	$\cdot\overline{\underline{O}}\cdot$	⟶	$Mg^{2+}\ |\overline{\underline{O}}|^{2-}$

Summenformel. Im Beispiel 3 benötigt Magnesium zur Bildung der Verbindung Magnesiumchlorid zwei Atome Chlor. Dieses Mengenverhältnis (1:2) muss in der Verbindung und in der Formel berücksichtigt werden. Man schreibt es rechts unten neben das Symbol: $MgCl_2$. Dies nennt man eine Summenformel. Sie gibt die Art der Verbindung an sowie Art und Anzahl der beteiligten Atome.

Beispiele: H_2O (Wasser) = Verbindung aus zwei H-Atomen und 1 O-Atom
H_2O_2 (Wasserstoffperoxid) = Verbindung aus zwei H-Atomen und zwei O-Atomen

> **Ionenbindungen**
> – entstehen durch Abgabe und Aufnahme von Elektronen.
> – bilden sich zwischen Metallen und Nichtmetallen.
> – werden durch entgegengesetzte Ladungen zusammengehalten.

6.5.2 Atombindung

Einige Elemente können sich auch untereinander verbinden (z. B. Wasserstoff). Da sie völlig gleich sind, lässt sich nicht entscheiden, welches Atom ein Elektron abgegeben und welches eines aufgenommen hat. Vielmehr rücken sie so dicht zusammen, dass sich ihre Außenschalen überschneiden und von beiden genutzt werden (**6.**9). Solche Atom- oder Elektronenpaarbindungen gibt es nur unter den Nichtmetallen. Weil dabei weder Elektronen abgegeben noch aufgenommen werden, bilden sich weder Ionen, noch entstehen Ladungen.

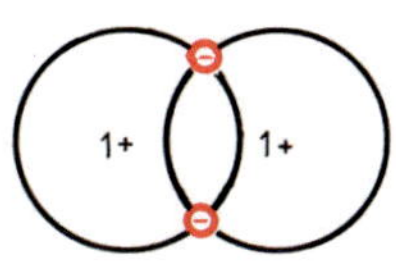

6.9 Wasserstoff als Atombindung (Wasserstoffmolekül)

Moleküle. Die durch Atombindung entstandenen Teilchen heißen Moleküle. Ein Molekül ist also das kleinste Teilchen einer chemischen Verbindung. Lagern sich gleiche Atome zusammen, z. B. Cl_2, O_2, spricht man von einem Molekül der Elemente. Außer den Edelgasen kommen in der Natur keine Atome ungebunden vor, denn sie streben ja nach vollbesetzter Außenschale und suchen sich *Partner* um Moleküle zu bilden.

Die Elektronenschreibweise vereinfacht auch die Darstellung der Atombindungen, indem man gemeinsam genutzte Elektronenpaare als waagerechte Striche zwischen die Symbole setzt.

Beispiele

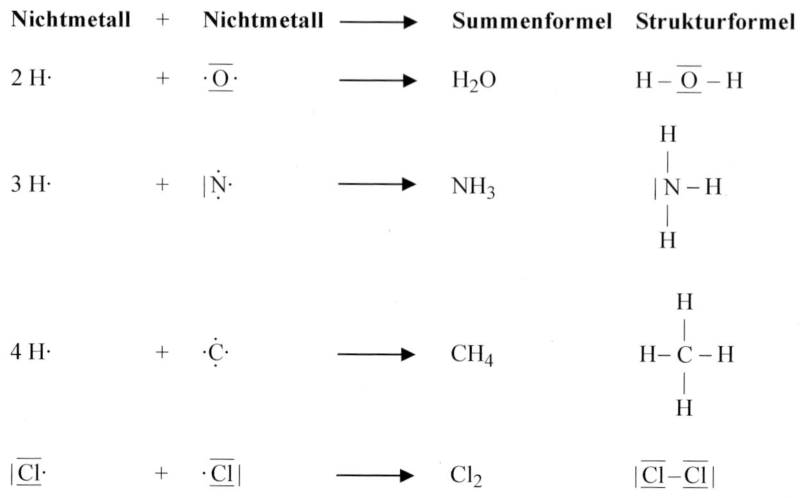

Strukturformeln. Durch diese Schreibweise entstehen Formeln, die Anzahl, Art und die räumliche Anordnung der beteiligten Atome wiedergeben. So ist beim CH_4-Molekül der Kohlenstoff von den vier H-Atomen umringt. Im Unterschied zu den Summenformeln nennt man diese Schreibweise Strukturformel.

Atombindungen
- entstehen durch gemeinsames Benutzen von Elektronenpaaren.
- bilden sich zwischen Nichtmetallen.

Spickzettel

Formelsprache in der Chemie

Symbole sind die Abkürzungen der Elemente.

Elektronenschreibweise: Außenelektronen werden als Punkte, Elektronenpaare als Striche um das Symbol gekennzeichnet.

Summenformeln kennzeichnen eine Verbindung sowie Art und Anzahl der beteiligten Stoffteilchen (z. B. Wasser H_2O, Wasserstoffperoxid H_2O_2, Kochsalz NaCl).

Strukturformeln zeigen außer der Verbindungsart, Art und Anzahl der beteiligten Stoffe auch die räumliche Anordnung (Struktur), z. B. Wasser $H-\underline{\overline{O}}-H$, Wasserstoffperoxid $H-\underline{\overline{O}}-\underline{\overline{O}}-H$.

Reaktionsgleichungen beschreiben chemische Reaktionen. Links stehen die Ausgangsstoffe; der Pfeil bedeutet „reagiert zu", „zerfällt in", „ergibt", rechts stehen die Reaktionsprodukte, z. B. $2\,Na + Cl_2 \longrightarrow 2\,NaCl$, $2\,H_2O_2 \longrightarrow 2\,H_2O + O_2$

Aufgaben zu Abschnitt 6.1 bis 6.5.

1. Warum brauchen Sie Kenntnisse in der Chemie?
2. Wodurch unterscheiden sich chemische und physikalische Vorgänge?
3. Nennen Sie die drei Aggregatzustände.
4. Welche Arbeitsverfahren des Friseurs sind chemisch, welche sind physikalisch?
5. Was versteht man unter Phasen?
6. Nennen sie Mittel, die Emulsionen, Suspensionen, Mischungen und Aerosole sind.
7. Nennen Sie homogene kosmetische Präparate.
8. Was sind Gele?
9. Nennen Sie Verbindungen.
10. Wie nennt man die Vereinigung von Stoffen zu einer Verbindung?
11. Wie heißt die Trennung einer Verbindung in ihre Ausgangsstoffe?
12. Was sind Elemente? Wie viele gibt es?
13. Nennen Sie die drei Eigenschaften der Metalle.
14. Zählen Sie fünf gasförmige Elemente auf.
15. Welches Metall ist bei Raumtemperatur flüssig?
16. Was sind Atome?
17. Warum sind Atome elektrisch neutral?
18. Wodurch unterscheiden sich die Atome der verschiedenen Elemente?
19. Wie viele Elektronen können die erste, zweite und äußere Schale eines Atoms aufnehmen?
20. Wo stehen im PSE Elemente mit ähnlichen chemischen Eigenschaften? Warum?
21. Was können Sie aus der Gruppennummer eines Elements im PSE ableiten?
22. Um welche Elemente handelt es sich hier?
    a) 2. Periode, 4. Hauptgruppe
    b) 3. Periode, 1. Hauptgruppe
    c) 3. Periode, 7. Hauptgruppe
23. Was versteht man unter Edelgaskonfiguration?
24. Was sind Ionen, Kationen und Anionen?
25. Warum entsteht bei Elektronenabgabe ein Kation?
26. Welche chemische Bindung entsteht bei der Reaktion von Metallen mit Nichtmetallen?
27. An welchen Stellen im PSE befinden sich die Metalle und die Nichtmetalle?
28. Was sagt die Summenformel H_2O aus?
29. Was sagen die Strukturformeln von Verbindungen aus?
30. Zwischen welchen Stoffen bilden sich Atombindungen aus?
31. Wodurch entsteht oder hält eine Atombindung?

6.6 Wichtige chemische Reaktionen und Verbindungen für den Friseur

6.6.1 Oxidation

Versuch 2 Geben Sie ein cremeförmiges Oxidationshaarfärbemittel (z. B. dunkelblond oder Brauntöne) auf eine Glasplatte und lassen Sie es an der Luft stehen. Welche Veränderungen stellen Sie nach etwa 20 bis 30 Minuten fest?

Versuch 3 Halten Sie ein Stück Kupferblech in die Flamme eines Bunsenbrenners. Was beobachten Sie?

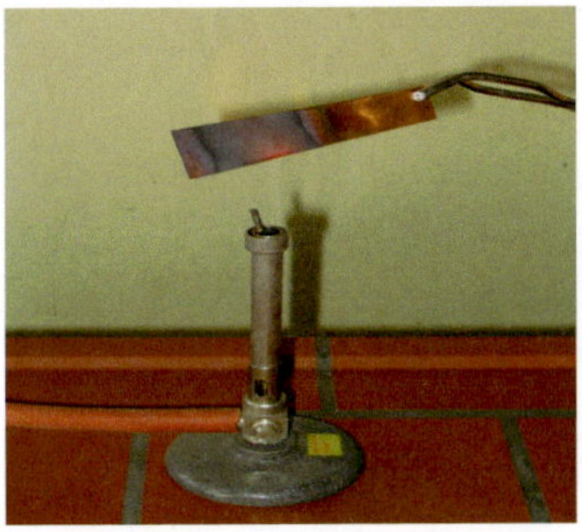

Versuch 4 a. Entzünden sie ein Stück Magnesiumband in der Flamme.
b. Wie hat sich das Magnesium verändert?

a)

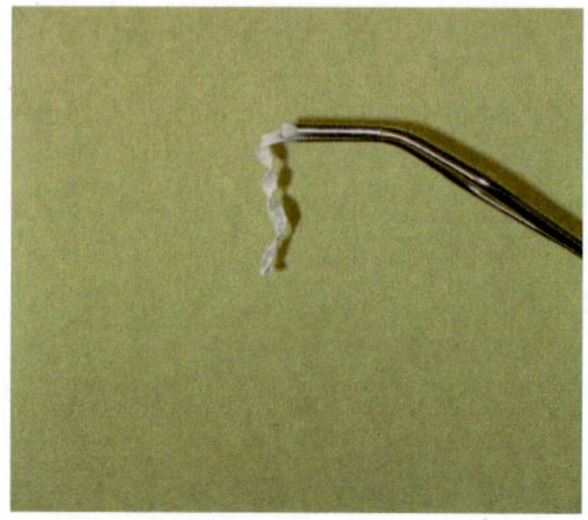
b)

Oxidation. Schon beim Herausdrücken aus der Tube sehen Sie, dass der vordere Teil dunkler ist als die übrige Creme. Das herausgedrückte Stück färbt sich überall dort, wo es mit Luft in Berührung kommt, dunkel – zu der Farbe, die das Haar später bekommen soll. Der Luftsauerstoff hat die Farbstoffbildner oder Farbstoffvorstufen in der Creme in Farbe umgewandelt.

Beim Erhitzen des rotglänzenden Kupfers bildet sich ein dunkler Stoff, es entsteht Kupferoxid: $2\,Cu + O_2 \longrightarrow 2\,CuO$.

Das feste Magnesiumband verbrennt mit heller Flamme zu einem weißen Pulver, denn es hat aus der Luft Sauerstoff aufgenommen und wurde zu Magnesiumoxid: $2\,Mg + O_2 \longrightarrow 2\,MgO$.

Auch Eisen nimmt beim Rosten Sauerstoff auf, es wird zu Eisenoxid (Rost). Chemische Reaktionen, bei denen Sauerstoff aufgenommen wird, nennt man Oxidation, die neu entstandenen Verbindungen heißen Oxide.

Oxide heißen je nach dem Stoff, der Sauerstoff aufgenommen hat z. B. Kupferoxid, Magnesiumoxid. Je nachdem wie viel Atome Sauerstoff aufgenommen wurden, verwendet man griechische Zahlwörter: CO = Kohlen**mono**xid, CO_2 = Kohlen**di**oxid, SO_3 = Schwefel**tri**oxid.

Erweiterter Oxidationsbegriff. Zwar ist die Oxidation stets eine Reaktion mit Sauerstoff, doch verlaufen Reaktionen mit einigen anderen Stoffen ähnlich. So können z. B. Schwefel oder Chlor Magnesium *verbrennen* und *Sulfide* bzw. *Chloride* bilden. Dass die Reaktionen ähnlich sind, kann man an der Elektronenschreibweise erkennen

$$\cdot Mg \cdot \quad + \quad 2\cdot\overline{\underline{Cl}}| \quad \longrightarrow \quad Mg^{2+}\ |\overline{\underline{Cl}}|^{-}_{2}$$

$$\cdot Mg \cdot \quad + \quad \cdot\overline{\underline{O}}\cdot \quad \longrightarrow \quad Mg^{2+}\ |\overline{\underline{O}}|^{2-}$$

Bei beiden Reaktionen hat Magnesium seine beiden Außenelektronen abgegeben und ist dadurch zweifach positiv geworden. Deshalb versteht man unter der Oxidation nicht nur die Aufnahme von Sauerstoff, sondern auch die Abgabe von Elektronen.

Oxidation
– Verbindung eines Stoffes mit Sauerstoff
– Verbindung eines Stoffes unter Elektronenabgabe

Oxidationsmittel sind *Elektronenempfänger*, müssen also die abgegebenen Elektronen aufnehmen können. Dazu eignen sich besonders die Nichtmetalle der Gruppen VI und VII des PSE, denen ja nur ein oder zwei Elektronen zur vollbesetzten Außenschale fehlen.

Oxidationsmittel sind Stoffe, die Elektronen aufnehmen (Elektronenempfänger).

6.6.2 Reduktion

Versuch 5 Oxidieren Sie ein Stück Kupferblech im oberen Bereich der Bunsenbrennerflamme. Wenn das rote Kupfer mit schwarzem Kupferoxid überzogen ist, halten sie es in den Flammenkegel. Was beobachten Sie?

Versuch 6 Tauchen Sie das noch heiße mit Kupferoxid überzogene Kupferblech aus Versuch 5 in Ethanol.

Die wasserstoffhaltige Flamme des Bunsenbrenners entzieht dem Oxid den Sauerstoff, das glänzende Kupfer ist auf dem Foto deutlich zu erkennen. Nimmt man jedoch das Kupferblech aus der Flamme heraus, kommt es mit dem oxidierenden Teil in Berührung und wird wieder zu Kupferoxid.

Ethanol entzieht dem Kupferoxid den Sauerstoff endgültig. Das schwarze Blech wird wieder blank und glänzend – Kupferoxid ist in Kupfer zurückverwandelt. Den Entzug bzw. die Abgabe von Sauerstoff nennt man Reduktion. Vergleichen wir die Reaktionen:

Oxidation

$2\,Cu + O_2 \longrightarrow 2\,CuO$

Reduktion

$CuO + H_2 \longrightarrow Cu + H_2O$

Wasserstoff-Flamme

$CuO + CH_3OH \longrightarrow Cu + CH_2O + H_2O$

Methanol Formaldehyd

$\cdot Cu \cdot - 2\,e^- \longrightarrow Cu^{2+}$

$\cdot\overline{\underline{O}}\cdot + 2\,e^- \longrightarrow |\overline{\underline{O}}|^{2+}$

$Cu^{2+} + 2\,e^- \longrightarrow Cu$

$2\,H\cdot - 2\,e^- \longrightarrow 2\,H^+$

$2\,H^+ + |\overline{\underline{O}}|^{2-} \longrightarrow H_2O$

Erweiterter Reduktionsbegriff. Bei der Oxidation hat Kupfer seine beiden Außenelektronen abgegeben, bei der Reduktion hat das zweifach positiv geladene Kupferion zwei Elektronen aufgenommen. Reduktion bedeutet also die Aufnahme von Elektronen.

Versuch 7 Mischen Sie Farbcreme mit Wasserstoffperoxid und lassen Sie die Mischung etwa 30 Minuten in einem Becherglas stehen. Geben Sie nun ein reduktives Abzugsmittel (Redukta, Efassor) hinzu. Was stellen Sie fest?

Das reduktive Abzugsmittel entfärbt die durch Oxidation gebildeten Farbstoffe indem es Elektronen an den Farbstoff abgibt. In dem Versuch wird die dunkle Farbcreme bei Zugabe eines Abzugsmittels wieder hell.

Tabelle **6.**10 Oxidation und Reduktion beim Färben

Oxidation Farbstoffvorstufe Farbstoffvorstufe – Elektron (farblos)	$\xrightarrow{H_2O_2}$	Farbstoff Farbstoff (farbig)
Reduktion Farbstoff Farbstoff + Elektron (farbig)	$\xrightarrow{\text{Abzugsmittel}}$	Farbstoffvorstufe Farbstoffvorstufe (farblos)

Reduktionsmittel sind Stoffe, die reduzierend wirken, z. B. Wasserstoff. Andere reduzierende Stoffe wie Methanol oder reduktive Abzugsmittel geben Elektronen an den zu reduzierenden Stoff ab. Reduktionsmittel sind also *Elektronenspender*.

Reduktionsmittel sind Stoffe, die Elektronen abgeben (Elektronenspender).

Reduktion
- Abgabe von Sauerstoff
- Aufnahme von Elektronen
- Anlagerung von Wasserstoff

Reduktionsmittel sind Stoffe, die Elektronen abgeben (Elektronenspender).

6.6.3 Redox-Reaktionen

Die Reaktion von Kupfer und Sauerstoff lässt sich sowohl als Oxidation als auch als Reduktion beschreiben

$$\cdot Cu \cdot + \cdot \overline{\underline{O}} \cdot \longrightarrow Cu^{2+}\ |\overline{\underline{O}}|^{2-}$$

$$\text{Oxidation}\ \cdot Cu \cdot - 2\,e^- \longrightarrow Cu^{2+} \quad \text{Elektronenabgabe}$$

$$\text{Reduktion}\ \cdot \overline{\underline{O}} \cdot + 2\,e^- \longrightarrow |\overline{\underline{O}}|^{2-} \quad \text{Elektronenaufnahme}$$

Kupfer hat seine beiden Außenelektronen abgegeben, wurde also oxidiert. Das Oxidationsmittel Sauerstoff hat diese Elektronen aufgenommen, wurde dabei reduziert. Beide Reaktionen laufen gleichzeitig ab und werden deshalb unter dem Begriff Redox-Reaktion zusammengefasst.

Oxidation und Reduktion laufen stets gleichzeitig ab = REDOX-Reaktion

Viele Ihrer täglichen Arbeiten im Salon sind solche Redox-Reaktionen. Allerdings ordnet man sie nach der beabsichtigten Reaktion entweder der Oxidation oder Reduktion zu. Die Tabelle gibt Ihnen eine Übersicht:

Tabelle **6.**11 Übersicht Oxidation – Reduktion

Arbeitsverfahren	Was geschieht?	Oxidation	Reduktion
Blondieren	Naturpigmente werden abgebaut.	X	
Färben	Aus Farbstoffvorstufen werden künstliche Pigmente gebildet.	X	
Blondierwäsche/ Oxidativer Abzug	Künstliche und natürliche Pigmente werden abgebaut.	X	
Fixierung	Schwefelbrücken werden geschlossen, das Keratin wird gehärtet.	X	
Reduktiver Abzug	Künstliche Pigmente werden abgebaut.		X
Einwirken des Wellmittels	Spalten von Schwefelbrücken und Erweichen des Keratins.		X

6.7 Wasserstoffperoxid

Wasserstoffperoxid ist das wichtigste Oxidationsmittel für den Friseur. Beim *Färben* oxidiert es die Farbstoffvorstufen zum künstlichen Pigment (Farbe), beim *Blondieren* zerstört es die natürlichen Pigmente des Haares, man kann es ebenso zum *Desinfizieren* kleinerer Wunden wie zum *Fixieren* der Dauerwelle verwenden.

Wasserstoffperoxid für unseren Arbeitsbereich gibt es als 1,5-, 1,9-, 3-, 4-, 6-, 9-, 12-, und 18-prozentige Lösungen oder Emulsionen.

Warum ist Wasserstoffperoxid ein so gutes Oxidationsmittel? Es hat die Strukturformel $H\text{–}\overline{\underline{O}}\text{–}\overline{\underline{O}}\text{–}H$. Die Sauerstoffatome ziehen die Elektronen der Wasserstoffatome so stark zu sich herüber, dass es zu einer Ladungsverteilung kommt und die O_2-Gruppe, auch Peroxidgruppe genannt, leicht in zwei O^{2-} Ionen zerfällt. Die aktiven Sauerstoffionen sind das eigentliche Oxidationsmittel beim Oxidationsvorgang.
Die gute Reaktions- und Oxidationsfähigkeit des Wasserstoffperoxids hat aber auch Nachteile.

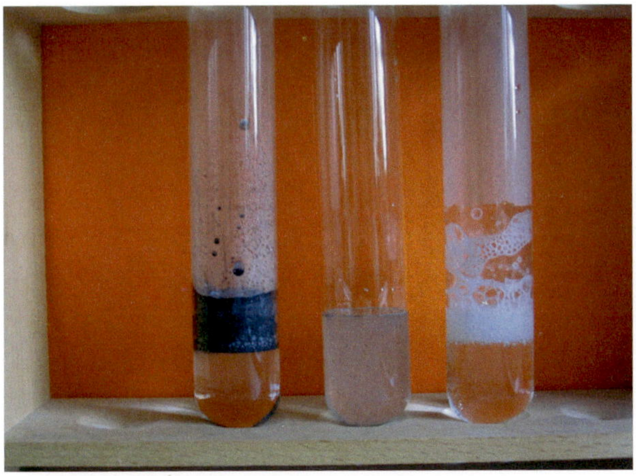

Versuch 8 Geben Sie in Reagenzgläser mit einer 12-prozentigen H_2O_2-Lösung jeweils Braunstein, Staub und aufgelöste Hefe.

Versuch 9 Erwärmen Sie eine 12-prozentige H_2O_2-Lösung und messen Sie die Temperatur, bei der Gasbläschen aufzusteigen beginnen.

Versuch 10 Geben Sie zu einer 12-prozentigen H_2O_2-Lösung einige Tropfen Ammoniumhydroxid (NH_4OH).

Wasserstoffperoxid-Zerfall. Schwermetallsalze wie z. B. Braunstein, Hefe oder Ammoniumhydroxid und manchmal schon etwas Staub lassen das H_2O_2 zerfallen. Die aufsteigenden Gasblasen sind Sauerstoff, wie die Probe mit dem glimmenden Holzspan beweist. Wasserstoffperoxid zerfällt also in Sauerstoff und Wasser.

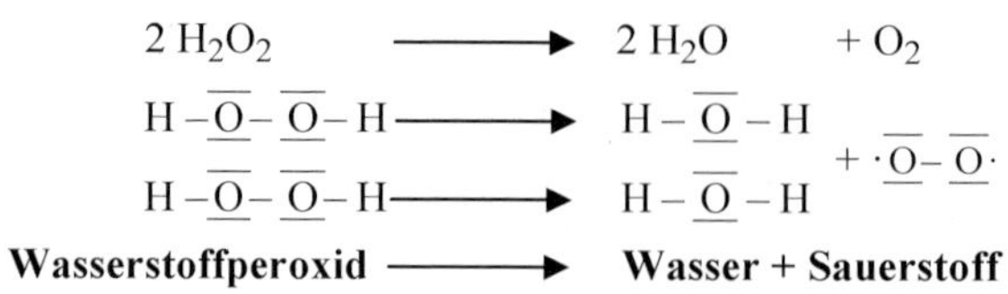

Katalysatoren. Die Stoffe, die wir in den Versuchen den Peroxidlösungen zugesetzt haben, erscheinen in den Reaktionsgleichungen nicht – sie leiten den Zerfall von Wasserstoffperoxid zwar ein, beschleunigen diese Reaktion ebenso wie Wärme, werden aber selbst nicht verändert. Sie wirken katalytisch nur durch ihre Anwesenheit.

> Katalysatoren beschleunigen chemische Reaktionen, ohne selbst daran teilzunehmen.

Wasserstoffperoxid-Stabilisierung. Rührt man Wasserstoffperoxid in einem Metallgefäß an, zerfällt es sofort und wird unbrauchbar. Dasselbe geschieht, wenn es längere Zeit starker Licht- und Sonneneinstrahlung oder Wärme ausgesetzt wird. Damit kein Staub eindringt, müssen die Flaschen nach Gebrauch sofort wieder sorgfältig verschlossen werden. Damit die handelsüblichen H_2O_2-Lösungen nicht vorzeitig zerfallen und unbrauchbar werden, sind sie mit sauer reagierenden Substanzen (Phosphorsäure) stabilisiert. Diese Stoffe halten das H_2O_2-Molekül fest zusammen und verhindern so die Abspaltung von Sauerstoff. Soll das Wasserstoffperoxid oxidieren, muss die Stabilisierungssäure erst entfernt werden. Dazu enthalten Blondier- und Färbemittel entsprechende Alkalien. Die Oxidationswirkung beginnt gleich nach dem Mischen von Blondier- und Färbemittel mit H_2O_2. Deshalb müssen Sie immer frisch mischen und schnell auftragen. Steht das angerührte Präparat längere Zeit, entweicht der Sauerstoff und es wirkt überhaupt nicht mehr oder nur noch unzureichend.

Um Arbeitsfehler zu vermeiden, sollten Sie folgende Regeln für den Umgang mit Wasserstoffperoxid befolgen:

Regeln für den Umgang mit Wasserstoffperoxid

- H_2O_2-Mittel nur in den vom Hersteller angegebenen Konzentrationen verwenden, zu starke Konzentrationen schädigen Haut und Haare.
- H_2O_2 kühl und staubfrei lagern, nicht über der Heizung aufbewahren und vor Licht- und Sonneneinstrahlung schützen. Nicht mit Metallen in Berührung bringen (Metallstielkämme, Metallclipse), sonst zerfällt es sofort.
- H_2O_2-Flaschen nicht luftdicht verschließen, damit freiwerdender Sauerstoff entweichen kann. Luftdicht verschlossene Flaschen können platzen.
- Nicht verwendetes H_2O_2 niemals in die Flaschen zurückfüllen, angebrochene Flaschen bald verbrauchen.

6.8 Wasser

Wasser ist lebensnotwendig. Weder Menschen, noch Tiere, noch Pflanzen können ohne Wasser leben – sie würden verdursten oder verdorren. Alle Lebewesen bestehen bis zu 70 % aus Wasser. Weil der Mensch ständig Wasser ausscheidet, muss ein Erwachsener täglich mindestens 2–3 Liter Flüssigkeit zu sich nehmen, damit sein Wasserhaushalt funktioniert und er gesund bleibt.

Wasser in der Körperpflege. Friseure und Kosmetiker verwenden Wasser als *Reinigungsmittel* für Haut und Haare. In kosmetischen Präparaten ist Wasser ein wichtiger Inhaltsstoff, denn es löst viele Wirkstoffe und wird zusammen mit Fetten und Ölen zu Emulsionen verarbeitet. Als *Verdünnungsmittel* in vielen kosmetischen Präparaten erleichtert es die gleichmäßige Verteilung der Wirkstoffe auf Haut und Haaren. Wasser dient aber auch als *Behandlungsmittel*. Warme Kompressen quellen die Haut und erweitern die Poren, kalte Kompressen wirken adstringierend. Eine immer wichtigere Rolle spielt der medizinische Einsatz des Wassers bei Bädern, Umschlägen oder Güssen.

Wie Sie sehen, spielt Wasser in Ihrem Beruf eine ganz wichtige Rolle, ohne Wasser wären Sie fast arbeitslos.

Tabelle **6**.12 Verwendung von Wasser in der Kosmetik

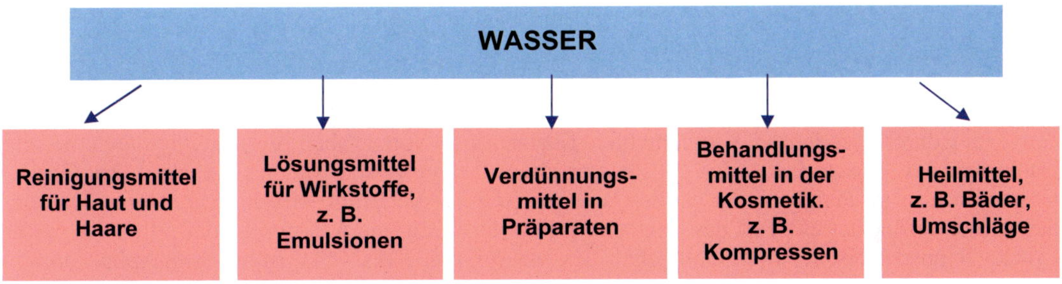

Eigenschaften des Wassers. Wasser ist, wie wir schon wissen, eine chemische Verbindung von Wasserstoff und Sauerstoff (H_2O). Die Strukturformel zeigt eine Besonderheit: Die Wasserstoffatome sind nicht wie üblich angeordnet, sondern V-förmig in einem Winkel von 105 Grad (**6**.13a). wobei sich an jedem Ende des Moleküls Teilladungen ausbilden. Das Wassermolekül ist weder eine reine Atombindung noch eine Ionenbindung, sondern hat ein positives und ein negatives Ende – es ist ein Dipol (Zweipol) oder polare Atombindung.

Wegen der entgegengesetzten Ladungen ziehen sich die Wasserteilchen gegenseitig an und bilden zwischen dem Sauerstoff und den Wasserstoffatomen verschiedener Moleküle Wasserstoffbrückenbindungen aus. Es entsteht ein netzartiger Molekülverband (**6**.13b). Diese Verbände bilden sich jedoch nur im flüssigen Zustand aus, im Wasserdampf lösen sie sich in einzelne Wassermoleküle auf. Wasserstoffbrückenbindungen bilden sich auch im Keratin des Haares zwischen dem Sauerstoff der Peptidgruppen und dem Wasserstoff der Aminogruppen.

a) Dipol mit Ladungstrennung

b) netzartiger Molekülverband mit Wasserstoffbrücken

6.13 Wassermolekül

Der Dipolcharakter ist für eine ganze Reihe chemischer und physikalischer Eigenschaften des Wassers verantwortlich:

Grenzflächenspannung. Die Teilladungen im Wassermolekül sind dafür verantwortlich, dass die Wasserteilchen an der Wasseroberfläche ins Wasserinnere gezogen werden und sozusagen eine elastische Haut bilden. Man nennt diese Fähigkeit des Wassers eine möglichst kleine Oberfläche auszubilden Grenz- oder Oberflächenspannung.

Hoher Siedepunkt. Wasser hat einen relativ hohen Siedepunkt (100 Grad C). Die Wasserstoffbrücken halten die einzelnen Moleküle zusammen, sodass zum Abtrennen einzelner Moleküle aus dem Verbund viel Energie aufgebracht werden muss.

Lösungsmittel. Als Lösungsmittel ist Wasser hervorragend geeignet. Die Wassermoleküle lagern sich zwischen die Ionenbindungen und spalten sie. Die Ionen werden von Wassermolekülen umhüllt und so daran gehindert, sich wieder zu verbinden.

Kreislauf des Wassers. Leitungswasser ist kein chemisch reines Wasser, sondern enthält viele gelöste Stoffe, darunter für uns lebenswichtige Salze. Man kann sie durch Destillieren entfernen. Wie aber gelangen sie überhaupt ins Wasser? Die Niederschläge sickern in den Boden und werden dabei durch Sand- und Kiesschichten filtriert, also von groben Verunreinigungen befreit. Dabei löst das Wasser im Boden Stoffe, vor allem Calcium- und Magnesiumsalze. Das Grundwasser ist also salzhaltig, wenn es als Quelle wieder an die Erdoberfläche tritt. Unter der Sonnenwärme verdunstet ein Teil des Wassers in Flüssen, Seen und Meeren. Dabei fallen die gelösten Stoffe aus (daher der hohe Salzgehalt des Meeres von 3 bis 4 %). In der Atmosphäre nimmt der Wasserdampf Sauerstoff, Kohlendioxid und Verunreinigungen auf, kühlt ab und fällt als Niederschlag auf die Erde zurück – der Kreislauf des Wassers ist geschlossen.

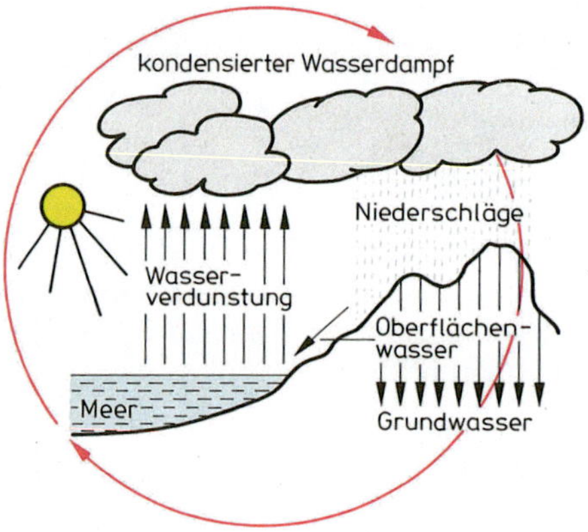

Kreislauf des Wassers

In Kesseln und Tauchsiedern setzen sich nach einiger Zeit gelbgraue Beläge ab. Man nennt sie Kesselstein und muss sie von Zeit zu Zeit entfernen, weil sie die Heizleistung beeinträchtigen. Was ist Kesselstein und woher kommt er?

Tabelle **6**.14 Härte des Wassers

°dH	in 100 *l* Wasser	Bezeichnung
0 bis 4	0 bis 4 g CaO	sehr weiches Wasser
4 bis 8	4 bis 8 g CaO	weiches Wasser
8 bis 12	8 bis 12 g CaO	mittelhartes Wasser
12 bis 30	12 bis 30 g CaO	hartes Wasser
über 30	mehr als 30 g CaO	sehr hartes Wasser

Wasserhärte. In manchen Landschaften schmeckt das Wasser gut, in anderen fad. Fader Geschmack deutet auf wenige Salze im Wasser. Salzarmes Wasser ist ungesund. Doch auch salzreiches Wasser hat seine Tücken.

Die Menge der gelösten Stoffe misst man durch die Härtegrade des Wassers. 1 deutscher Härtegrad (1°dH) bedeutet, dass in 100 I Wasser 1 g Calciumoxid gelöst ist. Nach dem Härtegrad unterscheidet man weiches und hartes Wasser (s. Tab. **6.**14). Dabei unterscheidet man zwischen vorübergehender und bleibender Wasserhärte.

Vorübergehende (temporäre) Wasserhärte. Beim Kochen von Wasser scheidet sich Kesselstein ab, werden also Härtesalze – $Ca(HCO_3)_2$, $Mg(HCO_3)_2$ – entfernt. Durch die „Kalkalblagerungen" wird die Leistungsfähigkeit von Heizspiralen und Geräten herabgesetzt. Die Stoffe scheiden sich ab, weil die gelösten Hydrogencarbonate beim Erhitzen Wasser und Kohlendioxid abspalten, sodass schwerlösliche Carbonate zurückbleiben:

$Ca(HCO_3)_2$	⟶	$CaCO_3$	$+ H_2O$	$+ CO_2$
Calciumhydrogen-carbonat (gelöst)		**Calciumcarbonat**	**Wasser**	**Kohlendioxid**

Bleibende (permanente) Wasserhärte wird durch andere Salze verursacht, die sich nicht durch Kochen beseitigen lassen. Es sind Calciumsulfat $CaSO_4$ und Magnesiumsulfat $MgSO_4$ sowie Calciumchlorid $CaCl_2$ und Magnesiumchlorid $MgCl_2$.

Hartes Wasser ist für kosmetische Präparate unbrauchbar, denn die gelösten Salze können mit den Inhaltsstoffen ebenso unerwünscht reagieren wie mit der Seife. Außerdem reizen sie empfindliche Haut. Wasserdampferzeugende Geräte (Vapozone, Gesichtssauna) werden durch die Kalkablagerungen beschädigt und dürfen daher nur mit enthärtetem Wasser betrieben werden.

Wasserenthärtung. Durch Abkochen entfernt man, wie wir gesehen haben, nur die vorübergehende Wasserhärte. Alle Salze fallen beim *Destillieren* aus. Heute verwendet man vielfach *Ionenaustauscher* zum Wasserenthärten. Sie sind mit bestimmten Harzen gefüllt und tauschen die Magnesium- und Calciumionen des durchlaufenden Wassers gegen die unschädlichen Natriumionen aus. Die Wasserhärte wird sozusagen „weggefangen". Möglicherweise benutzen Sie bereits einen Ionenaustauscher, ohne es zu wissen. Viele Firmen bieten z. B. zu Dampfbügeleisen ein Filtergerät mit Ionenaustauscher an. Darin enthaltene Ionenaustauscherharze sind zusätzlich mit einem Indikator versehen, der durch seinen Farbumschlag anzeigt, wann das Harz erneuert werden muss. Auch *chemische Mittel* wie Borax und Phosphonate eignen sich zum Wasserenthärten. Sie verbinden sich mit den Salzen zu schwerlöslichen Stoffen und fallen daher aus.

Wasserhärte	**Wasserenthärtung**
– vorübergehende Härte	– durch Kochen
⟶ $Ca(HCO_3)_2$, $Mg(HCO_3)_2$	⟶ teilentsalztes Wasser
– bleibende Härte	– durch Destillieren
⟶ $CaSO_4$,	⟶ destilliertes Wasser
$MgSO_4$, $CaCl_2$, $MgCl_2$	– durch Ionenaustausch
	⟶ vollentsalztes Wasser
	– chemisches Mittel

Aufgaben zu Abschnitt 6.6 bis 6.8.

1. Was versteht man unter Oxidation?
2. Warum ist Wasserstoffperoxid ein gutes Oxidationsmittel?
3. In welche Stoffe zerfällt Wasserstoffperoxid?
4. In welchen Lösungsstärken wird Wasserstoffperoxid für den Friseurbereich verkauft?
6. Was sind Katalysatoren?
7. Nennen Sie Katalysatoren, die den Zerfall von Wasserstoffperoxid beschleunigen.
8. Warum sind Wasserstoffperoxid-Lösungen mit Säuren stabilisiert?
9. Welche Stoffe heben die Stabilisierung auf?
10. Welche Regeln für den Umgang mit/und welche für die Lagerung von Wasserstoffperoxid kennen Sie?
11. Was versteht man unter Reduktion?

12. Nennen Sie Reduktionsmittel.
13. Warum laufen Oxidation und Reduktion immer gleichzeitig ab?
14. Nennen Sie Redox-Reaktionen aus der Praxis. Welche Stoffe werden oxidiert, welche reduziert?
15. Warum muss ein Erwachsener täglich etwa 3 Liter Flüssigkeit zu sich nehmen?
16. Welche Aufgaben hat Wasser in der Körperpflege?
17. Warum bildet Wasser Wasserstoffbrücken aus?
18. Wie lässt sich der relativ hohe Siedepunkt von Wasser erklären?
19. Warum ist Wasser ein gutes Lösungsmittel?
20. Beschreiben Sie den Wasserkreislauf mit Ihren eigenen Worten.
21. Was besagt ein Wasserhärtegrad von 6° dH?
22. Welche Salze verursachen die vorübergehende, welche die bleibende Wasserhärte?
23. Warum muss Wasser für kosmetische Präparate und Behandlungen enthärtet werden?
24. Nennen Sie Methoden zur Wasserenthärtung.
25. **Projekt:** Überlegen Sie, wie Sie in Ihrem Salon Wasser einsparen können. Sammeln Sie mit einem Brainstorming Ideen. Bearbeiten Sie Ihre Vorschläge in Gruppen und stellen Sie anschließend Ihre Wasserspartipps in geeigneter Form der Klasse vor.

6.9 Laugen und Säuren

Wie erkennen Sie Säuren und Laugen? Zitronensaft und Essig schmecken so sauer, dass wir schon in Gedanken daran den Mund verziehen. Schuld daran sind Zitronen- und Essigsäure. Säuren sind also am sauren Geschmack zu erkennen. Allerdings ist es nicht empfehlenswert, unbekannte Stoffe zu probieren um herauszufinden, ob sie sauer oder alkalisch sind. Stattdessen benutzen wir Papierstreifen, die durch Farbumschlag Säuren oder Laugen anzeigen. Lackmus, ein Pflanzenextrakt, ist ein möglicher Indikator (Anzeiger) für Säuren und Laugen.

Indikatoren sind Stoffe, die durch Farbreaktion andere Stoffe nachweisen.
Blaues Lackmuspapier + Säure ⟶ rote Färbung
Rotes Lackmuspapier + Lauge ⟶ blaue Färbung

6.9.1 Laugen

Löst man ein Stückchen Natrium oder Magnesiumoxid in Wasser und prüft die Lösung mit Lackmuspapier, so färbt es sich blau. Es sind also Laugen entstanden.

Natrium, wie auch die anderen Metalle der 1. Hauptgruppe im PSE, bilden Laugen, wenn sie mit Wasser in Berührung kommen. Magnesium und Calcium müssen erst mit Sauerstoff oxidiert und dann in Wasser gelöst werden.

$Na + H_2O \longrightarrow NaOH + \frac{1}{2} H_2$

$2\,Mg + O_2 \longrightarrow MgO + H_2O \longrightarrow Mg(OH)_2$

6.15 Reaktion von Natrium mit Wasser und Phenolphtalein

Ammoniumhydroxid ist die im Friseur- und Kosmetikbereich am meisten verwendete Lauge. Sie entsteht, wenn das stechend riechende Gas Ammoniak in Wasser gelöst wird.

$$NH_3 + H_2O \longrightarrow NH_4OH$$

Laugen entstehen
- aus Alkalimetallen (Na, K) und Wasser
- aus Metalloxiden (MgO, CaO) und Wasser
- aus Ammoniak und Wasser ⟶ Ammoniumhydroxid

Hydroxidgruppe. Gemeinsames Merkmal aller Laugen ist die $OH^{\ominus}$ oder Hydroxidgruppe. Sie ist für die alkalische Wirkung verantwortlich und das Kennzeichen aller Laugen, wie Sie in der untenstehenden Tabelle sehen können.

Tabelle **6**.16 Namen und Formeln wichtiger Laugen

Natronlauge	$NaOH$
Kalilauge	KOH
Magnesiumhydroxid	$Mg(OH)_2$
Calciumhydroxid	$Ca(OH)_2$
Aluminiumhydroxid	$Al(OH)_3$
Ammoniumhydroxid	NH_4OH

Basen oder Laugen geben in Wasser gelöst negativ geladene Hydroxidgruppen ab. Man nennt sie Hydroxidgruppenspender. Die Hydroxidgruppe ist für die basische Reaktion verantwortlich.

Starke und schwache Laugen. Ammoniumhydroxid zerfällt in Wasser in das Ammoniumion und die Hydroxidgruppe. Dabei wird jedoch nicht die ganze Verbindung in Ionen gespalten, sondern ein großer Teil bleibt als komplettes Ammoniumhydroxidion erhalten. So entstehen verhältnismäßig wenig $OH^{\ominus}$ Gruppen. Da aber die Hydroxidgruppen die alkalische Wirkung verursachen, handelt es sich hier um eine schwache Lauge. Natron- und Kalilauge dagegen sind starke Laugen, da sie vollständig in ihre Ionen zerfallen und sehr viele Hydroxidgruppen bilden. $Mg(OH)_2$, $Ca(OH)_2$ und $Al(OH)_3$ zerfallen kaum und sind daher schwache Laugen.

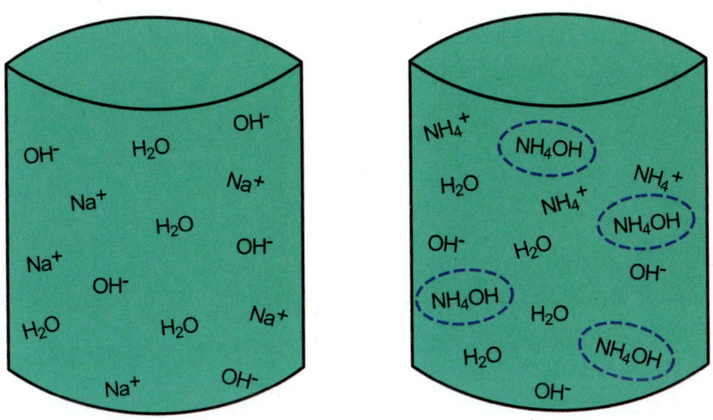

6.17 a) Starke Lauge in Wasser b) Schwache Lauge in Wasser

Starke Laugen spalten sich vollständig in ihre Ionen auf, enthalten also viele $OH^{\ominus}$ Gruppen.

Schwache Laugen spalten sich nur teilweise in ihre Ionen auf, enthalten also wenig $OH^{\ominus}$ Gruppen.

6.9.2 Säuren

Verbrennt man Schwefel und löst das entstehende Schwefeldioxid in Wasser, so erhält man eine Säure, wie man durch die Prüfung mit Lackmuspapier erkennen kann.

Löst man Kohlendioxid in Wasser, entsteht auf die gleiche Weise Kohlensäure. Die Verwendung kennen Sie von Mineralwasser oder Brausegetränken.

$$S + O \longrightarrow SO_2 + H_2O \longrightarrow H_2SO_4$$
$$CO_2 + H_2O \longrightarrow H_2CO_3$$

Säuren entstehen im Gegensatz zu Laugen aus Nichtmetalloxiden und Wasser. Es gibt aber noch andere Stoffe, die sauer reagieren, wenn sie mit Wasser in Verbindung gebracht werden. Es sind die Halogene Chlor, Fluor, Brom und Jod, alle Elemente der 7. Hauptgruppe. Sie sind gasförmig und lösen sich gut in Wasser.

Säuren entstehen
- aus Nichmetalloxiden (SO_2, CO_2) und Wasser
- aus Halogenen (F, Cl, Br, J) und Wasser

Säurewasserstoff. Alle Säuren enthalten als gemeinsames Merkmal Wasserstoff. Der Säurewasserstoff $H^{\oplus}$ ist das Kennzeichen der Säuren und verantwortlich für den sauren Geschmack und die Säureeigenschaften. Er ist positiv geladen.

Tabelle **6.**18 Namen und Formeln wichtiger Säuren

Salzsäure	HCl
Schwefelsäure	H_2SO_4
Kohlensäure	H_2CO_3
Phosphorsäure	H_3PO_4
Blausäure	HCN
Salpetersäure	HNO_3
Essigsäure	CH_3COOH
Thioglykolsäure	$H - S - CH_2 - COOH$

Alle Säuren geben in Wasser positiv geladene Wasserstoffionen ab. Man nennt sie deshalb Wasserstoffionenspender.
Der Wasserstoff ist verantwortlich für die saure Wirkung.

Starke und schwache Säuren. Ebenso wie bei den Laugen unterscheidet man bei den Säuren starke und schwache. Starke Säuren sind die Halogenwasserstoffe, Schwefel- und Salpetersäure. Sie zerfallen in Wasser vollständig in ihre Ionen. Phosphorsäure, Kohlensäure und schweflige Säure sind schwächer, sie haben noch ungespaltene Moleküle.

Organische Säuren. Kommen in der Natur vor, z. B. Essigsäure, Milch- und Zitronensäure. Es sind schwache Säuren, die in der Haut- und Haarpflege häufig verwendet werden. Typisch für sie ist die COOH-Gruppe.

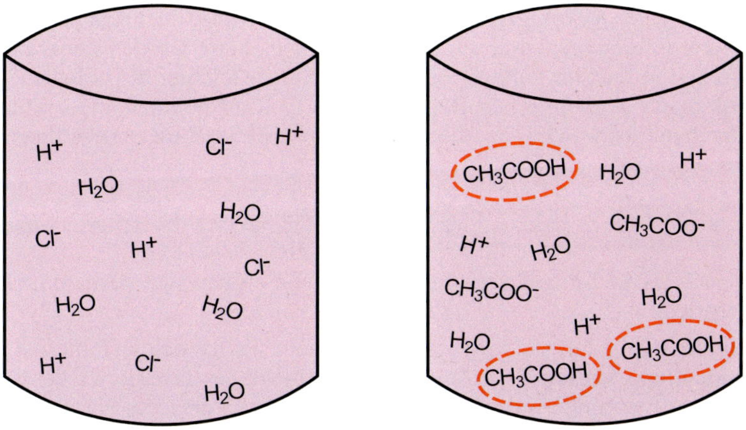

6.19 a) Starke Säure in Wasser b) Schwache Säure in Wasser

Säuren spalten sich vollständig in ihre Ionen auf. Ihre wässrigen Lösungen enthalten daher sehr viel $H^{\oplus}$-Ionen.

Schwache Säuren enthalten noch ungespaltene Moleküle, also wenig $H^{\oplus}$-Ionen. Organische Säuren sind schwache Säuren.

Entstehung von Laugen und Säuren

Metalle ↓ Oxidation → Metalloxide ↓ Wasser → LAUGEN (Metalle → Wasser → LAUGEN)

Nichtmetalle ↓ Oxidation → Metalloxide ↓ Wasser → SÄUREN

6.9.3 Wirkung von Laugen und Säuren auf Haut und Haar

Versuch 11 Kochen Sie eine Haarsträhne in Natron- oder Kalilauge.

Starke Laugen zerstören Haare völlig, indem sie sie stark aufquellen. Deshalb sind starke Laugen für kosmetische Mittel ungeeignet, es sei denn die zerstörende Wirkung ist beabsichtigt wie bei:

- Haarentfernungscremes ⟶ Auflösung von Haaren
- Nagelhautentferner ⟶ Auflösung von Haut

Schwache Laugen verwendet man in Well-, Blondier-, und Oxidationsfärbemitteln. Sie quellen das Haar, spreizen die Schuppenschicht, um das Keratin aufnahmefähig für die Stoffe zu machen, die eindringen sollen, damit die gewünschte Wirkung erzielt wird.

Laugen zerstören die Stabilisierungssäure im H_2O_2, so dass Sauerstoff freigesetzt werden kann.

Außer der gewünschten Quellung bringen Laugen auf die Dauer aber auch schädigende Wirkung mit sich. Schuppen- und Faserschicht werden ausgelaugt. Die Haare werden porös und verlieren ihren Glanz. Sie lassen sich leichter dehnen, brechen aber auch leichter als unbehandelte Haare. Diese Nachteile muss man bei chemischen Behandlungen in Kauf nehmen, sie sollten jedoch so selten wie möglich durchgeführt werden, um die Haarstruktur nicht unnötig zu schädigen.

Starke Laugen zerstören Haar und Haut.
Schwache Laugen quellen das Keratin und machen es aufnahmefähig für weitere Behandlungen.

Starke Säuren wie auch starke Laugen zerstören Keratin und eignen sich deshalb nicht für einen Einsatz in der Körperpflege.

Schwache Säuren findet man häufig in kosmetischen Mitteln. Es handelt sich hierbei um organische Säuren, die entquellend wirken und die Schuppenschicht des Haares wieder anlegen. Sie wirken adstringierend und vermindern damit die durch Laugen verursachte Haarschädigung. Die entquellende, adstringierende Wirkung der Säuren ist in der Hautpflege ebenso wichtig wie in der Haarpflege. Rasierwasser, Gesichtswasser und Adstringenzien enthalten organische Säuren, um den Säureschutzmantel der Haut zu erneuern und sie damit widerstandsfähiger gegen Infektionen zu machen.

Starke Säuren zerstören Haar und Haut.
Schwache Säuren entfernen Restalkalien, entquellen und adstringieren Haut und Haare.

Tabelle **6**.20 Übersicht über die Verwendung von Laugen und Säuren in kosmetischen Präparaten

	Wirkungen	Art der Substanz	Präparate
LAUGEN $OH^{\ominus}$-Gruppe Hydroxidgruppe	– schwache Laugen quellen – spreizen Schuppenschicht ab – starke Laugen zerstören Haut und Haar	Ammoniumhydroxid Natronlauge	Wellmittel (alkalisch) Oxidationsfärbemittel Blondierpräparate Haarentfernungsmittel Nagelhautentferner
SÄURE $H^{\oplus}$-Gruppe Wasserstoffion	– schwache organische Säuren entquellen – adstringieren (schließen das Haar) – erneuern der Säureschutzmantel der Haut – starke Säuren zerstören Haar und Haut	Ameisensäure Essigsäure Weinsäure Zitronensäure Milchsäure Phosphorsäure Salzsäure Schwefelsäure	Säurespülung Fixierung Haarkur Gesichtswasser Rasierwasser H_2O_2 – Lösungen

6.9.4 Der pH-Wert

„Diese Hautlotion hat einen hautneutralen pH-Wert. Unser Duschgel reinigt Ihre Haut sehr sanft im pH-neutralen Bereich. Das X-beliebige Produkt ist deshalb so pflegend, weil sein pH-Wert der Haut angeglichen ist".

Diese oder ähnliche Werbeslogans haben Sie sicherlich schon oft gehört. Aber wissen Sie auch, was der Begriff pH bedeutet?

pH ist die Abkürzung für pondus hydrogenii (lat. = Gewicht des Wasserstoffs) und ist ein Maß für die Stärke von Säuren und Laugen. Man misst die Konzentration von Wasserstoffionen und hat als Bezugspunkt für die pH-Tabelle Wasser gewählt. In einem Liter Wasser sind 1/10000000 g Wasserstoff enthalten, weil sich auch einige H_2O-Moleküle in $H^{\oplus}$ und $OH^{\ominus}$- aufspalten. Diese

1 Zehnmillionstel Gramm Wasserstoff kürzt man als pH 7 ab – die Zahl 7 entspricht den Nullen unter dem Bruchstrich. Wasser ist aber neutral, weil es ebenso viele $OH^{\ominus}$-Ionen (Laugenteilchen) wie $H^{\oplus}$-Ionen (Säureteilchen) enthält. Für die anderen Stoffe gilt:

Starke Säuren
spalten sich vollständig auf ⟶ viele $H^{\oplus}$-Ionen ⟶ pH-Wert 0–3

Schwache Säuren
spalten sich teilweise auf ⟶ wenig $H^{\oplus}$-Ionen ⟶ pH-Wert 3–6,9

Schwache Laugen ⟶ geringer Anteil von $OH^{\ominus}$ ⟶ pH-Wert 7,1–10,9

Starke Laugen ⟶ hoher Anteil von $OH^{\ominus}$ ⟶ pH-Wert 11–14

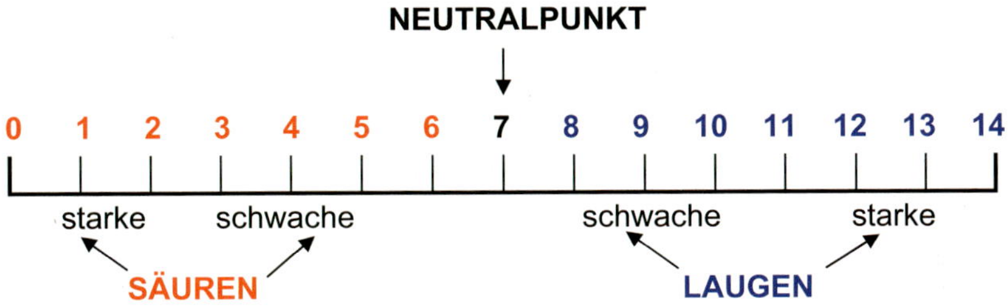

6.21 pH-Wert-Skala

> Der pH-Wert ist die Maßeinheit für die Stärke von Säuren und Laugen.
> Eine Lösung mit dem pH-Wert 7 ist neutral, von 7 bis 0 nimmt die Säurestärke, von 7 bis 14 nimmt die Laugenstärke zu.
> Mit jedem pH-Wert ändert sich die Stärke um das Zehnfache.

Welche Bedeutung hat der pH-Wert für Ihre Arbeit? Sie verwenden saure und alkalische Präparate (**6.**22). pH-Werte zwischen 4 und 5 bezeichnet man als haar- und hautschonend, weil die Hautoberfläche durch Säuren aus Schweiß und Hauttalg diese Reaktion aufweist. Kosmetische Mittel in diesem pH-Bereich verändern also die Reaktion der Hautoberfläche nicht, erhalten sozusagen den natürlichen Zustand oder stellen ihn wieder her. Solche Haarpflegemittel wirken sich deshalb besonders günstig auf den Pflegezustand und die Haarstruktur aus.

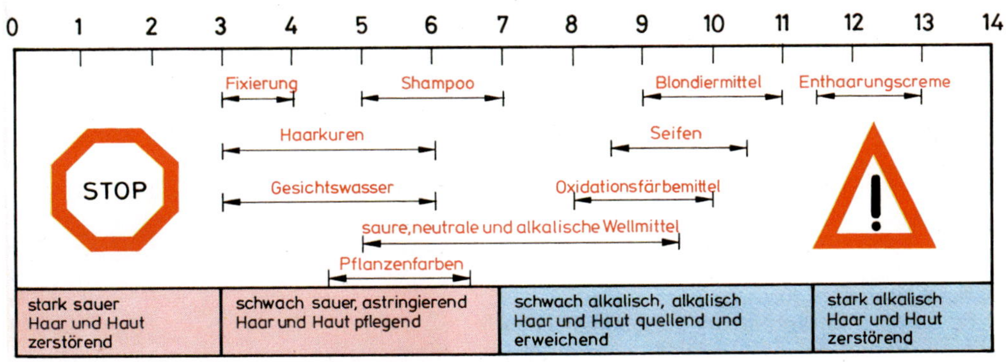

6.22 pH-Bereiche kosmetischer Präparate

Versuch 12 Messen Sie den pH-Wert von Natronlauge mit Spezialindikatorpapier. Füllen Sie dazu 10 ml in einen Messzylinder (100 ml) und verdünnen Sie 1:1, 1:2, 1:3 bis 1:10 mit Wasser. Welche Änderungen des pH-Wertes stellen Sie fest?

Verdünnung. Denken Sie immer daran, dass sich durch das übliche Verdünnen von Präparaten im Verhältnis 1:1 oder 1:2 der pH-Wert nur unerheblich ändert. Die Wirkstoffkonzentration ist bei einer Verdünnung von 1:1 mit Wasser zwar um die Hälfte herabgesetzt, doch ändert sich der pH-Wert nur um eine Ziffer (z. B. von pH 9 auf pH 8), wenn man auf die zehnfache Menge verdünnt. Trotzdem dürfen Sie auf das Verdünnen kosmetischer Mittel nicht verzichten, wenn es die Gebrauchsanweisung vorschreibt. Der pH-Wert allein hat nämlich keine genügende Aussagekraft über die haar- und hautschädigende Wirkung. Eine große Rolle spielen dabei noch andere Faktoren (z. B. die Länge der Einwirkzeit, Wärmezufuhr, Schutz- und Pflegestoffe sowie andere Inhaltsstoffe (etwa Reduktions- und Oxdiationsmittel). Außerdem ist es wichtig zu wissen, ob die Alkalität des Mittels während der Einwirkzeit gleich bleibt oder sinkt. Alkalien, die leicht verdampfen (z. B. das am meisten verwendete Ammoniumhydroxid) sind weniger haarschädigend, weil die Konzentration während der Einwirkzeit abnimmt.

Der pH-Wert hat nur eine begrenzte Aussagekraft über die haar- und hautschädigende Wirkung kosmetischer Mittel.

Wie kann man den pH-Wert messen?

Meist benutzt man Universalindikatorpapier, mit dem sich pH-Werte von 1 bis 10 feststellen lassen. Spezialindikatorstäbchen messen in bestimmten pH-Bereichen, z. B. 5–10 auf eine Stelle hinter dem Komma genau. Dazu halten Sie die mit dem Indikator getränkten Streifen in die Lösung und vergleichen die Färbung mit einer Vergleichsskala, meist auf dem Deckel des Indikators. Möchten Sie Feststoffe auf ihren pH-Wert prüfen, so müssen Sie diese zunächst in wenig destilliertem Wasser auflösen.

Sie können sich aber auch Ihren eigenen Indikator herstellen!

6.23 Verschiedene Indikatorpapiere

Versuch 12 Rotkohlblätter werden in kleine Streifen geschnitten und einige Minuten ausgekocht. Anschließend die Blätter abfiltrieren. Die so erhaltene Rotkohllösung wird für alle folgenden Versuche verwendet. Geben Sie jeweils 3 ml Flüssigkeit in die Reagenzgläser und füllen Sie bis zur Hälfte mit Wasser auf. Nun geben Sie folgende Stoffe hinzu, schütteln und beobachten die Verfärbung:

a. farblosen Essig pH = 3
b. frisch gepressten Apfelsaft pH = 4,5
c. Shampoo pH = 5,5
d. Backpulver pH = 7,3
e. Geschirrspülmaschinenpulver pH = 8,9
f. Vollwaschmittel pH = 10,6

Prüfen Sie auch andere Stoffe Ihrer Wahl,
z. B. Seifenlösung, Spülung, Festiger, H_2O_2-Lösung.

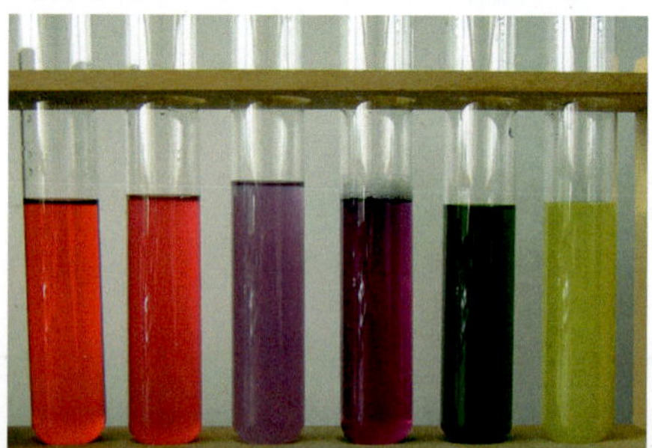

6.24 Rotkohl als Indikator

Auf dem Foto können Sie erkennen, dass Rotkohlextrakt bei Zugabe von Säuren rot bis pink wird, bei Zugabe von Laugen reicht die Farbskala von violett über blau, grün bis gelb.

6.9.5 Neutralisation und Salzbildung

Neutralisation. Die Mischung aus gleichen Mengen gleichstarker Säure und Lauge reagiert neutral (pH 7). Es müssen also gleichviel Säure- und Laugenteilchen vorhanden sein. Die $H^{\oplus}$-Ionen der Säure haben sich dabei mit den $OH^{\ominus}$-Ionen der Lauge zu neutralem Wasser verbunden, weil sich die entgegengesetzten Ladungen anziehen: $H^{\oplus} + OH^{\ominus} \longrightarrow H_2O$. Dadurch wurden die saure und die alkalische Wirkung aufgehoben. Diesen Vorgang nennt man Neutralisation.

Neutralisation
- Aufheben der alkalischen Wirkung durch Säuren
- Aufheben der sauren Wirkung durch Laugen

Beim Verdampfen der Flüssigkeit ist ein weißer Rückstand geblieben. Ausnahmsweise dürfen Sie kosten. Aus dem Metallion der Lauge $Na^{\oplus}$ und dem Säurerestion $Cl^{\ominus}$ ist ein Salz entstanden – Natriumchlorid NaCl, Kochsalz. Die Reaktionsgleichung lautet so:

$$HCl + NaOH \longrightarrow NaCl + H_2O$$

Salzsäure + **Natronlauge** ⟶ **Natriumchlorid** + **Wasser**

Neutralisation in der Friseurpraxis. Nach alkalischen Behandlungen des Haares müssen Alkalireste neutralisiert werden, um bleibende Haarschäden (z. B. durch Quellung) zu vermeiden. Dazu eignen sich Säurespülungen, Packungen und andere spezielle Nachbehandlungsmittel. Sie bewirken im Haar eine Neutralisation. Die $OH^{\ominus}$-Ionen der Basen werden durch die $H^{\oplus}$-Ionen der Säuren zu Wasser neutralisiert. Außerdem bilden sich Salze, die mit Wasser ausgespült werden können. Nach Färbungen und Blondierungen neutralisiert man die Alkalien mit Säurespülungen, nach der Dauerwelle mit der Fixierung. Sie enthält Säuren, die Restalkalien des Wellmittels unschädlich machen. Auch in der Hautpflege ist die Neutralisation wichtig, z. B. beim Adstringieren der Haut durch Rasierwasser nach der Nassrasur mit Rasierseife. Der umgekehrte Fall – eine Neutralisation von Säuren und Alkalien – spielt sich ab, wenn Alkalien in Färbe- oder Blondiermitteln die Stabilisierungssäure im Wasserstoffperoxid neutralisieren, damit der Sauerstoff zur Oxidation frei wird (**6.**25).

Tabelle **6.**25 Neutralisation im Salon

Alkalische Behandlung	Neutralisation durch saure Behandlung
Blondieren und Färben Dauerwelle Nassrasur mit Rasierseife Seifenwaschung der Haut	Säurespülung, Haarkur Fixierung Rasierwasser Gesichtswasser
Neutralisation der Stabilisierungssäure im Wasserstoffperoxid durch Alkalien der Blondier- oder Färbemittel	

Salze können neutral, alkalisch oder sauer reagieren. Warum reagieren sie nicht alle neutral, obwohl sie bei der Neutralisation entstehen? Säuren und Laugen kommen in unterschiedlichen Stärken vor. Lässt man nun eine schwache Lauge mit einer starken Säure reagieren, so setzt sich der stärkere Partner in der Verbindung durch – das entstehende Salz reagiert sauer.

Beispiel: Ammoniumhydroxid + Salzsäure ⟶ Ammoniumchlorid + Wasser

$$NH4OH + HCl \longrightarrow NH_4Cl + H_2O$$

Eine Natriumchloridlösung reagiert neutral, weil die Säure HCl und die Lauge NaOH, aus denen das Salz entstanden ist, gleich stark sind. Salze aus starken Laugen und schwachen Säuren reagieren der Regel entsprechend alkalisch.

Gleichstarke Säuren und Laugen bilden	neutral reagierende Salze
Starke Säuren und schwache Laugen bilden	sauer reagierende Salze
Schwache Säuren und starke Laugen bilden	alkalisch reagierende Salze

Kosmetische Mittel enthalten statt Säuren oder Alkalien häufig sauer oder alkalisch reagierende Salze. Saure finden wir z. B. in Gesichtswassern, Säurespülungen und Rasierwässern, während alkalische den Blondiermitteln, Haarfärbemitteln und Wellmitteln zugesetzt werden. Die Salze lassen sich besser verarbeiten, wirken außerdem schwächer und deshalb schonender als die entsprechenden Säuren oder Laugen (**6**.26).

Tabelle **6**.26 **Salze in der Haar- und Hautpflege**

Name und Formel	Reaktion	Verwendung und Wirkung
Aluminiumchlorid $AlCl_3$	sauer	Antischweißmittel, wirkt adstringierend
Ammoniumchlorid NH_4Cl	sauer	Gesichtswasser, wirkt adstringierend
Natriumsulfit Na_2SO_3	alkalisch	verhindert als Reduktionsmittel die vorzeitige Oxidation von Farbstoff-Vorstufen in Farbcremes
Natriumcarbonat (Soda) Na_2CO_3	alkalisch	Zusatz in Badesalz und Wellmitteln zur Wasserenthärtung
Ammoniumthioglykolat $H-S-CH_2-COONH_4$	alkalisch	Reduktionsmittel in alkalischen Wellmitteln
Alaun $NH_4Al(SO_4)_2$, $KAl(SO_4)_2$	sauer	Zusatz in Blutstillerstiften, um verletzte Kapillargefäße zusammenzuziehen
Eisenchlorid $FeCl_3$	sauer	Blutstillerwatte, Ätzmittel bei Warzen

Pufferwirkung. Wird Säure oder Lauge in Wasser getropft, ändert sich sofort der pH-Wert der Lösung. Die Salzlösung hat dagegen offensichtlich die Säure- bzw. Laugenteilchen „weggefangen", denn der pH-Wert hat sich nicht geändert. Stoffe, die Wasserstoffionen wegfangen und damit den pH-Wert konstant halten, heißen Pufferstoffe. Man setzt sie kosmetischen Präparaten zu, um den pH-Wert stabil zu halten. Diese Stabilität ist wichtig, weil sich bei Verschiebungen die Wirkung der Mittel ändert, was zu Haar- und Hautschäden führen kann.

Aufgaben zu Abschnitt 6.9

1. Wie färben Laugen und Säuren Lackmuspapier?
2. Aus welchen Stoffen entstehen Laugen?
3. Warum sind im Calciumhydroxid und Magnesiumhydroxid jeweils zwei OH-Gruppen?
4. Welche Ladung hat die OH-Gruppe?

5. Wodurch unterscheiden sich starke und schwache Laugen?
6. Nennen Sie zwei besonders starke Laugen.
7. Welche Lauge ist am häufigsten in Friseurpräparaten enthalten?
8. Wie werden Säuren hergestellt?
9. Welcher Teil einer Säure ist verantwortlich für die saure Wirkung?
10. Nennen Sie schwache Säuren.
11. Welche Wirkung haben starke Laugen auf das Haar?
12. Wie wirken schwache Laugen auf das Haar?
13. Welche Präparate enthalten Laugen?
14. Welche Wirkung haben schwache Säuren auf Haut und Haare?
15. Warum müssen Sie nach alkalischen Behandlungen des Haares eine Säurespülung oder Haarkur durchführen?
16. Zeichnen und beschriften Sie die pH-Wert-Skala.
17. Wie viel stärker ist eine Lauge mit pH 14 als eine mit pH 13?
18. Welchen pH-Wert haben die stärksten Säuren?
19. Warum reagiert Wasser neutral?
20. Warum sind kosmetische Mittel mit einem pH-Wert von 4 bis 5 besonders haut- und haarschonend?
21. Warum dürfen Sie nicht auf das Verdünnen von Präparaten verzichten, auch wenn sich der pH-Wert dadurch kaum ändert?
22. Wie misst man den pH-Wert?
23. Warum reagieren Mischungen aus gleichen Mengen gleichstarker Säuren und Laugen neutral?
24. Was versteht man unter Neutralisation?
25. Nennen Sie Beispiele von Neutralisationen aus der Friseurpraxis.
26. Aus welchen Bestandteilen bilden sich alkalisch reagierende Salze?
27. Warum reagiert Natriumchloridlösung neutral?
28 Warum setzt man kosmetischen Mitteln Pufferstoffe zu?
29. Erläutern Sie den Vorgang der Pufferung.

6.10 Hauptbestandteile und Eigenschaften kosmetischer Präparate

Bisher haben Sie einige grundlegende chemische Behandlungsverfahren kennen gelernt. Dabei handelt es sich um Inhalte der anorganischen Chemie. Mit den Bestandteilen des Keratins oder den Inhaltsstoffen kosmetischer Präparate dagegen beschäftigt sich die organische Chemie. Der Begriff organisch ist vom Wort Organismus abgeleitet. Organismen sind Lebewesen – Pflanzen, Tiere, Menschen. Die Stoffe, aus denen Lebewesen aufgebaut sind, nennt man organische Stoffe und unterscheidet sie von den anorganischen Stoffen der unbelebten Natur – Metalle, Nichtmetalle, Säuren, Laugen und Salze.

Alle organischen Verbindungen enthalten Kohlenstoff, deshalb wird die organische Chemie auch die Chemie der Kohlenstoffverbindungen genannt. Kohlenstoffatome können sich nicht nur mit anderen Stoffen, sondern auch untereinander verbinden. Ihr häufigster Partner ist Wasserstoff (Kohlenwasserstoffe), andere sind Sauerstoff, Halogene, Stickstoff, Schwefel. Da sich die Kohlenstoffatome sehr zahlreich zu Ketten, Ringen oder Kombinationen verbinden können, ergibt sich die riesige Zahl von etwa 4 Millionen organischer Verbindungen! Kohlenstoff steht in der 4. Hauptgruppe und besitzt deshalb 4 Außenelektronen. Um den Zustand der Edelgaskonfiguration zu erreichen, bildet er mit sich selbst und anderen Elementen Atombindungen aus.

Kohlenstoff ist ein Element mit vier Außenelektronen. Er bildet mit sich selbst und vor allem mit den Elementen H, ferner O, N Halogene und S Atombindungen aus.
Es entstehen Ketten, verzweigte Ketten, ringförmige Verbindungen oder Kombinationen aller Formen.

Hexadecan-1-ol, weißes Vaselin, Wollwachs, Propylenglykol, Natriumlaurylsulfat, Citric Acid oder Sodium Chloride – vielleicht haben sie ja schon einmal auf die Rückseite Ihres Duschgels, Ihrer Bodylotion oder Haarspülung geschaut und diese Begriffe gelesen, aber sicher nicht verstanden. Die Hersteller sind verpflichtet, die Inhaltsstoffe ihrer Präparate auf der Rückseite der Verpackungen anzugeben. Sie tun dies, indem sie die chemischen Namen in Deutsch, Latein oder oftmals sogar in Englisch benutzen. Der Verbraucher kann mit den Namen wenig anfangen, denn nur Fachleute der Chemie wissen, dass sich z. B. hinter der Endung -ol ein Alkohol verbirgt oder welche Wirkung weißes Vaselin hat. Im Folgenden erhalten Sie eine Übersicht der grundsätzlichen Bestandteile kosmetischer Präparate und ihrer Wirkung auf Haut und Haar in alphabetischer Reihenfolge.

6.10.1 Alkane (Kohlenwasserstoffe)

Durch die Verbindung von 1 Kohlenstoffatom mit 4 Wasserstoffatomen entsteht Methan, ein farbloses, brennbares Gas, das bei uns als Erdgas Verwendung findet.

$$C + 4\,H \longrightarrow CH_4$$

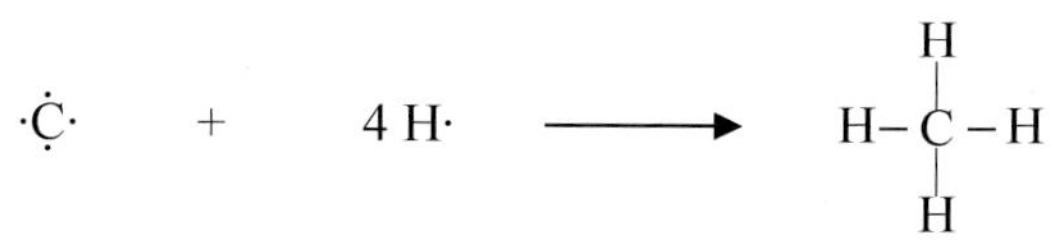

Die Verbindung von 2 C-Atomen mit 6 H-Atomen ergibt Ethan, ein ebenfalls brennbarer Bestandteil des Erdgases.

$$2\,C + 6\,H \longrightarrow C_2H_6$$

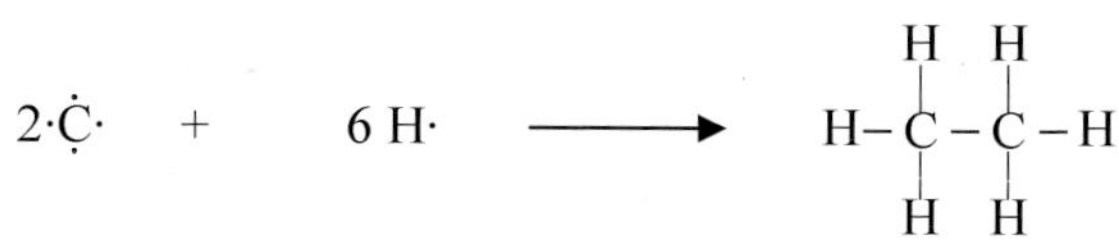

Ethan

Jedes weitere Kohlenstoffatom verlängert die Kette um eine CH_2-Gruppe, wobei die Ketten sich auch verzweigen können.

Mit der Zahl der C-Atome, also mit zunehmender Kettenlänge oder Molekülgröße, ändern sich die Eigenschaften der Kohlenwasserstoffe. Die ersten vier Verbindungen sind Gase, danach werden die Verbindungen flüssig bis dickflüssig. Vom 17. C-Atom an werden die Kohlenwasserstoffe wachsartig fest. Nachdem man sie von Fremdstoffen gereinigt hat, werden sie als fettende Stoffe in kosmetischen Präparaten eingesetzt. Kohlenwasserstoffe ab 17 C-Atomen nennt man Mineralfette oder Paraffine. Der lateinische Name besagt, dass diese Verbindungen wenig reaktionsfreudig und daher sehr beständig sind. Diese Eigenschaft und die Tatsache, dass sie preisgünstig zu gewinnen sind, macht sie zu einem beliebten Rohstoff für die kosmetische Industrie. Bis etwa 1900 enthielten Hautcremes nur pflanzliche oder tierische Fette und Öle. Die Präparate mussten vom Apotheker für Leute, die sich das leisten konnten, frisch zubereitet werden und hielten sich nur einige wenige Monate. Erst mit der Gewinnung von Mineralfetten aus dem Erdöl, konnte man Präparate mit längerer Haltbarkeit für breite Bevölkerungsschichten herstellen.

Tabelle **6**.27 Alkane (gesättigte Kohlenwasserstoffe)

Name	C-Atome	Summen-formel	Strukturformel	Aggregatzustand	Vorkommen/ Verwendung
Methan	1	CH_4	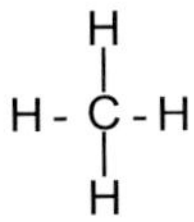	gasförmig	Erdgas
Ethan	2	C_2H_6	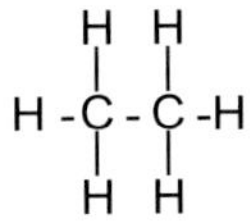	gasförmig	Erdgas
Propan	3	C_3H_8	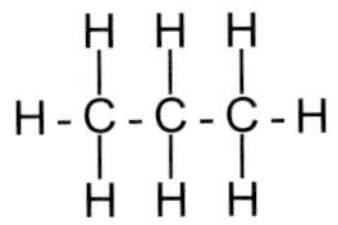	gasförmig	Haushaltsgas Campinggas
Butan Pentan Hexan Heptan Oktan	4 5 6 7 8	C_4H_{10} C_5H_{12} C_6H_{14} C_7H_{16} C_8H_{18}		gasförmig flüssig dickflüssig	Campinggas Laborbrenner Benzin
Nonan Dekan • • •	9 10 • • • 16	C_9H_{20} $C_{10}H_{22}$ • • • $C_{16}H_{34}$		dickflüssig hoch viskos	Schmieröl
Paraffine Mineralfette	17 • • • 43	$C_{17}H_{36}$ • • • $C_{43}H_{88}$		wachsartig fest fest	fettende Stoffe in kosmetischen Präparaten

Eigenschaften der Mineralfette. Mineralfette wie z. B. Vaseline fetten die Haut, machen sie geschmeidig und glänzend. Sie bilden auf der Haut einen wasserabstoßenden Film und haben dadurch eine ausgeprägte Schutzwirkung. Sie sind chemisch stabil, d. h. sie verändern sich bei längerer Lagerung nicht, werden nicht ranzig. Außerdem lassen sie sich gut mit andern Fetten mischen.

Für kosmetische Zwecke verwendet man Paraffinmischungen, die man nach dem Aggregatzustand (Kettenlänge und -verzweigung) in Weiß- oder Paraffinöl, Vaseline, Paraffinwachs und Ceresin einteilt.

Verwendung von Mineralfetten

Weiß- oder Paraffinöl ist hochgradig gereinigtes, dünn- bis dickflüssiges Mineralöl. Es lässt sich auf der Haut zu einem dünnen Schutzfilm verteilen und wird daher häufig in Massagemitteln eingesetzt. Da es sich gut mit anderen fettigen Stoffen mischt, entfernt es als Bestandteil von Reinigungsemulsionen fettige Verschmutzungen besonders gut.

Vaseline ist eine zähe, etwas klebrige Mischung aus festen und flüssigen Alkanen. Wegen dieser Zähigkeit (Viskosität) eignet sich Vaseline hervorragend für Hautschutzcremes und wird deshalb besonders gern in Handcremes eingesetzt. Man findet es aber auch sehr häufig in Reinigungs- und Massagecremes, Körperlotionen und einigen Frisiercremes.

Paraffinwachs nennt man langkettige, bei Raumtemperatur feste Alkane. Sie ergeben mit anderen Fettstoffen eine Mischung, die sich bei Druck verflüssigt (thixotropes Gemisch). Durch diese Eigenschaft ist Paraffinwachs besonders gut geeignet für Präparate, die gezielt aufgetragen werden und auf der Haut bleiben sollen, denn bei nachlassendem Druck verfestigt sich die Masse wieder. Deshalb findet man Paraffinwachse in Lippenstiften, Lippenpflege- oder -schutzstiften, Lidschattencremes, in Hautcremes mit Schutzwirkung oder als Trägermasse von Deostiften.

Ceresin nennt man das in der Natur vorkommende gereinigte Erdwachs Ozokerit. Es wird wie Paraffinwachs verarbeitet.

> Mineralfette und Mineralöle sind Mischungen aus langkettigen verzweigten und unverzweigten Kohlenwasserstoffen. Ihre Eigenschaften:
> - sie dringen nicht in die Haut ein, sondern bilden einen dünnen Film
> - sie fetten und haben eine Schutzfunktion
> - sie sind unbegrenzt haltbar
> - sie lassen sich gut mit anderen Fetten mischen

6.10.2 Aldehyde (Alkanale) und Ketone

Aldehyde und Ketone entstehen, wenn man Alkohole oxidiert. Bei den Aldehyden werden Alkohole mit endständiger Alkoholgruppe oxidiert, bei den Ketonen werden mittelständige Alkoholgruppen oxidiert.

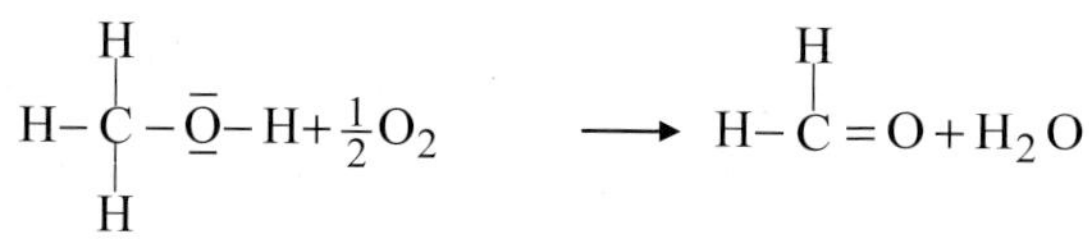

Methanol + **Sauerstoff** ⟶ **Methanal (Formaldehyd)** + **Wasser**

Das Kennzeichen der Aldehyde ist die Aldehydgruppe $-\mathrm{C}{\genfrac{}{}{0pt}{}{{=}\mathrm{O}}{-\mathrm{H}}}$

In Körperpflege- und Putzmitteln wird hauptsächlich **Formaldehyd** – chemischer Name Methanal – eingesetzt. Eine 35–50 %ige Lösung des stechend riechenden Gases in Wasser kommt als Formalin in den Handel und dient als Desinfektionsmittel und Konservierungsmittel für anatomische und biologische Präparate. Formaldehyd wird in den meisten Präparaten zur Konservierung eingesetzt und wirkt gegen Mikroorganismen. In den letzten Jahren ist der Stoff stark in die Kritik geraten, da er hautreizend wirken und bei vielen Menschen Allergien auslösen kann. Außerdem steht Formaldehyd im Verdacht, die Haut vorzeitig altern zu lassen und im Tierversuch krebserregend zu wirken. Laut Kosmetikverordnung muss ein Formaldehydgehalt erst ab 0,05 % auf der Verpackung vermerkt sein. Viele Hersteller setzen aber nicht direkt Formaldehyd in ihren Produkten ein, sondern Verbindungen, die erst im Laufe der Zeit Formaldehyd freisetzen. Diese so genannten Formaldehydabspalter müssen allerdings nicht angegeben werden.

Aldehyde werden oft in Parfums eingesetzt, da sie sehr aromatisch-blumig riechen.

Das Kennzeichen der Ketone ist die  Ketogruppe.

Aceton – chemischer Name Propanon – ist ein gutes Lösungsmittel für Lacke und Fette. Früher wurde es in Nagellackentfernern eingesetzt. Da es eine stark entfettende Wirkung hat, wurden die Nägel bei häufiger Benutzung im Lauf der Zeit brüchig, so dass Aceton durch andere Lösungsmittel ersetzt werden musste. Man verwendet es heute trotzdem noch als Lösungsmittel in Nagellacken oder zur Kleberentfernung bei Kunstnägeln.

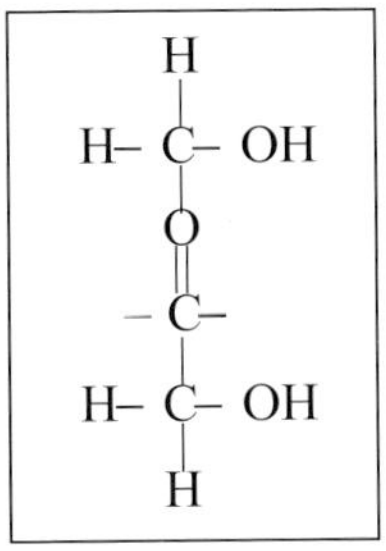

6.28 Strukturformel von Dihydroxyaceton

Dihydroxyaceton ist der Wirkstoff in Selbstbräunern. Die Verbindung geht eine chemische Bindung mit dem Hautkeratin ein und färbt die obersten Zelllagen gelb-bräunlich an (6.28).

6.10.3 Alkanole (Alkohole)

Wenn sie den Begriff Alkohol hören, denken Sie sicherlich zuerst an alkoholische Getränke wie Wein, Sekt, Bier, Bacardi Cola oder vielleicht Pina Colada. Der Alkohol, der in allen diesen Getränken wirksam ist, heißt Ethanol. Ethanol leitet sich von Ethan ab, ein Wasserstoffatom wurde durch eine alkoholische OH-Gruppe ersetzt. Daraus ergeben sich auch die Namen der Alkohole, an die Namen der Alkane wird die Endung -ol gehängt. Sie müssen allerdings die alkoholische Hydroxylgruppe von der Hydroxidgruppe der Laugen unterscheiden.

Tabelle **6**.29 Unterscheidung von Alkoholen und Laugen

Verbindung	Kennzeichen	Ladung	Bindungsart	Eigenschaft
Laugen	Hydroxidgruppen	Negativ geladen/Anion	Ionenbindung	Spaltet sich in Wasser leicht ab
Alkohole	Hydroxylgruppe	Keine Ladung	Atombindung	Spaltet sich in Wasser nicht ab

Alkohole entstehen durch Oxidation aus Alkanen:

$$CH_4 \quad + \tfrac{1}{2} O_2 \quad \longrightarrow \quad CH_3OH$$

Methan + **Sauerstoff** ⟶ **Methanol**

In der folgenden Tabelle finden Sie die wichtigsten, in der Kosmetik eingesetzten Alkohole mit einer OH-Gruppe, einwertige Alkohole genannt.

Name des Alkohols	Summenformel	Strukturformel	Eigenschaften	Verwendung
Methanol	CH_3OH	H | H-C-OH | H	Methanol ist giftig und daher für den Einsatz in kosmetischen Präparaten verboten	
Ethanol	C_2H_5OH	H H | | H-C-C-OH | | H H	• ist trinkbar • berauschendes Nervengift • entfettet, löst Fette, Wirk- und Duftstoffe • riecht angenehm desinfiziert ab 70 % erfrischt (Verdunstungskälte), • fördert die Durchblutung	• Desinfektion bei Akne • in hochwertigen Haar- und Gesichtswässern • in Parfums
2-Propanol/ Iso-Propanol	C_3H_7OH	H H H | | | H-C-C-C-OH | | | H H H	• ungenießbar • entfettet, löst besser als Ethanol • riecht unangenehm • desinfiziert ab 60 % erfrischt, • fördert die Durchblutung	• in preiswerteren Haarwässern • wegen der desinfizierenden Wirkung in medizinischen Haar- und Gesichtswässern • Lösungsmittel für: Haarfestiger, Deosprays, Haarsprays
Butanol	C_4H_9OH	H H H H | | | | H-C-C-C-C-OH | | | | H H H H	• löst Lack- und Farbstoffe • nicht entfettend	Lösungsmittel in Nagellacken und Nagellackentfernern

Statt einer können Alkohole auch mehrere OH-Gruppe in ihrem Molekül haben. Man nennt sie dann mehrwertige Alkohole.

Chemische Eigenschaften. Wie bei den Alkanen ändern sich die chemischen Eigenschaften der Alkohole mit zunehmender Kettenlänge, Verzweigungen oder zusätzlichen OH-Gruppen.

Die Alkohole Methanol, Ethanol, Propanol sind flüssig und gut wasserlöslich, ab 4 C-Atomen werden die Alkohole dickflüssig, bei etwa 11 C–Atomen sind sie wachsartig fest. Mit dem Aggregatzustand ändert sich auch die Löslichkeit in Wasser: Die Alkohole lassen sich mit zunehmender Kettenlänge nicht mehr in Wasser lösen, sondern mischen sich gut mit Fettstoffen.

Fettalkohole. Alkohole ab einer Kettenlänge von 10 bis zu einer Länge von 20 C-Atomen nennt man Fettalkohole. Dabei können die Ketten verzweigt sein oder das Molekül kann statt Einfachbindungen eine oder mehrere Doppelbindungen enthalten (ungesättigtes Molekül). Die Fettalkohole sind wichtige kosmetische Grundstoffe für waschaktive Substanzen, fettende Inhaltsstoffe in Cremes und Emulgatoren für W/Ö-Emulsionen. Sie werden deshalb so gern eingesetzt, weil sie leicht in die obersten Lagen der Hornschicht eindringen, die Haut glätten und geschmeidig machen, ohne sie zu reizen. Besonders häufig findet man Wollfettalkohole in Kosmetika. Das sind Fettalkohole, die im Wollfett Lanolin enthalten sind (**6.**30).

Mehrwertige Alkohole. Statt einer können Alkohole auch zwei, drei oder sogar sechs OH-Gruppen enthalten. In kosmetischen Präparaten werden hauptsächlich Glycerin – chemischer Name Propantriol – und Sorbit – chemischer Name Hexanhexol – eingesetzt. Glycerin ist eine klare, dickflüssige Substanz, die sehr stark wasseranziehend wirkt. Als Zusatz in Zahnpasten und Cremes soll sie das Austrocknen verhindern, in höherer Konzentration soll Glycerin in Präparaten, z. B. Handcreme oder Haarkuren, Haut und Haar feucht und geschmeidig halten. Durch die starke Hygroskopizität (Wasseranziehung) dient es auch oft als Verdickungsmittel. Sorbit hat ähnliche Eigenschaften wie Glycerin und wird deshalb ebenso eingesetzt.

6.30 Cetylalkohol

Kennzeichen der Alkohole ist die OH-Gruppe (Hydroxylgruppe)

Einwertige Alkohole – eine OH-Gruppe

Kurzkettige Alkohole	C1 bis C3	– flüssig, gute Lösungsmittel, mit Wasser mischbar
mittelkettige Alkohole	C4 bis C11	– ölig, dickflüssig
langkettige Alkohole	C12 bis C22	– Fettalkohole, wachsartig fest, Rohstoffe für WAS, W/Ö-Emulgatoren, fettende Stoffe in Cremes

Mehrwertige Alkohole – ab zwei OH-Gruppen

Dreiwertige Alkohole: Glycerin	– ölig, dickflüssig, gutes Feuchthaltemittel
Sechswertiger Alkohol: Sorbit	– ölig, dickflüssig, gutes Feuchthaltemittel

6.10.4 Alkansäuren/Carbonsäuren

Organische Säuren kommen in der Natur vor. Ihre Wirkungen kenne wir bereits: Sie neutralisieren und adstringieren nach alkalischen Behandlungen. Carbonsäuren sind erheblich milder als die starken anorganischen Säuren, sie haben ausgesprochen pflegende Eigenschaften. Kennzeichen der Carbonsäuren ist die COOH-Gruppe. Auch die Carbonsäuren entstehen durch Oxidation aus den Alkanen. Davon leiten sich auch die Namen ab. Aus Methan entsteht Methansäure oder Ameisensäure, aus Ethan entsteht Ethansäure oder Essigsäure. Jede weitere Säure ist um eine CH_2-Gruppe länger. Carbonsäuren von 10 bis 22 C-Atomen nennt man Fettsäuren.

Tabelle **6.**31 **Organische Säuren**

Ameisensäure (Methansäure)	$H - COOH$
Essigsäure (Ethansäure)	$CH_3 - COOH$
Propionsäure (Propansäure)	$CH_3 - CH_2 - COOH$
Buttersäure (Butansäure)	$CH_3 - CH_2 - CH_2 - COOH$
Fettsäuren	
Palmitinsäure (n-Hexadecansäure)	$CH_3 - (CH_2)_{14} - COOH$
Stearinsäure (n-Octadecansäure)	$CH_3 - (CH_2)_{16} - COOH$
Ölsäure (9-Dodecansäure)	$CH_3 - (CH_2)_7 - CH = CH - (CH_2)_7 - COOH$

Gesättigte Fettsäuren wie z. B. die Palmitinsäure haben Einfachbindungen und lange Ketten. Sie sind Bestandteile echter Fette und können dickflüssig oder sogar fest sein. Wegen ihrer niedrigen Grenzflächenspannung bilden sie einen dünnen, nicht fettig-klebrigen Film auf der Haut oder dem Haar. Man verwendet sie wie echte Fette oder Emulgatoren in Haar- und Hautpflegepräparaten. Stearin z. B. ist eine Mischung aus Palmitin- und Stearinsäure, die in Cremes schützend und pflegend wirkt und in Mattierungscremes der Haut einen matten Schimmer verleihen soll.

Ungesättigte Fettsäuren haben eine oder mehrere Doppelbindungen im Molekül. Sie sind in vielen Pflanzenölen enthalten und werden auch essentielle (lebensnotwendige) Fettsäuren genannt. Durch die Doppelbindungen ist das Molekül sehr instabil und oxidationsfreudig, d. h. weniger lange haltbar. Deshalb verwendet man in der Kosmetik lieber die gesättigten Fettsäuren mit einer Ausnahme: Man setzt sie als Mittel gegen trockene, rissige und sonnenstrapazierte Haut ein, denn sie normalisieren die Verhornung. Vor allem Linolsäure wirkt gegen brüchige Haare und brüchige Nägel.

Tabelle **6**.32 **Eigenschaften und Verwendung organischer Säuern**

Name	Eigenschaften	Verwendung
Ameisensäure Essigsäure Milchsäure Zitronensäure Gerbsäure	milder als anorganische Säuren neutralisieren und adstringieren nach alkalischen Behandlungen	Säurespülung, Fixierung, Haarkurmittel Gesichtswasser (Adstringens), Rasierwasser
Gesättigte Fettsäuren (z. B. Palmitin-, Stearin- und Myristrinsäure)	dickflüssige oder feste, fettähnliche Stoffe bilden dünnen Film auf der Haut oder den Haaren	Emulgatoren Fettphase in Cremes und Packungen Schutz- und Pflegestoffe in Dauerwell-, Blondier- und Färbemitteln
Ungesättigte Fettsäuren (essentielle) (z. B. Linol- und Ölsäure)	fettähnliche, oxidationsempfindliche Stoffe regulieren die Verhornung der Haut	Wirkstoffe in After-sun-Präparaten Nagelölen, Haarkuren Packungen und Cremes gegen trockene und rissige Haut
Thioglykolsäure $H - S - CH_2 - COOH$	übel riechendes Reduktionsmittel	Grundstoff für Wellmittel und Haarentfernungsmittel

Salizylsäure ist eine Carbonsäure, die in ihrem Molekül ringförmig gebundenen Kohlenstoff enthält, einen so genannten Benzolring. Sie wirkt konservierend und keratolytisch, d. h. hauterweichend und hornlösend. Man findet Zusätze von Salizylsäure vor allem in Hühneraugenmitteln, in Gesichtswässern und Cremes gegen Akne und Shampoos und Kopfwässern gegen Schuppen.

Hyaluronsäure ist eine natürliche Säure, die als Füllsubstanz zwischen den elastischen und kollagenen Fasern der Cutis vorhanden ist. Sie kann viel Wasser binden und wird deshalb als Feuchthaltemittel eingesetzt. Hyaluronsäure macht die Haut glatt und weich, da sie sich an die Hornschicht koppelt und dort Feuchtigkeit speichert.

Fruchtsäuren (Alpha-Hydroxy-Acids - AHAs) wie z. B. Apfelsäure, Weinsäure, Glykolsäure werden in 0,5 bis 5 %iger Konzentration hauptsächlich Hautcremes zugesetzt. Sie üben einen leichten Schäleffekt auf die Haut aus. Dadurch wird die Verhornung reguliert und die Regeneration der Epidermis angekurbelt. Die Haut wirkt frischer, Fältchen werden gemildert.

6.10.5 Eiweiße/Proteine

Sie finden kaum noch ein Haut- oder Haarpflegepräparat, das nicht einen Zusatz von Proteinen hat und damit wirbt, z. B.: „Das X-beliebige Produkt enthält Seidenproteine oder unser Proteinshampoo pflegt Ihr Haar schon beim Waschen oder Collagene dringen tief in die Haut ein, Ihre Falten werden spürbar glatter". Auch die Ende der neunziger Jahre auf den Markt gekommenen Flüssighaarpräparate bestehen aus Proteinen. Warum verwendet man gerade diese Stoffe so häufig?

Proteine sind Eiweißstoffe, die beim Aufbau der Zellen eine wichtige Rolle spielen. Der menschliche Körper besteht nach Abzug des Wassers bis zu 75 % aus Proteinen. Es sind Verbindungen aus C, O, H, N und S. Diese Elemente bilden Aminosäuren, Aminosäuren wiederum verbinden sich zu einem Peptid. Mehrere Peptide schließlich bilden zusammen eine Polypeptid – das Protein. Je nachdem wie sich die Elemente verbinden, entstehen verschiedene Aminosäuren.

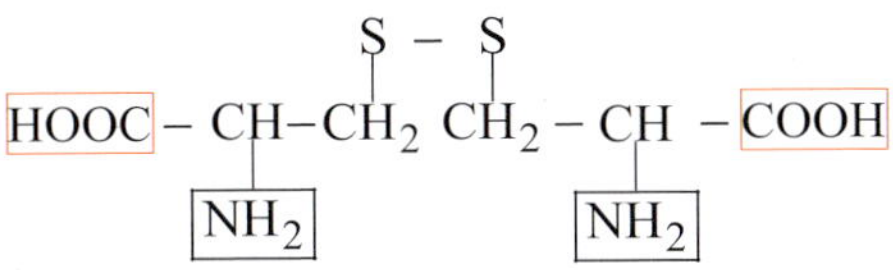

Cystin

Etwa 20 verschiedene Aminosäuren bilden das körpereigene Eiweiß, das bei Haaren, Nägeln und der Hornschicht der Epidermis zum Keratin verhornt ist. Der Körper stellt das Eiweiß aus Proteinen her, die er mit der Nahrung aufnimmt. Dabei werden die Proteine in ihre Aminosäuren gespalten und in der Zelle neue, körpereigene Proteine aufgebaut.

Tabelle **6**.33 Die wichtigsten Aminosäuren des Keratins

Aminosäure	% Anteil in Keratin
Glutaminsäure	14,1
Cystin	11,9
Isoleucin	11,3
Serin	10,3
Arginin	10,3

Proteine in der Haarpflege. Bei Haarschäden wie porösem Haar versucht man mit Eiweißspaltprodukten die Haarstruktur zu verbessern. Dazu trennt man mit Lösungsmitteln einzelne Bestandteile aus dem Kokon der Seidenspinnerraupe heraus (Seidenproteine) oder mahlt Weizen zu feinem Mehl und trennt dann in einem speziellen Verfahren Stärke und Eiweiß (Weizenproteine). In vielen Präparaten kommen auch Milchproteine zum Einsatz. Die in den Haarpflegemitteln enthaltenen Proteine ähneln in ihrer Zusammensetzung dem natürlichen Keratin. Sie gehen zwar vermutlich mit dem Keratin keine chemische Bindung ein, können sich aber gut in Hohlräume einlagern und verbessern so vorübergehend die Haarstruktur.

Proteine in der Hautpflege. Collagen und Elastin sind Proteine, die man aus der Haut von Schlachttieren wie Kühen oder Schweinen gewinnt. Proteine sind wichtige Bestandteile des Bindegewebes sowohl beim Mensch als auch beim Tier. Collagen ist für das Wasserbindevermögen verantwortlich, Elastin für die Elastizität der Cutis. Mit zunehmendem Alter lassen diese Eigenschaften nach, außerdem vernetzen die beiden Faserarten sehr stark, die Haut altert. Collagenhaltige Cremes sollen diesen natürlichen Alterungsprozess der Haut aufhalten. Da die Collagenmoleküle sehr groß sind, ist es unwahrscheinlich, dass sie die Epidermis durchdringen und bis in die Cutis gelangen, wo sie wirken sollen. Man vermutet, dass sie ihre Wirkung auf der Hornschicht entfalten: Sie glätten sie und halten sie durch das Wasserbindevermögen des Collagens geschmeidig.

6.10.6 Fette

Bei dem Begriff Fette denken Sie bestimmt an Nahrungsfette wie Olivenöl oder Butter. In der Kosmetik gibt es neben den echten Fetten zahlreiche Stoffe, die ähnliche Eigenschaften besitzen. Dazu gehören auch Fettalkohole und Fettsäuren, die wir in den vorhergehenden Abschnitten behandelt haben. Eine Übersicht der verwendeten Stoffe finden Sie hier:

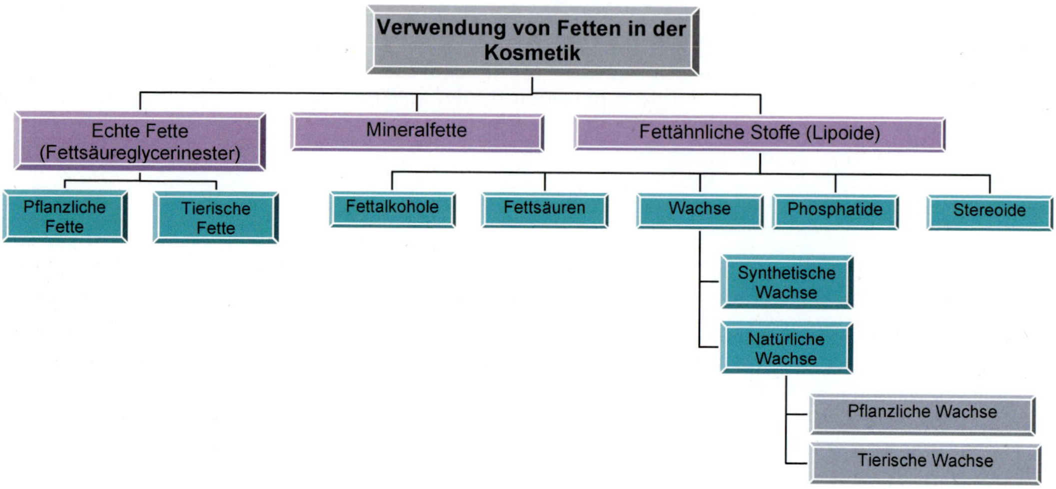

6.34 Übersicht Fette in der Kosmetik

6.10.6.1 Echte Fette

Echte Fette unterteilen sich in Fette pflanzlicher Herkunft und Fette tierischer Herkunft.

Pflanzliche Fette, z. B.: Sonnenblumenöl, Olivenöl, Kakaobutter, Kokosfett, Avocadoöl, Weizenkeimöl, Kakaobutter.

Tierische Fette, z. B.: Rindertalg, Schweinefett, Hammeltalg.

Chemischer Bau. Echte Fette sind eine Verbindung aus dem dreiwertigen Alkohol Glycerin und Fettsäuren. Diese Verbindungen aus einem Alkohol und Säuren nennt man Ester. Echte Fette sind also Fettsäureglycerinester.

$$\begin{array}{l} CH_3-CH_2...CH_2-COO\,\boxed{H+\;HO}-CH_2 \\ CH_3-CH_2...CH_2-COO\,\boxed{H+\;HO}-CH \\ CH_3-CH_2...CH_2-COO\,\boxed{H+\;HO}-CH_2 \end{array} \xrightarrow{-\,3H_2O} \begin{array}{l} CH_3-CH_2...CH_2-COO-CH_2 \\ CH_3-CH_2...CH_2-COO-CH \\ CH_3-CH_2...CH_2-COO-CH_2 \end{array}$$

Eigenschaften. Im Gegensatz zu den Mineralfetten dringen echte Fette in den oberen Teil der Hornschicht ein und halten die Haut glatt und geschmeidig. Häufig werden sie als *Hautfettersatz* bezeichnet. Da die Mineralfette nicht eindringen, haben sie hauptsächlich eine Schutzwirkung. Echten Fetten dagegen wird eine pflegende Eigenschaft zugesprochen. Sie werden deshalb vorwiegend in Nachtcremes (W/Ö-Emulsionen) und Körperlotionen eingesetzt. Da sie auf der Haut einen sichtbaren Fettglanz hinterlassen, sind echte Fette in Tagescremes weniger beliebt. Sie sind jedoch wichtige Rohstoffe zur Seifenherstellung.

Echte Fette
- sind Fettsäureglycerinester
- sind hautfreundlich, dringen in die Haut, halten sie glatt und geschmeidig
- Nachteile: Sie werden ranzig und fetten sichtbar (Fettglanz)
- verwendet man in Pflegecremes, als Pflegestoff in Haarkosmetika und als Rohstoff zur Seifenherstellung

6.10.6.2 Wachse

Natürliche Wachse unterscheidet man nach
- tierischer Herkunft: Bienenwachs, Lanolin und
- pflanzlicher Herkunft: Carnaubawachs, Candellilawachs, Jojobaöl, Sheabutter.

Synthetische Wachse lösen immer mehr die natürlichen ab. Sie lassen sich preiswert in gleich bleibender Qualität herstellen und sind deutlich haltbarer als echte Fette und natürliche Wachse. In der Kosmetik werden u.a. verwendet: Cetylpalmitat (Walratersatz), Isopropylmyristat, Isopropylpalmitat, PEGs (Polyethylenglykole). Polyethylenglykole sind seit geraumer Zeit in die Kritik geraten, da man ihnen nachsagt, dass sie die Haut aufnahmefähiger für Schadstoffe machen. Man kann sie auf der Inhaltsstoffliste an der Abkürzung PEG oder der Silbe -eth- in Verbindung mit einer Zahl erkennen. Schauen Sie doch mal Ihre Körperpflegepräparate an, Sie werden staunen, wie oft Sie PEGs oder deren Abkömmlinge vorfinden.

Tabelle **6**.35 Verwendung von Wachsen in Haut- und Haarpflegepräparaten

Name	Herkunft	Eigenschaften	Verwendung
Lanolin	aus dem Wollfett von Schafen	Ungereinigt eine braune zäh-klebrige Masse, gereinigt schwach gelb, wasserfrei, kann bis zu 185 % seines Eigengewichts an Wasser aufnehmen, haut- und haarpflegend, kann allergische Reaktionen hervorrufen	als Fettphase und Emulgator zugleich, wird oftmals mit anderen Fetten gemischt, z. B. Eucerin = Mischung aus Lanolin und Paraffinen
Bienenwachs	aus Bienenwaben	Konsistenzregler, gibt Cremes eine gewisse Festigkeit	für Lippenstifte und -pflegestifte, Emulsionen bei rissiger Haut, zur Babypflege, für die Stabilisierung von Salben, in der Naturkosmetik als Emulgator
Jojobaöl	aus Nüssen des Jojobabusches	flüssiges Wachs, bei niedrigen Temperaturen fest	Fettphase in Cremes, Emulgator
Carnaubawachs Candellilawachs	aus Blättern von Palmen und Pflanzen	fest und glänzend, dunkelgelb bis bräunlich, hoher Schmelzpunkt	Schminkstifte, Lippenstifte Lippenpflegestifte, Nagelpoliermittel
Isopropylmyristat	künstlich hergestellt	farblos, geruch- und geschmacklos	Fettphase in Emulsionen, Lösungsvermittler für Vitamine und Riechstoffe
PEGs	künstlich hergestellt	flüssig bis fest	Emulgator, Lösungsvermittler

Lecithine gehören zu den wichtigsten Verbindungen der Natur, da sie Bestandteile der Zellmembranen menschlicher, tierischer und pflanzlicher Zellen sind. Früher wurde Lecithin aus Eidottern gewonnen, daher stammt auch der Name lekhitos = griech. Ei. Heute stellt man Lecithine aus Sonnenblumenkernen, Distelsamen oder Sesam her, in großen Mengen kommen sie aus Sojabohnen. Chemisch gesehen ist Lecithin ein Ester aus Glycerin, Fettsäuren und einer Phosphorsäureverbindung. Lecithin kann in kosmetischen Präparaten eine doppelte Funktion erfüllen: Aufgrund seines polaren Baus ist es Emulgator oder hautpflegende und hautglättende Substanz. Es wird gern bei Präparaten für trockene, spröde Haut eingesetzt, da es sie weich und geschmeidig macht. Lecithine sind Ausgangsstoffe für die Herstellung von Liposomen.

Cholesterin ist Bestandteil des Talgs und wirkt als Emulgator bei der Bildung des Säureschutzmantels, also der Verbindung von Schweiß und Talg. Man findet Cholesterin auch im Wollfett Lanolin. In der Kosmetik dient es als Träger für fettlösliche Wirkstoffe, die so besser eindringen können.

6.10.7 Silikone

Silikone werden hauptsächlich in der Haarpflege eingesetzt. Bekannt geworden sind sie durch die 2-in-1-Shampoos auch Wash-and-go-Shampoos genannt. Auf der Liste der Inhaltsstoffe sind sie u.a. an der Endung -icone zu erkennen. Silikon-Polymere sind wie einige andere Inhaltsstoffe nicht ganz unumstritten. Neben den erwünschten Wirkungen, wie verbesserte Kämmbarkeit und guter Haarglanz, werden ihnen auch negative Wirkungen nachgesagt: Bei wiederholter Behandlung wird der Schutzfilm immer stabiler. Er überdauert mehr als sechs Haarwäschen, denn die Silikonverbindungen sind nicht wasserlöslich. Die Folge können fehlendes Volumen und zusammenfallende Frisuren sein, da das Haar immer mehr beschwert wird. Dauerwellen oder Farbbehandlungen sind unter Umständen kaum noch möglich. Der Film lässt die Wellflüssigkeit oder auch Haarfärbemittel schlechter ins Haar eindringen, so dass die Sprungkraft der Dauerwelle oder die Deckkraft der Farbe nicht ausreicht. Es ist anzunehmen, dass auch die Kopfhaut durch Silikone irritiert werden kann. Rötungen und Schuppenbildung können die ersten Anzeichen sein. Man unterscheidet zwischen folgenden Silikonverbindungen:

Silkonöle setzt man in Haarsprays und Nagellacken als Weichmacher ein, sie verhindern, dass der Kunstharzfilm spröde wird und splittert. In Haarspitzenkuren kitten sie die gespaltenen Spitzen.

Silikon-Tenside werden in Shampoos und Spülungen (Conditionern) eingesetzt. Sie verbessern die Kämmbarkeit des Haares und erhöhen den Haarglanz. Sie sind wasserlöslich und halten nur bis zur nächsten Haarwäsche.

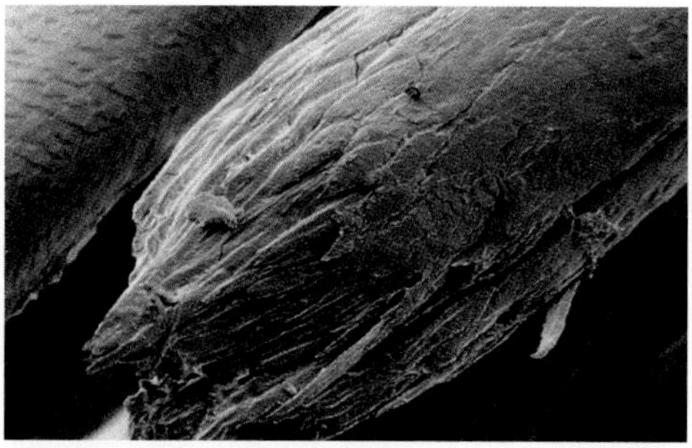

6.36 Silikonbehandeltes Haar

Silikon-Polymere sind Verbindungen, die mit der Haaroberfläche reagieren und auf das Haar aufziehen, also die Wirkstoffe in den Kombipräparaten aus Shampoo und Spülung.

6.10.8 Wirk- und Zusatzstoffe

Wirken Wirkstoffe wirklich? Diese Frage stellen nicht nur Kunden sondern auch Fachleute im Zusammenhang mit Haut- und Haarpflegemitteln. Sie lässt sich weder mit *ja* noch mit *nein* beantworten. Sicher verspricht Werbung oft zuviel, doch benutzt man in der Kosmetik viele schon lange bekannte und medizinisch bewährte Stoffe, die in Tests ihre Wirksamkeit bewiesen haben. Auch in der Kosmetik ist es wie in der Homöopathie: Bei einigen Personen zeigen die Wirkstoffe die erwünschte Wirkung, bei anderen bleibt sie aus. Damit Sie Ihren Kundinnen und Kunden genaue Informationen geben können, sind im Folgenden die wichtigsten Inhaltsstoffe erläutert.

6.10.8.1 Liposome, Nanoparts und Ceramide

Für die mikroskopisch kleinen Kügelchen gibt es viele Namen, wie z. B. Liposomen, Nanosomen, Mikrospheren, Spinghosomen oder Niosomen. Sie werden zwar als Wirkstoffe bezeichnet, sind jedoch Transportsysteme zum Einschleusen von Feuchtigkeit, Fetten, Vitaminen oder UV-Filtern.

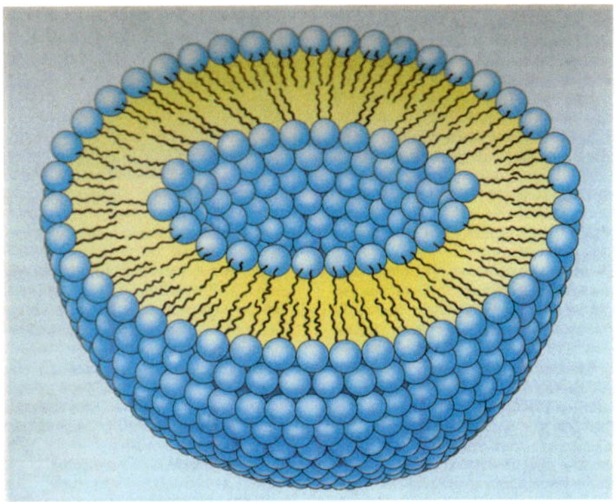

6.37 Liposom

Liposomen bestehen aus einer Doppelschicht von Phospholipiden, die einen kugelförmigen Hohlraum bilden. In diesem Hohlraum befindet sich Wasser, es können aber auch wasserlösliche Wirkstoffe darin enthalten sein.

Nanosomen sind die *fettigen Schwestern* der Liposomen. Hier umschließt die Lecithinhülle öllösliche Wirkstoffe, wie z. B. Vitamin A oder E. Liposome, die *leer* sind, also nur Wasser, aber keine speziellen Wirkstoffe enthalten, führen der Haut Feuchtigkeit zu. Sie werden beim Auftragen z. T. zerstört und binden sich an die Zellen der Hornschicht. Dies stärkt die Hornschichtbarriere und hält die Feuchtigkeit in der Haut. Kleineren Liposomen soll es gelingen, entlang der Zellzwischenräume bis zur Basal- oder Stachelzellschicht vorzudringen. Dorthin sollen sie entweder Wirkstoffe wie etwa Thymusextrakte oder Koffein befördern oder beschädigte Zellmembranen *flicken*, indem sie sich in die beschädigten Stellen einlagern. Dadurch werden die Zellen gestärkt.

Ceramide findet man hauptsächlich zwischen den Zellen der Hornschicht. Sie wirken dort zusammen mit anderen Verbindungen wie *Mörtel zwischen Backsteinen*, denn sie halten die Zellen der Hornschicht zusammen. Diese Hautschutzfunktion der Ceramide verhindert vor allem die Austrocknung der Haut und das Eindringen von Fremdstoffen. Ceramidhaltige Präparate werden gern bei trockener Haut eingesetzt oder sollen bei trockenen, porösen Haaren die Haarzwischenräume füllen.

6.10.8.2 Vitamine, Fermente und Kräuterzusätze

Vitamine sind Biokatalysatoren, die mit der Nahrung aufgenommen werden, um im Körper ihre lebensnotwendigen Aufgaben wahrzunehmen. Die äußerliche Anwendung ist bei den meisten Vitaminen umstritten, gilt aber bei den in der Tabelle **6.**38 aufgeführten als gesichert.

Tabelle **6**.38 Äußerlich wirkende Vitamine

Vitamin	Wirkung	Verwendung
A	reguliert übermäßige Hautverhornung erhöht die Aufnahmefähigkeit der Zellen für öllösliche Wirkstoffe	Aknecremes, Cremes gegen Seborrhoe sicca und lederartige Altershaut
B_1, B_2, B_6	beruhigen die Haut verhindern Erytheme (Rötungen) und Ödeme (Wasseransammlungen im Gewebe) entzündungshemmend	Aknecremes, Cremes gegen Allergien, Hautausschläge, Sonnenschutz und Aftersun-Präparate
B_{12}	fördert die Zellerneuerung	Regeneratcremes bei atrophischer Haut
E	verhindert das Ranzigwerden echter Fette	in allen Emulsionen einsetzbar

Fermente sind Biokatalysatoren, die den Stoffwechsel im Körper steuern. Sie spalten Eiweiß, Kohlehydrate und Fette. In der Kosmetik setzt man sie zur biologischen Schälung der Haut ein. Die Fermente Pankreatin, Trypsin und Erepsin lösen die Kittsubstanz zwischen den verhornten Zellen der Hornschicht auf, sodass diese Zellen schon bei geringer Reibung abgetragen werden. Das Hautbild wird feiner und glatter. Diese sanfte Schälung verträgt auch eine empfindliche Haut.

Kräuterzusätze (Pflanzenextrakte) sind die ältesten kosmetischen Wirkstoffe. Leider kann ihre innerliche Anwendung (z. B. als Tee) – ähnlich wie bei Vitaminen und Hormonen – nicht ohne weiteres auf die äußerliche Anwendung übertragen werden. Dennoch haben sich die in Tabelle **6**.39 aufgeführten Pflanzenextrakte in der Kosmetik bewährt.

Tabelle **6**.39 Äußerlich wirksame Kräuterzusätze

Name	Beschreibung/Wirkung	Verwendung
Azulen	tiefblauer Anteil des ätherischen Kamillenöls beruhigt, lindert Entzündungen, fördert die Heilung	Gesichtswässer, Badezusätze, Cremes für empfindliche Haut, Packungen, Masken, After-sun-Cremes
Chlorophyll	grüner Farbstoff des Blattgrüns von Pflanzen, antiseptisch, desodorierend	Masken, Packungen, Deodorantien
Hamamelis	aus Blättern und Rinden des Hamamelisstrauches gewonnener Gerbstoff adstringierend	Gesichtswässer, Cremes, Masken, Packungen
Melisse	aus den Blättern der Pflanze gewonnenes Öl, riecht erfrischend durchblutungssteigernd	Gesichtswässer gegen Akne, Kompressen, Kräutercremes
Johanniskraut	aus der ganzen Pflanze gewonnenes Öl, wundheilend, antibakteriell	Cremes gegen empfindliche und raue Haut, Badezusätze
Campher	aus dem Holz des Campherbaums gepresstes Öl, heute synthetisch hergestellt, durchblutungsfördernd	Gesichts- und Rasierwässer, Masken, Packungen

Vitamine, Fermente und Pflanzenextrakte sind kosmetische Wirkstoffe.

6.10.8.3 Antioxidantien, Konservierungsmittel und Lösungsmittel

Antioxidantien werden in Kosmetika eingesetzt, um zu verhindern, dass die verwendeten Öle und Fettsäuren vorzeitig ranzig werden oder dass Wasserstoffperoxid vorzeitig zerfällt.

Vitamin E/Tocopherol, Vitamin A oder C (Ascorbinsäure) wirken als natürliche Antioxidantien in fetthaltigen Präparaten, in H_2O_2 wird Phosphorsäure zugesetzt.

Konservierungsmittel findet man in fast allen Haar- und Körperpflegeprodukten. Durch Zugabe von Konservierungsmitteln möchte man sicherstellen, dass auch bei einer Verunreinigung mit Keimen das Kosmetikprodukt nicht verdirbt oder sogar eine Gefahr für die Gesundheit der Benutzer besteht. Ohne Konservierungsmittel wären die meisten Kosmetikprodukte, die Wasser enthalten, nur wenige Wochen haltbar. Die Kosmetikverordnung verlangt aber, dass Präparate ungeöffnet mindestens 30 Monate haltbar sein müssen. In der Kosmetik eingesetzte Mittel zur Konservierung können sein:

- Ethanol oder Isopropanol
- Benzoesäure oder verwandte Verbindungen, die PHB-Ester
- Sorbinsäure und verwandte Verbindungen, die Sorbate
- halogenorganische Verbindungen/Formaldehydabspalter
- Triclosan
- Chlorhexidin
- Farnesol

Alle genannten Verbindungen haben eine gewünschte keimtötende Wirkung, sie können aber auch unerwünschte Nebenwirkungen, wie z. B. Allergien oder Ekzeme hervorrufen.

Lösungsmittel braucht man, um flüssige oder pulverförmige Bestandteile oder Zusätze miteinander zu vermischen. Das wichtigste Lösungsmittel ist Wasser, dessen Anteil z. B. bei Cremes zwischen 50 und 80 % betragen kann, in wässrigen Lösungen kann er noch höher sein. Für Festiger, Haarwässer, Haarsprays und andere Stylingprodukte werden die Alkohole Ethanol oder Isopropanol verwendet. Zum Auflösen der Farbstoffe und Filmbildner in Nagellacken verwendet man Acetate und Butylalkohol.

6.10.8.4 Die INCI-Deklaration – was steht drauf, was ist drin?

Seit Mitte der 90er Jahre müssen alle kosmetischen Mittel mit der INCI-Deklaration versehen sein. INCI steht für *international nomenclature cosmetic ingredients*. Jeder in kosmetischen Mitteln eingesetzte Stoff erhält eine Bezeichnung nach bestimmten Regeln. Die eingesetzten Stoffe müssen auf dem Kosmetikbehälter oder auf der Umverpackung angegeben werden.

Dieses System ist vor allen für geplagte Allergiker hilfreich: Sie können die Produkte meiden, die Stoffe enthalten, auf die sie allergisch reagieren. Aber auch alle anderen Verbraucher haben die Chance, sich über die Zusammensetzung ihrer Präparate zu informieren. Man muss allerdings schon ziemlich ausdauernd sein und auch detektivisches Gespür entwickeln, um sich durch die Menge der Stoffe zu arbeiten, die hauptsächlich in Englisch oder Latein oder mit ihrem chemischen Namen angegeben werden.

Die Kennzeichnung folgt einigen Regeln:

Die Inhaltsstoffe werden in abnehmender Reihenfolge, entsprechend ihrer Konzentration aufgeführt. Bei Inhaltsstoffen, die weniger als ein Prozent ausmachen, muss keine Reihenfolge eingehalten werden. Ein Körperpflegeprodukt besteht in der Regel nur aus den ersten sechs bis acht aufgelisteten Stoffen. Wirkstoffe sind nur in ganz geringen Mengen enthalten und so kann z. B. ein Wirkstoff, der 0,09 % ausmacht, vor einem Inhaltsstoff mit 0,1 % aufgelistet sein!

Die Inhaltsstoffe werden entsprechend den Hauptbestandteilen des Produktes aufgelistet, z. B.:

1. Grundlage: bei allen Produkten im Wesentlichen Wasser und Öle sowie Wachse oder Emulgatoren
2. Wirkstoffe: sollen die Haut zusätzlich pflegen, z. B. Vitamine oder Lichtschutzsubstanzen
3. Hilfsstoffe: stabilisieren oder konservieren Produkte
4. Duftstoffe
5. Farbstoffe: stehen am Ende mit ihren CI- Nummern, hier ist keine Reihenfolge vorgeschrieben

Wie wär's jetzt mit der Entschlüsselung folgender INCI-Deklaration?

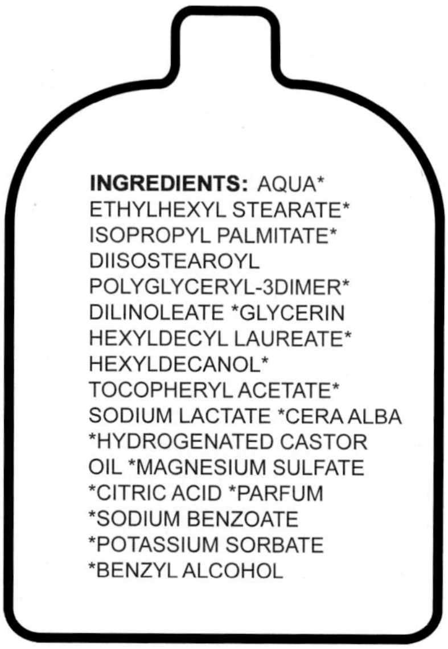

6.40 Flasche mit Inhaltsstoffen

Inhaltsstoffe	Erklärung
AQUA	Wasser
ETHYLHEXYL STEARATE	Fettkomponente, Hautglätter
ISOPROPYL PALMITATE	Rückfetter
DIISOSTEAROYL POLYGLYCERYL-3DIMER DILINOLEATE	Rückfetter Hautglätter
GLYCERIN	Feuchthaltemittel
HEXYLDECYL LAUREATE	Hautglätter
HEXYLDECANOL	Feuchtigkeitsspender, Lösungsmittel
TOCOPHERYL ACETATE*	Antioxidans
SODIUM LACTATE	Pufferstoff, Feuchtigkeitsspender
CERA ALBA	Bienenwachs, Konsistenzgeber
HYDROGENATED CASTOR OIL	Emulgator, Viskositätsregler
MAGNESIUM SULFATE	Viskositätsregler
CITRIC ACID	Zitronensäure
PARFUM	Duftstoffe
SODIUM BENZOATE	Konservierungsmittel
POTASSIUM SORBATE	Konservierungsmittel
BENZYL ALCOHOL	Konservierungsmittel

6.41 Entschlüsselte INCI-Deklaration

Aufgaben zu Abschnitt 6.10

1. Warum nennt man die organische Chemie auch Kohlenstoffchemie?
2. Mit welchen Elementen verbindet sich der Kohlenstoff hauptsächlich?
3. Welche Verbindungsstrukturen (Formen) bilden Kohlenstoffverbindungen?
4. Was sind Alkane und Paraffine?
5. Wovon hängt der Aggregatzustand der Alkane ab?
6. Woher stammen Mineralfette oder Paraffine?
7. Welche Eigenschaften haben Paraffine?
   Wie verhalten sie sich auf der Haut?

8. Nennen Sie kosmetische Präparate, die Mineralfette enthalten.
9. Was versteht man unter einem thixotropen Fettstoffgemisch?
10. Wie entstehen Aldehyde und Ketone?
11. Welche Wirkung hat Formaldehyd?
12. Was sind Formaldehydabspalter?
13. Welche Wirkung hat Aceton?
14. Wie entstehen die Namen der Alkohole?
15. Welche Unterscheidung besteht zwischen der Hydroxidgruppe der Laugen und der Hydroxylgruppe der Alkohole?
16. Warum ist Methanol für kosmetische Zwecke verboten?
17. Welche Wirkungen haben Ethanol und Isopropanol?
18. In welchen Präparaten wird Butanol eingesetzt?
19. Was versteht man unter mehrwertigen Alkoholen?
20. Wie viel C-Atome haben Fettalkohole?
21. Warum werden Fettalkohole so gern in kosmetischen Präparaten eingesetzt?
22. Welche Eigenschaften machen Glycerin zu einem wichtigen kosmetischen Grundstoff?
23. Was ist das Kennzeichen organischer Säuren?
24. Welche Wirkungen haben organische Säuren?
25. Wie viele C-Atome haben Fettsäuren?
26. Wodurch unterscheiden sich gesättigte und ungesättigte Fettsäuren?
27. Welche ungesättigte Fettsäure wirkt gegen brüchige Haare und Nägel?
28. Welche Wirkungen hat Salizylsäure?
29. Aus welchen Elementen setzen sich Aminosäuren zusammen?
30. Aus wie vielen Aminosäuren besteht das menschliche Keratin?
31. Woraus gewinnt man Eiweiße für die Haarpflege?
32. Welche Wirkung haben Proteine auf das Haar?
33. Welche Proteine werden in der Hautpflege eingesetzt?
34. Nennen Sie echte Fette tierischer und pflanzlicher Herkunft.
35. Welche Wirkungen rufen echte Fette auf der Haut hervor?
36. Warum sind echte Fette in Tagescremes nicht sehr beliebt?
37. Nennen Sie natürliche Wachse tierischer und pflanzlicher Herkunft.
38. Warum sind synthetische Wachse in der Kosmetik beliebter als natürliche?
39. Welche Doppelfunktion kann Lecithin in kosmetischen Präparaten erfüllen?
40. Welche positiven und welche negativen Wirkungen können Silikon-Polymere hervorrufen?
41. In welchen Präparaten setzt man Silikonöle ein?
42. Überlegen Sie, warum Silikon-Polymere nicht bei feinen oder schnell fettenden Haaren eingesetzt werden sollten.
43. Wodurch unterscheiden sich Liposomen von Nanosomen?
45. Wie wirkt Vitamin A in Hautcremes?
46. Weshalb müssen Cremes Antioxidantien zugesetzt werden?
47. Warum müssen Haar- und Körperpflegemittel konserviert werden?
48. Welche Lösungsmittel gibt es für haar- und hautkosmetische Präparate?
49. Wo stehen nach der INCI-Deklaration die Hauptinhaltsstoffe eines Präparats?
50. Was versteckt sich hinter diesen Bezeichnungen? (Benutzen Sie dazu eine INCI-Liste oder versuchen Sie die Begriffe mit einer Internetrecherche zu finden.)
    a) Avena Sativa
    b) Buxus Chinensis
    c) Butyrospermium Parkii
    d) Cera Alba
    e) Mentha Piperita
    f) Prunus Dulcis

7 Dauerhafte Haarumformung

7.1 Heißwelle oder „Wer schön sein will, muss leiden!“

Der Wunsch, sich mit Locken zu schmücken bzw. mit „Locken zu locken“, scheint so alt zu sein wie die Menschheit selbst. Von Natur aus sind wir jedoch unterschiedlich begünstigt. Einige haben eine regelrechte Lockenpracht, andere müssen sich mit schnittlauchglatten Haaren herumärgern. Der Wunsch, diese „Ungerechtigkeit“ auszugleichen, ließ die Damen und die Haarkünstler schon im Altertum nicht schlafen. Doch die frühen „Lockversuche“ waren nicht von Dauer, sie hielten nur einige Tage und mussten ständig erneuert werden.

Bereits im 17. Jahrhundert wurden die Haare dauerhaft gekraust. Man wickelte sie auf Holzstäbchen, kochte sie zwei bis drei Stunden in schwach alkalischen Lösungen (Borax) und neutralisierte sie vor dem Trocknen in Essigwasser. Dieses Verfahren konnte natürlich keine Kundin über sich ergehen lassen – es eignete sich nur für ausgekämmte oder abgeschnittene Haare, die anschließend zu Perücken verarbeitet wurden.

7.1 Karl Nessler

7.2 Heißwellapparat 1911

Karl Nessler, ein pfiffiger junger Friseur aus Todtnau im Schwarzwald, übertrug diese Methode auf „lebendes“ Haar. „Versuchskaninchen“ war seine spätere Frau Katharina. Er band von Katharinas langem Haar drei Strähnen ab, feuchtete sie mit geheimnisvollen Flüssigkeiten an und wickelte sie auf Metallstäbchen. Diese erhitzte er mit einer glühenden Zange. Anfangs wurde Katharina für die Dauerwellversuche ihres Freundes arg gestraft: Die erste Haarsträhne löste sich vom Kopf, unter der zweiten bildete sich eine dicke, schmerzhafte Brandblase, und das Haar war und blieb glatt. Die dritte Haarsträhne jedoch war und blieb gewellt! Karl Nessler hatte die *Heißwelle* erfunden! Unermüdlich arbeitete er an seiner Erfindung weiter, sodass er sie 1906 in London den Fachkollegen offiziell vorstellen konnte. Er konstruierte einen Dauerwellapparat, durch den jeder einzelne Wickler aufgeheizt wurde (**7.2**).

Bei der Heißwelle wurden die Haare mit Alkalien angefeuchtet und sehr straff auf senkrecht vom Kopf abstehende Metallstäbchen (*Spiralwickler*) gewickelt. Eine besondere Fixierung war unnö-

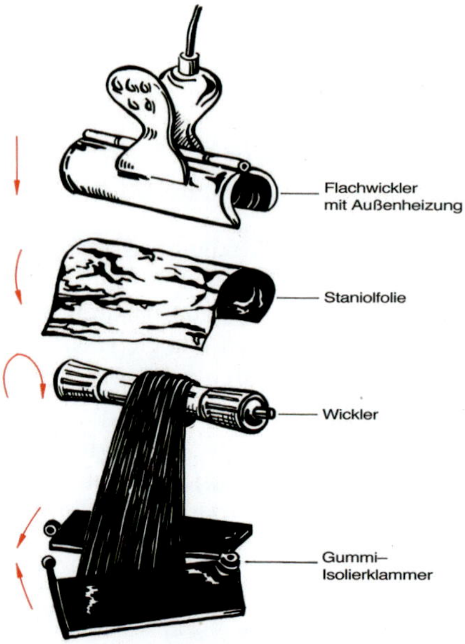

7.3 Flachwirkung

tig. Sie erfolgte durch Abkühlen der Haare auf den Wicklern. Zum Schutz der Kopfhaut vor den gefürchteten Brandblasen nahm Karl Nessler Gummiisolierklammern. Gummiklammern, Metallstäbchen und Heizer wogen zusammen etwa 900 g. Doch damit war das Sprichwort „Wer schönsein will, muss leiden" noch nicht erfüllt. Die Prozedur dauerte obendrein 4 bis 5 Stunden und kostete 105 Goldmark – ein Vermögen, wenn man bedenkt, dass der Stundenlohn eines Arbeiters damals bei 35 Pfennig lag!

Als Josef Mayer 1924 die *Flachwickler* erfand, besserte sich die Lage der lockenwütigen Frauen etwas. Der waagerecht am Kopf anliegende Wickler war leichter und hatte (durch die geringere Hebelkraft) weniger Zugwirkung als der Spiralwickler. Außerdem lässt sich ein Flachwickler einfacher und schneller wickeln, was Sie selbst ausprobieren können. Natürlich mussten auch die Flachwickler erhitzt werden (**7.3**).

Dabei unterscheidet man zwei Arten: *Innenheizung* und *Außenheizung*. Bei der Innenheizung wird die Spitzenkrause stärker. Erhitzt man das Haar dagegen durch eine Heizklammer (Außenheizung), wird die Ansatzkrause stärker.

1906 stellt Karl Nessler die Heißwelle vor
1920 entwickelt er den Dauerwellapparat mit Spiralwicklung
1924 erfindet Josef Mayer die Flachwicklung

7.2 Kaltwelle

1934 meldete eine deutsche Firma ein organisches Reduktionsmittel als Patent an. Diese Chemikalie (Ammoniumthioglykolat) war eine entscheidende Neuerung für die Dauerwelle, denn es handelte sich um die erste Wellflüssigkeit, die ohne umständliches Erhitzen der Haare wirkte. Allerdings dauerte es noch Jahre, bis sich diese Erfindung in Europa durchsetzte.

Mildwelle. Unzufriedenheit ist häufig Auslöser für Neuerungen. Anhänger der Heißwelle bemängelten die stärkere Haarschädigung durch die neuen chemischen Wellmittel. Die umständliche Heißwelle wünschten sich zwar weder Friseure noch Kunden zurück, doch wollte man ihre Vorteile auf das neue Wellverfahren übertragen. So wurde 1950 die Mildwelle erfunden. Sie ist eine Kombination aus Heiß- und Kaltwelle, bei der mit geringer Chemikalienkonzentration, aber zusätzlicher Wärmezufuhr das Haar umgeformt wurde.

Unsere heutigen Wellflüssigkeiten sind zwar besser auf die verschiedenen Haarqualitäten abgestimmt, doch entspricht ihr Wirkungsprinzip noch immer den ersten Kaltwellen.

7.2.1 Chemischer Bau des Haares als Voraussetzung für die Formbarkeit

Dauerwellen sind chemische Umformungen des Haares. Um den Wellvorgang zu verstehen und Fehler zu vermeiden muss man wissen, was bei der Umformung im Haar geschieht. Dazu sind genaue Kenntnisse über den chemischen Bau des Haares nötig. Tab. **7.4** zeigt die Elemente des Keratins.

Tabelle **7.4** **Keratinbestandteile**

Element	Symbol	Anteil in %
Kohlenstoff	C	49
Sauerstoff	O	23
Stickstoff	N	17
Wasserstoff	H	7
Schwefel	S	4

Man kann sich die Keratinelemente mit ihren Symbolen gut als Wörtchen SCHON merken, wobei der Prozentanteil allerdings nicht berücksichtigt ist.

Aminosäuren. Die 5 Elemente liegen im Haar nicht ungeordnet vor, sondern bilden chemische Verbindungen, die Aminosäuren. Dies sind kleinste Eiweißbausteine. Haare sind aus 17 bis 20 verschiedenen Aminosäuren zusammengesetzt, die alle nach folgendem Prinzip aufgebaut sind:

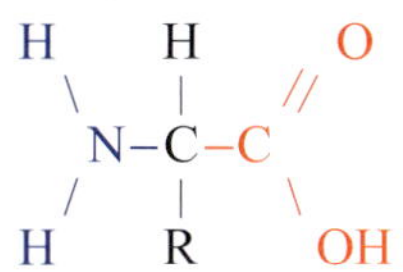

Die NH_2-Gruppe ist die basisch reagierende *Aminogruppe*, die – COOH-Gruppe nennt man Carboxyl- oder *Säuregruppe.* R steht für einen organischen Rest, der z. B. bei einer für die Dauerwelle wichtigen Aminosäure Schwefel enthält.

Peptidbindungen. Im Keratinmolekül des Haares sind viele Aminosäuren zu einem langen Kettenmolekül verbunden. Dabei ist jeweils die Aminogruppe der einen Aminosäure mit der Säuregruppe der nächsten verknüpft. Bei der Verknüpfung wird Wasser (H_2O) entzogen, sodass sich folgendes Reaktionsschema ergibt:

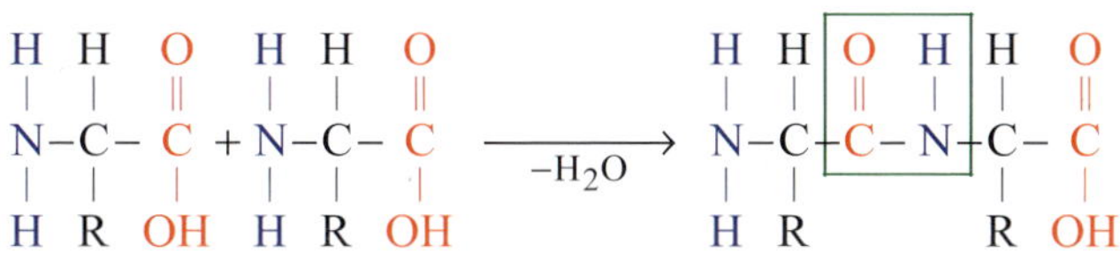

Das neu entstandene (eingerahmte) Zwischenstück nennt man Peptidbindung. Im Kettenmolekül des Keratins entstehen durch die Zusammenlegung vieler Aminosäuren in regelmäßigen Abständen solche sehr festen Peptidbindungen. Im Haar ist das Molekül schraubenartig gedreht (**7.5**). Da die Peptidschrauben in Längsrichtung des Haares liegen, also eine bestimmte Richtung haben, kann man sie gerichtetes Keratin nennen. Es bildet die Keratinfasern, Mikro- und Makrofibrillen. Die schwefelreiche amorphe Masse, die zwischen diesen geformten bzw. gerichteten Bestandteilen des Haares liegt, ist ungerichtetes Keratin.

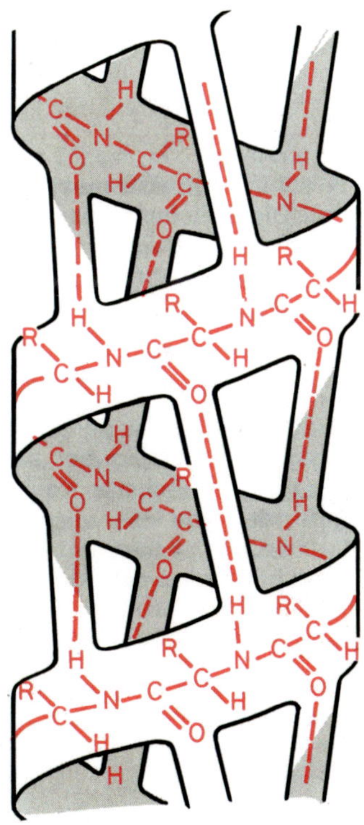

7.5 Peptidschrauben

Aufbau des Keratins

Aminosäuren ⟶ Peptidschrauben ⟶ Keratinfasern ⟶ Mikrofibrille ⟶ Makrofibrille, schwefelreiche amorphe Masse

7.2.2 Längs- und Querbrücken im Keratin

Wenn Sie einen Kugelschreiber auseinanderschrauben und mit der Feder spielen, stellen Sie fest: Die Feder lässt sich zusammenschieben, biegen und auf das Doppelte bis Dreifache ihrer Länge dehnen. Aus dem Abschnitt über das Haar wissen Sie, dass auch Haare dehnbar sind, wenn auch nicht in dem Ausmaß der Kugelschreiberfeder. Die „Federn" des Haares, d. h. die nebeneinanderliegenden Peptidschrauben, werden nämlich durch Längs- und Querverbindungen zusammengehalten. Drei Arten solcher Vernetzungen oder Brücken unterscheidet man: Wasserstoff-, Salz- und Schwefelbrücken.

Keratinbrücken

Wasserstoffbrücken | Salzbrücken | Schwefelbrücken

Die Wasserstoffbrücken sind die instabilsten, d. h., sie lassen sich am leichtesten lösen. Sie bilden sich zwischen den Wasserstoffatomen der Aminogruppen und den Sauerstoffatomen der Peptidgruppen aus.

Wasserstoffbrücke

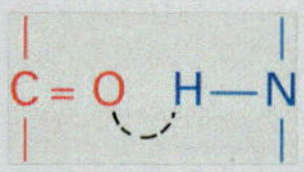

Bild **7.5** zeigt, dass diese Bindungen die Peptidschraube in Längsrichtung zusammenhalten. Die gleichen Wasserstoffbrücken findet man auch zwischen verschiedenen Peptidschrauben. Da sie durch Wasser gelöst werden, dehnt sich nasses Haar stärker als trockenes. Diesen Vorteil nutzen Sie täglich bei Wasserwellen und Fönfrisuren. Dabei quillt das Haar durch Wasseraufnahme um etwa 15 %. Durch das Öffnen der Wasserstoffbrücken werden die Peptidschrauben beweglicher. Beim Formen auf dem Wickler oder über der Fönbürste verschieben sich die Schrauben. Beim Trocknen (Wasserentzug) geht die Quellung zurück und Wasserstoffbrücken bilden sich wieder aus. Durch die Formung über dem Wickler oder der Bürste stehen sich nun jedoch andere Kontaktstellen für Wasserstoffbrücken gegenüber, sodass das Haar die Wickler- bzw. Bürstenform bekommt - leider nur bis zum nächsten Kontakt mit Wasser. Und dazu sind nicht einmal ein kräftiger Regenguss oder eine Haarwäsche erforderlich. Das Haar zieht nämlich die Feuchtigkeit aus der Luft an, es ist hygroskopisch. Deshalb hält die Pracht der Wasserwelle nur einige Tage oder höchstens eine Woche. Lösen und Neuknüpfen von Wasserstoffbrücken führen also nur zu einer vorübergehenden Haarumformung.

Salzbrücken sind stabiler als Wasserstoffbrücken. Sie werden durch $COO^{\ominus}$ und $^{\oplus}H_3N$-Gruppen verschiedener Peptidschrauben gebildet.

Salzbrücke — $COO^{\ominus}$ $^{\oplus}H_3N$ —

Wie Sie aus der Chemie wissen, reagieren Säuren und Laugen (Basen) zu Salzen. Ebenso bilden die basische Aminogruppe und die Säuregruppe im Keratin eine Salzbindung. Die entgegengesetzten Ladungen von Anion ⊖ und Kation ⊕ halten die lonenbindung zusammen. Salzbindungen sind Quervernetzungen, die durch Wasser gelockert, aber nicht gespalten werden.

Wasser drängt sich als Dipol zwischen die beiden Teile der Salzbrücke und schiebt sie auseinander. Beim Trocknen des Haares bilden sich die Salzbrücken ebenso zurück wie die Wasserstoffbrücken. Bei der Wasserwelle haben beide Brückenarten also die gleiche Bedeutung. Während Wasser die Salzbrücken nur lockert, werden sie durch die Alkalien der Dauerwellflüssigkeit gespalten.

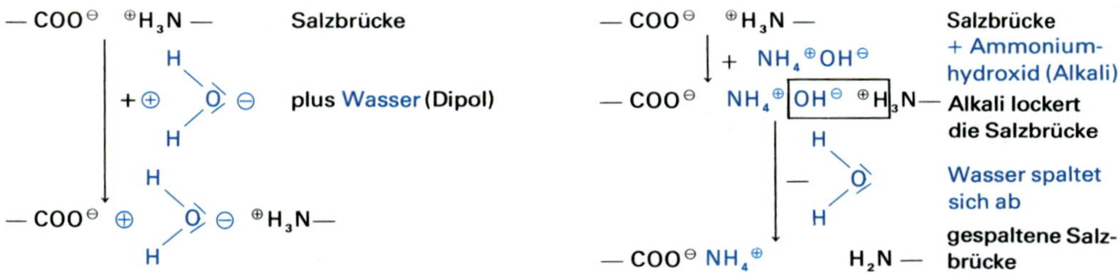

a) Lockern einer Salzbrücke durch Wasser

b) Spalten einer Salzbrücke durch Alkalien

Die Schwefelbrücken sind die stabilsten Brücken im Keratin des Haares. Sie verbinden verschiedene Peptidschrauben.

Schwefelbrücke	$—CH_2—\underline{\overline{S}}—\underline{\overline{S}}—CH_2—$

Schwefelbrücken befinden sich hauptsächlich in der amorphen Masse, die das gerichtete Keratin umgibt. Als Atombindung lassen sie sich durch Wasser weder lösen noch lockern, sind also für die Wasserwelle ohne Bedeutung. Will man Haare jedoch dauerhaft umformen, müssen die Schwefelbrücken gespalten werden. Dazu braucht man Reduktionsmittel wie das 1934 als Patent zur Haarumformung angemeldete Ammoniumthioglykolat.

$—CH_2—\underline{\overline{S}}—\underline{\overline{S}}—CH_2—$	Schwefelbrücke
$\downarrow + 2\,H\cdot$	**+Wasserstoff aus dem Reduktionsmittel Ammoniumthioglykolat**
$—CH_2—\underline{\overline{S}}—H \quad H—\underline{\overline{S}}—CH_2—$	gespaltene Schwefelbrücke

Die Peptidspiralen des Haares bekommen durch Wasserstoffbrücken, Salzbrücken und Schwefelbrücken ihre Stabilität. Will man das Haar umformen, muss man die Brücken spalten und anschließend in der neuen Form wieder verknüpfen. Dazu sind Wellflüssigkeit und Fixierung erforderlich.

Wasserstoffbrücke elektrostatische Anziehung	**Salzbrücke** Ionenbindung	**Schwefelbrücke** Atombindung

→ zunehmende Stabilität der Brücken

Wasserwelle (vorübergehende Umformung): Wasserstoffbrücke, Salzbrücke

Dauerwelle (dauerhafte Umformung): Wasserstoffbrücke, Salzbrücke, Schwefelbrücke

7.2.3 Inhaltsstoffe und Aufgaben der Wellflüssigkeit

Versuch 1 Legen Sie eine Haarsträhne 30 Minuten in eine Wellflüssigkeit und prüfen Sie dann die Dehnbarkeit. Wie fühlt sich das Haar an, wenn man es zwischen den Fingern reibt?

Versuch 2 Befestigen Sie ein Haar durch zwei etwa 2 bis 3 cm voneinander entfernte Tropfen Nagellack auf einem Objektträger. Beträufeln Sie das Haar mit Wellflüssigkeit, während Sie es unter dem Mikroskop betrachten (**7**.6).

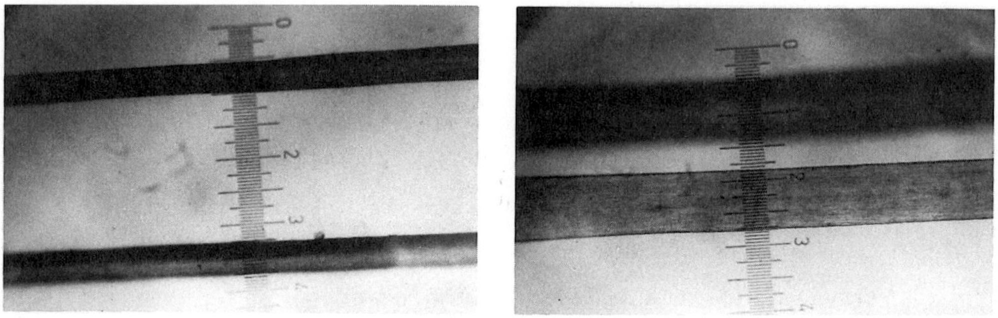

a) trocken b) mit Wellmittel

7.6 Quellung des Haares durch Wellflüssigkeit

Versuch 3 Messen Sie den pH-Wert verschiedener Wellflüssigkeiten.

Die meisten Wellflüssigkeiten reagieren alkalisch und quellen das Haar. Mit Wellflüssigkeit behandelte Haare fühlen sich weich und glitschig an; sie sind stärker dehnbar. Ursache dieser Veränderungen sind die zwei wichtigsten Bestandteile der Wellflüssigkeit: das Reduktions- und das Alkalisierungsmittel.

Reduktionsmittel (z. B. Thioglykolsäure $H - S - CH_2 - COOH$ oder Thiomilchsäure) spalten Schwefelbrücken und erweichen so die Kittmasse. Das Haar verliert seine Festigkeit und wird formbar. Keratinerweichend wirkt allerdings nicht die Thioglykolsäure, sondern ihr Salz Ammoniumthioglykolat. Es bildet sich, wenn die Säure mit dem Alkalisierungsmittel (Ammoniumhydroxid) zusammenkommt.

Versuch 4 Messen Sie den pH-Wert von Thioglykolsäure und tropfen Sie so lange Ammoniumhydroxid NH_4OH zu, bis sich der pH-Wert über den Neutralpunkt hinaus verschoben hat.

$$H-\overline{S}-CH_2-COOH \;+\; NH_4OH \longrightarrow H-\overline{S}-CH_2-COO^{\ominus}\,{}^{\oplus}NH_4 \;+\; H_2O$$

Thioglykolsäure	**+**	**Ammoniumhydroxid**	⟶	**Ammoniumthioglykolat**	**+ Wasser**
Säure +	+	Lauge	⟶	Salz	+ Wasser

Alkalisierungsmittel (z. B. Ammoniumhydroxid NH_4OH) quellen das Haar, indem sie Salz- und Wasserstoffbrücken spalten.

Mit den genannten Reduktions- und Alkalisierungsmitteln ließen sich zwar Wellbehandlungen durchführen, doch entsprechen sie noch nicht den heute gebräuchlichen Wellflüssigkeiten. Diese enthalten zusätzlich Netzmittel, Schutzstoffe, Emulgatoren, Duft- und Farbstoffe.

Netzmittel sind Tenside, die die Grenzflächenspannung des Wassers herabsetzen und dadurch die Benetzung des Haares mit Wellmittel und das Eindringen der Stoffe fördern.

Schutzstoffe sind nötig, weil die Dauerwelle stark in die Haarstruktur eingreift. Schutz- und Pflegestoffe schwächen die Haarschädigung ab. Die bekanntesten Schutzstoffe sind Lanolin, Glycerin, Lecithin und Stearin.

Emulgatoren und Lösungsvermittler verteilen die Fette, Öle und Wachse zu einer beständigen Emulsion und halten wasserunlösliche Stoffe in der Lösung, sodass sie sich auch bei längerer Lagerung nicht absetzen.

Parfümöle mildern den unangenehmen Geruch des Ammoniumhydroxids und Ammoniumthioglykolats.

Farbstoffe erleichtern die Unterscheidung verschiedener Präparate und lassen die Wellmittel ansprechender aussehen.

Wellmittel enthalten
- Reduktionsmittel zum Spalten der Schwefelbrücken
- Alkalisierungsmittel zum Spalten der Salz- und Wasserstoffbrücken
- ferner Netzmittel, Schutzstoffe, Emulgatoren, Lösungsvermittler, Duft- und Farbstoffe sowie entsalztes oder destilliertes Wasser als Lösungsmittel

7.2.4 Arten der Wellflüssigkeit

Alkalische Wellmittel haben einen pH-Wert zwischen 8 und 9,5. Sie eignen sich für kräftiges, nicht poröses Haar. Der Anteil an Ammoniumthioglykolat beträgt 6 bis 8 %. Er darf 11 % nicht übersteigen, weil ein höherer Anteil das Haar auflösen würde (⟶ Haarentfernungsmittel).

Schwach alkalische Wellmittel haben einen pH-Wert zwischen 7 und 8. Sie enthalten mehr Thioglykolat, aber weniger Alkalisierungsmittel als alkalische Wellmittel. So erzielt man trotz geringerer Quellung des Haares ein gutes Wellergebnis. Diese Mittel eignen sich für normales und für angegriffenes Haar. Bei stark porösem Haar sollten sie mit Wasser verdünnt werden. Sie ersetzen immer mehr saure Wellmittel.

Sauer reagierende Wellmittel haben einen pH-Wert von 5 bis 6 und sind – da sie das Haar nicht quellen – hauptsächlich für poröses Haar geeignet.

Thioglykolsäure wirkt aber nur im alkalischen Bereich; deshalb enthalten echte saure Wellmittel bis zu 11 % Thioglykolsäureester (= Thioglykolsäure + Alkohol, z. B. Glycerin oder Sorbit). Dieses Reduktionsmittel ist ein so starkes Allergen, dass die Firmen die saure Dauerwelle durch schwach alkalische (pH-Wert bis zu 7,5) ersetzt haben.

Thermogesteuerte Dauerwellen brauchen Wärme (Haube, IR-Gerät, erwärmte Wellmittel, Wicklerheizung), um zu wirken, da sie weniger Thioglykolat und Alkalien enthalten. Die Wärme wirkt katalytisch und ersetzt somit einen Teil der Chemikalien.

2-Phasen-Wellmittel bestehen aus einer schwachen flüssigen Phase und einer stärkeren Creme- oder Gelphase. Die milde Flüssigkeit wird zum ersten Anfeuchten benutzt. Sie dringt bis in die Spitzen vor. Die Creme trägt man anschließend mit dem Pinsel auf die Ansätze auf. Durch die festere Konsistenz verteilt sich die stärkere Creme weniger und dringt nicht in die Spitzen, wellt aber das gesunde Ansatzhaar besonders gut. Diese Wellmittel sind daher für Kundinnen gedacht, deren Haarstruktur zwischen Spitzen und Ansatz so unterschiedlich ist, dass auch ein Strukturausgleichspräparat die Unterschiede nicht ausreichend ausgleichen kann.

2-Komponenten-Wellmittel bestehen aus einem alkalischen Wellmittel und einer sauer reagierenden Pflegeemulsion. Nach dem Mischen der beiden Teile schwächt die Emulsion das Wellmittel ab, sodass sich der pH-Wert durch unterschiedliche Mischungsverhältnisse der Flüssigkeiten auf alle Haarqualitäten einstellen lässt. Diese Wellmittel sind eine Verbesserung des „Verdünnungsprinzips", bei dem ein alkalisches Wellmittel je nach Haarqualität 1:1, 1:2 oder 1:3 mit Wasser verdünnt wird.

Schaumdauerwellen sind alkalische Wellmittel, die nur mehr Tenside enthalten. Der Schaum bildet sich durch das Einpumpen von Luft oder es sind echte Aerosole. Da sie bei längerem Haar nur schlecht bis in die Spitzen vordringen, werden die hauptsächlich im Herrensalon und bei Kurzhaar verwendet.

7.2.5 Arten und Inhaltsstoffe der Fixierungen

Die Wellflüssigkeit erweicht das Haar, indem die Quervernetzungen (Salz- und Schwefelbrücken) gelöst werden. Durch das Wickeln verschieben sich die Peptidschrauben, und das Haar passt sich der Form des Wicklers an. Die Fixierung muss das erweichte Haar „härten", also die Brücken wieder schließen. Fixierungen bewirken somit das Gegenteil von Wellflüssigkeiten und enthalten entsprechend auch die gegenteiligen Stoffe: Oxidationsmittel und Säuren.

Oxidationsmittel schließen die Schwefelbrücken und festigen das erweichte Keratin. Außerdem stoppen sie die Wirkung von Reduktionsmittelresten im Haar. Als Oxidationsmittel verwendet man *Wasserstoffperoxid* H_2O_2 oder *Bromate* $KBrO_3$. Wasserstoffperoxid greift die Pigmente an, sodass das Haar leicht aufgehellt wird. Trotzdem ist es gebräuchlicher als Bromatfixierungen.

$— CH_2 — \overline{S} — H \quad H — \overline{S} — CH_2$ gespaltene Schwefelbrücke

$\downarrow + \cdot \overline{O} \cdot$ + Sauerstoff aus dem Oxidationsmittel

$— CH_2 — \overline{S} — \overline{S} — CH_2 — + H_2O$ geschlossene Schwefelbrücke

Säuren neutralisieren die Restalkalien und entquellen das Haar. Dabei werden die Salzbrücken geschlossen.

$— COO^{\ominus} NH_4^{\oplus} \quad H_2N —$ gespaltene Salzbrücke

$\downarrow + CH_3 — COO^{\ominus} H^{\oplus}$ Säure (z. B. Essigsäure)

$— COO^{\ominus} \; NH_4^{\oplus} \; CH_3 — COO^{\ominus} H^{\oplus} \; H_2N —$

$\downarrow \; — CH_3COO^{\ominus} \, {}^{\oplus}NH_4$ Salz (hier Ammoniumacetat) spaltet sich ab

$— COO^{\ominus} \, {}^{\oplus}H_3N —$ geschlossene Salzbrücke

Außer Oxidationsmitteln und Säuren enthalten Fixierungen Netzmittel, Schaummittel (Tenside) und Pflegestoffe.

Brücken	**Wellmittel** Lösen der Brücken	**Fixierung** Schließen der Brücken
Wasserstoffbrücke	Wasser	Trocknen
Salzbrücke	Alkalien (z. B. Ammoniumhydroxid)	Säuren (z. B. organische Säuren)
Schwefelbrücke	Reduktionsmittel (z. B. Ammoniumthioglykolat)	Oxidationsmittel (z. B. Wasserstoffperoxid, Bromate)

7.2.6 Arbeitsweise bei der Umformung

Gründe, eine Dauerwelle zu machen, gibt es viele. Häufig ist es die Unzufriedenheit mit den eigenen Haaren. Die Kundin wünscht sich mehr Locken, Fülle, Haltbarkeit der Frisur oder mehr Stand am Ansatz. Diesen Wünschen stehen häufig Vorurteile und Ängste gegenüber. „Komme ich später damit zurecht, wird die Welle auch nicht zu kraus oder geht mein Haar dabei kaputt?" fragt sich die Kundin. Zu Recht, wie schlechte Beispiele zeigen.

Viele jüngere Friseurinnen finden Dauerwellen altmodisch, überflüssig und das Wickeln langweilig. Deshalb ist die Dauerwellbehandlung häufig ein Stiefkind im Salon. Bei den meisten Dauerwellen wird ein Standardverfahren angewandt. „Eine Bahn in der Mitte gewickelt, zwei rechts, zwei links, eine Dauerwellflüssigkeit darauf geschüttet und schon sind die Haare krumm." Bei Haarfärbungen und vor allem bei Strähnen sind Friseure deutlich kreativer. Mit immer neuen Ideen wird dabei die Qualität verbessert. Damit moderne Dauerwellen nichts mit Uromas „Krause" zu tun haben, muss man auch bei der Dauerwellbehandlung einfallsreich sein. Technisches Know-how zusammen mit Kreativität ergeben eine gute Qualität. Ein Ergebnis kann aber nur dann sehr gut sein, wenn Beratung, Ausführung und der Kundenwunsch übereinstimmen. Deshalb ist es wichtig, vorher eine eingehende Diagnose und Beratung durchzuführen.

Haardiagnose und Beratung

Die Haardiagnose gibt dem Friseur Auskunft darüber, welche Art von Umformung möglich ist. Die Wahl der Präparate muss auf die Haarstruktur abgestimmt werden. Um die Arbeit zu erleichtern, haben wir eine Checkliste zusammengestellt.

Haarlänge. Je länger die Haare sind, desto mehr Wellflüssigkeit wird benötigt. Die meisten Portionsdauerwellen sind auf mittellange Haare also 10–20 cm Haarlänge abgestimmt. Ist die Haarlänge deutlich größer, wird mindestens eine zweite Portion gebraucht.

Haarstärke. Feine Haare haben meistens eine empfindlichere Struktur als dickere. Die Flüssigkeit sollte etwas leichter sein und/oder die Einwirkzeit muss verkürzt werden. Starke Haare benötigen eine intensivere Dauerwellflüssigkeit und/oder eine längere Einwirkzeit. Grundsätzlich dienen die Gebrauchsanweisungen der Hersteller als Anhaltspunkt.

Haarzustand. Poröse Haarpartien sollten immer vorbehandelt werden. Bei heimbehandelten Haaren weiß man häufig nicht, welche Präparate die Kundin benutzt hat. Deshalb ist es schwierig, ein optimales Ergebnis zu garantieren.

Bei gefärbten Haaren muss eine spezielle Flüssigkeit für gefärbte Haare verwendet werden. Hellergefärbtes Haar ist besonders empfindlich. Die Einwirkzeit muss genauestens beachtet werden. Sonst droht der „Chemische Haarschnitt", also Haarbruch. Es empfiehlt sich dabei, ohne zusätzliche Wärme zu arbeiten. Hochgradig blondierte Haare sollten auf Grund ihrer chemischen Vorbelastung nicht gewellt werden.

Strähnen sind bei der Dauerwelle immer problematisch. Für das Naturhaar benötigt man eine relativ kräftige Dauerwellflüssigkeit mit einer längeren Einwirkzeit. Das gefärbte oder blondierte Haar benötigt ein leichtes Präparat mit einer kurzen Einwirkzeit. Durch eine Vorbehandlung lassen sich die Strukturunterschiede etwas ausgleichen, aber es gibt noch keine Flüssigkeit, die *denken* kann und unterschiedlich in den verschiedenen Haarstrukturen wirkt. Deshalb kann die chemische Umformung bei Strähnen immer nur ein Kompromiss sein. Bis 40 % Strähnenanteil nimmt man eher eine leichte Flüssigkeit für normales Haar, über 40 % Strähnen empfiehlt sich eine Dauerwelle für gefärbtes bzw. hellergefärbtes Haar.

Umformung

Checkliste

Haarlänge

kurz	mittel	lang

Haarstärke

fein 0.03 – 0.04 mm	mittel 0,05 – 0,06 mm	stark ab 0,07 mm

Haarzustand

gefärbt	heller gefärbt	Pflanzenfarbe	Strähnen bis 40%	Strähnen über 40%
Restdauerwelle	poröse Spitzen	heimbehandelt	chemische Behandlung	

Kundenwunsch

Ansatzwelle	leicht wellig	mittel	stark
einlegen	föhnen	lufttrocknen	kneten

Vorbehandlung

____

Wellflüssigkeit

____

Einwirkzeit

__________ mit Wärme/ohne Wärme

Zwischenbehandlung

____

Fixierung

____

Nachbehandlung

____

Wickeltechnik

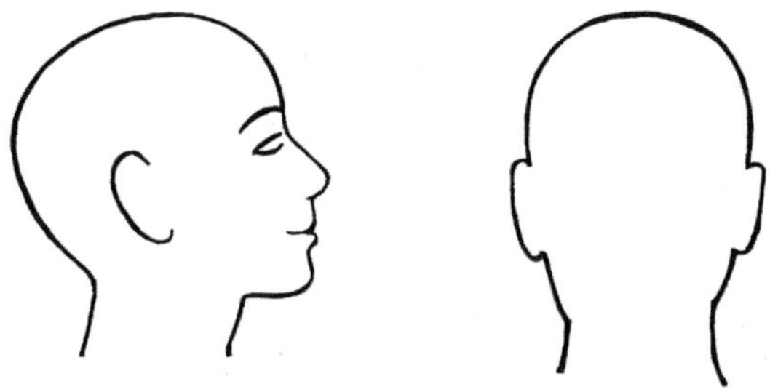

Sonstiges

____

____

Kundenwunsch. Der Kundenwunsch entscheidet über die Wickeltechnik und die Stärke der Umformung. Eingelegte Frisuren werden „fester" frisiert und brauchen mehr Stand. Also sind kleinere Wickler empfehlenswert. Bei Föhnfrisuren soll die Wellung nur unterstützend wirken. Zu starke Dauerwellen lassen sich von der Kundin nur schwer in eine Form föhnen. Luftgetrocknete Dauerwellen dürfen nicht zu groß gewickelt werden, denn sonst hängt sich die Locke zu schnell aus. Hierbei sollte in Frisurenform gewickelt werden.

Haarwäsche bei der Dauerwelle

Vor der Dauerwelle wird das Haar nur einmal gewaschen. Um die Kopfhaut nicht zu reizen, massiert man nur ganz leicht. Eine zu kräftige Kopfwäsche begünstigt Hautreizungen durch die Wellflüssigkeit. Beim Abfrottieren ist darauf zu achten, dass alle Haarpartien gleichmäßig getrocknet werden. Bleibt z. B. eine Stelle nasser, so wird dort die Flüssigkeit stärker verdünnt und es kommt zu einem ungleichmäßigen Wellbild.

Vorfeuchten

Vorfeuchten ist eine Unsitte aus den Anfängen der Dauerwelltechnik. Um bei sehr langen Haaren ein gleichmäßiges Wellbild zu erzielen, nahm man Wellflüssigkeit und feuchtete damit die Längen und Spitzen an.

Achtung: Vorfeuchtzeit ist Einwirkzeit! Schon während des Wickelns (ca. 20 Minuten bei langen Haaren) wirkt die Dauerwellflüssigkeit auf die Haare ein. Die Spitzen von langen Haaren sind meist porös und empfindlich. Diese Haare benötigen eigentlich eine kürzere Einwirkzeit. Also werden gerade die empfindlichen Haarpartien zusätzlich belastet. Außerdem müsste man die ganze Zeit mit Handschuhen wickeln, um nicht mit der Wellflüssigkeit in Berührung zu kommen.

Moderne Dauerwellpräparate haben einen sehr hohen Anteil an Netzmitteln, die dafür sorgen, dass die Flüssigkeit im Haar verteilt wird. Doppelte Haarlänge heißt auch doppelte Flüssigkeitsmenge, dem langen Haar muss ausreichend Wellpräparat angeboten werden. Und ein Abtropfen der Dauerwellflüssigkeit zu vermeiden, müssen Sie sehr langsam und sorgfältig auftragen. Dabei sollten Sie jeden Wickler, mehrmals anfeuchten.

Vorbehandlung

Die Wellflüssigkeit wirkt in porösen Haarabschnitten schneller und stärker als am gesunden Ansatz. Um ein gleichmäßigeres Wellbild zu erzielen, werden diese Stellen gezielt mit einer Vorbehandlung benetzt. Die Wirkstoffe lagern sich besonders im porösen Haarbereich an und reduzieren die Wellwirksamkeit.

Wickeltechnik

Die Wicklerstärke bestimmt die Stärke der Umformung. Dünne Wickler ergeben kleine Locken, dicke Wickler große.

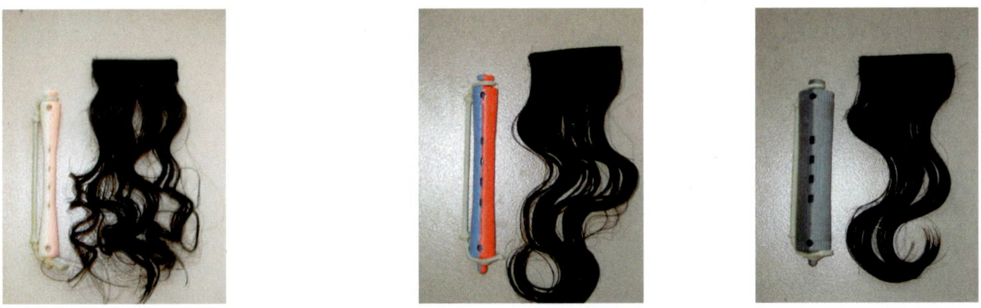

7.7 starke, kräftige Umformung — mittlere Umformung — leichte, großzügige Umformung

Sorgfältiges Wickeln ist Voraussetzung für ein gutes und vor allem gleichmäßiges Wellbild. Das Passee wird so lang und so breit wie der Wickler abgeteilt. Ein zu breit abgeteiltes Passee führt zu Schlaufen, die ein ungleichmäßiges Wellbild ergeben. Um Abscheitelungen zu vermeiden, kann man zick-zack abteilen. Das Haar wird vom Ansatz glatt und im rechten Winkel (90°) zum Kopf gekämmt. Damit die Spitzen sauber um den Wickler liegen, sollte man Spitzenpapier verwenden. Geknickte Spitzen lassen sich nur noch durch Schneiden entfernen (**7.8**).

7.8 umgeknickte Spitze

7.9 Knickstelle durch ein Haltegummi

Beim Eindrehen ist auf gleichmäßigen Zug zu achten, ansonsten bilden sich auch hierbei Schlaufen. Die Gummilasche muss auf dem Wickler liegen, ohne dass es Druckstellen gibt. Druckstellen führen zu Haarbruch (7.9). Der Wickler darf nicht zu fest angezogen werden, sonst kann es zu Überdehnungen am Ansatz kommen.

7.10 richtig abgeteiltes Passee

zu breit abgeteiltes Passee
Schlaufenbildung

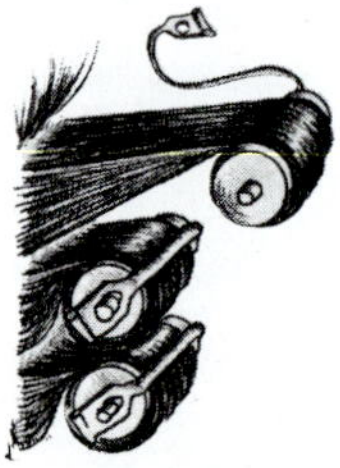

7.11 richtig abgeteiltes Passee

zu dick abgeteilt
Druckstellen und Haarbruch

Standardwicklung – Schemawicklung – Kreuzwicklung. Bei der Standardwicklung wird ein Parallelscheitel von der Mitte der Augenbrauen bis in den Nacken gezogen und gewickelt. Danach wird die Seite in zwei Partien eingedreht (7.12).

In Abwandlung der Standard- oder Schemawicklung wird häufig die Formwicklung durchgeführt. Dabei wird an den Seiten der Fall der Frisur berücksichtigt (7.13). Eine Möglichkeit, Scheitel zu vermeiden, ist die versetzte Wicklung. Diese Techniken werden mit „normalen" Dauerwellwicklern ausgeführt. Die Mode erfordert immer wieder andere Techniken. Deshalb bietet die Friseurindustrie nicht nur neue, verbesserte Produkte an, sondern versorgt uns auch mit dem entsprechenden Zubehör (7.14).

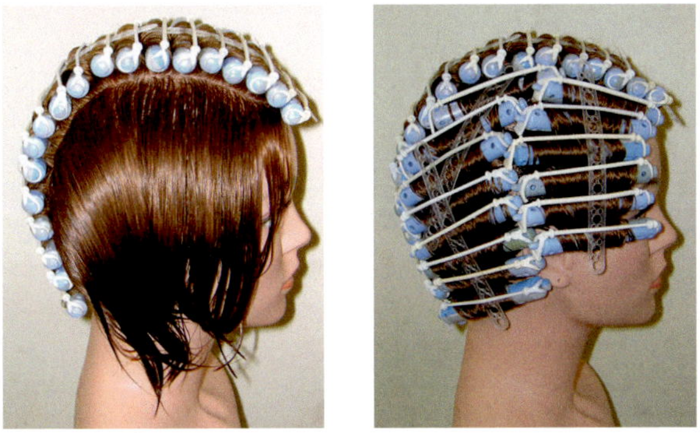

7.12 Standardwicklung oder Schemawicklung

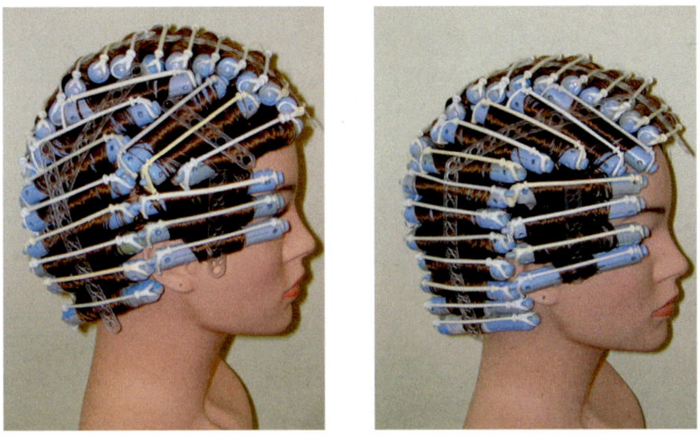

7.13 Formwicklung – Abwandlungen zur Standardwicklung

Teildauerwelle. Bei dieser Technik wird hauptsächlich der Oberkopf gewickelt. Der Nacken bleibt frei. Teildauerwellen eignen sich für Frisuren, bei denen Volumen am Oberkopf gewünscht wird und der Nacken glatt ist.

Ansatzdauerwellen bringen mehr Stand am Ansatz. Die Spitzen sollen glatter bleiben. Diese Umformung kann auf verschiedene Arten erzielt werden: Entweder durch ein Zwei-Phasen-Präparat oder durch Abdecken der Längen und Spitzen mit einer Spezialfolie. So kommt Wellflüssigkeit nur an den Ansatz. Diese Technik ist auch bei Restdauerwelle in langen Haaren einsetzbar. Die Längen und Spitzen bekommen keine weitere chemische Behandlung.

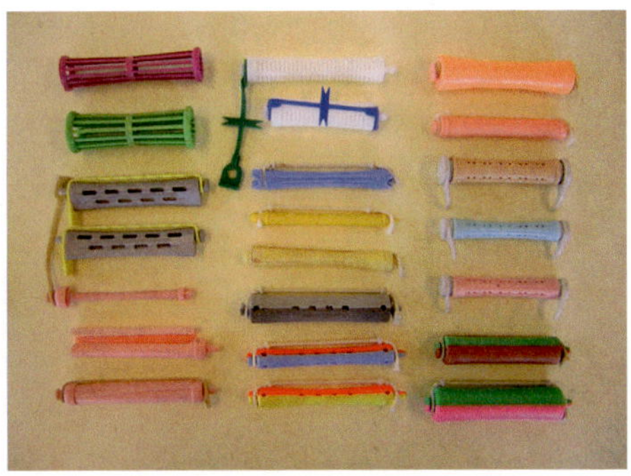

7.14 Verschiedene Wicklertypen

Papillotendauerwelle. Bei der Papillotenwicklung wird das Haar trapezförmig auf Gummiwickler eingedreht. Die Abteilungen sind dabei etwas größer als normal. Deshalb darf der Ansatz auch nicht zu fest angezogen werden. Die Wickler halten durch Verdrehen der Wicklerenden (**7**.15). Es wird versetzt gewickelt. Man setzt diese Technik für leichte, schnelle Umformungen ein. Bei Einsatz von Spezialflüssigkeiten ist die Haltbarkeit der Umformung auf 8–12 Wochen begrenzt.

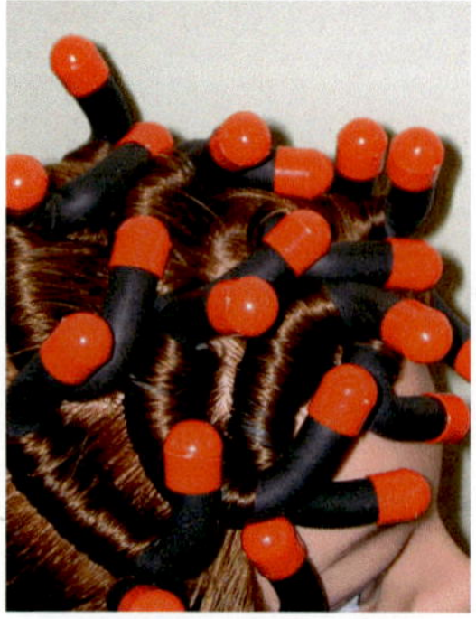

7.15 Papillotenwicklung

7.16 Spiralwicklung

Spiraldauerwelle. Bei langen Haaren ist es immer wieder schwierig, das Wellbild vom Ansatz zur Spitze gleichmäßig zu halten. Je mehr Haare auf dem Wickler liegen, desto größer wird der Umfang des gewickelten Wicklers. Das heißt am Ansatz ist die Wellung schwächer als in der Spitze. Um das zu vermeiden, kann man eine Spiraldauerwelle wickeln. Das Haar wird schmal abgeteilt und spiralförmig um einen Wickler gedreht. Bis Schulterlänge kann man diese Wickelart noch mit herkömmlichen Wicklern eindrehen. Für noch längere Haare benötigt man Spezialwickler (**7**.16).

Zwillingswicklung. Um einen stärkeren Ansatz zu erzielen, wird das Passee ab der Mitte mit einem kleineren Wickler eingedreht. Die Spitze wickelt man anschließend auf einen größeren Wickler. Ein Passee – zwei Wickler (Zwillinge).

Huckepackwicklung. Die Spitze wird normal aufgewickelt. Ab der Hälfte der Längen legt man einen zweiten Wickler unter und wickelt mit beiden bis zum Ansatz. Dadurch wird die Spitze deutlich welliger als der Ansatz.

Pyramidenwicklung. Diese Wickelart ist auch für lange Haare gedacht. Dabei sollen nur die Spitzen Locken erhalten. Man fängt dabei mit Wickeln im Nacken an und je weiter man nach oben kommt, desto größer wird die Entfernung zwischen Wickler und Kopf (**7**.17).

7.17 Pyramidenwicklung

Auftragen der Wellflüssigkeit

Schon beim Wickeln ist darauf zu achten, dass die Haare gleichmäßig mit Wasser angefeuchtet sind. Wird beim Wickeln eine Partie nachträglich mit Wasser nass gemacht, kann es zu unterschiedlichen Wellbildern kommen. Das Wasser verdünnt die Wellflüssigkeit an dieser Stelle.

Zum Schutz der Kundin wird die Kontur eingecremt und ein leicht angefeuchteter Wattestreifen umgelegt. Um Hautreizungen zu vermeiden, darf keine Wellflüssigkeit auf die Kopfhaut gelangen. Die eigenen Hände müssen mit Handschuhen geschützt werden (TRGS 530).

Für ein optimales Wellergebnis muss genügend Flüssigkeit aufgetragen werden. Kinnlange Haare benötigen ca. 80 ml, längere oder dickere Haare deutlich mehr. Es muss langsam Wickler für Wickler angefeuchtet werden. Die Tülle der Auftragsflasche berührt dabei fast die Haare. Mehrmaliges Anfeuchten (mindestens 3-mal) ist besser als viel Flüssigkeit auf einmal aufzutragen. Das Haar braucht eine gewisse Zeit, um die Wellflüssigkeit aufzunehmen. Nicht aufgenommene Flüssigkeit tropft ab und führt so zu Hautreizungen. Nach dem Auftragen wird der Wattestreifen wieder entfernt, damit die angesammelte Wellflüssigkeit keine Hautreizungen verursacht.

Einwirkzeit

Haarstruktur und Haarstärke sind ausschlaggebend für die Wahl der Wellflüssigkeit und die Dauer der Einwirkzeit. Feine, poröse oder gefärbte Haare benötigen eine deutlich kürzere Einwirkzeit als gesunde oder kräftige Naturhaare. Die Gebrauchsanweisungen der Zulieferfirmen geben dazu einen guten Anhaltspunkt. Wärme verkürzt die Einwirkzeit.

Die Stärke einer Dauerwelle hängt nur von der Größe der Wickler ab. Eine zu kurze Einwirkzeit formt das Haar nicht richtig um. Es fehlt Sprungkraft und die Haltbarkeit ist zu gering. Unerfahrene Friseure machen deshalb häufig eine „Sicherheitsdauerwelle". Die Einwirkzeit wird über die Produktempfehlung hinaus ausgedehnt, damit die Welle auch ja richtig hält. Das Ergebnis ist jedoch das Gegenteil. Durch die zu lange Einwirkzeit wird das Haar geschädigt. Im nassen Zustand sieht die Dauerwelle noch gut aus. Je trockener das Haar wird, desto krauser und kribbeliger wird die Struktur. Häufig fehlt dann zusätzlich noch die Spannkraft. Um ein Überkrausen zu verhindern, muss rechtzeitig ein Probewickler gemacht werden. Dazu wird ein Wickler ca. 2/3 abgewickelt und leicht angeschoben, um die schon vorhandene Wellung im lockeren Fall zu prüfen. Bei Schaum- oder Gel-Dauerwellen fällt der Probewickler auf Grund der Dauerwellkonsistenz nicht so deutlich aus.

Versuch: Nehmen Sie verschiedene unbehandelte Haarsträhnen und wickeln Sie sie auf Dauerwellwickler. Anschließend feuchten Sie die Haare mit Wellflüssigkeit an. Benutzen Sie verschiedene Einwirkzeiten. 5, 10, 15, 20 und 30 Minuten. Spülen Sie wie gewohnt aus und fixieren Sie dann. Beurteilen Sie das Ergebnis. Wie ist die Sprungkraft und die Haarstruktur?

Ausspülen

Durch gründliches Ausspülen von mindestens 3 Minuten (längere Haare und Neutralwellen benötigen mindestens 7 Minuten) wird überschüssige Wellflüssigkeit entfernt. Die Fixierung kann sonst im Haar nicht richtig wirken. Dazu gibt es einen alten Spruch: Gut gebraust ist halb gekraust!

7.18 Schlecht gespültes Dauerwellergebnis: Die Spitzen sind glatt.

Damit die Fixierung nicht zusätzlich verdünnt wird, muss überschüssige Flüssigkeit mit einem Frottiertuch und einer Saugserviette abgetupft werden. Achtung: Keine Trockenhaube verwenden! Die im Haar verbliebene Restwellflüssigkeit wird sonst nochmals aktiviert und es gibt ein unkontrolliertes Wellergebnis.

Einige Firmen bieten Zwischenbehandlungen an. Dadurch sollen die Haare noch vor der Fixierung entquollen werden. Die Fixierung soll besser und sicherer wirken. Die Produkte werden nicht ausgespült. Nach einer kurzen Einwirkzeit wird nochmals abgetupft und anschließend fixiert.

Fixierung

Durch die Dauerwellflüssigkeit wurden die Bindungen im Haar gelöst (Reduktion). Mit der Fixierung werden die meisten Bindungen in der neuen, durch den Wickler erstellten Form geschlossen (Oxidation). Die Fixierung festigt also die Welle. Die Einwirkzeit beträgt 5 bis 10 Minuten. Dabei muss genügend Fixierung aufgetragen werden. Lange Haare sollten zwischenfixiert werden. Dazu wickelt man nach ca. 7 Minuten den Wickler bis zu 2/3 ab und fixiert nach. Danach wird wieder aufgewickelt. Nach weiteren 5 Minuten Einwirkzeit wickelt man ganz ab. Kurze und lange Haare werden nach dem Abwickeln ein zweites Mal mit 5-minütiger Einwirkzeit fixiert. Zum Abschluss nochmals gründlich ausspülen.

Für **Schnellfixierungen** werden in einer Auftrageflasche 100 ml Fixierkonzentrat mit 900 ml warmen Wasser gemischt. Nach dem Ausspülen und Abtupfen der Haare wird die Fixierlösung im Becken angewendet.

Im ersten Fixiergang werden etwa zwei Drittel der Fixierung wie mit einer Gießkanne über die Haare der Kundin gespült. Man kann nun sofort abwickeln und mit der Restmenge nachfixieren.

Nachbehandlung

Manche Salons waschen die Haare nach der Fixierung, um den Dauerwellgeruch aus dem Haar zu bekommen. Dies ist nicht ratsam, denn mit dem Shampoo wäscht man die Pflegestoffe der Fixierung wieder aus. Es ist besser, eine leichte Haarkur anzuwenden, die das Haar nicht zu sehr beschwert.

Tabelle 7.19 **Wickelfehler**

Fehler	mögliche Ursachen	Korrektur	Vermeidung
Wellung zu kraus 	zu kleine Wickler zu starkes Wellmittel 	Behandlung mit schwächerem Wellmittel und dicken Wicklern wiederholen	bei porösem Haar Kurmittel vor der Dauerwelle
Wellung zu schwach 	zu dicke Wickler zu schwaches Wellmittel zu kurze Einwirkzeit zu lange Einwirkzeit	Wellbehandlung wiederholen unmöglich, da Haare zu stark geschädigt Packungen	Einwirkzeit besser überwachen

Fehler	mögliche Ursachen	Korrektur	Vermeidung
Haar hat keine Sprungkraft 	zu lange Einwirkzeit zu starkes Wellmittel zu häufiges Dauerwellen Wellmittel vor der Fixierung unvollständig ausgespült, nicht sorgfältig fixiert	unmöglich Packungen nachfixieren, falls das nicht ausreicht, Wellbehandlung wiederholen	bei porösem Haar Kurmittel vor der Dauerwelle
Knicke in den Spitzen 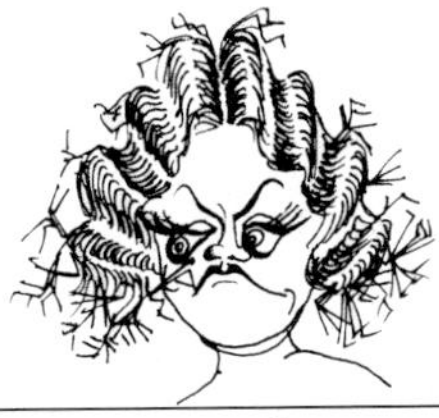	Spitzen nicht sorgfältig aufgewickelt	Spitzen schneiden	Spitzenpapier verwenden
Knicke am Ansatz	Haltegummis falsch befestigt zu breit abgeteilt	unmöglich	sorgfältiger arbeiten
Haarbruch 	Wellmittel in den Haarfollikel gelangt und Haltegummis falsch befestigt zu breit abgeteilt	unmöglich	sorgfältiger arbeiten
Hautschäden (Rötungen, Bläschen, nässende Hautstellen	mit Wellmittel vollgesogene Wattestreifen nicht entfernt zu starke Kopfmassage bei der Haarwäsche	unmöglich in schweren Fällen muss die Kundin zum Hautarzt	Hautschutzmittel auftragen

Dauerwelle und Farbe

Dauerwelle und Farbbehandlung an einem Tag sind nicht empfehlenswert. Die chemische Belastung für die Haare ist sehr groß. Besteht die Kundin auf dieser Doppelbehandlung, kann bei einem kleinen Ansatz von 1–2 cm erst die Dauerwelle gemacht werden. Bei einem sehr langen Ansatz muss erst gefärbt werden, weil die Strukturunterschiede zu einem ungleichmäßigen Wellbild führen.

Entkrausen

Naturlocken oder zu starke Dauerwellen lassen sich mit Dauerwellflüssigkeit glatter ziehen. Dazu gibt es zwei verschiedene Arbeitstechniken. Das gewaschene Haar wird mit Wellflüssigkeit angefeuchtet und mit einem Kamm solange durchgekämmt, bis es glatt erscheint. Danach ausspülen und fixieren. Bei dieser Methode bekommt man ein wenig kontrollierbares Ergebnis. Die Haare werden schnell zu glatt. Zum Reduzieren von Dauerwellen wickelt man das Haar besser auf größere Wickler und feuchtet das Haar mit einer milden Wellflüssigkeit an. Die Einwirkzeit wird relativ kurz gewählt, da das Haar ja gerade frisch chemisch behandelt wurde. Anschließend ausspülen und fixieren.

Afro-Haare sind mit unseren normalen Mitteln kaum zu bändigen. Hierzu benötigt man Spezialprodukte.

Aufgaben zu Kapitel 7

1. Beschreiben Sie die Durchführung einer Heißwelle.
2. Wodurch unterscheiden sich Spiral- und Flachwicklung?
3. Welche Haarpartie wurde bei der Innenheizung am stärksten gekraust, welche bei der Außenheizung der Wickler?
4. Welche Nachteile hatte die Heißwelle?
5. Was versteht man unter Mildwelle?
6. Aus welchen 5 chemischen Elementen besteht das Keratin des Haares?
7. Wie heißen die kleinsten Eiweißbausteine des Keratins?
8. Aus der Verknüpfung von zwei Aminosäuren entsteht eine für das Keratin typische Bindung. Wie nennt man sie?
9. a) Notieren Sie die Formel der Aminogruppe, der Säuregruppe und die allgemeine Formel einer Aminosäure.
   b) Verknüpfen Sie zwei Aminosäuren zum Peptid.
10. a) Nennen Sie die drei Brückenarten im Keratin des Haares.
    b) Welche chemischen Bindungen liegen vor?
11. Welche beiden Brücken werden bei Wasserwellen und Föhnfrisuren gelöst und neu verknüpft?
12. Warum wird die Schwefelbrücke bei der Wasserwelle nicht angegriffen?
13. Wodurch werden Salzbrücken gelockert, wodurch gespalten?
14. In welchem Bestandteil des Keratins befinden sich die meisten Schwefelbrücken?
15. Durch welche Chemikalie werden Schwefelbrücken gespalten?
16. Was geschieht, wenn das Reduktionsmittel Thioglykolsäure mit dem Alkalisierungsmittel Ammoniumhydroxid zusammenkommt?
17. Nennen Sie die Inhaltsstoffe der Wellflüssigkeit. Welche Aufgaben haben sie?
18. Für welche Haarqualitäten eignen sich alkalische Wellmittel?
19. Wodurch wird die Verminderung des Alkaligelhalts bei schwach alkalischen Wellmitteln ausgeglichen?
20. Welche Reduktionsmittel sind in sauren Wellmitteln enthalten?
21. Warum wird mit dem Begriff „esterfreie“ Dauerwelle Werbung gemacht?
22. Weshalb wirken thermogesteuerte Dauerwellen nur in Verbindung mit Wärme?
23. Weshalb wird die Creme bei 2-Phasen-Wellmitteln nur auf den Ansatz aufgetragen?
24. Welche Aufgaben hat das Oxidationsmittel in Fixierlösungen?
25. Welcher Inhaltsstoff der Fixierungen schließt die Salzbrücken?
26. Warum muss vor jeder Dauerwelle eine genaue Haardiagnose durchgeführt werden?
27. Wodurch unterscheidet sich die Haarwäsche vor der Dauerwelle von der sonst üblichen Haarwäsche?
28. Warum soll nicht das gesamte Haar mit Wellmittel vorgefeuchtet werden?
29. Warum darf das Passee nicht länger oder breiter sein als der Wickler?
30. Was geschieht, wenn das Wellmittel zu lange auf das Haar einwirkt?
31. Wodurch lässt sich die Einwirkzeit verkürzen?
32. Welche Aufgaben hat die Fixierlösung?
33. Warum muss nach dem Abwickeln des Haares noch einmal nachfixiert werden?
34. Welche Ursachen kann eine zu schwache Wellung haben?
35. Wie vermeiden Sie Knicke in den Haarspitzen?
36. Warum sollte nur eine Teildauerwelle durchgeführt werden, wenn es die Frisur zulässt?

8 Tönen – Färben – Blondieren

Ein wichtiger Arbeitsbereich des Friseurs ist die Farbbehandlung des Haares. Bevor wir die verschiedenen Verfahren behandeln, müssen wir uns mit der Farbenlehre beschäftigen.

8.1 Farbenlehre

8.1.1 Licht und Farbe

Nachts sind alle Katzen grau! Prüfen Sie, was an dem Spruch dran ist.

Versuch 1 Halten Sie einen roten Farbkarton in den Strahlengang eines Diaprojektors. Setzen Sie dann einen grünen Glasfilter in den Projektor. Wiederholen Sie dasselbe mit einem blauen Karton und einem orangefarbenen Glasfilter.

Gegenstände verlieren ihre Farbigkeit, wenn sie nicht von weißem Licht beschienen werden. Der rote Karton erscheint im grünen Licht fast schwarz. Auch die Farbe des blauen Kartons erscheint im orangefarbenen Licht grau-schwarz. Folgerung:

Farben sind vom Licht abhängig.

Versuch 2 Drehen Sie ein geschliffenes Weinglas in der Hand und beobachten Sie die Schliffkanten.

Versuch 3 Setzen Sie in den Strahlengang eines Diaprojektors ein Schlitzdia, sodass nur ein schmaler Lichtspalt austritt. Halten Sie in diesen Strahl ein Glasprisma. Was sehen Sie?

Spektralfarben. Lichtstrahlen werden an geschliffenen Glasflächen (Kanten) gebrochen. Dabei treten Farben in Erscheinung (Trinkglas). Durch ein Prisma wird der Lichtstrahl abgelenkt und in die Regenbogenfarben zerlegt. Auf einer Projektionsfläche können wir diese Spektralfarben erkennen (**8.**1).

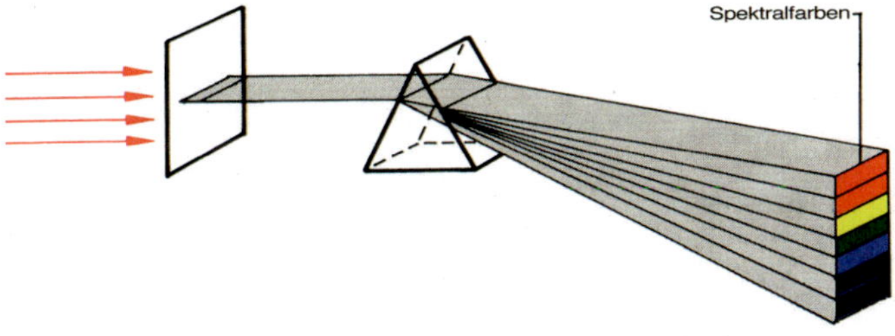

8.1 Lichtbrechung (Spektralfarben)

Versuch 4 Halten Sie in den aufgefächerten Strahlengang des Prismas eine Lupe (Sammellinse). Beobachten Sie das Spektrum auf der Projektionswand.

Die Spektralfarben ergeben zusammen wieder weißes Licht.

Weißes Licht ist eine Mischung von Strahlen verschiedener Wellenlängen.

Das sichtbare Licht ist nur ein kleiner Bereich der elektronenmagnetischen Wellen. Nur solche mit einer Wellenlänge zwischen etwa 400 nm und 800 nm erkennen wir als Licht[1]. Strahlen mit einer größeren und kleineren Wellenlänge nimmt unser Auge nicht als Licht wahr (**8**.2). Insekten, z. B. Bienen, sehen dagegen auch Strahlen kürzerer Wellenlänge als Licht. Über 800 nm Wellenlänge spüren wir einen Teil als Wärme; das ist die Infrarot-Strahlung (IR). Unter 400 nm Wellenlänge führen die Strahlen zu Sonnenbrand und Hautbräunung. Das ist die ultraviolette Strahlung (UV). Zu den kurzwelligen Strahlen gehören auch die Röntgen-, die Atom- und die kosmische Strahlung im Weltraum (**8**.3).

Nanometer bedeutet milliardstel Meter. Diese Vorsilbe ist wenig gebräuchlich. Bekannter sind Millimeter = tausendstel Meter und Zentimeter = hundertstel Meter.

1 Meter = 100 Zentimeter = 1000 Millimeter = 1 000 000 000 Nanometer (eine Milliarde)
1 Millimeter = 1 000 000 Nanometer (eine Million)

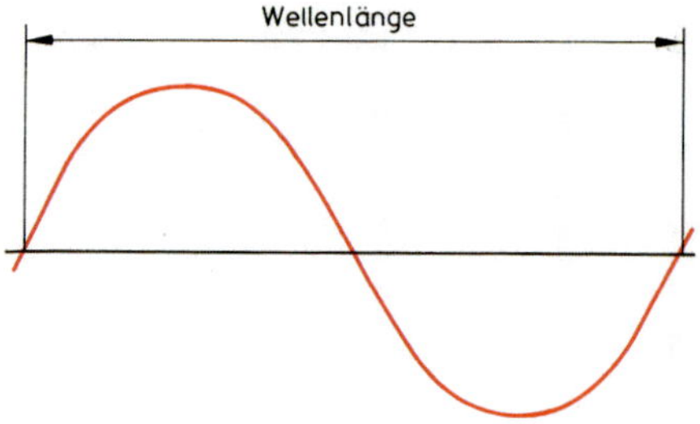

8.2 Wellenlänge

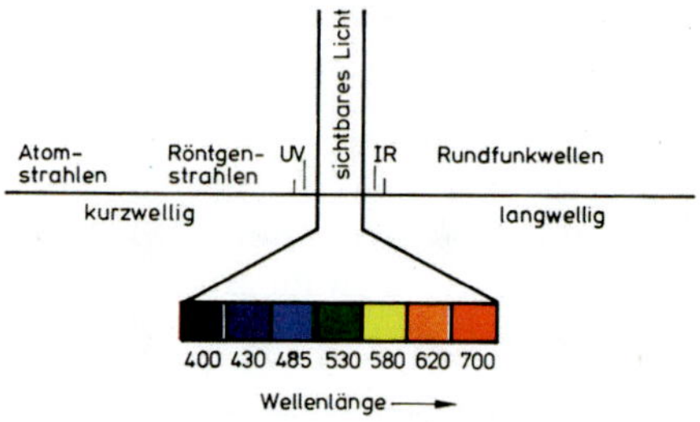

8.3 Wellenlänge des Lichtes

Licht ist eine elektromagnetische Strahlung mit einer Wellenlänge zwischen 400 nm und 800 nm. Treffen Strahlen aller dieser Wellenlängen unser Auge, sehen wir weißes Licht. Wird unser Auge dagegen nur von einer bestimmten Wellenlänge gereizt, sehen wir eine Farbe, z. B. bei 700 nm Rot oder bei 530 nm Grün. Wenn keine Strahlen unser Auge reizen, nehmen wir auch kein Licht und keine Farbe wahr (wie schon erwähnt: Bei Nacht sind alle Katzen grau). Der Eindruck Schwarz entsteht also, wenn alle Strahlen fehlen.

Versuch 5 Drei Projektoren werden jeweils mit einem orangeroten, grünen und violetten Filter versehen. Die farbigen Lichtstrahlen werden so auf eine Leinwand projiziert, dass sich die Lichtkegel teilweise überschneiden.

Additive Farbmischung. An den Stellen, wo sich das farbige Licht überschneidet, treten neue Farben auf. Die Überschneidung von Orange und Grün ergibt Gelb, die von Grün und Violett Blau, die von Orange und Violett Rot. In der Mitte, wo sich alle drei Farben überschneiden, entsteht weißes Licht. Die drei Lichtfarben Orange, Grün und Violett ergänzen („addieren“) sich also zu Weiß. Diese Erscheinung nennt man die additive Farbmischung (**8**.4).

Wenn eine Lampe Strahlen einer bestimmten Wellenlänge aussendet, sehen wir farbiges Licht. Wie kommt es aber, dass wir einen Gegenstand farbig sehen, der selbst nicht strahlt? Führen Sie dazu folgenden Versuch durch.

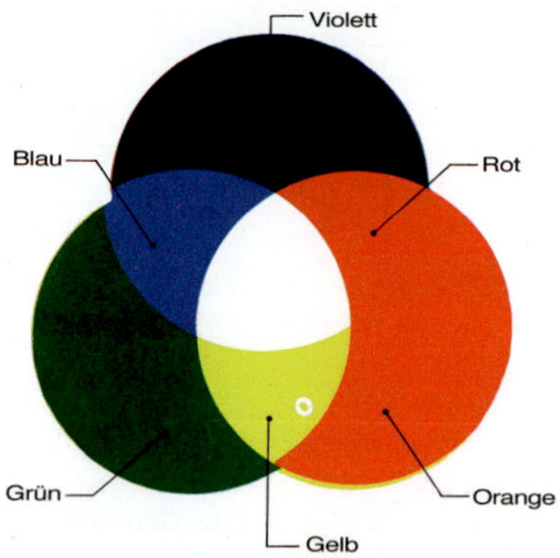

8.4 Additive Farbmischung

[1] nm (gelesen = Nanometer), 1 nm = 1 millionstel Millimeter = $1/_{1\,000\,000}$ mm

Versuch 6 Legen Sie je ein Thermometer unter ein Stück weißen, schwarzen und farbigen Stoff. Lassen Sie alle drei Thermometer von der Sonne bescheinen. Was beobachten Sie?

Nach einiger Zeit zeigen die Thermometer eine höhere Temperatur an, wobei die unter dem schwarzen Stoff am höchsten ist, die unter dem weißen Stoff am niedrigsten.

Reflexion und Absorption. Die Gegenstände, die von den Lichtstrahlen beschienen werden, werfen die Strahlen zum Teil zurück (reflektieren), zum Teil verschlucken sie sie (absorbieren). Der schwarze Gegenstand absorbiert alle Strahlen und wandelt sie in Wärme um. Deshalb erwärmt er sich am stärksten. Der weiße Gegenstand reflektiert alle Strahlen (alle Wellenlängen), deshalb erwärmt er sich am wenigsten. Sie haben sicher schon selbst erfahren, dass man unter weißer Kleidung weniger schwitzt als unter schwarzer. Der farbige Gegenstand reflektiert nur Strahlen einer bestimmten Wellenlänge, alle anderen absorbiert er (**8.**5).

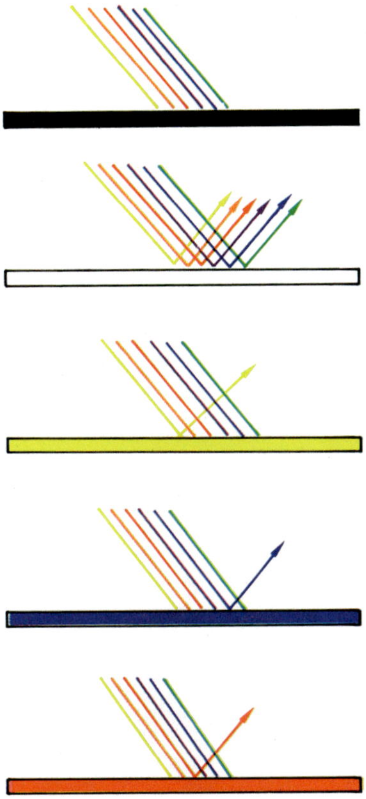

8.5 Absorption und Reflexion von Lichtstrahlen

Versuch 7 Mischen Sie die Wasserfarben Rot, Gelb und Blau eines Tuschkastens zusammen. Welcher Farbton entsteht dabei?

Subtraktive Farbmischung. Aus den drei Farben Rot, Gelb und Blau entsteht ein schmutziges Braun (**8.**6). Da jede der drei Farben Licht absorbiert, wird die Lichtmenge, die bei der Mischung reflektiert wird, weniger (subtrahiert). Dadurch wird das Farbergebnis dunkler. Diese Mischung nennt man subtraktive Farbmischung. Der Friseur arbeitet bekanntlich nicht mit farbigem Licht, wenn er Haare tönt oder färbt. Deshalb ist es keine additive Farbmischung. Vielmehr benutzt er

Tönungs- und Färbemittel, die Lichtstrahlen absorbieren. Da diese mit den Naturpigmenten des Haares zusammen wirken, die ebenfalls Lichtstrahlen verschlucken, wird das Farbergebnis dunkler als die Ausgangsfarbe. (Denken Sie daran: Auch Kaffee gibt auf einer braunen Tischdecke einen dunkleren Fleck.) Die Farben bei Friseurarbeiten folgen deshalb den Regeln der subtraktiven Farbmischung. Wünscht die Kundin aber ein Farbergebnis, das heller sein soll, müssen Naturpigmente aufgehellt werden (entweder blondiert oder hellergefärbt).

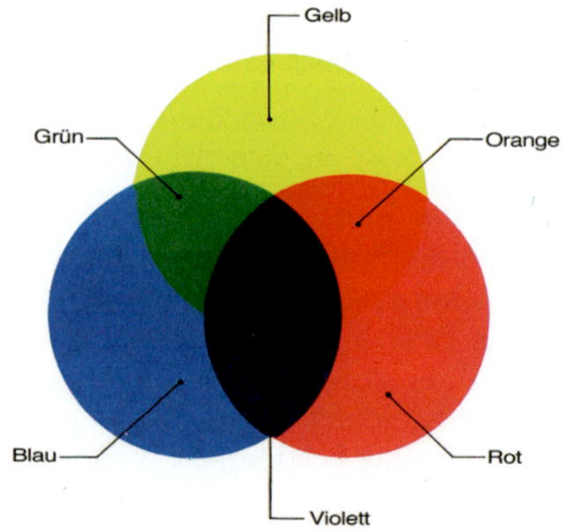

8.6 Subtraktive Farbmischung

Chemie der Farbstoffe. Ob ein Körper Strahlen absorbiert, hängt von seinem chemischen Aufbau ab. Eine bestimmte Anordnung von Doppelbindungen im Molekül absorbiert die Strahlen und lässt den Stoff daher farbig erscheinen.

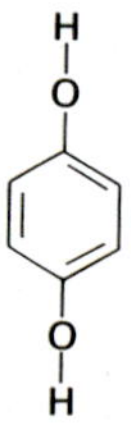

Diese Verbindung ist farblos.

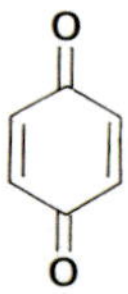

Diese Verbindung ist gelb durch die parallele Anordnung der Doppelbindungen.

Organische Farbstoffe, auch die beim Haarfärben verwendeten, weisen eine solche parallele Anordnung der Doppelbindungen auf.

8.1.2 Farbordnung

Versuch 8 Mischen Sie die Wasserfarben eines Tuschkastens. Verwenden Sie dabei alle Farben, die der Kasten hat, außer Rot, Gelb und Blau. Welche Farben entstehen?

Versuch 9 Mischen Sie mit den Wasserfarben Rot, Gelb und Blau andere Töne. Welche Farben entstehen?

Grundfarben. Durch Mischen zweier Farben kann man neue Farben gewinnen. Dabei zeigen sich aber bestimmte Gesetzmäßigkeiten. Aus den Farben Gelb, Rot und Blau lassen sich viele andere Farben mischen. Hat man aber diese drei Farben nicht zur Verfügung, kann man sie nicht aus anderen Farbtönen gewinnen. Daraus folgt:

Grundfarben = Primärfarben, lassen sich nicht aus anderen Farben mischen: Gelb, Rot, Blau

Mischfarben. Aus Gelb und Rot entsteht Orange, aus Gelb und Blau Grün, aus Rot und Blau Violett (**8.**7). Aus den drei Grundfarben erhält man also durch Mischen drei neue Farben, die Mischfarben erster Ordnung.

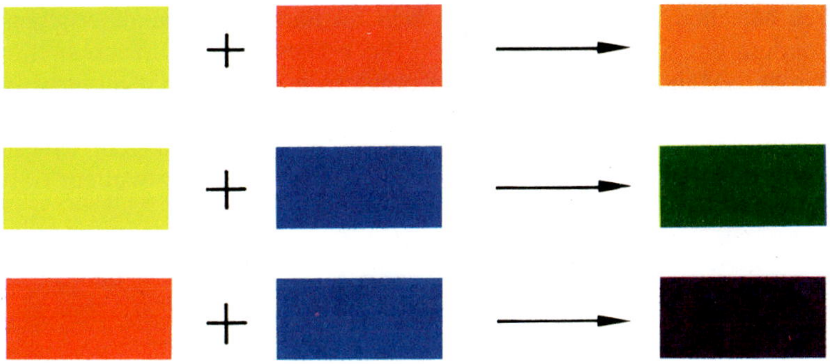

8.7 Grund- und Mischfarben

Mischt man Gelb mit Grün, entsteht ein neuer Farbton: Gelbgrün. Ebenso aus Blau und Grün: Blaugrün. Auch die übrigen Mischfarben ergeben mit einer ihrer Grundfarben einen neuen Ton. Zu den drei Grundfarben und den drei Mischfarben erster Ordnung sind sechs neue Farben hinzugekommen, die Mischfarben zweiter Ordnung: Gelbgrün, Blaugrün, Blauviolett, Rotviolett, Rotorange, Gelborange. Aus den drei Grundfarben sind also schon 12 Farben entstanden. Ordnet man diese Farben entsprechend ihrer Mischung kreisförmig an, erhält man den *Farbkreis* (**8.**8). Durch Mischen zweier im Farbkreis benachbarter Farben gewinnt man jeweils einen neuen Farbton, der zwischen den Ausgangsfarben liegt.

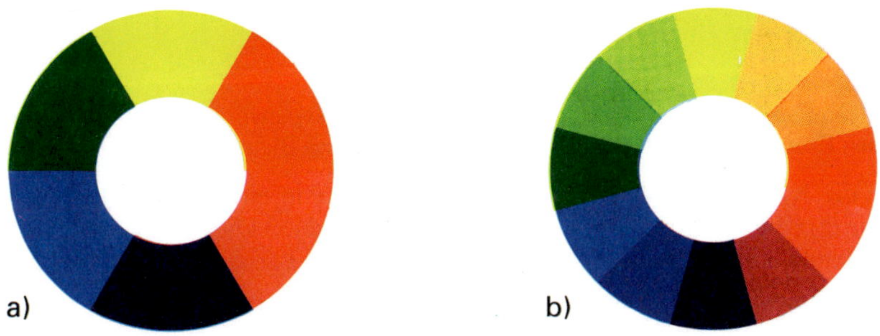

8.8 a) sechsteiliger Farbkreis, b) zwölfteiliger Farbkreis

Mischfarben

erster Ordnung (Sekundärfarben)
entstehen durch Mischen zweier Grundfarben: Es sind die Farben Orange, Grün, Violett

zweiter Ordnung (Tertiärfarben)
entstehen durch Mischen einer Grundfarbe mit einer benachbarten Mischfarbe erster Ordnung, z. B.

Rot	+	Violett	=	Rotviolett
Grundfarbe		Mischfarbe 1. Ordnung		Mischfarbe 2. Ordnung

Versuch 10 Mischen Sie zwei Farben, die sich im Farbkreis gegenüberliegen, zu gleichen Teilen miteinander, z. B. Gelb und Violett, Rot und Grün, Blau und Orange.

Komplementärfarben. Durch Mischen zweier Farben, die sich im Farbkreis gegenüberliegen, entsteht keine neue Farbe, sondern ein schmutzig-grauer Ton (**8.**9). Diese Farben heben sich in ihrer Farbwirkung gegenseitig auf. Man nennt sie deshalb Komplementärfarben (Gegenfarben). Die Wirkung der Komplementärfarben wird in der Färbepraxis ausgenutzt. Wenn ein Farbton als zu kräftig erscheint, muss man die entsprechende Komplementärfarbe anwenden. (Welche Farben müssen Sie benutzen, wenn Sie einen unerwünschten Blond- oder Goldton mattieren wollen?)

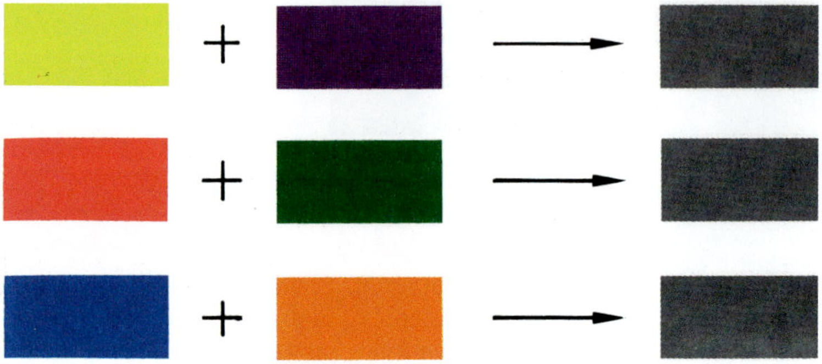

8.9 Komplementärfarben

Komplementärfarben heben sich in ihrer Farbwirkung gegenseitig auf.

Bunte Farben und unbunte Farben. Haarfarben kommen im Farbkreis nicht vor. Wie entstehen Blond- oder Brauntöne?

Versuch 11 Mischen Sie die Komplementärfarben Gelb und Violett. Nehmen Sie etwas mehr Gelb. Wiederholen Sie die Mischung mit den Komplementärfarben Rot und Grün, Orange und Blau.

Beim Mischen heben sich die Komplementärfarben nicht ganz auf, wenn eine von beiden überwiegt. Sie brechen dann nur ihre Leuchtkraft, es entstehen *getrübte Farben.* Die Farben des Farbkreises dagegen sind leuchtende Töne. Man nennt sie *Klarfarben.* Die Farben Weiß, Grau und Schwarz fehlen darin ganz.

Versuch 12 Mischen Sie Weiß und Schwarz miteinander. Geben Sie zunächst zu Weiß wenig Schwarz und fügen Sie immer mehr Schwarz hinzu.

Aus Weiß und Schwarz ergibt sich eine Reihe von Grautönen. Man nennt sie *unbunte Farben* (**8.**10).

8.10 Graureihe

Versuch 13 Mischen Sie zu den Klarfarben Gelb, Orange und Rot Schwarz, indem Sie mit ganz wenig beginnen und immer mehr hinzufügen.

Durch Mischen der Klarfarben mit den unbunten Farben entstehen *getrübte Farben.* Dazu gehören auch die Haarfarben (**8.**11).

8.11 Getrübte Farben

Haarfarben (Blond- und Brauntöne) entstehen durch Zusammenwirken von Klarfarben mit Grauanteilen.

Die verschiedenen Nuancierungen der Haarfarben entsprechen den Farben des Farbkreises. In der Fachsprache haben wir allerdings dafür andere Bezeichnungen, wie Tabelle **8.**12 zeigt. In der Färbepraxis werden aber auch Töne (Nuancen) gebraucht, die im Farbkreis gar nicht vorkommen, z. B. Asch (grau). Auch manche Modetöne lassen sich nicht genau einer Farbe des Farbkreises zuordnen.

Tabelle **8.**12 Farbbezeichnungen

Farbkreis	Haarfarbe
Gelb	Gold
Orange	Rotgold/Tizian
Rot/Purpur	Purpur
Violett	Violett
Blau	Perl
Grün	Matt
Grau	Asch

8.1.3 Wirkung der Farben

Weshalb reizt ein rotes Tuch den Stier? Weshalb sind Krankenhauszimmer oft grün gestrichen?

Farben haben eine Wirkung auf unsere Stimmung. Rot reizt nicht nur den Stier, sondern regt auch die Menschen an. In einem Raum, dessen Wände rot gestrichen sind, werden wir unruhig und nervös, ja sogar aggressiv. Deshalb finden Sie keinen Klassenraum mit roten Wänden. Ein Raum mit grünen Wänden dagegen beruhigt die Menschen. Diese Ergebnisse sind wissenschaftlich bewiesen. Z. B. beruhigen sich Rennpferde nach dem Rennen in einem blau gestrichenen Stall schneller als in einem rot-orange gestrichenen.

Warme und kalte Farben. In einem Versuch hat man Personen in verschieden gestrichenen Arbeitsräumen getestet. In einem blaugrünen Raum empfanden die Personen eine Temperatur von 15 °C als kalt, während sie in einem rot-orangen Raum erst bei 11 bis 12 °C froren. Wir empfinden Farben im Blau-Grün-Bereich nicht nur als *kalte Farben,* sie wirken auch dämpfend auf den Blutkreislauf. Dagegen regen rot-orange Farben an, sie werden als *warme Farben* empfunden. In der Medizin wie in der Kosmetik nutzt man diese Tatsache bei der Strahlenanwendung (s. Abschn. 9.4.4).

Wirkung der Farbe

blau-grüne Töne wirken
- kalt
- beruhigend
- passiv
- schattig
- unscheinbar

rot-orange Töne wirken
- warm
- erregend
- aktiv
- sonnig
- auffallend

Leichte und schwere Farben. Die Helligkeit der Farben hat ebenfalls einen Einfluss auf ihre Wirkung. Dunkle Farben empfinden wir als schwere, helle dagegen als leichte Farben (vgl. helle Kleidung im Sommer, schwarze Trauerkleidung).

Versuch 14 Kleben Sie auf farbigen Karton in den Farben Gelb, Orange, Rot, Grün, Blau und Violett je ein Quadrat aus grauem Papier. Betrachten Sie das Grau der sechs Kartons nebeneinander und jeden Karton einzeln.

Obwohl das Grau in allen Fällen die gleiche Farbe ist, wirkt es auf den Kartons unterschiedlich. Was lässt sich daraus schließen?

Die Farben beeinflussen sich gegenseitig.

Simultankontrast. Wenn man jeden Karton einzeln betrachtet, erscheint das kleine Quadrat in der jeweiligen Komplementärfarbe. Dieser Eindruck ist um so stärker, je länger man die Hauptfarbe betrachtet. Unser Auge verlangt immer nach der komplementären Farbe. Deshalb stehen Rothaarigen grüne Kleider so gut. Diese Erscheinung, dass sich die Farben bei gleichzeitigem Betrachten beeinflussen, nennt man Simultankontrast (simultan = gleichzeitig).

Betrachten Sie Bild **8.**13. Wodurch unterscheiden sich die roten Ringe in der Mitte?

8.13 Simultankontrast

Das Rot in dem orangen und purpurroten Feld scheint matter zu sein als in dem blauen und grünen Feld. Tatsächlich ist es aber das gleiche Rot. Die Farbe wird durch die umgebenden Töne beeinflusst. Die Komplementärfarbe verstärkt die Wirkung einer Farbe, eine ähnliche Farbe schwächt sie ab. Eine rothaarige Frau z. B., die sich in Rot-Braun-Tönen kleidet, wirkt sehr dezent und zurückhaltend. Trägt sie bei gleicher Haarfarbe jedoch grüne oder blaue Kleidung, fällt sie auf. Auch bei der *Farbgestaltung des Salons* muss man den Simultankontrast beachten. Durch farbige Tapeten oder Vorhänge wirkt die Haarfarbe anders. Deshalb wählt man neutrale Farben.

Haben Sie sich auch schon einmal darüber erschrocken, wie fahl Sie im Spiegel von öffentlichen Toiletten ausgesehen haben?

Farbe und Beleuchtung. Die Ursache liegt in der Beleuchtung. Vielfach haben die Toiletten in Gaststätten Leuchtstofflampen, die ein eigenartiges Licht ausstrahlen. Im Gegensatz zum Licht der gewöhnlichen Glühlampen strahlen sie nicht alle Wellenlängen des Sonnenspektrums aus. Meist fehlt der Gelbanteil. So bekommen die blauhaltigen Strahlen ein Übergewicht und bewirken das kalte, fahle Aussehen.

Für die Beleuchtung der Färbekabinen ist es wichtig, dass das Licht alle Spektralfarben enthält. Am besten ist es, wenn Tageslicht vorhanden ist. Kunstlicht lässt die Farben anders erscheinen. Z. B. können rote Haare bei Leuchtstofflampen-Licht gedämpft und matt erscheinen, weil dem Spektrum die „warmen" Wellenlängen fehlen. Kommt die Kundin aber ans Tageslicht, leuchten ihre Haare wie eine Ampel.

8.1.4 Farbharmonie – Was passt zu wem?

Wer sich in einer unmöglichen Farbenkombination kleidet (z. B. weinroter Rock und erdbeerfarbener Pulli oder lindgrüne Hose und türkisfarbene Bluse), macht sich lächerlich. Sicher gibt es Menschen, die auch solche Farbzusammenstellungen schön finden, die Mehrheit ist es gewiss nicht. Warum werden Farbkombinationen von vielen Menschen als harmonisch oder unharmonisch empfunden?

Harmonie bedeutet Gleichklang, in diesem Fall Gleichgewicht der Farben. Bei der Suche nach einer Gesetzmäßigkeit der Farbharmonie hilft folgender Versuch.

Versuch 15 Betrachten Sie eine Zeitlang ein Blatt Papier, auf dem Sie ein grünes Quadrat gemalt haben. Schauen Sie dann auf eine weiße Wand. Wiederholen Sie den Versuch mit einem roten Quadrat. Sie können auch nach dem Betrachten die Augen schließen. Was stellen Sie fest?

Sukzessivkontrast. Nach dem Betrachten des grünen Quadrats sieht man auf der weißen Wand ein rotes Quadrat (Nachbild), nach dem Betrachten des roten Quadrats ein grünes Nachbild. Diese Erscheinung nennt man den Sukzessivkontrast (sukzessiv = aufeinanderfolgend). Das Auge verlangt nach der Komplementärfarbe! Dadurch erzeugt es ein Gleichgewicht, also Harmonie. Da die Komplementärfarben miteinander gemischt immer ein Grau ergeben, kann man sagen:

> Farben sind harmonisch, wenn sie gemischt Grau ergeben.

Farbkombinationen sind modeabhängig. Es hat Zeiten gegeben, in denen Farbkombinationen verschrien waren, die uns heute selbstverständlich sind. Z. B. galt es unmöglich, Rot mit Grün oder Grün mit Rot zu kombinieren. Diese Ablehnung drückt sich in Aussprüchen wie diesem aus: „Grün und Blau trägt nur des Teufels Frau!"

Ob Farben miteinander harmonisieren, hängt auch von ihrer Helligkeit ab. Während Dunkelgrün und Dunkelblau durchaus harmonieren, wirken Hellgrün und Hellblau disharmonisch.

Kleiderfarben und Haarfarbe. Welche Farben getragen werden können, hängt von der Haar- und Hautfarbe (Teint) ab.

> Zu hellen Haut- und Haarfarben passen zarte, gedämpfte Töne. Dunkle Haut und dunkles Haar vertragen kräftige Farben.

Rothaarige müssen bei Farben in der Kleidung besonders aufpassen. Zu ihnen passen Brauntöne, aber auch gedecktes Blau und Grün. Sie sollten grelle Farben wie gelb, orange und lila meiden.

Make-up-Farben sollen zur Haar-, Augen- und Kleiderfarbe passen. Mit dunklen Haarfarben harmonieren z. B. dunkle Lidschatten, mit hellen Haarfarben helle Lidschatten. Zu braunen Augen passen warme, braune Lidschatten, während blaue Augen mit lichten, blauhaltigen Lidschatten besonders harmonisch betont werden.

Mehr dazu im Kapitel 9.6 Dekorative Kosmetik.

8.2 Farbverändernde Mittel

Der Wunsch nach einer Veränderung der Haarfarbe ist keine neuzeitliche Erfindung. Schon im Altertum haben Männer und Frauen ihre Haare gefärbt. Teilweise aus kultischen Gründen, aber vor allem, um schöner und jünger auszusehen. Henna war damals ein beliebtes Mittel für Rotfärbungen, Kamille sollte die Haare heller machen. Aber auch Salzwasser in Verbindung mit Sonne und selbst gebraute Alkalien wie Pottasche verhalfen den Griechinnen und Römerinnen zu einer blonderen Haarfarbe.

Seit Ende des 19. Jahrhunderts wird Wasserstoffperoxid zum Bleichen von Haaren genommen.

1861 gelang dem Chemiker August Wilhelm von Hofman die Entwicklung der Anilinfarbstoffe. Anfangs wurden nur Pelze damit gefärbt. Um 1900 wurden sie auch zum Haarefärben eingesetzt. Diese Oxidationsfarben führten zu starken Hautreizungen und Allergien. 1906 wurden sie verboten. In den Folgejahren entwickelte man aber neue Oxidationsfarbstoffe, die in ähnlicher Zusammensetzung heute noch produziert werden.

Auch heute gibt es viele Gründe für eine Farbveränderung. Der eine möchte seine ersten „Grauen“ verdecken. Manch einer findet seine eigene Farbe zu leblos, das Haar soll mehr Glanz bekommen.

Die nächste Kundin möchte einfach mehr auffallen und moderner wirken. Die verschiedenen Gründe und Bedürfnisse erfordern verschiedene Produkte und Arbeitsweisen.

8.2.1 Tönung oder Färbung?

Für den Friseur ist der Unterschied zwischen einer Färbung und einer Tönung klar. Mit Tönungen kann man weiße Haare nur bis zu einem gewissen Grad abdecken. Die Haltbarkeit der Anfärbung ist begrenzt. Dunkle Haare lassen sich damit nicht aufhellen. Mit Haarfarbe ist dies alles möglich. Allerdings mit dem Nachteil, dass die Haarstruktur stärker angegriffen wird. Für den Endverbraucher sind diese Produktmerkmale nicht so feststehend. Seit den 1980er Jahren wird der Haarfarbenmarkt verstärkt von Kaufhäusern und Drogeriemärkten bedient. Aus Werbegründen werden viele Farben als Coloration oder Intensivtönungen angeboten. Der Slogan lautet „Die Haltbarkeit einer Farbe mit der Schonung einer Tönung“. Wodurch unterscheiden sich also Tönungen und Färbungen?

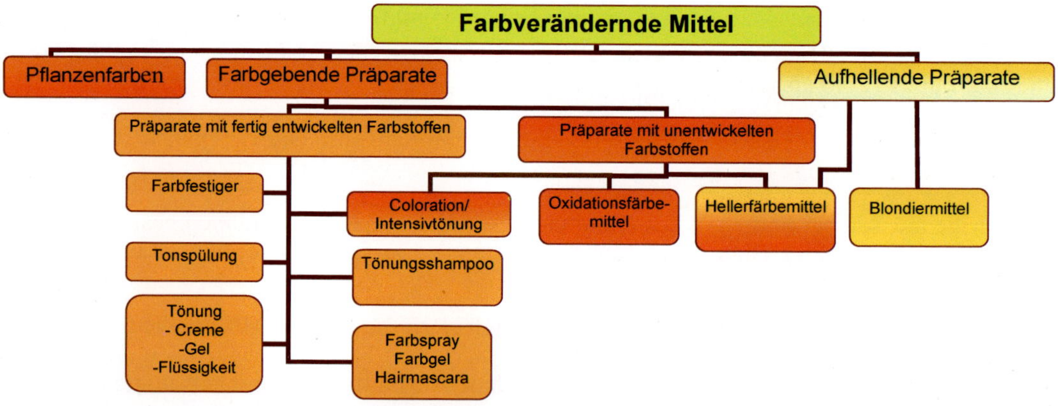

8.14 Übersicht der farbverändernde Mittel

> Tönungen enthalten fertig entwickelte, direktziehende Farbstoffe.
>
> Oxidationshaarfarben enthalten unentwickelte, kleine Farbmoleküle, die durch Oxidation verbunden werden.

8.2.2 Farbveränderung mit direktziehenden Färbemitteln

Die Schuppenschicht unserer Haare ist für kleine Moleküle durchlässig. So können die Farbpigmente (Farbmoleküle) in das Haar eindringen. Bei unentwicklten oder direktziehenden Farbstoffen handelt es sich meistens um sehr kleine, positiv (kationisch) geladene Farbmoleküle. Der Farbstoff ist fertig und wird nicht durch Oxidationsmittel verändert. Die Stärke der Farbveränderung hängt von der Farbstoffmenge (Konzentration im Produkt), der Einwirkzeit und der Porosität des Haares ab. Je poröser ein Haar ist, desto tiefer dringen auch direktziehende Farbstoffe in das Haar ein. Das beste Beispiel dafür sind Farbsprays zum Fasching. Hier wird mit sofortiger Auswaschbarkeit geworben. Doch jeder, der einmal rot auf einem blonden Haar ausprobiert hat weiß, wie dauerhaft die Haltbarkeit bis zum endgültigen Verschwinden sein kann.

Aus der Molekülgröße ergibt sich auch die Haltbarkeit und Deckkraft von Tönungen. Rötliche und gelbliche Tönungsfarbstoffe sind kleinmolekular und haften gut im Haar. Blond- und Brauntöne haben größere Moleküle und können deshalb kaum eindringen. Weißes Haar bleibt deshalb bei der Behandlung mit Naturtönen transparent, wird also kaum angefärbt.

Tönungspräparate werden hauptsächlich zur Farbauffrischung und -erhaltung eingesetzt. Ein Aufhellen des Naturtones ist nicht möglich. Eine Weißabdeckung gelingt nur bis ca. 30 oder 35 %.

8.2.3 Tönungsprodukte

Farbfestiger

Farbfestiger werden auf das handtuchtrockene, gewaschene Haar gleichmäßig aufgetragen. Farbschaumfestiger können Sie mit einer Bürste applizieren, sie werden nicht ausgewaschen.

Die direktziehenden Farbstoffe lagern sich hauptsächlich außen am Haar an und dringen nur oberflächlich in die Schuppenschicht ein. Schon bei der nächsten Haarwäsche werden sie wieder ausgewaschen.

Achtung: Bei porösen Haaren ist ein tieferes Eindringen möglich! Dies ergibt eine ungewollt längere Haltbarkeit und Intensität.

Farbspray – Farbgel – Hair Mascara

Dies sind Produkte für kurzfristige Farbeffekte. Sie wirken mit direktziehenden Farbpigmenten, die in ein Gel oder Spray eingelagert sind. Sie werden auf trockenem Haar angewendet und waschen sich bei der nächsten Haarwäsche wieder aus. Bei stark porösen und aufgehellten Haaren kann die Haltbarkeit aber erheblich länger sein.

Tonspülungen

Sie werden auf handtuchtrockenem, gewaschenem Haar angewendet.

Tonspülungen haben eine hohe Konzentration von Farbstoffen und können verdünnt werden. Das Mischungsverhältnis reicht von pur bis zu einer Verdünnung von 1:100 mit Wasser. Tonspülungen werden nicht ausgespült oder -gewaschen. Je nach Porosität des Haares können die fertigen Farbstoffe tief in das Haar eindringen. Deshalb sind Tonspülungen auch gut zum Mattieren von Strähnen geeignet. Bei gesunden Haaren ist nur eine oberflächliche Nuancierung möglich. Die Tonspülung wäscht sich bei der nächsten Haarwäsche weitestgehend wieder aus.

Tönungsshampoo – Tönungshaarkur

Tönungsshampoos enthalten milde Tenside und direktziehende Farbstoffe. Sie geben dem Haar eine leichte Nuancierung und werden meistens zur Erhaltung einer künstlichen Haarfarbe eingesetzt.

Tönungshaarkuren sind eine Haarpflege mit direktziehenden Farbstoffen. Sie werden nach 10 Minuten Einwirkzeit ausgespült. Die Farbwirkung ist nur gering. Gefärbte Haare werden etwas aufgefrischt. Die Haltbarkeit endet mit der nächsten Wäsche.

Geltönungen – Flüssigtönungen – Schaumtönungen

Alle Tönungen werden auf das gewaschene, handtuchtrockene Haar aufgetragen. Die Einwirkzeit beträgt 10–20 Minuten. Anschließend gründlich ausspülen, aber nicht waschen.

Mit Tönungen ist eine Nuancierung und ein Dunklertönen um ein bis zwei Tonhöhen möglich.

Aufhellungen sind mit Tönungen nicht möglich. Sie haben eine bessere Farbhaltbarkeit als Festiger oder Farbspülungen. Der Farbabtrag erfolgt von Wäsche zu Wäsche.

Schaumtönungen können zusätzlich noch unentwickelte Farbstoffe enthalten, die durch Luftsauerstoff entwickelt werden.

8.2.4 Farbveränderung mit oxidativen Färbemitteln – Inhaltsstoffe und chemische Vorgänge im Haar

Oxidationshaarfarben enthalten unfertige Farbstoffvorstufen (Farbbildner). Diese Moleküle sind besonders klein und können somit sehr weit in das Haarinnere eindringen. Durch Oxidation wird das Pigment erst zusammengesetzt. Es entstehen größere Moleküle, die sich im Haar festsetzen.

Mit Oxidationshaarfarben kann auf Naturhaaren jede gewünschte Haarfarbe gefärbt werden. Die Farbe kann heller, dunkler oder Ton-in-Ton sein. Die Deckkraft bei weißen Haaren beträgt 100 %.

Die Farbstoffbildner bestimmen Farbtiefe und Deckkraft der Haarfarbe. Viele Farbbildner bedeuten große Deckkraft und dunkle Farbe. Wenige Farbbildner ergeben eine geringere Deckkraft und hellere Farbtöne. Die Farbvorstufen entwickeln sich erst im Haar zu fertigen Farbpigmenten.

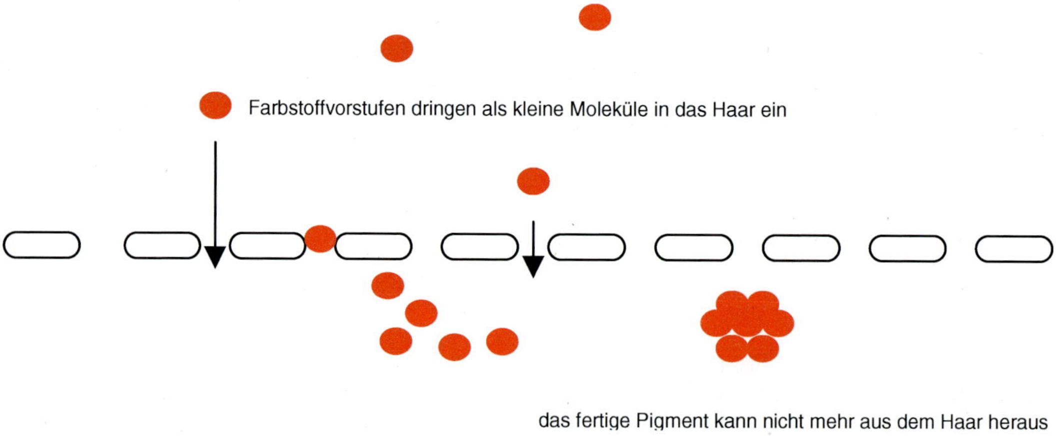

8.15 Eindringen von Farbbildnern

Inhaltsstoffe der Oxidationshaarfarben:

Farbstoffbildner
Nuancierer
Alkalisierungsmittel
Antioxidantien
Netzmittel
Duftstoffe
Trägermasse

\+ Wasserstoffperoxid

Die Grundlage der heutigen Oxidationsfärbemittel bilden die Farbstoffe
1,4-Diaminobenzol (Paraphenylendiamin) und
1-Methyl- 2,5-Diaminobenzol (Paratoluylendiamin)

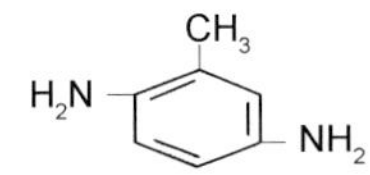

1-Methyl-
2,5-Dinaminobenzol

Nuancierer sind bei vielen rötlichen Haarfarben direktziehende Farbstoffe. Nuancierer bestimmen die Farbrichtung, also ob ein Farbton *rot*, *gold* oder *aschig* wirkt. Auf Grund ihrer Größe können sie gut ins Haar eindringen (siehe direktziehende Färbemittel).Die Nuancierung der Matt- und Aschfarben ist nicht immer zu erkennen, weil diese Nuancierer häufig noch nicht entwickelt sind. Es handelt sich dabei um Stoffe, die erst in Verbindung mit den Farbstoffvorstufen die Farbrichtung ergeben. Man nennt sie Kupplungskomponenten.

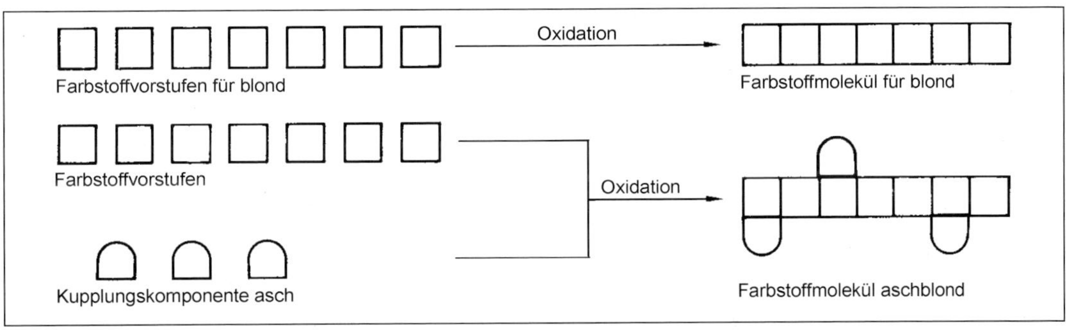

Alkalisierungsmittel. Ammoniumhydroxid (NH_4OH) quillt das Haar, öffnet die Schuppenschicht und neutralisiert Stabilisierungssäure im Wasserstoffperoxid (H_2O_2). Die Alkalien beginnen und beschleunigen den chemischen Vorgang.

Antioxidantien verhindern ein vorzeitiges Oxidieren der Farbcreme mit Luftsauerstoff in der Tube.

Pufferstoffe halten den pH-Wert konstant.

Netzmittel sind nichtionogene Tenside. Sie sorgen für eine gleichmäßigere Verteilung der Farbmasse auf der Haaroberfläche und erleichtern das gleichmäßige Eindringen der Färbemasse. Beim Aufemulgieren lösen sie die Farbmasse vom Haar.

Duftstoffe überdecken den stechenden Geruch des Ammoniaks.

Schutz und Pflegestoffe sollen das Haar vor zu großer Schädigung schützen.

Die Trägermasse kann gelartig oder cremeförmig sein. Sie erleichtert das Auftragen und verhindert durch ihre Konsistenz ein Ablaufen der Farbe. Das Verdickungsmittel markiert schon behandelte Stellen, so dass man besser erkennen kann, wo schon Färbemasse aufgetragen wurde.

Die Art der Trägermasse hat Einfluss auf das Färbeergebnis:

- **Creme (Emulsion)** hält den Ammoniakanteil stärker fest. Dadurch bleibt der pH-Wert während der Einwirkzeit gleichmäßig hoch. Das Haar wird stärker gequollen, so dass die Farbstoffbildner vermehrt eindringen. Die Folge ist eine gute Deckkraft und satte Farbwirkung, aber auch eine höhere Haarschädigung.
- **Gele** halten das Ammoniumhydroxid nicht so stark fest, so dass die Menge während der Einwirkzeit abnimmt (fallender Ammoniakspiegel). Deshalb ist die Quellung geringer, weniger Farbstoffbildner können eindringen, die Farbwirkung wird transparenter und die Deckkraft deutlich schwächer. Dafür ist die Haarschädigung geringer als bei einer Emulsion.
- **Creme-Gele** haben eine bessere Deckkraft als Gele, sind aber weniger haarschädigend als Emulsionen.

Wasserstoffperoxid ist ein Oxidationsmittel. Es liefert freien Sauerstoff zum Entwickeln der künstlichen Farbpigmente und zum Aufhellen der Naturpigmente. Es ist mit einer Säure stabilisiert, damit es nicht vorzeitig in der Flasche zerfällt.

1. Die wässrige Lösung des Ammoniumhydroxids (NH_4OH) und Wasserstoffperoxids dringt ins Haar ein.
2. Wasser und NH_4OH quellen das Haar und öffnen die Schuppenschicht.
3. NH_4OH neutralisiert die Stabilisierungssäure und aktiviert das H_2O_2.
4. H_2O_2 hellt die Naturpigmente auf.
5. Direktziehende Nuancierfarben dringen ein und haften im Haar.
6. Die Farbstoffbildner dringen ins Haar ein und werden durch das H_2O_2zu Farbstoffen oxidiert. Dabei werden mehrere Farbstoffbildnermoleküle zu einem Farbstoffmolekül verknüpft (**8**.16). Diese sind so groß, dass sie nicht mehr aus dem Haar heraus können. Diesen Vorgang nennt man *Kupplungsreaktion.*
7. Eine geringe Menge des neugebildeten Farbstoffs wird durch Wasserstoffperoxid wieder zerstört (Ausgleichsvermögen).
8. NH_4OH und H_2O_2 greifen das Keratin an, so dass eine Strukturschädigung eintritt.

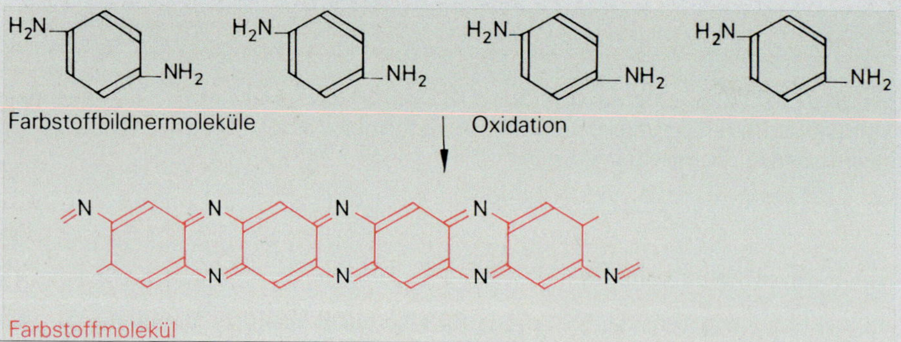

8.16 Kupplungreaktion

8.2.5 Oxidative Farbprodukte

Oxidationshaarfarben

Mit Oxidationshaarfarben lassen sich auf Naturhaaren alle Farben herstellen. Weißes Haar wird vollständig abgedeckt und Aufhellungen um 1–2 Töne sind möglich. Stärkere Aufhellungen gehen nur mit Spezial-Hellerfärbungen oder Blondierungen.

Bei der Normalfärbung wird mit 6 oder 9 %igem H_2O_2 gearbeitet. Um die Rezeptur immer genau einzuhalten, empfiehlt es sich, eine Waage einzusetzen.

Mischungsverhältnis	30 ml Farbe + 30 ml H_2O_2	1:1

Dieses Mischungsverhältnis trifft auf die meisten Produkte zu. Abweichungen sind aber möglich. Deshalb lesen Sie vor der Anwendung immer die Gebrauchsanweisung.

Intensivtönung – Coloration

Diese Produkte stehen chemisch gesehen zwischen den Oxidationsfärbemitteln und den Tönungsmitteln, werden aber eher den Färbungen zugerechnet. Sie enthalten sowohl direktziehende Farbstoffe, als auch Farbstoffvorstufen, also unfertige Farbstoffe, die erst entwickelt werden müssen. Sie haben eine gute Deckkraft (bis 60 % möglich) und eine lange Haltbarkeit. Aufhellungen sind aber nicht möglich und die Weißabdeckung bleibt oft zu transparent.
Die Farbcreme von Intensiv-Tönungen wird mit 2–4 %igem H_2O_2 gemischt.

Mischungsverhältnis	20 ml Farbmasse + 40 ml H_2O_2-Lotion	1:2

Dieses Mischungsverhältnis trifft auf die meisten Produkte zu. Abweichungen sind aber möglich. Deshalb lesen Sie vor der Anwendung immer die Gebrauchsanweisung.

Die Farbcreme wird aus der Auftragsflasche auf das gewaschene, feuchte Haar aufgetragen. Die Einwirkzeit beträgt 5–25 Minuten mit oder ohne Wärme. Danach ausemulgieren und spülen, nicht waschen!

Intensiv-Tönungen sind weniger stark alkalisch, können sogar im sauren Bereich liegen. Deshalb eignen sie sich auch für einen schonenden Längen- und Spitzenausgleich. Die Haltbarkeit ist besonders im Rotsegment häufig besser als bei einer Haarfarbe.

Bei der Dauerwelle kann eine saure Intensiv-Tönung anstelle der zweiten Fixierung eingesetzt werden. Das erspart zusätzliches Ausspülen und Einwirkzeit.

Haarfarbenwiederhersteller

Haarfarbenwiederhersteller sind Produkte, die überwiegend vom Kunden in Heimbehandlung angewendet werden. Sie enthalten Farbstoffvorstufen, die durch Luftsauerstoff schrittweise innerhalb mehrerer Tage zu farbigen Pigmenten verwandelt werden. Oxidationsmittel wie H_2O_2 werden nicht eingesetzt. Haarfarbenwiederhersteller eignen sich nur zum Abdecken von Weißanteilen bei Naturhaaren, das Farbergebnis ist aber oftmals nicht sehr überzeugend.

Bei gefärbten oder gar hellergefärbten Haaren sind keine zufrieden stellenden Ergebnisse möglich.

Durch fehlende Alkalität ist der Färbevorgang haarschonender als bei Oxidationshaarfarben.

8.2.6 Grundwissen zum Färben

Allergietest

Die meisten Firmen empfehlen, vor der ersten Färbung einen Allergietest durchzuführen. Dazu rührt man eine kleine Farbmenge an und trägt sie 48 Stunden vor der Färbung dünn in der Ellenbeuge des Kunden auf. Nach 45 Minuten gründlich abspülen. Zeigt sich innerhalb der 48 Stunden keine Reaktion, so ist die Wahrscheinlichkeit einer Allergie gering.

Vorbereitung

Nach eingehender Beratung legen Sie dem Kunden Schutzkleidung an. Die eigenen Hände mit Handschuhen schützen(TRGS 530 beachten). Haare vorher **nicht** waschen, damit der Talgfilm als Schutz auf der Kopfhaut bleibt.

Wahl des H_2O_2

Das H_2O_2 muss immer auf die Farbe abgestimmt sein, damit der Farbbrei die richtige Konsistenz erhält. Das Mischungsverhältnis entnehmen Sie der Gebrauchsanweisung.

Übersicht zur Wahl der Wasserstoffperoxidstärke

Art der Färbung	Farbwunsch	H_2O_2-Stärke	Mischungsverhältnis
Intensiv-Tönung	Farbnuancierung	3 % bis 4 % H_2O_2	1:2 Tönung + H_2O_2
Oxidative Färbung	dunkler, gleiche Tonhöhe bis 1 Ton heller	6 % H_2O_2	1:1 Farbe + H_2O_2
	1 bis 2 Töne heller	9 % H_2O_2	
	2 bis 3 Töne heller	12 % H_2O_2	
	3 bis 4 Töne heller	12 % H_2O_2	1:2 Farbe + H_2O_2

Stärkere Aufhellungen sind nur mit einer Blondierung möglich!

Zubereitung

Das H_2O_2 wird unmittelbar vor der Färbung mit der Farbcreme gemischt. Wenn die Farbe zu früh angerührt wird, beginnt der Oxidationsvorgang schon in der Mischschale. Die Farbvorstufen verbinden sich und können auf Grund ihrer Größe nicht mehr in das Haar eindringen. Das Haar bekommt dann zwar noch eine Nuancierung, aber die Farbe hat keine Deckkraft und Haltbarkeit mehr. Aus diesem Grund muss auch zügig aufgetragen werden. Das Auftragen einer Haarfarbe sollte nicht länger als 10–15 Minuten dauern.

Auftragen der Farbmasse

Erstfärbung. Um ein gleichmäßigeres Farbbild zu erhalten, werden bei der Erstfärbung Mittelstück und Spitze zuerst und der Ansatz zuletzt eingestrichen. Eine weniger starke Verhornung am Ansatz und die Körperwärme führen dort sonst zu einem intensiveren Farbergebnis als in den Spitzen. Man gibt Längen und Spitzen ca. 10 bis 20 Minuten Vorlauf, bevor der Ansatz eingestrichen wird. Die feinen Konturenhaare nehmen die Farbe besonders schnell und intensiv an und müssen deshalb zuletzt eingefärbt werden.

Ansatzfärbung. Bei der Nachwuchsfärbung wird der Kopf mit einem Kreuzscheitel in 4 Partien eingeteilt und nur das nachgewachsene Haar eingefärbt. In der Regel beginnt man am Hinterkopf und arbeitet sich Passee für Passee im Abstand von ca. 1cm zum Nacken vor. Dabei immer von den Längen zur Kopfhaut hin auftragen. Nur das unbehandelte Haar gezielt einstreichen, damit es nicht zu Überlagerungen kommt. Fehlerhaftes Auftragen macht sich sofort durch Balkenbildung bemerkbar.

Haben einzelne Haarpartien einen höheren Weißanteil, so werden diese Bereiche zuerst eingefärbt.

Die Farbe muss in entsprechender Dicke aufgelegt und aufgetupft werden, denn durch lässiges Streichen oder Aufpinseln kommt es häufig zu nicht angefärbten Stellen.

Farbausgleich in Längen und Spitzen

Farbausgleich mit Haarfarbe. Bei den meisten Nachwuchsfärbungen sind Haarlängen und Spitzen ausgebleicht. Um dies auszugleichen, wird der Farbrest in der Färbeschale mit Wasser verdünnt. Die Farbmasse wird aufgetragen, gut verteilt und durchgekämmt. Dabei muss man aufpassen, dass nicht zuviel Farbe vom Ansatz weggekämmt wird. Sind die Spitzen sehr blass, kann ein Modeton beigemischt werden, so dass die direktziehenden Komponenten zusätzlichen Glanz bringen. Naturtöne nach ca. 20–25 Minuten durchziehen, Modetöne können schon nach 10 Minuten durchgearbeitet werden.

Der Farbausgleich mit oxidativen Farben hat Nachteile. Häufig ist ein Haar nach mehreren Färbungen porös. Kommt die alkalische Farbmasse beim Farbausgleich auf Längen und Spitzen, werden diese zusätzlich gequollen und somit noch mehr geschädigt. Gerade Rottöne bereiten dem Friseur mit ihrer kleinen Molekülgröße Probleme. Das Rot fällt schnell aus dem Haar heraus. Um die Farbe in Länge und Spitze zu intensivieren, arbeitet man noch früher durch, aber auf diese Weise kann die Alkalität noch länger wirken. Mit der Folge, dass der Grad der Porosität steigt und die Farbe noch schneller aus dem Haar herausfällt. Um dies zu verhindern, kann man den

Farbausgleich mit Tönungen oder Intensivtönungen machen. Diese sind schonender für das Haar. Durch die starke Porosität können die direktziehenden Farbstoffe sehr weit in das Haar eindringen. Die Haltbarkeit ist im Rotsegment häufig deutlich höher als bei einer Haarfarbe.

Einwirkzeit

Damit die Farbbildner sich vollständig entwickeln können, ist eine Einwirkzeit von 30 Minuten nötig. Erst am Ende dieser Zeit hat die Farbe ihr optimales Aussehen. Wird die Farbe zu früh ausgespült, ist die Deckkraft auf weißen Haaren nicht gewährleistet. Auch die Haltbarkeit kann deutlich kürzer sein. Eine Verlängerung der Einwirkzeit hat keine Auswirkungen auf das Ergebnis. Das Farbergebnis kann nicht zu dunkel werden, da die außen am Haar oxidierten Farbmoleküle durch ihre Größe nicht mehr ins Haar eindringen können. Durch Wärmezufuhr kann die Einwirkzeit verkürzt werden. Bei empfindlichen Kunden oder bei Verwendung von Hellerfärbungen sollte man auf Wärme verzichten.

Einwirkzeit			
Normalfärbung	ohne Wärme 30 Minuten	–	mit Wärme 20 Minuten
Hellerfärbung	ohne Wärme 45 Minuten	–	mit Wärme 30 Minuten

Abschluss

Einige Friseure schieben nach Ende der Einwirkzeit die restliche Farbmasse an einigen Stellen weg, um das Farbergebnis zu kontrollieren. Dieser Test beruhigt vielleicht, aber er hilft nicht. Sollte das Ergebnis nicht in Ordnung sein, muss trotzdem erst die Farbe ausgespült werden, bevor man neu einfärben und korrigieren kann. Außerdem verändert die Feuchtigkeit im Haar das Farbergebnis, so dass man keine genaue Farbanalyse treffen kann. Eine Beurteilung muss immer am trockenen Haar erfolgen.

Um die restliche Farbmasse aus dem Haar zu entfernen, gibt man etwas Wasser dazu und massiert leicht durch. Dies wird solange wiederholt, bis die Farbmasse ganz ausgespült ist. Diesen Vorgang nennt man Aufemulgieren. Die Farbe löst sich so besser als durch Waschen.

Wenn alle Farbe ausgespült ist, kann man mit einem milden Shampoo nachwaschen.

Zum Neutralisieren der Alkalien und zum Adstringieren der Schuppenschicht wird immer eine Säurespülung oder Haarkur angewendet. Die Pflegestoffe machen das Haar geschmeidig und geben ihm zusätzlichen Glanz. Außerdem vermeiden sie eine schleichende Oxidation. Dadurch wird verhindert, dass die Farbe sich innerhalb kurzer Zeit verändert.

Säurespülungen wirken bei Rottönen leicht entfärbend. Deshalb sollte man hierbei besser Pflegeprodukte wählen, die im Haar verbleiben.

Modefärbung mit Weißanteil

Auf Naturhaar ohne Weißanteil ist eine Modefärbung problemlos auszuführen. Wenn der Modeton etwas heller als der Grundton sein soll, empfiehlt es sich, bei der Erstfärbung Längen und Spitzen mit einer etwas höheren H_2O_2-Konzentration zu färben. So kann man die stärkere Reaktion des Ansatzes (weniger verhornt, Körperwärme) ganz gut ausgleichen.

Schwieriger wird es bei einer Modefärbung mit Weißanteil. Wird der Ansatz nur mit Modeton eingefärbt, wirkt er häufig transparent und ungedeckt. Rottöne werden auf dem weißen Haar besonders knallig. Um dies auszugleichen, muss die entsprechende Farbe aus der Naturtonreihe zugemischt werden.

Modefärbung mit Weißanteil

Bis 30 % Weißanteil	20 ml Modeton + 10 ml Naturton + 30 ml H_2O_2
Bis 60 % Weißanteil	15 ml Modeton + 15 ml Naturton + 30 ml H_2O_2
Bis 100 % Weißanteil	10 ml Modeton + 20 ml Naturton + 30 ml H_2O_2

Diese Mischung ist nur für den Ansatz mit dem Weißanteil bestimmt. Längen und Spitzen haben bei einer Ansatzfärbung keinen Weißanteil mehr. Deshalb wird nur mit dem Modeton oder besser mit einer Intensivtönung in der gleichen Modefarbe gearbeitet. Wenn man die Ansatzfarbe mit dem beigemischten Naturton in die schon gefärbten Spitzen kämmt, wird die Farbe dort zu glanzlos und der Modeton nicht kräftig genug.

Bei unterschiedlichem Weißanteil am Vorderkopf und im Hinterkopfbereich, müssen für ein einheitliches Ergebnis verschiedene Rezepturen verarbeitet werden. Ist nur die Schläfenkontur stärker weiß, kann man mit purem Naturton, direkt aus der Tube vorpigmentieren. Der gewünschte Modeton wird anschließend übergefärbt. Genauso verfährt man bei einem weißen Dorn, das ist eine einzelne unpigmentierte Haarsträhne.

Borstenmischung

Bei sehr kräftigen oder stark verhornten Haaren bleiben der Ansatz und auch die Längen häufig zu transparent. Diese Haare sind oftmals sehr dick oder die Schuppenschicht ist sehr stark ausgeprägt, so dass die Farbstoffbildner schlecht eindringen. Außerdem müssen sie einen längeren Weg zurücklegen, um das Haar vollständig zu durchdringen. Weil sie aber durch Oxidation miteinander verknüpft werden, können sie nicht tief genug ins Haar eindringen. Um eine gute Deckkraft zu erzielen, muss die Farbe besonders sorgfältig und dick aufgetragen werden. Manchmal hilft auch eine Rezepturänderung. Sollten diese Maßnahmen nicht zum Erfolg führen, setzt man die Menge des H_2O_2-Anteils herab. Dadurch hat man mehr Farbcreme zur Verfügung, die Alkalität erhöht sich und das Haar wird stärker gequollen. Gleichzeitig vermehrt sich das Farbstoffangebot. Die unentwickelten Farbstoffe können durch die starke Quellung tief ins Haar eindringen und werden dort später oxidiert.

Um zu verhindern, dass die Farbe zu dunkel wird, kann die H_2O_2 Konzentration erhöht werden, statt 6 %igem wird 9 %iges H_2O_2 benutzt oder man wählt einen halben Ton heller als die Zielfarbe aus.

Borstenmischung für dicke, kräftige Haare

Mischungsverhältnis: 40 ml Farbe
+ 25 ml H_2O_2

Diese Mischung darf unter keinen Umständen in Längen und Spitzen gezogen werden. Sonst besteht die Gefahr von Balkenbildung und farblich absackenden Spitzen.

Vorpigmentieren

Wird ein aufgehelltes Haar wieder dunkler gefärbt, ist das Farbergebnis häufig sehr matt oder aschig. Auch die Haltbarkeit der Farbe ist meistens eher gering, da die Haare durch die Aufhellung porös geworden sind und die Farbstoffe leicht wieder herausfallen. Um das Farbergebnis zu verbessern, empfiehlt es sich eine Vorpigmentierung mit Farbpigmenten im Rotbereich durchzuführen.

Die entsprechende Nuance (siehe Tabelle) wird mit Wasser angerührt. Je nach Porosität der Haare und der gewünschten Intensität der Zielfarbe müssen Sie die Farbe mit Wasser mischen:

1 : 3 1 : 2 1 : 1 Farbe + Wasser

Tragen Sie die Mischung gezielt und gleichmäßig mit einer Applikationsflasche auf die trockenen Haare auf. Die Mischung wird nicht ausgespült. Anschließend sofort die Zielfarbe auf Längen und Spitzen auftragen.

Während der Einwirkzeit mehrmals gut durchkämmen, sonst wird das Ergebnis ungleichmäßig und der Rotton scheint durch.

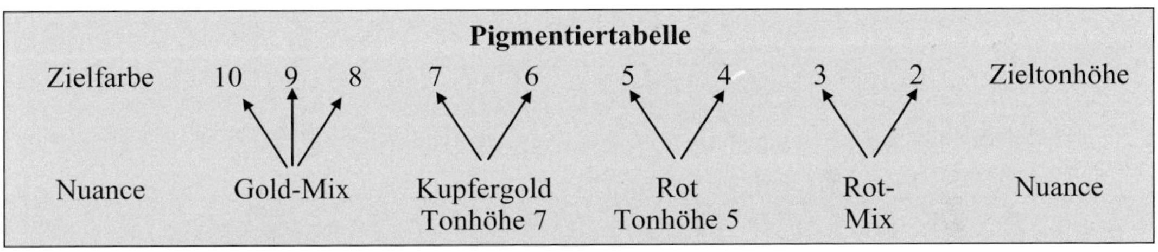

Diese Technik sollte nur von erfahrenen Friseuren ausgeführt werden. Es ist ein besonders sorgfältiges Arbeiten nötig.

Farbe und Dauerwelle

Es kommt immer wieder vor, dass Kunden eine Färbung und eine Dauerwelle am selben Tag wünschen. Abgesehen von der langen Sitzungszeit, muss dies auch aus Gründen der starken Haut- und Haarbelastung abgelehnt werden.

Eine frische Haarfarbe wird durch die Dauerwellbehandlung aufgehellt. Wie kommt das? Da sich die Farbstoffe durch Oxidation entwickeln, bei der Dauerwelle aber durch Reduktion die Schwefelbrücken gespalten werden, wird ein Teil der Farbstoffe aufgehellt (reduziert). Je frischer die Farbe, desto größer die Aufhellung. Allerdings kann man bei dieser Reihenfolge eine schwächere Dauerwellflüssigkeit für gefärbtes Haar einsetzen. Andersherum wird es schwieriger. Um das Naturhaar umzuformen, benötigt man eine Dauerwelle für normales Haar. Wird anschließend gefärbt, ist die Belastung für die Haare groß. Es kann zu bleibenden Verlusten der Sprungkraft kommen.

Sollte die Kundin auf beiden Behandlungen bestehen, müssen Sie entscheiden, welche Sie zuerst durchführen.

Bei einer herausgewachsenen Naturfarbe bis zu zwei Zentimetern, führt man zuerst die Dauerwellbehandlung mit einem Wellmittel für gefärbtes Haar durch. Die leichtere Flüssigkeit schont die Haare und das Farbergebnis entspricht der Haarstruktur. Bei einem längeren Ansatz muss zuerst gefärbt werden, um eine einheitliche Haargrundlage für die Wellung zu schaffen.

Entfärben von Oxidationsfarbstoffen

Gründe, um eine Oxidationshaarfarbe zu verändern gibt es viele: vielleicht eine misslungene Färbung beim Friseur, eine schief gelaufene Heimbehandlung oder einfach nur der Kundenwunsch nach einer helleren Farbe.

Alkalischer Abzug (Oxidatives Entfärben). Für leichte Farbveränderungen genügt häufig schon eine geringe Aufhellung. Dazu benutzt man eine Blondierwäsche (siehe 8.2.7 Hellerfärbung und Blondierung), bei gewünschten stärkeren Aufhellungen arbeitet man mit einer Erstblondierung. Wie bei der Blondierung werden beim oxidativen Entfärben die Naturpigmente aufgehellt. Außerdem zerbrechen dabei die großen Moleküle der Farbstoffe in kleinere Bruchstücke, die heller bzw. farblos sind. Da die Farbstoffmoleküle mit der Zeit immer fester im Haar sitzen, lassen sich ältere Färbungen mitunter schlecht aufhellen. Die Behandlung ist beendet, wenn die beabsichtigte Aufhellung erreicht ist. Anschließend kann das Haar wieder eingefärbt werden.

Saurer Abzug (Reduktives Entfärben). Der reduktive Abzug wird mit Spezialprodukten durchgeführt. Dazu müssen zwei Flüssigkeiten gemischt werden. Eine der beiden Bestandteile ist das Reduktionsmittel, die andere Flüssigkeit, eine Säure, wirkt als Entwickler. Die Flüssigkeit wird mit einem Schwamm oder Wattebausch aufgetragen. Nach einer Einwirkzeit von 15–20 Minuten wird gründlich ausgespült und mit einem milden Shampoo gewaschen. Wärmezufuhr verkürzt die Einwirkzeit.

Färbefehler

Färbefehler	Ursache	Lösung
Farbe zu dunkel	falsche Farbwahl zu niedrige H_2O_2-Konzentration falsch abgemessen, zu wenig H_2O_2	entfärben und neu einfärben
Farbe zu hell	zu helle Farbe gewählt zu hohe H_2O_2-Konzentration	noch einmal färben
Farbe deckt nicht	bei Modefärbung keinen Naturton zugegeben zu kurze Einwirkzeit zu kräftige Haare schlecht aufgetragen	noch einmal färben, evtl. Borstenmischung einsetzen Rezeptur überdenken
Farbe hält nicht	zu kurze Einwirkzeit, dadurch kein vollständiges Oxidieren der Pigmente Längen und Spitzen zu porös	noch einmal färben Farbausgleich mit Tönung
Spitzen zu hell, nicht ausgeglichen	Längen und Spitzen zu ausgeblichen	evtl. Vorpigmentieren nötig
zu kräftiges Rot am Ansatz	Weißanteil nicht berücksichtigt Rotton auf zu helle Grundlage gefärbt	Naturton zugeben Farbwunsch korrekt in eine Rezeptur umsetzen
Spitzen zu dunkel	zu früh durchgezogen bei der Modefärbung den Naturton mit in Länge und Spitze gekämmt	mit Blondierwäsche korrigieren, später durcharbeiten. Spitzen nur mit Modeton einfärben

Durch den reduktiven Abzug werden die Farbstoffe wieder in die kleinen Vorstufen zerlegt, die sich dann durch Spülen aus dem Haar lösen lassen. Um eine schleichende Oxidation möglicher Restfarbstoffbildner zu verhindern und somit wieder ein dunkles Farbergebnis zu haben, macht man eine Probespülung mit einer 3 %igen H_2O_2-Lösung. Mit dem sauren Abzug lassen sich nur die künstlichen Pigmente abbauen. Durch die starke Säure ist die Haarschädigung ähnlich hoch wie bei einem alkalischen Abzug. Wegen häufiger Allergien war der saure Abzug längere Zeit vom Markt verschwunden. Heute bieten einige Firmen ihn wieder an.

8.2.7 Hellerfärbung und Blondierung

Hellerfärbung

In der Regel ist eine Hellerfärbung haarschonender als eine Blondierung. Ziel des Hellerfärbens und des Blondierens ist eine Aufhellung der Naturpigmente.

Mit Hellerfärbungen, aber auch noch mit den Farben der Normalreihe kann man eine leichte Aufhellung um 1 bis 2 Farbstufen erzielen. Präparate zum hochgradigen Hellerfärben hellen das Haar bis zu 4 Tonstufen auf.
Mittel zum Hellerfärben erledigen mehrere Aufgaben in einem Arbeitsschritt:

- die Pigmente im Haar werden oxidiert
- der Gelb- oder Rotstich wird mattiert
- weiße Haare können durch Bildung künstlicher Farbstoffe abgedeckt werden

Arbeitsweise

Die Aufhellung des Haares wird wesentlich von der Konzentration des H_2O_2 (siehe Wahl des H_2O_2 in 8.2.6.) beeinflusst, die Trägermasse und der Gehalt an Ammoniak spielen eine weitere Rolle. Präparate, die sehr stark aufhellen, haben neben dem erhöhten Wasserstoffperoxidgehalt einen höheren Ammoniakanteil.

Mischungsverhältnis: 20 ml Hellerfärbung + 40 ml H_2O_2 } 1:2

Dieses Mischungsverhältnis trifft auf die meisten Produkte zu. Abweichungen sind aber möglich. Deshalb lesen Sie vor der Anwendung immer zuerst die Gebrauchsanweisung.

Farbmasse wie gewohnt verarbeiten und nicht zu dick auftragen. Den Ansatz gezielt behandeln, da es sonst zu Balkenbildungen kommt. Der Längen- und Spitzenausgleich darf bei Hellerfärbungen nicht durchgeführt werden. Die starke Mattierung würde die Spitzen grau wirken lassen und die hohe Alkalität zu vermeidbaren Haarschädigungen führen. Ein Farbausgleich sollte hier mit Tonspülungen oder Tönungen erfolgen.

Da die hellen Konturenhaare sehr schnell aufhellen, sollten sie erst nach ca. 35 Minuten (bei Wärmezufuhr nach 20 Minuten) eingefärbt werden. So kann ein grauer „Heiligenschein" vermieden werden.

Einwirkzeit

Die Einwirkzeit beträgt 45 Minuten **ohne** Wärme.

Wärme verkürzt zwar die Einwirkzeit um die Hälfte, aber gerade bei der Hellerfärbung benötigt die Farbe die volle Zeit zum Abbau der Rotpigmente.

Farbbezeichnungen/Farbwirkung

Die Hellerfärbungen sind bei den marktführenden Firmen mit der Zahl 11 oder 12 gekennzeichnet. Die passenden Farbsträhnen in der Farbkarte zeigen nicht das Farbergebnis, sondern die

Stärke und den Farbcharakter der Mattierung. Je dunkler die Ausgangsfarbe ist, desto stärker muss die Mattierung sein.

Ausgangsfarbe Tonhöhe	Nuancenwahl
8 7 6	Neutral/Natur Perl/Cendre Asch Violett (stärkste Mattierung)

Hellerfärbung mit Weißanteil

Bei der Hellerfärbung mit Weißanteil treten ähnliche Probleme wie bei der Normalfärbung auf. Hellerfärbungen ergeben auf dem weißen Haar keine Deckkraft. Sie enthalten nur nuancierende Mattierer. Diese geben dem weißen Haar einen hässlichen Graustich. Um dies zu verhindern, muss ein deckender Farbton aus der Naturtonreihe zugemischt werden. Es empfiehlt sich, einen Grundton der Tonhöhe 9 zu verwenden, da die 10er Reihe der Naturtöne zuwenig Farbpigmente enthalten.

Färbefehler bei der Hellerfärbung	Ursache	Lösung
der Ansatz ist zu gelb	Naturton war zu dunkel falsche Nuance mit zuwenig Mattierung zu kurze Einwirkzeit	evtl. Blondierung einsetzen Nuance mit stärkerer Mattierung wählen Einwirkzeit 45 Minuten ohne Wärme
die Haare sind zu matt/aschig	Hellerfärbung in die porösen Längen und Spitzen gearbeitet die Mattierung der Farbe war zu stark Konturen zu früh eingefärbt	Farbausgleich nur mit Tönung Mattierung auf den Naturton abstimmen feine Konturenhaare erst nach 35 Minuten einfärben
Balkenbildung	Farbe nicht gezielt auf den Ansatz aufgetragen, dadurch wird das zuletzt gefärbte Stück heller und aschiger. Der Ansatz wirkt gelber.	Farbe gezielt auftragen

Blondierung

Je dunkler ein Haar ist, umso mehr Pigmente enthält es. Um Haare aufzuhellen, müssen diese Pigmente chemisch abgebaut d. h. zerstört werden. Die Zerstörung der Naturpigmente erfolgt durch Oxidation. Leichte Aufhellungen um 1 bis 2 Tonstufen lassen sich mit Farbe, Hellerfärbung und einem höheren Wasserstoffperoxidgehalt erreichen. Starke Aufhellungen um mehr als vier Töne kann man nur mit einer Blondierung erzielen, das entspricht einer Aufhellung eines hellbraunen Haares auf lichtblond. Blondierungen oxidieren sowohl naturfarbene als auch gefärbte Haare. Dies bedeutet, dass man durch eine Blondierung auch ein zu dunkles Färbeergebnis gut korrigieren kann. Bei der Blondierung wird nicht nur die Helligkeit (Tonhöhe/Farbtiefe) verändert, sondern auch die Nuancierung (Farbrichtung).

Man hat angenommen, dass die feinkörnigen gelb-roten Pigmente schwerer abgebaut werden als die grobkörnigen schwarz-braunen. Untersuchungen mit dem Elektronenmikroskop haben dies allerdings nicht bestätigt. Man vermutet, dass die Pigmente beim Aufhellen erst in rötliche Bruch-

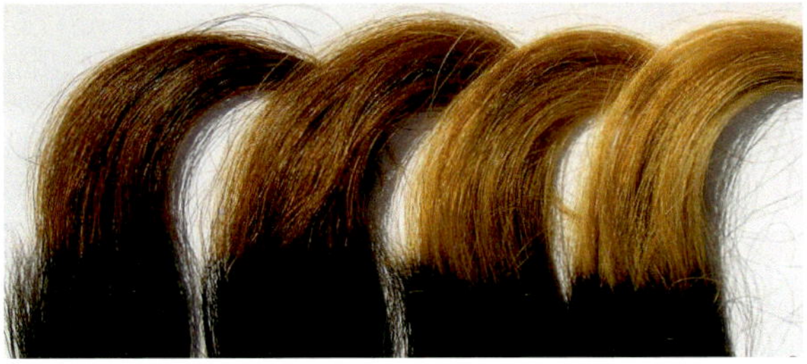

8.17 Blondierung mit 6 %igem H_2O_2 Einwirkzeit 5, 10, 15 und 20 Minuten

stücke zerlegt werden. Erst durch längere Einwirkzeit werden auch diese Teilchen zu helleren Bruchstücken abgebaut. Besonders deutlich wird der Rotstich bei südländischen Kundinnen aus Italien, Spanien oder der Türkei. Bei diesen Kundinnen wird das Haar selten schön blond, sondern bleibt orange-gelblich. Erst ein mehrmaliges Blondieren bringt befriedigende Ergebnisse. Allerdings geht die Prozedur dann zu Lasten der Haarstruktur: Die Haare werden sehr stark geschädigt und verlieren an Substanz. Bevor man solch dunkelhaarige Kunden aufhellt, sollte man sich allerdings fragen, ob die Aufhellung typgerecht ist. Denn nicht nur die Haare sind dunkel, sondern auch der Teint, die dunkle Augenfarbe und die dunklen Augenbrauen passen nicht zu hellen Haaren.

Blondiermittel

Zur Aufhellung von Pigmenten benötigt man Wasserstoffperoxid (H_2O_2) und Alkalien. Wasserstoffperoxid allein hellt nur langsam auf. Es muss durch Ammoniumhydroxid aktiviert werden.

Dieses Alkalisierungsmittel kann man schon am stechenden Geruch erkennen. In den pulverförmigen Blondierpräparaten wird meistens Hirschhornsalz (Ammoniumhydrogencarbonat, NH_4HCO_3) verwendet, das nicht so stark riecht und auf der Haut brennt wie Ammoniumhydroxid.

Man unterscheidet folgende Blondiermittel nach ihrer Wirkung:

- **Blondierpulver oder Blondiergranulat.** Pulverförmige Präparate, die mit Wasserstoffperoxid zu einem Brei verrührt werden.
- **Blondiercremes.** Emulsionsförmige Produkte, vom Typ Ö/W.
- **Blondiergele.** Diese Produkte kommen entweder als Pulver in den Handel oder sind schon als Gel zubereitet und müssen mit Wasserstoffperoxid gemischt werden.

Blondieröle sind heute nicht mehr im Handel. Ebenso findet man kaum noch Blondiergele, die die schwächste Blondierwirkung haben, da sie keine zusätzlichen Oxidationsmittel enthalten. Blondiergele sind überwiegend von Mitteln zum Hellerfärben abgelöst worden.

Verstärkerpulver (Booster) enthalten als Oxidationsmittel Persalze. Meist sind es Natriumperoxodisulfate oder Natriumperoxide. Diese Salze allein hellen das Haar nur geringfügig auf, oxidieren aber in Verbindung mit Wasserstoffperoxid viel stärker. Sie geben auch dann noch Sauerstoff ab, wenn H_2O_2 kaum noch wirkt. Dadurch verstärken sie nicht nur die Aufhellung, sondern mindern auch durch die längere Einwirkzeit den Rotstich. Blondierpulver oder -granulate enthalten bereits Verstärkerpulver, sie haben von allen Blondiermitteln die stärkste Aufhellung. Um die Oxidationswirkung von Blondiercremes und Blondiergelen zu erhöhen, kann man 1–3 Beutel Verstärkerpulver hinzufügen.

Arbeitsweise beim Blondieren

Vor jeder Blondierung muss eine eingehende Haar- und Kopfhautanalyse mit Kundenberatung erfolgen. Eine Blondierung darf nur durchgeführt werden, wenn es die Haarstruktur zulässt. Sonst droht Haarbruch. Auch bei Erkrankungen oder Verletzungen der Kopfhaut darf nicht blondiert werden.

Zubereitung. Im Gegensatz zu Haarfärbemitteln wird beim Mischen von Blondiermitteln auf ein exaktes Abmessen verzichtet. Das Einsatzgebiet und die Technik bestimmen die Konsistenz der Blondiermasse. Das H_2O_2 wird in seiner Konzentration so gering wie möglich gewählt, um Haar und Haut zu schonen. Einige Friseure meinen, mit einem höheren H_2O_2-Gehalt in kürzerer Zeit eine stärkere Aufhellung zu erzielen. Dabei lassen sie außer Acht, dass die Blondiermasse eine gewisse Reaktionszeit braucht, um auch die rötlichen Pigmente abzubauen. Außerdem bedeutet ein höherer H_2O_2-Gehalt auch eine stärkere Haarschädigung. Ein niedriger H_2O_2-Gehalt, eine großzügig bemessene Menge an Blondiermasse und eine verlängerter Einwirkzeit bringen häufig bessere Ergebnisse.

Inhaltsstoffe von Blondierpräparaten

Inhaltsstoff	Beispiele	Wirkung
Alkalisierungsmittel	Ammoniumhydroxid Ammoniumhydrogencarbonat	quillt das Haar und öffnet die Schuppenschicht, neutralisiert die Stabilisierungssäure und aktiviert das Wasserstoffperoxid (Katalysator)
Oxidationsmittel	Persalze, z. B. Ammoniumperoxodisulfat	geben zusätzlichen Sauerstoff ab, verstärken die Oxidation, verlängern die Reaktionszeit
Verdickungsmittel	natürliche oder synthetische Schleimstoffe, Emulsionen, Magnesia	erleichtern Auftragen und verhindern das Abtropfen markieren bereits behandelte Stellen
Schutzstoffe	Lanolin, Schutzkolloide, Proteine	verringern die Haarschädigung
Netzmittel	nichtionogene Tenside	fördern das Eindringen ins Haar
Farbzusätze	blau-violette Farbstoffe	sollen Rotstich mattieren
Optische Aufheller	Stilbenderivate	verschieben Strahlen aus dem UV-Bereich in den Bereich des sichtbare Lichts, nehmen Gelbstich
Pufferstoffe	alkalische Salze	halten den pH – Wert konstant

Blondiertechnik	Stärke des Wasserstoffperoxids	Konsistenz der Blondiermasse
Ansatzblondierung	3 % H_2O_2 bis 6 % H_2O_2	Blondiermasse sehr dünnflüssig anrühren
Foliensträhnen	6 % H_2O_2	Blondiermasse cremig anrühren
Haubensträhnen	6 % H_2O_2 bis 9 % H_2O_2	Blondiermasse cremig anrühren
Kammsträhnen	12 % H_2O_2	Blondiermasse zu einem dicken Brei anrühren

Erstblondierung (Neublondierung.). Die Blondierung wird nach Gebrauchsanweisung dünn angerührt. Das Haar wird vorher nicht gewaschen, da die Blondierung sonst auf der Kopfhaut brennt. Ähnlich wie bei der Erstfärbung werden Mittelstück und Spitze zuerst eingestrichen. Der Ansatz wird erst dann behandelt, wenn die Helligkeit im Mittelstück fast erreicht ist, da die Körperwärme die Aufhellung am Ansatz beschleunigt.

Ansatzblondierung (Nachwuchsblondierung). Die Blondierung wird dünn angerührt, damit sie sich gut verteilen kann. Sie wird scheitelweise auf das ungewaschene Haar aufgetragen.

Auftragen. Um ein gleichmäßiges Ergebnis zu erzielen, muss man reichlich Blondiermasse auflegen. Wird die Blondiermasse zu dünn aufgetragen, kommt es leicht zu gelblich, orangefarbenen Flecken. Grundsätzlich fängt man an der dunkelsten Stelle mit dem Auftragen an, denn die Helligkeit wird durch die Einwirkzeit bestimmt. Lockern Sie anschließend das ganze Haar mit dem Stiel des Färbekamms leicht auf, um Wärmestauungen zu vermeiden.

Einwirkzeit. Bei der Blondierung gibt es keine festen Einwirkzeiten. Je heller das Haar werden soll, desto länger muss die Blondierung einwirken. Wärme beschleunigt den Vorgang, führt aber schnell zu Haar- und Hautschäden.

> Je stärker die Aufhellung, desto höher die Haarschädigung.

Nachbehandlung. Wenn die gewünschte Helligkeit erreicht ist, müssen Sie gründlich ausspülen, mit einem Pflegeshampoo durchwaschen und eine Säurespülung oder Haarkur anwenden.

Nuancieren. Häufig stimmt nach einer Blondierung zwar die Helligkeit, nicht aber die Farbrichtung mit dem Kundenwunsch überein. Ein zu gelbes Ergebnis lässt sich mit einer Tonspülung oder Tönung in der Gegenfarbe korrigieren. Auf diese Art lassen sich auch Pastelltöne oder lebhafte Farben erzielen.

Aufgabe: Blondieren Sie je drei hellbraune und drei mittelblonde Haarsträhnen mit Blondierpulver und 9 %igem H_2O_2. Nehmen Sie von beiden Strähnensorten je eine nach 15 Minuten, 30 Minuten und 45 Minuten aus der Blondiermasse. Beurteilen sie nach dem Ausspülen und Trocknen die Aufhellung (Farbtiefe) und Farbrichtung.

Aufgabe: Blondieren Sie drei Haarsträhnen gleicher Farbe und Struktur mit unterschiedlicher H_2O_2-Konzentration. Nehmen Sie 6 %iges, 9 %iges und 12 %iges H_2O_2. Beurteilen sie nach dem Ausspülen und Trocknen die Aufhellung (Farbtiefe) und Farbrichtung.

Blondierwäsche. Mit einer Blondierwäsche lassen sich leichte Aufhellungen erzielen. Sie kann für kleine Farbkorrekturen bei Oxidationsfärbungen eingesetzt werden.

> **Blondierwäsche zur Farbkorrektur**
>
> Blondierpulver
> + 30 ml Wasser
> + 30 ml 6 % iges H_2O_2
> + 1 Portion Shampoo
> + ½ Portion Haarkur

Man beginnt an der dunkelsten Stelle und arbeitet sich partienweise zur hellsten Stelle vor. Hat eine Partie schon vor den anderen die gewünschte Helligkeit erreicht, wird sie ausgespült. Wichtig ist dabei: Kämmen Sie häufig durch und beobachten Sie den Aufhellungsgrad ständig. Ist das gewünschte Ergebnis erreicht, wird sofort abgespült und wie bei einer Blondierung nachbehandelt.

Blondierung mit Farbgebung. Seit einiger Zeit sind Spezialprodukte für Farbsträhnen auf dem Markt, mit denen man in einem Arbeitsgang blondieren und nuancieren kann. Chemisch gesehen handelt es sich dabei um eine Blondierung, in die resistente, direktziehende Farbstoffe eingebaut sind, die für die Nuancierung zuständig sind. Ganz- und Ansatzfärbungen dürfen damit laut Hersteller nicht durchgeführt werden. Das Einsatzgebiet für diese Produkte sind hauptsächlich Foliensträhnen. Der Farb- bzw. Blondierbrei kann dann dicker aufgetragen werden. Die Haltbarkeit der Farbsträhnen ist allerdings geringer als im Vergleich zu einer oxidativen Haarfarbe. Die Farbgebung ist jedoch haltbarer, als beim Blondieren und anschließenden Einfärben.

Blondierschäden und Blondierfehler

Schaden/Fehler	Ursache	Behandlung
Hautrötung Entzündung Hautverletzung	empfindliche oder gereizte Kopfhaut, Allergie, zu hohe H_2O_2 Konzentration, Wärmezufuhr	Spülung mit kaltem Wasser, Kamillebad, Blaulichtbestrahlung (im Extremfall zum Arzt schicken)
sprödes Haar schwammiges Haar „Kaugummi“ Haar	zu hohe H_2O_2 Konzentration Wärmezufuhr zu lange Einwirkzeit	Packungen können den Schaden nur noch etwas abmildern.
ungleichmäßige Aufhellung/ scheckige Aufhellung	unregelmäßig aufgetragen zu breit oder dick abgeteilt zu langsam aufgetragen	nochmals sorgfältig blondieren und dabei versuchen, die hellen Stellen auszusparen
zu geringe Aufhellung	zu kurze Einwirkzeit	Blondierung wiederholen
zu starke Aufhellung	zu hohe H_2O_2 Konzentration zu lange Einwirkzeit	tönen oder einfärben
Ergebnis zu gelb	zu kurze Einwirkzeit Grundlage zu dunkel	längere Einwirkzeit Farbkorrektur mit Tonspülungen oder Tönungen in der Gegenfarbe

8.2.8 Pflanzenhaarfarben

Die Farbstoffe aus getrockneten und vermahlenen Pflanzen (Blätter, Wurzeln, Früchte) sind den Menschen schon seit Jahrtausenden bekannt. Nach Einführung der Anilinfarbstoffe ging das Wissen über die Farbwirkung von Pflanzen im Friseurbereich fast verloren. In den 1970er Jahren experimentierten einige „Friseurfreaks“ mit Biofarbstoffen nach alten Rezepturen. Im Zuge gestiegenen Umweltbewusstseins wurden Ende der 1980er Jahre Pflanzenhaarfarben wieder modern und für eine breite Verbraucherschicht interessant. Auch die Friseurindustrie folgte diesem Trend.

Farbstoffe aus verschiedenen Pflanzen

Farbstoff/Pflanze	Pflanzenteil/Anbaugebiet	Farbwirkung
Henna	Blätter des Zypernstrauchs	rot-orange
Indigo/Reng	Blätter der Indigopflanze mit natürlichem Ammoniak vergoren Afrika, Persien, Indien (auch zum Färben von Jeans)	blau
Kamille	Blüten der Färberkamille und römischen Kamille Mittelmeerraum	gelb
Katechu	Pulver aus dem Holz einer Akazienart	braun
Rotsandelholz	Pulver aus dem Rotsandelholz	mattes Rot
Salbei	Blätter der Salbeipflanze Mittelmeerraum	asch
Sedre	Blätter des Färberdorn Mitteleuropa	sandfarben
Walnuss	Fruchtschale der Walnuss (Farbstoff Juglon) Mitteleuropa	braun

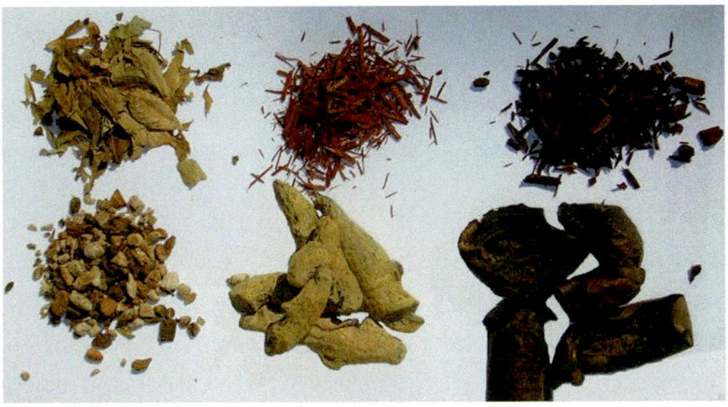

8.18 Pflanzenrohstoffe Hennablätter, Rotsandelholz, Rotholz, Gelbwurz gekörnt, Gelbwurz, Walnussschalen

8.19 Vermahlene Rohstoffe Safran, Henna, Indigo, Rotsandelholz

Die verschiedenen Pflanzenpulver färben das Haar unterschiedlich an. Die Farbgebung ist bei den meisten gering. Erst durch die Mischung mit Henna ergeben sich haltbare Farbtöne. Die wasserlöslichen Pflanzenfarbstoffe können bei porösen Haaren sehr tief eindringen. Die enthaltene Gerbsäure adstringiert die Haare. Nach einer Hennafärbung hat das Haar einen schönen Glanz.

Anwendung

Die Farbpulver werden mit warmem bis heißem Wasser zu einem sämigen Brei angerührt. Der Brei wird partienweise auf das gewaschene Haar aufgetragen. Man streicht sofort die ganze Strähne vom Ansatz bis zur Spitze ein. Die färbende Wirkung wird durch die im Wasser gelösten Farbstoffe erzielt. Um die Farbstoffe besser zu verteilen, kann man die einzelnen Partien nach dem Auftragen in sich drehen. So drückt sich die färbende Flüssigkeit besser durch.

Das Haar wird mit einer Folie abgedeckt. Die Intensität der Farbe hängt von der Länge der Einwirkzeit ab. Leichte Anfärbungen brauchen 20 Minuten. Die Normalfärbung beträgt 45–60 Minuten mit Wärme. Eine Dampfsauna, also feuchte Wärme ist dazu am besten geeignet.

Nach der Einwirkzeit aufemulgieren und solange spülen, bis das Wasser klar ist. Anschließend mit einem Shampoo durchwaschen.

Pflanzenfärbung mit Weißanteil

Weißes Haar lässt sich mit Pflanzenfarben nicht vollständig anfärben, der Farbton bleibt oftmals zu transparent. Eine bessere Deckkraft erreicht man durch Vorpigmentieren mit flüssigem Walnussschalenextrakt oder mit synthetischen, direktziehenden Farbstoffen. Die modernen Pflanzenfarben sind häufig eine Mischung aus direktziehenden und pflanzlichen Farbstoffen und decken deshalb weiße Haare relativ gut ab.

Die Wirkung von Henna und synthetische Zusätzen

Die Farbwirkung von Henna kann sehr unterschiedlich sein. Es kommt ähnlich wie bei einem Wein auf die Lage des Anbaugebietes, die Erntezeit und das Alter der Pflanzen an. Die Blätter einjähriger Pflanzen haben die stärkste Farbwirkung. Sie ergeben ein kräftiges Rotorange. Die Wirkung lässt von Jahr zu Jahr aber nach. Um möglichst bei jeder Färbung ein gleiches Ergebnis zu erzielen, kommen die von der Friseurindustrie verwendeten Rohstoffe aus einem kontrollierten Anbau. Trotzdem kann es immer wieder zu Farbabweichungen kommen. Deshalb setzen viele Firmen zusätzliche synthetische direktziehende Farbstoffe zu, um ein immer gleiches Farbergebnis zu garantieren.

Natürliche Zusätze

Erfahrene Pflanzenfärber schwören auf biologische Zusätze. So soll Pflanzenfarbe mit Rotwein statt mit Wasser angerührt, etwas rötlicher und weniger kupfrig werden. Für Brauntöne wird der Zusatz des Kaffeesatzes von Mokka empfohlen. Ein Ei und/oder die Zugabe von Olivenöl machen den Farbbrei geschmeidiger und pflegen die Haare.

Was kann Pflanzenfarbe?

Mit Pflanzenfarbe lassen sich Färbungen in der gleichen Farbtiefe/Tonhöhe erzielen. Helle Haare werden farbintensiver, aber eine klassische Dunklerfärbung ist nicht möglich. Durch die fehlende Oxidation kann man mit Pflanzenfarben auch nicht aufhellen. Die Farbpalette geht von mehr Glanz über natürliche Farbtöne bis zu einem intensiven Kupferrot. Die Haltbarkeit bei der Erstbehandlung ist auf ca. 10 Haarwäschen begrenzt. Mit jeder weiteren Färbung verbessert sich dieser Wert. Die Pflanzenfarbe hält dann genauso gut oder sogar besser als eine chemische Färbung.

8.20 Verschiedene Farbtöne auf mittelblondem Haar mit 30 % Weißanteil

Pflanzenfarbe und Dauerwelle

Grundsätzlich sind Dauerwellen in pflanzengefärbten Haaren möglich. Bei längerer Benutzung von Pflanzenfarbe wird das Haar durch die Gerbsäuren adstringiert und abgeschlossen. Deshalb empfiehlt sich die Verwendung von alkalischen Dauerwellen, um eine gut haltbare Wellung zu erzielen.

Henna neutral

Henna neutral wird aus den Blättern des 10-jährigen Hennastrauches gewonnen. Es hat keine färbenden Eigenschaften mehr, sondern wird nur zur Haarpflege eingesetzt Es legt die Schuppenschicht an und verleiht dem Haar dadurch Glanz.

Henna schwarz

Henna ist ein roter Farbstoff. Um die Farbe schwarz zu erreichen, müssen viele Stoffe zugesetzt werden. Im Heimbehandlungsbereich können bei Produkten aus Indien oder Afrika Metallsalz-Haarfarben beigemengt sein. Diese mit Henna-Schwarz behandelten Haare dürfen dann nicht mit Oxidationsmitteln in Berührung kommen. Das Wasserstoffperoxid würde unter großer Hitzeentwicklung zersetzt, Haar und Kopfhautschäden wären die Folge.

Aufgabe: Eine Kundin hat gehört, dass Pflanzenhaarfarben besser seien als chemische Färbemittel. Sie möchte von Ihnen eine umfassende Beratung haben. Berücksichtigen Sie dabei folgende Punkte: Farbwunsch, Farbpalette, Haarstruktur und Porosität, Weißanteil. Formulieren Sie Fragen und Antworten.

8.2.9 Metallsalz-Haarfarben

Das Färben mit Metallsalzen war schon im Altertum bekannt. Einige Schwermetalle wie Silber, Kobalt, Kupfer, Nickel, Wismut und Blei bilden mit dem Schwefel des Haares unlösliche Farbniederschläge. Als Salzlösungen können sie auf das Haar gebracht werden. Bei häufiger Wiederholung wird das Haar immer dunkler bis hin zu schwarz.

Mit Metallsalz gefärbtes Haar erkennt man an einem unnatürlichen, metallischen, Glanz.

Achtung:	Haare die mit Metallsalz-Haarfarben gefärbt wurden, reagieren stark mit Wasserstoffperoxid (H_2O_2). Das Haar fängt an zu „kochen“, es kommt zu Haarbruch und zu Kopfhautverätzungen.

Die meisten der verwendeten Metallsalze sind giftig. Sie werden heute in Deutschland nicht mehr verwendet. Einige aus Afrika oder Indien stammende Hennaprodukte können aber noch solche Salze beinhalten. Deshalb: Vorsicht, wenn Sie einen metallischen oder unnatürlichen Glanz auf dem Haar sehen. Eine kleine Haarsträhne abgeschnitten und in H_2O_2 gehalten, gibt Klarheit: Das Wasserstoffperoxid schäumt stark auf und erwärmt sich.

8.3 Farbberatung

Die größte Schwierigkeit bei der Haarfärbung ist die genaue Ermittlung des Kundenwunschs.

Was unsere Kundin unter einem „starken Rot“ versteht, kann für uns als Fachleute ein leichtes „Rotbraun“ sein. Häufig kommen Kunden mit Farbvorstellungen, die sie bei Bekannten oder in Frisurenzeitschriften gesehen haben. Meistens passen diese Farben nicht zu ihrer Farbtypologie. Deshalb ist es wichtig, die Wunschfarbe Schritt für Schritt zu ermitteln und durch Kontrollfragen festzulegen.

Aber nicht nur der Farbwunsch ist wichtig, sondern auch die Haarstruktur entscheidet über die Durchführbarkeit. Um Ihnen die Analyse zu erleichtern, haben wir eine Checkliste zusammengestellt.

8.3.1 Struktur und Zustand des Haares

Unsere Kunden haben viele Wünsche, die sich oftmals nicht verwirklichen lassen. Wenn die Haarstruktur und der Zustand der Haare beispielsweise eine Blondierung nicht zulassen, muss man den Kunden in eine andere Richtung beraten.

Unbehandelte Naturhaare kann man in jeden Farbton verändern. Aber schon getönte Haare lassen sich mit einer normalen Färbung nicht mehr gezielt aufhellen. Gefärbte Haare sind in den Spitzen porös, deshalb verlieren sie leicht Farbe und müssen gesondert behandelt werden (siehe 8.2.6 Grundwissen zum Färben). Aber auch Reststrähnen sind für den Friseur nicht ohne Schwierigkeiten. Wenn die Kundin ein einheitliches Farbergebnis wünscht, müssen die Strähnen gezielt vorbehandelt werden. Pflanzenfarben lassen sich nur schwer aus dem Haar entfernen. Selbst mit Blondierung bleibt häufig ein leicht orangefarbener Schimmer zurück.

Heimbehandlungen – Vorbehandlungen. Meistens weiß man nicht, mit welchen Produkten die Kundin zu Hause ihre Haare getönt oder gefärbt hat. Häufig stellt sich heraus, dass die angebliche Tönung eine Färbung war. Da hilft schon die einfache Frage: „Mussten Sie zwei Substanzen miteinander mischen?“. Dem Fachmann ist klar: Hier wurde H_2O_2 zugesetzt. Die Kundin hat also eine Färbung durchgeführt. Bei der Behebung von Fehlfärbungen aus Heimbehandlungen sollte man vorher auf das Risiko hinweisen und keine Erfolgsgarantie geben.

Farbberatung

Checkliste

Haarlänge

kurz	mittel	lang

Haarstärke

fein 0.03 – 0.04 mm	mittel 0,05 – 0,06 mm	stark ab 0,07 mm

Haarzustand

Naturhaar	getönt	gefärbt	heller gefärbt	blondiert
Strähnen	Pflanzenfarbe	heimbehandelt	poröse Längen und Spitzen	

Weißanteil

keiner	wenig bis 30%	mittel bis 60%	viel bis 100%
gleichmäßig	mehr Schläfen	mehr Vorderkopf	weißer Dorn

Naturton

Tonhöhe	Farbrichtung

Farbton in Längen und Spitzen

Tonhöhe	Farbrichtung	

Kundenwunsch

Tönung	Färbung	Blondierung	blondierte Strähnen
Farbsträhnen	Multicolor		

heller	dunkler	leuchtender	aschiger
Ton in Ton	Zielfarbe:		

Produktwahl

____

H_2O_2

____

Rezeptur

____

____

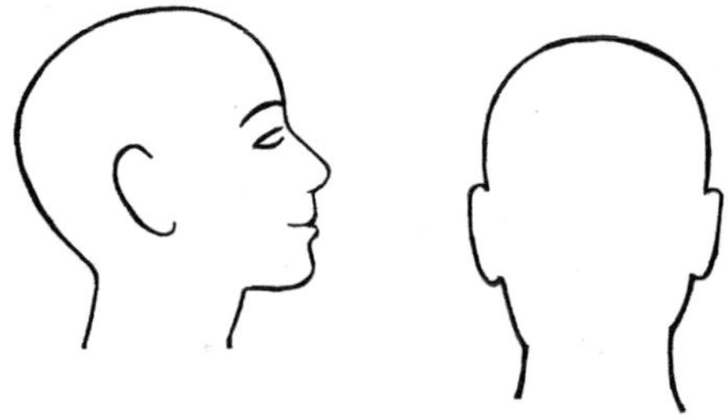

Einwirkzeit

________ **mit Wärme/ohne Wärme**

Färbetechnik

____

____

____

____

Längen- und Spitzenausgleich

____

Nachbehandlung

____

8.21 Checkliste Farbberatung

Durch vorausgegangene alkalische Behandlungen können die Haare poröser und aufnahmefähiger geworden sein. Diese Haare „saugen“ mehr Farbstoffbildner auf als unbehandelte, das Farbergebnis wird oft zu dunkel. Dies lässt sich vermeiden, wenn man für die Färbung einen helleren Farbton auswählt.

Haarstärke. Die Haarstärke ist bei der Rezeptur entscheidend. Feine Haare nehmen Haarfarbe wesentlich schneller an, als dicke, kräftige. Das Farbergebnis wird auf feinen Haaren intensiver oder dunkler als bei normalen oder starken Haaren. Feines Haar ist nicht so stark verhornt. Deshalb dringen mehr Farbstoffbildner ein, so dass das Farbergebnis zu dunkel wird. Zur Vermeidung kann man den gewünschten Farbton mit dem nächst helleren mischen.

Mittelstarke Haare werden nach Gebrauchsanweisung behandelt. Für starke, kräftige oder glasigharte Haare braucht man häufig mehr Farbintensität oder einen höheren Alkalianteil (siehe 8.2.6 Grundwissen zum Färben). Dickes Haar ist stärker verhornt und die Schuppenschicht ausgeprägter. Für den größeren Querschnitt reicht die Konzentration der Farbstoffbildner nicht aus, so dass das Farbergebnis zu hell ist und die Deckkraft nicht ausreicht. Die Konzentration der Farbstoffbildner kann durch Mischen mit dem nächst dunkleren Ton erreicht werden, der ja mehr Farbstoffbildner enthält.

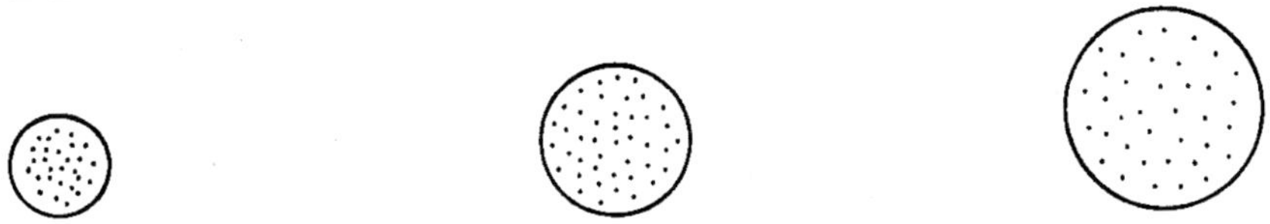

0,04 mm
dünnes, feines Haar
Farbtiefe dunkler
als auf der Farbkarte

0,06 mm
normales, mittelstarkes Haar
Farbtiefe entspricht
der Farbkarte

0,08 mm
dickes, starkes Haar
Farbtiefe heller
als auf der Farbkarte

Ein Weißanteil im Haar bedeutet, dass zwei unterschiedliche Farben vorhanden sind, die aber eine einheitliche Farbe erhalten sollen. Bei der Modefärbung muss, um eine ausreichende Deckkraft zu erzielen, ein Naturton zugemischt werden. Häufig unterscheidet sich die Haarstruktur von weißen Haaren deutlich von denen der Naturhaare, sie sind dicker und stärker verhornt.

8.3.2 Farbtiefe und Farbrichtung

Die Farbwünsche unserer Kunden werden häufig von Vorbildern aus Film und Fernsehen geprägt. Der Kundin fehlen bei der Beschreibung von Farbe unsere Fachbegriffe. Das macht die Kommunikation schwierig. Es gibt dann solche Wünsche wie die Farbbezeichnung „rehbraun“. Wie sieht ein Reh aus? Auch schokobraun wird als Farbwunsch häufig genannt. Meint die Kundin Vollmilch oder Zartbitter? Selbst die Farbbezeichnungen auf der Verpackung helfen uns meistens nicht weiter. Mahagoni ist ein Rotton, den alle Firmen im Programm haben. Beim Färben stellt man fest, dass er je nach Hersteller unterschiedlich aussieht.

Ein Blick in die Farbkarte hilft das babylonische Sprachgewirr zu lösen. Hier findet man keine Fantasiebezeichnungen mehr. Für Profis wurde ein Zahlensystem entwickelt, an das sich die meisten europäischen Hersteller halten.

Farbtiefe

Die Farbtiefe oder Tonhöhe zeigt wie hell oder dunkel eine Farbe ist.

Sie wird bei den meisten Firmen mit Zahlen benannt. Dabei steht die Zahl 2 für schwarz und 10 für hell-lichtblond, den hellsten Farbton.

Diese Bezeichnungen muss man sich gut merken. Nicht nur bei der Prüfung muss eine Farbansprache durchgeführt werden, sondern auch für den Kundenwunsch ist es wichtig die Helligkeit einer Farbe genau zu bestimmen.

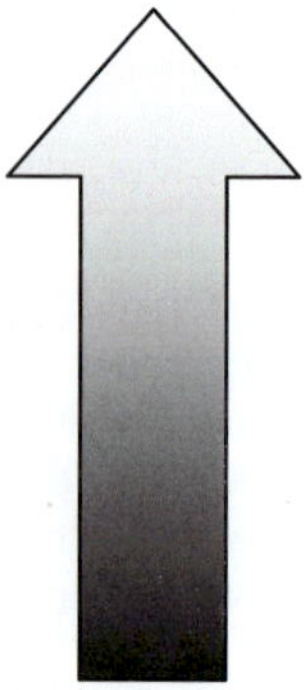

10 – hell-lichtblond
9 – lichtblond
8 – hellblond
7 – mittelblond
6 – dunkelblond
5 – hellbraun
4 – mittelbraun
3 – dunkelbraun
2 – schwarz

Farbtiefe – Tonhöhe

8.22 Farbtiefe

11 und 12 sind Bezeichnungen für spezielle Hellerfärbungen. Sie sind keine Angabe der Farbtiefe. Die Mustersträhnen in der Farbkarte zeigen nicht das Farbergebnis, sondern die Stärke der Mattierung.

Farbrichtung

Die Farbrichtung, Nuancierung oder der Farbcharakter zeigt das Aussehen einer Farbe. Im Zahlensystem wird die Nuancierung nach einem Schrägstrich mit einer Zahl oder einem Buchstaben gekennzeichnet.

Nuance	Asch	Gold	Kupfer	Rot	Violett	Braun	Rotbraun	Matt
Kurzbezeichnung	– /1 – /A	– /3 – /G	– /4 – /K	– /5 – /R	– /6 – /V	– /7 – /B	– /75 – /RB	
Klarfarbe	Blau (grau)	Gelb	Orange	Rot	Violett	Braun - Beige	Rotbraun	Grün

8.23 Farbrichtung

Die Farben der Naturreihe in der Farbkarte sind auf weißen Haaren gefärbt worden – das Ergebnis sieht man in den Farbkarten, die die Firmen herausgeben. Alle anderen Farben wurden auf der Grundlage dieser Naturtöne gefärbt. Das macht das Färben für uns einfacher. Wird also eine Farbe 6/3 oder 6G auf einer Farbtiefe dunkelblond (6) gefärbt, sieht das Ergebnis annähernd so aus wie in der Farbkarte.

Farbtiefe – Tonhöhe
zeigt wie hell oder dunkel eine Farbe ist.
Farbrichtung – Nuancierung – Farbcharakter
bestimmt das Aussehen einer Farbe. Gold, Kupfer, Rot, Violett, Braun usw.

Aufgaben: Bestimmen Sie in der Klasse oder im Betrieb gegenseitig Farbtiefe und Farbrichtung Ihrer Haare. Bilden Sie eine „lebendige" Farbkarte.

Aufgaben: Betrachten Sie verschiedene lebhafte und aschige Nuancen, die die gleiche Farbtiefe haben. Wie wirken die Nuancen in Bezug auf die Helligkeit?

8.3.3 Erkennen des Kundenwunsches

Die meisten Kunden haben keine feste Vorstellung von ihrer Wunschfarbe. Sie erwarten vom Friseur eine eingehende Beratung. Klären sie als Erstes ab, welche Art von Farbveränderung (Strähnen, Färbung usw.) die Kundin wünscht.

Ausgangsfarbe für die Wahl der Zielfarbe ist der Farbton in Längen und Spitzen. Dieser muss getrennt nach Farbtiefe/Tonhöhe und Farbrichtung bestimmt werden. Der Farbton in Längen und Spitzen wird von der Kundin im Spiegel wahrgenommen und ist die Ausgangsbasis für Veränderungen.

Um die Wünsche der Kundin einzugrenzen, müssen wir sie befragen. Ausgehend von dem vorhandenen Farbbild (Farbton in Längen und Spitzen) kann der Wunschton/die Zielfarbe die gleiche Farbtiefe haben, aber auch heller oder dunkler sein. Damit haben wir die Farbtiefe der Zielfarbe festgelegt.

Um die Farbrichtung zu bestimmen, müssen wir nur noch wissen, ob die Kundin die Farbe weniger lebhaft oder lieber lebhafter wünscht als im Moment. Entscheidet sie sich für eine lebhaftere Nuancierung, kann man entsprechend dem Farbtyp gold, kupfer, rot, braun usw. auswählen.

Zum Abgleich der eigenen Vorstellungen mit denen der Kundin, benutzt man die Farbkarte oder besser noch einzelne Farbsträhnen. Eine komplette Farbkarte führt mit der Menge der gezeigten Farbsträhnen häufig zur Verwirrung des Kunden. Die Farbkarte sollte erst in dieser Phase des Beratungsgesprächs gezeigt werden. Vorher oder gar zu Anfang der Beratung wirkt sie verwirrend.

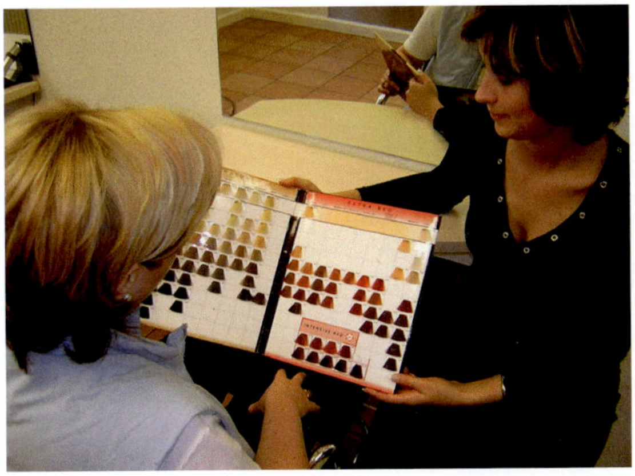

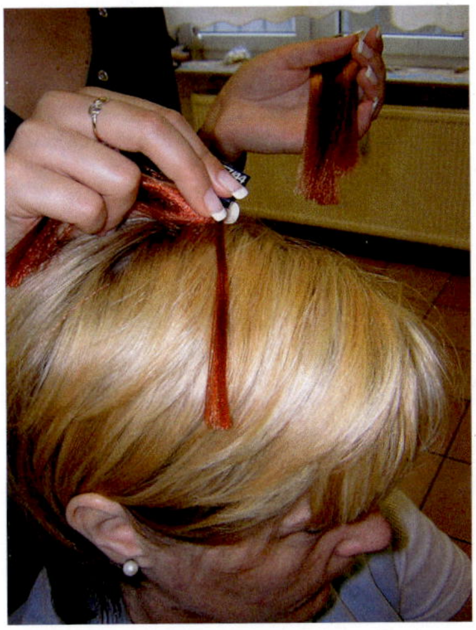

8.24 Farbberatung

Grundsätzlich gelten auch für die Farbberatung die Regeln aus Kapitel 10: Werben – Beraten – Verkaufen.

Beispiel: Nach dem Ausfüllen der Checkliste stellen wir folgendes fest: Die Ausgangsfarbe unserer Kundin entspricht einem Naturton 6, dunkelblond. Die Spitzen sind deutlich heller, lebhafter und ausgebleicht; sie haben nach der Farbkarte eine Farbtiefe 8 mit Goldnuancierung (8/3 oder 8G). Die Kundin möchte eine etwas dunklere und lebhaftere Haarfarbe haben, die ruhig etwas kupfrig sein darf.

Lösung: Die Zielfarbe hat eine Farbtiefe mittelblond mit Kupfernuancierung (7/4 oder 7/G).

Rezeptur: 30 ml Farbe + 30 ml 6 % H_2O_2

Anwendung: Ansatz einfärben und nach ca. 10 Minuten Längen und Spitzen mit Intensiv-Tönung im gleichen Farbton behandeln. Die Gesamteinwirkzeit beträgt 30 Minuten ohne Wärme.

Erklärung: Um den dunkleren Ansatz aufzuhellen, reicht 6 % iges H_2O_2 aus. Die porösen Spitzen sollen geschont werden. Deshalb verwenden wir eine Intensiv-Tönung. Um von einer Farbtiefe 8 auf eine Farbtiefe 7 zu färben, sind keine besonderen Maßnahmen nötig.

Aufgabe: Erstellen Sie eine Rezeptur für folgende Checkliste: Unsere Kundin hat eine Ausgangsfarbe, die dem Naturton 6 – dunkelblond entspricht. Der Weißanteil beträgt 50%. Die Spitzen sind deutlich heller, lebhafter und ausgebleicht, sie haben nach der Farbkarte eine Farbtiefe 8 mit Goldnuancierung (8/3 oder 8G). Die Kundin möchte eine etwas dunklere und lebhaftere Haarfarbe haben, die ruhig etwas kupfrig sein darf.

Aufgabe: Erstellen Sie eine Rezeptur für folgende Checkliste: Unsere Kundin hat eine Ausgangsfarbe, die einem Naturton 7 – mittelblond entspricht. Der Weißanteil beträgt 20 %. Die Spitzen sind dunkler; sie haben nach der Farbkarte eine Farbtiefe 6 mit Rotbraunnuancierung (6/75 oder 6RB). Die Kundin möchte die Farbtiefe behalten, die Nuancierung soll aber lebhafter werden und in Richtung violett gehen.

8.4 Kreative Farbtechniken

Ein gleichmäßiges Farbbild ist zwar schön, kann aber mit einer klassischen Frisur leicht langweilig erscheinen. Schon seit Jahren bemühen sich Friseure, durch kreative Ideen neue Farbtechniken zu entwickeln. Gerade was kräftige Farbtöne und starke Kontraste angeht, hat sich viel im Bewusstein der Verbraucher getan. Unsere Kunden sind so mutig wie noch nie.

Zweistufenfärbung

Bei der Zweistufenfärbung werden für den Oberkopf und die Seiten (unterhalb der Hutlinie) unterschiedliche Farben genommen. Anfang der 1980er Jahre war diese Technik mit starken Kontrasten sehr beliebt: Der Oberkopf wurde mit Hellerfärbung oder Blondierung behandelt, der Nacken und die Seiten mit Dunkelbraun.

Für eine gemäßigte Zweistufenfärbung nimmt man die gleiche Nuance in verschiedenen Tonhöhen. Für einen schönen Übergang wird Zick Zack abgeteilt und die Farbe an der Nahtstelle senkrecht nach oben verkämmt.

8.25 Zweistufenfärbung mit zusätzlichen Kammsträhnen am Oberkopf

Kammsträhnen

Viele Kundinnen haben Bedenken, wenn man von Kammsträhnen spricht. Einige haben nämlich Kammsträhnen im Selbstversuch erprobt und sind prompt auf die „Nase“ gefallen. Sie haben den Kamm längs eingestrichen und die Blondierung eingekämmt. Das ergibt natürlich großflächige Flecken. Kammsträhnen-Profis tauchen nur die Kammspitze, also den Eckzahn in die Blondiermasse. So kann man gezielt einzelne, feine Strähnen einarbeiten. Da die Blondierung dabei nur aufgelegt wird, muss hierbei mit 12 %igem H_2O_2 gearbeitet werden. Dies ist nötig, weil die Haare sonst nicht genügend aufgehellt werden. Wenn mehrere Lagen übereinander gelegt werden sollen, empfiehlt es sich, Watteschnur dazwischen zu legen, damit die Farbmasse nicht verschmiert.

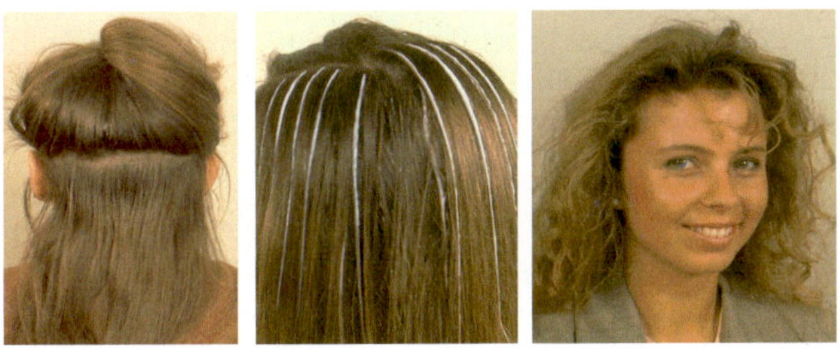

8.26 Kammsträhnen

8.27 Kammsträhnen mit einem Spezialkamm

Haubensträhnen

Strähnen mit der Strähnenhaube wirken etwas altmodisch, werden aber nach wie vor häufig im Salon ausgeführt. Um gleichmäßig über den Kopf verteilte Strähnen in kurze Haare zu blondieren, ist diese Technik gut geeignet. Die Methode eignet sich allerdings weniger für längere Haare, da das Durchziehen der Haare mit der Häkelnadel durch die Plastikhaube für die Kundin sehr schmerzhaft ist.

Foliensträhnen

Foliensträhnen gehören zu den Klassikern im Salon. In Webtechnik werden die einzelnen Strähnen abgeteilt, die Folie untergelegt und mit Farbe oder Blondierung eingestrichen. Anschließend wird das Ganze zu einem sauberen Päckchen gefaltet. Durch das Einpacken und zusätzliche Wärme quillt Farbe und noch stärker die Blondierung auf. Die Farbmasse läuft dann häufig am Ansatz aus und es entstehen ungewollte Flecken. Um dies zu verhindern, bleibt man beim Auftragen mit der Farbe ca. 0,5 bis 1 cm vom Ansatz weg. Zusätzliches Umwickeln der Ansätze mit Watte hat sich bewährt.

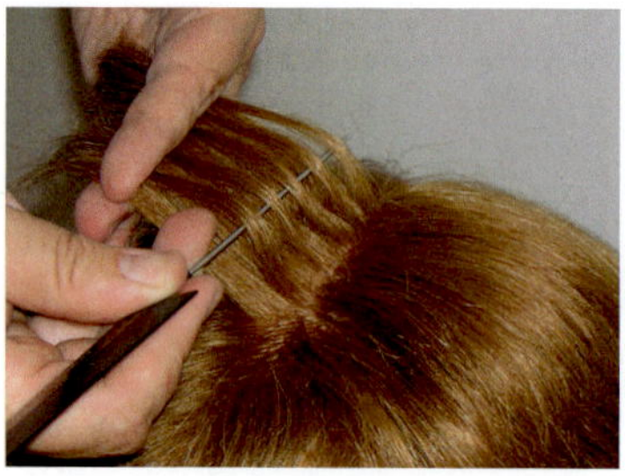
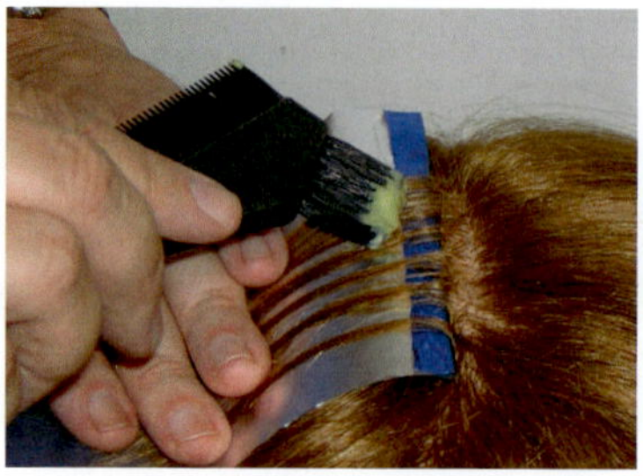

8.28 Liensträhnen

Balken-Strähnen

Balkensträhnen können mit Blondierung oder Farbe erstellt werden. Um leuchtende, kräftige Modetöne zu erzielen, kann man vorblondieren und anschließend mit direktziehenden Farbstoffen färben. Es wird hauptsächlich im Oberkopfbereich gearbeitet. Man teilt 5–8 Strähnen senkrecht ab. Die Partie wird ca. 0,5–1,5 cm dick und 5–8 cm lang abgeteilt, mit Farbmasse eingestrichen und in Alufolie eingepackt. Zu den Balkensträhnen gehören auch einzelne, gezielt andersfarbig gearbeitete Haarbereiche.

Multicolor-Strähnen

Bei dieser Strähnentechnik werden mehrere Farbtöne verarbeitet. Die Auswahl bleibt Ihrer Kreativität überlassen. Es wird in schmalen Partien, tortenstückähnlich um den Kopf herum gearbeitet. Die Partien teilt man ca. 0,5 bis 1 cm breit und ca. 6 bis 8 cm lang ab Die ausgewählten Farben werden nacheinander gefärbt. Um während des Färbens die richtige Reihenfolge einzuhalten, verwendet man verschiedenfarbige Folien. Diese werden nur lose übereinander gelegt. Päckchen würden bei dieser Technik zu lange dauern.

Palmen-Strähnen

Mit dieser Strähnentechnik erzielt man akzentuierte Spitzen. Gewünschte Haarpartien zuerst mit Gummiband abbinden, danach den Ansatz mit Folie umwickeln, so dass die einzelnen Strähnen wie Palmen hochstehen. Nun können die herausstehenden Spitzen mit Blondierung oder Farbe behandelt werden.

8.29 Balkensträhnen

8.30 Multicolor Strähnen

Shoe-Shine-Strähnen

Eine ausgefallene Strähnenart, nicht nur für den Herrensalon. Der kurze Flat-top (Igelschnitt) wird senkrecht nach oben geföhnt und eventuell mit Haarspray gefestigt. Eine Alufolie wird dreifach gefaltet, so dass sie eine Größe von ca. 8 mal 20 cm hat. Darauf wird dünn Blondierung gestrichen. Anschließend geht man mit der Folie in einer Hin-und-Her-Bewegung wie beim Schuhe putzen ganz leicht über die Haarspitzen.

Pfeffer-und-Salz-Strähnen

Eine Technik für leichte Aufhellungen im Oberkopfbereich bei kurzen Haaren. Mit einer Sprühflasche wird H_2O_2 aufgesprüht. Anschließend Blondierpulver aus einem Salzstreuer darüber streuen.

Achtung: Bei dieser Technik muss das Gesicht der Kundin geschützt werden, damit weder H_2O_2 noch Blondierung auf die Haut, in die Augen oder in die Atemwege gelangen.

Aufgaben zu Kapitel 8

1. Nennen Sie die Spektralfarben in der richtigen Reihenfolge.
2. Zwischen welchen Wellenlängen können Menschen Licht wahrnehmen?
3. Was versteht man unter einer additiven Farbmischung?
4. Was bedeutet a) Reflexion b) Absorption?
5. Was ist eine subtraktive Farbmischung?
6. Welche Grundfarben gibt es?
7. Was sind Mischfarben a) erster Ordnung b) zweiter Ordnung?
8. Nennen Sie Komplementärfarbenpaare.
9. Was sind a) getrübte Farben b) Klarfarben?
10. Welchen Farben des Farbkreises entsprechen folgende Farbbezeichnungen:
    a) perl b) gold c) matt d) asch?
11. Welche der folgenden Farbtöne wirken eher kalt?
    a) pink b) apfelgrün c) lachs d) ozean e) rosa f) türkis?
12. Was ist ein Simultankontrast?
13. Was versteht man unter einem Sukzessivkontrast?
14. Was müssen Sie bei der Farbgestaltung und bei der Beleuchtung eines Salons beachten?
15. Wann werden Farbkombinationen als harmonisch empfunden?
16. Aus welchen Gründen werden Farbbehandlungen durchgeführt?
17. Welche Haarfärbemittel enthalten direktziehende Farbstoffe und welche unentwickelte Farbstoffe?
18. Warum wird weißes Haar mit direktziehenden Farbstoffen nicht 100 %ig abgedeckt?
19. Wann verwenden Sie einen Farbfestiger?
20. Wodurch haften fertig vorliegende Farbstoffe am Haar?
21. Welche unterschiedlichen Tönungsmittel kennen Sie? Erklären Sie ihre unterschiedliche Wirkung.
22. Welcher Inhaltsstoff der Oxidationshaarfarben bringt die Farbtiefe und Deckkraft?
23. Was ist ein Nuancierer in Oxidationshaarfarben?
24. Wozu ist ein Alkalisierungsmittel in Oxidationshaarfarben enthalten?
25. Welche Aufgabe haben Netzmittel?
26. Wozu sind Verdickungsmittel in Oxidationshaarfarben?
27. Durch welchen chemischen Vorgang werden die künstlichen Farbstoffe im Haar gebildet?
28. Was sind Kupplungskomponenten?
29. Welche Aufgabe hat H_2O_2 bei der Färbung?
30. Durch welche Mittel werden die Farbstoffvorstufen zu Farbstoffen oxidiert?
31. Warum muss vor der Färbung eine Haar- und Kopfhautbeurteilung durchgeführt werden?
32. Wie machen Sie einen Allergietest?
33. Wie wirkt sich eine unterschiedliche Haarstruktur (Porosität) auf das Farbergebnis aus?
34. Warum ist die Haarstärke beim Färben wichtig?
35. Warum muss die Haarfarbe direkt nach dem Zubereiten aufgetragen werden?
36. Wie führen Sie eine Farbansprache durch?
37. Wie ermitteln Sie den Kundenwunsch?
38. Warum soll das Haar vor dem Färben nicht gewaschen werden?
39. Wie wird bei einer Erstfärbung und bei einer Ansatzfärbung die Farbe aufgetragen?

40. Welche Nachbehandlung muss nach einer Tönung und welche nach einer Färbung ausgeführt werden?
41. Warum sollen Dauerwelle und Farbe nicht an einem Tag gemacht werden?
42. Wie kann sich der Friseur vor Farbstoffallergien schützen?
43. Was versteht man unter der Farbtiefe?
44. Was versteht man unter Tonhöhe?
45. Was ist die Farbrichtung?
46. Die weißen Haare sind nach einer Rotfärbung deutlich leuchtender und heller. Wie können Sie das verhindern?
47. Was versteht man unter Vorpigmentieren und wann muss das gemacht werden?
48. Beschreiben Sie den Unterschied zwischen einer Hellerfärbung und einer Blondierung.
49. Warum wird bei Hellerfärbungen weißes Haar grau? Wodurch lässt sich das vermeiden?
50. Welche Maßnahmen kennen Sie, um eine Fehlfärbung zu korrigieren?
51. Welche zwei Aufgaben hat eine Hellerfärbung?
52. Welche Unterschiede gibt es zwischen Hellerfärbungen und den Normalfärbungen?
53. Warum ist die Aufhellung bei der Hellerfärbung trotz richtiger Farbwahl nicht hell genug?
54. Bei der Hellerfärbung ist das Farbergebnis zu aschig geworden. Warum?
55. Warum darf das Haar vor der Blondierung nicht gewaschen werden?
56. Wodurch wird das Haar bei der Blondierung aufgehellt?
57. Welche Haarpartien werden am schnellsten aufgehellt?
58. Was versteht man unter einer schleichenden Oxidation?
59. Erklären Sie eine Blondierwäsche.
60. Nennen Sie die Inhaltsstoffe einer Blondierung und deren Wirkung.
61. Bei einer Strähnenblondierung sind die Haare zu gelb geblieben. Wie können Sie das korrigieren?
62. Welche Oxidationsmittel sind im Blondierpulver enthalten?
63. Wozu sind optische Aufheller und Farbzusätze in Blondierprodukten enthalten?
64. Wovon hängt die Haarschädigung beim Blondieren ab?
65. Warum kann man ein gefärbtes Haar nicht mit einer Färbung aufhellen?
66. Welche Haare sollte man nicht blondieren?
67. Was ist beim Anmischen von Blondierung bei einer Ansatzblondierung zu beachten?
68. Wie lange ist die Einwirkzeit bei einer Blondierung?
69. Warum muss nach jeder oxidativen Farbbehandlung eine Säurespülung gemacht werden?
70. Nennen Sie verschiedene Strähnentechniken.
71. Erläutern Sie den Ablauf einer Pflanzenfärbung.
72. Welche Farbtöne lassen sich mit Pflanzenhaarfarben erzielen?
73. Wovon hängt die Farbintensität von Henna ab?
74. Nennen Sie Vorteile von Pflanzenhaarfarben.
75. Warum kann man mit Pflanzenhaarfarben keine Haare aufhellen?
76. Wodurch entsteht der starke Glanz bei pflanzengefärbten Haaren?
77. Was ist Henna neutral?
78. Wie stark werden weiße Haare mit Pflanzenfarbe angefärbt?
79. Was sind Metallsalz-Haarfarben?

9 Kosmetik

9.1 Haut

Bedeutung der Haut. „Das geht mir unter die Haut", sagt man, wenn man von einem Erlebnis tief berührt wurde, oder: das ist ja zum „Aus-der-Haut-fahren", wenn man sich sehr geärgert hat. Es gibt „dickfellige" Menschen, andere werden als „dünnhäutig" bezeichnet, wenn sie leicht aus der Fassung zu bringen sind. In unserer Alltagssprache finden sich zahlreiche Begriffe, die die unmittelbare Beziehung zwischen der Haut und den Gefühlen eines Menschen beschreiben. Unsere Haut ist also nicht nur eine Schutzhülle, die uns gegen Sonne, Wind und Regen schützt, sondern auch ein wichtiges Kontaktorgan zur Umwelt, über das wir uns darstellen und das uns Reize der Außenwelt vermittelt. So erfahren Neugeborene ihre Umwelt über Berührungen, die für die körperliche, seelische und soziale Entwicklung des Babys lebensnotwendig sind.

Das Aussehen der Haut ist aber außerordentlich wichtig für unser seelisches Wohlbefinden und Störungen des Hautbildes können den Menschen erheblich beeinträchtigen. Selbstwertgefühl und Selbstsicherheit können bei Menschen mit Narben, Neurodermitis oder Akne sehr stark leiden; bei Teenagern reicht manchmal schon ein einziger Pickel und sie fühlen sich ungeliebt und hässlich.

Hautoberfläche. Wenn sie Handrücken und Handinnenfläche mit dem bloßen Auge oder einer Lupe betrachten, so können Sie deutliche Unterschiede feststellen. Je nach Alter und Pflege zeigt die Haut mehr oder weniger tiefe Falten. Auf dem Handrücken erkennt man eine *Hautfelderung.* (**9**.1). In den Schnittpunkten der Furchen liegen die Haarfollikel, aus denen die Haare wachsen. An den Gelenken sind die Falten tiefer und sorgen zusammen mit der Elastizität des Hautgewebes für eine Dehnungsreserve. Als *Spaltlinien* bezeichnet man die Hauptrichtung der Kollagenfaserbündel der Lederhaut. Besonders im Gesicht vertiefen sie sich durch ständige Bewegung der mimischen Muskulatur zu typischen Falten, wie z. B. Zornesfalten, Nasolabialfalten oder Falten auf der Stirn (**9**.2).

a) unbehaarte Haut

b) behaarte Haut

9.1 Hautfelderung

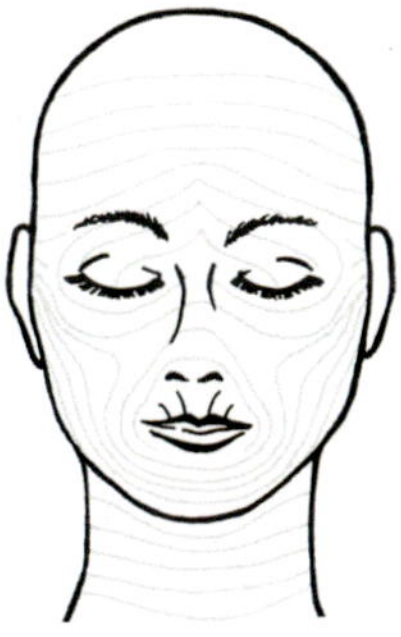

9.2 Spaltlinien

Hautleisten findet man an Fingerkuppen, Handtellern und Fußsohlen. Die Haut wird an diesen Körperstellen von Linien durchzogen, die unterschiedliche Bögen und Schleifen bilden (**9**.3 a) und von Poren unterbrochen werden (**9**.3 b). *Hautleisten* verbessern die Tast- und Greiffähigkeit, ihre Muster (Fingerabdrücke, Fachsprache: Prints, **9**.3 c) sind für jeden Menschen charakteristisch und werden deshalb in der Kriminalistik als sicheres Erkennungsmerkmal verwendet.

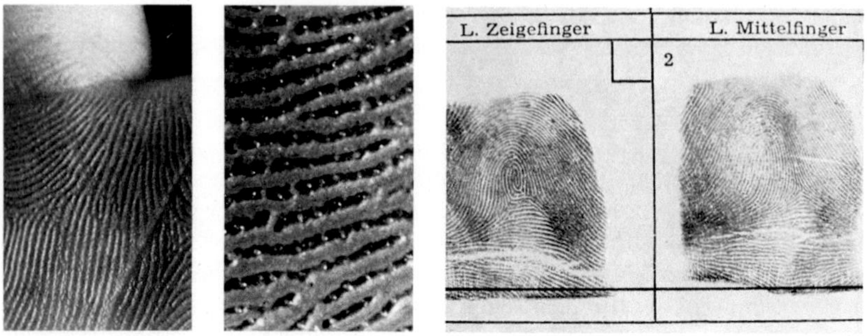

a) b) c)

a) Handinnenfläche
b) Hautleisten mit Poren
c) Prints (Fingerabdrücke)

9.3 Hautoberfläche

Ausdehnung, Gewicht und Hautdicke

Die gesamte Haut eines Erwachsenen hat eine Ausdehnung von 1,5–2 m^2 und wiegt zwischen 3,5 und 10 kg, das sind etwa 16 % unseres Körpergewichts.

Die Hautdicke ist an den einzelnen Körperteilen sehr unterschiedlich.Dies beruht auf der unterschiedlichen Ausprägung der drei Hauptschichten der Haut. Die Dicke der Oberhaut kann von 0,1 Millimeter bis 1,5 mm reichen, die Lederhaut kann eine Stärke von 0,6 Millimetern bis 5,0 Millimetern aufweisen. Am dünnsten ist die Haut an den Augenlidern, relativ dünn an der Stirn, dicker am Rücken und am dicksten an den Handflächen und Fußsohlen.

9.1.1 Aufbau der Haut

Im Hautschnitt lassen sich drei Hauptgewebeschichten unterscheiden:

- **Oberhaut** (Epidermis),
- **Lederhaut** (Cutis oder Corium)
- **Unterhautfettgewebe** (Subcutis).

Die Oberhaut, die sich aus weiteren fünf Schichten zusammensetzt, erneuert sich ständig und gibt der Haut das äußere Erscheinungsbild, die Lederhaut bestimmt die Festigkeit und Elastizität der gesamten Haut. Das Unterhautfettgewebe bildet die dickste Schicht und gibt dem Körper seine typische Form.

Gewebeschichten der Haut

Oberhaut	= Epidermis	– Epithelgewebe
Lederhaut	= Cutis oder Corium	– Bindegewebe
Unterhautfettgewebe	= Subcutis	– Binde- und Fettgewebe

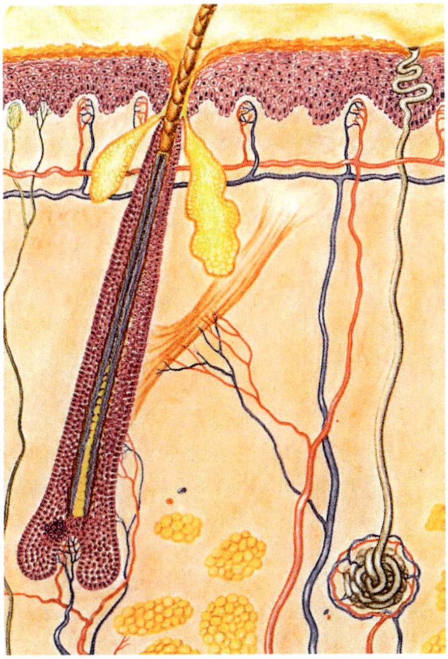

a) schematische Darstellung

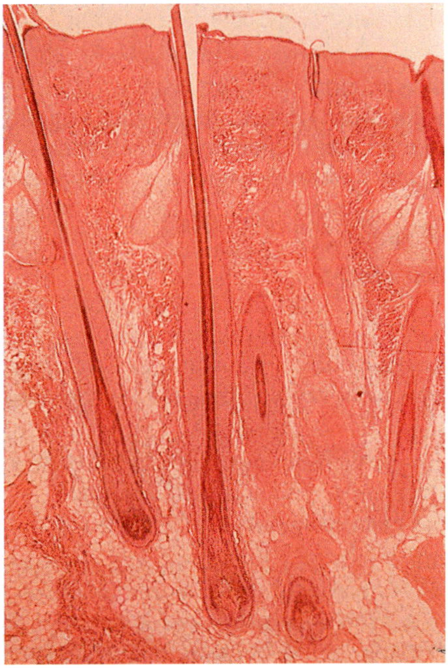

b) Mikroaufnahme

9.4 Schnitt durch die Hautschichten

Oberhaut - Epidermis

Obwohl die Epidermis nur aus einer Zellart besteht, den Epithelzellen oder auch Keratinozyten, ist sie nicht einheitlich, sondern besteht aus weiteren 5 Schichten:

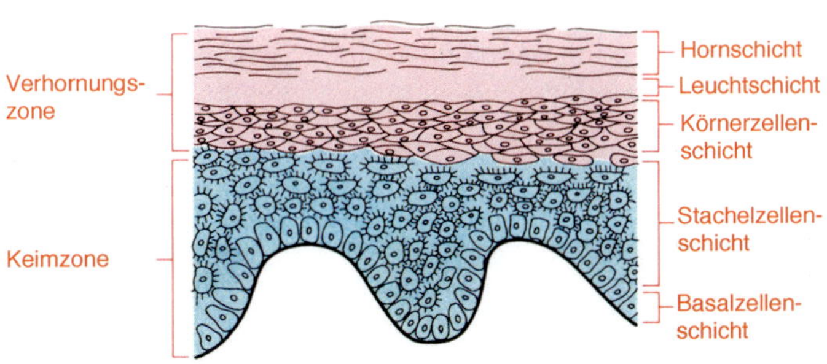

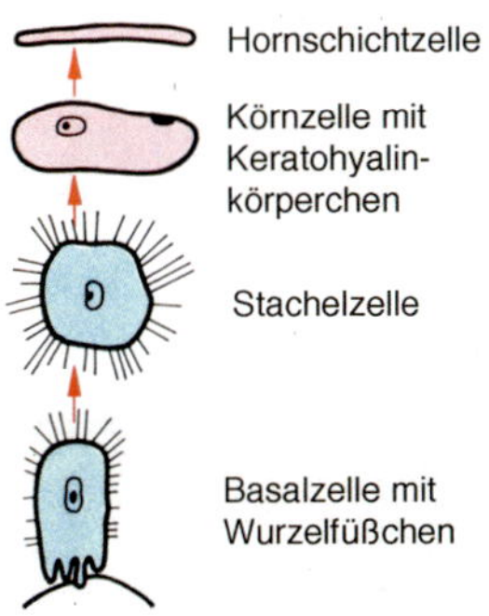

9.5 a) Schnitt durch die Epidermis b) Entwicklung einer Epithelzelle

Basalzellenschicht

Die *Basalzellenschicht* besteht aus einer Lage zylinderförmiger Zellen, die sich ständig teilen. Die neu gebildeten Zellen werden durch nachwachsende Zellen immer weiter nach oben geschoben, flachen auf ihrem Weg an die Hautoberfläche ab und verhornen. Nach etwa 28 Tagen hat eine in der Basalzellenschicht gebildete Zelle alle Schichten der Epidermis durchlaufen und wird schließlich als Hautschüppchen abgestoßen. Zwischen den Basalzellen liegen die *Melanozyten,* die die Vorstufe des braunen Hautpigments *Melanin* bilden.

Stachelzellenschicht
Die Zellen der *Stachelzellenschicht* sind kugelförmig und mit zahlreichen Fortsätzen versehen, die den Zellen ein stacheliges Aussehen geben. Durch diese *Stacheln* werden die interzellulären Zwischenräume überbrückt und der Nährstoffaustausch möglich gemacht. Die Stachelzellenschicht ist die wasserreichste Schicht der Epidermis, der Gehalt an Gewebsflüssigkeit beträgt zwischen 70 und 80 %.

Körnerzellenschicht
Die *Körnerzellenschicht* besteht aus etwa 3–4 Zelllagen. In dieser Schicht beginnt die Verhornung. Die Zellen sind schon flacher geworden und an den Außenwänden bilden sich kleine Körnchen von Keratohyalin, ein Eiweiß, das sich später in Keratin umwandelt. Der Wassergehalt der Körnerzellenschicht ist von 70 % auf 10 % gesunken.

Leuchtschicht
Auf die Körnerzellenschicht folgt die *Leuchtschicht.* Sie ist relativ schmal und einzelne Zellen können nicht mehr voneinander unterschieden werden. Sie kommt nur an den dickeren Hautstellen wie Handinnenflächen und Fußsohlen vor.

Hornschicht
Die *Hornschicht* ist die oberste Epidermisschicht. Sie besteht aus 15–20 Zellschichten von Hornlamellen, so genannte *Korneozyten*, d. h. zellkernlose (also »tote«), abgeflachte, verhornte Zellen, die sich überlappen und bei gesunder Haut unmerklich abschilfern. Pro Tag werden etwa 4 g Schuppenzellen abgestoßen; an der Körperhaut geht dieser Vorgang meist unbemerkt vor sich, auf der Kopfhaut ist er manchmal als Schuppenbildung erkennbar.

Zwischen den Zellen befinden sich die natürlichen *Hornschichtfette*, eine Mischung aus Ceramiden, Cholesterin, freien Fettsäuren und anderen fettähnlichen Stoffen. Diese Fette bilden Schichten, die abwechselnd stark Wasser abstoßend und dazwischen wasseraufnehmend sind. Die Hornschicht kann mit einer Mauer verglichen werden, die aus Hornzellen (den Ziegelsteinen) und den dazwischen liegenden Fetten (dem Mörtel) aufgebaut ist. Diese Mauer bewirkt, dass Stoffe von außen nur vermindert eindringen können, aber die Feuchtigkeit in der Epidermis gehalten wird, damit sie elastisch bleibt. Sinkt der Wassergehalt der Epidermis unter 10 %, wirkt die Hautoberfläche schuppig, rau und rissig, die Ekzemgefahr ist stark erhöht. Die *Hornschichtfette* unterscheiden sich vom Talg (Sebum): er wird in den Talgdrüsen gebildet und im Haarfollikel an die Hautoberfläche transportiert und bildet zusammen mit dem Schweiß den Säureschutzmantel. An der Hornschichtbarriere sind die Talgfette nicht beteiligt.

Die Basal- und die Stachelzellenschicht bilden zusammen die ***Keimzone,*** die Körnerzellen-, Leucht- und Hornschicht bilden die ***Verhornungszone*** der Epidermis.

Epidermis			
Hornschicht Leuchtschicht Körnerzellenschicht	Verhornungszone	Stachelzellenschicht Basalzellenschicht	Keimzone

Lederhaut – Cutis

Papillen. Cutis und Epidermis greifen durch zapfenartige Erhebungen (Papillen) ineinander und verzahnen sich fest. Zugleich vergrößern die Papillen die Basalzellenschicht, sodass hier mehr Zellen nebeneinander Platz haben als auf einer glatten Fläche (**9.6**). Infolgedessen stehen zur Teilung mehr Zellen zur Verfügung, als an der Hautoberfläche gebraucht werden.

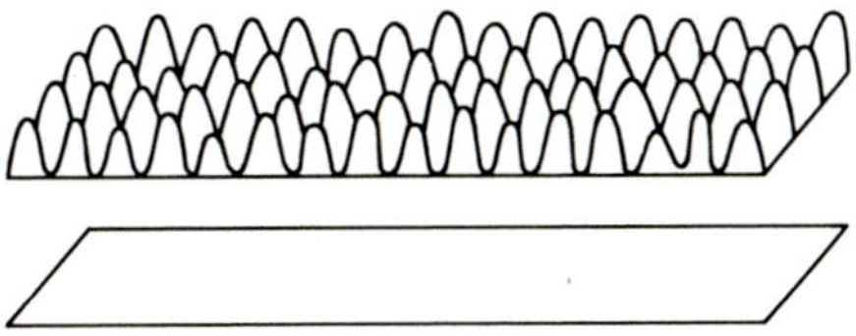

9.6 Papillen vergrößern die Oberfläche

Bestandteile. Die Lederhaut ist ein Bindegewebe aus *Kollagenbündeln, elastischen Fasern* und *Bindegewebszellen* (**9.**7). Die Gewebeteile bilden zusammen ein netzartiges Geflecht, das die Cutis besonders reißfest macht. (Leder stellt man aus der Cutis von Tierhäuten her, nachdem Subcutis und Epidermis abgeschabt sind.) Für die Zugfestigkeit sind die Kollagenbündel verantwortlich, für die Elastizität wahrscheinlich die elastischen Fasern (**9.**8). Die Bindegewebszellen bilden nach Verletzungen neue Fasern.

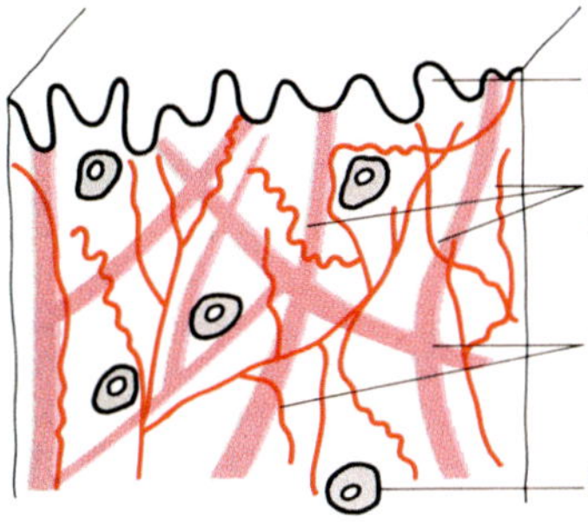

9.7 Bindegewebe der Cutis

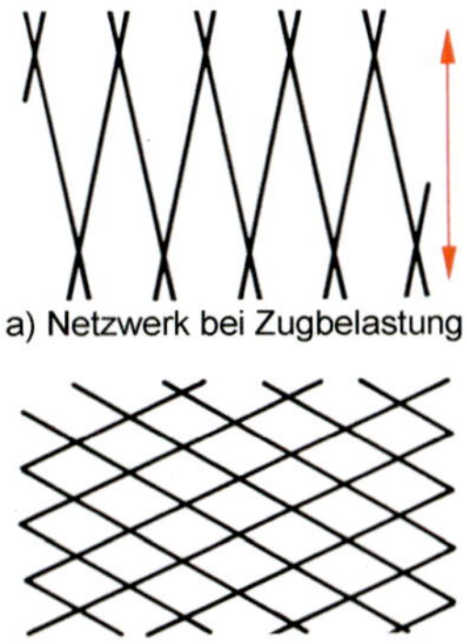

9.8 Die Netzwerkstruktur sorgt für die hohe Elastizität der Haut

Aufbau der Cutis. Obwohl man bei der der Cutis keine so deutlich abgegrenzten Schichten wie bei der Epidermis erkennen kann, so lassen sich doch drei Bereiche unterscheiden. Der Teil unterhalb der Epidermis, der die Verzahnung zur Oberhaut bildet heißt ***Papillarschicht***. Darunter befindet sich ein sehr dichter Bereich, die ***feste, kompakte Schicht.*** Der untere Bereich der Cutis, der in die Subcutis übergeht, heißt ***Gefäßdrüsenschicht.*** Dieser Abschnitt ist lockerer aufgebaut, so dass Platz für Schweißdrüsen und größere Blutgefäße ist. Feinere Blutgefäße, Nerven und Muskeln sind in der gesamten Lederhaut enthalten.

Tonus und Turgor. In der Lederhaut werden die mit der Nahrung aufgenommenen Salze gespeichert. Da Salze Wasser anziehen und speichern, ist das Bindegewebe für den Feuchtigkeitsgehalt der Haut mitverantwortlich. Der Feuchtigkeitsgehalt (***Turgor***) bestimmt zusammen mit der Elastizität der Bindegewebsfasern ***(Tonus)*** das straffe und glatte Aussehen der Haut.

Die **Hautalterung** lässt sich hauptsächlich auf die Veränderungen in der Cutis zurückführen. Die Zellteilung verlangsamt sich, außerdem produzieren die Bindegewebszellen weniger Kollagen, dadurch verhärten und verkleben die elastischen und die kollagenen Fasern. Sie sind nicht mehr beweglich und gegeneinander verschiebbar, die Elastizität lässt stark nach. Durch die Verklebungen und Verhärtungen sind die Fasern nicht mehr ausreichend quellfähig und können nur noch wenig Feuchtigkeit speichern, die Haut bekommt Falten und wird schlaff. Aber auch die Epidermis ist an der Hautalterung beteiligt. Die Oberhaut erneuert sich nicht mehr alle 28 Tage sondern nur noch alle 40 bis 60 Tage, sie wird trockener und dünner und verliert ebenfalls an Elastizität.

Unterhautfettgewebe – Subcutis

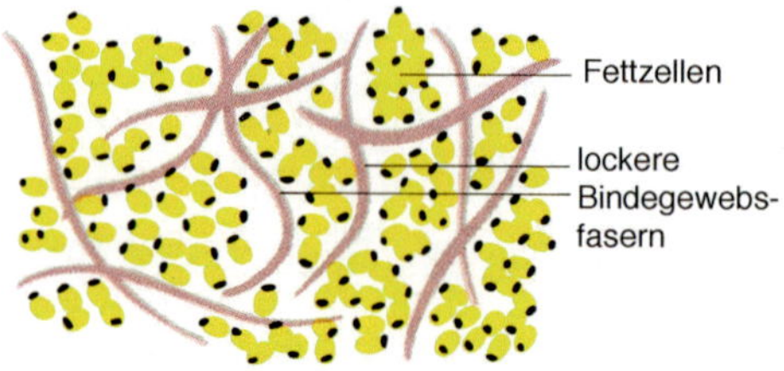

9.9 Fettgewebe der Subcutis

Hier sind Fettzellen in lockeres Bindegewebe eingebaut. Das Plasma der Fettzellen hat sich vollständig in Fett umgewandelt, der Zellkern liegt am Zellrand. Die Fettzellen lagern sich zu Trauben zusammen und werden von den Bindegewebsfasern gehalten (**9**.9). Man unterscheidet Bau- und Depotfett. Das Baufett bildet besonders an Handtellern und Fußsohlen feste Druckpolster, die auch bei starker Abmagerung erhalten bleiben. Das Depotfett verteilt sich nahezu über den ganzen Körper, ist aber an einzelnen Stellen dicker und bestimmt dadurch die Körperform. Es dient als Nahrungsreserve und wird bei Nahrungsmangel abgebaut. Die Subcutis schützt den Körper gegen Stoß und Schlag und bildet eine „Isolierschicht" gegen Kälte.

Cutis	**Subcutis**
– besteht aus Bindegewebe (Bindegewebszellen, elastische Fasern und kollagene Fasern) – enthält Gefäße, Nerven, Muskeln und Drüsen	– Fettzellen liegen in lockerem Bindegewebe – Baufett/Depotfett

Cellulite wird oft auch als Orangenhaut bezeichnet. Sie tritt nur bei Frauen an Oberschenkeln, Bauch und Gesäß auf. Zurückzuführen ist sie auf den speziellen Aufbau des weiblichen Unterhautfettgewebes, auf Vererbung und auf die Reaktion der gesamten Haut auf weibliche Hormone.

Während bei Frauen die Kollagenfasern im Unterhautfettgewebe parallel nebeneinander angeordnet sind, sind die Bindegewebsfasern bei Männern scherengitterartig verbunden. Hinzu kommt, dass die Fasern bei den Frauen weniger fest und dehnbarer sind. Frauen besitzen 50 % mehr Fettzellen als Männer. So können wachsende Fettzellen zwischen den Kollagenfasern durchgedrückt werden und an der Oberfläche als noppenartige Struktur in Erscheinung treten.

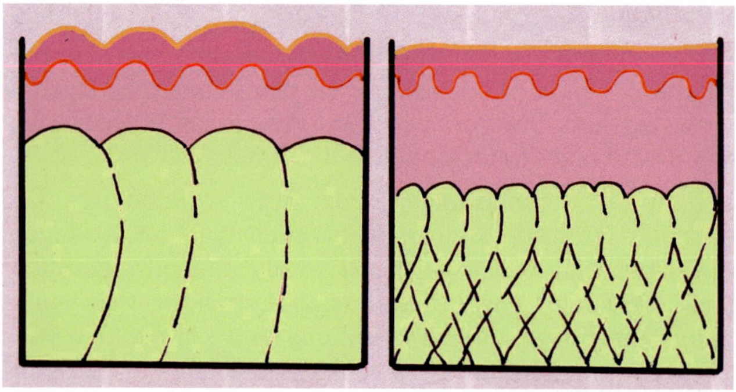

die weiblichen Fettkammern sind dicker und parallel angeordnet

deutlich weniger männliche Fettzellen, netzartig verbunden

9.10 Weibliche und männliche Struktur des Unterhautfettgewebes

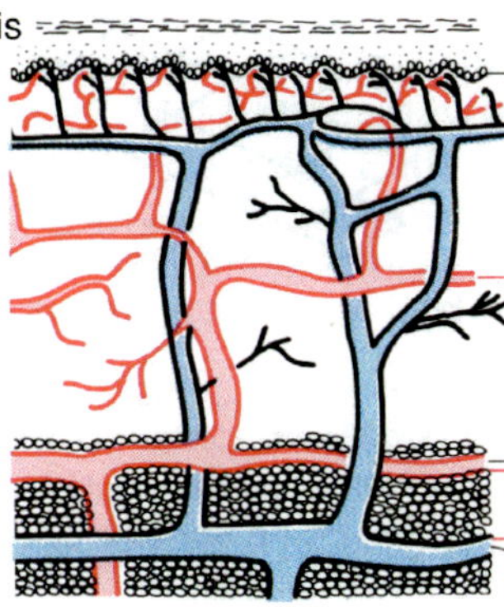

9.11 Gefäßnetz der Haut

Gefäßsystem der Haut. Die Erneuerung der Haut durch Zellteilung und die Funktion der Drüsen sind nur durch ständige Zufuhr von Nährstoffen möglich. Der Körper bezieht diese Stoffe aus der Nahrung, verarbeitet sie beim Verdauungsvorgang und transportiert sie durch das Blut an die Körperstellen, an denen sie von den Zellen gebraucht werden. Deshalb ist die Haut von einem komplizierten Gefäßsystem durchzogen. Zwischen Cutis und Subcutis liegt ein weitmaschiges Gefäßnetz (**9.**11). Durch senkrecht verlaufende Gefäße ist dieses weitmaschige Netz mit einem feineren verbunden. Das feinmaschige Netz liegt im oberen Teil der Cutis. Von hier aus reichen die hauchdünnen Kapillaren in die Papillen und versorgen die Basalzellschicht der Epidermis mit Nährstoffen, indem sie die Stoffe an die Gewebsflüssigkeit abgeben. Die Ernährung der Epidermis erfolgt also durch die Kapillaren in den Papillen der Cutis. Die Epidermis selbst ist nicht von Blutgefäßen durchzogen! Bei Abschürfungen der Haut sieht man punktförmige winzige Blutungen; die Verletzung reicht dann bis zu den Papillen (**9.**12). Haarfollikel und Drüsen haben meist eigene Gefäße, die von dem engmaschigen Netz an der Grenze zur Epidermis abzweigen.

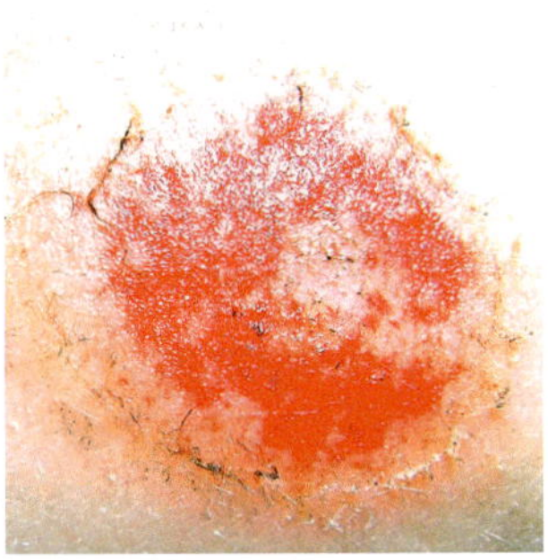

9.12 Schürfwunde mit punktförmiger Hautblutung

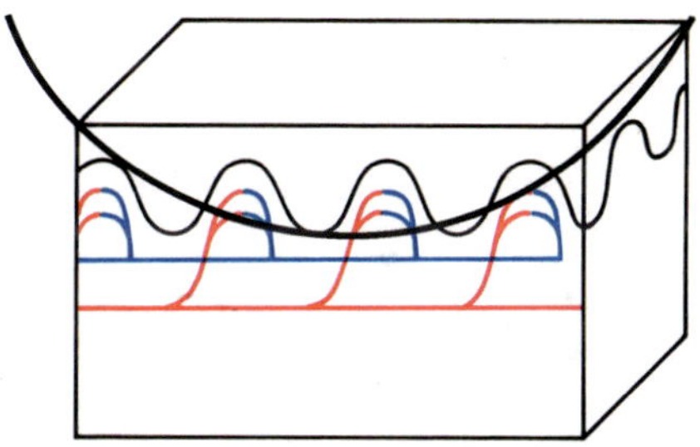

9.13 schematische Darstellung

9.1.2 Schweißdrüsen

Versuch 1 Drücken Sie mit zwei Fingern die Fingerkuppe zusammen. Betrachten Sie dann die Fingerbeere durch die Lupe.

Ergebnis An der Fingerbeere zeigen sich oben auf den Hautleisten winzige Schweißtröpfchen.

Versuch 2 Halten Sie eine Hand in ein gekühltes, trockenes Becherglas. Verschließen Sie das Glas möglichst luftdicht, indem Sie das Handgelenk und den Glasrand mit einer Folie umwickeln.

Ergebnis Nach kurzer Zeit beschlägt das Becherglas. Die Haut scheidet Wasser ab, das sich im kalten Glas als kleine Tropfen niederschlägt.

Versuch 3 Tragen Sie mit dem Pinsel eine dünne Schicht Jodtinktur auf Ihre Handinnenfläche. Darüber stäuben Sie Stärkepulver und betrachten dann die Fläche.

Ergebnis Die Wasserabgabe der Haut wird sichtbar: An den Ausgängen der Schweißdrüsen färbt sich die Stärke schwarzblau, die Schweißporen sind gut zu erkennen.

Während an den Handtellern und Fußsohlen in einem cm^2 mehrere hundert Schweißdrüsen liegen, findet man in der Rückenhaut nur etwa hundert in einem cm^2. Insgesamt hat der Mensch rund 2 Millionen Schweißdrüsen. Es sind knäuelförmige Drüsen in der Cutis oder an der Grenze zur Subcutis. Sie haben einen 0,3 bis 0,4 mm dicken schlauchförmigen Ausführungsgang. Nach der Funktion unterscheidet man zwei Arten: die ekkrinen (ausscheidenden) und die apokrinen (abscheidenden) Schweißdrüsen (**9.**14).

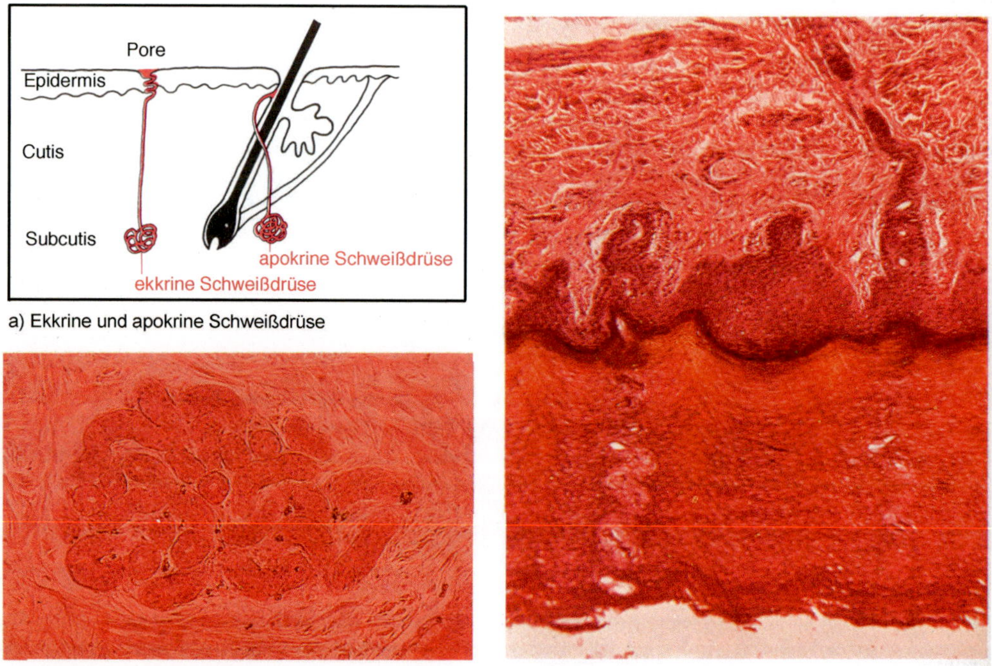

a) Ekkrine und apokrine Schweißdrüse

c) Schnitt durch die Schweißdrüse

b) Schweißdrüsenausgang

9.14 Ekkrine und apokrine Schweißdrüsen

Die ekkrinen Schweißdrüsen verteilen sich über die gesamte Haut (**9.**14a). Ihr Ausführungsgang ist oben korkenzieherartig gewunden und endet trichterförmig in der Hautoberfläche – als Hautpore. Besonders viele ekkrine Schweißdrüsen gibt es an Handtellern, Fußsohlen, Stirn und Lippen, außerdem in der Brustrinne und in Rückenmitte entlang der Wirbelsäule. Deshalb spricht man von der vorderen und hinteren Schweißrinne (**9.**16). Das Sekret (Absonderung) der ekkrinen Schweißdrüsen wird in Epithelzellen gebildet, die den schlauchförmigen Drüsenkörper auskleiden. Der ekkrine Schweiß besteht zu 99 % aus Wasser, 1 % sind Stoffwechselschlacken, z. B. Harnstoff, Fettsäuren und Salze. Durch die gelösten Schlackenstoffe wirkt der Schweiß sauer. Weil sich im sauren Bereich Mikroorganismen schlecht vermehren, wehrt der ekkrine Schweiß Krankheitskeime ab (*Säureschutzmantel*).

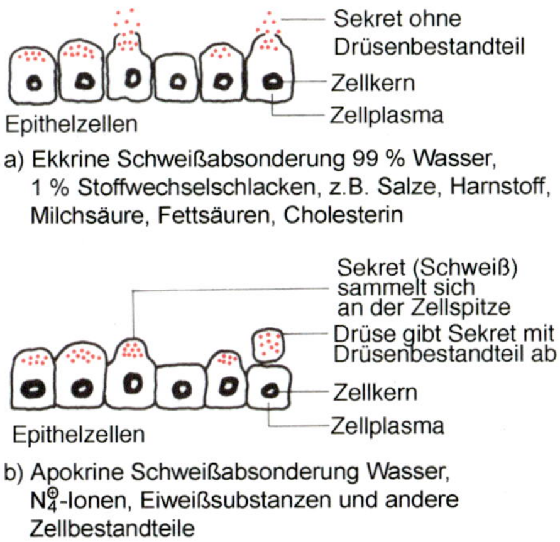

9.15 Schweißabsonderung

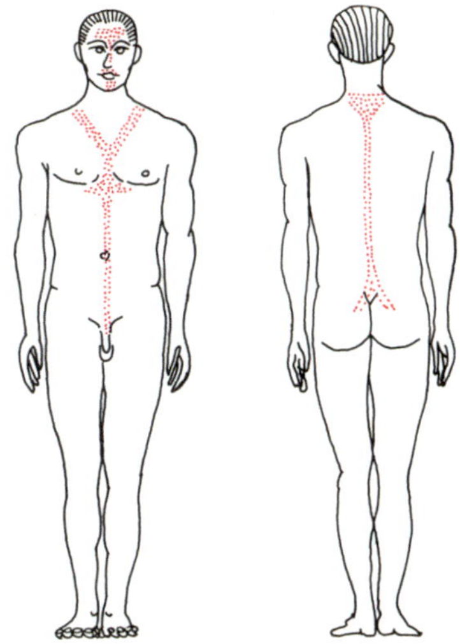

9.16 Vordere und hintere Schweißrinne

Die apokrinen Schweißdrüsen (Duftdrüsen) findet man fast ausschließlich in den Achselhöhlen, in der Nähe der Brustwarzen und in der Genitalregion. Sie sind größer als die ekkrinen Drüsen und münden nicht in die Epidermis, sondern in Haarfollikel (**9.**14). Obwohl sie von Geburt an vorhanden sind, beginnen sie ihre Funktion erst in der Pubertät. Offensichtlich besteht zwischen apokrinen Schweißdrüsen und Keimdrüsen ein enger Zusammenhang, denn die Schweißdrüsen stellen ihre Arbeit ein, sobald die Keimdrüsentätigkeit nachlässt. Der apokrine Schweiß wirkt neutral oder alkalisch. Seine Duftstoffe bestimmen den Eigengeruch, der von Mensch zu Mensch verschieden ist. Typische Geruchsunterschiede bestehen zwischen den Geschlechtern und den Rassen. Bewusst nehmen wir diese Unterschiede nicht wahr, auch wenn wir sagen, dass wir jemanden „nicht riechen können“, den wir nicht leiden mögen. Hunde haben feinere Nasen und können auch Menschen am Geruch unterscheiden.

Wie schwitzt der Mensch? Zwischen den verknäuelten Schläuchen der Schweißdrüsen liegen Muskelzellen, die vom autonomen Nervensystem gesteuert werden. Durch Muskelkontraktion wird der Schweiß aus der Drüse herausgepresst. Bei Angstzuständen oder anderen psychischen (seelischen) Belastungen ziehen sich alle Muskeln gleichzeitig zusammen – es kommt zu einem Schweißausbruch, der an Handtellern und Fußsohlen besonders stark ist. Doch auch unbemerkt scheidet der Mensch täglich 0,5 bis 1 Liter Schweiß aus. Bei Hitze oder körperlicher Anstrengung kann sich die Schweißmenge auf 4 bis 6 Liter am Tag steigern.

Schweißdrüsen sind knäuelformige Drüsen

ekkrine Schweißdrüsen	apokrine Schweißdrüsen
– befinden sich am ganzen Körper	– befinden sich in Achselhöhlen, bei den Brustwarzen und in der Genitalregion
– münden in die Epidermis	– münden in die Haarfollikel
– Schweiß ist schwach sauer	– Schweiß ist neutral oder alkalisch
– arbeiten von Geburt an	– arbeiten erst nach der Pubertät

9.1.3 Talgdrüsen

Talg hält die Haut geschmeidig und verhindert das Austrocknen. Trockene Haut wird rau und rissig und ist damit infektionsgefährdet.

Die *beutelförmigen* Talgdrüsen münden fast alle in Haarfollikel (**9.**17). Handteller und Fußsohlen haben keine Talgdrüsen, sondern werden durch Berühren anderer Hautstellen gefettet. An einem Haar liegen meist 4 bis 5 Talgdrüsen, deren Größe und Anzahl jedoch nicht der Haardicke entsprechen. Die besonders großen Talgdrüsen der Nasenflügel münden z. B. in Follikel feinster Lanugohaare (**9.**18).

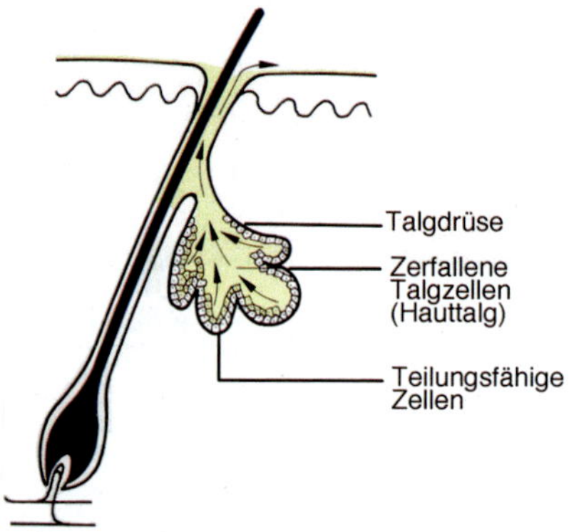

9.17 Schnitt durch die Talgdrüse

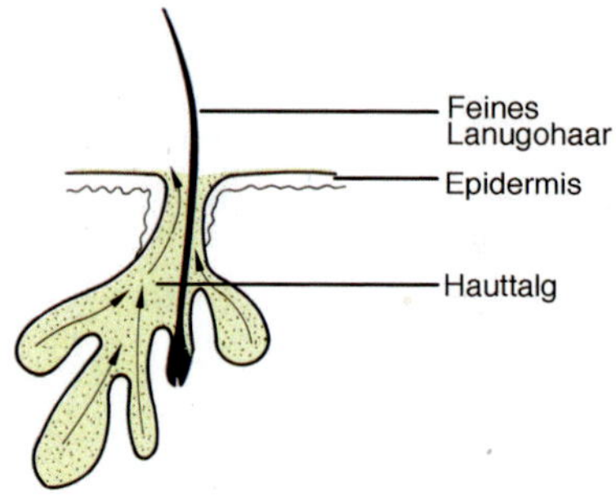

9.18 Talgdrüse am Lanugohaar

Funktion und Produktion. Die Zellen der Talgdrüsen wandeln sich vollständig in Talg um. Die Zellen am Drüsenrand teilen sich. Bei den neu gebildeten Zellen wird das Plasma zu Talg, der Kern verkümmert. Die Zellen zerfallen, der Talg gelangt durch die Haarfollikel auf Haar und Haut. Je nach Lebensalter werden unterschiedliche Talgmengen produziert. Während im 1. Lebensjahr viele Talgdrüsen arbeiten und die Haut des Kleinkindes geschmeidig halten, stellen sie im 2. Lebensjahr die Tätigkeit nahezu ein. So ist Kinderhaut nur schwach gefettet und muss vor allem bei Kälte geschützt werden. Zu Beginn der Pubertät nimmt die Talgproduktion stark zu, um mit steigendem Lebensalter langsam wieder abzusinken. Die täglich abgegebene Talgmenge schwankt zwischen 1 und 2 g. Sie ist individuell verschieden und wird durch Hormone gesteuert. Das männliche Keimdrüsenhormon Testosteron regt die Talgdrüsentätigkeit an, während sie durch weibliche Keimdrüsenhormone (Östrogene) gehemmt wird.

Spreitung. Die Ausbreitung des Talgs auf der Hautoberfläche heißt Spreitung und ist von der Außentemperatur abhängig. Bei hohen Temperaturen kann sie bis zu 3 cm in der Sekunde betragen. Weil sich die Spreitung in der kühlen Jahreszeit verlangsamt, darf man die Haut im Winter nicht so stark entfetten.

Talgdrüsen sind beutelförmige Drüsen	**Zusammensetzung des Hauttalgs**	
– wandeln das Zellplasma in Fett um	Fette	Fettsäuren
– münden in Haarfollikel	Wachse	Kohlenwasserstoffe
– produzieren hormonabhängig	Squalen	Cholesterin u. a. Stoffe

9.1.4 Hautfarbe

Melanin. Sonnenstrahlen (UV-Strahlen) bräunen die Haut. Die sichtbare Bräunung entsteht durch einen dunklen Farbstoff, das Hautpigment Melanin. Melanozyten, spezielle Zellen in der Basalzellschicht der Epidermis und im oberen Teil der Cutis, bilden eine Vorstufe dieses Pigments. Sie ist noch farblos und wird durch Enzyme, Sauerstoffe und UV-Strahlen der Sonne in Melanin umgewandelt. Sicher haben Sie schon bemerkt, dass vom Sonnenbad bis zur Bräunung der Haut etwa ein Tag vergeht. Dies ist die Zeit, in der die chemische Reaktion von der farblosen Vorstufe zum braunen Melanin abläuft. Hat man das Sonnenbaden übertrieben, können die Stunden danach recht qualvoll sein, denn bei der Reaktion wird Wärme frei und es gibt manchmal sogar eine Entzündung – den Sonnenbrand.

Melanozyten. In jedem mm^2 der Basalzellschicht liegen rund 2000 Melanozyten. Die Anzahl ist bei allen Menschen etwa gleich. Unterschiede in der Hautfarbe (z. B. bei Weißen und Farbigen oder auch individuelle Unterschiede bei Angehörigen einer Rasse) ergeben sich nicht aus der Anzahl der Melanozyten, sondern aus ihrer Aktivität. Die Aktivität der Melanozyten, d. h. ob sie viel oder wenig Pigmentvorstufen bilden, ist erblich, lässt sich also nicht ändern.

Die Pigmentierung hat den größten Einfluss auf die Hautfarbe. Zusammen mit der Dicke der Haut bildet sie einen Schutzmechanismus vor dem Einwirken weiterer UV-Strahlen. Dieser Schutz ist nötig, denn die Sonne schädigt die Haut und kann in Extremfällen zu Hautkrebs führen. Gebräunte Haut ist für UV-Strahlen undurchlässiger als ungebräunte und schützt tiefere Hautschichten.

Die Durchblutung und die Eigenfarbe der Epidermis beeinflussen ebenfalls die Hautfarbe. Die Epidermiszellen sind gelblich durchscheinend. Ist die Oberhaut dick und stark verhornt, sieht die Haut gelblich blass aus. Bei dünner Epidermis schimmert das Blut in den Kapillaren durch, sodass ein rosiger Farbton der Haut entsteht.

Der Einfluss der Durchblutung wird deutlich, wenn man einen Objektträger flach auf die Haut drückt. Dabei wird das Blut aus den Kapillaren in tiefer liegende Gefäße gedrückt, sodass als Hautfarbe nur die Pigmentierung und die Eigenfarbe der Epidermis sichtbar bleiben (**9**.19). Diese „Durchscheinprobe" nennt man *Diaskopie*. Mit ihr lässt sich auch feststellen, ob dunkle Flecken in der Haut durch Blutgefäße oder durch Anhäufung von Pigmenten entstanden sind.

Probieren Sie diesen Test einmal bei Sommersprosssen oder bei einem Leberfleck. Sie werden sehen: Pigmentfehler lassen sich nicht wegdrücken.

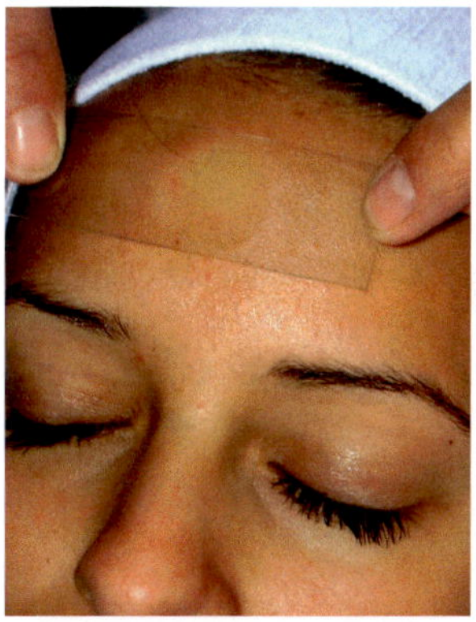

9.19 Diaskopie (Durchscheinprobe)

Die Hautfarbe wird beeinflusst
- vom braunen Pigment Melanin (viel Melanin = dunkle, braune Haut; wenig Melanin = helle Haut)
- von der Durchblutung (gute Durchblutung = rosige Haut; schlechte Durchblutung = blasse Haut)
- von Eigenfarbe und Dicke der Epidermis (dicke Epidermis = gelbliche Haut; dünne Epidermis = rosige Haut)

9.1.5 Hautnerven

Durch die Haut spüren wir Wärme und Kälte ebenso wie den stechenden Schmerz einer Schnittverletzung. Als Kontaktorgan zur Umwelt vermittelt uns die Haut die verschiedensten Reize. Damit die Reize in unser Bewusstsein gelangen, gibt es eine „Telefonleitung“ zwischen der Haut und dem Gehirn – die Nerven. Als feines Netz dünner Fasern durchziehen sie die Haut an der Grenze der Cutis zur Epidermis, umschlingen die Haarfollikel (Haarkranznerven, **9**.20) und vereinigen sich zu dickeren Nervenfasern in tieferen Gewebeschichten. Die dickeren Fasern münden in die Nervenstränge, die sich im Rückenmark vereinigen und zusammen mit dem Gehirn das zentrale Nervensystem bilden.

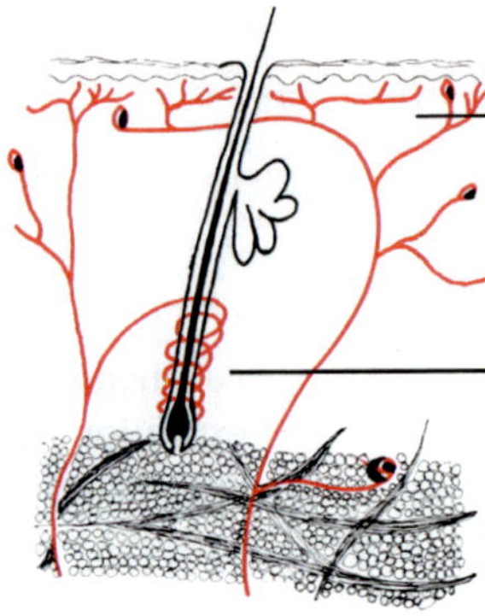

9.20 Hautnerven

Der Reiz wird also durch die Hautnerven aufgenommen und über die Nervenbahnen zum Gehirn geleitet.

Endplatten. In der oberen Cutis bilden viele Nervenfasern Endplatten. Früher meinte man, dass diese Nervenendigungen auf bestimmte Reize spezialisiert seien, dass es also besondere Nervenendigungen für Wärme-, Kälte-, Schmerz- oder Druckempfindungen gebe. Dies ist bisher jedoch nicht bestätigt. Sicher ist nur, dass die Reizempfindlichkeit in unmittelbarer Nähe einer Nervenendigung stärker ist als in den dazwischenliegenden Hautbezirken. Auch die Verteilung der Nerven über den Körper ist nicht gleichmäßig. So sind z. B. Fingerkuppen besonders nervenreich, die Haut des Rückens dagegen ist nervenarm.

Versuch 4 Prüfen Sie mit Hilfe eines Stechzirkels die Menge der Nervenendigungen am Arm einer Versuchsperson. Öffnen Sie dazu den Zirkel etwa 2 bis 3 cm und berühren Sie mit beiden Spitzen gleichzeitig leicht die Haut. Verringern Sie den Abstand der Zirkelspitzen so lange, bis die Berührungspunkte von der Versuchsperson nur noch als ein Punkt wahrgenommen werden. Die Testperson sollte während des Versuchs die Augen geschlossen halten und sich ganz auf die Berührungspunkte konzentrieren.

Versuch 5 Bewegen Sie mit einer Bleistiftspitze die feinen Körperhaare des Arms, ohne die Haut zu berühren.

Ergebnis: Obwohl die Bleistiftspitze die Haut nicht berührt, wird der Berührungsreiz von den Nerven (hier Haarkranznerven) wahrgenommen. Diese um den Haarfollikel liegenden Nerven haben keine Endigungen; sie sind ein eng verschlungenes Netz.

Versuch 6 Füllen Sie eine Schale mit kaltem (20 °C), eine zweite mit lauwarmem (30 °C) und eine dritte Schale mit heißem Wasser (40 °C). Legen Sie zuerst eine Hand in das kalte und die andere Hand ins heiße Wasser. Nach einer Minute tauchen Sie beide Hände zugleich ins lauwarme Wasser. Achten Sie dabei auf die unterschiedliche Wärmeempfindung der Haut.

Reize werden von verschiedenen Personen unterschiedlich stark wahrgenommen.

So ist z. B. das gleichwarme Wasser bei der Kopfwäsche einer Kundin zu kalt, der anderen zu heiß. Es gibt also keine absolute Wärme- oder Kälteempfindung. Die Hautnerven reagieren nicht wie ein Thermometer, sondern „messen“ immer nur Temperaturunterschiede.

Haut in Zahlen

Auf dieser Fläche | $1 cm^2$ | befinden sich

- drei Millionen Zellen
- etwa 100 Schweißdrüsen
- etwa 15 Talgdrüsen
- etwa 4 Meter Nerven
- etwa 1 Meter Blutgefäße
- etwa 2 Wärmepunkte
- etwa 10 Kältepunkte

9.1.6 Aufgaben der Haut

Haut als Schutzorgan

Als Grenzfläche des Körpers zur Umwelt ist die Haut verschiedenen äußeren Einflüssen ausgesetzt:

- **physikalischen Einflüssen,** z. B. Druck, Schlag, UV-Strahlen
- **chemischen Einflüssen,** z. B. Alkalien (Dauerwellflüssigkeit), Seife und Waschmittel
- **biologischen Einflüssen,** z. B. Krankheitserreger

Schutz gegen Stöße. Vergleicht man die Schmerzempfindung bei einem gleich starken Schlag gegen das Schienbein und den Oberschenkel, so ist der Schienbeinschlag entschieden schmerzhafter. Der Oberschenkel ist durch eine dickere Subcutis geschützt. Zwar fangen auch die elastischen Cutisfasern einen Teil des Stoßes ab, jedoch nicht so wirkungsvoll wie die Subcutis.

Dauernde Druckbelastung kann zur Verdickung der Hornschicht führen. Die entstandene Hornhaut oder Schwiele schützt tiefere Hautschichten. Solche Verdickungen sieht man häufig bei Friseuren an den Fingern der rechten Hand – genau an den Stellen, an denen die Griffe der Haarschneideschere aufliegen.

UV-Strahlen. Zum Schutz des Körpers gegen UV-Strahlen bildet die Haut vermehrt Pigmente und verdickt die Hornschicht. Diese Lichtschwiele bleibt auch nach dem Abklingen der Bräunung sichtbar, denn sonnenstrapazierte Haut ist grob und lederartig verdickt.

Gegen leichtere chemische Einflüsse bieten der Fettgehalt der Hautoberfläche und die geringe Löslichkeit des Keratins Schutz. Chemikalien, mit denen unsere Haut häufig in Berührung kommt, sind *Alkalien* (z. B. Seifen, Dauerwellflüssigkeit). Alkalischäden vermindert der *Säureschutzmantel* (Emulsion aus Schweiß und Hauttalg), denn die mit dem Schweiß und Talg ausgeschiedenen Säuren neutralisieren die Alkalien. Die Neutralisierfähigkeit des Säureschutzmantels darf jedoch nicht überschätzt werden – sie reicht weder bei konzentrierten Chemikalien aus noch bei häufiger Berührung mit Alkalien. Daraus ergibt sich für uns die Notwendigkeit gezielter Hautschutzmaßnahmen (Handschuhe, Handschutzsalben, Hautpflegemittel).

Versuch 7 Untersuchen Sie die Wirkung von Laugen auf die Haut, indem Sie verdünnte Natronlauge auf eine Fingerkuppe tropfen lassen und verreiben. (Behandeln Sie die Haut nach dem Versuch mit Säurespülung!)

Versuch 8 Färben Sie eine stark verdünnte Ammoniumhydroxidlösung mit Phenolphthalein an. Geben Sie einen Tropfen davon auf die Haut und messen Sie die Zeit, die bis zur Entfärbung des Indikators vergeht. Nach der Neutralisation wiederholen Sie den Versuch.

Versuch 9 Messen Sie den pH-Wert der Haut mit Hilfe einer Indikatorlösung.

Keimabwehr. Der Säureschutzmantel schützt die Haut nicht nur vor Alkalien, sondern verhindert auch die Ausbreitung von Krankheitserregern, weil deren Wachstum in saurer Umgebung erschwert ist.

Barriere gegen Fett und Wasser. Für die Kosmetik bedeutsam sind die natürlichen Barrieren der Haut gegen Wasser und Fette. Wasser dringt nur bis zu den unteren Lagen der Hornschicht, Fette gelangen nur bis zur Körnerzellschicht.

Schutzwirkung der Haut

- vor Druck und Schlag durch Subcutis, Faserstruktur der Cutis und Verdickung der Hornschicht
- vor UV-Strahlen durch Pigmentbildung und Lichtschwielen
- vor schwachen Alkalien durch Säureschutzmantel
- vor Krankheitserregern durch Säureschutzmantel

Haut als Regler der Körpertemperatur

Die Lebensvorgänge im menschlichen Organismus erfordern eine gleichbleibende Körpertemperatur von etwa 37 °C. Um diese Temperatur auch unter extremen Bedingungen zu halten, hat die Haut einen „Temperaturregler".

Bei hohen Außentemperaturen schützt die Haut vor Überhitzung, indem sie mehr Schweiß absondert. Durch die Verdunstung des Wassers wird der Haut Wärme entzogen – sie kühlt ab (Verdunstungskälte). Die Kapillargefäße weiten sich. Dadurch kann mehr Blut in die Haut fließen und überschüssige Körperwärme abgeben. Bei Entzündungen oder bei Sonnenbrand sieht man die verstärkte Durchblutung als Hautrötung und spürt die Wärmeabgabe, wenn man eine Hand über die entzündete Stelle hält.

Bei Kälte werden die Kapillaren verengt, und das Blut bleibt in tieferen Hautschichten. Dadurch kann es von der Außentemperatur nicht so stark abgekühlt werden. Zusätzlich richten die Haarbalgmuskeln die Lanugohaare auf (Gänsehaut) und pressen den Talg aus den Talgdrüsen. Der Hauttalg verringert die Verdunstung von Gewebswasser, die Schweißabgabe wird vermindert.

Temperaturregelung der Haut

bei Hitze	**bei Kälte**
– Erweitern der Kapillaren	– Verengen der Kapillargefäße
– verstärkte Durchblutung	– verminderte Durchblutung
– vermehrte Schweißabsonderung	– keine Schweißabgabe
– Verdunstungskälte	– Zusammenziehen der Haarbalgmuskeln
	– verstärkte Hautfettung

Haut als Stoffwechselorgan

Fettspeicher. Die vom Körper nicht sofort verbrauchten Kohlehydrate der Nahrung werden von Subcutiszellen in Fett umgewandelt und gespeichert. 10 bis 15 kg Fett kann die Subcutis speichern und bei Nahrungsmangel wieder zur Energiegewinnung heranziehen.

Ausscheidung und Atmung. Zusammen mit dem Schweiß scheidet die Haut Stoffwechselschlacken aus (z. B. Kochsalz, organische Säuren und Harnstoff). Damit entlastet sie die Nieren. In geringem Maß ist die Haut auch an der Atmung beteiligt. Etwa 4 bis 5 % des Kohlendioxids werden durch die Haut ausgeschieden. Da die Sauerstoffaufnahme durch die Haut aber noch minimaler ist, sollte man nicht von einer „Hautatmung" sprechen. Dass Menschen bei völligem Hautabschluss (z. B. Verbrennung) sterben, liegt nicht an einer verhinderten Hautatmung. Vielmehr ist dann die Wasserabgabe und damit die Temperaturregelung des Körpers unterbunden. Es handelt sich also nicht um einen „Erstickungstod".

Resorption. Trotz der Abschirmfunktion nimmt die Haut auch Stoffe auf, besonders durch die Haarfollikel und Poren. Durch diese Resorption gelangen Vitamine und Hormone in den Organismus – aber auch Schadstoffe wie quecksilberhaltige Verbindungen. Lässt sich der Umgang mit solchen Giftstoffen nicht vermeiden, bieten Handschuhe einen guten Schutz.

Haut als Sinnesorgan

Während die anderen Sinnesorgane (Augen, Ohren, Nase, Mund) jeweils nur auf eine Wahrnehmung spezialisiert sind, kann die Haut mehrere Sinnesqualitäten wahrnehmen und durch die Nerven zum Gehirn weiterleiten. Neben Wärme- und Kälte-, Druck- und Schmerzempfinden hat die Haut einen ausgeprägten Tastsinn. Blinde Mitmenschen vervollkommnen diesen Tastsinn so, dass sie durch Berühren von geprägten Punkten „lesen" können (Blindenschrift, **9.**21).

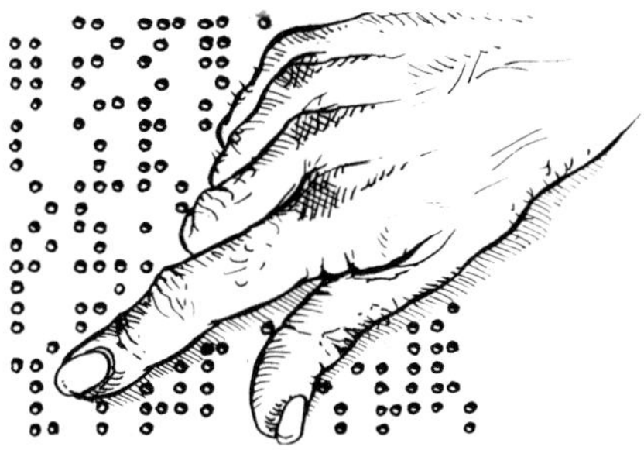

9.21 Blindenschrift

Sogar Lichtreize werden von der Haut aufgenommen. Versuchspersonen mit verbundenen Augen in einem geschlossenen Raum können unterscheiden, ob Licht eingeschaltet ist oder nicht. Aus dieser „Lichtempfindlichkeit" der Haut lässt sich auch begründen, dass manche Menschen nicht nur durch Geräusche, sondern auch durch Licht im Schlaf gestört werden.

Funktionen der Haut

Abwehr von Schädigungen (Schutzfunktion)
- Druck, Schlag → Subcutis, Cutis, Verdickung der Hornschicht
- UV-Strahlen → Pigmentbildung, Lichtschwiele
- Alkalien → Säureschutzmantel
- Krankheitserreger → Säureschutzmantel

Anpassung an die Umwelt
- Regelung der Körpertemperatur Vermittlung von Umweltreizen
- Schmerz-, Temperatur-, Tastsinn
- begrenzte Vermittlung von Lichtreizen

Stoffwechselorgan
- Speicherfunktion (Nahrungsreserve) von Fett, Kohlehydraten und Salzen
- Ausscheidung von Wasser, Salzen, organischen Säuren, Harnstoff, Kohlendioxid
- Aufnahme von Fetten, Vitaminen, Hormonen, Giften

Aufgaben zu Abschnitt 9.1

1. Beschreiben Sie die Hautfelderung.
2. Was sind Hautleisten? Welche Aufgaben haben sie?
3. Nennen Sie die drei Gewebeschichten der Haut.
4. Wie heißen die fünf Schichten der Epidermis?
5. Beschreiben Sie die Form der Zellen in den verschiedenen Epidermisschichten.

6. In welcher Epidermisschicht teilen sich die Zellen?
7. Wie lange dauert die Verhornung der Epidermiszellen?
8. Welche Hautschichten bilden die Keimzone, welche die Verhornungszone?
9. Welche Hautschicht enthält am meisten Wasser?
10. Wodurch entstehen Hornhaut und Schwielen?
11. Was sind Papillen? Welche Gewebeschichten werden durch sie verbunden?
12. Woraus besteht das Bindegewebe der Cutis?
13. Warum ist gealterte Haut schlaff und faltig?
14. In welche Bereiche teilt man die Lederhaut ein?
15. Woraus besteht die Subcutis?
16. Wodurch unterscheiden sich Bau- und Depotfett?
17. Wie heißen die beiden Schweißdrüsenarten? Wodurch unterscheiden sie sich?
18. Welche Bestandteile enthält der ekkrine Schweiß?
19. Wie viel Schweiß gibt unser Körper normalerweise täglich ab? Wie viel bei körperlicher Anstrengung?
20. Beschreiben Sie Form und Lage der Talgdrüsen.
21. Wie ändert sich die Talgproduktion von der Geburt bis zur Pubertät?
22. Was versteht man unter Stoffwechsel?
23. Beschreiben Sie das Gefäßnetz der Haut.
24. Wie wird die Basalzellenschicht der Epidermis mit Nährstoffen versorgt?
25. Wie heißt das braune Hautpigment? In welcher Hautschicht bildet es sich?
26. Welche drei Faktoren beeinflussen die natürliche Hautfarbe?
27. Was versteht man unter Diaskopie?
28. Welche Aufgaben erfüllen die Hautnerven?
29. Welchen Schutz bietet die Haut gegen Druck und Schlag?
30. Wie schützt sich die Haut vor UV-Strahlen?
31. Welche Aufgabe hat der Säureschutzmantel der Haut?
32. Beschreiben Sie die Regelung der Körpertemperatur durch die Haut.
33. Gibt es eine „Hautatmung“? Welche Bedeutung hat sie?
34. Warum ist die Haut auch ein Sinnesorgan?
35. Welche Stoffe speichert die Haut? In welcher Schicht?

9.2 Aufgaben und Bedeutung der Kosmetik

Anti-aging, Cosmeceuticals, Permanent-Make-Up, Mesolift, Rejuvenation, Fruchtsäurepeelings, Faltenunterspritzung mit Eigenfett, Day Spa-Treatments, Thalassotherapie .... Die Liste der Begriffe, die Ihnen tagtäglich begegnen, ist lang. Viele Teenager eifern ihren Lieblingsstars nach, kopieren Frisuren, Styling und Make-up, im Fernsehen möchten gern alle dabei sein, wenn die Schönste gewählt wird, Zeitschriften halten *wertvolle Beautytipps für die moderne junge Frau von heute* bereit, Alternative Massage-Salons schießen wie Pilze aus dem Boden. Aussehen und Schönheit nehmen in unserer Zeit einen hohen Stellenwert ein und dabei spielt die Kosmetik eine entscheidende Rolle. Gutes Aussehen erhöht nachweisbar das Selbstbewusstsein und damit auch das Wohlbefinden eines jeden Einzelnen und ist ein wesentlicher Faktor bei der Wirkung auf andere. Gepflegtes Aussehen ist also in Ihrem Beruf sozusagen Pflicht, denn Sie können Ihre Kunden und Kundinnen nur dann überzeugen, wenn Sie selbst das beste Beispiel für Ihr Können sind. Kosmetik erfüllt also gleich mehrere Aufgaben:

Aufgaben

- Verbesserung des Aussehens
- Pflege und Gesunderhaltung der Haut
- positive Auswirkungen auf die Psyche

Bereiche der Kosmetik. Die vielgepriesene Schönheit ist leider nur selten ein Geschenk der Natur. Meist ist sie das Ergebnis intensiver Arbeit an sich selbst, zusammen mit Rat und Hilfe der Kosmetikerin. Damit Sie Ihren Kundinnen als „Fachfrau in Sachen Schönheit" zur Seite stehen können, müssen Sie über Kenntnisse in allen drei Teilbereichen der Kosmetik verfügen:

Kosmetik

pflegende Kosmetik	medizinische Kosmetik	dekorative Kosmetik
(Kosmetikerin, Friseurin)	(Dermatologe, Chirurg)	(Visagist, Kosmetikerin, Friseurin)

Die pflegende Kosmetik bewahrt die Haut vor Schäden durch äußere Einflüsse (Verschmutzungen, Infektionen, Sonne) und beugt vorzeitiger Alterung der Haut vor. Zu ihr gehören neben der Reinigung, Massage und Anwendung von Pflegemitteln auch Empfehlungen für gesunde Ernährung und Lebensweise.

Die medizinische Kosmetik behandelt Hautschäden und andere Schönheitsfehler bis hin zu kosmetischen Operationen (Nasenkorrektur, Lifting, Abschleifen von entstellenden Narben). Sie ist natürlich allein Sache des Arztes. Trotzdem müssen Sie über die wichtigsten Behandlungsmethoden Bescheid wissen, damit Sie einer Kundin zum Arztbesuch raten können, ohne ihr falsche Hoffnungen über das Behandlungsergebnis zu machen.

9.22 Hautschutz durch Pflege

Die dekorative Kosmetik verdeckt Hautmängel oder gleicht sie zumindest aus und betont die Persönlichkeit durch Anwendung farbiger Mittel.

Ihr Arbeitsfeld beschränkt sich im Friseursalon auf die Beratung, den Verkauf kosmetischer Präparate, auf Handpflege, Färben von Augenbrauen und Wimpern sowie die Reinigung der Gesichtshaut, auf Massage und Make-up. Falls Ihr Salon darauf eingerichtet ist, werden Sie auch vollständige Gesichtsbehandlungen durchführen. Ganzheitskosmetik, die die Behandlung der Körperhaut, apparative Kosmetik und Spezialbehandlungen einschließt, bleibt speziell ausgebildeten Kosmetikerinnen in entsprechend eingerichteten Instituten überlassen.

9.3 Hautdiagnose und Hauttypen

Keine Behandlung oder Beratung ohne Diagnose! Diese Regel gilt nicht nur für Ärzte, sondern auch für Sie. Eine genaue Beurteilung des Ist-Zustandes der Haut ist Voraussetzung für eine erfolgreiche Behandlung. Dazu hat es sich in der Praxis bewährt, die Haut bestimmten Hauttypen zuzuordnen.

Hauttypen
- normale Haut
- fettige Haut (Seborrhö oleosa und sicca)
- trockene Haut (Sebostase)
- Altershaut (atrophische Haut)
- Aknehaut

Hauttyp und Talgsekretion. Die Hauttypen nennt man auch *Sekretionstypen*, da sie hauptsächlich durch die Menge der Talg- und Schweißabsonderung (= Sekretion) bestimmt werden. Eine Haut, die übermäßig viel Talg produziert, gibt meist auch vermehrt Schweiß ab. Beides zusammen ergibt den Oberflächenfilm der Haut, der den Hauttyp prägt. Wie Sie aus dem Abschnitt über die Haut wissen, ist die Talgproduktion von den Geschlechtshormonen abhängig. Die entsprechenden Drüsen beginnen in der Pubertät, Hormone zu produzieren, sodass sich erst dann die unterschiedlichen Hauttypen ausbilden. Bis dahin spricht man von Kinderhaut, die außer einem Schutz gegen extreme Witterungseinflüsse (Sonne, Kälte) keiner besonderen kosmetischen Pflege bedarf.

Bei den meisten Menschen arbeiten die Talgdrüsen während der Pubertät sehr stark, sodass sich das Bild einer Seborrhö mit Neigung zu Unreinheiten (Akne) ergibt. Mit zunehmendem Lebensalter vermindert sich die Talgsekretion, sodass die ehemals fettige Haut meist um das 30. Lebensjahr zur normalen Haut wird, um dann etwa vom 45. Lebensjahr an zu altern (**9.**23).

Es lohnt sich also auf keinen Fall, die Kundin taktlos nach dem Alter zu fragen – sie wird darauf wahrscheinlich nur mit einem „Raten Sie mal“ oder „Was schätzen Sie?“ antworten. Falls Sie dann noch ein paar Jährchen zu hoch greifen, ist sie beleidigt. Verlassen Sie sich daher beim Beurteilen des Hauttyps in erster Linie auf Ihre eigenen Augen. Dabei kann die Befragung der Kundin helfen, denn sie kennt schließlich ihre Haut am besten. Allerdings erzählt die Kundin häufig, dass sie eine empfindliche Haut habe. Solche Aussagen sollten Sie daher nicht ungeprüft übernehmen.

Das Lebensalter der Kundin ist nur ein erster grober Hinweis auf den Sekretionstyp, denn „Ausnahmen bestätigen die Regel“.

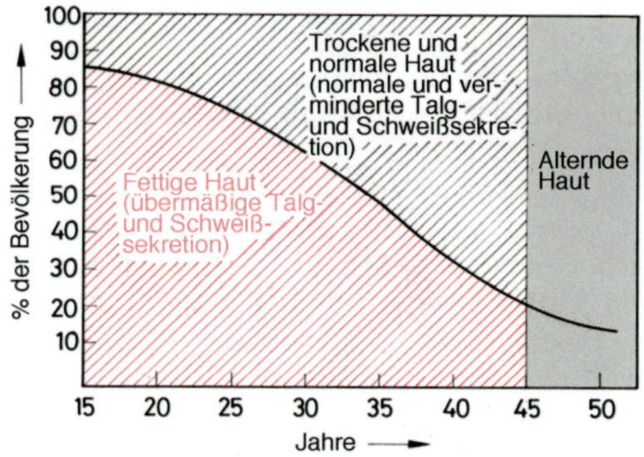

9.23 Hauttypen und Lebensalter

9.3.1 Merkmale und Untersuchungsmethoden der Haut

Zur Hautdiagnose sollte die Haut frei von Make-up und durch eine gute Arbeitslampe (Lupenleuchte) beleuchtet sein. Achten Sie auf folgende Merkmale:

Talg- und Schweißsekretion
- Kopfhaut und Haare
- Glanz

Hautfarbe
- Eigenfarbe der Epidermis
- Durchblutung
- Transparenz
- Pigmentierung

Elastizität
- Turgor (Menge der Gewebsflüssigkeit)
- Tonus (Spannungszustand des Bindegewebes)
- Faltenbildung

Oberflächenbeschaffenheit
- Porengröße
- Verhornung

Empfindlichkeit

Besonderheiten (z. B. Hautfehler)

Talg- und Schweißsekretion. Zur Untersuchung der Kopfhaut scheitelt man das Haar und streicht mit dem Finger über die Haut (**9**.24). Achten Sie dabei auf Talgschuppen (Seborrhö sicca) und Hornschüppchen (Sebostase). Der Glanz der Gesichtshaut zeigt Ihnen die Menge der Talgabsonderungen. Wirkt die gesamte Haut fettig glänzend, handelt es sich um eine Seborrhö oleosa. Ist sie stumpf und glanzlos, ist die Sekretion vermindert (Sebostase, Altershaut). Genauere Aufschlüsse erhalten Sie mit Seidenpapier, dünner Aluminiumfolie oder einem Objektträger (**9**.25). Dazu wird das Papier auf die Haut gedrückt, der Objektträger mit der einen Hälfte auf die Stirn und mit der anderen auf die Wange. Die Stärke des Fett- und Feuchtigkeitsabdrucks lässt auf die Sekretionsmenge schließen. Seidenpapier und Aluminiumfolie haben den Vorteil, dass sich damit ein Abdruck der gesamten Gesichtshaut erstellen lässt, während der Objektträger nur einzelne Hautstellen zeigt. Auf ihm kann man aber Schweiß- und Fetttröpfchen unterscheiden.

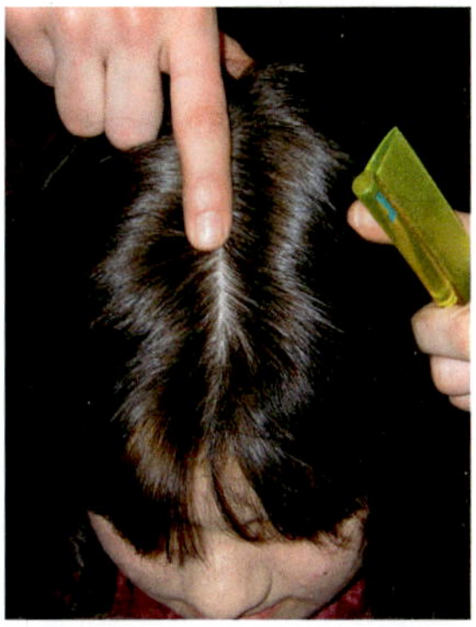

9.24 Untersuchung der Kopfhaut

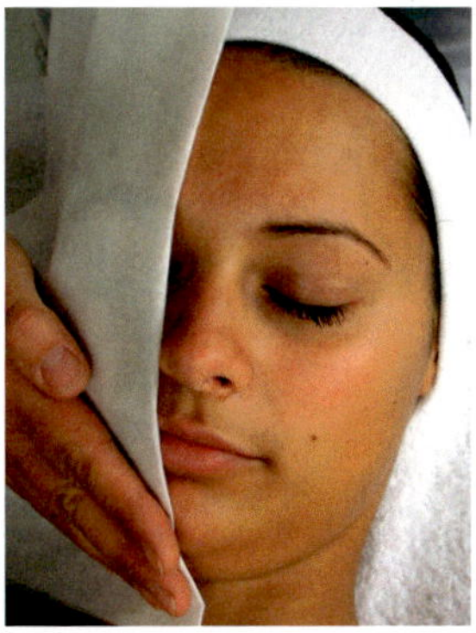

9.25 Seidenpapiertest

Bei diesen Untersuchungsmethoden darf die Haut vorher nicht frisch gereinigt, eingecremt oder mit Make-up versehen sein. Dies ist ein Nachteil, denn die Reinigung sollte mindestens 30 bis 40 Minuten her sein – die Kundin müsste also schon mit abgeschminktem Gesicht ohne Make-up oder Tagescreme zur Behandlung kommen.

Die **Hautfarbe** entsteht durch die Pigmentierung, die Durchblutung sowie Eigenfarbe und Dicke der Epidermis. Die Stärke der Durchblutung sieht man deutlich an der Augenschleimhaut. Dazu ziehen wir das untere Lid vorsichtig etwas herab und betrachten die Farbe des inneren Lidrands

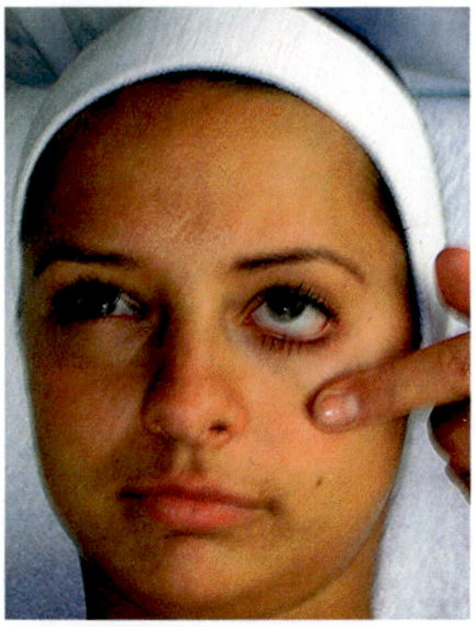

9.26 Betrachten der Augenschleimhaut

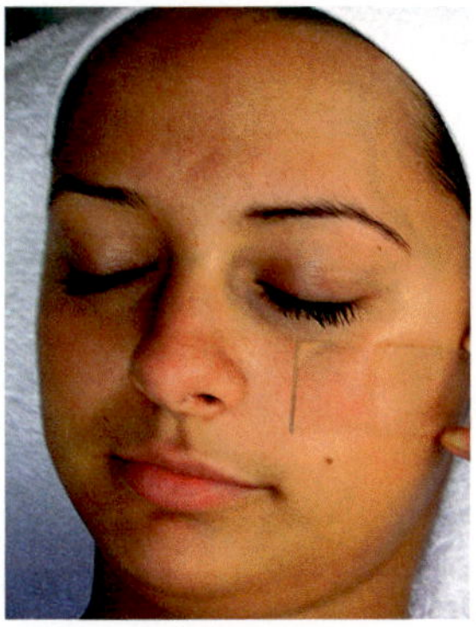

9.27 Diaskopie

(**9**.26). Ein blasser Lidrand weist auf eine schlechte, ein rosa/roter auf eine gute Durchblutung hin. Die Eigenfarbe der Epidermis und die Pigmentierung werden mit Hilfe der *Diaskopie* untersucht. Dazu wird ein sauberer Objektträger auf die Stirn oder den Jochbeinbogen der Kundin gedrückt (**9**.27). Durch den sanften Druck entweicht das Blut aus den Kapillaren in tiefer liegende Gefäße und die Eigenfarbe der Haut wird sichtbar. Erscheint die Haut bräunlich/gelb, ist sie stärker pigmentiert als weiß/gelbliche Haut. Ein deutlich sichtbarer Unterschied zwischen der Farbe der übrigen Haut und der unter dem Objektträger weist auf starke Durchblutung bei guter Transparenz hin. In diesem Fall ist die Epidermis dünn, denn bei dicker Epidermis zeigt sich nur ein geringer Unterschied, da das Blut in den Kapillaren der Cutis nicht durchschimmern kann.

Elastizität. Unelastische Haut ist schlaff und oft reich an Falten. Die Elastizität hängt zusammen mit dem Spannungszustand des Bindegewebes (Tonus), der Dicke der Cutis und dem Gehalt an Gewebsflüssigkeit (Turgor). Die Dicke der Cutis lässt sich bestimmen, indem man seitlich vom Auge die Haut mit zwei Fingern abhebt. Die Breite des Röllchens („Röllchenprobe") zeigt die Dicke der Cutis und Epidermis, denn an dieser Stelle ist die Subcutis kaum ausgeprägt (**9**.28).

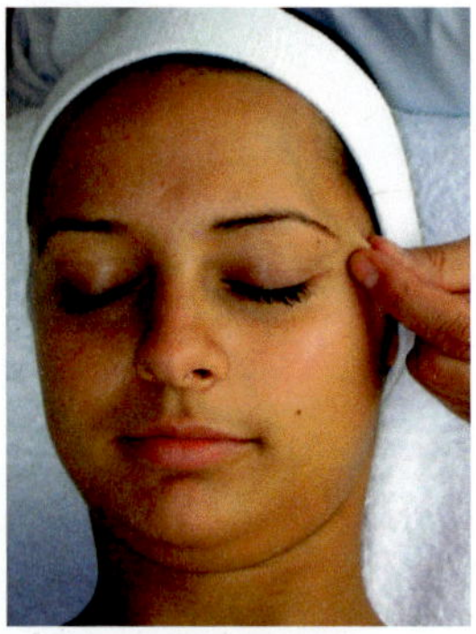

9.28 Röllchenprobe

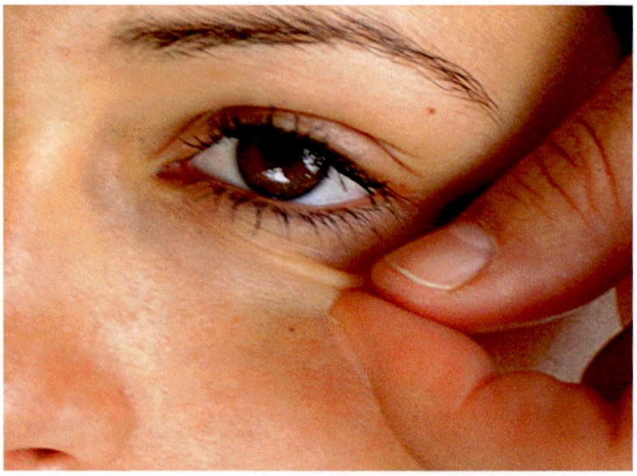

9.29 Abheben der Haut unter dem Auge

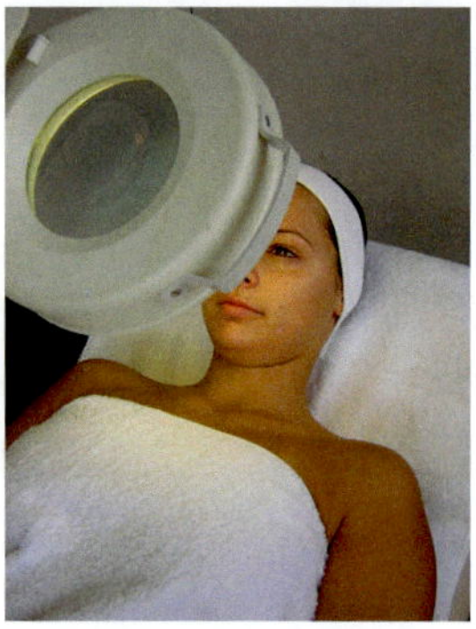

9.30 Lupenleuchte

Durch Abheben der Haut unter dem Auge und Verschieben in Richtung Nase sind Tonus und Turgor feststellbar. Junge, gesunde Haut mit guter Spannung ist prall und elastisch. Sie lässt sich nur schwer abheben und schnellt sofort wieder in die Ausgangslage zurück (**9**.29). Haut mit vermindertem Tonus/Turgor verhält sich wie ein überdehntes Gummiband.

Sie geht nur langsam wieder in die Ausgangslage zurück, ist unelastisch, lässt sich leicht dehnen, abheben und verschieben.

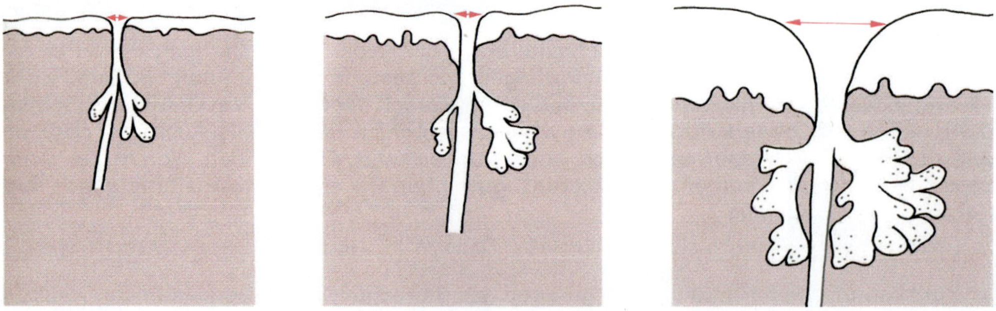

a) Sebostase b) normale Haut c) Seborrhö

9.31 Porengröße

Die **Hautoberfläche** betrachtet man mit einer Lupenleuchte (**9.**30) oder Lupenbrille. Große, tiefe Poren deuten auf eine dicke, meist verhornte Epidermis. Sie ist typisch für die Seborrhö, denn große Poren lassen auf große Talgdrüsen schließen – ist die Talgdrüse nur klein, stehen auch nur wenig Zellen zur Talgproduktion zur Verfügung. Kleine Talgdrüsen mit engen Poren sind daher typisch für trockene Haut (**9.**31). Sie werden beobachten, dass auch bei normaler und trockener Haut die Poren im Mittelgesicht (T-Zone) immer etwas weiter sind als an den Wangen, denn hier sind die Talgdrüsen bei jedem Menschen etwas größer (seborrhöischer Bezirk). Starke Verhornung sieht man an einem groben Hautrelief bei fast lederartigem Aussehen. Dieses Hautbild entsteht nach zu starker Sonnenbestrahlung (Lichtschwiele = Verdickung der Hornschicht). Dünne, wenig verhornte Haut wirkt zart und zeigt eine feine Oberflächenfelderung.

Noch deutlicher als mit der Lupenleuchte sieht man das Hautrelief, wenn man die Haut mit den Fingerspitzen etwas zusammenschiebt.

Die **Empfindlichkeit der Haut** gegenüber mechanischen Reizen (Massage, Entfernung von Mitessern) wird mit der Hautschreibung, dem *Dermographismus* untersucht (**9.**32). Dazu streichen wir mit der glatten, abgerundeten Kante eines Spatels unter mäßigem Druck 2 bis 3 cm über die Haut. Bleibt ein weißer oder roter Strich längere Zeit zurück oder schwillt die Haut sogar an, ist sie empfindlich.

Da niemand voraussagen kann, wie empfindlich die Haut auf den Spateldruck reagiert, führt man die Hautschreibung (nachdem die Kundin befragt wurde) besser zuerst am Dekollete durch. Hier wird eine möglicherweise 2 bis 3 Stunden anhaltende Schwellung durch die Kleidung verdeckt.

Eine generelle Beziehung zwischen Hauttyp und Empfindlichkeit gibt es nicht. Jede Haut kann empfindlich sein!

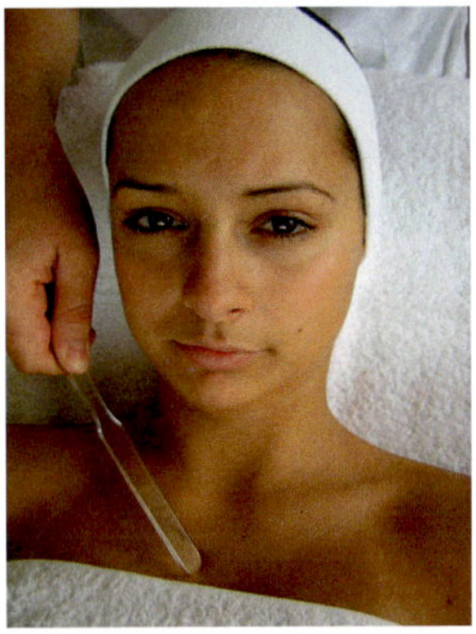

9.32 Dermographismus

9.3.2 Diagnosegespräch/Anamnese

Nutzen Sie die Zeit Ihrer sorgfältigen Hautdiagnose zu einem Gespräch mit der Kundin. Dieses Gespräch hat mehrere Zwecke:

- Sie erkunden die kosmetische Vorgeschichte (Anamnese),
- Sie zeigen der Kundin, dass Sie ihre Schönheitssorgen ernst nehmen,
- Sie werden mit der Kundin vertraut.

Außerdem wirkt es ausgesprochen unangenehm auf Ihre Klientin, wenn Sie ihr Gesicht stumm anstarren. Erklären Sie, was Sie tun, und sie wird Ihnen – ohne dass Sie viel fragen müssen – ihre kosmetische Vorgeschichte erzählen. Neben der bisherigen Pflege ist für Sie wichtig zu erfahren, ob Allergien vorliegen und bestimmte Präparate (z. B. Seife) nicht vertragen werden. Denken Sie daran, dass das Gespräch der Kundin ein Gefühl der Zuwendung geben soll, ohne aufdringlich zu wirken. Vermeiden Sie deshalb Aussagen darüber, dass die bisherige Pflege mangelhaft oder unzureichend war. Mit den Worten „es wäre besser ..." oder „Sie sollten ... probieren" vermeiden Sie eine Protesthaltung gegen ihre Behandlungsvorschläge.

Das Ergebnis Ihrer Untersuchung und der Kundenbefragung sollten Sie auf einer Karteikarte eintragen oder in den Computer eingeben, wenn in Ihrem Salon die Daten elektronisch verwaltet werden.

A B C D E F G H J K L M N 0 P Q R S T U V W X Y X			
Name	Vorname	Geburtstag	Tag der Behandlung
Wohnort	Straße	Telefon	Beruf
Allgemeiner Gesundheitszustand Spezielle Angaben			

	Nase	Stirn	Wange	Kinn	Hals	Sonstiges	**Hauttyp:** **trocken normal fettig** **Mischtyp Tendenz t n f**						
Porenstand							kleinporig	Anomalien	Lage	Größe	Form	Konsistenz	Farbe
							mittelst.	Epheliden					
							großporig	Milien					
Talgabsonde-rung							vermindert	Teleangiekt.					
							normal	Knötchen					
							verstärkt	Pusteln					
Komedonen							gering	Flecke					
							stark	Schuppen					
Faltenbildung							gering	Narben					
							stark	Naevi					
Durchblutung							gering	Xantelasmen					
							gut	Fibrome					
							stark	Hyperkeratose					
Empfindlichkeit Druck Wärme Kälte Präparate								Hypertrichose					
								Sonstiges					
Erkrankungen der Haut													

9.33 Hautdiagnosekarte

Zur kosmetischen Hautdiagnose gehören das Betrachten und Untersuchen der Haut sowie das Diagnosegespräch. Das Ergebnis sollte auf einer Karteikarte festgehalten werden.

9.3.3 Hauttypen

Zur richtigen Wahl der kosmetischen Mittel und zum Festlegen des Behandlungsplans empfiehlt es sich, die vielen Einzelmerkmale der Haut zu Hauttypen zusammenzufassen. Denken Sie aber daran, dass die Hauttypen nur durchschnittliche Erscheinungsbilder wiedergeben. Individuelle Unterschiede und abweichende Merkmale sind möglich.

Die normale Haut fühlt sich zart und geschmeidig an. Sie spannt nicht, ist unempfindlich und zeigt – wenn überhaupt – nur wenige Fältchen und keine Unreinheiten. Sie schimmert matt, die Epidermis ist dünn und nur schwach verhornt. Die Elastizität ist gut, Talg- und Schweißdrüsen arbeiten normal. Die Wangenpartie ist feinporiger als das Mittelgesicht. Die Haut wirkt rosig, da das Blut in den Kapillaren durch die Epidermis schimmert.

Tabelle **9.**34 Die Hauttypen und ihre Merkmale

Merkmale	Normale Haut	Sebostase	Seborrhö oleosa	Seborrhö sicca	Aknehaut	Altershaut
Talg- und Schweißsekretion	normal	vermindert	verstärkt öliger Hauttalg	verstärkt fester Hauttalg, kleieartige Schuppen	verstärkt	vermindert
Poren	Wangen eng, Mittelpartie etwas weiter	feinporig	großporig	großporig, besonders im Mittelgesicht	großporig	normal bis großporig
Epidermis	normal	dünn	dick	Wangen normal, Mittelgesicht dick	dick	lederartig dick o. pergamentartig dünn
Durchblutung	gut	sehr gut	wirkt schlecht	schlecht	schlecht	normal bis schlecht
Glanz	matt schimmernd	glanzlos	fettig glänzend	Wangen matt fettig, Mittelgesicht fettig glänzend	fettig glänzend	matt glänzend
Empfindlichkeit	unempfindlich	sehr empfindlich	unempfindlich	sehr empfindlich	meist unempfindlich	unempfindlich
Kopfhaut und Haar	normal	trocken, evtl. Schuppen	fettig	Kopfhaut und Ansatz fettig, Haarspitzen trocken	fettig	trocken
Besonderheiten	keine	neigt zu Rötungen, altert frühzeitig, Äderchenzeichnung	neigt zu Mitessern und Akne	neigt zu Akne, bei mechanischer Reizung Rötungen und Schwellungen, Talgschuppen	Mitesser, Pickel, Eiterpusteln, Entzündungen, Verhornungsstörungen	Pigmentflecken, Bindegewebsschwund, Falten

Die trockene Haut (Sebostase) wirkt in der Jugend zart, glatt und rosig. Mit zunehmendem Alter bilden sich vermehrt Falten, und die Haut wird pergamentartig. Bei unzureichender Pflege bilden sich besonders an Stirn und Wangen Hornschüppchen. Weil die Talg- und Schweißdrüsensekretion vermindert sind, fühlt sich die Haut spröde an, wirkt matt und glanzlos. Die Poren sind eng, Kopfhaut und Haare trocken. Auf thermische und mechanische Reize (Wärme und Druck) reagiert die Haut häufig mit fleckenförmigen Rötungen, ebenso wie bei psychischer Belastung und Nervosität der Kundin.

Die Seborrhö oleosa entsteht durch eine Überfunktion der Talgdrüsen. Die Haut fühlt sich fettig, schmierig an, glänzt stark und ist großporig. Durch die dicke Epidermis wirkt sie derb und fahl. Die Durchblutung ist schlecht. Dieser Hauttyp neigt zu Unreinheiten und ist Grundlage der Akne. Falten bilden sich erst spät aus. Die Haut verträgt Sonnenbestrahlung und ist meist unempfindlich.

Die Seborrhö sicca ist eine großporige Haut mit kleieartigen Talgschuppen, die sich zwischen den Fingern zerreiben lassen. Der Talg ist nicht ölig flüssig, sondern wachsartig fest. Diese Seborrhö entsteht durch eine Überfunktion der Talgdrüsen, wobei aber nicht die Schweißdrüsentätigkeit gesteigert wird. Sie neigt auch zu Unreinheiten, ist aber gleichzeitig sehr empfindlich. Auf mechanische Reize reagiert sie mit Rötungen und Schwellungen. Oft gleicht die Gesichtsmitte der Oleosa, glänzt fettig, während die Wangenpartien durch die Talgschuppen stumpf und rauh wirken.

Die Aknehaut ist eigentlich kein eigener Hauttyp, sondern ein Krankheitsbild der Haut, das auf der Grundlage der Seborrhö entsteht. Betroffen sind meist junge Menschen während der Pubertät. Durch die Hormonumstellung arbeiten die Talgdrüsen so stark, dass es im Zusammenhang mit einer Verhornung der Talgdrüsenausgänge zur Talgstauung kommt. Der gestaute Talg oxidiert an der Oberfläche und ist als schwarzer Punkt (Mitesser oder Komedo) sichtbar. Durch Bakterien entzünden sich die Mitesser (Pickel) und bilden Eiterpusteln.

9.4 Hautveränderungen und ihre Behandlung

Störungen der Hautfunktionen und Mängel der Haut sind nicht allein ein medizinisches Problem. Häufig ist gerade das Gesicht von der Erkrankung betroffen, sodass sie entstellend wirkt. Damit Sie Kunden beraten sowie ansteckende von den nicht ansteckenden Erkrankungen unterscheiden können, lernen Sie nun die häufigsten Hautfehler und ihre Behandlungsmöglichkeiten kennen.

9.4.1 Pigmentfehler

Sommersprossen (Epheliden) sind besonders häufig anzutreffen. Es sind kleine braune Flecken, die durch Pigmenthäufungen in der Basalzellenschicht entstehen (**9**.35). Ihre Anlage ist erblich. Durch UV-Strahlen werden sie dunkler, sodass sie in der sonnenarmen Jahreszeit weniger auffallen als im Sommer. Bleichcremes und Abschleifen der Haut durch den Arzt versprechen nur eine vorübergehende Besserung. Auch Lichtschutzcremes, die die bräunenden UV-Strahlen von der Haut abhalten, erfreuen sich nicht gerade großer Beliebtheit, denn sie verursachen die früher vielgelobte „vornehme Blässe". Durch Make-up und Bräunungscremes treten Epheliden weniger in Erscheinung. Da sie durch kosmetische Behandlung nicht zu entfernen sind, sollte man sie als „eingefangenen Sonnenschein" betrachten.

Altersflecken sind meist größer als die normalen Sommersprossen. Man sieht sie besonders häufig auf dem Handrücken älterer Menschen.

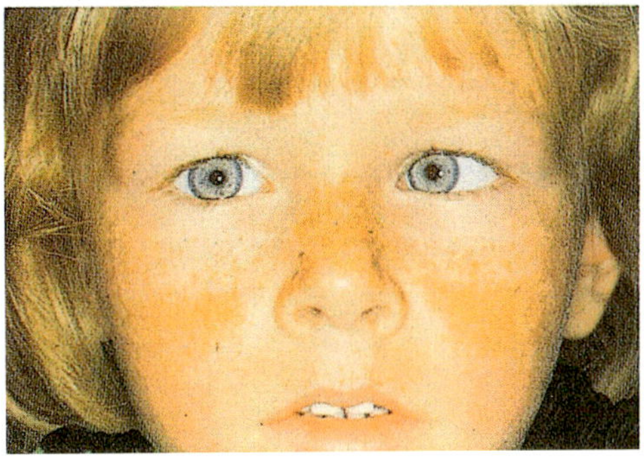

9.35 Sommersprossen (Epheliden)

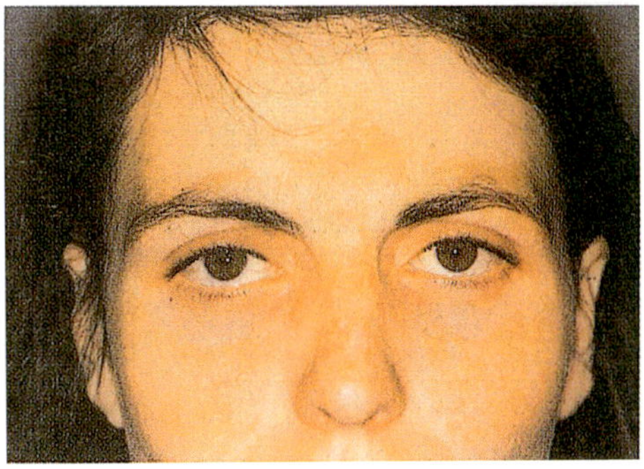

9.36 Chloasma

Schwangerschaftsflecken (Chloasma, **9.**36) sind Pigmentverschiebungen, die durch die Hormonumstellung während der Schwangerschaft oder durch Ovulationshemmer (Pille) entstehen. Die braunen Flecken zeigen sich vor allem an Stirn und Nase und verblassen nach einigen Monaten. Eine Behandlung ist meist nicht erforderlich.

Leberflecke (Pigmentnaevi, **9.**37) sind angeborene, einzeln auftretende braune Flecken. Sie befinden sich im Hautniveau und haben eine intakte Epidermis, d. h. ihre Oberfläche unterscheidet sich nicht von der Umgebung. Je nach Größe und Lage sind sie mehr oder weniger störend, sodass sie gegebenenfalls vom Arzt chirurgisch oder durch Schleifen entfernt werden.

Muttermale (Naevus zellnaevi, **9.**38) nennt man die dunkelbraunen, gutartigen Hautveränderungen, die in der Epidermis und Cutis liegen. Sie bestehen aus fehlgebildeten Melanocyten und ragen über das Hautniveau hinaus. Manchmal haben sie eine übermäßige, ausgesprochen unansehnliche Behaarung (Tierfellnaevus, **9.**39). Kleine Muttermale kann der Arzt ebenso wie Leberflecke entfernen. Größere können nach operativer Entfernung Narben hinterlassen.

Melanome sind bösartige Veränderungen der Melanocyten (**9.**40). Die schwarzen oder braunen Flecken müssen möglichst schnell herausoperiert werden, weil es sich um einen gefährlichen Hautkrebs handelt. Da nur der Arzt diese bösartigen Flecken vom gutartigen Muttermal unterscheiden kann, sollten alle braunen Hautveränderungen dem Dermatologen gezeigt werden; besonders wenn der Fleck größer wird, juckt, blutet oder sich verfärbt.

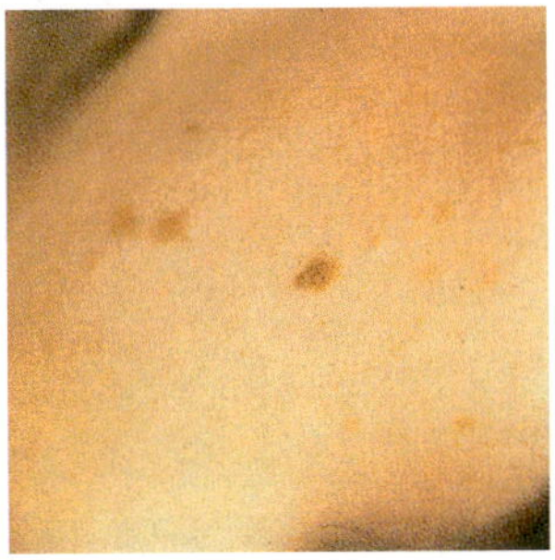

9.37 Leberfleck

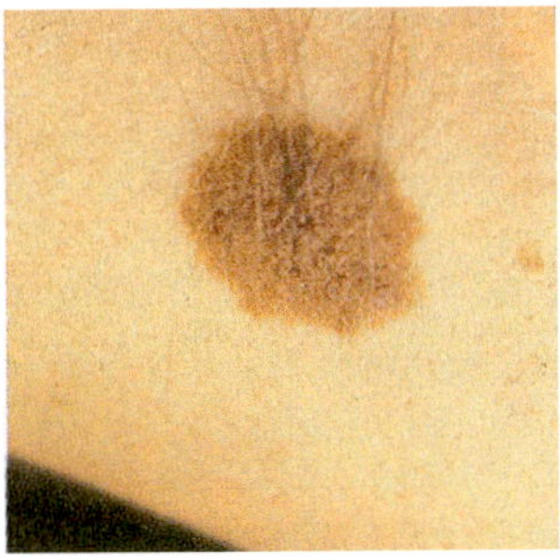

9.38 Muttermal

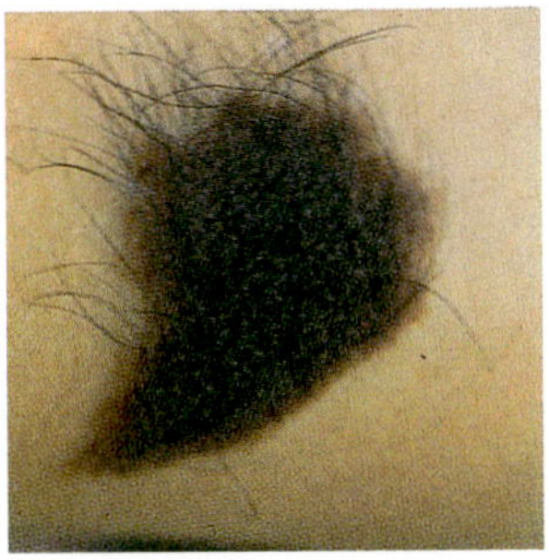

9.39 Tierfellnaevus

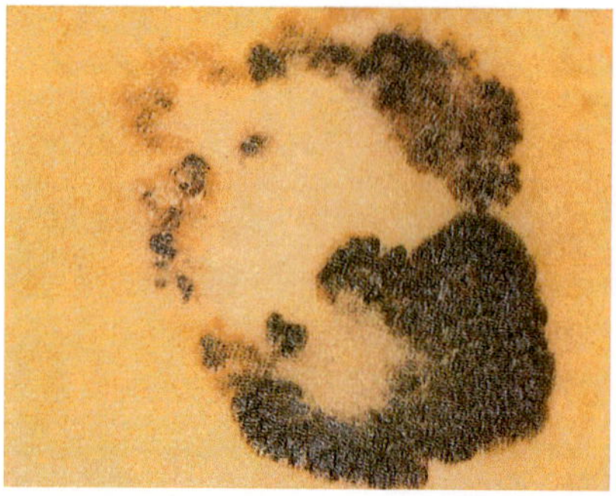

9.40 Melanome

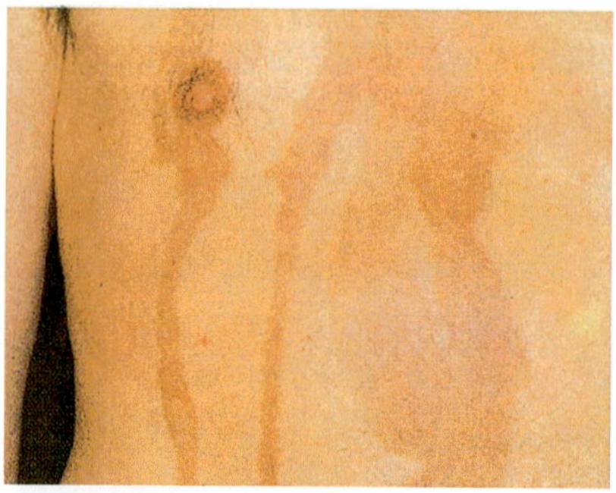

9.41 Berloque dermatitis

Kölnischwasserflecken (Berloque dermatitis) sind bräunliche Flecke, verursacht durch bestimmte Duftöle, die auf verschwitzter Haut bei Sonneneinwirkung eine Entzündung hervorrufen. Aus der Entzündung entsteht die Überpigmentierung. Solche Flecken lassen sich also schon vermeiden, wenn man Parfüm nur in die Haare oder auf Körperstellen tupft, die keiner Sonnenbestrahlung ausgesetzt sind (z. B. die Haut hinter den Ohren) oder durch Kleidung bedeckt werden. Behandlungsmethoden wie z. B. Bleichcremes haben kaum Erfolg. Nach einigen Jahren verblassen die Flecken von selbst.

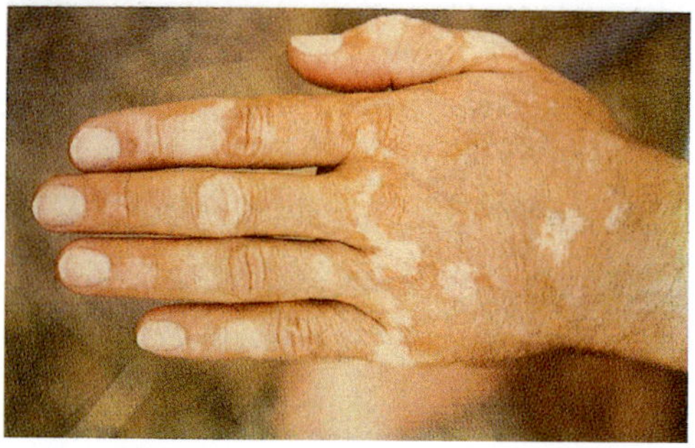

9.42 Vitiligo

Die Weißfleckenkrankheit (Vitiligo, **9.**42) entsteht durch stellenweises Fehlen der Hautpigmente. Die Ursache ist noch nicht erforscht. Die ärztliche Behandlung besteht in einer durch Medikamente künstlich hervorgerufenen Berloque dermatitis. Kosmetisch lassen sich die ineinandergreifenden hellen Flecken der Haut mit Bräunungscremes vorübergehend anfärben.

Albinismus ist ein angeborenes, vererbbares völliges Fehlen der Pigmente. Haare und Haut sind weiß, die Augenfarbe schimmert blassrosa bis rot. Albinos sind äußerst lichtempfindlich! Da eine ärztliche Behandlung nicht möglich ist, lässt sich das auffallende Erscheinungsbild nur durch kosmetische Maßnahmen unauffälliger gestalten. Dazu färbt man die Haare, tönt die Haut mit Make-up und versteckt die Augenfarbe durch farbige Kontaktlinsen.

Pigmentfehler

Überpigmentierung (hell- bis dunkelbraun)

- Sommersprossen, Leberflecke, Muttermal, Kölnischwasserflecken, Schwangerschaftsflecken

Pigmentmangel (weiß)

- Weißfleckenkrankheit
- Albinismus

Vorsicht! Verändern sich Überpigmentierungen in der Form oder Farbe, besteht Melanomverdacht (schwarzer Hautkrebs).

9.4.2 Blutgefäßveränderungen

Teleangiektasien (Äderchenzeichnung) sind bleibende Erweiterungen der Kapillargefäße (**9.**43). Sie treten bevorzugt bei trockener und empfindlicher Haut an den Wangen und an der Nase auf. Meist liegt eine anlagebedingte Gefäßschwäche vor. Witterungseinflüsse, Genussgifte (Alkohol und Nikotin) sowie durchblutungssteigernde kosmetische Behandlungen fördern die Entstehung. Die rot durch die Epidermis schimmernden Gefäße lassen sich durch Elektrokoagulation veröden oder mit dem Laser (grünes Licht) entfernen. Diese Behandlungen sind allerdings langwierig und schmerzhaft. Wird auf die ärztliche Behandlung verzichtet, lassen sich Teleangiektasien kosmetisch mit grünlichhellem Spezial-Make-up verdecken.

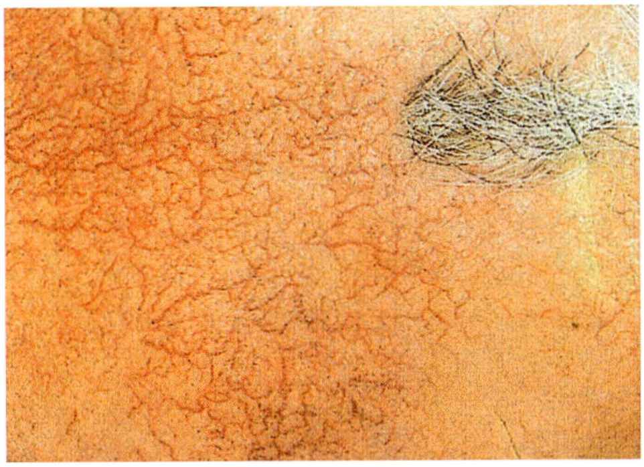

9.43 Teleangiektasien

Spinnenmale sind vereinzelt auftretende sternförmige Gefäßerweiterungen. Entstehung und Behandlung entsprechen den Teleangiektasien.

Das Feuermal (Naevus flammeus, **9.**44) ist eine meist angeborene, stark entstellende Gefäßwucherung. Sie ist rot oder blaurot und wächst mit. Spontane Rückbildungen im Kindesalter sind möglich (allerdings sehr selten), wenn nur eine Körper- bzw. Gesichtshälfte betroffen ist. Da das Feuermal nicht über das Hautniveau hinausragt, empfiehlt sich eine kosmetische Abdeckung mit wasserfesten Präparaten. Gute Behandlungserfolge erzielen spezialisierte Dermatologen mit einer neuen Lasertherapie (Argonlaser).

9.44 Feuermal

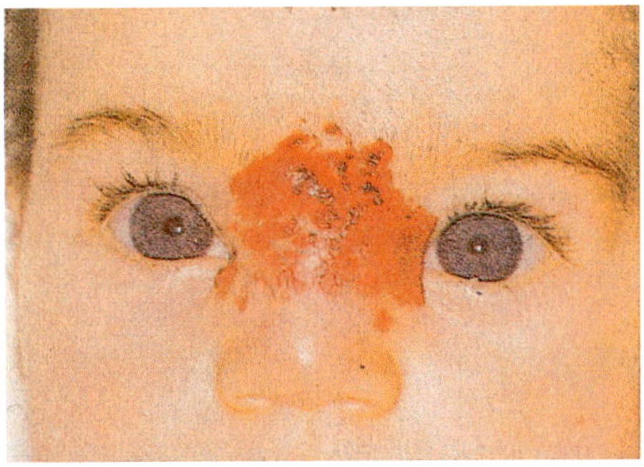

9.45 Blutschwamm

Der Blutschwamm (Hämangiom, **9.**45) ist eine gewöhnlich linsen- bis münzgroße Blutgefäßgeschwulst. Der flachgewölbte blaurote Fleck entsteht häufig in den ersten 3 Lebensmonaten und bildet sich bis zum 3./4. Lebensjahr zurück. Findet keine spontane Rückbildung statt, kann der Dermatologe die Geschwulst entfernen.

Blutgefäßveränderungen (rot bis blaurot)

Teleangiektasien Spinnenmal	Gefäßerweiterungen	Feuermal Blutschwamm	Gefäßgeschwulste

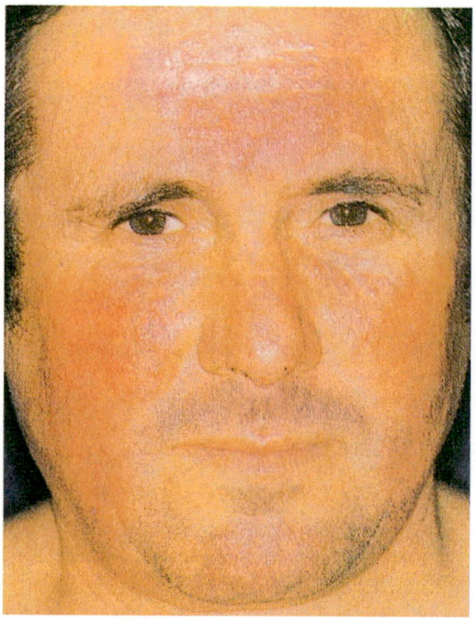

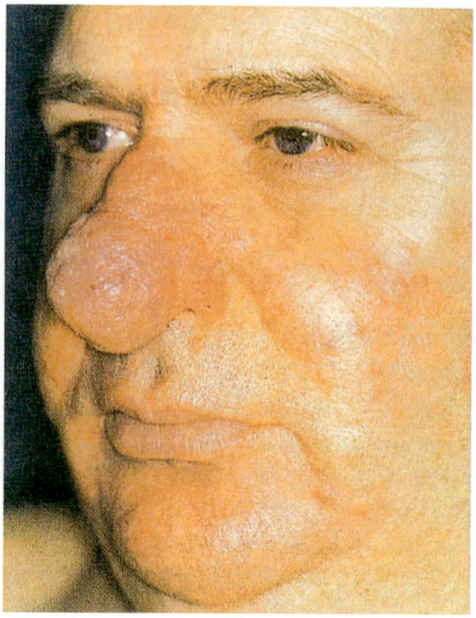

9.46 a) Rosacea b) Rosacea mit Knollennase

Die Rosacea ist eine Erkrankung der Gesichtshaut und befällt überwiegend ältere Menschen. Sie beruht auf einer anlagebedingten Gefäßschwäche; Grundlage ist die Seborrhö. Es bilden sich eitrige Knötchen und Knoten mit Blutgefäßgeschwülsten. Nase und Wangen sind gerötet (**9.**46a), bei Wucherungen der Talgdrüsen und des Bindegewebes kann sich eine Knollennase bilden (**9.**46b). Mögliche Auslöser der Rosacea sind Lebererkrankungen, klimatische Einflüsse (Sonne, Wind, Hitze und Kälte in ständigem Wechsel) oder Genussgifte. Kosmetisch kann die ärztliche Behandlung durch beruhigende und kapillarverengende Mittel unterstützt werden.

9.4.3 Talgdrüsenstörungen

Akne ist die häufigste Folge einer Überfunktion der Talgdrüsen. Man unterscheidet die Jugendakne (Akne vulgaris, **9.**47a), die Altersakne, die im Klimakterium auftreten kann, und verschiedene Formen der Chemikalienakne (**9.**47b). Alle Akneformen sind sehr hartnäckig und sollten

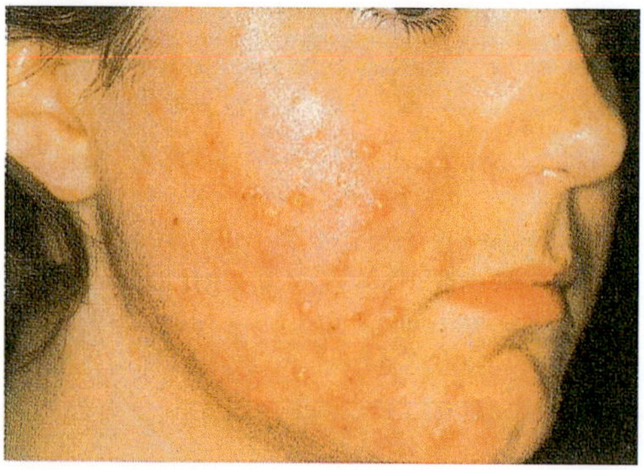

a) Akne vulgaris

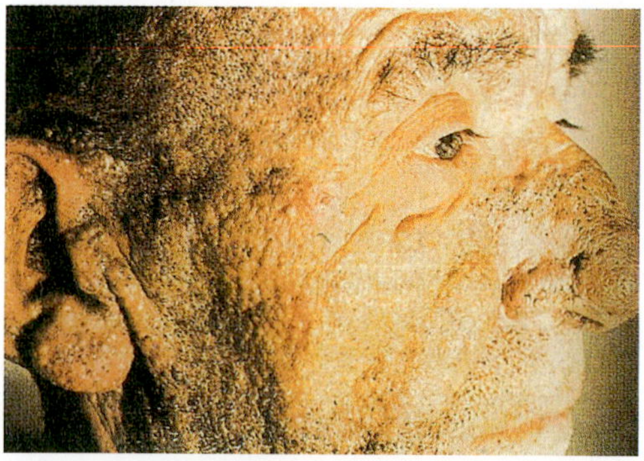

b) Chemikalienakne

9.47 Akne

nicht nur kosmetisch, sondern auch ärztlich behandelt werden. Neben der Regulierung des Hormonspiegels (Pille) verschreibt der Arzt Medikamente (Cremes), die den Talg verflüssigen und so Talgstauungen verhindern (Vitamin-A-Säuren). Leider kommt es während der Behandlung zu Rötungen und einem starken Spannungsgefühl der Haut, bevor sich die oberen Zellen der Hornschicht und die übermäßigen Verhornungen am Follikel ablösen. Erst nach dieser unangenehmen Schälung kann der verflüssigte Talg abfließen. Lohn der Behandlung ist eine zarte, pickel- und mitesserfreie Haut.

Besonders schwere Aknefälle bessern sich erst nach einer zusätzlichen Behandlung mit Antibiotica (Tetracyclin).

Die kosmetische Behandlung erstreckt sich auf gründliche Hautreinigung, evtl. Austrocknen durch UV-Strahlen, Entfernen der Unreinheiten und peroxidhaltige Cremes zur Desinfektion.

Hautunreinheiten sind Mitesser, Pickel und Pusteln sowie Talgzysten.

Mitesser (Komedonen **9.**48) bilden die erste Stufe zur Akne. Es sind durch verhärteten Talg verstopfte Poren. Nach gründlichem Erweichen der Haut (warme Kompressen, Dampfbäder, Vapozone) lassen sie sich mit dem desinfizierten Komedonenheber (**9.**49) oder – hautschonender – mit den mullumwickelten Fingern herausdrücken (Haut- und Händedesinfektion nicht vergessen!). Dazu zieht man das seitliche Gewebe etwas nach außen, so dass sich der Mitesser lockert, und drückt dann die umgebende Haut schräg nach unten in Richtung auf den Mitesser (**9.**50). Anschließend wird die Haut adstringiert und nochmals desinfiziert, um Entzündungen zu vermeiden.

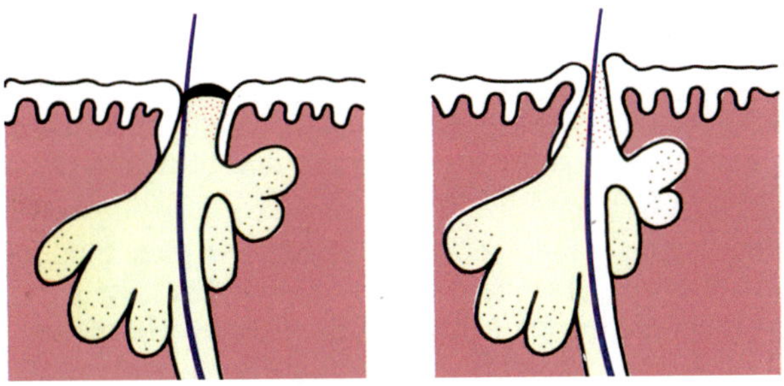

a) schwarzer (offener) Mitesser b) weißer (geschlossener) Mitesser

9.48 Mitesser

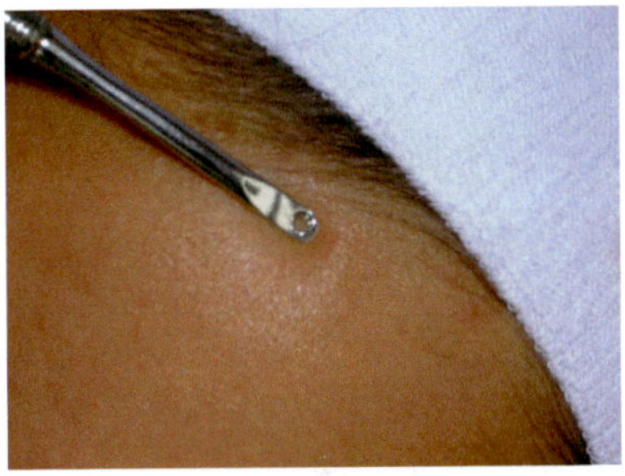

9.49 Komedonenquetscher im Gebrauch

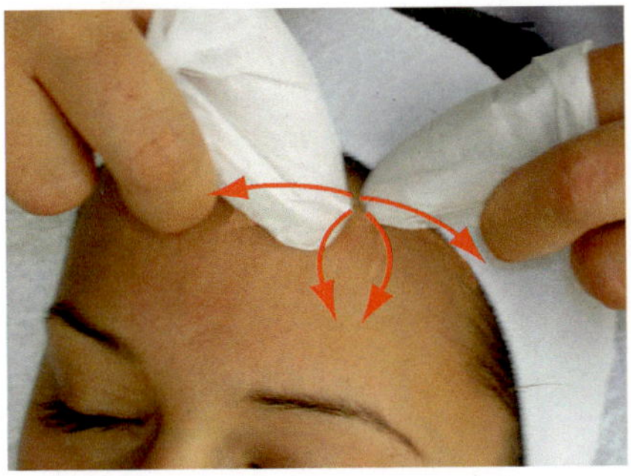

9.50 Mitesserentfernung mit den Fingern

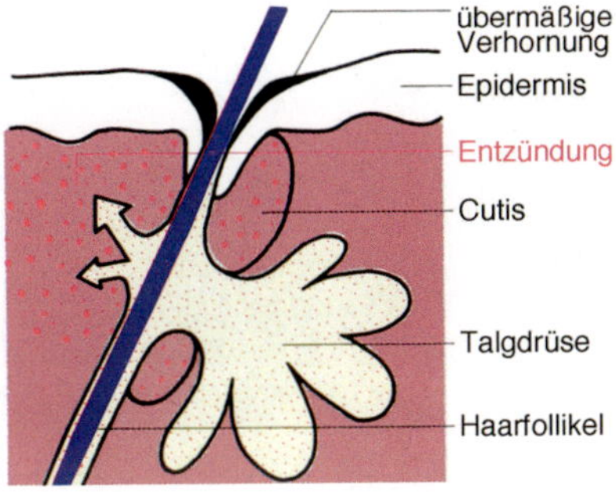

9.51 Pickel

Pickel und Pusteln sind entzündete und vereiterte Komedonen (**9.**51). Werden Mitesser nicht sorgfältig entfernt, bricht der Talg ins umliegende Gewebe. Durch Besiedlung mit Bakterien entsteht eine eitrige Entzündung. Behandelt wird sie mit austrocknenden Tinkturen, Aknegesichtswasser und entzündungshemmenden Packungen. Aufkratzen und Ausdrücken von Pickeln und Pusteln bergen die Gefahr weiterer Infektion und Narbenbildung.

Talgzysten entstehen durch einen Verschluss der Talgdrüse bei übermäßiger Verhornung der Follikelöffnung. Sie sind unter der geschlossenen Hautoberfläche als Knoten spürbar. Um den Talg zu entfernen, wird die Epidermis mit einem Spezialmesser angeritzt, sodass nach leichtem Druck auf das umliegende Gewebe der weiße Talg fadenförmig auf der Hautoberfläche erscheint und entfernt werden kann. Wegen der hohen Infektionsgefahr wird bei Akne auf jegliche Massage der Haut verzichtet.

Talgdrüsenstörungen

- Komedonen = Mitesser (weiß, schwarz)
- Pickel
- Pusteln
- Talgzysten

Akne

Jugendakne
- Hormonumstellung in der Pubertät Altersakne
- Hormonumstellung im Klimakterium
- falsche Ernährung mit Magen- und Darmstörungen

Chemikalienakne
- durch Jod, Brom, Chlor, Teer oder Öle

9.4.4 Verhornungsstörungen und Epithelwucherungen

Hyperkeratosen (Verdickungen der Hornschicht), die kosmetisch behandelt werden können, sind meist Abwehrreaktionen des Körpers gegen äußere Einflüsse wie Druck und Strahlen. Dazu gehören Schwielen, Hühneraugen, Milien.

Schwielen sind Verdickungen der Hornschicht durch ständigen Druck (**9.**52). An den Fingern entstehen sie z. B. bei Friseuren durch die Griffe der Haarschneideschere. Schwielen lassen sich mit dem Hornhauthobel abnehmen und mit hornerweichenden Mitteln (Salizylsäure, Milchsäure) ablösen.

Hühneraugen (Clavus, **9.**53) sind keilförmige Verdickungen der Hornschicht. Ein dornförmiger Fortsatz (Wurzel) liegt unter der Verhornung und verursacht starke Schmerzen. Hühneraugen bilden sich durch konzentrierten Druck (falsches Schuhwerk) auf Hautstellen über den Knochen.

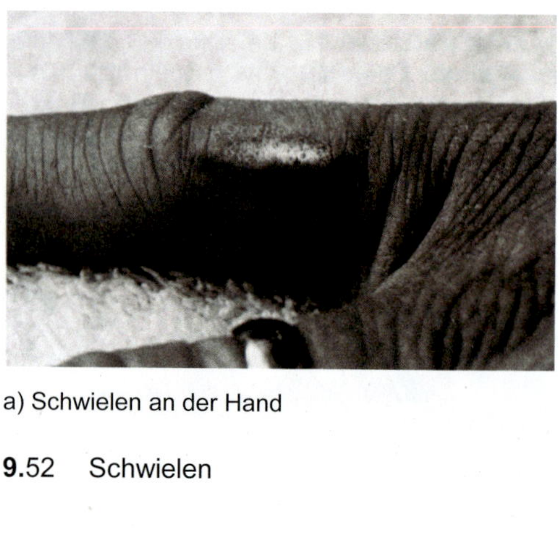

a) Schwielen an der Hand

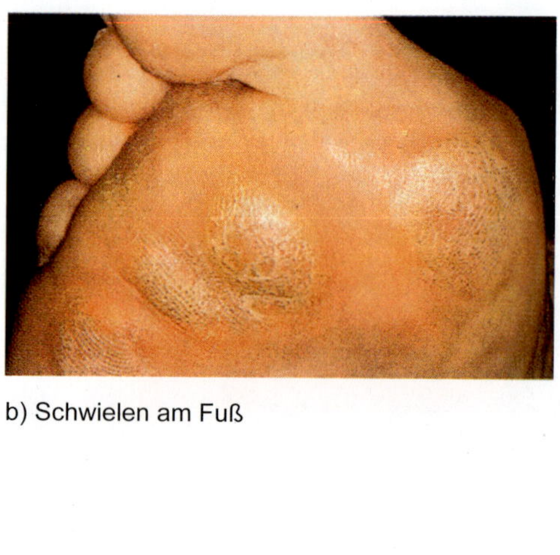

b) Schwielen am Fuß

9.52 Schwielen

Entfernen kann man sie durch Ausschneiden, Ausfräsen oder mit hornerweichenden Mitteln.

Als Lichtschwiele bezeichnet man eine Verdickung der Hornschicht, die nach starker Bräunung der Haut durch UV-Strahlen zurückbleibt. Die Gesichtshaut erscheint grob, großporig und faltig. Durch die natürliche Abschilferung bildet sich die Lichtschwiele zwar mit der Zeit von selbst zurück, jedoch kann man die Abschilferung durch Schälkuren oder Abschleifen der Haut beschleunigen und verstärken.

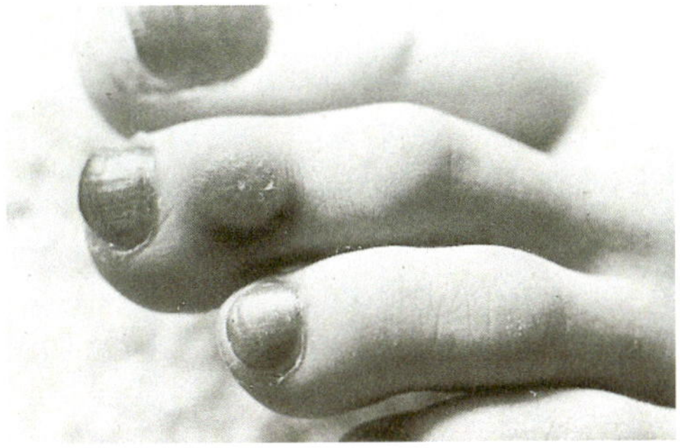

9.53 Hühnerauge

Milien (Grießkörner, 9.54) bilden sich gewöhnlich auf den Jochbeinbogen, unter den Augen und am Kinn. Es sind kleine Hornzysten, die gelblich-weiß durch die Epidermis schimmern. Da sie von der Hornschicht bedeckt sind, können sie nicht herausgedrückt wenden. Wegen ihres störenden Aussehens entfernt man sie durch Aufritzen der Hornschicht und Herausheben des Hornkügelchens.

Lichen pilaris heißt eine harmlose Verhornungsstörung der Haarfollikel (**9**.55). Meist befinden sich an den Außenseiten der Arme und Beine zahlreiche Hornpfröpfchen in den Follikelöffnungen. Diese Hornmassen liegen über dem Hautniveau. Dadurch fühlt sich die Haut rau wie ein Reibeisen an. Behandeln lässt sich die Störung durch fettende Cremes, Ölbäder und mechanisches Abrubbeln mit Peelingpräparaten, Bimsstein oder einem Luffaschwamm. In hartnäckigen Fällen verschreibt der Arzt Vitamin-A-säurehaltige Cremes oder Salben zur Hautabschälung.

Warzen sind Wucherungen des Epithelgewebes (**9**.56). Flachwarzen sind Virusinfektionen und treten häufig bei Kindern im Gesicht oder an den Händen auf. Der Arzt entfernt die hautfarbenen Knötchen oder Plättchen durch Ätzen, Elektrokoagulation oder mit Pflanzensäften. Stachelwarzen sind gelbe oder grau-braune Hornmassen, die bei Erwachsenen und Kindern vorkommen. Auch sie entstehen durch Viren und dürfen wegen der Infektionsgefahr nicht aufgekratzt werden. Sie haben eine raue, „blumenkohlartige" Oberfläche. Alterswarzen sind braune, weiche Wucherungen, die sich fettig anfühlen. Besonders unangenehm sind *Dornwarzen*. Sie gehören zu den typischen Schwimmbad-, Sporthallen- und Hotelinfektionen. Die Warze wächst als stark verhornter Knoten nach innen. Wird sie nicht frühzeitig vom Arzt entfernt, kommt es zu starken Schmerzen beim Gehen und Stehen. Bild **9**.56c zeigt die Infektion eines Niednagels oder einer verletzten Nagelhaut durch Warzenviren. Nur sicher desinfizierte Maniküregeräte schützen vor solcher Infektion.

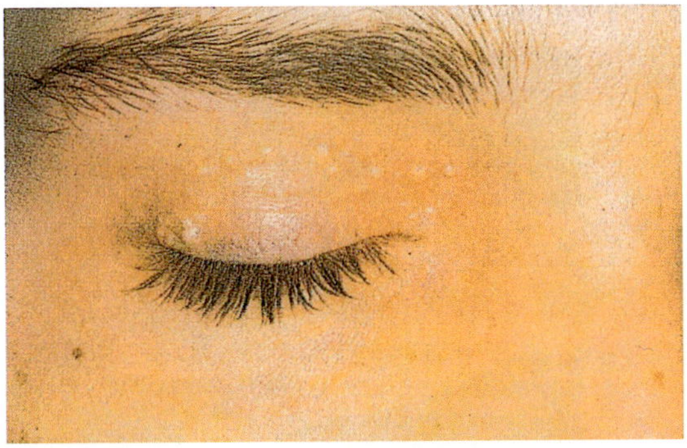

9.54 Milien

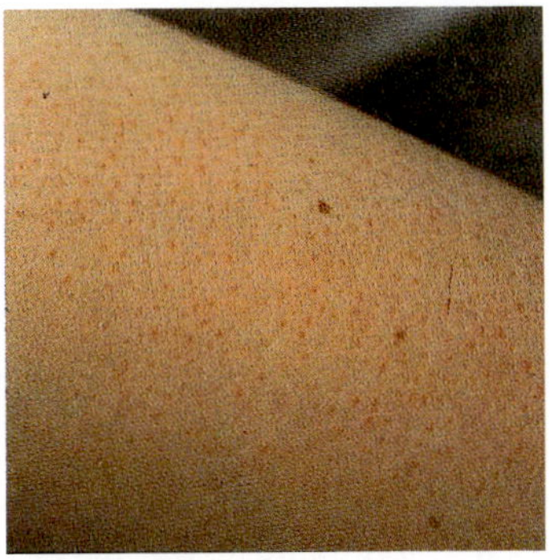

9.55 Lichen pilaris

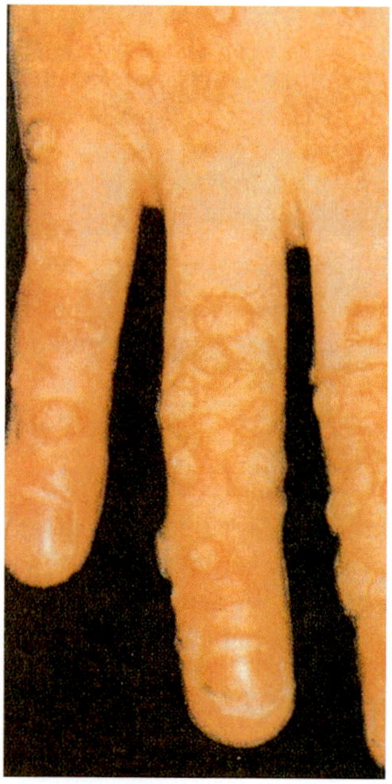

a) vulgäre Warzen

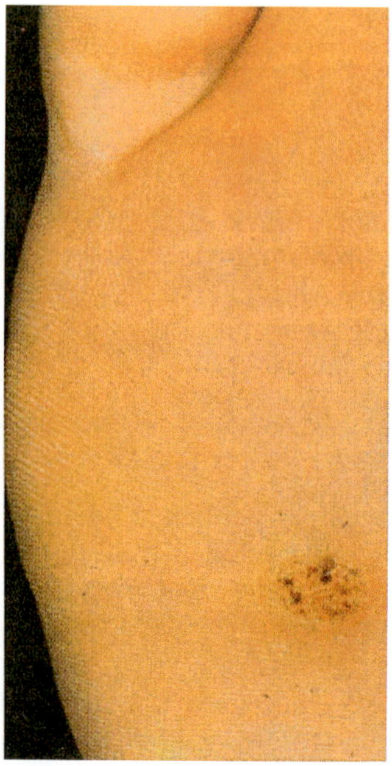

b) Dornwarze

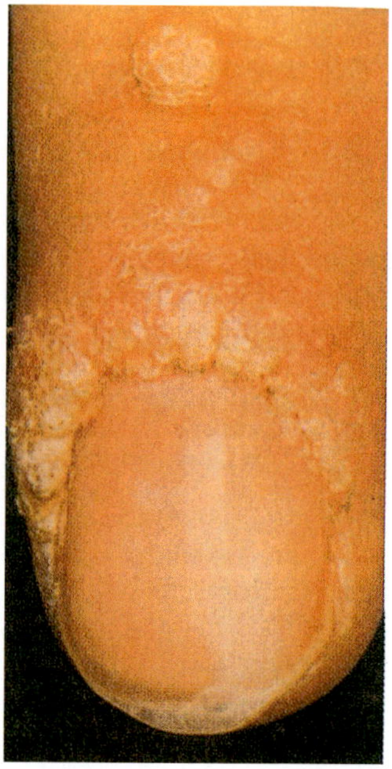

c) Warzeninfektion an der Nagelhaut

9.56 Warzen

Verhornungsstörungen
- Schwielen durch flächenhaften Druck
- Hühneraugen durch konzentrierten Druck auf Hautstellen über Knochen
- Milien (Hornzysten in der Epidermis)
- Liehen pilaris („Reibeisenhaut")

Epithelwucherungen
- Warzen durch Virusinfektion

9.4.5 Schweißdrüsenstörungen

Hyperhidrosis nennt man die vermehrte Schweißabsonderung der gesamten Körperhaut oder nur an bestimmten Körperpartien (z. B. Hände, **9.**57, Fußsohlen, Achseln). Meist ist sie eine Begleiterscheinung innerer oder psychischer Erkrankungen und sollte daher vom Arzt behandelt werden. Kosmetische Maßnahmen beschränken sich auf die Verhinderung des unangenehmen Geruchs, der durch bakterielle Zersetzung des Schweißes entsteht. Dazu eignen sich Deodorantien, die nach sorgfältiger Reinigung der Haut mit desinfizierenden Seifen oder Waschlotion aufgebracht werden. *Schweißhem-*

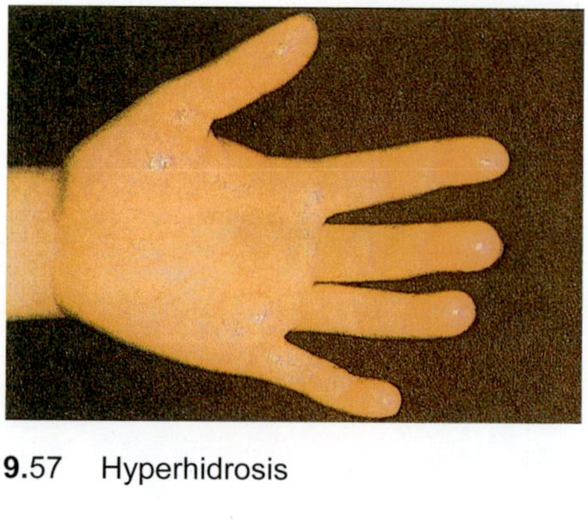

9.57 Hyperhidrosis

mende Mittel sind Stoffe, die eine gerbende Wirkung auf die Haut haben (Formalin, Aluminiumsalze, Salze der Zitronensäure). Wegen ihrer schlechten Hautverträglichkeit sollten sie nur an der stärker verhornten Haut der Hände und Füße eingesetzt werden.

Schweißdrüsenabszesse sind bakterielle Infektionen der apokrinen Schweißdrüsen. Es sind derbe, mit Eiter gefüllte Knoten; ihre Umgebung ist durch Entzündung stark gerötet. Sie können bei unsachgemäßer Entfernung der Achselhaare entstehen und müssen vom Arzt mit antibiotischen Salben behandelt werden.

Aufgaben zu Abschnitt 9.2 bis 9.4

1. Nennen Sie die drei Teilbereiche der Kosmetik.
2. Warum müssen Sie vor der kosmetischen Behandlung eine Hautdiagnose durchführen?
3. Welche Hauttypen gibt es? Beschreiben Sie die Merkmale.
4. Warum bildet sich der Hauttyp erst während der Pubertät aus?
5. Nennen Sie mindestens zwei Methoden, um die Talg- und Schweißproduktion der Gesichtshaut zu untersuchen.
6. Welche drei Faktoren beeinflussen die natürliche Hautfarbe?
7. Was versteht man unter Diaskopie?
8. Warum wird die „Röllchenprobe" durchgeführt?
9. Welcher Hauttyp hat kleine, enge Poren?
10. Wie kann man die Empfindlichkeit der Haut gegenüber mechanischen Reizen prüfen?
11. Welchen Zweck hat das Diagnosegespräch mit der Kundin?
12. Wodurch unterscheiden sich Seborrhoe oloesa und Seborrhoe sicca?
13. Nennen Sie fünf Hautfehler, die durch Überpigmentierung entstehen.
14. Was ist ein Melanom?
15. Beschreiben Sie die Weißfleckenkrankheit (Vitiligo).
16. Welche Einflüsse verschlimmern Teleangiektasien?
17. Durch welche kosmetische Maßnahme lassen sich Teleangiektasien verdecken?
18. Nennen Sie vier Blutgefäßveränderungen der Haut.
19. Beschreiben Sie eine Rosacea.
20. Durch welche medizinische Maßnahmen lassen sich selbst schwere Aknefälle heilen?
21. Beschreiben Sie kosmetische Behandlungsmethoden bei Akne.
22. Was sind Komedonen?
23. Wodurch entstehen Schwielen? Wie lassen sie sich entfernen?
24. Warum können Sie Milien (Grießkörner) nicht durch Ausdrücken entfernen?
25. Warum dürfen Sie Warzen nicht aufkratzen?
26. Welchen Rat geben Sie einer Kundin mit stark vermehrter Schweißabsonderung (Hyperhidrosis)?

9.5 Kosmetische Behandlung

Die meisten Behandlungsmethoden der Kosmetik könnte die Kundin an sich selbst auch zu Hause durchführen. Warum kommt sie dann zu Ihnen? Sie will eben nicht selbst an sich arbeiten, sondern „arbeiten lassen". Denken Sie daran, dass die Kundin verwöhnt werden möchte, sich entspannen und ausruhen will. Dieser Gesichtspunkt der Kosmetik ist ebenso wichtig für die Verschönerung wie eine sachgemäße Behandlung.

Waschen und desinfizieren Sie vor Beginn der Behandlung in Gegenwart der Kundin Ihre Hände und bürsten Sie Ihre Nägel. Die Kundin soll sehen, dass sie mit sauberen Fingern verwöhnt wird!

9.5.1 Reinigung

Nachdem die Kundin die Oberbekleidung abgelegt hat, nimmt sie im Kosmetikstuhl Platz und wird mit Handtuch und Decke zugedeckt. Wir schieben ihre Haare mit einer Stirnbinde so weit zurück, dass der Haaransatz gerade sichtbar ist.

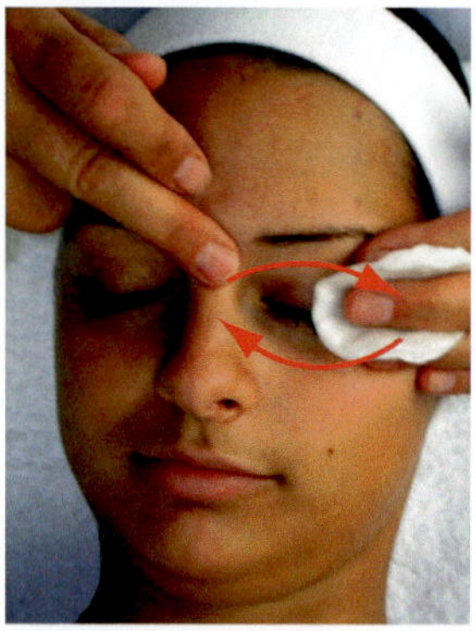

9.58 Entfernen von Augen-Make-up

Vorreinigung. Starkes Augen-Make-up nimmt man mit speziellen Pads (Eye make-up remover pads = Augen-Make-up-Entferner) oder mit ölgetränkter Watte ab. Dazu wird die angefeuchtete Watte oder der Pad vom inneren Augenwinkel über das Oberlid zum äußeren und unter dem Auge zum inneren Augenwinkel geführt (**9.**58). Die empfindliche Haut der Augenpartie darf nicht so stark verschoben oder gedehnt werden, um die Faltenbildung nicht zu fördern. Starkes Lippen-Make-up entfernen wir mit Ölwatte oder Zellstoff.

Je nach Hauttyp haben sich für die Reinigung unterschiedliche Mittel bewährt. Gemeinsam ist allen üblichen Reinigungsmethoden das Prinzip der Emulsionsbildung oder Aufnahme der Verunreinigungen der Haut in eine Emulsion (**9.**59).

Die Hautreinigung ist ein wichtiger Bestandteil der kosmetischen Behandlung, denn Talg, Staub oder Make-up-Reste können, wenn sie nicht gründlich entfernt werden, bei der anschließenden Massage verteilt und in die Poren massiert werden. Dort begünstigen sie die Entstehung von Infektionen. Ein klares, gesundes und schönes Hautbild lässt sich also nur durch sorgfältige Reinigung erzielen.

Tabelle **9.**59 **Reinigung**

Hauttyp	Reinigungsmittel und Anwendung	Eigenschaften, Wirkung
Aknehaut und Seborrhö oleosa	Reinigungsschaum, Waschlotionen (seifenfreie WAS) nach Gebrauchsanweisung mit warmen Wasser verdünnen, Haut mit Kompressen reinigen	WAS haben gutes Lösungsvermögen für Fette erhalten durch schwach saure Reaktion den Säureschutzmantel
Seborrhö sicca und normale Haut mit fettigen Verschmutzungen	Reinigungscreme (Mineralfette in W/Ö-Emulsion) wird mit dem Spatel der Dose entnommen, auf dem Handrücken abgestreift, auf Stirn, Nase, Kinn und Wangen getupft, mit leichten Massagegriffen verteilt und mit Zellstoff oder Gesichtstüchern abgenommen	Mineralfette lösen fettige Verschmutzungen (Fette sind fettlöslich) und nehmen Make-up-Reste in die Emulsion auf hinterlassen fettiges Gefühl auf der Haut erfordern Nachreinigung
normale Haut, Sebostase und alternde Haut	Reinigungsmilch (Mineralfette und synthetische Wachse in Ö/W-Emulsion) wird in die Handinnenfläche gegeben und wie Reinigungscreme verteilt und abgenommen oder mit feuchtwarmen Kompressen entfernt	lässt sich leichter verteilen als Reinigungscreme ungeeignet für stark fettige Verschmutzungen, da äußere Phase Wasser hinterlässt kein fettiges Gefühl auf der Haut

Die Nachreinigung wird mit Gesichtswasser und Wattepads durchgeführt. Achten Sie darauf, dass die Watte immer erst mit Wasser angefeuchtet wird, damit keine Watteteilchen auf der Haut zurückbleiben. Träufeln Sie das Gesichtswasser auf die Watte und legen Sie zwei Wattepads um die Mittel- und Ringfinger beider Hände. Kleiner Finger und Zeigefinger halten die Watte, während die Haut vom Kinn aus zur Stirn mit leichten Massagebewegungen abgerieben wird. Durch das Gesichtswasser werden Reinigungsmittel entfernt und die Haut für weitere Behandlungen aufnahmefähig gemacht.

Vorreinigung	= Entfernen von Augen- und Lippen-Make-up
Reinigung	= Entfernen von Make-up-Resten, Hauttalg und Verschmutzungen
Nachreinigung	= Vorbereiten der Haut für folgende Behandlungen

Die Tiefenreinigung wurde früher mit Spezialmasken (z. B. Paraffinmaske) durchgeführt. Heute ist die Anwendung von heißem Wasserdampf üblich. Dazu eignen sich *Gesichtssaunen* und *Vapozonegeräte* (**9.**60). Der Wasserdampf regt die Hautfunktionen an, quillt die Haut und fördert die Durchblutung. Die Poren werden erweitert, die Haut gibt vermehrt Schweiß ab und schwemmt Schadstoffe aus. Durch die Erwärmung verflüssigen sich Talgreste, Komedonen erweichen und können leicht entfernt werden.

Das Vapozonegerät erzeugt außer dem Wasserdampf Ozon (O_3), dessen desinfizierende Eigenschaft sich besonders günstig auf unreine Haut auswirkt.

Bei empfindlicher, zu Teleangiektasien neigender Haut dürfen beide Geräte nicht angewendet werden. Hier kann man die Reinigung durch feuchtwarme Kompressen unterstützen (**9.**61).

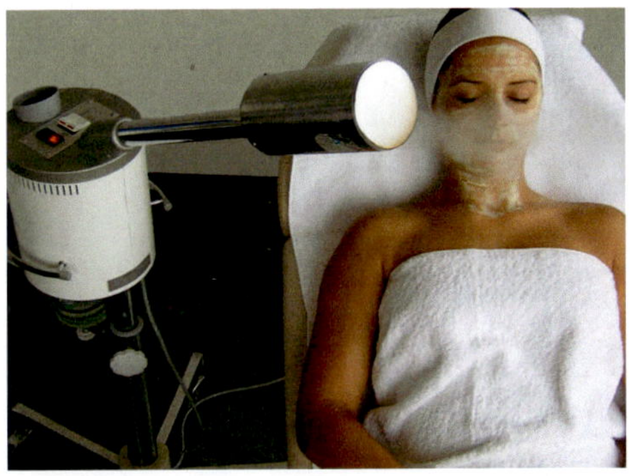

9.60 Vapozone

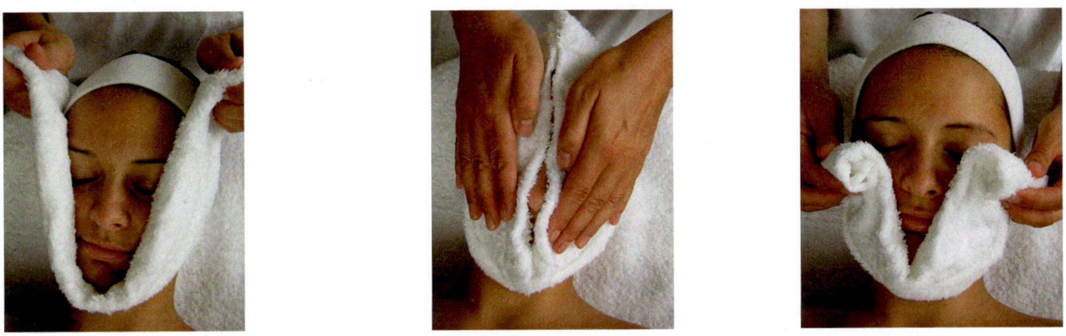

9.61 Legen einer Kompresse

Tabelle **9**.62 Wasseranwendung in der Kosmetik

Art	Anwendung	Wirkung
Wasserdampf (Gesichtssauna, Vapozone)	nach der Reinigung	steigert Hautfunktionen, erweicht Komedonen, fördert die Heilung bei Akne
warme Kompressen	während der Behandlung zum Abnehmen des Reinigungsmittels, von Masken und Packungen sowie zur Reinigung mit Waschlotion	steigern die Hautfunktionen (allerdings weniger als Wasserdampf)
kalte Kompressen	nach der Massage	setzen Hautfunktionen herab, erfrischen
Wechselkompressen (heiß/kalt)	zum Abschluss der Behandlung	nachhaltige Durchblutungssteigerung, „Gefäßtraining", härten die Haut ab

9.5.2 Massage

Die kosmetische Massage ist Mittelpunkt der Hautbehandlung. Sie wird in völliger Ruhe und Harmonie ohne merkbares Absetzen der Hände ausgeführt. Sie wirkt nicht nur auf die Haut, sondern führt auch zu völliger Entspannung der Kundin und hat damit direkt Einfluss auf ihr Wohlbefinden.

Die Massagecreme bewirkt zusammen mit den streichenden Bewegungen Ihrer Hände die Quellung und Erwärmung der Haut, sodass sie gleich nach der Massage gleichmäßiger und glatt erscheint. Damit Sie die Massage individuell auf die Kundin abstimmen können, wollen wir Ihnen in der Übersicht **9**.63 die Massagearten und -Wirkungen vorstellen und Ihnen dann einzelne wichtige Griffe beschreiben (**9**.64).

Tabelle **9**.63 Massagearten

Massageart	Ausführung	Wirkung
Streichen = **Effleurage**	Die Hände schmiegen sich weich streichend den Hautpartien an. Ein anfangs leichter Druck klingt gegen Ende des Griffs wieder ab	Beruhigt, erwärmt die Haut, verbessert die Durchblutung, fördert den Lymphstrom, mechanisches Abtragen der Epithelzellen
Reiben = **Friktion**	Die Fingerkuppen massieren mit steigendem und abflachendem Druck in kreisenden Bewegungen	„trainiert" die Bindegewebsfasern, fördert den Stoffaustausch zwischen Gefäßen und Zellen, lockert verspannte Muskulatur, fördert Entleerung der Drüsen
Kneten = **Petrissage**	Daumen und Zeigefinger erfassen die Muskulatur, heben sie leicht an und verschieben sie gegeneinander	führt die durch Muskelarbeit entstandenen Schlackenstoffe der Lymphe zu, beeinflusst die Elastizität des Bindegewebes, lockert die Muskulatur
Klopfen = **Tapotement** (nur für unempfindliche Haut)	Durch federnde Bewegung aus dem Handgelenk heraus wird die Haut mit dem ersten oder den ersten beiden Fingergliedern punktförmig berührt („trommeln")	regt die Hautnerven an, erhöht den Stoffwechsel, beugt Muskelschwund (Muskelatrophie) vor, festigt die Muskulatur
Erschüttern = **Vibration** (nur bei unempfindlicher Haut mit starker Subcutis)	Fast ausschließlich mit Massagegeräten. Dabei führt man den Massagekopf über die Haut und berücksichtigt besonders die fett- und muskelreichen Hautpartien	löst Verkrampfungen, langanhaltende Durchblutungssteigerung, reizt die Hautnerven

Tabelle **9.64** **Massagegriffe** (Jeder Griff wird etwa drei- bis fünfmal ausgeführt)

Halsmassage	
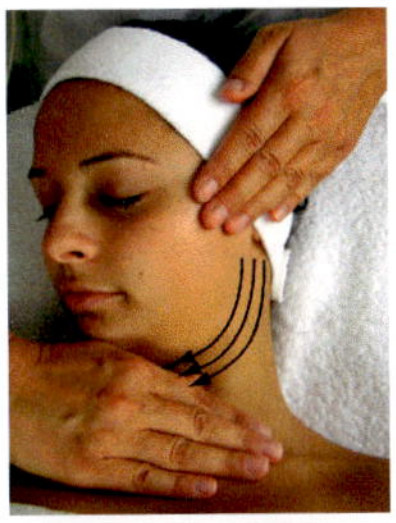	Die rechte Hand streicht die linke Halsseite von der Kieferkontur zum Schlüsselbein aus, die linke Hand entsprechend die rechte Seite. Der Griff wird wechselnd ausgeführt, sodass der Hautkontakt erhalten bleibt. Die Kehlkopfpartie lassen wir aus.
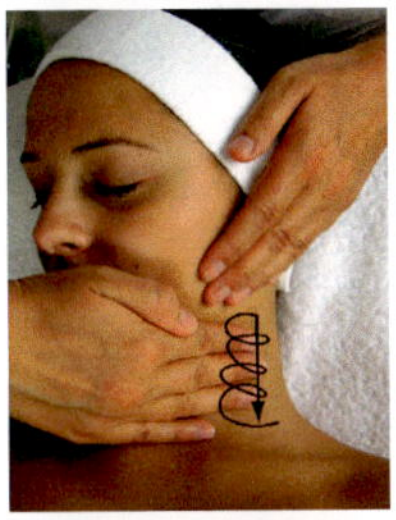	Beide Hände führen Friktionen auf der Halsseite aus und gleiten sanft zur Kieferkontur zurück.
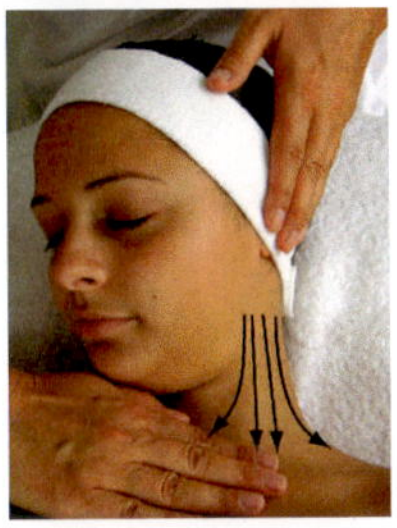	Der Hals wird im Wechsel beider Hände ausgestrichen.
Gesichtsmassage	
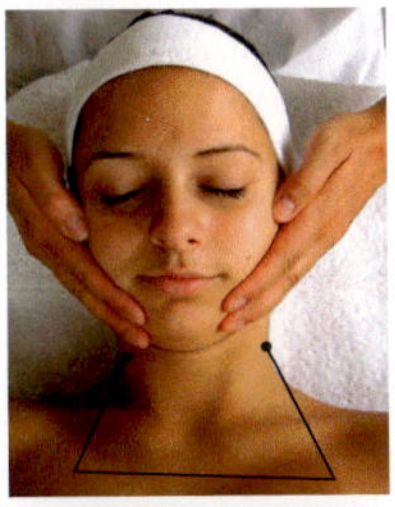	Übergang: Beide Hände setzen am Brustbein an und ziehen in Schlangenlinien über das Dekollete, anschließend seitlich vom Hals hoch bis zu den Kieferästen. Die rechte Hand beginnt mit dem Ausstreichen der unteren Kinnpartie.
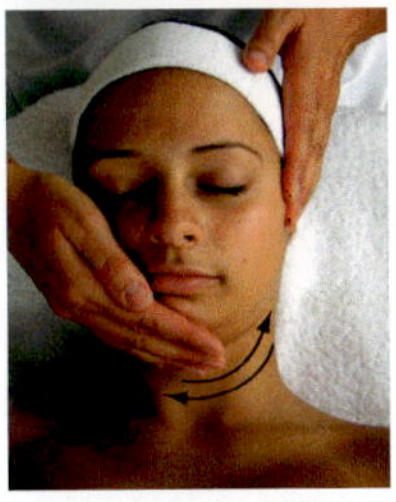	Ausstreichen unter dem Kinn von Ohr zu Ohr.

Tabelle **9**.64 Fortsetzung

Gesichtsmassage	
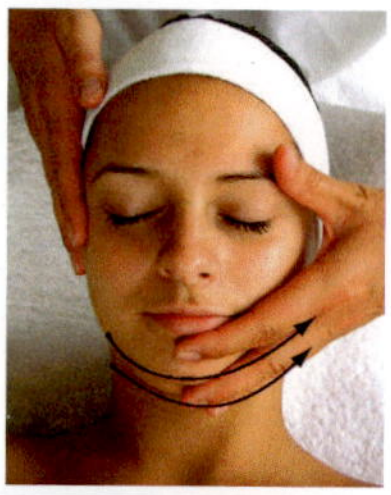	Ausstreichen unter und auf dem Kinn. Das Kinn liegt dabei zwischen Zeige- und Mittelfinger.
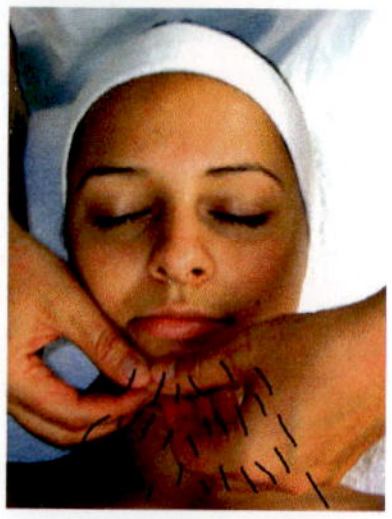	Kinnknetgriff von rechts nach links und von links nach rechts ausführen. Beide Daumen kneten im Wechsel das Gewebe gegen die übrigen Finger, von denen ein Gegendruck ausgehen muss.
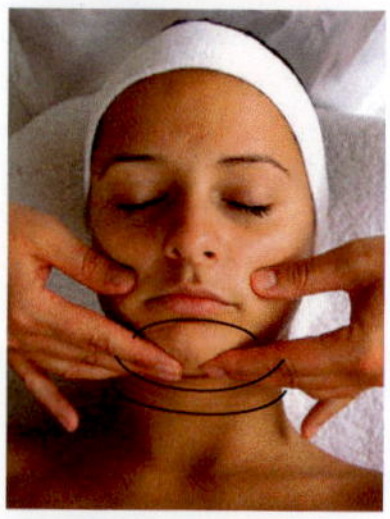	Friktionen unter dem Kinn von der Mitte zu den Ohren gleichzeitig mit beiden Händen. Die Friktionen werden mit den Kuppen von Mittel- und Zeigefinger ausgeführt. Zum Abschluss streichen wir die Kinnpartie aus.
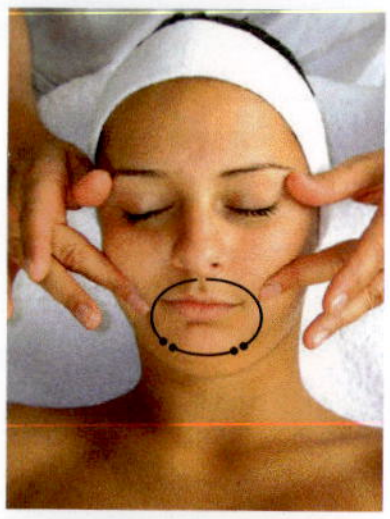	Mundringmuskelkreise: Beide Mittelfinger setzen in der Kinnrille an und ziehen im Halbkreis um den Mund. Lassen Sie die Finger ohne Druck zum Kinn zurückgleiten oder setzen Sie sie ausnahmsweise ab. Wiederholen Sie den Griff und führen Sie dabei mit dem Mittelfinger Friktionen aus.
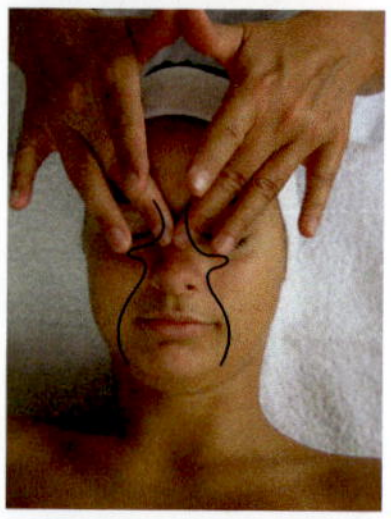	Beide Mittelfinger führen von den Mundwinkeln zu den Nasenflügeln Friktionen aus (Nasolabialfalte), ziehen hoch zur Nasenspitze und streichen im Wechsel über den Nasenrücken. Die Daumen werden dabei auf die obere Stirn gelegt.

Tabelle **9.**64 Fortsetzung

Gesichtsmassage	
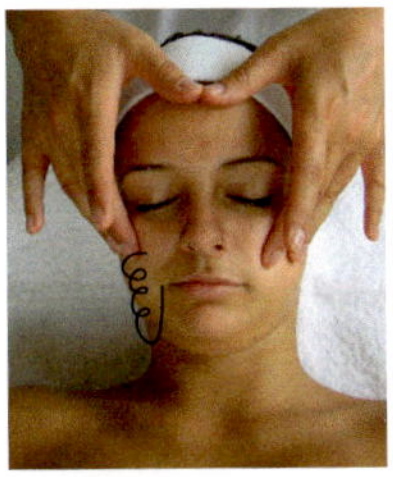	Friktionen auf den Wangen: Die Daumen bleiben auf der Stirn, während Mittel- und Ringfinger Friktionen in 3 bis 4 Reihen auf den Wangen ausführen. Die Finger gleiten anschließend von der unteren Wange zu den Schläfen, verharren dort mit leichtem Druck und gleiten sanft unter den Augen entlang zurück.
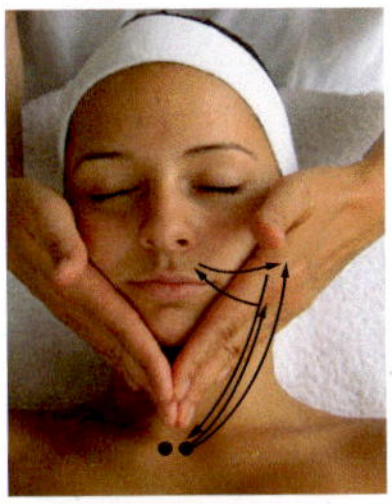	Ausstreichen der Wangenpartie mit Wangenschleifen: Die Hände setzen seitlich am Kinn an, sodass sich die Fingerspitzen 3 bis 4 cm vor dem Kinn berühren. Ziehen Sie die Hände mit geschlossenen Fingern bis zu den Ohren. Hier lösen sich die Zeigefinger und streichen über den Jochbeinbogen zu den Nasenflügeln, um sich während der Abwärtsbewegung wieder mit den anderen Fingern zu vereinigen. Die Aufwärtsbewegung wird mit mehr Druck ausgeführt als die Abwärtsbewegung. Damit die Wangen bedeckt werden, müssen Sie die Hände etwas hohl halten.
	Große Augenringe: Von den Schläfen aus führen Sie mit den Mittelfingern Friktionen unter den Augen in Richtung Nase aus. An der seitlichen Nasenwurzel verharren die Finger und gleiten dann durch die Augenbraue zur Schläfe zurück.
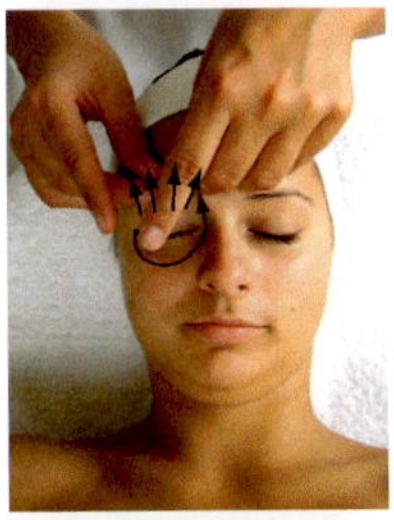	Knetgriff in der Augenbraue: Ein Mittelfinger gleitet von der Schläfe unter dem Auge entlang, um auf dem Rückweg durch die Augenbraue zusammen mit Daumen und Mittelfinger beider Hände Knetgriffe durch die Braue auszuführen. Danach wird der gleiche Griff am anderen Auge ausgeführt.
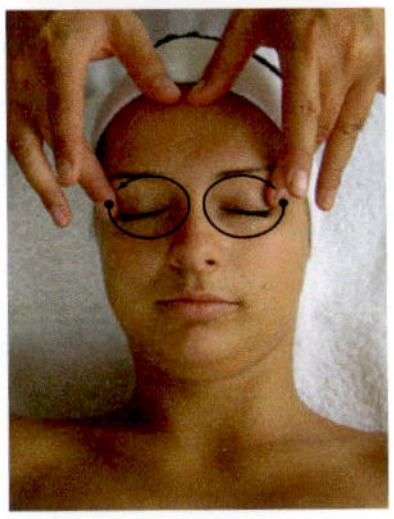	Kleine Augenkreise: Die Mittelfinger streichen von den Schläfen zum inneren Augenwinkel und durch die Lidfalte zurück zur Schläfe.

Tabelle **9.**64 Fortsetzung

Gesichtsmassage	
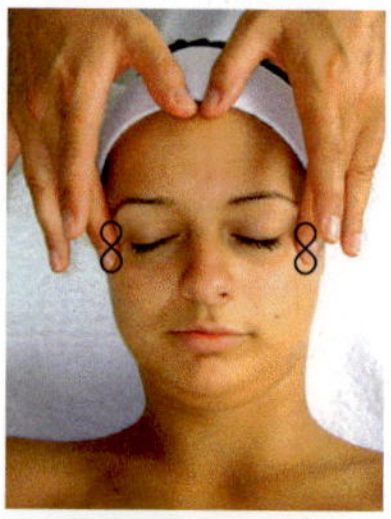	Ausstreichen der seitlichen Augenfältchen: Beide Mittelfinger beschreiben seitlich am äußeren Augenwinkel Achten.
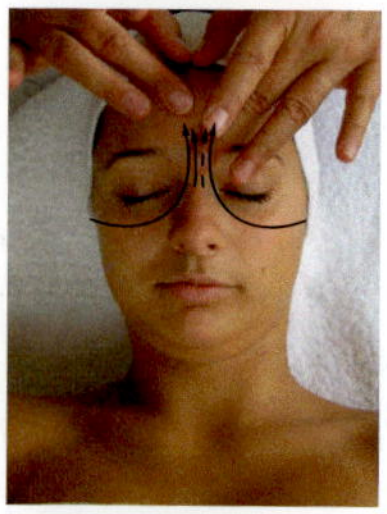	Ausstreichen der Zornesfalte: Die Mittelfinger streichen im Wechsel die Zornesfalte aus.
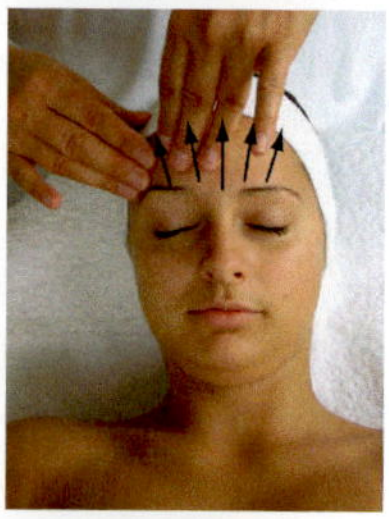	Ausstreichen der Stirn: Stellen Sie die Hände quer und streichen Sie von der Augenbraue bis zum Haaransatz mit beiden Mittelfingern im Wechsel aus. Der Griff wird von der Stirnmitte nach rechts und zurück zur Mitte ausgeführt. (Anschließend linke Stirnhälfte behandeln.)
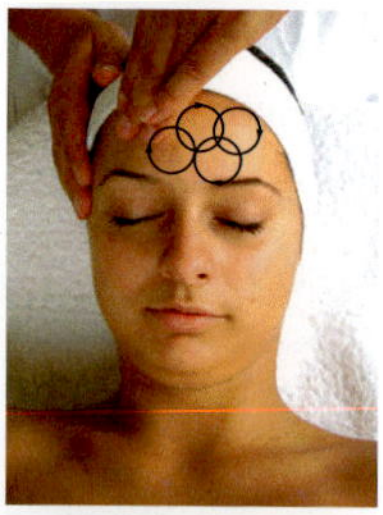	Großflächige Friktionen auf der Stirn: Zeige-, Mittel- und Ringfinger beschreiben ineinandergreifende Kreise auf der Stirn und bewegen sich dabei von links nach rechts und zurück.
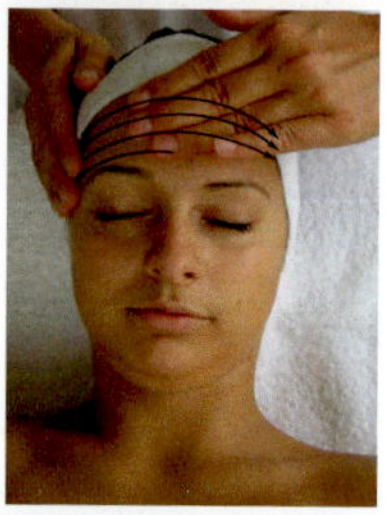	Plättgriffe auf der Stirn: Die Hände werden auf der Stirnmitte quergestellt. Die linke Hand streicht zur linken Stirnseite, die rechte setzt neben den Fingerspitzen der linken Hand an, um zur rechten Seite zu streichen. Griff im Wechsel ausführen.

Tabelle **9**.64 Fortsetzung

Gesichtsmassage	
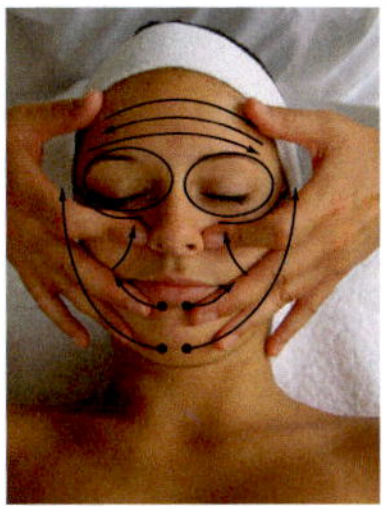	Abschlussgriff: Beide Hände um das Kinn legen, Zeigefinger in die Kinnrille. Hände nach hinten ziehen, bis die Zeigefinger neben dem Mundwinkel liegen. Die Zeigefinger werden über die Wangen zum Jochbein bewegt. Anschließend streichen Sie mit allen Fingern bis zu den Schläfen, um danach große Augenkreise und Stirnausstreichgriffe durchzuführen.

Eine Massage, bei deren Ablauf die Massageart nicht genügend gewechselt wird, bleibt wirkungslos. Der Erfolg einer Massage ist also eng mit dem Wechsel zwischen anregenden und beruhigenden Griffen verbunden, weil die Haut vor allem auf Reizunterschiede reagiert. Am Beginn und zum Abschluss führen wir zur Beruhigung immer sanfte Streichmassagen aus.

Massagemittel sollen den Händen Gleitfähigkeit verleihen, die Gesichtshaut glätten und geschmeidig machen. Damit die Gleitfähigkeit während der etwa 20-minütigen Massage erhalten bleibt, dürfen die Mittel nicht schnell in die Haut eindringen. Geeignet sind alle Cremes mit dem Emulsionstyp W/Ö und Hautfunktionsöle. Die eigentlichen Massagecremes enthalten bis zu 60 % Mineralfette (Paraffinöl, Vaseline), während die Hautfunktionsöle überwiegend aus Pflanzenölen bestehen, deren Gleitwirkung durch Zusatz von Paraffinöl erhöht wird. Da pflanzliche Fette und Öle in die Haut eindringen, können spezielle Wirkstoffe (z. B. Vitamine) mit eingeschleust werden. Mineralfette sind trotz ihrer geringen Hautfreundlichkeit beliebte Massagemittel, weil sie unter dem Druck der Bewegungen auf der Haut schmelzen, ohne klebrig zu werden.

Massagegeräte setzt man zur Körpermassage ein. Sie bestehen aus einem Motor, der auswechselbare Massageköpfe mit Rollen, Saugnäpfen oder Bürsten unterschiedlicher Härte antreibt. Man führt sie in streichenden oder kreisenden Bewegungen über die Haut- und Muskelpartien. Besonders beliebt sind sie zur Vibrationsmassage.

9.5.3 Masken und Packungen

Eine genaue Unterscheidung zwischen Masken und Packungen ist heute durch die Vielzahl der Präparate, die sich nicht in die traditionelle Trennung einordnen lassen, ungebräuchlich geworden.

Masken sind für Wärme und Ausscheidungen der Haut (Feuchtigkeit, Kohlendioxid) undurchlässige Substanzen, die einen festen Film bilden (Paraffin, Kunststoffe). Wegen ihrer Undurchlässigkeit steigern sie die Hautfunktionen, die Haut quillt, die Poren werden erweitert, die Unreinheiten erweichen. Masken werden zu Beginn der Behandlung eingesetzt.

Packungen sind durchlässig für Feuchtigkeit, Wärme, Kohlendioxid. Sie setzen Hautfunktionen herab, entquellen, beruhigen. Sie beschließen die Pflegebehandlung.

Puderpackungen sind anorganischer Herkunft (z. B. Kaolin, Tonerde, Talkum, Zinkoxid) und organischer Herkunft (z. B. Weizen-, Reis-, Maisstärke). Sie enthalten Zusätze mit anregenden oder beruhigenden Eigenschaften. Das Pulver wird mit warmem Wasser angerührt und mit einem Flachpinsel auf die Haut aufgetragen. Dabei muss die empfindliche Haut um die Augen herum freigelassen werden (**9**.65). Puderpackungen entziehen der Haut Fett und Wasser. Sie entquellen und eignen sich daher besonders für seborrhöische Haut.

Cremepackungen sind Ö/W-Emulsionen, die durch hygroskopische Zusätze (Sorbit, Glycerin, Honig) den Feuchtigkeitsgehalt der Haut erhöhen. Die damit verbundene Quellung lässt die Haut vorübergehend glatter erscheinen. Als fettende Stoffe dienen echte Fette, Wachse, Lecithin sowie ungesättigte Fettsäuren. Wegen ihrer hautglättenden und feuchtigkeitsbindenden Eigenschaften sind Cremepackungen vor allem für trockene, empfindliche und alternde Haut geeignet.

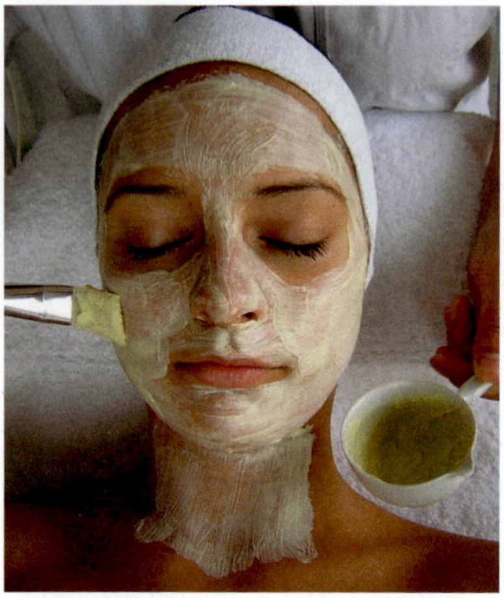

9.65 Packung auftragen mit dem Flachpinsel

Masken zu Beginn der Behandlung	**Packungen zum Abschluss der Behandlung**
– sind undurchlässig	– sind durchlässig
– steigern Hautfunktionen	– setzen Hautfunktionen herab
– quellen und erwärmen die Haut	– entquellen und kühlen die Haut
– reinigen	– pflegen

9.5.4 Spezialbehandlungen

Arbeitsweise. Zuerst reinigen wir Augenbrauen und Wimpern mit einem fettfreien Augen-Make-up-Entferner und cremen die Haut der Lider so vorsichtig mit einer W/Ö-Emulsion ein, dass die Wimpern fettfrei bleiben. Als weiteren Hautschutz legt man auf die Augengröße der Kundin zugeschnittene Schablonen (Kunststoff- oder Wattepads) unter die untere Wimpernreihe. Das Färbemittel wird mit einem watteumwickelten Holzstäbchen in rollenden Bewegungen auf die oberen Wimpern aufgetragen und zur unteren Wimpernreihe durchgedrückt. Selbstverständlich muss die Kundin beim Auftragen und während der Einwirkzeit die Augen geschlossen haben. Ist die Farbe auf die Wimpern aufgetragen, behandelt man die Augenbrauen. Sie sollten immer heller bleiben als die Wimpern, um keinen zu harten Gesichtsausdruck hervorzurufen. Nach der in der Gebrauchsanweisung angegebenen Einwirkzeit entfernen wir zuerst die Farbe mit dem watteumwickelten Holzstäbchen und nehmen dann mit feuchten Wattepads den Rest ab. Zur Nachbehandlung gehören beruhigende Augentropfen, ebenso wie das In-Form-Bürsten der Augenbrauen und Wimpern.

Da winzige Verletzungen der Haut beim Zupfen der Brauenhaare nicht auszuschließen sind, darf die Form erst nach der Färbung korrigiert werden.

Enthaarungsmethoden

Depilation und Epilation. Viele ältere Damen leiden an der Überbehaarung des Gesichts, dem Damenbart (**9.**66). Aber auch dunkle oder stärkere Behaarung der Beine und Achseln wird als unangenehm empfunden. Leichte Sommerkleidung verstärkt noch den Wunsch, die lästigen Haare loszuwerden. Bei der Enthaarung unterscheidet man Depilation und Epilation.

Als Depilation bezeichnet man alle Methoden, bei denen die Haare wieder nachwachsen; es ist also eine Haarentfernung auf Zeit.

Epilation dagegen ist die endgültige Haarentfernung durch Zerstörung der Wachstumszone (Papille) des Haares. Die derzeit gängigsten Verfahren sind

- Photoepilation mit dem Laser oder der Blitzlampe (IPL-Technik) und
- Elektroepilation durch Elektrolyse oder Thermolyse, auch als Nadelepilation bezeichnet.

Bei der Photoepilation wird das Haar großflächig mit **Laserpulsen** oder Lichtblitzen behandelt. Die Haarwurzeln absorbieren bei diesem Verfahren das Licht und wandeln es in Wärme um. Die Wärmeentwicklung führt zu einer Verödung der Haarwurzeln. Allerdings wirkt dieses Verfahren nur bei dunklen Haaren, da weißen Haaren das Pigment **Melanin** fehlt, das die **Laserstrahlung** aufnimmt und zur Haarwurzel leitet.

Bei der Nadelepilation wird entlang jedes einzelnen Haarfollikels eine hauchdünne Nadel (Sonde) bis zur Haarwurzel geführt. Beim Betätigen des Fußpedals, das mit der Epilotnadel verbunden ist, wird Strom in die Nadelspitze geleitet und verkocht das Gewebe der Papille.

Arbeitsweise. Die zu epilierende Partie wird desinfiziert, da Verletzungen der Haut nicht auszuschließen sind. Dann schieben wir die Nadel in die Follikelöffnung des zu entfernenden Haares. Dabei muss die Wachstumsrichtung beachtet werden, sodass die Nadel den Follikel nicht durchsticht (keine Blutung!), sondern hineingleitet (**9.**67). Am Ende des Follikels spüren wir einen leichten Widerstand. Nachdem die Papille durch einen kurzen Stromstoß (2 bis 3 Sekunden) zerkocht ist, wird die Nadel wieder herausgezogen und das Haar mit einer Pinzette herausgenommen.

Das Epilieren ist eine äußerst mühevolle und langwierige Arbeitstechnik, weil nach dem ersten Epilieren noch etwa 30 % der entfernten Haare nachwachsen – denn nicht immer wird die Papille genau getroffen und ausreichend zerkocht. Etwas einfacher geht es mit der Epilotpinzette, bei der die Nadel durch eine Pinzette ersetzt ist und das Haar nur berührt und herausgezogen werden muss. Am einfachsten sind allerdings die Depilationsmethoden.

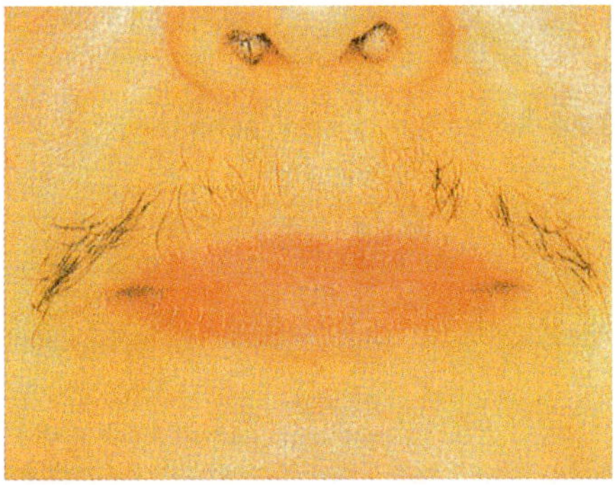

9.66 Damenbart

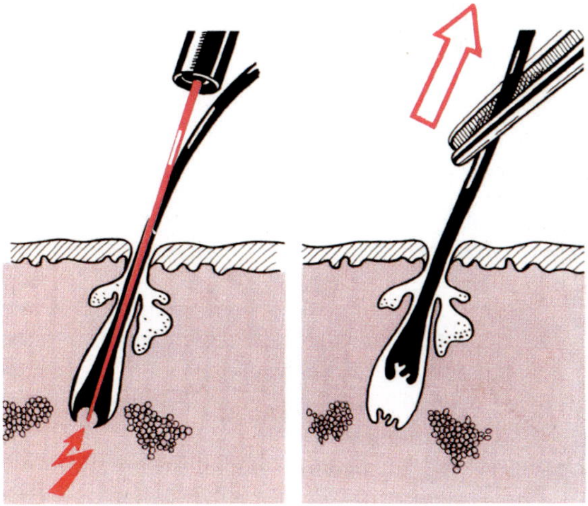

9.67 Epilotnadel im Haarfollikel

Chemische Depilationsmittel sind Cremes oder Enthaarungsschaum auf der Basis von Thioglykolsäure oder Sulfiden. Beide Stoffe erweichen das Keratin so stark, dass die Haare mit einem Schwamm oder Spatel abgeschabt werden können. Besonders beliebt sind diese Mittel zum Enthaaren der Achselhöhlen.

Arbeitsweise. Zuerst wird an einer unsichtbaren Stelle ein Hauttest durchgeführt. Dazu trägt man etwas Creme auf und wäscht nach 10 Minuten ab. Zeigt sich keine Hautrötung, kann man das Mittel unbedenklich verwenden. Die zu entfernenden Haare werden dann in die Creme eingebettet. Nach der kürzesten der in der Gebrauchsanweisung angegebenen Einwirkzeit prüfen wir mit einer Pinzette, ob die Haare gummieartig weich sind. Dann nehmen wir die Masse mit Spatel oder Schwamm ab und waschen unbedingt mit warmem Wasser gründlich nach. Wegen der geringen Hautverträglichkeit dürfen keine Reste des Mittels auf der Haut bleiben! Zur Nachbehandlung cremt man die Haut ein oder pudert sie mit Körperpuder ab. Weil die Haut bei der Cremeenthaarung mit starken Alkalien behandelt wurde, sollten in den nächsten 12 Stunden keine alkoholischen Deodorantien benutzt werden.

Warmwachsenthaarung ist eine gute Möglichkeit, Haare an den Beinen oder auch Gesichtshaare zu entfernen, ohne dass sie mit stumpfer Spitze – also auffälliger als zuvor -nachwachsen. Es geht schneller als Zupfen, ist aber nicht gerade schmerzlos.

Arbeitsweise. Das Wachs wird im Wasserbad erwärmt, bis es dünnflüssig ist, und 2 bis 3 mm dick mit einem flachen Pinsel auf die zu enthaarende Partie aufgetragen. An den Rändern sollte die Wachsschicht etwas dicker sein, damit sie sich besser abreiben lässt. Mit eingelegten Folienstreifen oder Mullbinden lässt sich die Masse leichter abnehmen. Nach dem Erkalten ist sie eine harte Masse, in die die Haare fest eingebettet sind. Man reißt dann Wachs und Haare *entgegen* der Wuchsrichtung von der Haut ab. Bei größeren Flächen empfiehlt sich die Arbeitsweise in pinselbreiten Streifen, weil sich die Streifen besser und schmerzloser entfernen lassen als breitere Flächen. Beim Abreißen muss die Haut gespannt werden, um unnötige Schmerzen zu vermeiden (**9.**68).

Nach einer sorgfältig durchgeführten Wachsenthaarung ist das nachwachsende Haar feiner und dünner als üblich, sodass sich der Erfolg der Behandlung um einige Wochen verlängern lässt, wenn die feinen Härchen mit speziellem Schmirgelpapier abgerieben werden.

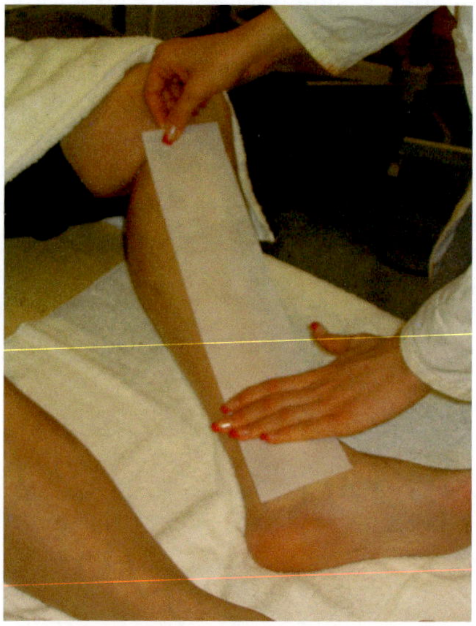

9.68 Streifenweise Wachsentfernung

> Wegen der Gefahr von Schweißdrüsenabszessen darf in den Achselhöhlen keine Wachsenthaarung vorgenommen werden!

Depilationsgeräte ersetzen heute oft die umständliche Warmwachsenthaarung. Sie ähneln elektrischen Rasierapparaten, schneiden jedoch die Haare nicht oberhalb der Haut ab, sondern ziehen sie durch sich drehende oder senkrecht angeordnete Metallscheiben aus dem Follikel.

Enthaarung

Epilation (endgültig)	Depilation (Haare wachsen nach)
– Zerkochen der Haarpapille durch Strom	– Zupfen oder Rasieren – chemische Mittel – Enthaarungswachs – Depilationsgeräte

Peeling und kosmetisches Hautschleifen

„Schlüpfen Sie aus der alten Haut!" könnte der Werbespruch für eine Peeling-Behandlung lauten. Wie bei Werbesprüchen üblich, liegt nur ein klein wenig Wahrheit darin. Was geschieht beim Peeling?

Peeling. Biochemisch wirksame Substanzen (Fermente und fermentähnliche Stoffe) werden als angerührtes Pulver oder in Cremeform auf die Haut aufgetragen. Die empfindliche Haut der Augenpartie bleibt ebenso wie bei Masken und Packungen frei! Die Stoffe lösen die Kittsubstanz zwischen den Hornzellen der Hornschicht, sodass die oberen Zelllagen nach der Einwirkzeit von 15 bis 20 Minuten abgetragen werden können. Bei empfindlicher Haut entfernt man die Masse mit Kompressen, bei dicker und unempfindlicher Haut wird sie abgerubbelt. Das mechanische Abtragen der Zellen beim Abrubbeln kann durch eine Bürstenmassage mit dem Frimator verstärkt werden (**9.**69). Nach Peeling-Behandlungen wirkt auch dicke und großporige Haut zarter und gleichmäßiger.

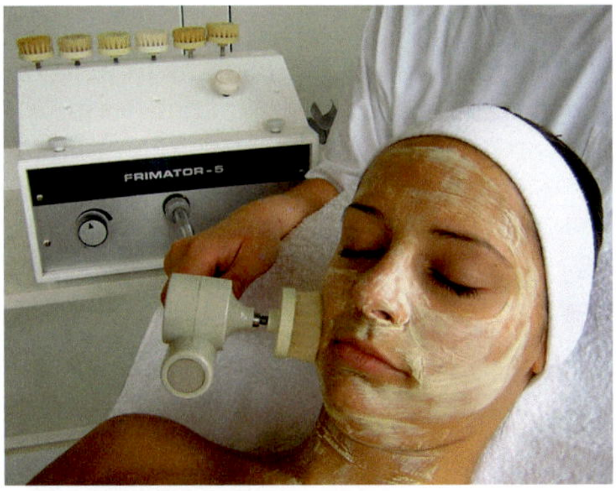

9.69 Peeling

Das **Hautschleifen** ist ein verstärktes mechanisches Peeling. Nach dem Auftrag eines grobkörnigen Spezialschleifmittels führt man den sich ständig drehenden Schleifstein über die Haut.

Schälbehandlungen der Haut, die nur von Ärzten vorgenommen werden, sind eine Radikalentfernung und Erneuerung der Hornschicht. Sie werden bei schweren Aknenarben durchgeführt. Salben, die Resorzin, Vitamin-A-Säure, Salicylsäure usw. enthalten, erzeugen eine starke Entzündung. Die Haut rötet sich, spannt schmerzhaft und schält sich innerhalb einer Woche vollständig ab, um sich dann zu erneuern. Diese starken Schälbehandlungen erfordern meist einen Hautklinikaufenthalt.

Strahlenanwendung in der Kosmetik

Das natürliche Sonnenlicht enthält außer dem sichtbaren Licht Infrarotstrahlen und die langwelligen UV-A-, UV-B- sowie UV-C-Strahlen (**9.**70).

Die Letzteren werden normalerweise von der natürlichen Ozonschicht der Erdatmosphäre von der Erde abgehalten. Bei geschädigter Ozonschicht (Ozonloch) entfällt jedoch diese Filterwirkung – die zellschädigenden Strahlen treffen uns. *Folge*: *Die Krebserkrankungen der Haut werden noch häufiger.*

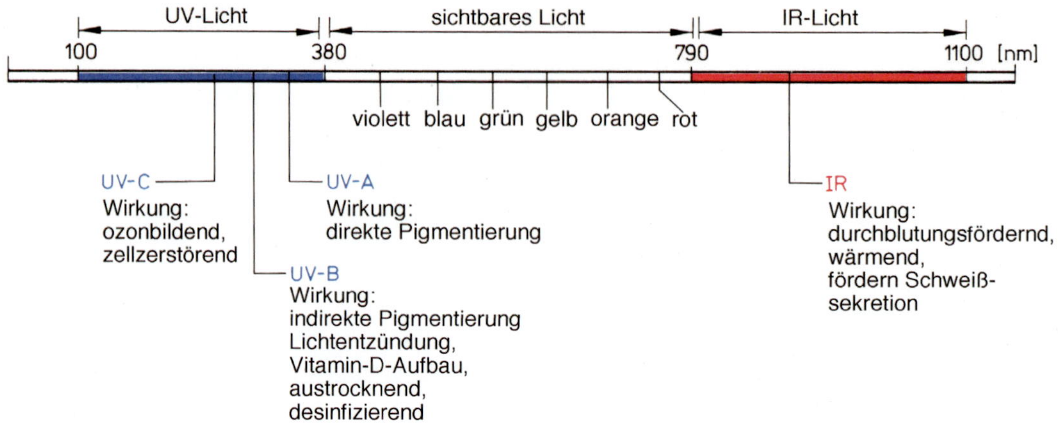

9.70 UV-Spektrum der Sonne

Solarien erzeugen keine UV-C-, wenig UV-B- und viel UV-A-Strahlung. Dadurch lässt sich zwar der schmerzhafte Sonnenbrand vermeiden, jedoch können andere Hautschäden auftreten.

UV-A-Strahlen dunkeln die vorhandenen Pigmentvorstufen (direkte Pigmentierung). So kommt es zu einer schnellen Hautbräunung, die aber nicht lange anhält. Da die langwelligen Strahlen bis in die Cutis eindringen, schädigen sie die elastischen und kollagenen Fasern des Bindegewebes. Die Fähigkeit dieser Hautschicht, Wasser zu speichern, lässt nach. Faltenbildung und vorzeitige Hautalterung sind die Folgen.

UV-B-Strahlen dringen bis zur Basalzellenschicht ein und regen dort die Melanocyten zur Pigmentbildung an.

Man spricht von einer *indirekten Pigmentierung*, weil die Hautbräunung erst nach mehreren Tagen sichtbar wird. Die UVB-Strahlen führen jedoch stets zu einer Lichtentzündung (Sonnenbrand, Erythem), die langsam in die ersehnte dunkle Hautfarbe übergeht. Leider ist ein Sonnenbrand nicht nur eine vorübergehende Unannehmlichkeit, sondern verursacht bleibende Hautschäden. Vorzeitige Alterung der Haut, Verdickung der Hornschicht (Lichtschwiele) und Hautkrebs sind bekannte Folgen übertriebener Sonnenbestrahlung. Um die positiven Wirkungen dieser Strahlen – z. B. den Aufbau von Vitamin D aus der Vitaminvorstufe, die desinfizierende und austrocknende Wirkung (Seborrhö, Akne) – auszunutzen, bedarf es also einer genauen Dosierung der Strahlen. Dazu eignen sich künstliche Strahler (Solarien, Höhensonne) und Lichtschutzcremes, die einen Teil der schädigenden Strahlen herausfiltern.

Blaulicht wird durch die Sollux-Lampe mit Blaufilter erzeugt. Die Wirkungen entsprechen dem Gegenteil der IR-Strahlen. Blaulicht verengt die Gefäße, vermindert die Durchblutung und beruhigt die Gefäßnerven. Daher setzt man es zur Linderung von Hautrötungen und -entzündungen ein (Sonnenbrand).

Infrarotstahlen (IR-Strahlen) sind Wärmestrahlen, die die Haut nicht schädigen. Sie wirken durchblutungsfördernd und regen die Schweißsekretion an. In der Kosmetik setzt man sie ein, um die Durchblutung bei Altershaut zu steigern und das Eindringen von Cremepackungen zu verbessern. Außerdem lässt sich mit IR-Strahlen die Heilung der Akne beschleunigen. Zur Bestrahlung eignet sich die Infrarotlampe der Höhensonne ebenso wie die Sollux-Lampe mit Rotfilter.

9.71 Sollux-Lampe

UV-Strahlen	IR-Strahlen	Blaulicht
– bräunen die Haut – desinfizieren – trocknen die Haut aus – bauen Vitamin D auf – verursachen Lichtschäden (Lichtschwielen, Hautalterung, Hautkrebs)	– erwärmen die Haut – fördern die Durchblutung – erhöhen die Schweißsekretion	– beruhigt, kühlt – vermindert die Durchblutung – lindert Rötungen und Entzündungen

9.6 Dekorative Kosmetik

Die dekorative Kosmetik bildet den Abschluss einer kosmetischen Behandlung. Sie ergänzt in ihrer Wirkung die Frisurengestaltung. Durch ein passendes Make-up soll der Typ der Trägerin besser zur Geltung kommen. Ziel muss es sein, Kleidung, Frisur und Make-up aufeinander abzustimmen.

Kleine Mängel im Gesicht können kaschiert werden. Die Kundin soll sich nach der Behandlung wohlfühlen und ein gepflegtes, attraktives, selbstbewusstes Auftreten bekommen.

Aufgaben der dekorativen Kosmetik:
- kleine Mängel im Gesicht ausgleichen
- den Gesichtstyp zur Geltung bringen
- die Wirkung der Frisur unterstreichen

9.6.1 Analyse

Bevor Sie zu den Farbtöpfen greifen, müssen Sie Ihre Vorstellungen vom Make-up mit denen der Kundin abgleichen. Dazu sind ein Beratungsgespräch und eine Gesichtsanalyse notwendig. Verschiedene Faktoren beeinflussen die Art und Ausführung des Make-ups.

Make-up Beratung

Checkliste

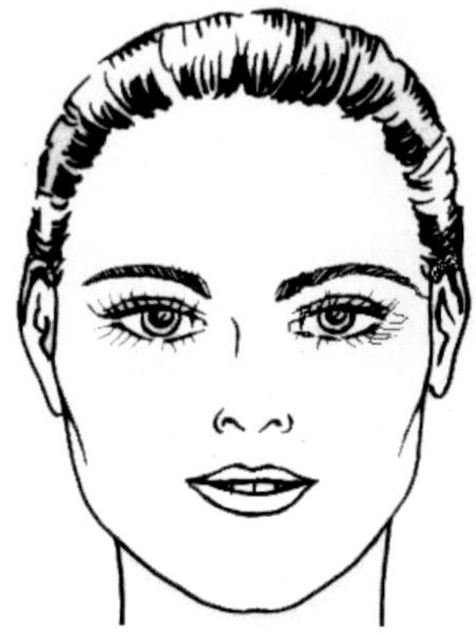

Gesichtsform

oval	rund	breit
kantig	schmal	spitzes Kinn

Augenform

eng stehend	weit stehend	tief liegend
Schlupflid	kleine Augen	

Lippenform

schmal	wulstig	breiter Mund
unterschiedlich		

Farben und Farbtyp

Haarfarbe	Hautfarbe
Frühling	Sommer

Persönlichkeit des Kunden

extravagant	sportlich	modisch	romantisch	klassisch

Wie schminkt sich die Kundin selbst?

Kundenwunsch

Welches Make-up schlagen Sie vor?

Tagescreme		Abdeckstift		Grundierung	
Puder		Rouge		Lidschatten	
Mascara		Eyeliner/Kajal		Konturenstift	
Lippenstift		Augenbrauenstift			

Technik____________________

Begründung____________________

9.6.2 Farbtypen

Seit einigen Jahren haben sich Farb- und Stilberaterinnen etabliert. Auch für uns Friseure ist das eine interessante Idee. Mit der Farb- und Stilberatung hilft man den Kunden, mehr aus ihrem Typ zu machen. Dabei wird das gesamte Erscheinungsbild des Kunden kritisch in Augenschein genommen, die Proportionen der Körperteile und des Gesichtes. Der Typ wird ermittelt und der Kleiderschrank auf den Kopf gestellt. Hemden, Blusen, Anzüge, Kostüme, alles kommt auf den Prüfstand.

Uns interessiert an dieser Stelle besonders die Farbtypenberatung. Sicherlich ist es Ihnen auch schon passiert, dass Sie einen tollen Pulli oder ein T-Shirt in einer besonders schönen Farbe gekauft haben. Nach einmaligem Tragen landete das gute Stück im Kleiderschrank ganz unten. Sie fühlten sich nicht so ganz wohl damit, obwohl die Farbe eigentlich ganz schön war. Was ist passiert? Ihre persönlichen Haar-, Haut- und Augenfarben passen nicht zur Farbe des Kleidungsstückes. Auf den ersten Blick ist Ihnen das im Geschäft nicht aufgefallen. Ihr Unterbewusstsein hat aber reagiert und Ihnen ein unbehagliches Gefühl vermittelt.

Was in dem Beispiel ein Kleidungsstück war, kann auch ein Make-up oder eine Haarfarbe sein.

Um die Vielzahl von Farben in ein Beziehungsschema zu bringen, teilt man sie in vier Gruppen ein. Diese Gruppen sind nach den Jahreszeiten benannt: Frühling, Sommer, Herbst und Winter. Natürlich gibt es auch viele Mischtypen. Wir wollen uns aber auf die Grundtypen beschränken und sie Ihnen hier vorstellen:

Frühling	**Hautton**	**Augenfarbe**	**Make-up**	**Haarfarbe**
Helle, warme, frische Farben. Vom Blattgrün mit einem hohen Gelbanteil, bis zu kräftigen warmen Orange- und Rottönen Pfirsich- und Lachsfarben	Heller warmer Teint, von zart durchscheinend bis zu einem goldenem Pfirsichton Häufig mit Sommersprossen	zartes Blau, Blaugrau, Graugrün	warme, zarte Farben Hellgrün, helles Gelb, hellbraun, helles Orange Lippen: Nougat und helle, warme Orangetöne	warme goldfarbene Nuancen wie Goldblond, Hellbraun und helle Kupfertöne
Sommer	**Hautton**	**Augenfarbe**	**Make-up**	**Haarfarbe**
Kühle und zarte Farben. Sie wirken nie grell Rot und Grüntöne mit hohem Blauanteil. Taubenblau, Petrol, Kirsch, Himbeer	kalttonig, hell, kühl, rosefarben aschig farbene Sommersprossen sind möglich	Grau, Graublau, Blau, Blaugrün	sanfte, kalte Farben, blass violett, silber, bläuliches rot, blassgrün Lippen: bläulich rot, braunrosa, dunkelrosa	aschige Nuancen wie Hell- bis Mittelaschblond und Aschbraun
Herbst	**Hautton**	**Augenfarbe**	**Make-up**	**Haarfarbe**
Leuchtende, intensive Farben wie Herbstlaub. Kastanie, Olive Warme, volle Farben, die nicht grell wirken	Heller, goldgrundiger Teint, warmes Elfenbein bis Bronzefarben Häufig Sommersprossen	bernstein, haselnussbraun, dunkelbraun, grün	warme, goldige Töne, olivgrün dunkelbraun, beige, ocker, helles orange, dunkelgrün Lippen: warme Rot- und Rotbrauntöne, bronze	Satte Haarfarben mit goldenem oder rötlichem Ton wie Rotgold bis Braun. Tizianrot, Kastanienbraun, Kupfergold
Winter	**Hautton**	**Augenfarbe**	**Make-up**	**Haarfarbe**
Frische und klare Farben mit starkem Kontrast, intensiv, kühl, Farben mit hohem Blauanteil, schwarz, weiß sowie eisige Pastelltöne. Intensive dunkle Blau-, Rot- und Violetttöne, Pink	Kühler Teint, d. h. heller transparenter Porzellanteint oder dunkler Hautton mit leichtem Olivstich	dunkelblau, türkis, schwarzbraun	intensive, kühle Farben, kräftiges, leuchtendes Blau, kräftiges Rosa, Silber, Violett Lippen: kräftiges Rosa, bläuliche Rottöne, violett, pink	Dunkle, kühle Farben mit aschigem Unterton von Dunkelbraun bis Schwarz Violett und Violettrot, Platinblond

9.72 Farbtücher Frühling

9.73 Farbtücher Sommer

9.74 Farbtücher Herbst

9.75 Farbtücher Winter

Im Sommer, wenn Sie schön „knackig“ braun gebrannt sind, können auch Farben anderer Typen passen.

Die Farbtypenbestimmung wird mit verschiedenfarbigen Tüchern durchgeführt. Diese legt man wechselweise um den Halsbereich der Kundin. So erkennt auch die Kundin, welche Farben zu ihr passen. Eine typgerechte Haarfarbe und ein abgestimmtes Make-up unterstreichen die Individualität der Trägerin.

9.6.3 Kundentyp und Alter

Der Typ, also die individuellen Merkmale der Persönlichkeit, sollen hervorgehoben werden. Wie im Kapitel 10 Werben – Beraten – Verkaufen beschrieben, kann man den Typ auf unterschiedliche Art festlegen. Für das Make-up sind der Anlass, die gewählte Kleidung und die Frisur typbestimmend.

Niemand behält bis ins hohe Alter hinein ein makelloses, faltenfreies Gesicht. Das Make-up muss darauf abgestimmt sein. Eine faltige Augenpartie, mit leuchtenden Make-up- Farben betont, ist keine Verschönerung. Auch kann man mit einem zu dicken Make-up das Alter nicht verdecken.

Kundentyp	Make-up	Frisur
romantisch	Rouge, dunkle Töne, rote Lippen	längere Haare, häufig gesteckt, Haarschmuck
sportlich	schlichtes Make-up ohne viel Farbe, dezentes Augen-Make-up, Lipgloss	kurze, unkomplizierte Haarfrisur, pflegeleicht
elegant	Make-up muss edel, harmonisch wirken, nicht aufdringlich; wenig Farbe, Ton in Ton	geometrisch geordnet, Pagenkopf, lange Haare mit klassischer Frisur
extravagant	Mut zu extremen Farben und Farbkombinationen	auffallend, mutig, schrill oder leuchtend in Form und Farbe
feminin	ausdrucksvolle Augen, gedeckte Farben, betonte Lippen	lange, volumige Frisuren, warme Haarfarben, Wellen und Locken

9.6.4 Gesichtsform

Die verschiedenen Gesichtsformen lassen sich nicht nur durch die Frisur ausgleichen, sondern auch durch ein entsprechendes Make-up. Das ovale Gesicht gilt momentan als Ideal. Es kann problemlos in jede Form geschminkt werden. Alle anderen Gesichtstypen versucht man, dem Ideal näher zu bringen. Die Mode kann aber auch andere Formen bevorzugen.

- dunkel schattierte Gesichtspartien treten optisch zurück
- hell schattierte Gesichtspartien treten optisch hervor

Breites Gesicht	**Schmales Gesicht**	**Rundes Gesicht**
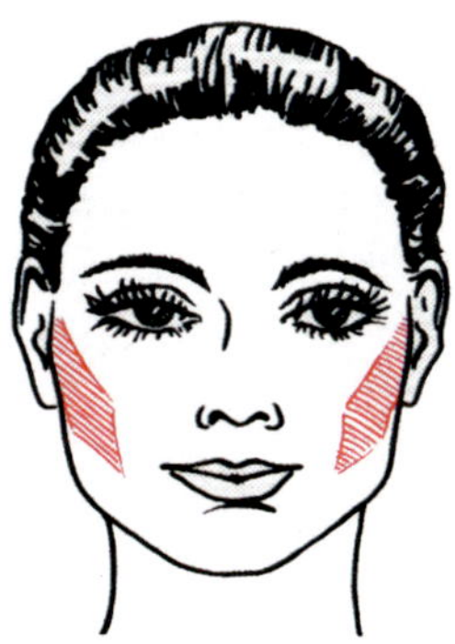	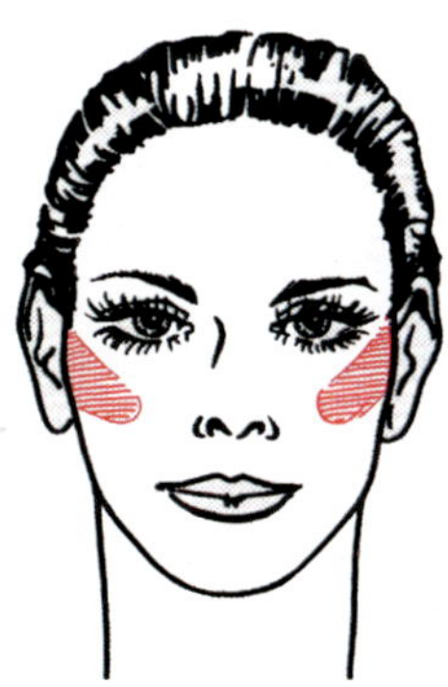	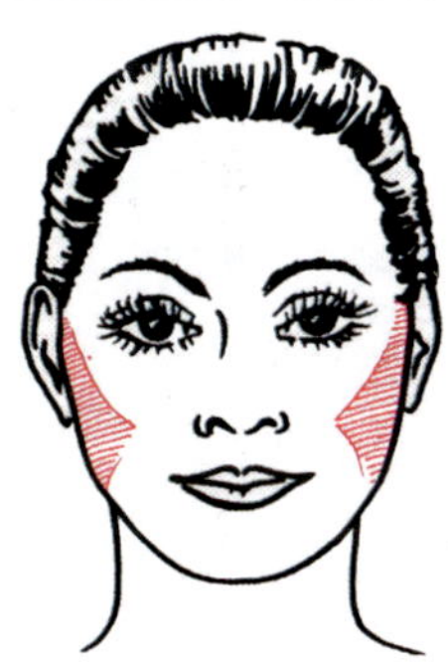
Rouge trapezförmig von der Mitte der Wangen zu den Ohren und zum Ende der Augenbrauen ziehen.	Rouge auf den Wangenknochen auftragen, zu den Schläfen hochziehen und auslaufen lassen. Bei einem sehr schmalen Gesicht kann Stirn und Kinn mit dunklerer Teintgrundierung zurückgesetzt werden.	Rouge wird als Dreieck zwischen Augenbrauenende, Wangenmitte und dem Kiefer aufgetragen. Die seitlichen Wangenpartien können mit einer dunkleren Teintgrundierung zurückgesetzt werden.

Breites Kinn	Spitzes Kinn	Nase
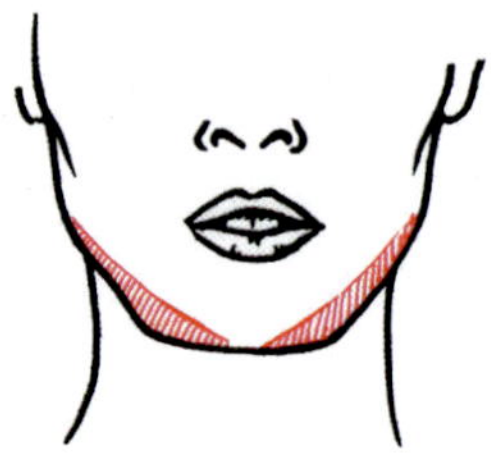	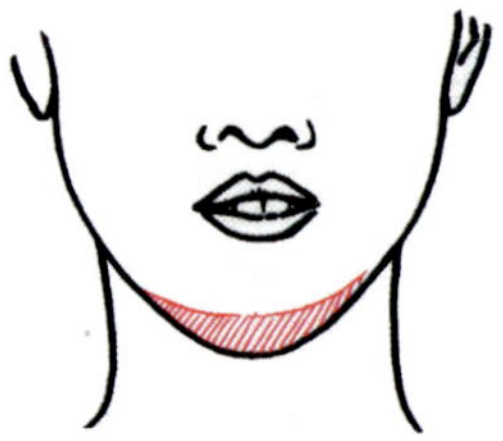	**Lange Nase** Unter der Nasenspitze dunkler schattieren und zu den Nasenflügeln auslaufen lassen. Die Nase sieht kürzer aus. **Breite Nase** Von den Augenwinkeln zu den Nasenflügeln die Nasenseiten dunkler schattieren. Den Nasenrücken heller schattieren. Die Nase wirkt dadurch schmaler.
Die Kontur wird rechts und links mit einer dunkleren Teintgrundierung abschattiert. Bei einem Doppelkinn wird eine dunklere Grundierung unter dem Kinn, zum Hals auslaufend, aufgetragen.	Die Kinnspitze wird mit einem Rougetupfer oder einer dunkleren Teintgrundierung schattiert.	

Ein breites Gesicht wird deshalb seitlich mit dunkler Teintgrundierung abschattiert. Ein spitzes Kinn kann optisch durch hellere Grundierung seitlich der Kinnspitze verbreitert werden.

9.6.5 Augen

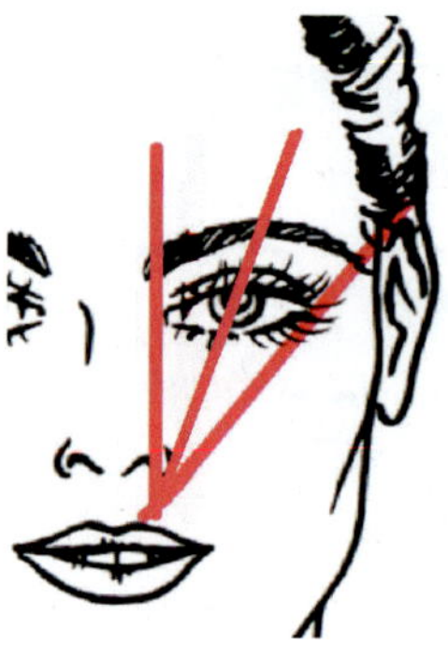

Augenbrauen

Augenbrauen beeinflussen die Wirkung eines Gesichtes. Sie sind ein starkes mimisches Ausdrucksmittel der nonverbalen Kommunikation. Um ihre Wirkung zu verstärken oder abzuschwächen, können sie gezupft, rasiert, gefärbt oder nachgezogen werden.

Für ein ovales Gesicht gilt die leicht geschwungene, nicht zu starke Augenbraue als ideal. Sie soll auf einer senkrechten Linie Nasenflügel-innerer Augenwinkel beginnen und auf einer Linie Nasenflügel-äußerer Augenwinkel enden. Überstehende Haare werden ausgezupft oder wegrasiert. Der höchste Punkt liegt in der Mitte.

Auch die Augenbrauen sind modischen Entwicklungen unterworfen. In den 1930er Jahren waren die dünnrasierten, hoch geschwungenen Augenbrauen der Filmstars Greta Garbo und Marlene Dietrich Schönheitsideal. Dichte buschige Augenbrauen, die über der Nase zusammen wachsen, geben dem Gesicht einen düsteren Anstrich. Seitwärts stark abfallende Brauen lassen das Gesicht traurig erscheinen. Karikaturisten machen sich diese Erkenntnisse zu Nutzen. Durch Formen der Augenbrauen kann man die Wirkung der Augen und des Gesichts verändern.

Ovales Gesicht	Längliches Gesicht	Rundes Gesicht	Eckiges Gesicht
Augen- und Gesichtsform wird betont.	Wird durch breitere Augenbrauen unterteilt.	Kräftige, betonte und hochgewölbte Augenbrauen lassen das Gesicht schmaler erscheinen.	Runde Brauenformen nehmen dem Gesicht die eckige Härte.

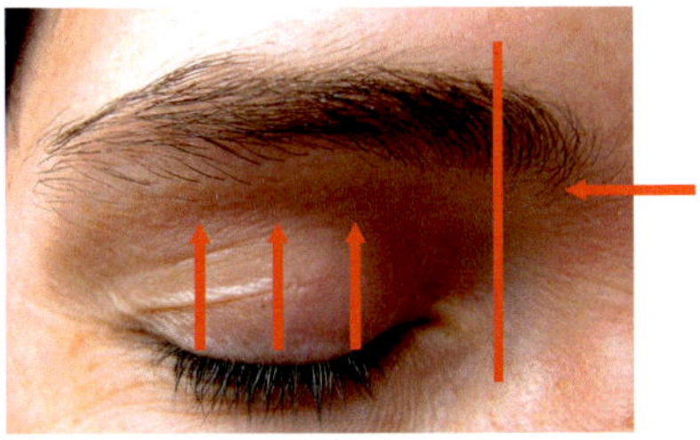

An der Nasenwurzel überstehende Haare werden entfernt.

Die Augenbrauenform immer von unten korrigieren. Dadurch erscheint das Auge größer.

Farblose oder zu helle Augenbrauen können nicht wirken. Mit einem Augenbrauenstift lassen sie sich leicht nachziehen. Mit einer Färbung lässt sich dieses Ergebnis dauerhaft gestalten. Die Augenbraue wird erst durch Zupfen oder Rasieren in Form gebracht. Mit einer speziellen Oxidationshaarfarbe werden die Haare eingestrichen. Die Einwirkzeit beträgt 2 bis 5 Minuten. Beachten Sie die Gebrauchsanweisung. Die Farbe hält so lange, bis die Haare herausgewachsen sind.

Die Farbe der Augenbrauen sollte der Haut- und Haarfarbe angepasst werden. Zu dunkle Augenbrauen wirken leicht lächerlich.

Augenbrauen nicht zu dunkel färben.
Augen wirken besonders ausdrucksvoll mit schwarzen oder blauschwarzen Wimpern.

Wimpern

Die Wimpern umrahmen das Auge. Lange Wimpern wirken interessant und anziehend. Mit einer Wimpernzange können sie nach oben gebogen werden. Diese Form soll verführerischer und erotischer wirken. Durch Wimperntusche (Mascara) werden die Wimpern optisch betont. Mit der Bürste oder Spirale des Applikators tuscht man zuerst die oberen Wimpern von oben, dann von unten. Dadurch erzielt man eine schwungvoll gebogene Wimpernform. Die Wimpern des Unterlids werden nur von oben behandelt. Der Mascara muss sehr sorgfältig aufgetragen werden. Zuviel oder eine schlechte Wimperntusche führt zum Verkleben der Wimpern. Es entstehen „Fliegenbeine".

Wimpernfärben. Bei Wimpernfärbemitteln liegt der H_2O_2-Gehalt niedriger als bei Haarfärbemitteln. Dadurch wird die Gefahr von Augenreizungen vermindert.

Zuerst muss die Augenpartie abgereinigt werden. Unterhalb des Auges wird eine Hautschutzcreme aufgetragen. Um eine Anfärbung der Haut zu verhindern, legt man bei geöffnetem Auge ein Schutzplättchen oder einen dünnen Wattestreifen unter und schiebt ihn bis zum Haaransatz der Wimpern heran. Nach dem Schließen der Augen muss der korrekte Sitz der Blättchen nochmals kontrolliert werden. Mit einem Stäbchen wird das Färbemittel in einer leicht rollenden Bewegung aufgetragen. An die Haut des Augenlids darf keine Farbe kommen, denn was Haare färbt, färbt auch die Haut. Während der Einwirkzeit von 10 Minuten muss die Kundin die Augen geschlossen halten.

Mit angefeuchteter Watte überschüssige Farbe abnehmen. Anschließend die Schutzblättchen abziehen. Die Kundin behält die Augen solange geschlossen, bis mit neuer feuchter Watte nachgereinigt wurde.

Wimperndauerwelle
Die Wimperndauerwelle gehört chemisch und vom Arbeitsablauf her zu den Dauerwellen. Sie wirkt durch Thioglykolat und benötigt zum Fixieren H_2O_2.

Als Erstes müssen Wimperntusche und Augen-Make-up abgenommen werden. Danach wird das Wimpernröllchen (entspricht einem Dauerwellwickler) ausgesucht. Es gibt verschiedene Stärken.

Nach dem Zurechtbiegen und der Anpassung an die Augenform wird das selbstklebende Röllchen aufgeklebt. Mit einem Holzstäbchen drückt man die Wimpern an das Wimpernröllchen. Es dürfen keine Wimpern vom Unterlid nach oben gezogen werden. Die Wellflüssigkeit ist bei den meisten Firmen gelförmig. Es muss vorsichtig aufgetupft werden, wobei der direkte Ansatz ausgespart wird.

Bei sehr langen Wimpern müssen auch die Spitzen herausgelassen werden, damit sie sich nicht kringeln. Die Einwirkzeit beträgt zwischen 10 und 30 Minuten. Sie müssen unbedingt die Gebrauchsanweisung beachten. Anschließend wird das Wellgel trocken abgetupft und mit dem Fixierpräparat die neue Form stabilisiert.

Künstliche Wimpern betonen die Augen zusätzlich. Sie werden meistens nur für das Abend-Make-up benutzt, können aber auch bei fehlender Wimperndichte eingesetzt werden. Die Zubehörindustrie liefert sie als Echt- oder Kunsthaar in verschiedenen Formen. Man bekommt sie als Einzelwimpern oder Band in unterschiedlichen Längen und Dicken. Künstliche Wimpern können getuscht und geformt werden. Sie überstehen die tägliche Wäsche und den Schwimmbadbesuch.

Lidstrich. Der Lidstrich (Kajal) ist der Mode unterworfen. Er ist zwar nicht immer modern, Sie sollten trotzdem wissen, wie er aufgetragen wird. Die Kundin muss das Augenlid schließen, damit Sie den Strich von der Mitte des Oberlids her dicht am Wimpernrand entlang nach außen ziehen können.

normales Auge 	Der Lidstrich sollte fein gezogen werden. Man beginnt an der Augenmitte und zieht ihn, leicht breiter werdend, etwas über die Augenwinkel hinaus.
kleines Auge 	Das kleine Auge soll optisch vergrößert werden. Deshalb zieht man den Lidstrich am Ober- und Unterlid mit einem kleinen Abstand, ca. 2 mm, zum Wimpernansatz.
sehr großes Auge 	Das große Auge sollte nicht zusätzlich betont werden. Der Lidstrich darf auf keinen Fall über die Augenwinkel oder Wimpernränder hinausgehen.
mandelförmiges Auge 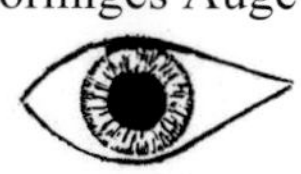	Das mandelförmige Auge wirkt auf den europäischen Betrachter exotisch und interessant. Deshalb kann diese Augenform beibehalten werden und wird nur mit einem feinen Lidstrich nachgezogen.
nach oben steigendes Auge 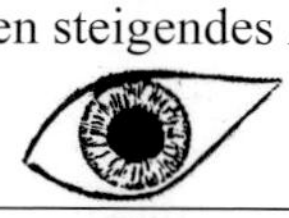	Zum Ausgleich wird auch am Unterlid eine Linie gezogen. Diese muss sich nach außen geringfügig verbreitern.
nach unten fallendes Auge 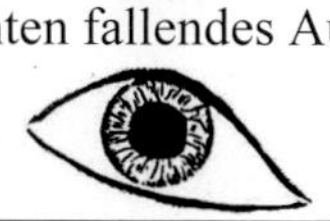	Der Lidstrich muss im äußeren Augenwinkel stark verbreitert werden, dadurch entsteht eine waagerechtere Linie.

Anschließend mit dem Pinsel oder Kajalstift am inneren Lidrand ansetzen und zur Mitte ziehen. Der Lidstrich soll das Auge konturieren und betonen. Es erscheint größer und interessanter. Ungünstige Augenformen können ausgeglichen werden.

Flüssiger Lidstrich wird Eyeliner genannt. Kajal und Eyeliner sind in vielen verschiedenen Farben erhältlich.

Augen-Make-up

Die Augen sind der interessanteste Teil eines Gesichtes. Verliebte können sich stundenlang in die Augen schauen. Augen drücken Freude, Trauer, Ablehnung und Zuneigung aus. Blickkontakt zeigt Interesse am Gesprächspartner. Mit einem guten Augen-Make-up kann man den Ausdruck der Augen verändern. Die Farbwahl sollte zu den Farbtypen passen. Der Lidschatten wird von innen nach außen aufgetragen. Wobei auch hier wieder die Regel gilt: Helle Farbtöne betonen und heben hervor, dunkle Töne lassen zurücktreten. Durch eine gezielte Auftragstechnik lassen sich Mängel ausgleichen.

Schlupflid	**kleines Auge**	**zu eng stehende Augen**
	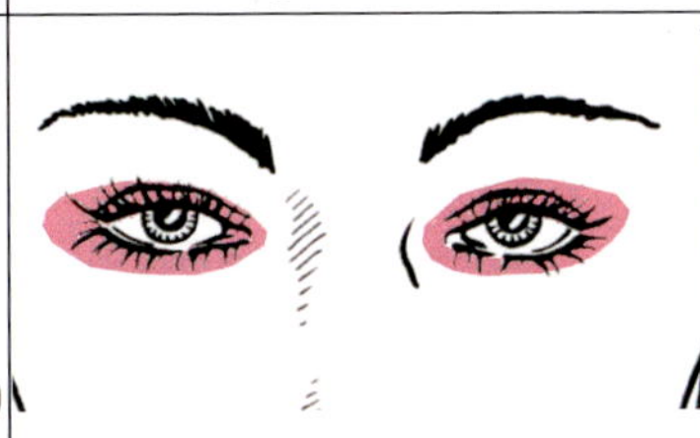	
Bis zur Lidfalte hell, oberhalb der Lidfalte, wo sich das Lid senkt, dunkler, zur Augenbraue auslaufend schminken. Die Wimpern besonders betonen.	Dezenten Farbton um das Auge verteilen. Kajal lässt das Auge größer erscheinen.	Seitliche Augenwinkel durch helle Töne betonen. In die inneren Augenwinkel (Nasennähe) keine Farbe geben. Keinen Kajal verwenden. Die Wimpern färben oder tuschen.
auseinander stehende Augen	**wulstige Augenlider**	**tief liegende Augen**

Innere Augenwinkel durch dunklere Farben betonen. Fließende Übergänge zu den helleren Farben außen wählen. Wimpern dunkel färben.	Partie zwischen Lidfalte und Augenbraue waagerecht mehrfarbig teilen.	Mit Kajal das Auge betonen. Innen heller, nach außen dunkler schminken, unter dem Auge hell.

9.6.6 Lippen

Die Mundform entscheidet mit, wie ein Mensch wirkt. Große volle Lippen wirken sinnlich. Deshalb lassen sich viele Frauen die Lippen unterspritzen. Ein schmallippiger Mund wirkt häufig verkniffen. Mit Farbe kann man betonen oder zurücktreten lassen. Dunkle Farben wirken dezenter. Je heller, kräftiger und glänzender der Farbton ist, desto mehr werden die Lippen betont. Wer einen farbigen Lippenstift ablehnt, aber trotzdem seine Lippen betonen möchte, benutzt einen Lipgloss. Dadurch bekommen die Lippen einen schönen Glanz und außerdem werden sie gepflegt.

Für das perfekte Lippen-Make-up wird die Kontur mit einem Lippenkonturenstift vorgezeichnet. Er begrenzt die Lippen und gleicht Unregelmäßigkeiten im natürlichen Konturenverlauf aus. Der Konturenstift darf eine Nuance dunkler sein als die Lippenfarbe. Der Mund wirkt dadurch besonders plastisch. Ist die Kontur vorgezeichnet, nimmt man den Lippenstift mit einem Spatel ab und trägt die Farbmasse mit einem Pinselchen auf. Überschüssiger Lippenstift wird mit einem Zellstofftuch durch „Drauf beißen" abgenommen.

Unterschiedliche Lippenformen erfordern verschiedene Arbeitsweisen.

Schmale Lippen 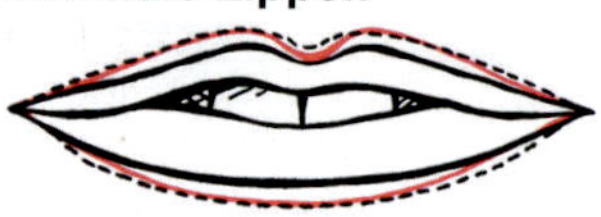	Um schmale Lippen zu vergrößern, wird die Lippenkontur mit dem Konturenstift ein wenig außerhalb der natürlichen Grenze gezogen. Mit einer glänzenden Farbe ausmalen und zusätzlich Lipgloss darüber geben.
Wulstige Lippen 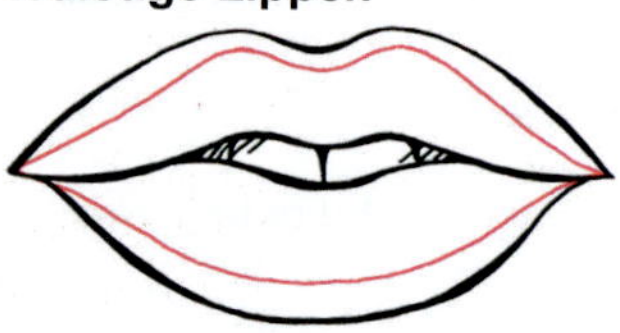	Um wulstige Lippen zu verkleinern, müssen die Lippen mit einer Teintgrundierung überschminkt werden. Anschließend mit einem hellen Konturenstift innerhalb der Lippenfläche eine neue Kontur festlegen. Matte dunkle Farben verwenden. Keine kräftigen oder stark glänzenden Produkte einsetzen.
Zu breiter Mund 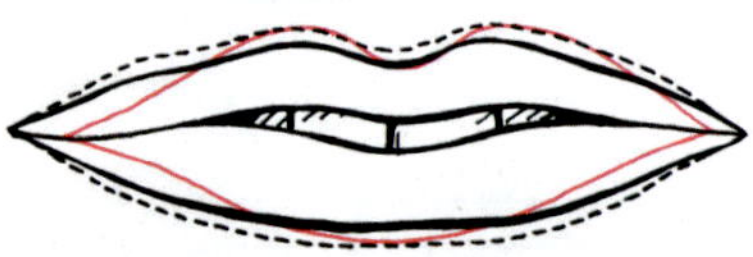	Die Seitenränder mit Teintgrundierung überschminken. Die neue Kontur schmaler als die natürliche Kontur wählen. Sind die Lippen nicht zu dick, kann nach oben und unten die Kontur ausgedehnt werden. Es entsteht eine neue Proportion.
Unterschiedliche Lippengrößen	Sind Ober- und Unterlippe in ihrer Größe und Form unterschiedlich, muss die einzelne Lippe, wie oben beschrieben, ausgeglichen werden.

9.6.7 Gestaltung eines Make-ups

Ein Make-up soll die natürliche Schönheit seiner Trägerin unterstreichen. Es muss sich eine Harmonie von Alter, Frisur, Kleidung, Haar- und Hautfarbe ergeben. Das Make-up soll dem Anlass entsprechend gestaltet werden.

	Grundierung	Augen	Lippen	Sonstiges
Tages-Make-up	Teintgrundierung mit getönter Tagescreme Puder nur bei Bedarf dezentes Rouge	Wimpern mit Mascara, Kajal, dezenter Lidschatten	heller Konturenstift, dezenter Lippenstift oder nur Lipgloss	Ein Tages-Make-up soll dezent den Typ der Trägerin unterstützen
Abend-Make-up	Grundierung mit Creme-Make-up Puder, Rouge	Augenbrauen nachziehen, künstliche Wimpern, Mascara, Ka-jal, kräftiger Lidschatten	der Mund darf stärker geschminkt werden	Ein Abend-Make-up soll auffälliger und intensiver sein. Strasssteine
Senioren-Make-up	Pigmentflecken mit Abdeckstift behandeln, dezente Teintgrundierung, wenig Rouge	sauber gezupfte und gefärbte Augenbrauen, wenig Lidschatten	heller Lippenstift	Keine Maske schminken, Hautfalten nicht mit Puder zusetzen
Brillen-Make-up	Bei Brillenträgern muss das Augen-Make-up deutlich kräftiger geschminkt werden, da Brillengläser Farbe schlucken.			
Foto-Make-up	Grundierung mit Creme-Make-up Stark mit Puder abmattieren, Rouge	Kräftiger und gezielter als normal, Kajal Das Blitzlicht schluckt viel Farbe	kräftige glänzende Farben	Das Make-up muss sehr sorgfältig ausgeführt werden. Auf dem Foto sieht man jeden Pinselstrich
Braut-Make-up	Grundierung mit Creme-Make-up Wasserfestes Puder Dezentes Rouge	Wimpern färben, Wasserfeste Wimperntusche, Lidschatten in leichten Farben	Konturenstift, Lippenstift auftragen, abpudern und ein zweites Mal auftragen	Ein dezentes, natürliches Make-up. Etwas kräftiger als ein Tages-Make-up

Arbeitsschritte:

1. **Vorbereitung.** Das Make-up wird auf der gereinigten und adstringierten Haut ausgeführt. Tagescreme (Ö/W-Emulsion) als Make-up-Unterlage auftragen. Bei seborrhöischer Haut eignet sich eine Matt- oder Stearatcreme, da sie das Fleckigwerden der Grundierung verhindert.
2. **Grundierung.** Zuerst deckt man, wenn nötig, mit einem Korrekturstift oder weißem Make-up Unreinheiten sowie Augenringe ab. Bei starken Teleangiektasien oder Neigung zu roten Flecken kann ein hellgrünes Make-up (Komplementärfarbe) auf die Wangen aufgetragen werden. Häufig gebrauchte Teintgrundierungen sind flüssige Make-up Präparate (Ö/W-Emulsionen). Sie werden

mit einem speziellen Schwämmchen gleichmäßig auf Stirn, Nase, Kinn und Wangen getupft und verteilt. Puderförmige Grundierungen werden hauptsächlich bei seborrhöischer Haut eingesetzt. Pastenförmige Grundierungen werden mit einem Spatel entnommen und verteilt. Sie haben häufig eine höhere Deckkraft als flüssige. Sie sind deshalb für ein festliches Make-up besser geeignet. Augenbrauen und Lippen bleiben frei von Grundierung. Hals und Ohrläppchen müssen mitbehandelt werden, damit es einen fließenden Übergang zur nicht geschminkten Haut gibt. Besonders wichtig sind die Übergänge an den Haaransätzen.

3. **Puder** dient zum Fixieren (haltbar machen) der Grundierung und zum Mattieren, damit das Gesicht nicht so glänzt. Es wird mit einem Puderpinsel, Wattebausch oder einer speziellen Puderquaste aufgetragen.
4. **Augenbrauen nachziehen**
5. **Lidschatten** entsprechend dem Farbtyp, Anlass und Kleidung auswählen. Mit dem Lidschattenschwämmchen Farben auftragen und verstreichen. Auf die Übergänge achten. Lidstrich mit Kajalstift oder Eyeliner setzen. Evtl. Strasssteine o. Ä. anbringen.
6. **Wimpern tuschen**
7. **Rouge auftragen.** Rouge gibt es als Creme- oder Puderrouge. Die Farbe sollte immer etwas dunkler sein als die Hautfarbe oder die Grundierung. Das Rouge soll die Besonderheiten des Gesichtes zur Geltung bringen, kann aber auch zum Ausgleichen eingesetzt werden.
8. **Lippenform** mit einem Konturenstift oder -pinsel festlegen. Anschließend mit der gewünschten Farbe ausmalen. Dabei beginnt man in der Lippenmitte und arbeitet sich nach außen vor.
9. **Kontrolle**. Sind beide Augen gleich geschminkt? Stimmen alle Übergange? Wirkt den Mund gerade?

Aufgaben zu Abschnitt 9.6

1. Warum muss man das Färben bei Augenbrauen und Wimpern alle vier Wochen wiederholen?
2. Wie ermittelt man die passende Länge für Augenbrauen?
3. Welche Vorüberlegungen machen Sie bei einem Make-up? Was fragen Sie die Kundin?
4. Wie tragen Sie Rouge auf ein breites Gesicht auf?
5. Wie lässt man ein spitzes Kinn optisch breiter erscheinen?
6. Ihre Kundin hat ein rundes Gesicht. Wie kommen Sie zu einem optimalen Make-up-Ergebnis?
7. Was müssen Sie bei der Wahl des Lidschattens berücksichtigen?
8. Ihre Kundin ist ein Frühlingstyp. Welche Farben empfehlen Sie für das Make-up?
9. Eine Kundin hat einen goldgrundigen Teint und grüne Augen. Die Haarfarbe ist ein kräftiges Kupferrot. Welchen Farbtyp erkennen Sie?
10. Ihre Kundin möchte eine Beratung, weil sie sich mit ihrem Make-up nicht richtig wohl fühlt, obwohl ihr die Farben gefallen. Zu ihrer porzellanfarbenen Haut, den dunkelblauen Augen und den dunklen aschbraunen Haaren trägt sie einen hell orangen Lippenstift und hellgrünen Lidschatten. Was empfehlen Sie der Kundin?
11. Warum sollte beim Lippen-Make-up die Kontur dunkler nachgezeichnet werden als die Lippen?
12. Wozu werden Augenbrauen gezupft?
13. Was ist beim Augenbrauenfärben zu beachten?
14. Beschreiben Sie das Färben der Wimpern.
15. Ihre Kundin hat eine dicke Nase. Wie können Sie diesen Mangel dekorativ korrigieren?
16. Wozu benutzt man Lipgloss?
17. Wo und wie trägt man Mascara auf?
18. Wie unterscheidet sich ein Tages- von einem Abend-Make-up?
19. Was kann man mit einem Lidstrich beeinflussen?
20. Welche Möglichkeiten bieten künstliche Wimpern?
21. Wie nehmen Sie die Farbe von einem Lippenstift ab?
22. Erläutern Sie die Arbeitsweise bei einem Abend-Make-up.
23. Ihre Kundin hat tief liegende Augen. Wie gestalten Sie das Make-up?
24. Ihre Kundin hat weit auseinander stehende Augen. Wie gestalten Sie das Augen-Make-up?

25. Wie können Sie große Lippen kleiner erscheinen lassen?
26. Wie gestalten Sie einen kleinen Mund, um ihn größer erscheinen zu lassen?
27. Ihre Kundin hat unterschiedliche Lippengrößen. Oben kleiner und unten größer. Was empfehlen Sie?
28. Eine Kundin hat sehr helle Augenbrauen. Sie möchte einen kräftigeren Farbton. Was können Sie der Kundin empfehlen?

9.7 Kosmetische Präparate

Die wichtigsten und häufigsten Formen kosmetischer Pflegeprodukte sind Cremes und Lotionen.

9.7.1 Hautlotionen

Gesichtslotionen oder Gesichtswässer sollen eventuell noch vorhandene Reinigungsmittelreste entfernen, den Aufbau des Säureschutzmantels unterstützen und je nach Zusätzen die Gesichtshaut beleben oder beruhigen. Eine Übersicht der einzelnen Inhaltsstoffe finden Sie in Tab. **9**.76.

Tabelle **9**.76 Inhaltsstoffe von Gesichtswässern

Inhaltsstoff	Wirkung
10 bis 40 % Ethanol in Aknegesichtswasser 30 bis 50 % 2-Propanol	löst Fette (Hauttalg, Fette aus Reinigungsmitteln und fetthaltige Verschmutzungen) erfrischt (Verdunstungskälte) und desinfiziert
organische Säuren (Zitronen- und Weinsäure, Alaun) sauer reagierende Salze	adstringieren erneuern pH-Wert der Hautoberfläche entquellen
Tenside	verbessern die Reinigungswirkung
hautglättende Zusätze z. B. Propantriol (Glycerin), Hexanhexol (Sorbitol)	erhöhen durch ihre wasserbindenden Eigenschaften den Wassergehalt der Hornschicht
desinfizierende Zusätze [1])	erhöhen die Haltbarkeit des Präparates und wirken gegen Akne
Duft- und Farbstoffe	verbessern den Geruch und das Aussehen des Präparats
spezielle Zusätze, z. B. – Teer – Schwefel – Salizylsäure – Kamille (Azulen) – Hamamelis – Melisse – Menthol – Camphersäure	 entzündungshemmend hornlösend, desinfizierend hornlösend entzündungshemmend schwach gerbend adstringierend kühlend, antiseptisch, anregend adstringierend, juckreizmildernd

[1]) Kosmetische Mittel müssen desinfizierende Zusätze bzw. Konservierungsmittel enthalten, um sie vor bakterieller Zersetzung und dem Ranzigwerden zu schützen

Rasierwässer, die vor der elektrischen Rasur (pre-shave) benutzt werden, härten und richten die Barthaare auf. Gleichzeitig trocknen und entfetten sie durch ihren hohen Alkoholgehalt (bis zu 80 % Ethanol) die Haut, sodass sich die Barthaare gut durch die Messer des Rasierapparats entfernen lassen. Zusätze von Glycerin oder Isopropylmyristat (synthetische Fettsäureester) machen die Haut gleitfähiger. Wirkstoffe wie Menthol oder Campher verstärken die kühlende Wirkung des Alkohols. Durch After-shave-Präparate neutralisieren die Herren nach der Nassrasur die alkalische Wirkung der Rasierseife. Diese Mittel enthalten adstringierende Säuren und bis zu 50 % Ethanol. Der Alkohol erfrischt nicht nur, sondern schützt auch die unvermeidlichen winzigen Abschabungen der Hornschicht (besonders um die Haarfollikel) vor Infektionen. Desinfizierende Zusätze unterstützen ihn dabei. Glycerin, Sorbit oder andere hautglättende Inhaltsstoffe machen die nach der Rasur gereizte Haut geschmeidig. Da bei After-shave-Lotionen ein länger anhaltender Duft erwünscht ist, enthalten sie außerdem verschiedene Duftstoffe meist herber Duftnoten.

Lotionen sind wässrige alkoholische Lösungen mit verschiedenen Wirkstoffzusätzen.

9.7.2 Emulsionen

Kosmetische Präparate, die in Emulsionsform vorkommen, lassen sich nach dem Ablauf der Gesichtsbehandlung oder ihren Hauptaufgaben einteilen:

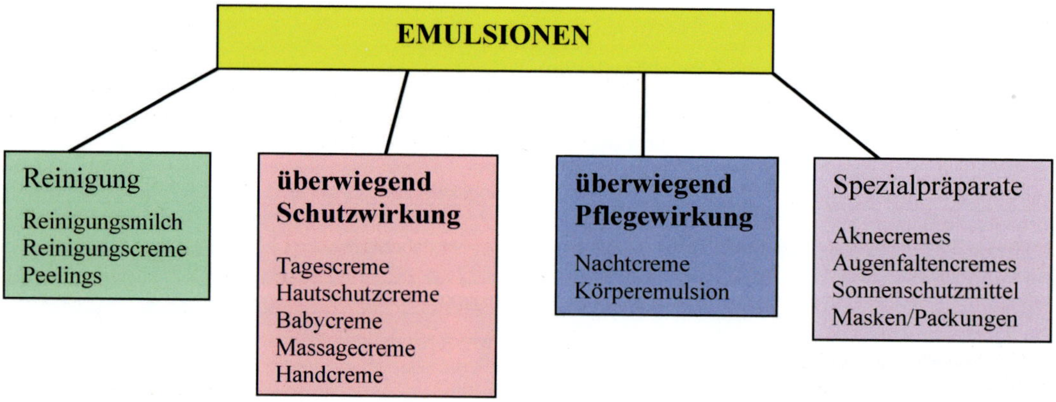

Emulsionen sind feinste Mischungen aus Fett und Wasser. Jeweils eine der beiden Phasen ist in der anderen in feinen Tröpfchen verteilt. Die Emulsion wird durch einen Emulgator beständig gemacht.

W/Ö-Emulsion. Ist das Wasser in der Ölphase verteilt, so dass die Fette oder Öle das Wasser umhüllen, so spricht man von einer W/Ö-Emulsion. Da Öle die äußere Phase bilden, sind die Emulsionen etwas zäher und hinterlassen auf der Haut einen Fettglanz.

Ö/W-Emulsion. Im umgekehrten Fall, wenn die Wasserphase außen liegt, handelt es sich um eine Ö/W-Emulsion. Hier ist Wasser die äußere Phase und bestimmt die Eigenschaften der Emulsion: Sie lässt sich leicht auf der Haut verteilen, hinterlässt keinen Fettglanz und klebt nur schwach.

Der ***Emulsionstyp*** bestimmt das ***Eindringvermögen*** und die ***Wirkstoffabgabe*** in die Haut:

- **Ö/W-Emulsionen** dringen leicht und schnell in die oberen Zelllagen der Hornschicht ein und geben schneller Wirkstoffe an die Haut ab als W/Ö-Emulsionen
- **W/Ö-Emulsionen** dringen viel schwerer zwischen die oberen Hornschichtzellen. Sie geben ihre Wirkstoffe viel langsamer ab, als Ö/W-Emulsionen. Die Abgabe der Wirkstoffe gelingt ihnen aber deutlich besser als reinen Fetten oder Mischungen aus Fetten.

Sie können die Wirkstoffabgabe mit folgendem Versuch überprüfen:

Versuch 1 Mischen Sie auf drei Uhrgläsern eine Ö/W-Emulsion, eine W/Ö-Emulsion und Vaseline mit je einer Spatelspitze Salizylsäure. Verpacken Sie je eine Probe der Mischung in Spitzenpapier und werfen Sie sie in Bechergläser mit Eisen(III)chloridlösung. Die Lösung verfärbt sich mit Salizylsäure von Gelbbraun nach Blauviolett.

Welche Mischung gibt die Salizylsäure am schnellsten ab? Beobachten Sie den Farbumschlag.

Bestandteile der Ölphase

Häufig eingesetzt werden Fettsäureester, z. B. Isopropylpalmitat, Fettalkohole, Mineralöle und – wachse, Vaseline, Silikonöle oder pflanzliche Fette, z. B. Olivenöl, Mandelöl, Jojobaöl. Die Ölphase enthält öllösliche Wirkstoffe wie z. B. Antioxidantien oder Parfümöle.

Bestandteile der Wasserphase

Die Wasserphase enthält hauptsächlich entsalztes Wasser, dem feuchtigkeitsregulierende oder feuchtigkeitsbewahrende Substanzen (NMF = natural moisturizing factor) zugesetzt sind, um die Haut vor dem Austrocknen zu bewahren. Das können sein: Aminosäuren, Harnstoff, Kollagen-Hydrolysate, Milchsäure. Außerdem findet man Konservierungsmittel, Feuchthaltemittel für die Emulsion und wasserlösliche Wirkstoffe.

Qualität und Beständigkeit von Emulsionen sind von der Feinheit der Phasenverteilung, von den Inhaltsstoffen und vom Emulgator abhängig. Besonders feine, gleichgroße Tröpfchen erhält man durch *Homogenisieren*. Dabei werden die Emulsionen durch eine winzige Düse gepresst, sodass sich größere Tropfen zerteilen. Da Hitze, Frost und wiederholte Temperaturschwankungen Emulsionen zerstören können, müssen sie gleichmäßig kühl gelagert werden.

Emulgatoren vereinen in ihrem Molekül wasserfreundliche und wasserfeindliche (also fettfreundliche) Gruppen. Wasserfreundlich sind die OH– und –COOH– Gruppen, fettfreundlich z. B. die Kohlenwasserstoffketten. Emulgatoren, die in Öl besser löslich sind als in Wasser, führen zu W/Ö-Emulsionen, während wasserlösliche Emulgatoren Ö/W-Emulsionen entstehen lassen. Deshalb sind Emulsionstypen vom Emulgator abhängig.

Reinigungsemulsionen

Reinigungsmilch ist eine Ö/W-Emulsion, die Make-up-Reste und Verschmutzungen der Haut aufnimmt. Verschmutzungen werden zusammen mit der Reinigungsmilch abgewaschen oder mit warmen Kompressen abgenommen. Die Fettphase dieser Präparate besteht überwiegend aus Mineralfetten, die nicht von der Haut aufgenommen werden. Echte Fette und Öle können zugesetzt sein.

Reinigungscremes sind W/Ö-Emulsionen, die sich besonders eignen, um stark fetthaltige Verschmutzungen zu entfernen. Hauptbestandteile sind Mineralfette. Da sie sich nicht mit Wasser abwaschen lassen, werden Reinigungscremes mit Zellstofftüchern abgenommen und Reste mit Gesichtswasser entfernt.

Peelingcremes

Die Grundlage eines Peelings ist eine Ö/W-Emulsion. Man setzt der Creme Schleifkörper (Abrasiva) zu, die bei einer Massage oder Bürstenmassage die obersten Hornzellen abtragen sollen. Als Schleifmittel können enthalten sein: Kunststoffkügelchen, gemahlenene Pfirsich- oder Aprikosenkerne, Seesand-Mandelkleie oder weißer Ton (Kaolin).

Emulsionen mit Schutzwirkung

Tagescremes (Feuchtigkeitscremes) schützen die Haut vor Witterungseinflüssen und dienen als Unterlage fürs Make-up. Meist sind es Ö/W-Emulsionen, die wegen ihres hohen Wassergehalts der Haut Feuchtigkeit zuführen. Ihre Fettphase besteht überwiegend aus Fettsäuren oder Fettalkoholen, die gleichzeitig als Emulgatoren dienen. Durch Zusatz von Mineralfetten bilden Tagescremes einen schützenden Film auf der Haut und hinterlassen einen matten Schimmer. Wasserbindende Substanzen (Glycerin, Sorbit) erhöhen die feuchtigkeitsspendende Wirkung und verhindern das Eintrocknen der Creme. Bei seborrhöischer Haut eignen sich Feuchtigkeitscremes auch zur Nachtpflege, weil diese Haut viel Talg produziert und sich damit ein stärkeres Fetten der Hornschicht erübrigt.

Handschutzcremes haben neben der Schutzfunktion pflegende Eigenschaften. Dies ist besonders wichtig, weil die Haut der Hände vielen ungünstigen Einflüssen ausgesetzt ist (z. B. Wasser, Waschmittel, Alkalien) und daher leicht rauh und rissig wird. Beide Emulsionstypen sind im Handel. Als Fettphase eignen sich neben Mineralfetten und den wasserabweisenden Silikonölen auch Polywachse mit Glycerinzusatz (Glycerincremes). Echte Fette und Wachse werden zugesetzt, um die hautpflegenden Eigenschaften zu verbessern.

Babycremes sollen die empfindliche Babyhaut vor Nässe schützen und enthalten daher einen hohen Anteil Mineralöle und -fette. Durch entzündungshemmende Wirkstoffe (Zinkverbindungen) und besonders milde Konservierungsmittel sind sie auf die Kleinkinderhaut abgestimmt. Sie eignen sich als Puderunterlage und werden mit Öl entfernt.

Massagecremes bestehen vor allem aus Mineralfetten, da diese einen schützenden Film bilden und zugleich die Gleitfähigkeit erhöhen. Es sind W/Ö-Emulsionen, denn die Creme muss längere Zeit auf der Haut bleiben.

Emulsionen mit überwiegend schützenden Aufgaben enthalten Mineralfette oder -öle.

Emulsionen mit Pflegewirkung

Nachtcremes werden auch Nährcremes genannt. Es sind W/Ö-Emulsionen mit echten Fetten und Wachsen. Je nach zugesetzten Wirkstoffen unterscheidet man z. B. Vitamin-, Collagen- oder Kräutercremes. Sie sollen die Haut vor vorzeitiger Alterung bewahren und ihr Fett und Feuchtigkeit zuführen.

Körperemulsionen, auch fälschlich Körperlotionen genannt, sind verhältnismäßig dünnflüssige, wasserreiche Ö/W-Emulsionen, die sich leicht auf der Haut verteilen lassen. Sie pflegen nach dem Duschen oder Baden die durch WAS entfettete Haut, machen sie weich und geschmeidig und verhindern die Abschuppung trockener Hautpartien (Beine, Arme). Der Zusatz von Parfümölen wird ebenso angenehm empfunden wie das schnelle Eindringen der echten Fette und Wachse.

Emulsionen mit überwiegend pflegenden Eigenschaften enthalten echte Fette und Wachse, Fettalkohole und Fettsäuren.

Spezialpräparate

Aknecremes sind Ö/W-Emulsionen mit desinfizierenden, entzündungshemmenden und keratolytischen Wirkstoffen (z. B. Vitamin A, Schwefel und Salicylsäure). Weil Aknehaut fettig glänzend wirkt, bevorzugt man Cremes auf der Basis der stark mattierenden Stearinsäure. Es gibt sie farblos und (durch Pigmentzusatz) in mehreren Farben, sodass sich ein Make-up erübrigt.

Augenfaltencremes oder -öle enthalten leicht verstreichbare natürliche Fette (z. B. Avocadoöl, Weizenkeimöl) mit hohen Anteilen ungesättigter Fettsäuren. Sie dringen schnell in die Haut ein und beugen Faltenbildung der besonders empfindlichen Augenpartie vor. Man massiert sie seitlich vom Auge und über den Jochbeinbögen mit leicht streichenden Bewegungen ein.

Lichtschutzpräparate

Braun ohne Sonnenbrand. Sonnengebräunte Haut galt früher als Zeichen körperlicher Arbeit und war darum verpönt. Landarbeiter, Seeleute und andere draußen arbeitende Menschen waren braun – die vornehmen Damen schützten sich beim Spaziergang mit Sonnenschirm vor der „ordinären“ Bräunung. Blasse Haut war „in“ und wurde noch durch weißlichhelle Puder verstärkt. Heute ist es – trotz Warnung der Hautärzte vor den schädigenden Wirkungen des Sonnenlichts –

gerade umgekehrt: Jeder möchte durch sportliche Bräune bewundernde Blicke auf sich lenken. Gebräunte Haut wird nicht mehr mit körperlicher Arbeit, sondern mit Gedanken an Urlaub und Freizeit verknüpft. Leider geht der ersehnten Hautfarbe oft ein Sonnenbrand voran. Diese Hautverbrennung lässt sich durch Lichtschutzmittel verhindern.

Lichtschutzpräparate gibt es als Emulsion, Öl, Gel oder Lösung (Pumpspray).
Sie enthalten Lichtschutzfilter, die UV-Strahlen reflektieren oder absorbieren sollen. Je nachdem welche Strahlen herausgefiltert werden sollen, enthalten sie UVA-Filter, UVB-Filter oder Breitbandfilter. In der Regel enthalten heute aber alle Lichtschutzprodukte beide Filter oder den Breitbandfilter, um dem Verbraucher einen optimalen Schutz zu bieten. Die Höhe des Lichtschutzes hängt von der Art und der Menge des eingesetzten Filters ab.

Der Lichtschutzfaktor (LSF), auch SPF (= Sun Protection Factor) genannt, gibt an, wie viel mal länger man mit dem Präparat geschützt in der Sonne bleiben kann, bis eine Rötung (Erythem) auftritt, als mit ungeschützter Haut.

Wie lang kann man sich der Sonne aussetzen, bevor eine Hautrötung eintritt?

Dazu findet man Anhaltspunkte in der folgenden Tabelle, die die Hauttypen und ihre Reaktion auf Sonne beschreibt:

Tabelle **9.**77 Hauttypen und Lichtschutzfaktoren

TYP	Beschreibung	Bezeichnung	Reaktion auf Sonne	Eigen-schutz	Empfohlener LSF
I	blasse Haut, rötliche Haare, viele rötliche Sommersprossen helle Augen extrem empfindlich	keltischer Typ	sofort intensive Hautrötung schwerer Sonnenbrand keine Bräunung	5 bis 10 Minuten	21 bis 30
II	helle Haut blonde/hellbraune Haare, einige Sommersprossen empfindlich	hellhäutiger Europäer	rasch Sonnenbrand schwache Bräunung	10 bis 20 Minuten	16 bis 20
III	normale Haut hellbraune Haare graue, braune Augen	dunkelhäutiger Europäer	selten Sonnenbrand gute Bräunung	15 bis 25 Minuten	8 bis 14
IV	bräunliche Haut dunkle Haare braune Augen	mediterraner Typ	kaum Sonnenbrand	20 bis 30 Minuten	1 bis 7

Der Lichtschutzfaktor ist ein Rechenfaktor, genauer gesagt, die Multiplikationszahl, mit der Sie Ihre persönliche Sonnenzeit berechnen können. Wer z. B. ohne Sonnenschutz nach 10 Minuten Sonnenbad eine Hautrötung bekommt, bekommt sie mit LSF 15 erst nach $10 \times 15 = 150$ Minuten.

Aber Vorsicht, diese Werte sind nur Anhaltspunkte. Die Zeit kann sich bei intensiver Sonnenstrahlung (Tropen), Höhenlage oder individueller persönlicher Empfindlichkeit der Haut deutlich verkürzen. Außerdem sollten Sie die maximale Schutzzeit vor der Sonnenbrandreaktion nicht ausnutzen, da bereits vorher, schon nach etwa der Hälfte der Zeit, chronische Lichtschäden und Hautalterung gefördert werden.

Bei der Anwendung von Lichtschutzpräparaten müssen Sie einige Punkte beachten:

- Lichtschutzpräparate müssen 30 Minuten vor dem Sonnenbad aufgetragen werden, da die Lichtschutzsubstanzen diese Zeit benötigen, um sich zu entwickeln und den Schutz zu garantieren

- ein erneutes Eincremen verlängert die Schutzwirkung nicht
- mehrmaliges Eincremen ist dennoch wichtig, da Sonnenschutzmittel durch Baden, Schwitzen oder Bewegungen abgerieben werden

Lichtschutzmittel verringern die schädliche Wirkung der UV-Strahlen, ohne die Hautbräunung zu verhindern.

Der Lichtschutzfaktor ist ein Maß für die Filterwirkung des Präparats:

LSF (deutsche Einteilung)

bis 5	Basisschutz
6 bis 9	Mittlerer Schutz
10 bis 15	Hoher Schutz
16 bis 20	Intensivschutz
21 bis 30+	Sunblock

After-Sun-Präparate

Wiederholte UV-Bestrahlungen trocknen die Haut aus, so dass die Epidermis spröde und brüchig wird. Dieser Feuchtigkeits- und Fettverlust muss ausgeglichen werden. Dazu eignen sich spezielle After-sun-Präparate, z. B. Öle, Gele. Ö/W- oder W/Ö- Emulsionen. Letztere hinterlassen einen Fettfilm auf der Haut und schränken die Verdunstung der Hautfeuchtigkeit ein.

Als Feuchthaltesubstanzen wendet man Glycerin oder Propylenglykol an. Zugesetzte Wirkstoffe wie Azulen, Vitamin B, Gerbstoffe, Allantoin, Panthenol oder Aloe Vera wirken beruhigend auf die sonnenstrapazierte Haut. Die als besonders angenehm empfundene Kühlwirkung entsteht durch Mentholzusätze oder Alkohol.

Selbstbräuner

Der Wirkstoff, der die künstliche Hautbräunung hervorruft, heißt Dihydroxyaceton und ist in eine Emulsion eingelagert. Er geht mit dem Keratin eine chemische Bindung ein und färbt die obersten Zelllagen der Hornschicht gelblich-bräunlich an.

Masken und Packungen

Siehe 9.5.3

Aufgaben zu Abschnitt 9.7

1. Welche Aufgaben haben Gesichtslotionen und Gesichtswässer?
2. Warum enthalten Rasierwässer adstringierende Substanzen und bis zu 50 % Ethanol?
3. Was sind Emulsionen?
4. Wodurch unterscheiden sich die Emulsionstypen?
5. Wie stellen Sie den Emulsionstyp fest?
6. Wovon hängt die Qualität einer Emulsion ab?
7. Was bedeutet Homogenisieren?
8. Wie müssen Sie Emulsionen lagern?
9. Welche Molekülteile eines Emulgators sind wasserfreundlich, welche fettfreundlich?
10. Zu welchem Emulsionstyp führt ein wasserlöslicher Emulgator?
11. Nennen Sie Reinigungsemulsionen. Woraus besteht die Fettphase?
12. Welche Aufgabe haben Peelings?
13. Warum enthalten viele Handschutzcremes Silikonöle?
14. Welche Aufgaben haben Nachtcremes?
15. Warum sind Körperemulsionen verhältnismäßig dünnflüssig?
16. Welche Fettstoffe schützen, welche pflegen die Haut hauptsächlich?
17. Warum setzt man in Aknecremes bevorzugt Stearinsäure ein?
18. Warum enthalten Augenfaltencremes Fett mit hohen Anteilen ungesättigter Fettsäuren?

19. Wie verhindern Lichtschutzpräparate einen Sonnenbrand?
20. Was bedeutet ein LSF von 14?
21. Warum ist der LSF nur eine Anhaltspunkt für die Bestrahlungszeit?
22. Was versteht man unter einem Sunblocker?
23. Welche Wirkungen haben After-Sun-Präparate?
24. Wie wirken Selbstbräuner?

9.8 Handpflege

Stellen Sie sich eine Dame vor, die in gepflegter Kleidung, hübscher Frisur und Make-up vor Ihnen steht und aus den Handschuhen Hände hervorzieht, deren Haut rissig ist und deren Nägel ein abgesplitterter Lack „ziert". Diese Dame hinterlässt sicherlich keinen angenehmen Eindruck.

Gepflegte Hände und Nägel gehören ebenso zur Körperpflege wie die Haarpflege. Die Handpflege (Maniküre) dient nicht allein der Schönheit, sondern hat auch Bedeutung für die Gesundheit. Als unser ständiges „Werkzeug" sind die Haut und Nägel der Hände oft Schmutz, Wasser und Chemikalien ausgesetzt, die schädigend wirken. Zur Handpflege gehört deshalb auch der Schutz vor diesen Einflüssen.

Somit ist die Maniküre nicht nur eine ergänzende Behandlung für Ihre Kunden und Kundinnen, sondern auch für Sie selbst ein wichtiger Bestandteil der Körperpflege.

9.8.1 Aufbau der Hand und des Nagels

Die **Hand** ist Greif- und Tastorgan des Menschen. Der Bau des Handskeletts ist abgestimmt auf die vielen Bewegungsmöglichkeiten (**9**.78). Die Verbindung zum Unterarm (Elle und Speiche) bildet die Handwurzel, die aus 8 *Handwurzelknochen* besteht. Diese Knochen bewegen sich beim Abknicken oder Drehen der Hände gegeneinander. Die Verbindung von der Handwurzel zu den Fingern bilden die 5 *Mittelhandknochen.* An ihrem Ende befinden sich Gelenke, an die die *Fingerknochen* anschließen. Der Daumen besteht aus zwei Fingerknochen, die übrigen Finger haben je drei Knochen. Durch ein Sattelgelenk lässt sich der Daumen sämtlichen Fingern gegenüberstellen, sodass die Hand zu einem perfekten Greifwerkzeug wird.

Der Nagel schützt die blut- und nervenreiche Fingerkuppe (**9**.79). Er ist ebenso wie die Haare ein Anhangsgebilde der Epidermis. Die *Nagelplatte* ist durchscheinend, etwa 0,3 bis höchstens 1 mm dick und besteht aus verhornten plättchenförmigen Zellen, die in mehreren Schichten übereinanderliegen. Den plättchenartigen Aufbau können Sie bei splitternden Nägeln gut beobachten. Unter der Nagelplatte liegt das bindegewebige *Nagelbett.* Es ist von zahlreichen Blutgefäßen durchzogen

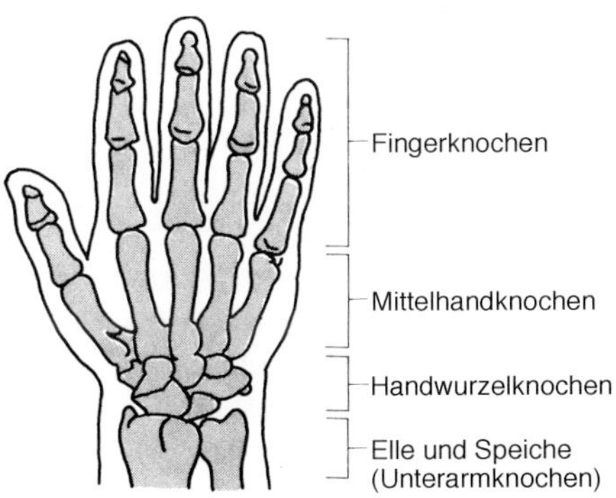

9.78 Handskelett

und versorgt die auf ihr liegende Keimschicht des Nagels. Diese Keimschicht entspricht der Basalzellenschicht der Haut und sorgt durch Zellteilung für das Dickenwachstum des Nagels. Für das Längenwachstum ist dagegen die Matrix (Mutterschicht) zuständig, die unter der Nagelwurzel liegt. Die *Nagelwurzel* ist der von der Haut verdeckte hintere Teil des Nagels. Vor ihr befindet sich das bei den meisten Nägeln sichtbare *Möndchen*, der weißlich schimmernde Teil. Auf diesem Möndchen liegt die *Nagelhaut*. Sie ist nicht durchblutet und schützt die Nagelwurzel vor eindringendem Staub und Krankheitserregern. Der seitliche Teil des Nagels heißt *Nagelfalz*, die wallförmige Hauterhebung um den Nagel *Nagelwall*.

Das **Nagelwachstum** ist bei den einzelnen Nägeln und Personen recht unterschiedlich. Im Durchschnitt wächst ein Nagel 0,8 mm in der Woche, sodass die Maniküre bei perfekt gepflegten Händen einmal wöchentlich durchgeführt werden sollte. Die Zehennägel wachsen etwas langsamer.

Wie langsam ein Nagel wächst, sieht man besonders, wenn der Arzt einen Nagel entfernen musste. Das ist nicht nur schmerzhaft, sondern auch ein langwieriger Heilungsprozess, denn zum Abheilen und vollständigen Nachwachsen des Nagels vergeht oft mehr als ein halbes Jahr.

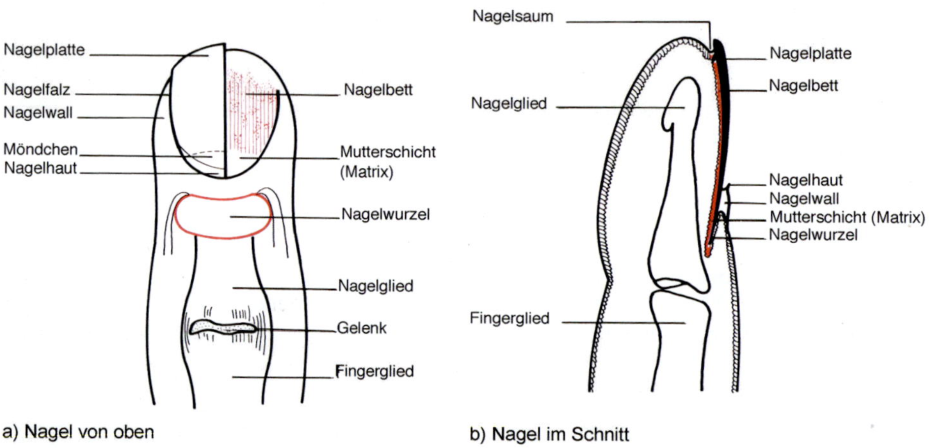

9.79 Aufbau eines Fingernagels

9.8.2 Nagelschäden und Nagelanomalien

Nagelschäden können Verfärbungen oder Verformungen des Nagels sein oder Erkrankungen des Nagelwalls. Alle krankhaften Veränderungen müssen sorgfältig untersucht und gegebenenfalls vom Arzt behandelt werden, da sie häufig auf Allgemeinerkrankungen hinweisen. Der Friseur muss sich und die Kundin vor den Ursachen der Erkrankungen so weit wie möglich schützen und ansteckende Nagelkrankheiten erkennen, um die Maniküre in diesem Fall abzulehnen und der Kundin den Arztbesuch zu empfehlen.

Ursachen von Nagelschädigungen

- Hautkrankheiten und Allgemeinerkrankungen (z. B. Schuppenflechte, Pilzerkrankungen, Herz-, Leber- und Kreislauferkrankungen)
- mechanische Schädigung der Wachstumszonen (z. B. unsachgemäße Maniküre, Quetschungen)
- chemische Schädigungen (z. B. Umgang mit Laugen, zu häufige Seifenwaschungen)
- Ernährungsfehler (z. B. Vitamin-, Eiweiß- oder Mineralstoffmangel)

Nagelverfärbungen

Weiße Flecken in der Nagelplatte entstehen durch Lufteinschlüsse oder durch die Einlagerung von stark lichtbrechenden Körnchen (**9.**80). Unsachgemäßes Zurückschieben der Nagelhaut mit Metallwerkzeugen kann dazu führen. Meist sind die Flecken harmlos, manchmal ein Hinweis auf Leber- oder Nierenerkrankungen, besonders wenn sie sehr stark und an allen Nägeln auftreten. Da sie störend wirken, werden sie mit farbigem Lack abgedeckt.

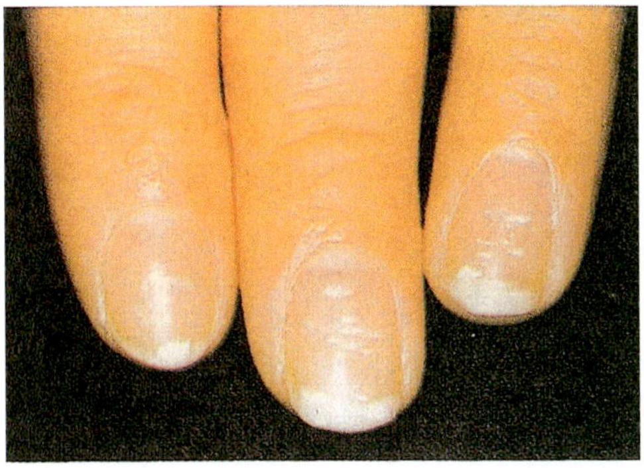

9.80 Weiße Flecken

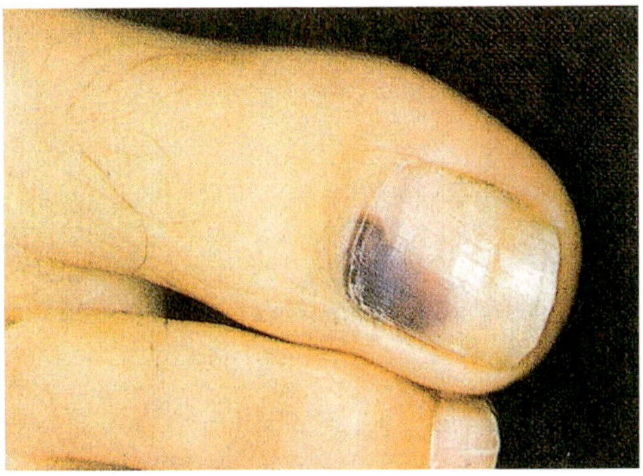

9.81 Blau-schwarze Verfärbung

Braun-schwarze oder blau-schwarze Verfärbungen sind meist Blutergüsse, die durch Quetschungen oder starken mechanischen Druck entstehen (9.81). Sie verschwinden nur langsam und können wegen ihrer dunklen Farbe auch nur schwer abgedeckt werden. Manchmal hilft weißer Lack als Unterlack. Liegt keine mechanische Einwirkung vor, kann es sich bei dunklen Verfärbungen um ein Melanom handeln – besonders wenn sich die Nagelplatte schmerzlos abhebt. Nicht abdecken. Hautarzt aufsuchen!

Gelbliche oder grau-grünliche Verfärbungen deuten auf eine beginnende Pilzerkrankung (Mykose) hin. Pilzerkrankungen sind ansteckend! Im Verlauf der Erkrankung verdickt sich der Nagel und blättert ab. Behandelt wird er mit desinfizierenden Lösungen und Salben. Bei fortgeschrittener Erkrankung muss der Nagel entfernt werden. Schicken Sie die Kundin zum Arzt und führen Sie keine Maniküre durch!

Nagelverformungen. Feine Längsrillen findet man in fast jedem Nagel, starke sind normale Altersveränderungen. Damit sich der Nagelrand nicht spaltet, pflegt man den Nagel mit Nagelcreme oder Nagelöl und gleicht die Rillen gegebenenfalls durch Unterlack aus.

Querrillen sind Wachstumsstörungen, die häufig bei Allgemeinerkrankungen oder nach Operationen auftreten (**9.**82). Sie können aber auch durch unsachgemäße Maniküre bzw. Nagelhautentferner entstehen, wenn dieser zur Nagelwurzel vordringt.
Als Krallennägel bezeichnet man Nägel, deren freier Rand schräg nach unten wächst (**9.**83). Ursache sind Herz- und Kreislauferkrankungen. Feilen Sie solche Nägel möglichst kurz.

Grübchenförmige Einsenkungen entstehen bei Schuppenflechte und beim kreisrunden Haarausfall (**9.**84). Da beide nicht anstecken, dürfen Sie eine Maniküre durchführen, sollten die Kundin aber unbedingt zum Arzt schicken.

Spröde, sich spaltende Nägel können auf Eisen- und Vitaminmangel hindeuten (**9.**85). Meist entstehen sie durch chemische Einflüsse. Typisch hierfür sind das Auslaugen der Nägel durch Waschmittel, stark entfettende Nagellackentferner oder der Umgang mit Wellflüssigkeiten. Nagelöle und Nagelcreme lindern die Brüchigkeit. Außerdem sollte die Berührung mit den schädigenden Stoffen vermieden werden (Handschuhe tragen). Unterstützt wird die Heilung durch Nagelhärter sowie Vitamin- und Mineralstofftabletten.

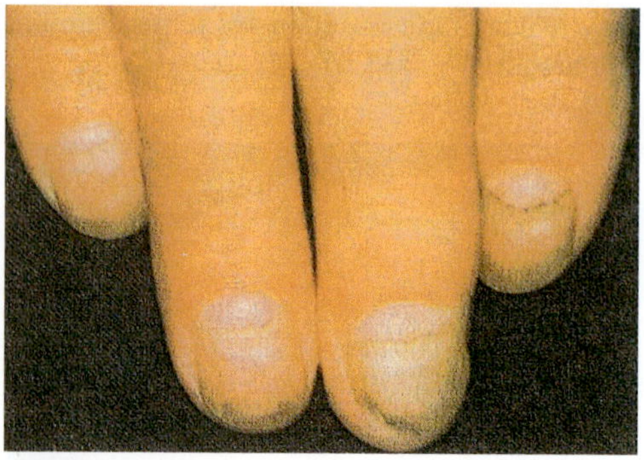

9.82 Querrille

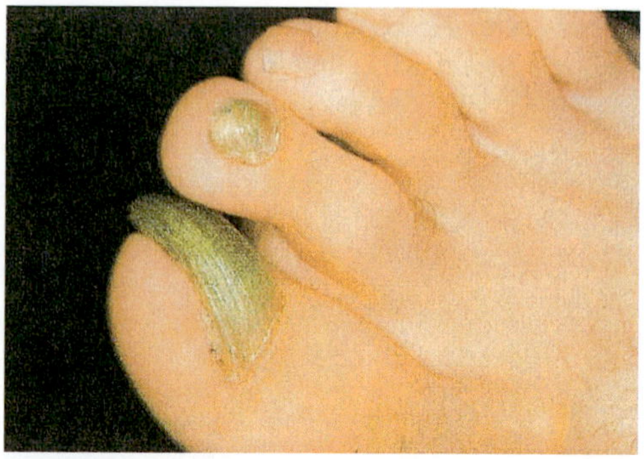

9.83 Krallennagel

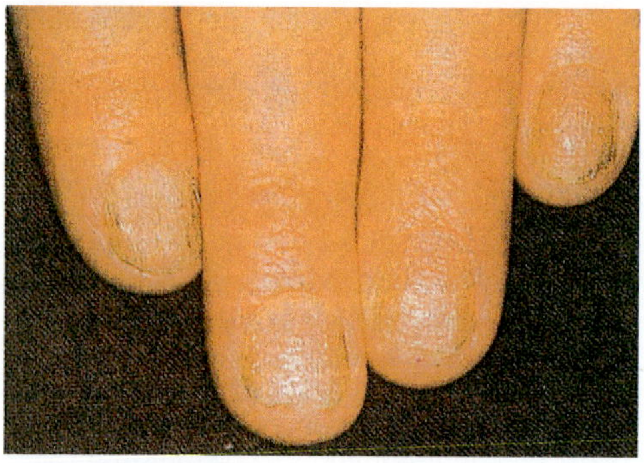

9.84 Nagelveränderungen bei kreisrundem Haar ausfall

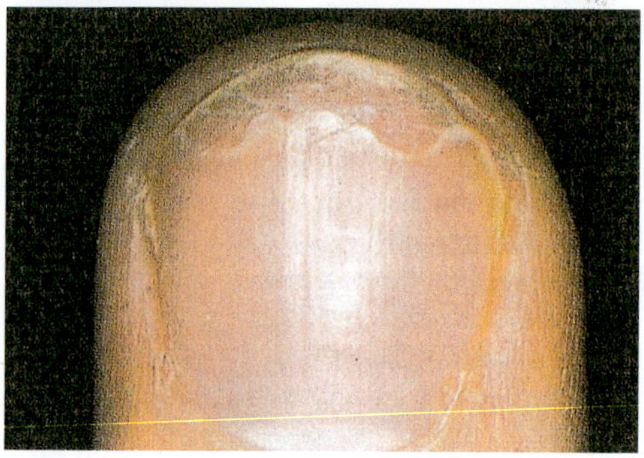

9.85 Brüchiger Nagel

Nagelwallerkrankungen zeigen sich durch Rötung oder Schwellung. Auch die Niednägel gehören dazu.

Rötung und Schwellung des Nagelwalls sind Anzeichen einer Entzündung (**9**.86). Sie entsteht, wenn nach Verletzungen Krankheitserreger in den Nagelwall eindringen, oder bei eingewachsenen Nägeln. Nagelwallentzündungen behandelt man mit desinfizierenden Bädern und Salben. Keine Maniküre!

Niednägel sind kleine Hautfetzen am Nagelwall. Sie entstehen manchmal nach dem Schneiden der Nagelhaut. Da sie sich leicht entzünden, müssen sie vorsichtig mit der Hautschere abgeschnitten werden.

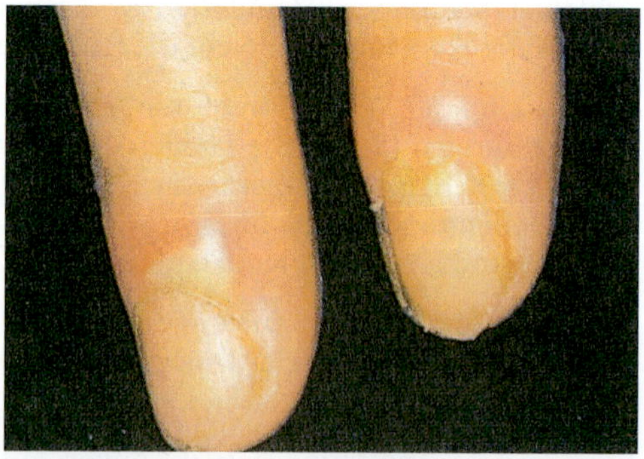

9.86 Nagelwallentzündung

9.8.3 Maniküre

Bevor Sie mit der Maniküre beginnen, sehen Sie sich die Hände und Nägel Ihrer Kundin genau an. Achten Sie dabei auf Nagelveränderungen sowie die Hand-, Finger- und Nagelform. Durch geschicktes Lackieren der Nägel lässt sich die Form ebenso verändern wie durch Feilen (**9.**87). Früher galt der ovale, lange Nagel mit schmaler Spitze als ideale Form. Alle Nägel wurden diesem Ideal angepasst – leider auch dann, wenn diese elegant wirkende Form weder zur Kundin noch zu ihren Händen passte. Heute verändert man die individuelle Grundform des Nagels weniger und erreicht damit, dass der Nagel besser zur Gesamtwirkung der Hände beiträgt. Eine breite Hand mit kurzen Fingern wirkt mit „Superkrallen" eher lächerlich als schön!

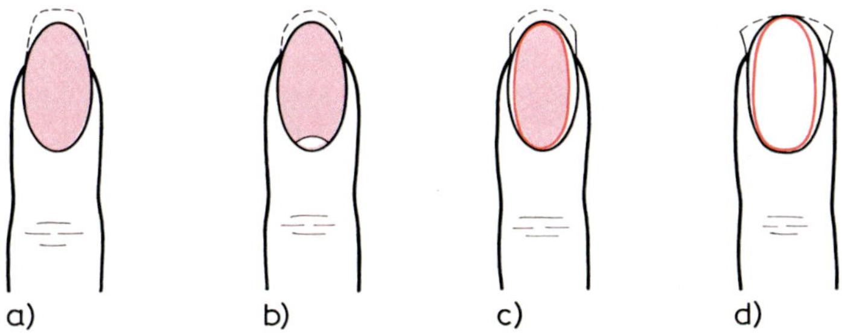

9.87 Nagelformen gefeilt und lackiert, ovaler Nagel
a) voll auslackiert
b) Möndchen freigelassen (Wirkung: verkürzt)
c) breiter Nagel, Seiten nicht lackiert (Wirkung: schmaler)
d) spatenförmiger Nagel, Seiten und vordere Ecken freigelassen (Wirkung: schmaler und zierlicher)

Vorbereitung. Stellen Sie sich das gesamte Arbeitsmaterial und die desinfizierten Geräte an den Arbeitsplatz. Schützen Sie Ihre Kleidung durch ein Handtuch und denken Sie daran, dass die Finger der Kundin immer mit einer Serviette angefasst werden sollen.

Zum Entlacken der Nägel tropft man etwas Nagellackentferner auf ein Wattepad und reibt die Nägel von der Wurzel zur Nagelspitze ab. Sie werden mehrere Pads brauchen, bis alle Lackreste entfernt sind. Nie dürfen Sie von der Spitze zur Wurzel reiben, denn so könnten Sie Lackreste unter die Nagelhaut schieben.

Nagellackentferner gibt es als klare Lösung oder in Cremeform. Hauptbestandteil sind Lösungsmittel (z. B. Butanol), die den Lack erweichen und in sich aufnehmen. Da die Lösungsmittel den Nagel stark entfetten, werden rückfettende Zusätze (z. B. Rizinusöl, Lanolin, Butylstearat) zugegeben. Duftstoffe verbessern den unangenehmen Geruch der Lösungsmittel.

Kürzen und Formen der Nägel. Zum groben Kürzen der Nägel kann man eine Nagelschere, bei sehr dicken und harten Nägeln auch eine Nagelzange nehmen. Geformt werden die Nägel grundsätzlich mit der Nagelfeile. Am kleinen Finger der linken Hand

9.88 Ansetzen der Nagelfeile

beginnen wir, setzen die Feile von schräg unten an und ziehen sie in langen Bewegungen zur Nagelspitze (**9.**88). Bei unempfindlichen Nägeln dürfen Sie die Feile hin- und her bewegen. Sind die Nägel porös und splittern leicht, feilen Sie nur vom Nagelfalz zur Nagelspitze.

Nagelfeilen waren früher aus Stahl. Heute sind hauptsächlich Sandpapierfeilen gebräuchlich. Sie bestehen aus einer festen Pappe, die auf der einen Seite mit grobkörnigem Sand beschichtet ist und auf der anderen mit feinkörnigem. Da Sandpapierfeilen trocken gereinigt und desinfiziert werden sollten, benutzen manche Friseure lieber Diamant- oder Saphierfeilen. Ihr schmales Feilenblatt ist mit winzigen Edelsteinsplittern beschichtet und steckt in einem Kunststoffgriff mit Griffmulden.

Bevor Sie etwas Nagelöl, Nagelcreme oder Vaseline zum Schutz der Nagelwurzel auf die Nagelhaut auftragen und mit den Fingerspitzen einmassieren, sollten Sie prüfen, ob die Haut der Finger harte Stellen hat. Diese werden mit Bimsstein abgerieben. Verfärbungen der Haut (Nikotin) reibt man mit Zitronensaft oder bleichenden Cremes ab.

Nagelöle und Nagelcremes enthalten verschiedene Öle (Lecithinöl, Mandelöl), die meist mit einem öllöslichen Farbstoff angefärbt sind. Sie halten die Nagelhaut geschmeidig und verhindern das Einreißen. Bei brüchigen Nägeln werden sie auch in die Nagelplatte einmassiert, um diese geschmeidig zu halten. Der Erfolg ist allerdings umstritten.

Das Nagelbad besteht aus warmem Wasser, dem waschaktive Substanzen sowie Wasserstoffperoxid zum Bleichen und Desinfizieren zugesetzt werden. Es dient zum Erweichen der Nagelhaut, damit sie sich anschließend leicht und schmerzlos zurückschieben lässt.

Entfernen der Nagelhaut. Nach dem Nagelbad werden die Finger abgetrocknet und Nagelhautentferner aufgetragen. Man beginnt wieder am kleinen Finger der linken Hand und schiebt die Nagelhaut vorsichtig mit einem Holzstäbchen zurück. Lose Hautteilchen reiben wir mit dem Gummi des „Pferdefüßchens“ ab (**9.**89).

Eingerissene Nagelhautränder werden mit der Hautzange abgeknipst (**9.**90). Vom Schneiden der Nagelhaut mit der Hautschere ist abzuraten, denn die Nagelhaut schützt die dahinterliegende Nagelwurzel vor eindringendem Schmutz und Krankheitserregern. Falls die Kundin trotzdem darauf besteht oder die Nagelhaut stark gewuchert ist, darf nur der vordere Teil der undurchbluteten Nagelhaut abgeschnitten werden. Damit der Rand gleichmäßig wird, dürfen Sie die Schere nicht absetzen.

Seien Sie besonders vorsichtig, denn die Verletzungsgefahr ist groß, und Nagelwallentzündungen können die Folge sein!

Nagelhautentferner sind alkalische Lösungen, die zwischen 2 und 5 % Kalilauge, Natronlauge oder alkalisch reagierende Salze enthalten (pH-Wert 11 bis 12). Fette und Alkohole sind zugesetzt.

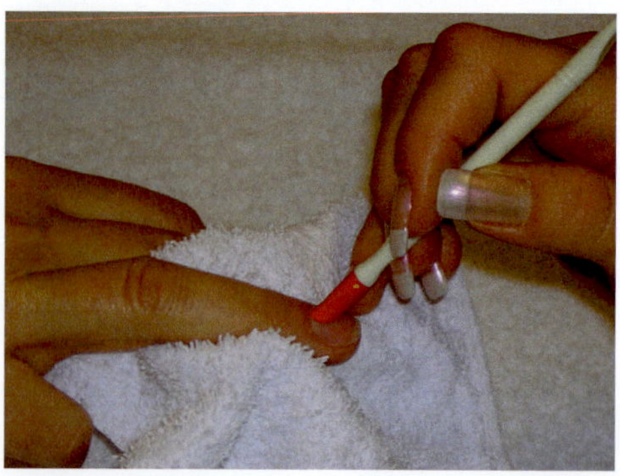

9.89 Pferdefüßchen in Aktion

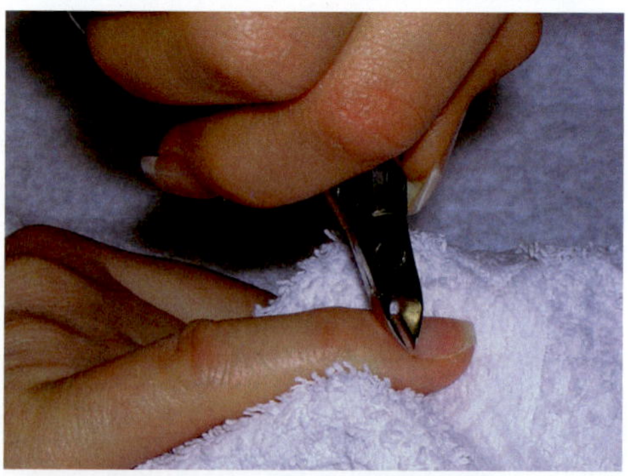

9.90 Hautzange am Niednagel

Nagelhautentferner quellen und erweichen die Haut so stark, dass sie sich leicht mit dem Holzstäbchen oder Pferdefüßchen zurückschieben lässt.

Bei Verletzungen dürfen keine Nagelhautentferner benutzt werden, weil sie starkes Brennen verursachen und – wenn sie bis zur Nagelwurzel vordringen – das Nagelwachstum stören (Querrillen). Nach Entfernen der Nagelhaut spülen Sie die Reste des Mittels ab und neutralisieren bzw. adstringieren nach Möglichkeit die Haut durch eine verdünnte Säurespülung.

Handmassage wird zweckmäßigerweise vor dem Auftragen des Nagellacks ausgeführt. Die Massagegriffe lösen Verspannungen in den Händen und fördern die Durchblutung. Tragen Sie eine Massage- oder eine Handcreme auf die Haut auf und beginnen Sie wieder am kleinen Finger der linken Hand:

a) Friktionen auf den Fingern vom Nagelglied zum Grundglied (**9.**91),
b) jeden Finger im Gelenk bewegen,
c) Schwimmhäutchen (Haut zwischen den Fingern) massieren (**9.**92),
d) Friktionen zwischen den Sehnen auf dem Handrücken,
e) Handrücken mit beiden Händen auswalken (**9.**93),
f) Handrücken in Richtung Arm ausstreichen,
g) Friktionen auf dem Handteller,
h) Handteller auswalken,
i) Handteller in Richtung Arm ausstreichen,
j) Hand im Handgelenk bewegen.

Handcremes sind Emulsionen, deren Fettbestandteile (Mineralfette, Silikonöle, pflanzliche und tierische Fette) einen wasserabweisenden Film auf der Haut bilden. Sie schützen und pflegen die Haut, indem sie die Hornschicht fetten und ihr Feuchtigkeit zuführen. Beide Emulsionstypen sind gebräuchlich.

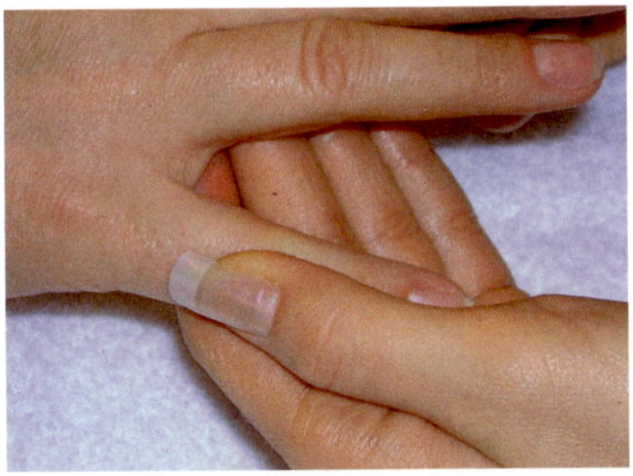

9.91 Friktionen auf den Fingern

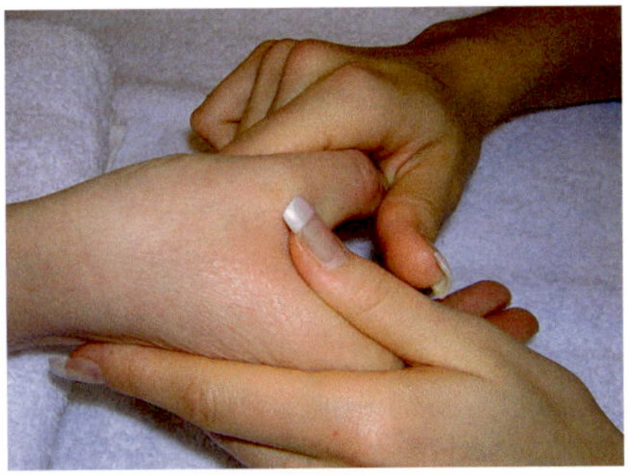

9.92 Schwimmhäutchen massieren

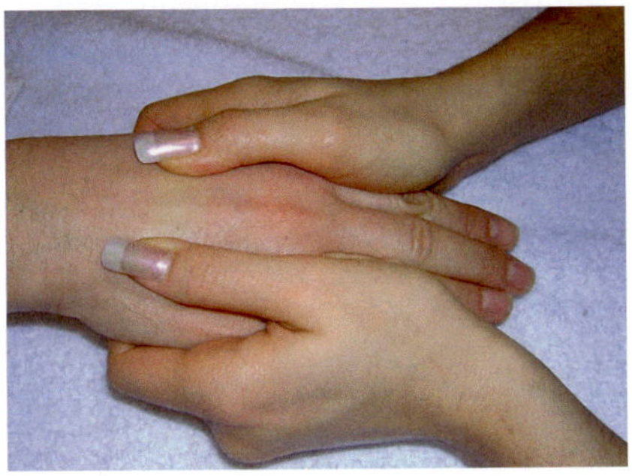

9.93 Handrücken auswalken

Entfetten. Nach der Massage werden die Nägel mit einem watteumwickelten Holzstäbchen und Nagellackentferner entfettet. Führen Sie diesen Arbeitsgang sorgfältig aus, denn der Lack hält nur auf fettfreien, trockenen Nägeln.

Lackieren. Um Unebenheiten im Nagel auszugleichen und Verfärbungen der Nagelplatte durch den Farblack zu verhindern, trägt man zuerst einen *Nagelhärter* oder farblosen *Unterlack* auf. Dazu wird das Lackpinselchen auf der einen Seite am inneren Rand des Flaschenhalses abgestrichen. Man setzt den Pinsel im hinteren Drittel der Nagelplatte an und streicht in Richtung Nagelspitze (**9.**94). Bevor Sie die Seiten lackieren, bedecken Sie halbmondförmig den Nagelrand vor der Nagelhaut (Lackierung in T-Form).

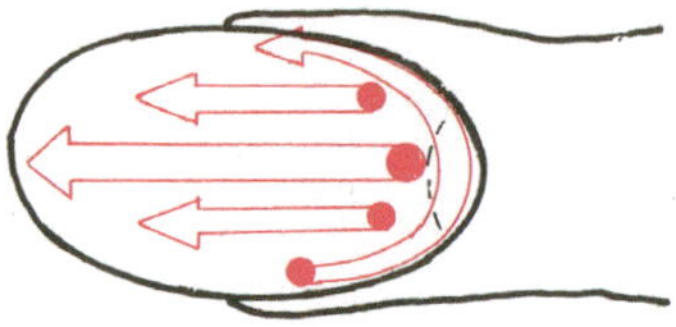

9.94 Lackierung in T-Form, Auftragetechnik für Transparent- und Decklacke

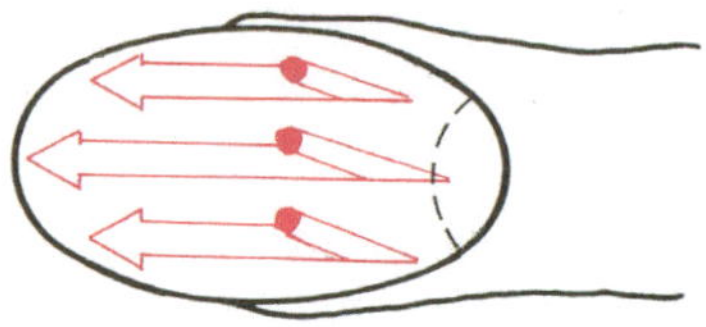

9.95 Lackierung für Perlmuttlacke

Nagelhärter sind formaldehydhaltige Speziallacke aus Lösungsmitteln und Kunstharzen. Sie dienen als Lackunterlage und können bei leicht splitternden Nägeln auch auf die Unterseite des freien Nagelrands aufgetragen werden. Dazu hält man die Haut der Fingerkuppe etwas zurück.

Der eigentliche Nagellack wird in zwei Schichten aufgetragen, wenn der Unterlack getrocknet ist.

Farbloser Nagellack, *Transparentlack* (durchscheinender Lack mit gelösten, meist rosa Farbstoffen) und *Decklack* (farbiger, nicht durchscheinender Lack) werden ebenso wie Unterlack in T-Form aufgetragen. (Decklacke vorher schütteln!) Diese Auftragstechnik ist zwar nicht ganz einfach, hat aber den Vorteil, dass der Rand gleichmäßig ist. Sollte sie Ihnen allzu große Schwierigkeiten bereiten, setzen Sie den Lackpinsel in der Mitte der Nagelplatte an und schieben ihn bis zur Nagelhaut vor, um dann zügig zur Nagelspitze zurückzustreichen (**9.**95). Die Ränder lackieren Sie in gleicher Weise.

Perlmuttlack muss vor dem Auftragen geschüttelt werden, damit sich die Perlmuttpigmente gleichmäßig verteilen. Er darf nicht in T-Form aufgetragen werden, sonst bilden sich „Wolken", die Verteilung der Perlmutteilchen wird ungleichmäßig. Tragen Sie ihn in der beschriebenen zweiten Weise auf.

Nagellack besteht aus filmbildenden Stoffen (z. B. Nitrozellulose) und Lösungsmitteln, denen Weichmacher und Farbstoffe zugesetzt sind. Die Weichmacher verhindern, dass der Lack zu schnell absplittert oder brüchig wird. Die Farbstoffe sind gelöste (Transparentlacke) oder dispergierte (fein verteilte) Pigmente.

Achten Sie beim Nagellack auf einen sauberen Flaschenrand und verschließen Sie die Flaschen immer möglichst schnell, damit das Lösungsmittel nicht verdunstet. Der Lack wird sonst zäh. Zwar lässt er sich verdünnen, hält aber dann nicht mehr so gut.

Polieren der Nägel wird meist nur bei Herren oder zur französischen Maniküre bei Damen durchgeführt. Nach Entfernen des Massagemittels reibt man die Nägel mit Zellstoff oder einem filz- bzw. lederbespannten Polierholz ab, um ihnen einen matten Schimmer zu geben. Der freie

Nagelrand lässt sich durch Nagelweiß betonen. Dazu ziehen Sie den angefeuchteten spitzen Nagelweißstift unter dem Nagelrand entlang.

Reihenfolge der Maniküre

1. Nägel beider Hände durch einen mit Lackentferner getränkten Wattebausch von Lackresten reinigen.
2. Am kleinen Finger der linken Hand beginnen und die Nägel in Form feilen.
3. Etwas Nagelöl oder Nagelcreme auf die Nagelhaut auftragen und mit der Fingerspitze einmassieren.
4. Linke Hand ins Nagelbad tauchen.

Die Punkte 2 bis 3 bei der rechten Hand wiederholen, während die linke Hand weicht.

5. Finger der linken Hand abtrocknen. Ein mit Watte umwickeltes Holzstäbchen mit Nagelhautentferner tränken und vorsichtig die Nagelhaut zurückschieben. Lose Hautteilchen abreiben und nur eingerissene Nagelhautränder mit der Hautzange abknipsen.

Erst wenn drei Finger der linken Hand so bearbeitet sind, kommt die rechte Hand ins Wasserbad. Während die rechte Hand weicht, wird die linke Hand weiterbearbeitet.

6. Rechte Hand abtrocknen und Arbeitsgang 5 ausführen.
7. Handmassage.
8. Finger und Nägel sorgfältig trockenreiben. Alle Nägel mit Wattestäbchen und Lackentferner von Fett und Waschmittelresten reinigen. Nur bei absolut trockener und sauberer Nagelplatte hält der Nagellack!
9. Unterlack oder Nagelhärter dünn in T-Form auftragen.
10. Nagellack in der ersten Schicht dünn und in der zweiten Schicht etwas dicker auftragen.

9.8.4 Nageldesign

Neben Frisur und Kleidung sind Finger und -nägel ein wichtiges Erscheinungsmerkmal. Schon sehr früh begannen die Menschen, ihre Nägel zu schmücken. Gefärbte Nägel, z. B. mit Henna, waren zu allen Zeiten modern. Die Länge der Nägel sagte etwas über den Status der Menschen aus. Zur Zeit der großen chinesischen Kaiserdynastien ließen vornehme und reiche Leute sich die Fingernägel so lang wachsen, wie es ging. Sie symbolisierten: „Seht her, wir brauchen nicht zu arbeiten!"
Nagellack ist das am meisten benutzte und bekannteste Mittel zur Verschönerung von Fingernägeln.

Doch häufig genügt die Grundlage, also der eigene Fingernagel, nicht unseren Ansprüchen. Um schönere Nägel zu bekommen, wird ein Nageldesign gemacht. Viele Friseure haben diese Technik zu einer lohnenden Einnahmequelle ausgebaut. Mit wenigen Mitteln kann man ein Nagelstudio aufbauen (Tabelle **9.**96).

Ansetzen künstlicher Nägel

Tiptechnik

Wie bei der Maniküre ist beim Nageldesign Sauberkeit oberstes Gebot. Als Erstes werden die eigenen Hände und die der Kundin mit einem Spray desinfiziert. Danach bereitet man die Finger für die Modellage vor. Dazu schiebt man die Nagelhaut zurück und entfernt Reste von der Nagelplatte.

Ausstattung
Tisch mit Arbeitsleuchte und Schubladenelementen
Bequeme Stühle
Wasseranschluss
Sterilbox
Lupe
UV-Härtungsgerät
Manikürschale
Abfalleimer
Behälter für Servietten, Wattepads und Wattestäbchen
Absauganlage für Feinstaub
Elektrisches Schleifwerkzeug zur Reinigung der Fingernagelunterseiten und von Klebstoffresten auf dem Nagel

Arbeitsmittel
Nagelknipser
Einwegpinsel
Spachtel
Buffer und Polierblöcke
Polierfeilen, Lederpolierer
Nagelbürste
Nagelschere
Nagelhautschere
Rosenholzstäbchen
Einmalhandtücher
Tipcutter zum Kürzen von Kunstnägeln

Produkte
Flüssigseife
Sprühdesinfektion
Nagellackentferner acetonfrei (kann sonst die Kunstnägel auflösen), ölfrei
Haftvermittler
Nagellacktrockner
Farblacke, Unterlack, Überlack
Füller
Nagelöl
Tips (Kunstnägel)
Modellage-Gel
Flex-tape zum Abkleben verschiedener Lackfelder

Tabelle **9**.96 Grundausstattung für Nageldesign

Die Nägel müssen trocken und fettfrei sein. Damit die Kunstnägel besser halten, wird der Naturnagel mit einer feinen Feile leicht angeraut. Mit Hilfe eines speziellen Klebers wird der Tip (künstlicher Nagel) auf dem Naturnagel befestigt. Der Klebebereich sollte dabei so klein wie möglich sein.

Der Tip muss blasenfrei aufgesetzt werden. Den Übergang zwischen Kunstnagel und Naturnagel arbeitet man in Gel-Technik. Für das Gel muss immer ein Teil der Naturnageloberfläche frei bleiben.

Das Gel wird auf den vorbereiteten Nagel und den Tip dick oder in mehreren Schichten aufgetragen und mit dem UV-Gerät ausgehärtet. An der Nagelspitze und im Bereich der Nagelhaut nicht zu dick auftragen, da diese Stellen sonst unnatürlich aussehen. Anschließend in Form feilen. Gel-Nägel sind von echten kaum zu unterscheiden, aber deutlich strapazierfähiger. Weitere Modellierstoffe sind Acryl und Fiberglas.

Feilen künstlicher Nägel

Für eine professionelle Modellage braucht man gute Feilen. Man fängt immer mit einer raueren an und arbeitet mit einer feineren Feile nach. Je feiner die Feile, desto glatter die Oberfläche. Der letzte Gang wird mit dem Schleifblock (Buffer) durchgeführt. Anschließend kann poliert werden.

Finish

Nach dem Feilen wird der Nagel mit Nagelöl behandelt und mit der Super-Glossfeile auf Hochglanz poliert.

Regeln im Umgang mit Kunstnägeln

- Tragen Sie Schutzhandschuhe bei Arbeiten mit Chemikalien
- Künstliche Nägel nie mit Metallfeilen bearbeiten

- Nur acetonfreie Nagellackentferner benutzen
- Nägel nie feucht lackieren

Refill modellierter Nägel

Durch das natürliche Nagelwachstum wird der künstliche Nagel nach vorne geschoben. Der jetzt frei gewordene hintere Nagelrand muss stabilisiert und mit Gel aufgefüllt (Refill) werden. Dies muss im Abstand von ca. 3-4 Wochen geschehen.

Reparatur von Naturnägeln

Ein eingerissener Nagel kann mit Gel oder Fiberglas repariert werden. Die Stelle wird mit einer feinen Feile vorsichtig vorbereitet und dann verklebt. Nach dem Härten feilen und polieren.

Ansetzen einer Nagelspitze mit Fieberglas

Eine abgebrochene Nagelspitze lässt sich nicht einfach stumpf ankleben. Die Bruchränder müssen aufgeraut und aneinander gesetzt werden. Mit Fiberglasstreifen wird die Bruchstelle verstärkt. Nach dem Aushärten gibt man dem gesamten Nagel einen Fiberglasüberzug.

Nagelverstärkung

Weiche, dünne, brüchige Nägel lassen sich verstärken. Der Naturnagel wird durch Aufrauen vorbereitet, anschließend eine Schablone aufgesetzt und mit Modelliergel ausgegossen. Die Form wird nach dem Härten gefeilt.

Schablonentechnik

Der Finger wird wie schon beschrieben vorbereitet. Es gibt Einwegschablonen aus selbstklebendem Papier und mehrfach benutzbare Schablonen mit Gummi ummantelten Haltegriffen. Die Schablone wird so angebracht, dass sie lückenlos am Nagelrand anliegt. Die Seitenränder werden am Finger festgedrückt. Anschließend Haftgel auftragen. Danach wird das Modelliergel verteilt. Nach dem Aushärten entfernt man die Schablone und arbeitet wie gewohnt weiter.

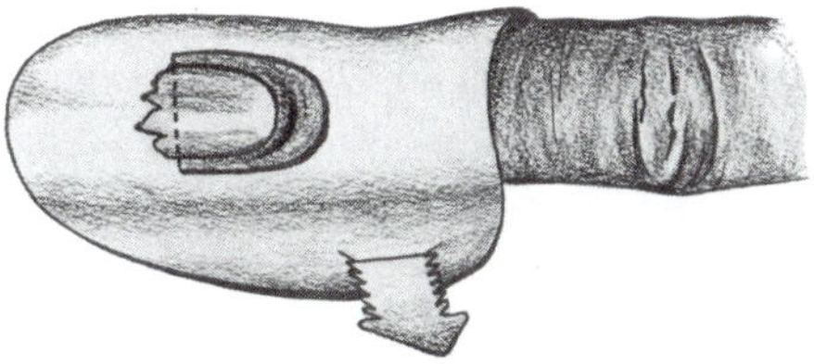

9.97 Angesetzte Nagelschablone

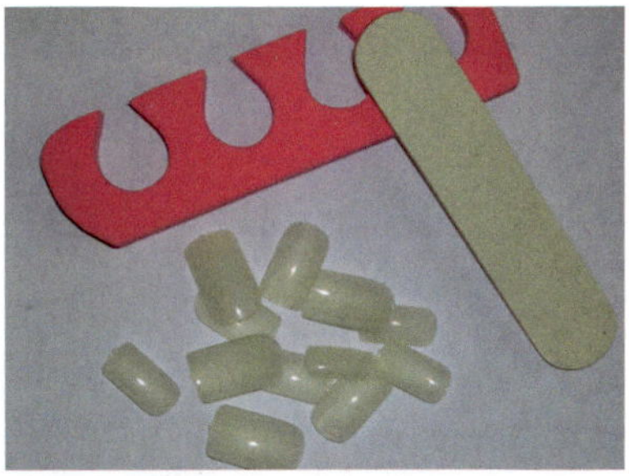

9.98 Tips

French Maniküre

Als French Maniküre oder Gel á la Francaise bezeichnet man eine hell gefärbte Nagelspitze. Am natürlichsten sieht es aus, wenn die Abgrenzung der weißen Nagelspitze mit der Linie zusammen fällt, an der der Nagel das Nagelbett verlässt. Früher wurde der freie Nagel mit einem Nagelweiß-Stift von unten angemalt. Für ein einfaches Frenchstyling nimmt man einen hellen Nagellack. Mit einer auf den Nagel geklebten Schablone bekommt man einen schönen, gleichmäßigen Ansatz.

Heute arbeitet man meistens mit einer Modellage.

Bei dieser Technik wird mit dem Fräser ca. 50 % der freien Nageloberfläche entfernt und mit French Gel (weiße Modelliermasse) ausgefüllt und gehärtet. Einfacher ist es allerdings fertige French-Tips zu verwenden.

Frenchnägel sind nichts für kurze Nägel, da diese optisch noch kürzer erscheinen.

Nail-Art

1907 kamen in den USA die ersten Nagellacke auf. Das kräftige Rot wurde schnell zum Markenzeichen der Weiblichkeit. Schon in den 1980er Jahren empfand man den einheitlichen Nagellack langweilig. Seit dieser Zeit entstanden viele kreative Mehrfarbtechniken. Nail-Art ist die Bemalung und Verzierung von Fingernägeln mit verschiedenen Materialien.

Zubehör	Verarbeitung	Nachbehandlung
Deco Acrylfarben	aus dem Bastelladen, für kleine Malereien	mit Überlack fixieren
Nail Liner	Lackstift für feine Malarbeiten	
Perlen	legt man in den feuchten Lack	mit Überlack fixieren
Bindis	kleine Kunststoffschmuckstücke, die auf die Nagelspitze aufgeklebt werden	
Strasssteine	werden mit einem Zahnstocher aufgenommen und in den noch feuchten Lack gelegt	mit Überlack fixieren
Abziehbilder	mit Wasser von der Folie lösen und auf den trockenen Lack schieben	mit Überlack fixieren
Sticker	Kunststofffolie auf den trockenen Lack kleben	

9.99 Designmaterial

Ziehtechnik

In den noch feuchten Grundlack werden kleine, andersfarbige Farbtupfer eingebracht. Mit einem Zahnstocher oder feinem Pinsel die Punkte ineinander ziehen. So entstehen kreative Muster und Formen.

3D – Nägel

Der Name sagt es schon, bei dieser Technik wird dreidimensional gearbeitet. Auf einen mehrfarbig gestalteten Untergrund werden mit dickeren Acrylfarben plastische Motive gezeichnet.

Applikationstechnik – Tattoo

Abziehbilder, Strasssteine oder Perlen werden auf bzw. in den Lack gearbeitet.

Maltechnik

Hierbei kommt es besonders auf die Sauberkeit des Motivs an. Das gemalte Bild sieht schnell wie eine Kinderzeichnung aus.

Trenntechnik

Mehrere Felder werden durch Abkleben getrennt und mit unterschiedlichen Farben lackiert. Bei dieser Technik kommt es besonders auf die sauberen Übergänge an.

Airbrush

Gearbeitet wird am Kunstnagel, bevor er aufgeklebt wird. Zur Vorbereitung gehört das Anpassen an den Naturnagel. Der Kunstnagel muss mit Alkohol entfettet werden. Der Tip wird zuerst mit Sprühfarbe grundiert. Mit Schablonen lassen sich verschiedene Motive erarbeiten. Die Farbe wird in mehreren Arbeitsgängen aufgesprüht.

Nagelpiercing

In das freie Nagelende wird mit einem Spezialbohrer ein Loch gebohrt. Durch das Loch wird das gewünschte Schmuckstück, z. B. ein Ring gezogen.

9.100 Nageldesign

Aufgaben zu Abschnitt 9.8

1. Aus welchen Knochen besteht das Handskelett?
2. Benennen Sie die Teile des Fingernagels.
3. Um wie viel mm wachsen Nägel in einem Monat?
4. Welche vier Ursachen können zu Nagelschäden führen?
5. Warum dürfen Sie bei einer Nagelmykose keine Maniküre durchführen?
6. Warum sollten Sie eine Kundin mit Krallennägeln zum Arzt schicken?
7. Woraus bestehen Nagellackentferner?
8. Warum müssen Sie Nägel stets von der Wurzel zur Spitze entlacken?
9. Welches Werkzeug benutzt man zum Formen der Nägel?
10. Warum setzt man dem Nagelbad Wasserstoffperoxid zu?
11. Beschreiben Sie die Behandlung der Nagelhaut.
12. Weshalb sollte die Nagelhaut nicht geschnitten werden?
13. Warum müssen Sie die Nägel vor dem Lackieren entfetten?
14. Welche Aufgaben hat Unterlack?
15. Wodurch unterscheiden sich Decklack und Transparentlack?
16. Warum müssen Sie Perlmutt- und Decklacke vor dem Auftragen schütteln?
17. Beschreiben Sie die beiden Methoden zum Ansetzen künstlicher Nägel.
18. Warum müssen die Werkzeuge nach jeder Maniküre desinfiziert werden?

10 Werben – Beraten – Verkaufen

Noch vor 25 Jahren stand die handwerkliche Dienstleistung im Vordergrund der Friseurtätigkeit. Der Engländer Vidal Sassoon hatte den Haarschnitt erstmals lehr- und lernbar gemacht. Bis dahin musste sich die Kundin auf das Gefühl und Geschick ihres Friseurs verlassen. Deutsche Friseure pilgerten zu Hunderten nach London, um den englischen Haarschnitt zu lernen. Heute hat sich dies gewandelt. Die Kundin erwartet von jedem Friseur, dass er sein Handwerk perfekt beherrscht.

Durch die Systematisierung und ständige Verbesserung der Ausbildung haben die meisten Friseurbetriebe ein ähnliches Leistungsniveau. Für den Kunden ist es heute sehr schwer geworden, einen schlechten von einem guten Friseur zu unterscheiden.

Eine wichtige Entscheidungshilfe ist mit Sicherheit nach wie vor die Empfehlung durch eine gute Freundin. Aber auch die **Werbung**, und dazu gehört das Erscheinungsbild unseres Salons genauso wie die Frisuren der Mitarbeiter, spielt als Kriterium bei der Friseursuche eine große Rolle. Die Frauenzeitschriften geben regelmäßig Tipps zu Frisuren und Haarpflege und steigern so immens ihre Auflagen.

In diesen viel gelesenen Zeitungen wird die **Servicequalität** als Merkmal für gute Friseure angeführt. Ein Kaffee und eine Zeitung sind heute kein besonderer Service mehr, sondern werden als Selbstverständlichkeit angesehen. Ein kleines kostenloses Make-up, Warenproben, Tipps und Tricks rund um Haar und Haut sind hier viel bessere Mittel zur Kundenbindung.

Als wichtigstes Kriterium wird aber immer die **Beratungskompetenz** angesehen. Beratung heißt nicht nur, die Wünsche der Kundin anzuhören und auszuführen. Durch eigene Vorschläge müssen alle Möglichkeiten, die Kundin zu verschönern durchgesprochen werden.

Verkaufen ist für einige Friseure nach wie vor ein böses Wort. Viele denken dabei gleich an übervorteilen, etwas aufdrängen, andrehen. Dabei ist der Verkauf von Produkten nur die logische Konsequenz unserer Beratung. Durch die richtigen Produkte wird das Ergebnis unserer Dienstleistung länger haltbar gemacht. Auch Haarschnitte und Frisuren werden letztendlich durch die gute Beratung verkauft.

Der Friseurbesuch soll zum Erlebnis werden.

10.1 Salonkonzept – Marketing

Erfolgreich Dienstleistungen und Produkte anzubieten und zu verkaufen erfordert viele Voraussetzungen. Die angebotenen Leistungen müssen zum Anbieter und seinem Ladenlokal passen.

Teure Produkte in einem optisch billig wirkenden Geschäft werden von der Kundschaft nicht akzeptiert. Aber auch zu billige Angebote in einem Nobelsalon werden zu Ladenhütern. Es muss also eine **Zielgruppe** definiert werden.

Der Standort ist entscheidend für den Erfolg eines Geschäftes. Ein Familiensalon auf dem Land ist mit Sicherheit erfolgreicher als ein flippiger Punksalon an gleicher Stelle. In einer Großstadt wird es mehr Kunden mit gehobenen Ansprüchen geben als in einem kleinen Dorf.

Auch die Ausstattung spielt eine Rolle. Ein zu exklusiv eingerichteter Salon kann eine Hemmschwelle für Kunden sein. „Der sieht teuer aus, den kann ich mir nicht leisten." Genauso wenig wird man in einem einfach ausgestatteten Betrieb hohe Preise verlangen können.

Die Überlegung muss also sein, wem man wo und wie welche Leistung zu welchem Preis anbietet. Aus diesen Voraussetzungen ergeben sich die Marktchancen für das Unternehmen. Viele Friseure

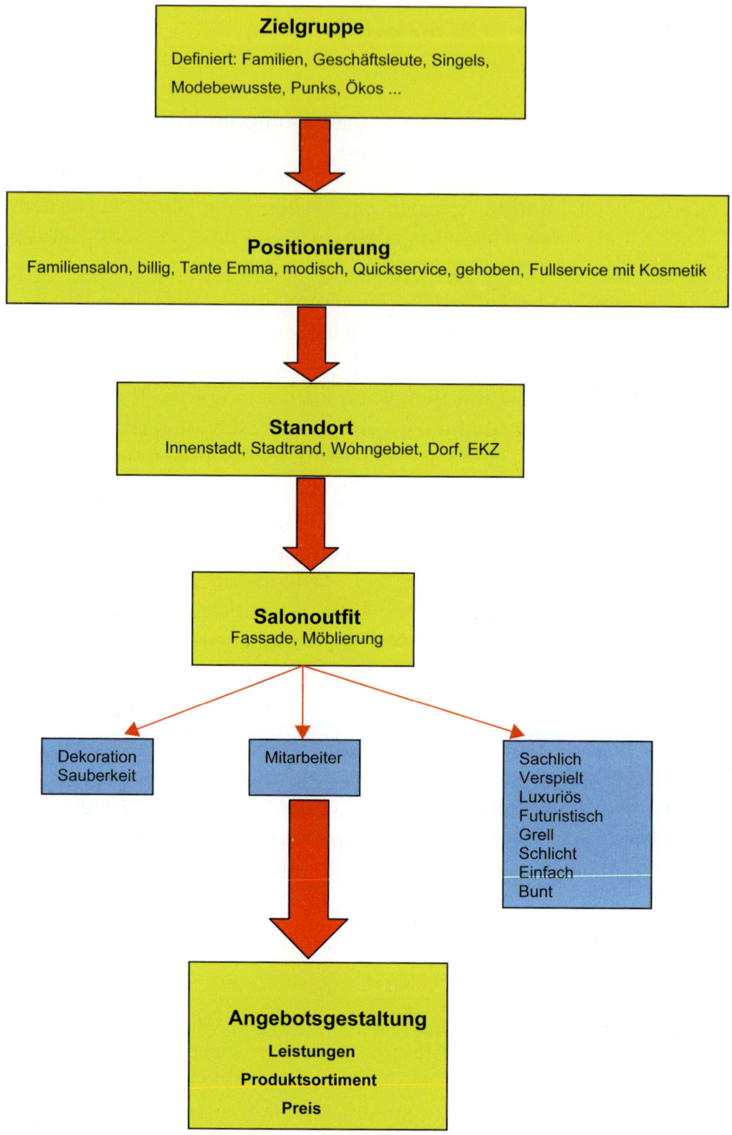

kämpfen um die gleichen Kunden. Häufig sind dabei sogar die eingesetzten Mittel wie z. B. Werbeposter und Preisangebote gleich. **Haare schneiden können alle !!!**

Also muss jetzt die Überlegung sein: Wie und wodurch unterscheidet sich unser Salon von der Konkurrenz? Anders sein als andere.

10.1.1 Qualitätsmanagement

Um etwas zu verändern, muss man natürlich erst mal wissen, wo man steht. Zu Beginn erfolgt eine Analyse der Stärken und Schwächen des Betriebs.

Die Fragen müssen lauten:

- Was können wir besser als andere?
- Wo können wir durch Seminarbesuche noch stärker werden?
- Was wird gerade von anderen Friseuren angeboten?
- Welche Zusatzangebote können wir anbieten?
- Welche neuen Dienstleistungen gibt es?
- Wie können wir unsere Leistungen anders anbieten?

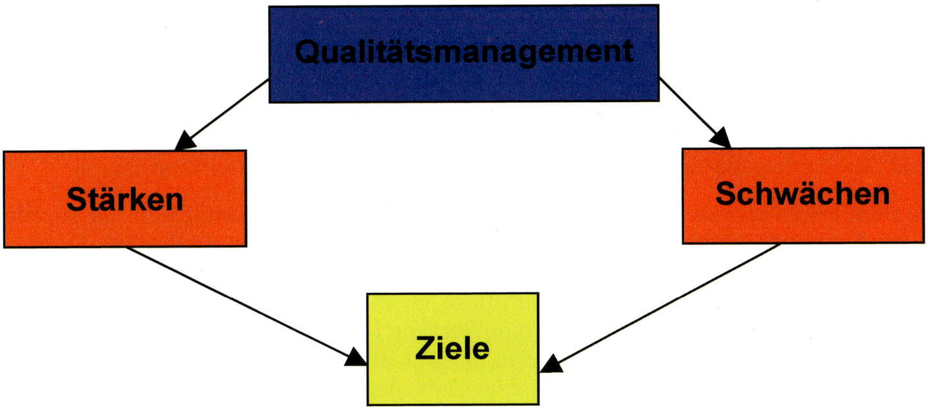

Nach der Analyse müssen jetzt Ziele festgelegt werden. *Was wollen wir erreichen*? Denn ohne Ziel läuft man sehr leicht im Kreis.

Diese Marktbeobachtung und Marktgestaltung sowie alle Tätigkeiten, die den Verkauf von Waren und Dienstleistungen fördern, nennt man in der Wirtschaftssprache **Marketing.**

Aufgaben:

1. Bestimmen Sie, welche Zielgruppen zu ihrer Kundschaft gehören.
2. Wie könnte die Salongestaltung für verschiedene Zielgruppen aussehen?
3. Betreiben Sie Marketing. Wie unterscheiden sich die Friseure in der Umgebung ihres Geschäftes?
4. Welche Stärken hat ihr Betrieb? Was bieten Sie Besonderes an?

10.1.2 Kaufmotive

Kaufmotiv. Die einfachste Antwort auf diese Frage lautet: Jemand kauft etwas, weil er es braucht. Dies trifft bei manchen Produkten auch zu, z. B. wenn Sie Hunger haben und sich etwas zum Essen kaufen. Diese „vernunftbezogenen" Käufe bilden heute jedoch nur einen kleinen Marktanteil. Im Bereich der Körperpflege könnte man Seife, Zahncreme, Zahnbürste, Kämme und Bürsten (in der einfachsten Ausführung) dazu zählen. Alle anderen Produkte der Körperpflege braucht man nicht unbedingt. Was verleitet also Menschen dazu, Dinge zu kaufen, die sie eigentlich nicht brauchen? Dazu gibt es innere und äußere, vernunft- und gefühlsbetonte Gründe.

Externe (äußere) Faktoren sind Gründe, die außerhalb der Person des Käufers liegen. Es sind vor allem Kaufmotive, die sich aus der sozialen Stellung, dem Beruf, dem Einkommen und der Zugehörigkeit zu bestimmten Gruppen ergeben. Eine Sekretärin oder Verkäuferin z. B. kauft sich Make-up-Präparate, um die Erwartungen ihres Chefs bzw. der Kunden zu erfüllen. Von einer

Arztfrau, die in einer vornehmen Wohngegend zu Hause ist, wird erwartet, dass sie gepflegt aussieht. Will sie nicht „aus der Reihe fallen“, richtet sie sich nach diesen Erwartungen und kauft sich entsprechende Körperpflegemittel. Bei Jugendlichen sind die externen Kaufmotive oft besonders ausgeprägt. Sie wollen zu ihrer Gruppe dazu gehören und kaufen sich deshalb Dinge, die in der Gruppe etwas bedeuten, als chic angesehen werden. Anerkennung und Neid anderer werten auf – eine Tatsache, die die Werbung gern ausnutzt (... Ihr Nachbar wird staunen ..., auch Sie können so beneidenswert schön sein ... bezaubernd jung aussehen ...).

Motiv für einen solchen Kauf ist, dass der tatsächliche Zustand (Gepflegtheit, Schönheit, Frische usw.) nicht mit dem angestrebten und von der Umwelt anerkannten übereinstimmt. Durch den Kauf der Ware kommt man dem angestrebten Ziel näher, bewältigt den Konflikt, kauft sich ein Stück „Wohlbefinden“. Wohl niemand kann völlig unberührt von den Ansichten und Urteilen seiner Mitmenschen leben. Deshalb sind die Menschen für entsprechende Argumente aufgeschlossen. „Die Lippenstiftfarbe gefällt Ihrem Mann bestimmt auch sehr gut“, „Fast alle jungen Mädchen tragen solche Ohrstecker“ oder „Ihre Freunde werden Sie um das gepflegte Haar beneiden“ sind „Lockrufe“, die externe Kaufmotive wecken und Kunden zum Kauf führen.

Interne (innere) Faktoren sind an die Person gebunden und unabhängig von der sozialen Umwelt. Sie wären auch vorhanden, wenn der Mensch allein auf einer Insel lebte. Dazu gehören etwa der Wunsch nach Gesundheit von Haar und Haut sowie die Neugier, etwas Neues auszuprobieren. Arbeitserleichterungen bei der Haarpflege (z. B. durch einen Lockenstab oder Spezialbürsten) entsprechen häufig internen Kaufmotiven. Die Kundin überlegt, welchen Nutzen (Wert) ihr das Produkt bringt. Sie misst es an ihrem persönlichen Wertsystem, wie man sagt. Bedeutet ihr die Arbeitserleichterung durch den Lockenstab mehr oder wenigstens ebensoviel wie der geforderte Preis, wird sie ihn kaufen.

Auf dieses persönliche Wertsystem eines Kunden durch Verkaufsargumente einzuwirken, ist sehr viel schwieriger als bei externen Motiven. Es wird Ihnen nur gelingen, wenn Sie aus Äußerungen das Wertsystem der Kundin erkennen, ihren Wunsch oder ihr Problem wie Ihre eigenen sehen.

Interne Faktoren sind übrigens dafür verantwortlich, dass die Menschen für Hobby und Urlaub leichter Geld ausgeben als für andere Dinge. Beide nehmen nämlich bei den meisten Menschen eine „Spitzenposition“ im eigenen Wertsystem ein.

Vernunft- und gefühlsbetonte Kaufmotive können extern oder intern sein.

Um vernunftbetonte **Motive** handelt es sich, wenn der Kunde genau weiß, was er will. Hierzu zählen auch Preisvorteile aus Sonderangeboten oder Vorratspackungen. Sachbezogene Argumente und fachliche Beratung führen hier am schnellsten zum Verkaufsabschluss.

Gefühlsbetonte Kaufmotive sind den Kunden meist selbst nicht bewusst. Sie interessieren sich für etwas, möchten es haben oder etwas Unangenehmes vermeiden. Häufig steckt eine unbewusste Furcht vor dem Alter oder mangelnder Schönheit dahinter. Kunden mit gefühlsbetonten Kaufmotiven sind eher bereit Geld auszugeben, wenn Sie auf ihre Person eingehen. Zuwendende Gesten, Augenkontakt und ein bestätigendes Lächeln sind dazu meist wichtiger als fachliche Informationen. Diese Kundinnen kaufen kein Make-up, sondern Schönheit, mit einer Feuchtigkeitscreme zarte Haut, mit einem Cremebad keine Hautpflege, sondern Wohlbefinden.

Grundlage des Verkaufsgesprächs ist hier das Vertrauen der Kundin. Haben Sie es gewonnen (und nutzen Sie es nicht extrem aus), ist der Verkauf meist leicht, denn die Kundin wird ihre Unzufriedenheit oder Wünsche äußern. Bei unbewussten, gefühlsbetonten Kaufmotiven vertraut sich die Kundin Ihnen an, betrachtet Sie als Person, nicht als „Ansammlung von Fachwissen“. Sachliche Argumente helfen zwar beim Verkaufsabschluss, dürfen aber nicht im Vordergrund des Verkaufsgesprächs stehen. Dazu gehören viel Einfühlungsvermögen und Hilfsbereitschaft ohne Aufdringlichkeit.

Kaufmotive

Ausgangspunkt der Argumentation

externe Faktoren	interne Faktoren
in der Umwelt des Käufers begründet	in der eigenen Person des Käufers begründet
Der Verkäufer muss die Umweltreaktion ins Verkaufsgespräch einbeziehen	Der Verkäufer muss aus dem Wertsystem des Käufers heraus argumentieren

vernunftbetonte Kaufmotive ⟶ sachliche Argumentation steht im Mittelpunkt
gefühlsbetonte Kaufmotive ⟶ Einfühlungsvermögen steht im Mittelpunkt

10.1.3 Werbung

Früher, als Werbung noch Reklame hieß, war deren Aufgabe klar. Durch Zeitungsanzeigen oder Fernsehspots sollte das Produkt „dem geneigten Publikum" (Originalton) bekannt gemacht werden. Die Verbraucher sollten es kaufen.

Heute ist die Aufgabe der Werbung wesentlich vielschichtiger.

Werbung oder moderner Public Relations, kurz PR, ist Öffentlichkeitsarbeit. Darunter fallen alle Maßnahmen, die das Unternehmen und seine Produkte bekannter machen. Das Image, also das Bild und Ansehen eines Unternehmens wird durch seine Mitarbeiter, Geschäftsräume und Werbemaßnahmen geprägt.

Zur Zeit ist die Werbung sehr emotional. Man verkauft nicht ein Produkt, sondern ein bestimmtes Lebensgefühl. Die Werbespots im Fernsehen gleichen kleinen Spielfilmen. Häufig erfährt man erst ganz zum Schluss, um welches Produkt es sich handelt.

Werberegeln
Werbung soll potentielle Kunden anlocken und informieren.
Werbung muss der Wahrheit entsprechen.
Werbung kann auch bewusst übertreibend sein.
Werbung braucht immer eine Zielgruppe.
Werbung muss wiederholt werden.

Ein hundertprozentiges Erfolgsrezept für gute Werbung gibt es nicht.

Schon der alte Henry Ford wusste: „Die Hälfte meiner Werbung beachtet kein Mensch. Wenn ich wüsste, welche Hälfte dies ist, könnte ich viel Geld sparen."

Werbung soll den Verkauf unterstützen. Kunden werden auf Angebote und Leistungen aufmerksam gemacht. Werbung weckt in dem Kunden den Wunsch, ein Produkt zu besitzen. Verkaufsprofis sprechen hier von der **AIDA**-Formel:

A ttention	=	Aufmerksamkeit	Die Aufmerksamkeit des Kunden erzielen, egal durch welches Werbemittel.
I nterest	=	Interesse	Interesse für das Produkt wecken.
D esire	=	Verlangen, Besitzwunsch	Der Kunde muss den Wunsch haben, das Produkt zu besitzen.
A ction	=	Kauf auslösen	Der letzte Schritt wäre jetzt die persönliche Beratung, die den Kauf auslösen soll.

Werbemöglichkeiten

Ganzseitige Werbung in Hochglanzmagazinen oder Fernsehspots haben zwar einen hohen Verbreitungsgrad, sind aber auch sehr teuer. Diese Art von Werbung können sich nur große Firmen leisten. Selbst Anzeigen in der Lokalpresse sind ziemlich teuer. Für Friseure gibt es aber eine Fülle von guten Möglichkeiten, ihre Werbebotschaft an die Frau oder den Mann zu bringen.

Mund-zu-Mund-Propaganda. Die billigste und effektivste Werbung ist natürlich die Mund-zu-Mund-Propaganda. Eine zufriedene Kundin gibt ihre Erfahrungen gern an andere weiter. Durch Zusammenarbeit mit Boutiquen oder eigenen Modenschauen kann man Friseurdienstleistung außerhalb seiner Räume präsentieren. Mögliche Kunden können so von der Leistung des Salons begeistert werden. Persönlicher Kontakt ist immer am wirkungsvollsten. Kleine Events, Beratungsabende zu bestimmten Themen binden Kunden an den Salon. Hersteller von Dessous und Plastikschüsseln nutzen eine ähnliche Art von Verkaufsparty schon lange erfolgreich. Zufriedene Kunden bringen gerne ihre Freunde mit.

Das *Schaufenster* ist unser wichtigster Werbeträger. Hier entscheidet sich, ob ein Kunde den Laden betritt oder nicht. Durch Aufsteller und Schilder vor dem Geschäft kann zusätzliche Aufmerksamkeit erzielt werden.

Gut gemachte *Visitenkarten* wecken Interesse. In befreundeten Geschäften oder beim Italiener um die Ecke darf man bestimmt ein paar auslegen. Dies ist kostengünstig und bringt neue Kunden. Auch *Flyer*, das sind Faltblätter, lassen sich so gut unter die Leute bringen. Jugendliche verdienen sich gerne einige Euro durch Briefkastenbestückung dazu. Leider ist die Wirkung nicht so gut. Durch die Fülle der täglichen Werbepost wird dabei viel weggeworfen. *Mailings*, das sind an den Kunden adressierte Karten oder Briefe, haben einen hohen Wirkungsgrad und sind sehr preisgünstig. Sie wirken, ähnlich wie Werbegeschenke, sehr persönlich. Auch eine eigene *Kundenzeitung* hilft bei der Kundenbindung. Werbung soll ja nicht nur Neukunden gewinnen, sondern auch Stammkunden halten.

Kino- und Radiowerbung sind in letzter Zeit erschwinglicher geworden. Doch hier muss auf absolute Profiarbeit in der Herstellung geachtet werden. Der Verbraucher ist durch hervorragend gemachte Werbeclips sehr verwöhnt. Mit Billigproduktionen macht man sich leicht lächerlich.

Fahrzeugwerbung auf Taxis und Bussen ist auf die Dauer teuer. Aber Fahrzeuge von Mitarbeitern und Freunden bieten Platz für eine Werbebeschriftung. Für eine Tankfüllung oder einen Gutschein in der Waschstraße kann so der Bekanntheitsgrad des Salons in der Stadt gesteigert werden.

Zu bestimmten Zeiten kann man günstig **Plakatwände** und Litfaßsäulen mieten. Auch der lokale Sportverein bietet sich für Werbung an. Eine Anzeige in der Vereinszeitung, Trikotsponsoring oder Bandenwerbung unterstützt den Verein und wird von vielen Kunden gesehen.

Internet. Ein neues Medium für Werbezwecke ist das Internet. Die Homepage muss allerdings ständig aktualisiert werden, denn nichts ist für Surfer langweiliger als veraltete Seiten. Dies ist mit einigem Aufwand verbunden. Andererseits kann man im Internet schnell neue Trends verbreiten. Das Internet ist eine preisgünstige Werbeplattform und die Zielgruppe wird immer größer.

Aufgaben:

1. Sammeln Sie Zeitungsanzeigen von Friseuren.
2. Vergleichen Sie die Werbebotschaften. Was fällt Ihnen auf?
3. Gestalten Sie selber eine Anzeige oder einen Werbezettel für Ihren Salon. Legen Sie ein Thema fest. Entscheiden Sie sich für ein Angebot oder für Imagewerbung.

10.2 Verkauf von Dienstleistungen und Produkten

Friseurdienstleistungen und Haarpflegepräparate werden heute an jeder Ecke zu unterschiedlichsten Preisen angeboten. Dem Käufer fällt es schwer, die richtige Wahl zu treffen. Apotheken, Drogeriemärkte und Kaufhäuser wetteifern mit den Friseuren um den Haarpflegemarkt. Häufig können diese Großunternehmen durch günstigeren Einkauf deutlich billigere Angebote machen. Aber Friseure haben trotzdem eine gute Chance auf diesem Markt. Die Chance heißt **Beratung**. Durch den engen Kundenkontakt als Fachmann für Haar und Haut ergeben sich viele Möglichkeiten. Zusätzlich können wir von den „Großen" lernen. In einem gut geführten Möbelhaus, Lebensmittelmarkt oder Kaufhaus sind die Abteilungen oder Produkte nie wahllos hingestellt. Alles ist nach einem genau festgelegten Plan platziert. Große Verkaufshäuser führen regelmäßig Untersuchungen über Käuferverhalten durch. Früher im Tante Emma Laden wurden die Waren noch wie Schätze gehütet. Häufig durch Glasscheiben vor Verstauben und Kunden geschützt. Heute ist dem Kunden Selbstbedienung zur Selbstverständlichkeit geworden. Alles was er nicht sofort anfassen und betrachten kann, lässt er liegen.

Die großen Markenartikelhersteller unterstützen und nutzen die Selbstbedienung. Es werden handliche Produkte in wiederkehrenden Formen und Farben angeboten. So zum Beispiel die besondere weiblich erscheinende Form einer Brauseflasche mit dem weißen Schriftzug auf rotem Grund oder die blaue Dose eines Cremeherstellers mit dem geschwungenen weißen Schriftzug. Na, wissen Sie, welche Produkte gemeint sind?

Man sagt, diese Produkte haben einen hohen Wiedererkennungswert. Der Kunde erkennt seine Marke schon von weitem. Und trotzdem wird dafür noch Werbung gemacht.

Erst begegnet uns das Produkt im Fernsehen. Danach treffen wir es in der Zeitung, auf einem Plakat und im Schaufenster wieder. Auch im Kaufhaus gibt es große Hinweisschilder, bis wir das Produkt endlich in der Hand halten. Diesen Weg nennt man eine **Kontaktstrecke**. Der Kunde soll möglichst häufig mit dem Produkt in Kontakt kommen.

Wie kann jetzt so eine Kontaktstrecke beim Friseur aussehen?

10.2.1 Kontaktstrecke im Friseursalon

Außenfassade
Schaufenster
Außenplatzierung
Verkaufsregale
Frisierplatz
Kassenzone

Da sich Friseure in der Regel keine großartigen Werbekampagnen mit Promotion (Werbeveranstaltungen) und Fernsehauftritt leisten können, müssen sie das Beste aus ihren Möglichkeiten machen. Der wichtigste Werbeträger ist der Salon selbst. Und deshalb gilt:

Für den ersten Eindruck gibt es keine zweite Chance.

Außenfassade

Ein exklusiver Friseur in einem Abbruchhaus wirkt nicht sehr glaubwürdig. Auch unseriöse Geschäfte in der Nachbarschaft können das Ansehen des Betriebes beeinträchtigen. Wenn dem Saloninhaber das Geschäftsgebäude nicht gehört, kann er wenig Einfluss auf die Fassadengestaltung nehmen. Aber durch Aufstellen größerer Pflanzen im Außenbereich kann eine einladende Atmosphäre geschaffen werden. Auch großflächige Werbebanner oder Fahnen mit Frisurenmotiven setzen Akzente im Stadtbild.

10.1 Schütten und Aufsteller im Eingangsbereich

Der Eingangsbereich vor dem Laden bietet sich als Aktionsfläche an.

Bei dieser Außenplatzierung werden Produkte als besonderes Angebot in Körben oder Schütten vor dem Salon platziert. Sie sollen den Kunden in den Laden führen. Diese Verkaufsmöglichkeit wird auch häufig von großen Parfümerien genutzt. Stopper sind Aufsteller für Poster oder Angebote. Sie sollen den schnellen Lauf der Passanten verlangsamen und die Aufmerksamkeit auf das Geschäft lenken. Das Geschäft sollte deutlich als Friseur erkennbar sein. Bei manchen Läden denkt man eher an einen Postergroßhandel. Durch ein gut sichtbares Außentransparent sollte der Salon schon von weitem zu sehen sein.

Die Außenfassade ist unsere Visitenkarte. Sie vermittelt das Image und die Kompetenz des Salons. Auch das Schaufenster ist ein Teil des äußeren Erscheinungsbildes.

Schaufenster

Schaufenster sollen positiv auffallen. Sie haben neben dem Werbeeffekt eine eigene Ausstrahlung. Gute Schaufenster erzielen eine besondere Wirkung. Die kann sich wie folgt ausdrücken: Spannung, Action, Unterhaltung, Witz, Sympathie, Information, Überraschung.

Das Schaufenster ist das wichtigste Werbemedium für Friseure.

Früher waren Schaufenster ein geschlossener Raum für sich. Die Rückseite war durch Türen begrenzt (**10**.2). Dekoration war häufig eine lästige Pflicht. Heute wird das Schaufenster als Blickfang genutzt. Es soll das Auge des Betrachters auf ein Angebot und/oder in das Innere des Ladens leiten. Manche Friseurgeschäfte verzichten ganz auf Dekorationen, damit der Blick ins Ladeninnere nicht verstellt wird. Dies kann allerdings auch einige Kunden vom Betreten des Ladens abhalten. Nicht jede Kundin möchte gerne ungeschminkt und mit nassen Haaren gesehen werden.

10.2 Schaufenster 1964

10.3 zu volles Schaufenster

Die Dekoration soll die Kompetenz im Dienstleistungs- und Produktbereich signalisieren. Dabei ist darauf zu achten, dass die Produkte nach gestalterischen Gesichtspunkten dekoriert werden.

Nahwirkung – Fernwirkung. In einer Fußgängerzone kommen die Kunden näher an das Schaufenster heran. Es können kleinere Produkte wie Haarschmuck, Shampoos, Cremes und Lippenstifte gezeigt werden. Dabei wird aber häufig zu viel des Guten getan. Die Schaufenster wirken dann überladen, unübersichtlich und gleichen eher einem Warenlager (**10.**3).

Bei zu vielen Werbebotschaften schaltet der Kunde ab und schaut lieber woanders hin. Weniger ist mehr.

Wenn das Geschäft an einer Ausfallstraße liegt, ist es unwahrscheinlich, dass dort ein starker Publikumsverkehr herrscht. Deshalb werden dort große Poster oder ein Schaustück als Eyecatcher (= Blickfang) eingesetzt. Dabei sollte immer die Laufrichtung (Fahrtrichtung) der Kunden beachtet werden. Manchmal bewegen sich die potentiellen Kunden nur in eine Richtung. Für den Rückweg wird eine andere Strecke genutzt.

Lange Texte und kleine Schrift auf Angebotsplakaten werden wenig beachtet.

Preisauszeichnung. Wichtig ist die Preisauszeichnung. Zu jedem Produkt gehört, gesetzlich vorgeschrieben, ein Verkaufspreis. Auch eine Preisliste der Dienstleistungen muss gut sichtbar für den Verbraucher ausgelegt werden. Einige Friseure kommen dieser Pflicht nur zögerlich nach. Die Preistafel wird dann irgendwo ziemlich versteckt aufgestellt. Warum eigentlich? Für eine gute Leistung kann man auch einen entsprechenden Preis verlangen. In einigen Salons wird sehr offensiv mit der Preistafel umgegangen. Sie wird in Postergröße ins Schaufenster dekoriert. Sie signalisiert: Hier stimmen Preis und Leistung.

Licht lockt Leute! So wie Licht Motten anzieht, werden auch Kunden zum Schaufenster gelockt. Mit verschiedenen Leuchtmitteln lassen sich unterschiedliche Wirkungen erzielen. Grundsätzlich sollte ein gutes Allgemeinlicht eingesetzt werden. Durch Strahler werden einzelne Dekorationsteile besonders betont. Mit farbigem Licht lassen sich Stimmungen erzielen.

Wie häufig die Dekoration gewechselt werden muss, liegt an den gewählten Themen. Eine Weihnachtsdeko zu Ostern mag manch einem zwar witzig erscheinen, lässt aber auch auf eine gewisse Nachlässigkeit schließen. Die verschiedenen Jahreszeiten und Festtage sowie die neue Mode und Produktneuheiten bieten eine Fülle von Dekorationsthemen.

Dass die Dekoration sauber und gepflegt sein muss, ist selbstverständlich. Tote Fliegen, ausgebleichte Poster und alte Ware ziehen keine Kunden an. Das Schaufenster und seine Angebote sind wie ein Versprechen. Die Salonausstattung und vor allem das Team müssen dieses Versprechen einlösen können. Ansonsten ist der Kunde enttäuscht und kommt nicht wieder.

Tolle, ausgefallene Schaufenster fallen auf. Schöne Schaufenster machen Spaß. Sie sind Gesprächsthema und bringen Kunden.

Spickzettel

- Schaufenster sollen positiv auffallen
  (Motto: Spannung, Action, Unterhaltung, Witz, Sympathie, Information, Überraschung,..)
- Themenschwerpunkte (Deko ist kein Warenlager)
- Der Salon muss halten, was er verspricht
- Dekoration sauber und gepflegt
- Laufrichtung berücksichtigen
- Dekorationswechsel
- Beleuchtung (Licht lockt Leute)
- Preisauszeichnung

Aufgaben:

1. Welche Werbebotschaft hat Ihr Schaufenster?
2. Vergleichen Sie ihr Schaufenster mit dem von anderen Friseuren. Was fällt Ihnen auf?
3. Gestalten Sie ein Schaufenster zu einem Thema Ihrer Wahl. Welche Materialien, Hilfsmittel und Produkte benötigen Sie? Fertigen Sie eine Materialliste an.

Angebotszonen im Salon

Die richtige Platzierung der Verkaufsware erleichtert den Verkauf.

Dies fängt schon im **Eingangsbereich** an. An dieser wichtigen Stelle kommen alle Kunden mindestens zweimal vorbei. Nämlich beim Betreten und beim Verlassen des Salons. Leider gibt es immer noch Friseure, die diesen hochinteressanten Verkaufsplatz für die Kundengarderobe reserviert haben.

Größere Friseurbetriebe haben eine **Wartezone**. Neben Kaffee und Zeitungen kann hier schon für Produkte und Dienstleistungen geworben werden. Der Kunde hat Zeit, Frisurenbücher mit Farb-, Dauerwell- und Pflegehinweisen zu lesen. Displays sind kleine Aufsteller mit Testprodukten. Der Kunde darf und soll zugreifen.

Für die meisten Friseure ist nach wie vor der **Bedienungsplatz** der wichtigste Ort, um Produkte anzubieten. Während der Behandlung kann und muss die Friseurin die Produkte mit denen sie arbeitet, zeigen und erklären. Das nennt man Beratungsverkauf.

10.4 Warenpräsentation am Bedienungsplatz

10.5 Verkaufstheke mit Thekendisplay und Warenproben

Die **Rezeption** und Verkaufstheke bieten sich hervorragend für Sonderangebote an.

Sonderangebotsplatzierungen lösen Impulskäufe aus. Das sind spontane Käufe, die für zusätzlichen Umsatz sorgen. Es entsteht ein Mitnahmeeffekt.

Bei der Platzierung von Verkaufsangeboten im Salon ist immer der **Kundenlauf** zu beachten. Die meisten Menschen laufen in Geschäften gegen den Uhrzeigersinn. Dabei ist die Hauptblickrichtung rechts. Das heißt, Waren auf der rechten Seite werden deutlich stärker wahrgenommen. Der Lebensmitteleinzelhandel plant seine Geschäfte ganz offensichtlich nach diesen Regeln. Je häufiger der Kunde mit einer Ware in Berührung kommt, desto eher ist ein Verkauf zu erzielen.

Aufgabe:

Erkunden Sie einen größeren Lebensmittelmarkt in ihrer Nähe.
Notieren Sie die einzelnen Verkaufszonen. Was glauben Sie, warum die Produkte genau an dieser Stelle platziert sind? Welche Tricks können wir für den Salon abschauen? Die gleiche Aufgabe können Sie auch in größeren Möbelhäusern lösen.

10.2.2 Das Sortiment im Verkaufsregal

Bevor wir uns das Verkaufsregal näher anschauen, müssen wir uns erst mal Gedanken über die Verkaufsprodukte machen. Die Friseurbedarfsindustrie bietet eine unüberschaubare Menge von Produkten an. Drei große und viele, viele kleine Anbieter wollen die Friseurregale füllen. Der Friseurmeister muss entscheiden, welche Produkte er für seine Kunden (Zielgruppe) bereit hält. Dazu sind einige Punkte zu beachten.

- Das richtige Sortiment unterstützt die Kompetenz in der Haarpflege.
- Je bekannter eine Marke ist, desto niedriger wird der Beratungsaufwand.
- Das Sortiment ist der Schlüsselfaktor für einen erfolgreichen Verkauf.
- Je mehr Produkte angeboten werden, desto mehr Auswahl hat der Kunde.

Hierzu noch einige wichtige Fachbegriffe:

Flaches Sortiment	=	wenige Artikel
Schmales Sortiment	=	Produkte aus einzelnen Warenbereichen, wenige Warengruppen
Sortimentsbreite	=	viele unterschiedliche Produkte, viele Firmen oder Depots
Sortimentstiefe	=	viele Produkte einer Firma oder viele Produkte zu einer Wirkung

Unter Sortimentserweiterung versteht man das Anbieten von zusätzlichen Produkten, die mit dem eigentlichen Produktangebot nichts zu tun haben. Ein namhafter Kaffeeröster hat dies bis zur Perfektion getrieben. Manchmal fragt man sich, ob es in den Verkaufsgeschäften noch Kaffee gibt. Friseure können davon noch viel lernen.

Aufgabe:

Stellen Sie eine Liste zusammen, welche zusätzlichen Dienstleistungen und Produkte Friseure anbieten können. Diskutieren Sie die Auswahl in der Klasse.

Ware gehört grundsätzlich nicht in den Keller, sondern in das Verkaufsregal. Die Kunden von heute sind Selbstbedienung gewohnt. Sie wollen die Produkte fühlen und riechen. Deshalb sind Regale hinter der Kassentheke nur für besonders wertvolle Verkaufsprodukte sinnvoll. Theken und Glastüren bilden eine Hemmschwelle. Produkte hinter Glas wirken teuer und werden mit einer gewissen Scheu betrachtet.

10.6 Warenpräsentation 1929 — Moderne Warenpräsentation zur Selbstbedienung

Es gibt verschiedene Möglichkeiten, die Verkaufsartikel in ein Regal zu stellen. Die Ware soll nicht dekoriert werden, denn dann traut sich der Kunde nicht sie anzufassen. Er will ja nicht die tolle Dekoration zerstören.

Beim Einräumen der Produkte müssen Sie immer darauf achten, dass Grifflücken entstehen. Der Ordnungssinn verleitet dazu, die Verpackungen und Flaschen ordentlich nebeneinander auf eine Linie zu stellen. Für den Kunden entsteht so leicht der Eindruck, dass aus diesem Regal nichts verkauft wird. Außerdem erleichtern Grifflücken die Entnahme von Produkten.

Verkaufsprodukte werden nicht dekoriert, nicht hingestellt, nicht eingeräumt, sondern ganz bewusst an eine bestimmte Stelle platziert.

Man unterscheidet nach der Art der Platzierung:

Warengruppenplatzierung

alle Schuppenshampoos verschiedener Hersteller werden zusammen platziert

Verbundplatzierung

alle Produkte für eine Problemlösung, Kur, Shampoo und Haarwasser, werden gemeinsam platziert

Blockplatzierung

alle Produkte einer Firma werden in einem Regal platziert

10.7 Warenplatzierung

Es sollte immer ausreichend Ware im Regal sein. Dabei ist es wie mit dem Anstandsstück an der Kaffeetafel. Die letzte Flasche wird nur ungern genommen. Mit einem kleinen Trick kann man die Anzahl der Verkaufsprodukte verdoppeln. Ein Spiegel hinter dem Regal sieht gut aus, erweckt den Eindruck von Tiefe und mehr Produkten.

Sauberkeit im Verkaufsregal ist oberste Pflicht. Verstaubte Ware und Regale laden nicht zum Kaufen ein. Sie signalisieren, was hier steht ist alt und ein Ladenhüter.
Alle Produkte müssen deutlich mit einem Preis ausgezeichnet sein. Nicht ausgepreiste Ware bleibt häufig stehen. Viele Kunden wollen nicht nach dem Preis fragen und stellen das Produkt wieder in das Regal.

Produkte die verwechselt werden können, sollte man nicht nebeneinander platzieren.

Verkaufsregale

Nicht nur die Auswahl der Produkte entscheidet über den erfolgreichen Abverkauf. Auch die Platzierung im Verkaufsregal beeinflusst das Kaufverhalten der Kunden.

Verkaufsregale werden in vier waagerechte Zonen aufgeteilt:

Reckzone	ab 1,60 m	dem Kunden bekannte Produkte platzieren, teure Produkte
Sichtzone	1,20 m bis 1,60 m	Produkte mit hoher Gewinnspanne (verkaufsstärkste Produkte, Neuheiten, Saisonprodukte, Trendprodukte)
Griffzone	0,80 m bis 1,20	
Bückzone	unter 0,80 m	nur große Produkte oder solche, die der Kunde sowieso braucht und sich selber sucht, preisgünstige Produkte

10.8 Verkaufsregal

Bei der senkrechten Einteilung des Verkaufsregals ergeben sich auch wieder schwache und starke Verkaufszonen.

Linke Verkaufszone	**Mittlere Verkaufszone**	**Rechte Verkaufszone**
Links sollten günstigere oder vom Kunden gesuchte Produkte stehen.	Der Käufer sucht immer zuerst die Mitte des Regals. Hier gehören die verkaufsstärksten Produkte mit der höchsten Gewinnspanne hin.	Die meisten europäischen Menschen schauen wie beim Lesen von links nach rechts. Deshalb wird die rechte Zone am zweithäufigsten frequentiert.

Aufgaben:

1. Erkunden Sie die umliegenden Geschäfte. Schauen Sie sich die Warenplatzierung in den einzelnen Regalen an. Wo steht was in der Drogerie, im Lebensmittelmarkt, in der Parfümerie?
2. Kontrollieren Sie die Regale in Ihrem Betrieb. Ist alles sauber? Ist die Ware dekoriert oder platziert? Sind Grifflücken vorhanden?

Die Kenntnisse über die Warenplatzierung kann man nicht nur in großen, verkaufsstarken Geschäften mit vielen Regalen anwenden. Gerade kleinere Betriebe mit wenig Waren können davon profitieren. Es ist nicht immer sinnvoll, die Warenträger der Friseurlieferanten zu benutzen. Denn trotz kleiner Warenmenge müssen sich die Kunden recken oder bücken, um die Produkte richtig zu sehen. Besser sind da eigene Regalböden, die in Sicht- und Griffzone angebracht werden.

10.2.3 Faktoren, die den Verkauf beeinflussen

Die Kaufbereitschaft von Dienstleistungen und Produkten wird durch verschiedene Faktoren beeinflusst. Die nicht bewusst wahrgenommene Stimmung (= Atmosphäre) im Salon hat einen hohen Anteil an der Kaufentscheidung.

Musik im Betrieb soll zur Entspannung der Kundin dienen. Techno, Hip-Hop oder Hard Rock sind dazu nicht geeignet. Radio-Gedudel ist für viele Kunden auch nervig. Nachrichten und Werbung stören bei der Entspannung. Gute Hotels haben das Problem für sich gelöst. Sie spielen eigene Hotelmusik. Die Lautstärke sollte vom Empfinden des Kunden bestimmt sein, nicht von den Discogelüsten der Auszubildenden.

Duft. Vielfach wird heute schon Atmosphäre durch Duft geschaffen. Große Parfümerien setzen dazu Duftsprüher im Eingangsbereich ein. Dass Duft unsere Gefühle leitet, kann man an Kleinigkeiten feststellen. Denken Sie mal an Kaffee, und schon haben Sie einen entsprechenden Duft im Kopf. Nur durch die bloße Erwähnung des Wortes Kaffee wird eine gefühlsmäßige Wirkung erzielt. Durch eine Verbesserung der Salonluft – Dauerwellen und Farben riechen nun mal nicht so gut – kann man das Kundenverhalten beeinflussen. Mit Duftölen lassen sich angenehme Gerüche verbreiten.

Temperatur. Auch die Temperatur ist entscheidend für das Kaufverhalten. In einem heißen Sommer setzt man sich nicht gerne für lange Behandlungen in einen warmen Raum.

Aber auch Kälte kann unangenehm sein, wenn man mit nassem Kopf im Salon sitzt. Eine Klimaanlage schafft angenehme Temperaturen.

Farben haben auf Menschen verschiedene Einflüsse. Wie im Kapitel Wirkung von Farben beschrieben, reagieren wir mit bestimmten Gefühlen auf die einzelnen Farbtöne. Gelb wirkt anheimelnd, gemütlich. Weiß ist eine kalte Farbe, wirkt aber klar und sauber. Im Zusammenspiel mit Einrichtung und Dekoration entsteht so eine an Zielgruppen gerichtete Salonatmosphäre. Sie haben einen hohen Anteil an dem Image (Bild, Vorstellung), das die Kunden von dem Salon haben.

So wirken schräg aufgehängte Poster nicht unbedingt jung und progressiv, sondern erwecken den Eindruck von Stillosigkeit.

Preis. Der Preis ist ein ganz wichtiger Faktor bei der Kaufentscheidung. Das heißt aber nicht, dass nur niedrige Preise eine Chance haben. Ein hoher Preis steht bei vielen Menschen für Qualität. Für eine Kundin, die sonst ihre Kosmetik im Billigmarkt kauft, kann Friseurkosmetik teuer erscheinen. Eine andere versorgt sich sonst in der Edelparfümerie. Dieser Kundin kommt unser Angebot günstig vor.

Der Preis kann also nur kurzfristig ein Argument sein. Wichtiger sind Beratung und Qualität.

Die Möglichkeit, Produkte zu testen und zu probieren, hilft bei der Kaufentscheidung.

Den größten Einfluss auf das Kaufverhalten bei Dienstleistungen und Produkten haben die Mitarbeiter des Salons. Und dazu gehören das persönliche Erscheinungsbild und das Verhalten im Salon.

Spickzettel

Faktoren, die das Kaufverhalten beeinflussen:

- Musik
- Duft
- Farben
- Bilder
- Temperatur
- Preis
- Testmöglichkeiten
- Mitarbeiter
- Einrichtung
- Image

10.2.4 Persönliches Erscheinungsbild und Verhalten im Betrieb

Persönliches Erscheinungsbild

Vom Auszubildenden bis zum Chef gehören alle Mitarbeiter zu der Gesamterscheinung des Geschäftes. Sie sind ein Teil des Salons. Deshalb muss das Erscheinungsbild dem Image des Betriebes entsprechen. Dass die eigene Frisur den Anforderungen an die Mode entspricht, sollte eigentlich selbstverständlich sein. Aber durch die Experimentierfreudigkeit mancher Kollegin sieht das häufig anders aus. Kaputte, ungepflegt wirkende Haare sind kein gutes Vorbild. Ein leichtes Make-up gehört genauso zu dem Erscheinungsbild wie gepflegte Fingernägel. Leider stimmen diese Punkte manchmal erst zum Feierabend. Achten Sie mal bei sich und Ihren Kolleginnen darauf.

Wer von der Mode lebt, muss mit der Mode leben.

In einigen Betrieben ist eine bestimmte Kleidung oder Farbe vorgeschrieben. Dies soll die Mitarbeiter als Team kenntlich machen. Sie sollen im positiven Sinne als Friseure auffallen. Für diejenigen ohne Berufskleidung beginnt der Salonalltag mit dem Griff in den Kleiderschrank. Grundregel dabei ist: Immer etwas besser und gepflegter als die Masse Ihrer Kunden. Vorsicht. Betreiben Sie kein Over-Styling. Das wirkt leicht lächerlich oder sogar billig. Abgetragene Kleidung, verwaschene Hosen, fleckige Blusen und ausgelatschte Gesundheitsschuhe gehören in die Freizeit. Auch bauchfreie Tops oder zu kurze Hosen passen nicht in jeden Salon. Auf Dauer ist solch eine Kleidung geschäftsschädigend.

Körperpflege ist ein absolutes Muss im Friseurberuf. Durch seine Tätigkeit gehört der Friseur zu den Dienstleistern, die ihren Kunden persönlich ganz nahe kommen. Gepflegte Zähne und ein angenehmer Geruch gehören dazu. Raucher sollten neben dem Mundgeruch auch an die Hände denken. Mit Nikotinhänden am Kopf oder gar im Gesicht der Kundin kommt man nicht gut an.

Spickzettel

Persönliches Erscheinungsbild

- Modische Frisur
- Dezentes Make-up
- Gepflegte Fingernägel
- Angemessene Kleidung
- Persönliche Hygiene
- Keine Nikotingerüche
- Kein Kaugummi kauen

Verhalten im Salon

Gute Umgangsformen haben nichts mit verstaubten Regeln der alten Etikette zu tun. Aber Höflichkeit und gutes Benehmen erleichtern den Umgang der Mitarbeiter untereinander. Respekt und Freundlichkeit heben das Betriebsklima.

Dabei gilt immer noch der alte Satz: Wie es in den Wald hineinschallt, schallt es auch wieder heraus. Also so, wie ich von anderen erwarte, dass sie mit mir umgehen, so muss ich mich auch anderen gegenüber verhalten.

Das hört sich ganz einfach an. Aber vielen Mitmenschen fehlen immer häufiger auch nur die einfachsten Benimmregeln. Das Grüßen mit Tageszeit fällt manchem schon schwer. Kaugummikauen während eines Gespräches oder gar bei der Kundenbedienung wird von vielen Menschen als schlechtes Benehmen gewertet. Im Umgang mit Kunden sind gute Manieren Voraussetzung für den Erfolg.

Wichtige Verhaltensweisen

Dem Kunden bei der Garderobe helfen. Jüngere Kunden und viele Männer mögen es nicht, wenn man ihnen in den Mantel hilft. Da wird das Kleidungsstück nur angereicht.

Halten Sie dem Kunden die Tür auf. Vor allem Kunden, die ihren Einkauf dabei haben, werden es Ihnen danken.

Die Ansprache des Kunden ist manchmal etwas kniffelig. Grundsätzlich sollten aber alle Kunden mit „Sie" angesprochen werden. In einigen jüngeren Salons mit entsprechender Kundschaft mag dies anders sein. Es gilt aber nach wie vor: Erst wenn der Kunde Ihnen das „Du" anbietet, sprechen Sie ihn so an. Werden Sie nicht zu vertraulich mit allen Kunden. Privat bleibt privat.

Mit Ihrer Körperhaltung, Mimik und Gestik senden Sie häufig eine unbewusste Botschaft an den Kunden. Worauf Sie achten müssen, lesen Sie im Kapitel Nonverbale Kommunikation.

10.3 Kommunikation

Kommunikation ist die Verständigung untereinander. Wenn Menschen miteinander sprechen, nennt man das verbale Kommunikation.

Durch ein Nicken oder eine Geste kann man dem Gegenüber deutlich machen, was man möchte. Auch dies ist eine Form der Verständigung. Man nennt das nonverbale Kommunikation.

10.3.1 Nonverbale Kommunikation

Mimik – Gestik – Körpersprache

Auch wenn wir nicht sprechen, senden wir Kommunikationssignale aus. Die Bewegungen unseres Gesichtes, Mundhaltung, Bewegung der Augenbrauen und der Stirnfalten nennt man Mimik. Zusammen mit den Bewegungen unserer Arme und Beine, der Kopfhaltung sowie der ganzen Körperhaltung spricht man von der Körpersprache.

Meistens geschieht die „Unterhaltung" mit Körpersprache ganz unbewusst und parallel zum gesprochenen Wort. Eine Frage mit Nein beantwortet, wird meist von einem Kopfschütteln begleitet. Ein Ja wird durch Kopfnicken bekräftigt. Ein aufmerksamer Beobachter merkt, wenn Sprache und Körpersprache nicht übereinstimmen. Kleine Kinder fallen sehr schnell bei einer Lüge auf, weil sie ihre Körpersprache nicht bewusst kontrollieren können. Versuchen sie mal Ja zu sagen und den Kopf zu schütteln, oder andersherum, sagen Sie Nein und nicken dabei mit dem Kopf. Sie stellen fest, wie schwer Ihnen das fällt.

Mit Gesten, also Bewegungen der Arme und Hände, unterstreicht man seine Worte. Sie können bewusst eingesetzt werden, um dem gesprochenen Wort mehr Wichtigkeit zu geben und die Aufmerksamkeit des Zuhörers zu fesseln.

Wenn Sie eine fremde Sprache nicht verstehen, können Sie sich trotzdem durch Ihre Gestik verständlich machen. Doch Vorsicht: Andere Länder, andere Sitten. Bei uns bedeutet ein Ring aus Zeigefinger und Daumen: Alles o.k., gut gemacht, weiter so. In Italien hat dieses Zeichen eine andere Bedeutung und wird häufig von Autofahrern benutzt. Hier wird es als schlimme Beleidigung eingesetzt.

Mit körpersprachlichen Signalen werden Informationen gesendet und empfangen.

Sie sollten einige Grundkenntnisse in diesem Bereich haben. Dadurch können Sie Ihre Kundin besser verstehen und gezielt Ihre Mimik und Gestik beim Beratungsgespräch einsetzen. Einige Verhaltensweisen kann man trainieren.

Körpersignale der Friseurin

Große Gesten und „Rudern" mit den Armen lässt Sie leicht lächerlich, übertrieben wirken. Sie erscheinen sehr hektisch. Die Hände hinter dem Rücken oder ineinander verknotet sind ein Zeichen von Unsicherheit. Mit den Händen in den Taschen sieht man sehr lässig und desinteressiert aus. Sie nehmen sich die unterstreichende Möglichkeit der Gestik. Auch verschränkte Arme behindern bei der nonverbalen Kommunikation. Sie werden häufig als persönliche Ablehnung oder Desinteresse gewertet.

Die Schultern verkrampft nach oben gezogen deuten auf Unsicherheit und mangelnde Kompetenz.

Nehmen Sie im Kundengespräch eine lockere, offene Haltung ein. Mit beiden Beinen fest auf dem Boden können Sie Ihren „Standpunkt" gut vertreten.

10.9 Offene Gesprächshaltung

Gerade bei der Beratung fällt nervöses Herumzappeln mit den Füßen besonders auf. Ein weiteres sehr auffälliges Merkmal für Unsicherheit und fehlende Ideen ist das nervöse Herumgewusel in den Haaren der Kundin. Beobachten Sie mal Ihre Kolleginnen.

Der erhobene Zeigefinger im Gespräch wirkt sehr belehrend, denn er schreckt ab. Wenn Sie ein Produkt zeigen wollen, nehmen Sie es besser in die Hand und präsentieren es dem Kunden.

Auch ein freundliches Lächeln gehört zu den wichtigen Signalen.

Körpersignale der Kundin

Durch Beachtung der Körpersprache Ihrer Kundin bekommen Sie eine Rückmeldung über die durchgeführte Beratung. Sie haben so eine schnelle Kontrollmöglichkeit, wie Ihre Worte ankommen.

Körperhaltung

- gespreizte Beine – Selbstsicherheit
- gekreuzte Beine unter dem Stuhl, Oberkörper vorgebeugt – Unsicherheit, Unbehagen, Spannung
- sitzend, Beine weit von sich gestreckt – abwartend, Distanz haltend
- hängende Haltung – Lässigkeit, Desinteresse
- zugewandter Oberkörper – Interesse

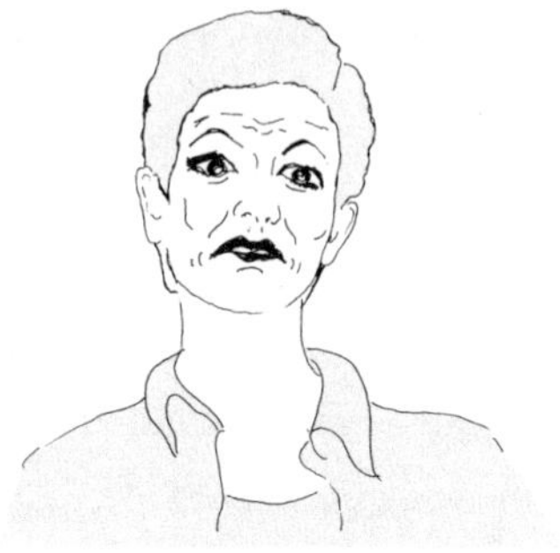

10.10 Signale der Körpersprache, Unzufriedenheit

Kopfhaltung

- Nicken – Zustimmung
- Kopfschütteln – Ablehnung
- schräge Kopfhaltung – Interesse

10.11 Unentschlossenheit

Gestik

- schnelle Arm- und Handbewegungen – Hektik, Nervosität, Unsicherheit
- verschränkte Arme – Distanz, Ablehnung
- große, feste Schritte – Selbstsicherheit, Tatkraft
- fester Händedruck – Offenheit, Selbstsicherheit
- schlaffer Händedruck – Unsicherheit
- offene Handflächen – Vertrauen, Entgegenkommen
- Hände reiben – Zufriedenheit, Selbstgefälligkeit

Mimik

- freundlich lächeln – Offene Haltung, Höflichkeit, Interesse
- kurzer Augenkontakt – Desinteresse, Unsicherheit, Missachtung
- offener Augenkontakt – Zuwendung, Interesse
- demonstrativ woanders hinschauen – Ablehnung
- abschätziger Blick von oben – Geringschätzung, Überheblichkeit
- Senken der Augenbrauen – Skepsis, Konzentration
- hochgezogene Augenbrauen – Überraschung, Aufmerksamkeit

Viele Körpersignale können je nach Situation unterschiedlich gewertet werden. Vertrauen Sie auf Ihr Gefühl und vor allem auf Ihre Erfahrungen. Versuchen Sie sich jetzt bitte nicht als Amateurpsychologe, sondern nehmen Sie die Körpersignale nur als Anhaltspunkte.

10.3.2 Verbale Kommunikation

Sprechen – Hören

Früher kam es im Friseurberuf hauptsächlich auf die fachlichen Fähigkeiten an. Der Kunde ließ die Dienstleistungen über sich ergehen, ohne groß nachzufragen. Die Kunden sind heute über Produkte und Techniken viel besser informiert. Sie wollen mehr über die Produkte wissen, die eingesetzt werden. „Warum wird diese Technik gemacht, was ist besser als bei einer anderen?," sind häufige Fragen.

Auch beim Beratungsgespräch reicht nicht mehr die Frage: „Wie immer?" Der Kunde erwartet eine ausführliche, klare, nicht zu weitschweifige Erklärung. Friseure müssen also neben den fachlichen, sehr gute kommunikative Fähigkeiten haben.

Das Gespräch

Nicht alles kommt an.

Sicherlich ist es Ihnen auch schon passiert, dass Sie nach einem längeren Gespräch feststellen mussten, dass Ihr Gegenüber Sie nicht verstanden hat. Sie haben aneinander vorbei geredet.

Informationen, die Ihnen wichtig erscheinen, müssen den Kunden noch lange nicht interessieren. Vieles, was Sie sagen, wird vom Kunden anders verstanden. Der Grund dafür liegt in uns Menschen selbst. Wir sind keine Computer, die nur rein sachliche Daten erfassen und wiedergeben. Bei der Kommunikation mit anderen Menschen spielt immer neben der reinen Information auch das Gefühl eine Rolle. Dazu gibt es ein einfaches Kommunikationsmodell.

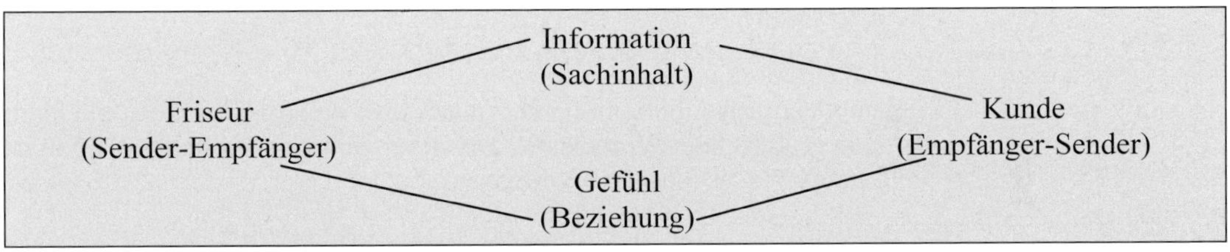

Ein Gespräch ist natürlich keine Einbahnstrasse. Sprechen und Hören wechseln sich immer ab. Jeder Gesprächsteilnehmer ist einmal Sender und einmal Empfänger.

Sachinhalt: Der Sachinhalt ist die Information, die weitergegeben werden soll.

„Dieses Shampoo wirkt gegen Schuppen". Die Aussage ist deutlich: Die Schuppen gehen weg.

Komplexere Informationen werden nicht immer sofort verstanden.

Denken Sie dabei an das Spiel Stille Post. Häufig kommt am Ende etwas ganz anderes heraus.

Durch Nachfragen und Bestätigen kann sichergestellt werden, dass die Botschaft korrekt angekommen ist.

Beziehung: Neben der reinen Information bemerkt man im Gespräch die Beziehung der Sprechenden zueinander. Sympathie und Antipathie lassen sich erkennen. Sind sich die Gesprächspartner fremd, vertraut, mögen sie sich oder lehnen sie sich ab?

Liegt auf dieser Beziehungsebene eine Störung vor, kommt es schnell zu Missverständnissen. Der Volksmund sagt: Der hat etwas in den falschen Hals gekriegt. Trotz eindeutigem Sachinhalt für den Sender versteht der Empfänger etwas anderes. Der Empfänger schaltet dann leicht ab. Er blockiert. Solche Probleme tauchen häufig bei Reklamationen auf. Bei der Beziehung, also auf der Gefühlsebene, spielen die Körpersprache, die Art des Sprechens und vor allem der Tonfall eine wichtige Rolle.

Kommunikation wird in unserem Leben immer wichtiger. Wir leben in einer Informationsgesellschaft. Eine Fülle von Daten und Bildern prasselt tagtäglich auf uns nieder. Um diese Informationen besser zu verarbeiten, müssen wir darüber reden. Wir kommunizieren. Psychologen und Wissenschaftler befassen sich schon lange mit diesem Thema. Schulz von Thun hat dazu das einfache Kommunikationsmodell erweitert. Neben dem Sachinhalt und der Beziehung stehen bei ihm noch der Appell und die Selbstoffenbarung.

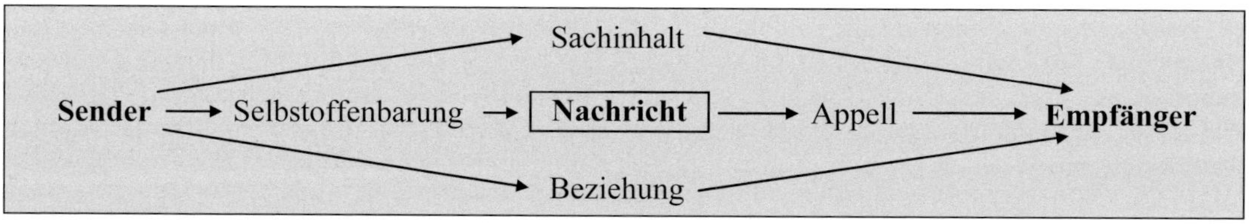

Selbstoffenbarung: In jedem Gespräch gibt der Sprecher auch etwas von seiner Persönlichkeit preis. Wie groß ist sein Wortschatz? Drückt er sich verständlich aus? Wie ist seine Laune? Was ist das für ein Mensch?

Appell: Der Appell ist die Aufforderung, etwas zu tun. „Benutzen Sie das Schuppenshampoo“. Der Sender macht klar, was er erreichen will.

Beispiel: Eine Stammkundin kommt in Ihren Salon. „Meine Freundin war neulich auch bei Ihnen. Der haben Sie aber eine super Farbe gemacht!“

Aufgabe: Welchen Tonfall hatte wohl diese Kundin? Wie hat sie die einzelnen Worte betont?

	Bedeutung der Nachricht
Sachinhalt	Die Haarfarbe meiner Freundin war super.
Beziehung	Wir kennen uns schon lange. Warum bekomme ich keine neue Haarfarbe angeboten. Ich sollte Ihnen, lieber Friseur, genauso wichtig sein.
Selbstoffenbarung	Ich, Ihre Kundin, bin sauer.
Appell	Ich möchte auch eine andere Haarfarbe.

Grundsätzlich muss der Friseur (Sender) bereit sein, sich auf den Kunden (Empfänger) einzustellen. Er muss aktiv zuhören und dabei den Bedarf des Kunden erfassen. Voraussetzung ist eine positive Gesprächsatmosphäre. Eigene Stimmungen dürfen das Gespräch nicht beeinträchtigen. Störungen von außerhalb , wie z. B. Telefonanrufe, muss man vermeiden.

Aktives Zuhören

Zeigen Sie durch eine offene, nicht verkrampfte Körperhaltung Interesse an der Kundin. Suchen Sie den Augenkontakt. Ein häufiger Blickkontakt signalisiert der Kundin, dass sie ernst genommen wird. Durch ein bestätigendes Nicken oder durch Nachfragen und Wiederholen zeigen Sie, dass Sie alles verstanden haben. Konzentrieren Sie sich auf Ihre Kundin. Zeigen Sie der Kundin, dass Sie gemeinsam mit Ihr eine Lösung finden wollen.

Weichmacher und Killerphrasen

Weichmacher sind Sätze in der Möglichkeitsform (Konjunktiv).

„Ich könnte mir vielleicht vorstellen, dass Ihnen ein Pony besser steht.“
„Ich würde sagen, bei häufiger Anwendung des Shampoos können die Schuppen weggehen.“
„Man müsste mal ausprobieren, ob eine Fransenfrisur besser aussieht.“

Weichmacher werden häufig von Friseurinnen eingesetzt, die von ihren Argumenten für Dienstleistung oder Verkauf nicht überzeugt sind. Weichmacher lassen Sie unsicher erscheinen. Geben Sie Ihrer Kundin besser eine ICH-Botschaft.

„Ich finde, ein Pony sieht bei Ihnen besser aus.“
„Ich bin sicher, bei regelmäßiger Anwendung des Shampoos gehen Ihre Schuppen innerhalb von 8 Wochen weg.“
„Ich frisiere Ihre Haare einmal zum Gesicht hin. Sie sehen dann, ob die Fransenfrisur besser aussieht.“

Im direkten Gespräch mit einer Kundin wird häufig das Wort „man“ eingesetzt. Dies ist auch eine Art von Weichmacher. Der Sprecher hat Angst, seine Botschaft direkt zu senden. Er drückt sich vor einer klaren Aussage.

Folgendes Beispiel kennen Sie bestimmt sehr gut.

Man tut das nicht! = Wer tut was nicht? Wer ist man? Ich tue es doch! Also muss die Botschaft lauten: Ich tue so etwas nicht und ich will, dass du so etwas auch nicht tust. Meine Gruppe tut so etwas nicht.

Aufgabe:

Formulieren Sie folgende Sätze um.
„Man trägt die Haare nicht mehr so lang“
„Man könnte mal über eine Dauerwelle nachdenken“
„So blöd kann man doch gar nicht sein“
„Man könnte mal darüber nachdenken, ob wir Strähnen machen wollen.“
„Man sagt, lange Haare sind nichts für Frauen über 30.“

Killerphrasen verhindern ein gutes Gespräch. Auch hier spielt das Wörtchen *man* eine Rolle. „Sie haben halt feine Haare. Da kann *man* nichts machen.“ Für den Kunden ist das Gespräch beendet. Er fragt sich: „Wer kann nichts machen? Ist die Friseurin nicht in der Lage, etwas zu ändern? Muss ich zu einem anderen Friseur gehen, der es kann?“

Weitere Killerphrasen:

„Das sehen Sie völlig falsch!“
„Das wissen Sie nicht, weil Sie keine Fachfrau sind!“
„Sie haben ja keine Ahnung, wie schwierig das ist!“
„Hätten Sie Ihren Pony nicht selbst geschnitten, sähe die Frisur viel besser aus!“
„Bei Ihren feinen Haaren hätten Sie nicht selbst färben dürfen!“

Auch Ratschläge in Befehlsform gehören zu den Gesprächskillern.

„Sie müssen eine Haarkur nehmen!" Wer muss hier was? Niemand muss, schon gar nicht eine Kundin.

Eine gute Beratung kann nur in einem Klima gegenseitiger Achtung erfolgen. Verkäufer und Käufer müssen sich verstehen und gegenseitig respektieren.

Miteinander und nicht gegeneinander.

Sprechtechnik

Ihr Redestil muss zum Zuhören einladen.

Sicherlich haben Sie schon gemerkt, dass verschiedene Menschen eine unterschiedliche Sprache sprechen. Nicht nur bei unterschiedlichen Landessprachen, sondern auch wenn wir deutsch sprechen, gibt es Unterschiede. Das auffälligste Merkmal ist der Dialekt. In manchen Gegenden wird anders gesprochen als zuhause.

Aber auch in Gruppen oder verschiedenen Gesellschaftsschichten wird unterschiedlich mit der deutschen Sprache umgegangen. Je höher die Bildung, desto größer ist meistens der Wortschatz, also die Anzahl verschiedener Begriffe, die im Sprachgebrauch sind. Junge Menschen haben häufig eine andere Wortwahl als ältere Leute. In einen Friseursalon kommen Kunden aus allen Gesellschaftsschichten und allen Altersgruppen. Vom Kind bis zur Uroma, vom Hilfsarbeiter bis zum Manager. Deshalb ist es wichtig, sich gut ausdrücken zu können. Friseure müssen flexibel auf alle Kunden reagieren können, um verstanden zu werden.

In jedem Beruf gibt es eine Fachsprache. Diese speziellen Fachausdrücke sind nicht auf Anhieb für jedermann verständlich. Erinnern Sie sich nur an Ihre ersten Tage im Salon. Wenn Sie von Ihren Kunden verstanden werden wollen, benutzen Sie möglichst allgemeinverständliche, klare Begriffe. Zu viel „Fachchinesisch" behindert den Verkauf. Gerade junge Leute müssen darauf achten, mit wem sie sprechen. Eine *schnoddrige* Sprechweise kommt nicht bei jedem an.

Ihre Aussprache muss deutlich und fehlerfrei sein. Vor allem wenn es um Produktnamen oder Arbeitstechniken geht. Auch der Name des Kunden muss immer korrekt ausgesprochen werden.

Durch verschiedene Sprechtechniken kann man den Inhalt und die Wirkung des Gesagten verändern.

Sprechtempo – Betonung – Lautstärke

Häufig sprechen Menschen, die unsicher sind, sehr schnell. Das haben Sie bestimmt schon beim Vortrag in der Klasse bemerkt. Der Redner will möglichst schnell seine Botschaft loswerden. Der Zuhörer hat kaum die Möglichkeit, das Gehörte zu verarbeiten. Häufig leidet dabei auch die Deutlichkeit der Aussprache. Allerdings ist auch eine durchgehend langsame Sprechgeschwindigkeit für den Zuhörer „nervtötend". Es macht den Gesprächspartner nervös, ungeduldig und führt dazu, dass er nicht mehr auf das Gesagte achtet.

Betonen heißt, mit angehobener Stimme nachdrücklich zu sprechen. Durch Betonung einzelner Worte bekommt das Gesagte eine Sprachmelodie. Das Zuhören wird für den Kunden interessanter. Unterschiedliche Betonung kann auch den Sinn eines Satzes verändern.

Beispiel

Der Chef sagt zu seiner Auszubildenden:

1. „***Mich*** interessiert nicht, was Sie üben!" – Den Chef persönlich interessiert es nicht.
2. „Mich interessiert nicht, ***was*** Sie üben!" – Üben Sie, was Sie wollen. Hauptsache, Sie üben etwas
3. „Mich interessiert nicht, was ***Sie*** üben!" – Was Sie üben, ist dem Chef egal, was andere üben, ist dem Chef wichtig.
4. ***„Mich interessiert nicht, was Sie üben!"*** – Raus mit Ihnen, ich will Sie nicht mehr sehen.

Auch die Lautstärke spielt eine wichtige Rolle beim Sprechen. Sehr leises Sprechen lässt die Friseurin sehr unsicher erscheinen. Die Kundin versteht nicht alles, was gesagt wird. Häufiges Nachfragen verhindert eine gute Beratung oder den Verkauf. Bei manch einem Vortrag in der Schule kann man den Eindruck gewinnen, dass der Redner so leise spricht, damit er ja nicht gehört wird. Nach dem Motto: Entschuldigung, dass ich hier stehe.

Aber auch eine zu laute Stimme ist nicht gut. Der Kunde fühlt sich regelrecht bedroht oder belästigt. Dazu der Tipp: Passen Sie die Lautstärke dem Gesagten an. Wenn Sie wichtige Punkte ansprechen, müssen Sie bewusster betonen und die Lautstärke anheben.

Durch kleine Sprechpausen bekommt man Ruhe in die Rede. Der Kunde erhält damit die Möglichkeit, das Gehörte besser zu verstehen.

Für Schüler sind Pausen beim Lesen wichtig. Häufig wird ein Text nur heruntergeleiert. Dabei helfen Satzzeichen, einen Text zu strukturieren und zu verstehen.

Komma	=	Kurze Pause
Punkt	=	Mittlere Pause (Stimme senken)
Ausrufezeichen	=	Längere Pause (Stimme anheben)
Fragezeichen	=	Lange Pause
Absatz	=	Längere Pause

Neben der Aussprache gibt es noch einige störende Sprechgewohnheiten. Manch eine Friseurin spricht nur durch die Zähne oder nuschelt undeutlich vor sich hin. Endsilben werden verschluckt, und die Kundin kann der Beratung nur schwer folgen. Aus Verlegenheit oder mangelndem Wissen werden häufig Störlaute produziert. *Hmmm*, *äähhh*, *njaa* und ähnliche Geräusche lassen Sie unsicher erscheinen. Die Engländer haben es da etwas einfacher. Sie haben das Wort „well". Damit lassen sich Denkpausen überspielen. Im Deutschen gibt es so ein Wort leider nicht. Man muss deshalb anstatt der Störlaute eine kleine Sprechpause einbauen.

Spickzettel

Sprechfehler der Friseurin	**Wirkung auf den Kunden**
Undeutliche Aussprache	Erfordert starke Aufmerksamkeit, ist ermüdend für die Kundin
Verwendet zuviel Fachsprache	Kundin versteht bei soviel Fachchinesisch nicht, worum es geht
Spricht ständig zu schnell	Unsicher, hektisch, Kundin versteht nicht alles
Spricht ständig zu langsam	Kundin wird ungeduldig, hört nicht mehr richtig zu
Spricht ohne Betonung	Wirkt einschläfernd
Spricht zu leise	Wirkt unsicher, Kundin hört nicht alles

10.4 Das Beratungsgespräch

Die ersten Sekunden im Salon sind entscheidend für den weiteren Verlauf von Dienstleistung und Verkauf. In dieser kurzen Zeitspanne bildet sich die unbewusste Beziehung zwischen Kundin und Friseurin. Es wird entschieden, ob der Gegenüberstehende sympathisch ist. Rasend schnell bewertet die Kundin die Sauberkeit, Atmosphäre und natürlich den Empfang. Für den ersten Eindruck gibt es keine zweite Chance.

10.4.1 Begrüßung – Kontaktaufnahme

Die Kundin muss sofort angesprochen werden, wenn sie den Salon betritt. Die Friseurin sollte dabei auf ihre Körpersprache achten. Mit einer offenen, freundlichen Haltung auf die Kundin zugehen. Durch ein Lächeln eine positive Grundeinstellung herstellen. Dabei ist auch der Blickkontakt wichtig. Stammkunden müssen auf jedem Fall mit ihrem Namen angesprochen werden. Für jeden Menschen ist der eigene Name etwas Besonderes. Wo die Kundin als Stammgast behandelt wird, fühlt sie sich gut aufgehoben: mein Salon, meine Friseurin. Sollte der Friseurin der Kundenname nicht einfallen, kann ein Blick in das Anmeldebuch helfen.

Bei Neukunden muss sich die Friseurin mit Namen vorstellen. Benutzen Sie den Namen, mit dem Sie als Friseurin angesprochen werden wollen. Im Businessbereich sollte dies der Nachname sein. Nur Kinder und Dienstboten werden mit Vornamen angesprochen.

Bei nicht angemeldeten Kunden muss jetzt nach dem Kundenwunsch gefragt werden. Nicht jede Kundin kommt zur Dienstleistung. Vielleicht möchte sie nur etwas kaufen.

Die Kundin muss zum Platz begleitet werden. Man geht dabei neben der Kundin und zeigt ihr den Weg. Niemals den Rücken zukehren, das wäre unhöflich. Der Bedienungsplatz muss sauber und aufgeräumt sein. Es dürfen keine Reste vom Vorgänger herumliegen. Die Ablage sollte Platz für die Tasche der Kundin haben. In einigen Salons steht die Ablage mit angebrochenen Produkten, persönlichem Handwerkszeug der Mitarbeiter, Aschenbecher und vielem mehr voll. Diese Fläche soll nur für die Kundin reserviert sein. Eine Ausnahme sind verkaufswirksame Displays mit Produkten.

Wartezeit. Um eine entspannte Gesprächsatmosphäre zu schaffen, bietet man der Kundin ein Getränk, Obst und Ähnliches an. Sollten trotz Anmeldung Wartezeiten entstehen, muss man auf jeden Fall die Kundin über die Dauer informieren. Nichts ist für die Kundin schlimmer, als ohne Information zu warten. Sie kennen ähnliche Gefühle, wenn Sie bei einem Arzt sitzen und es geht nicht voran.

Die Wartezeit kann aus Friseursicht gut genutzt werden. Geben Sie der Kundin Frisurenbücher oder zeigen Sie Videos. Sie wird dankbar sein, Informationen zu neuen Stylingtechniken und Modetrends zu bekommen.

Kundentypen. Genauso wie die Kundin von der Friseurin einen ersten Eindruck gewonnen hat, muss die Friseurin die Kundin einschätzen. Schon beim Kundenempfang und bei der Begrüßung sollen verschiedene Beobachtungen gemacht werden.

Früher hat man die Kunden nach ihrem Temperament eingestuft. Es wurde in aufbrausende (Choleriker), träge antriebslose (Phlegmatiker) und heiter lebhafte (Sanguiniker) Menschen unterschieden. Dies hilft uns zwar, die Kunden besser einzuschätzen, aber für das Beratungsgespräch bringt uns dieses Wissen nicht weiter.

Ein weiterer Ansatzpunkt sind Kleidung und Frisur. Die Kleidung lässt eine grobe Einteilung in folgende Gruppen zu:

1. Junge modische Kundin
2. Gepflegte, konservative Kundin
3. Bedürfnislos, antimodische Kundin
4. Sparsam, unauffällige Kundin
5. Nicht angepasste Kundin
6. Prestigeorientierte Kundin
7. Sportliche Kundin

Diese Einteilung hilft bei der Frisuren- und Farbauswahl. Doch auch sie birgt Gefahren. Leicht kann es zu einer falschen Eingruppierung kommen. Die Kundin wird auf Grund ihrer momentanen Kleidung in eine falsche Schublade gesteckt.

Beispiele:

Die Empfangsdame einer großen Firma muss während der Arbeitszeit im eleganten Kostüm arbeiten. Zum Friseur geht sie aber in ihrem *Freizeit-Schlabberlook*. Der Zahnarzt fährt in der Freizeit mit Lederkutte auf seinem Motorrad. Der Banker läuft am Wochenende am liebsten in ausgefransten Jeans herum.

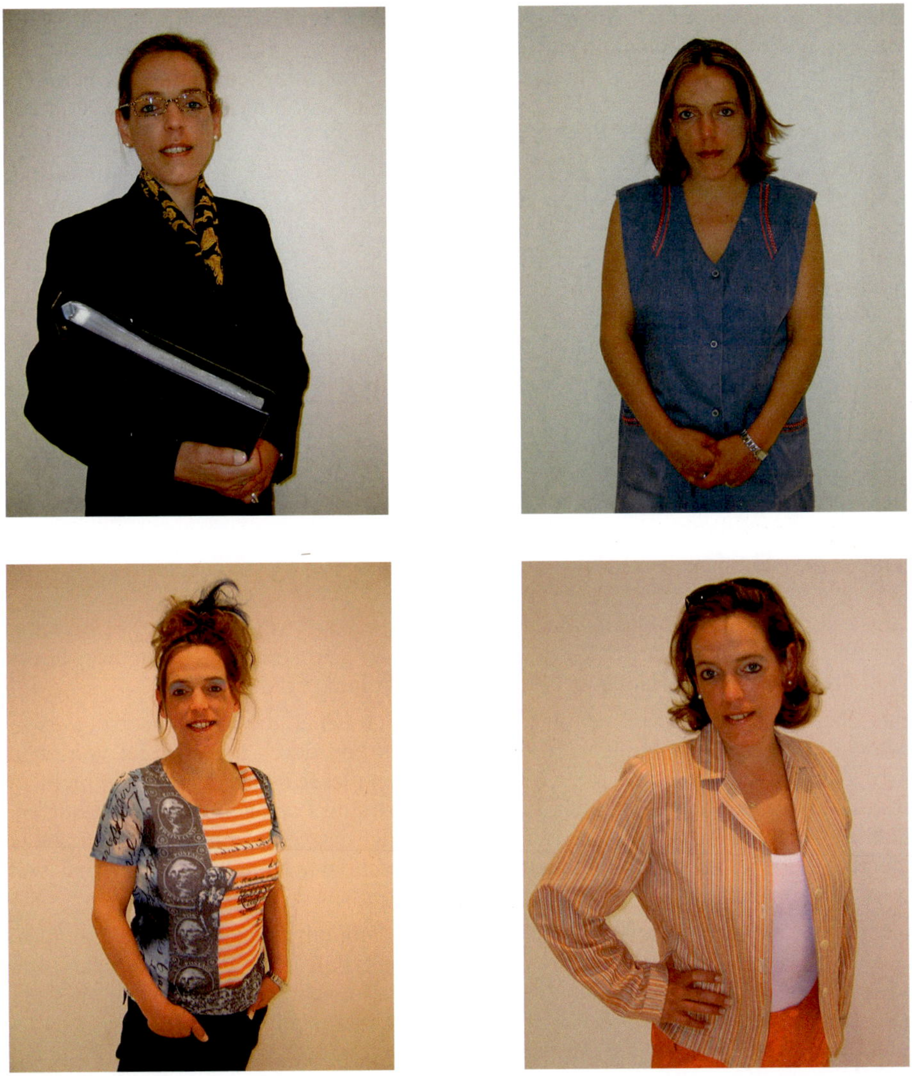

10.12 Eine Kundin – 4 Typen
Kleidung und Frisur verändern den Typ.

Der Beruf eines Menschen lässt Rückschlüsse auf Kleiderordnungen zu. In bestimmten Berufen wird typische Kleidung getragen. Die Frisuren müssen darauf abgestimmt sein.

Die jetzige Frisur hilft nur begrenzt weiter. Sie kann als Anhaltspunkt dienen, aber die Kundin möchte ja eine neue Frisur. Durch das Zusammenspiel mit weiteren Merkmalen und Informationen bekommt die Friseurin eine gute Grundlage für ihre Beratung.

Das Alter der Kundin ist eine weitere Orientierungshilfe. Junge Kunden lassen sich leichter von neuen Frisuren und Farben begeistern. Senioren gelten eher als konservativ. Die Wissenschaftler sprechen inzwischen aber auch von den „jungen" Alten. Eine interessante Zielgruppe mit guter Kaufkraft. Diese Kundenschicht will gepflegt und gesund aussehen. Sie sind für Tipps und Tricks rund um das Aussehen sehr aufgeschlossen.

Kinder sind eine besondere Zielgruppe. Auch Kinder wollen ernst genommen werden. Vor allem sind Kinder die zahlungskräftigen Kunden von morgen. Mit etwas Einfühlungsvermögen kann man Kindern die neue Frisur schmackhaft machen. Man muss sich nur genügend Zeit nehmen. Der Haarschnitt muss dann aber sehr schnell ausgeführt werden, weil Kinder wenig Geduld haben. Alle Kunden erwarten altersgerechte Frisuren.

Männer und Frauen haben unterschiedliche Bedürfnisse beim Friseurbesuch. Männer können aber auch eitel sein. Allerdings haben sie nie gelernt, über Frisuren und Aussehen zu sprechen. Bei der Kleiderwahl muss häufig die Ehefrau helfen. Deshalb braucht „Mann" auch eine andere Frisurenberatung als eine Frau. Männer mögen unkomplizierte Schnitte. Häufigste Aufforderung an die Friseurin „Bitte wie immer". Trotzdem ist „Mann" für Tipps dankbar. Zufriedene Herrenkunden wechseln selten den Friseur.

Frauen sind da sehr viel anspruchsvoller. Sie wollen mehr Informationen. So wie Frauen ohne Kaufabsicht bummeln gehen, lassen sie sich gerne auch verschiedene Varianten von Farben und Frisuren zeigen.

Gleichzeitig mit dem Typ der Kundin muss die Friseurin das gesamte Erscheinungsbild erfassen. Proportionen und Statur spielen bei der Frisurenberatung eine wichtige Rolle.

10.4.2 Information – Bedarf – Motive

Für eine gute Beratung muss der Bedienungsplatz gut vorbereitet sein. Alle benötigten Hilfsmittel sollten griffbereit liegen. Frisurenbuch, Handspiegel, Farbkarte, Farbsträhnen, Computer, Haarstärken-Messgerät, Preisliste usw. helfen, den Wunsch der Kundin zu erfahren.

Die Friseurin muss sich ausreichend Zeit nehmen. Sie sollte sich neben die Kundin setzen, damit sie besser Blickkontakt halten kann. Hinter der Kundin stehen und durch den Spiegel von oben herab beraten wird als unangenehm empfunden. Kommen Sie in dieser Phase der Kundin nicht zu nahe. Jeder Mensch hat um sich einen Bereich, in den nur vertraute Personen eindringen dürfen. Man spricht dabei von der Intimzone. Beim Beratungsgespräch sitzt man circa eine Armlänge von der Kundin entfernt. Dabei muss auf die eigene Körpersprache wie Mimik, Gestik, Kopf- und Körperhaltung geachtet werden.

Bevor eine Friseurin beraten kann, muss sie Informationen sammeln. Die ersten Beobachtungen macht man schon beim Empfang. Weitere Erkenntnisse erhält man durch die Haar- und Kopfhautdiagnose. Dazu steht man auf und fragt, ob man eine Diagnose durchführen darf. Durch Betrachten und Befühlen stellt man Haar- und Kopfhautzustand fest. Man muss dabei der Kundin erklären, warum man welche Tests macht und was man festgestellt hat. Benutzen Sie zum Abscheiteln einen Kamm. Das sieht professioneller aus. Viele Friseure greifen immer wieder in die Haare und lassen sie durch die Finger gleiten. Es wird regelrecht mit den Haaren gespielt. Zu langes Herumfingern in den Haaren sollte man lassen, denn das ist für die Kundin unangenehm. Es ist ein Merkmal der Körpersprache der Friseurin, denn Sie zeigt ihre Unsicherheit.

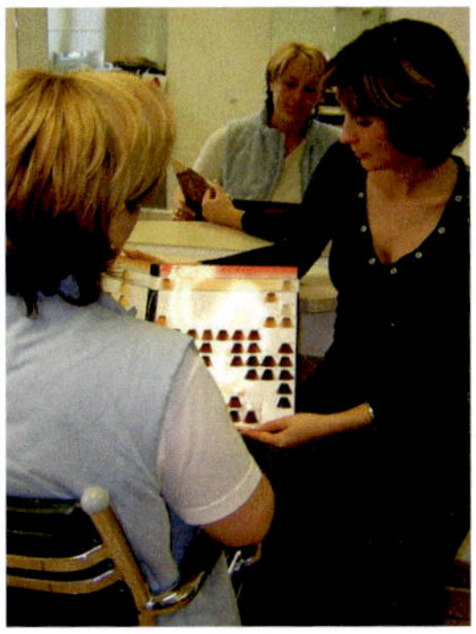
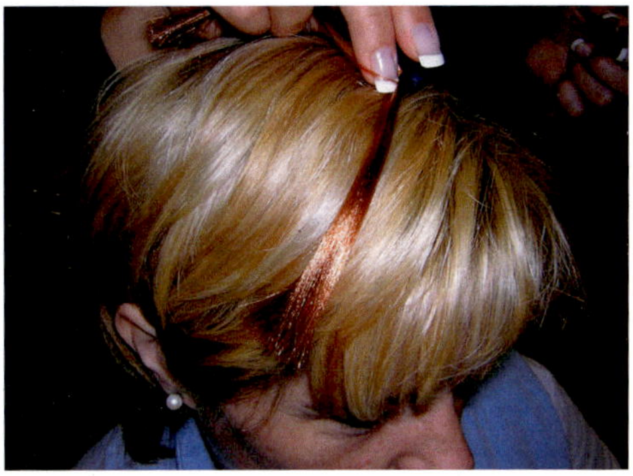

10.13 Haarstärken-Messung — Beratung auf gleicher Augenhöhe — Demonstration mit Farbsträhne

Fragetechniken

Nach der Diagnose muss man weitere Informationen über Pflege- und Frisiergewohnheiten gewinnen. Auch Vorlieben und Abneigungen sind wichtig. Diese Informationen bekommt man nur durch Fragen.

Es gibt verschiedene Arten von Fragen. Je nach Fragestellung reagiert der Kunde mit einer kurzen oder einer langen Antwort.

Offene Fragen sind die wichtigste Frageart bei einer Beratung. Sie werden auch als *Informations-* und *Erkundungsfragen* bezeichnet. Sie bringen die Kundin zum Erzählen. Die Kundin liefert Informationen über ihr Wünsche. Offene Fragen lassen sich nicht mit Ja oder Nein beantworten. Der Kunde wird animiert, ausführlich zu antworten.

Offene Fragen werden auch als **W-Fragen** bezeichnet. Sie fangen mit einem Fragewort an. Diese Fragewörter sind: wer, wie, was, wieso, weshalb, warum.

Beispiel:

„Wie gefällt Ihnen die neue Haarfarbe?"
„Welches Shampoo benutzen Sie zuhause?"

Geschlossene Fragen können nur mit Ja oder Nein beantwortet werden. Mit Frage und Antwort ist das Gespräch beendet.

Beispiel:

„Finden Sie den Haarschnitt gut?" Der Kunde antwortet mit Ja oder Nein.

Es kommt kein Gespräch zu Stande. Trotzdem braucht man geschlossene Fragen im Beratungsgespräch. Sie dienen als Entscheidungsfragen.

Beispiel:

„Möchten Sie die neue Tönung haben?" Der Kunde antwortet mit Ja oder Nein.

Auch als Bestätigungsfragen sind sie gut geeignet. Man kann kontrollieren, ob man den Kunden richtig verstanden hat.

Beispiel:

„Habe ich Sie richtig verstanden, Sie möchten einen kurzen, gefransten Pony haben?" Die Kundin antwortet mit Ja oder Nein.

Häufig werden geschlossene Fragen eingesetzt, obwohl offene Fragen besser wären.

Geschlossene Frage Falsch	**Offene Frage** Richtig
Benutzen Sie ein Shampoo gegen...?	Wie pflegen Sie Ihre Haare?
Ist das Haar so zu lang?	Was gefällt Ihnen nicht an Ihrer Frisur?
War es letztes Mal recht so?	Wie hat Ihnen die Frisur gefallen?
Ist die Dauerwelle zu kraus?	Weshalb sind Sie mit Ihrer Dauerwelle nicht zufrieden?

Suggestivfragen sollen Gemeinsamkeiten hervorheben. Der Kundin wird die gewünschte Antwort schon vorgegeben. Die Gesprächspartnerin kann nur mit Ja antworten. Diese Frageart ist sehr gefährlich, denn sie wirkt bevormundend.

Beispiel:

„Sie wollen bestimmt das neue Make-up testen?“
„Sie sind doch auch meiner Meinung, dass ein guter Haarschnitt die Grundlage jeder Frisur ist?“

Rhetorische Fragen sind Aussagen in Frageform, die nicht beantwortet werden. Häufig gibt man die Antwort schon selbst.

Beispiel:

„Darf ich Ihnen aus dem Mantel helfen?“
„Haben Sie dieses Produkt schon mal gesehen?“ Dabei zeigt man der Kundin ein völlig neues Produkt.

Alternativfragen führen zu einer Entscheidung. Die Kundin bekommt eine eingegrenzte Möglichkeit. Sie entscheidet sich entweder – oder.

Beispiel:

„Möchten Sie lieber eine Tönung oder eine Haarfarbe?“
„Gefallen Ihnen die roten oder die blonden Strähnen besser?“

Führen Sie kein Verhör. Es soll immer noch ein Beratungsgespräch sein. Man muss den Kunden ausreden lassen. Aktives Zuhören ist besonders wichtig. Durch bestätigendes Nicken, Verständnisfragen und Augenkontakt signalisiert man hohe Aufmerksamkeit.

Durch die vorgestellten Fragearten kann man ein Gespräch lenken. Eine alte Verkäuferweisheit sagt: Wer fragt, der führt.

10.4.3 Beratung – Lösungen – Angebote

Die Kundin erwartet Lösungen für ihre Haarprobleme. Häufig sind die aber sehr ungenau formuliert.

Beispiel:

Die Kundin möchte eine neue Frisur. Sie weiß aber nicht, was Sie ändern will. Alles soll ganz anders sein. Nur der Pony darf nicht kürzer. An den Seiten sollen die Haare lang bleiben. Der Nacken gefällt ihr eigentlich auch, wie er ist. Der Fachmann hört es und staunt. Was will die Kundin denn eigentlich? Es darf nichts verändert werden, und doch soll alles anders sein?

Um näher an den Kundenwunsch heranzukommen, setzt man das Ausschlussverfahren ein. Haken Sie gemeinsam mit der Kundin ab, was sie **nicht** möchte. Somit grenzen Sie die Möglichkeiten ein. Das erleichtert der Friseurin, einen präzisen Vorschlag zu machen. Sie muss verschiedene Alternativen aufzeigen. Aber bitte nicht zu viele, denn dann weiß die Kundin wieder nicht, wofür sie sich entscheiden soll.

Kundennutzen – Argumentieren

An dieser Stelle muss man wieder an die Kaufmotive denken. Wer etwas verkaufen will, muss immer den Nutzen für die Kunden im Auge behalten. Ein Käufer fragt sich bei jedem Produkt oder jeder Dienstleistung: „Was habe ich davon, wenn ich jetzt diese Ware oder Leistung kaufe?"

Der Verbraucher leistet einen Aufwand an Geld, Zeit oder Zuwendung nur gegen einen Nutzen. Wir unterscheiden dabei materiellen und immateriellen Nutzen.

Materieller Nutzen	Immaterieller Nutzen
– Preis – Qualität/Leistung	– Genuss
– Gebrauchsnutzen	– Emotionales Erlebnis
– Material/Inhalt	– Besitzerfreude, Beziehung zum Gegenstand
– Neben- oder Zusatznutzen	– Selbstbestätigung
– Neuester Stand, laufend verbessert	– Einmaligkeit, Besonderheit, Neuheit
	– Lebensstil, Prestige, In-Werte
Umweltfreundlichkeit	

Die Friseurin muss Nutzen in Argumente umwandeln. Ein Argument ist immer eine Behauptung. Gute Verkäufer überrumpeln oder überreden nicht. Durch Begründung und Beweis wird der Kunde überzeugt. Lassen Sie aber trotzdem der Kundin immer die Möglichkeit, Nein zu sagen.

„Geiz ist Geil" ist ein starker Slogan. Auch Friseure müssen sich in ihrer Preisargumentation mit Billiganbietern messen. Doch nicht immer ist der billigere Preis entscheidend für einen Kauf. Im Dienstleistungsbereich werden Service und Qualität viel stärker wahrgenommen. Bei Produkten muss man die Produktvorteile herausstellen. Einzelne Inhaltstoffe helfen, das Produkt zu erklären. Das setzt natürlich gute Produktkenntnisse voraus. Bei Zwischen- und Gesellenprüfungen fallen die Wissenslücken besonders auf. Viele Prüflinge machen eine Kurzberatung ohne Argumente und wundern sich, warum sie schlechte Noten bekommen. Bei der Frisuren- und Haarfarbenberatung funktioniert es meist besser. Durch mehr Wissen und Erfahrung fällt dieses Thema den Prüflingen leichter.

Aber auch manch ein Chef wundert sich, warum seine Mitarbeiter nichts verkaufen. Ein Grund ist mangelndes Wissen. Ein weiterer Grund ist mangelnde Überzeugung. Nur wer selbst überzeugt ist, kann erfolgreich etwas anbieten.

Aufgaben:

1. Eine Kundin kauft im Salon ein neues Parfüm, obwohl sie noch acht andere im Schrank stehen hat. Schreiben Sie auf, welchen Nutzen die Kundin von diesem Kauf hat. Wandeln Sie für Ihre Beratung den Nutzen in Argumente um.
2. Finden Sie jeweils drei Argumente für Produkte bei folgenden Problemen. Berücksichtigen Sie dabei vernunftbetonte und gefühlsbetonte Argumente. Stellen Sie den Nutzen für den Kunden in den Vordergrund!
   Kundin: „Ich muss meine Haare so oft waschen, weil sie stark fetten!"
   Kundin: „Meine Kopfhaut juckt andauernd und spannt so!"
   Kundin: „Meine Haare sind immer so weich, keine Frisur hält!"
   Kundin: „Ich habe so Rieselschuppen, immer ist alles voll davon!"

Frisurenmappe, Farbsträhnen und der Einsatz von Beratungscomputern erleichtern der Friseurin die Beratung. Bei der Frisurenberatung kann mit dem Handspiegel die mögliche Haarlänge gezeigt werden. Produkte gibt man der Kundin in die Hand. Das weckt den Besitzwunsch. Um das Gefühl anzusprechen, lässt man die Kundin am Produkt riechen. Weitere Hilfen sind Warenproben zum Mitgeben.

Für eine erfolgreiche Beratung muss man immer positiv argumentieren. „Die Flasche ist nicht halbleer, die Flasche ist noch halbvoll." Häufig wird durch eine negative Argumentation ein Verkauf verhindert.

Beispiel 1

Die Friseurin hat die Kundin von einem Spitzenfluid überzeugt. Es geht nur noch um den Verkaufsabschluss. Friseurin: „Dieses Spitzenfluid ist aber teuer". Damit ist der Verkauf schon vor dem Bezahlen zu Ende. Findet die Kundin das Produkt wirklich zu teuer? Oder denkt die Friseurin, dass die Kundin sich das nicht leisten kann? Positiv argumentieren heißt hier: „Dieses Spitzenfluid ist hochkonzentriert. Sie brauchen nur wenig davon. Diese Flasche reicht Ihnen X Wochen."

Beratungsgespräch

Checkliste

❶ **Begrüßung – Kontaktaufnahme**

- Offene, freundliche Haltung
- Blickkontakt suchen
- Lächeln
- Kundin mit Namen begrüßen, wenn er bekannt ist
- Vorstellung mit Namen
- Kundenwunsch erfragen (nicht jede Kundin kommt zur Dienstleistung, vielleicht möchte sie nur etwas kaufen)

❷ **Information – Bedarf – Motive**

- Kundin an den vorbereiteten Beratungsplatz setzen (Frisurenbuch, Farbkarte, Farbsträhnen, Computer, Haarstärken-Messgerät, Preisliste etc.)
- Auf gleiche Höhe zu der Kundin setzen, Intimzone beachten
- Blickkontakt halten, lächeln
- Mimik, Gestik (keine verschränkten Arme), Kopfhaltung beachten
- Haar- und Kopfhautdiagnose durchführen
- Typanalyse, Proportionen erkennen
- Fragetechniken (die Kundin zu Wort kommen lassen) anwenden

❸ **Beratung – Lösungen – Angebote**

- Argumentieren (der Kundin Produkte zum Anfassen und Riechen geben)
- Verschiedene Alternativen aufzeigen:
  Dauerwelle, Farbe, Kosmetik, Frisur, Verkauf (Bilder, Farbsträhnen, Computer benutzen, Proben mitgeben)
- Möglichkeiten eingrenzen
- Präzisen Vorschlag machen

❹ **Zusammenfassung – Bestätigung – Behandlung**

- Kontrolle, habe ich alles so verstanden, wie es die Kundin meint

Beispiel 2

Die Kundin möchte mehr Stand und Volumen in ihrer Frisur haben. Die Friseurin beginnt die Beratung mit folgenden Worten: „Eine Dauerwelle kann ich Ihnen bei Ihrer Haarstruktur nicht empfehlen!" Die Kundin hat nichts von einer Dauerwelle gesagt. Sie möchte nur mehr Volumen. Durch den Einsatz von Volumenwicklern, Stützhaaren oder einer anderen Schnittform kann man der Kundin helfen. Häufig wird bei Beratungen aber mehr über das gesprochen, was nicht geht. Denken Sie positiv. Erklären Sie Ihren Kunden lieber, welche Techniken und Ergebnisse möglich sind.

Zusammenfassung – Bestätigung – Behandlung

Zum Schluss der Beratung muss man alle wichtigen Punkte noch mal zusammenfassen. Lassen Sie sich von der Kundin bestätigen, dass Sie alles richtig verstanden haben. Bei Übereinstimmung können Sie jetzt mit der Behandlung beginnen. Viel Erfolg.

Aufgaben:

Empfehlen Sie der Kundin Pflegeprodukte für zuhause, damit die neue Haarfarbe besser hält.

1. Welche 2 Produkte empfehlen Sie?
2. Welche Argumente sprechen für diese Produkte?
3. Wie gehen Sie bei der Produktempfehlung vor?

10.4.4 Die Reklamation – eine 2. Chance

Ein altes Sprichwort sagt: Wo gehobelt wird, fallen Späne. Oder anders ausgedrückt, wer arbeitet, macht Fehler. Ein Fehler ist nichts Böses, wenn er ohne Absicht geschieht. Aus Fehlern kann und muss man lernen. Für einen Schreiner ist das nicht so schlimm. Er wirft das Stück Holz weg und fängt von vorne an. Friseure arbeiten am Menschen. Da sieht die Sache schon ganz anders aus. Der Kunde bemerkt das Missgeschick sehr schnell. Und vertuschen lässt sich dabei auch nichts.

Ein unzufriedener Kunde, der nicht reklamiert, bleibt weg. Jeder Kunde hat Freunde, Verwandte und Arbeitskollegen. Ein wichtiges Thema bei jedem Treffen ist das Aussehen. Man kann sich vorstellen, wie da über eine misslungene Bedienung gesprochen wird. Auf diese Art von Werbung kann jeder Friseur gerne verzichten. Schon das Ausbleiben des geschädigten Kunden bedeutet für den Salon einen Umsatzverlust über einen längeren Zeitraum.

Aufgaben:

1. a) Berechnen Sie den Umsatzverlust für ein Jahr. Die Kundin erhielt bisher pro Jahr 3 Dauerwellbehandlungen zu 40,00 €, 8 Haarschnitte zu 18,00 €, 8 Frisurenstylings zu 18,00 € und zusätzlich 4 Farbbehandlungen zu 25,00 €.
   b) Wie hoch ist der Verlust, wenn wir eine Stammkundin verlieren, die 5 Jahre gekommen wäre?

Wenn Sie die vorstehenden Aufgaben gerechnet haben, verstehen Sie sicherlich, warum jede Kundin für den Salon wichtig ist.

Eine Reklamation ist kein ***Unglück.*** Denn das würde heißen, unsere Arbeit ist reine Glücksache und nicht Können. Eine Reklamation ist entweder die Folge eines ***technischen Fehlers*** oder eines ***Kommunikationsproblems.*** Das heißt entweder, der Friseur hat fachlich etwas falsch gemacht oder bei der Beratung ist aneinander vorbeigeredet worden. Der Fehler ist nun passiert und der Kunde reklamiert unsere Leistung.

Eine Reklamation ist nichts Schlimmes, sondern eine 2. Chance. Sicherlich ist es unangenehm, mit einer Fehlleistung konfrontiert zu werden. Aber man kann froh sein, dass der Kunde wiederkommt. Er gibt uns die Chance, unsere Arbeit zu verbessern.

10.14 Reklamation

Bevor Sie mit dem Kunden sprechen, bedenken Sie: Noch niemand hat einen Streit mit einem Kunden gewonnen. Recht haben und Recht kriegen sind zwei Seiten. Versuchen Sie mit dem Kunden eine gemeinsame Lösung für das Problem zu finden. Oberstes Gebot dabei ist, Ruhe zu bewahren. Bedenken Sie, dass es auch für den Kunden unangenehm ist, zu reklamieren. Viele verstecken hinter einem resoluten Auftreten ihr Unbehagen. Häufig kommt es dazu, dass der Kunde dabei ausfallend und beleidigend wird. „In diesem Sauladen arbeiten nur Idioten ...“ Überhören Sie Beleidigungen und persönliche Angriffe. Lassen Sie den Kunden erst mal Dampf ablassen.

Allerdings muss nicht der ganze Laden und die übrigen Kunden den Krach mitbekommen. Nehmen Sie den Kunden aus dem allgemeinen Geschehen. Eine ruhige Ecke, noch besser ein extra Raum bieten sich dazu an. Damit nehmen Sie dem Reklamierenden die „Bühne“ für seinen lauten Auftritt. Bieten Sie etwas zu trinken an. Sie können so eine ruhigere Gesprächsatmosphäre schaffen. Wenn Sie sich jetzt noch für das Wiederkommen des Kunden bedanken und sich für die entstandenen Unannehmlichkeiten entschuldigen, kommen Sie schnell zu einem sachlichen Gespräch. Wichtig ist, dass Sie jede Reklamation ernst nehmen. Manch eine Reklamation mag Ihnen unberechtigt oder übertrieben erscheinen. Seien Sie kulant. Mit manch einer kostengünstigen Lösung kann sehr viel erreicht werden. Der Kunde ist dankbar und redet positiv darüber.

Zeigen Sie Interesse und hören Sie aufmerksam zu. Geben Sie nicht gleich Gegenargumente, sondern lassen Sie den Kunden ausreden. Sicherlich ist es wichtig, festzustellen, wer, wann, was gemacht hat, um ähnliche Fehler zu vermeiden. Schuldzuweisungen oder das Suchen von einem Sündenbock sind hier nicht hilfreich. Für den Kunden ist es wichtig, sein Problem zu lösen. Bieten Sie ihm an, den Fehler zu beheben und erklären Sie genau, wie Sie das machen wollen. Damit verdienen Sie sich wieder Vertrauen. Selbstverständlich ist die Behebung des Schadens kostenlos. Wie sieht es nach der Korrektur eines schlechten Haarschnittes aus? Muss der Kunde dann das Föhnen und Frisieren bezahlen? Natürlich nicht, denn er wäre sonst auch nicht zum Föhnen gekommen. Seien Sie großzügig. Zusätzlich ein kleines Geschenk, eine kleine Warenprobe kommen immer gut an. Nur zufriedene Kunden werden Stammkunden und sichern so den Erfolg.

Häufige Fehler der Friseurin mit folgenden Aussagen:

Beruhigen, bevor der Kunde sich ausgetobt hat:	„Nun machen Sie aber mal langsam ...“ „Ach, das kann doch mal vorkommen ...“ „Das ist doch nicht so schlimm ...“
Die Reklamation anzweifeln:	„Das gibt es bei uns nicht ...“ „ Das kann ja gar nicht sein ...“ „ Was Sie da behaupten stimmt nicht ...“
Anderen die Schuld geben:	„Ich wusste nicht, was Sie sich vorher drauf ...“ „Sie haben nicht gesagt, dass Sie ...“ „Unser Lehrling ist manchmal etwas schusselig ...“

Gescheiterte Reklamationen landen häufig beim Gutachter der Handwerkskammer. Und das kann sehr teuer werden. Viele Kunden, die beim Gutachter landen, haben vorher dem Salon mehrere Chancen zu Nachbesserung gegeben. Der enttäuschte Kunde ist häufig nicht so sehr über das mangelhafte Frisurenergebnis wütend, sondern über die Behandlung seiner Reklamation. Mit wenig Aufwand hätte hier ein teurer Rechtsstreit vermieden werden können. Im Falle eines für den Friseur negativen Urteils hat er die Kosten zu tragen. Das heißt, er zahlt seinen Anwalt, den Gegenanwalt, das Gutachten, Schadenersatz und die Gerichtskosten. Es ist also besser, eine Reklamation ernst zu nehmen.

Grundsätzlich sollten Reklamationen vom erfahrensten Teammitglied behandelt werden. Der Chef oder der Salonleiter müssen informiert werden. Was während des Gespräches verabredet wird, muss auf jedem Fall eingehalten werden. Die Behandlung sollte so schnell wie möglich erfolgen.

Nutzen Sie Ihre 2. Chance!

Spickzettel Reklamation

- Oberstes Gebot: Ruhe bewahren
- Persönliche Angriffe/Beleidigungen „überhören“
- Kunden aus dem allgemeinen Geschehen nehmen
- Ruhige Gesprächsatmosphäre schaffen
- Getränk anbieten
- Bedanken für das Wiederkommen
- Für die Unannehmlichkeiten entschuldigen
- Jede Reklamation ernst nehmen
- Aufmerksam zuhören
- Keine Schuldzuweisungen oder Schuldigen (Sündenbock) suchen
- Sachlich bleiben
- Problemlösung anbieten
- Kulant sein
- Kleine Aufmerksamkeit/Geschenk überreichen

Aufgaben:

1. Eine Kundin bringt Ihnen eine ranzige Hautcreme zurück. Der Topf ist halbleer. Die Creme wurde offensichtlich von der Kundin falsch gelagert. Wie verhalten Sie sich?
2. Eine Kundin beschimpft Sie wegen einer zu schlaffen Dauerwelle. Führen Sie ein Reklamationsgespräch mit einer Klassenkameradin.
3. Sie haben als Chef folgende E-Mail von einem Herrenkunden bekommen. Was wurde alles bemängelt? Wie reagieren Sie darauf?

   Sehr geehrte Frau Meister,

   ich hatte mich sehr auf den Besuch in Ihrem Laden gefreut. Doch leider war dieser Friseurbesuch eine große Enttäuschung. Ich hatte mir extra Zeit genommen für das große Verwöhnprogramm. Dies lief dann aber sehr unprofessionell ab. Anstatt Tee bekam ich nach langem Warten einen lauwarmen Kaffee. Na ja. Mit dem Haarschnitt und dem so genannten Verwöhnprogramm war ich wirklich überhaupt nicht zufrieden. Für 19 € habe ich in Ihrem ansonsten professionell gestalteten Salon mehr erwartet. Ihre blonde Kollegin war ja sehr nett und hat viel geplaudert. Aber ich wollte oben nur die Spitzen geschnitten haben und die Seiten anrasiert. Jetzt ist es genau umgekehrt.

   Das wollte ich Ihnen nur mal mitteilen.

   Trotzdem alles Gute für Ihr Friseurgeschäft

   Mit freundlichen Grüßen

   Heinz Hugo Meier

10.5 Betriebliche Arbeitsorganisation

Ohne schriftliche Aufzeichnungen geht es im Salon nicht. Rezepturen müssen festgehalten werden, Lagerbestände kontrolliert, Urlaubs- und Berufsschulzeiten organisiert werden. Ohne Terminvergabe ist keine Personalplanung möglich.

10.5.1 Anmeldung und Terminvergabe

In den meisten Friseurbetrieben ist es heute üblich, mit Terminvergabe zu arbeiten. Dies hängt von der Lage des Salons ab. In einer Innenstadtlage kann eher mit Laufkundschaft gerechnet werden. Hier empfiehlt es sich, Mitarbeiterkapazitäten ohne Terminvergabe freizuhalten. Ein hoher Stammkundenanteil mit festen Gewohnheiten zwingt den Betrieb regelrecht zur Terminplanung. Diese Aufgabe wird in größeren Betrieben von einer Rezeptionistin ausgeführt.

In kleineren Salons muss jeder mal an das Telefon. Sinnvollerweise wechselt man sich dabei ab. Entschuldigen Sie sich für die Unterbrechung bei Ihrer Kundin. Sie erwartet und bezahlt Ihre ungeteilte Aufmerksamkeit. Halten Sie deshalb auch alle Gespräche so kurz wie möglich. Privatgespräche gehören nur in die Pausen.

Telefonieren kann jeder, aber eine professionelle Terminvergabe ist schon etwas anspruchsvoller. Beim Telefonieren hat man nur zwei Kommunikationsmittel zur Verfügung. Nämlich Sprechen und Hören. Mimik und Gestik fehlen dabei. Und doch, ein Lächeln kann man hören. Schenken Sie Ihrem Gesprächspartner die volle Aufmerksamkeit. Machen Sie keine Arbeiten nebenbei. Vielleicht ist es Ihnen auch schon passiert, dass Sie mit einer Freundin telefoniert haben, die Ihnen nicht richtig zugehört hat. Eventuell hat sie sogar nebenbei Fernsehen geschaut. Als Gesprächspartner wissen Sie, wie man sich dabei fühlt.

Eine deutliche Aussprache erhöht den Erfolg des Gesprächs. So können Missverständnisse vermieden werden. Sprechen Sie mit einer guten Betonung. Laut sprechende Menschen sollten sich am Telefon etwas bremsen. Wenn der Kunde den Hörer weiter weghalten muss, bekommt er trotz Geschrei nicht alles mit. Eine zu leise Stimme kann aber für den Kunden auch unangenehm sein. Er muss dann häufiger nachfragen, weil er nicht alles verstanden hat. Grundsätzlich beginnt jedes Telefongespräch mit der saloneigenen Begrüßungsformel.

Zuerst kommt der Salonname, danach der eigene und zuletzt die Begrüßung. Das Sprechtempo darf nicht zu schnell sein, denn der Kunde sieht ja nicht, wann Sie den Hörer abnehmen. Der Salon und der eigene Name sind so geläufig, dass viele Friseure die Begrüßung rasend schnell herunterleiern. Das irritiert den Kunden, führt zu Nachfragen und macht keinen guten Eindruck. Rufen Sie mal in Ihrem Betrieb an. Sie werden überrascht sein, was Sie zu hören bekommen.

Als Nächstes muss man wissen, was der Kunde möchte. Wann soll welche Dienstleistung, von welchem Mitarbeiter erbracht werden? Überprüfen Sie, ob der Kundenwunsch zu erfüllen ist. Bestätigen Sie die Machbarkeit des Termins. Wichtig ist es, den Termin zu wiederholen. Der Kunde kann so feststellen, ob er richtig verstanden wurde.

Bedanken Sie sich für den Anruf und verabschieden Sie sich. Als Letztes machen Sie gut leserlich alle nötigen Eintragungen im Anmeldebuch.

Bei der Terminvergabe ist natürlich der Kundenwunsch oberstes Gebot. Kundeninteresse ist aber nicht gleich Saloninteresse. Ein Betrieb, der viele ältere Kunden hat, wird meistens morgens besser ausgelastet sein. Viele dieser Kunden sind es auch gewohnt, freitags oder samstags zu kommen. Hier muss man durch sinnvolle Planung Stoßzeiten entzerren und Leerlaufphasen füllen. Der Hinweis, zu einem anderen Zeitpunkt mehr Zeit und Ruhe für den Kunden zu haben, kommt häufig gut an. Wer viele jüngere oder berufstätige Kunden hat, wird feststellen, dass hier die

Lücken im Terminplaner eher morgens sind. Also muss man versuchen, möglichst viele Kunden in die Morgenstunden zu verlegen oder in diesen ruhigen Zeiten Großbehandlungen wie Dauerwelle oder aufwendige Strähnentechniken anzubieten. Es gibt inzwischen schon einige Friseure, die eine Art „Happy Hour“ eingeführt haben. An bestimmten Tagen oder zu bestimmten Zeiten bezahlt der Kunde für die Dienstleistung weniger. Dies kann für einige Kunden Anreiz sein, einen entsprechenden Termin zu wählen. Der Kunde spart und der Salon hat eine bessere Auslastung.

Häufig sind Leerlaufzeiten im Friseurbetrieb selbst verschuldet. Durch fehlerhaftes Aufschreiben der Termine und einzelner Dienstleistungen kommt es immer wieder zu Termindopplungen oder Leerlauf. Meistens ausgelöst durch Nichtbeachtung von Tätigkeits- und Einwirkzeiten. Bestes Beispiel ist die Haarfarbe. Bei der Anmeldung wird eine Einwirkzeit von 15 Minuten mit Wärme eingeplant. Tatsächlich bekam die Kundin eine Hellerfärbung ohne Wärme mit einer Einwirkzeit von 45 Minuten. Und schon stimmt der ganze Plan nicht mehr. Hier hätte ein kurzer Blick in die Kundenkartei geholfen. Termine zu weit auseinandergelegt ergeben unerwünschte Freizeiten. Termine zu knapp bemessen, bringen schnell Schwierigkeiten, wenn Kunden verspätet eintreffen oder nicht angemeldete Wünsche haben.

Wenn ein Anmeldebuch Sinn machen soll, müssen als Erstes alle Dienstleistungszeiten und Einwirkzeiten erfasst werden. Alle Mitarbeiter müssen sich auf Standardzeiten festlegen. Zum Beispiel dauert ein Herrenhaarschnitt mit Wäsche und Kopfmassage 30 Minuten, Wickeln und Anfeuchten einer Dauerwelle 30 Minuten. Wenn diese Zeiten von allen eingehalten werden, kann man sinnvoll planen. Wenn die Dienstleistungen von mehreren Mitarbeitern erbracht werden, muss das in den Terminplaner eingetragen werden.

Zum Beispiel wird eine Haarfärbung zum Auftragen und Auswaschen beim Auszubildenden mit 45 Minuten eingetragen. Anschließend muss die gleiche Kundin bei der Friseurin zum Schneiden und Föhnen mit 60 Minuten eingeplant sein. Alle Eintragungen im Anmeldebuch müssen gut leserlich sein. Es empfiehlt sich in Druckbuchstaben zu schreiben. Geschrieben wird im Buch grundsätzlich nur mit Bleistift. Bei Terminänderungen kann man radieren. Schreiben, Durchstreichen oder Überschreiben mit Kugelschreiber führt zu unleserlichen Schmierereien. Diese Schwierigkeiten fallen natürlich weg, wenn man zur Terminplanung einen Computer einsetzt.

Vorteile der Terminplanung:	– bessere Auslastung – weniger Wartezeiten für Kunden – ruhigeres Arbeiten und somit mehr Qualität

Aufgaben:

1. Stellen Sie fest, welche Zeiten in Ihrem Betrieb für Dienstleistungen und Einwirkzeiten zu planen sind.
2. Zu Ihrer Gesellenprüfung müssen Sie eine Haarfärbung mit Frisur, Make-up und Nageldesign zu einem bestimmten Anlass erstellen. Planen Sie den zeitlichen Ablauf der einzelnen Dienstleistungen. Zu welchen Zeitpunkten beginnen die einzelnen Dienstleistungen?
3. Eine Braut muss um 13.00 Uhr in der Kirche sein. Sie wird deshalb 30 Minuten vorher abgeholt. Die Kundin bekommt eine Hochsteckfrisur und ein Make-up. Die Haare sind sehr lang und müssen mit Volumenwicklern eingelegt werden. Um wie viel Uhr müssen Sie die Kundin bestellen, damit Sie rechtzeitig fertig werden? Stellen Sie einen Verlaufsplan auf.

Rezeptionistin. Neben der Kundenbedienung gibt es noch viele organisatorische Aufgaben im Betrieb. In kleineren Salons teilen sich diese Aufgaben Chef, Gesellinnen und Auszubildende. Je größer ein Friseurgeschäft ist, desto mehr Mitarbeiter müssen organisiert werden. Diese Tätigkeiten sind dann nicht mehr nebenbei zu leisten.

Nach dem Motto „Viele Köche verderben den Brei“ kann es zum Chaos führen, wenn zu viele Mitarbeiter in Anmeldung und Organisation herumhantieren.

Um die Friseurin von diesen Arbeiten zu entlasten, werden Rezeptionistinnen eingestellt. Eine Rezeptionistin hat viele wichtige Aufgaben rund um die Dienstleistung:

- Terminvergabe
- Telefon bedienen
- Karteipflege
- Kassenführung
- Warenverwaltung
- Statistik
- Kundenempfang
- Verkauf
- Service

10.5.2 Kundenverwaltung – Karteikarte

Die Kundenkartei ist ein wichtiges Hilfsmittel im Salonalltag. Sie enthält eine Menge von Informationen persönlicher und fachlicher Art. Voraussetzung ist allerdings, dass sie ordentlich und vollständig geführt wird. Diese Daten kann man zu verschiedenen Zwecken einsetzen.

Persönliche Angaben wie Name, Adresse mit Telefonnummer braucht man bei Terminänderungen oder für gezielte Werbemaßnahmen, bei denen der Kunde direkt angesprochen werden soll. Wenn das Geburtsdatum erfasst ist, bietet sich ein kleiner Geburtstagsgruß an. Informationen über persönliche Vorlieben erleichtern den Service. Der Kunde erhält unaufgefordert seine Lieblingszeitung und das Getränk seiner Wahl. Er fühlt sich dadurch gut aufgehoben und kommt gerne wieder.

Die fachlichen Informationen auf der Karteikarte helfen uns die Dienstleistung in immer gleicher Qualität zu leisten. Dazu braucht man Eintragungen zu allen chemischen Behandlungen. Besondere Arbeitstechniken und Einwirkzeiten müssen erfasst werden. Auch die Ergebnisse der Beratung und der angebotenen sowie verkauften Produkte müssen notiert werden. Sie dienen als Ausgangspunkt für weitere Empfehlungen.

Es sollte auch festgehalten werden, welcher Mitarbeiter die einzelnen Dienstleistungen gemacht hat. Bei Zufriedenheit wird der Kunde sicherlich gerne wieder zu dem gleichen Mitarbeiter gehen.

Inhalte der Kundenkartei
– Name, Adresse, Telefonnummer, Geburtsdatum
– Erfassung aller Rezepturen (Farbe, DW etc): zur Hilfe bei Reklamationen
– Preis für Dienstleistungen und Verkauf
– Haar- und Hautbeurteilung
– Name des ausführenden Mitarbeiters
– empfohlene Präparate und Dienstleistungen mit Datum
– Daten des Behandlungen: zur Kontrolle der Besuchshäufigkeit

10.5.3 Einsatz von Computern im Friseursalon

Sicherlich können alle Informationen aus Kartei, Kasse und Lager auch handschriftlich auf Papier festgehalten werden. Aber je größer der Betrieb, desto mehr Mitarbeiter und Kunden müssen verwaltet werden. Um einen schnelleren Zugriff auf alle Daten zu haben, empfiehlt es sich, einen Computer einzusetzen.

Bei der Kassenführung wird nicht nur ein Kundenbeleg ausgedruckt. Sämtliche Einnahmen und Ausgaben werden erfasst. Abends ist automatisch das Kassenbuch fertig. Wenn alle Dienstleistungen und Verkäufe getrennt gespeichert werden, können diese Daten zur Erstellung einer Statistik herangezogen werden. Eine Statistik ist eine Sammlung von Daten, Fakten und Zahlen. In einer Statistik lassen sich verschiedene Vorgänge ablesen und auswerten.

	Dauerwelle	Farbe	Schnitt	Kunden
Julia	1	15	14	16
Meike	8	2	22	22
Bianca	3	7	7	10

In dieser Statistik kann man ablesen, wie häufig Dienstleistungen von welchem Mitarbeiter gemacht wurden. Die Auswertung muss dabei nicht zwangsläufig negativ sein. Julia hat in diesem Beispiel wenig Dauerwellen gemacht. Das kann bedeuten, Julia mag und/oder kann keine Dauerwellen ausführen. Jetzt besteht die Möglichkeit, Julia zu einem Dauerwellseminar zu schicken. Die andere Sichtweise ist: Julia ist super im Dienstleistungsbereich Farbe! Das ganze Salonteam kann hier noch von ihr lernen. Sie wird zu einem zusätzlichen Farbseminar geschickt und ist dann die Salonspezialistin für Colorationen. Statistiken lassen sich im Salon für verschiedene Bereiche erstellen. Besuchshäufigkeit, Dienstleistungen, Umsatz, Verkauf und Lagerhaltung bieten sich besonders an. Bei der Lagerhaltung lassen sich der Gesamtwert der Waren sowie die Umschlagshäufigkeit leicht ermitteln. Auch bei der Inventur kann man einen Soll-Ist-Vergleich durchführen. Bei genauer Erfassung der Zu- und Abgänge der Produkte in der Lagerstatistik können schnell Daten zur Nachbestellung gefunden werden.

Durch Computereinsatz in der Personalverwaltung und Buchführung kann der Betriebsinhaber viel Zeit und Mühe sparen.

Die persönlichen Daten der Kunden ermöglichen es, verschiedene Zielgruppen für Werbebriefe zu sortieren. Die Kunden können nach Alter, Geschlecht, Beruf, Haarlänge oder Ähnlichem zu Gruppen zusammengefasst werden. Dann ist eine zielgerichtete Werbung möglich. Mit Hilfe einer guten Software können so kostengünstig persönliche Anschreiben gestaltet werden.

Mit verschiedenen Präsentationsprogrammen lassen sich Image- oder Frisurenshows für das Schaufenster erstellen. Diese können auch bei der Beratung eingesetzt werden. Mit speziellen Frisurenberatungsprogrammen kann man einen Haarschnitt, Haarfarbe und die Frisur simulieren. Die Kundin sieht vor der Behandlung, wie sie hinterher aussieht.

Spickzettel

Einsatzmöglichkeiten von Computern in der Salonorganisation:

- Kassenführung
- Karteiführung
- Terminplanung
- Lagerhaltung
- Personalverwaltung
- Buchführung
- Statistik
- Werbung
- Beratung

Aufgaben zum Kapitel 10

1. Eine Ihnen unbekannte Kundin betritt den Salon. Wie behandeln Sie die Kundin nach der Begrüßung?
2. Eine Neukundin kommt in Ihren Salon. Wie zeigen Sie Ihr, dass sie willkommen ist?
3. Nennen Sie Körpersprache-Signale.
4. Ein männlicher Kunde möchte eine neue Frisur. Er weiß aber nicht genau wie sie aussehen soll. Auf Fragen antwortet er nur mit Ja und Nein. Was haben Sie falsch gemacht?
5. Ihre Kundin ist während der Farbberatung unsicher, ob sie Strähnen oder eine Multicolorfärbung haben möchte. Welche Frageart hilft Ihnen weiter?
6. Ihre Kundin wünscht sich eine andere Farbe. Sie schlagen eine vor, die ihr gut steht. Sie beachten die Körpersprache der Kundin. Sie zieht die Augenbrauen hoch und wiegt den Kopf. Wie deuten Sie das?
7. Ihre Stammkundin sagt zu Ihnen: „Meine Frisur ist so langweilig." Wie reagieren Sie richtig?
8. Ordnen Sie folgende Regalzonen nach dem Aufmerksamkeitswert: Bückzone, Greifzone, Reckzone, Sichtzone.
9. Beschreiben Sie einen Beratungsablauf.
10. Welches Kaufmotiv liegt vor, wenn die Kundin wenig Zeit hat?
11. Beschreiben Sie 4 Verhaltensweisen während der Kontaktphase.
12. Was verstehen Sie unter offenen Fragen? Geben Sie drei Beispiele.
13. Was verstehen Sie unter aktivem Zuhören?
14. Warum sind geschlossene Fragen zur Informationsgewinnung nicht geeignet?
15. Was versteht man unter Marketing?
16. Eine Kundin kratzt sich während der Beratung am Kopf und runzelt dabei die Stirn. Was kann das bedeuten?
17. Wie haben Sie den schnellsten Überblick über den Lagerbestand?
18. Sie wollen eine Statistik erstellen. Woher bekommen Sie die notwendigen Informationen?
19. Welche Aufgaben hat eine Rezeptionistin?
20. Ihre Kundin möchte einen neuen Haarschnitt. Wie gehen Sie bei der Beratung vor?
21. Die Kundin hat Kopfjucken. Sie fragen: „Haben Sie Schuppen?" Wie hätten Sie besser gefragt?
22. Nennen Sie 3 Möglichkeiten, bei der Frisurenberatung der Kundin ihr späteres Aussehen zu zeigen.
23. Wie reagieren Sie auf Kundeneinwände?
24. Formulieren Sie drei offene Fragen um den Kundenwunsch zu ermitteln.
25. Sie haben einer Kundin ein Shampoo gegen fettige Haare empfohlen. Geben Sie drei Argumente unter Berücksichtigung von vernunft- und gefühlsbetonten Kaufmotiven.
26. Die Kundin hat gegen Ihre Darstellung Einwände. Wie reagieren Sie?
27. Ihre Kundin beschwert sich: „Die Dauerwelle war schon nach zwei Haarwäschen glatt." Wie reagieren Sie auf diese Reklamation?
28. Welche Faktoren müssen bei der Preiskalkulation einer Friseurdienstleistung berücksichtigt werden?
29. Nennen Sie vier Warenträger.
30. Sie sollen eine neue Pflegeserie im Verkaufsregal platzieren. Welche Zonen sind am besten geeignet?
31. Was zählt zur äußeren Optik eines Friseursalons?
32. Wie muss ein Schaufenster aussehen, damit es Ihre Aufmerksamkeit erregt?
33. Welchen Vorteil haben Friseure beim Produktverkauf gegenüber einem Kaufhaus?
34. Welche Themen bieten sich für die Schaufenstergestaltung an?
35. Wozu dient ein Blickfang im Schaufenster?
36. Was verstehen Sie unter Sortimentstiefe?
37. Was verstehen Sie unter Sortimentsbreite?
38. Worauf müssen Sie bei der inneren Optik des Salons achten?
39. Wie können Sie die Warenmenge in Ihrem Verkaufsregal größer erscheinen lassen?
40. Welche Vorteile hat ein Karteisystem für den Kunden?
41. Welche Vorteile hat ein Karteisystem für den Salon?
42. Was verstehen Sie unter nonverbaler Kommunikation?
43. Worauf müssen Sie beim Sprechen achten?
44. Beschreiben Sie das erweiterte Kommunikationsmodell.
45. Was verstehen Sie unter Sachinhalt, Beziehung, Appell und Selbstoffenbarung?
46. Welche Faktoren beeinflussen den Verkauf?
47. Was sind gefühlsbetonte Kaufmotive? (4 Beispiele)
48. Was sind vernunftbetonte Kaufmotive? (4 Beispiele)

49. Wie gehen Sie bei einer Reklamation vor? Mindestens 6 Beispiele.
50. Was verstehen Sie unter einer Zielgruppe?
51. Welche Aufgaben hat die Werbung?
52. Welche Möglichkeiten der Werbung bieten sich für Friseure an? Nennen Sie mindestens 6 Beispiele.
53. Was ist eine Kontaktstrecke?
54. Was ist eine Blockplatzierung?

11 Frisuren im Wandel der Zeit

Schon tausende von Jahren vor unserer Zeitrechnung haben Menschen ihre Umwelt und sich selber verschönert. Felszeichnungen und Grabbeigaben erzählen Geschichten. Fellkleidung wurde durch Knebel aus Holz oder Knochen zusammengehalten. Der Mensch schmückte sich. Auch Farben für das Gesicht, also Schminken, waren zu besonderen Anlässen bekannt.

In der Kulturgeschichte werden seit Jahrzehnten hauptsächlich die großen Kulturen des Mittelmeeres und die Hinterlassenschaften der europäischen Adelshäuser berücksichtigt. Doch auch im heutigen Südamerika gab es große Kulturen wie die Mayas, Inka und Azteken. Die Indianer Nordamerikas haben sich zu zeremoniellen Anlässen geschminkt und die Frisuren waren Stammeszeichen. Der Irokesenschnitt der Punker kommt daher. Auch in Afrika unterschieden sich die Stämme durch Farben und Frisuren. Diese kunstvollen Haargebilde finden im Zuge der Globalisierung auch den Weg ins moderne Europa. Wir wollen auch Asien nicht vergessen. In China gab es schon eine Hochkultur, als unsere Vorfahren noch in Höhlen lebten. Porzellan und Seide kommen aus China. Zu bestimmten Anlässen werden aufwendige Frisuren getragen.

Tabelle **11**.1 Übersicht der Epochen

Altertum und Antike	**Mittelalter** (etwa 500–1500 n. Chr.)	**Neuzeit** (1500–1914)	**20. Jahrhundert**
Ägypter (etwa 3000–300 v. Chr.)	Germanen (1600 v. Chr.–800 n. Chr.)	Renaissance (etwa 1450–1600)	Jugendstil (1880–1914)
Griechen (etwa 1500–150 v. Chr.)		Barock (etwa 1600–1720)	I. Weltkrieg 1914–1918
Römer (500 v. Chr.–500 n. Chr.)	Romanik, hohes Mittelalter (etwa 900–1250)	Rokoko (1720–1789)	zwanziger und dreißiger Jahre
	Gotik, spätes Mittelalter (etwa 1250–1500)	Französische Revolution (1789–1795)	II. Weltkrieg 1939 – 1945
		Direktorium – Empire (1795–1815)	fünfziger Jahre
		Biedermeier (1815–1848)	sechziger Jahre
		Zweites Empire (1848–1870)	siebziger Jahre
		Gründerjahre (1870–1910)	achtziger Jahre

11.1 Altertum und Antike

Rund um das Mittelmeer waren die Lebensbedingungen für Menschen schon immer besonders günstig. Das warme Klima ließ Getreide und Früchte gut gedeihen. Aber auch das Wasser als Verkehrsweg war ein wichtiger Faktor für die Entstehung der Hochkulturen an Euphrat und Tigris.

Im Gebiet des heutigen Iran und Irak siedelten die Sumerer, Babylonier, Phönizier und Assyrer.

Eine herausragende Stellung in der Kulturgeschichte haben der Nil und Ägypten.

11.1.1 **Ägypter** (etwa 3000–300 v. Chr.)

11.2 Pyramiden von Gizeh

Der Nil ist und war die Lebensader Ägyptens. Die jährlichen Nilüberschwemmungen machten das Land fruchtbar und reich. Damals reichte das Land der Pharaonen (Könige) vom Oberlauf des Nils, dem heutigen Sudan, bis zur Nilmündung an das Mittelmeer. Während der Pharao und sein Hof in großem Luxus lebten, mussten die armen Bauern (Fellachen) Frondienste leisten. Die Kultur der Ägypter wurde sehr stark vom Totenkult bestimmt. Man wollte auch im Jenseits so weiter leben wie bisher. Der tote Körper wurde durch Chemikalien konserviert (Mumien) und mit kostbaren Grabbeigaben beigesetzt. Die Gräber im Tal der Könige zeigen beeindruckende Bilder vom Leben der Herrschenden. Auch die Pyramiden sind Symbole des Totenkults.

Altes Reich 2800 bis 2000 v. Chr., Zeit der großen Pyramiden

Mittleres Reich 2000 bis 1800 v. Chr., an das eine Zwischenzeit fremder Herrschaft anschließt

Neues Reich 1600 bis 700 v. Chr., Felsengräber im Tal der Könige

Tabelle **11**.3 Ägypter

	Frauen	**Männer**
Kleidung	Die Frauen trugen in den ersten Dynastien ein hemdartiges, gefälteltes Gewand (Kalasiris), das durchscheinend war.	Die meisten Männer trugen nur einen Lendenschurz. Die Vornehmen im Neuen Reich bevorzugten ein großes Wickelgewand aus plissiertem, durchscheinenden Stoff.
	Zu besonderen Anlässen trugen Männer und Frauen Schmuckkragen aus farbigem Stoff, Leder oder Metall. Die meisten Ägypter gingen barfuß, nur Adelige und Priester trugen leichte Sandalen.	
Frisuren	Pagenkopfähnliche Frisur bis 2000 v. Chr. Kurze breite Wollperücke, später auf die Schultern herabhängende, zu Zöpfen geflochtene Perücke mit Duftkegel.	Glatt rasiert und kahl geschoren, kurze Perücke für Reiche. Einfache Männer trugen eine Lederkappe. Der König trug die Königshaube und einen umgehängten Kinnbart als Zeichen seiner Würde.
Körper- und Schönheitspflege	Bei reichen Leuten waren speziell ausgebildete Sklavinnen für die Körperpflege zuständig. Tägliches Bad, Salben und Öle. Es wurde reichlich Schminke verwendet. Stark geschminkte Augenlider. Ruß für die Augenbrauen und schwarze Lidränder, Henna für Handflächen und Fingernägel gehörten dazu.	

11.4 Wollperücke

11.5 Schreiber mit Perücke

11.6 Tut-ench-Amun

11.7 Schönheitspflege

11.8 Nofretete

11.1.2 Griechen (etwa 1500–150 v. Chr.)

In Griechenland entstand die erste Hochkultur auf europäischem Gebiet. Man hatte keinen zusammenhängenden Staat, sondern viele Stadtstaaten, wie Athen und Sparta. Die Griechen schufen die erste Buchstabenschrift. Die Lehrsätze ihrer Mathematiker und Naturwissenschaftler gelten bis heute (Pythagoras, Sokrates, Hippokrates). Auch in der Dichtkunst waren sie führend (Homer: Ilias und Odyssee).

11.9 Concordia Tempel Agrigent

- **Archaische Zeit** 1500 – 500 v. Chr.
- **Klassische Zeit** 500 – 300 v. Chr.
- **Hellenistische Zeit** ab 300 v. Chr.

Tabelle **11**.10 Griechen

	Frauen	**Männer**
Kleidung	Frauen und Männer waren gleich bekleidet. Lange, faltenreiche Gewänder wurden von Spangen gehalten. Über dem Untergewand (Chiton) aus Leinen trug man das oftmals farbige Obergewand (Himation). Dazu trug man Sandalen, deren Riemen bis über die Wade gewickelt wurden.	
Frisuren 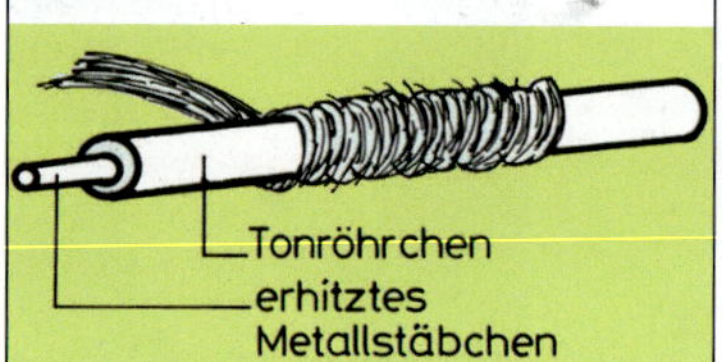	In der archaischen Zeit Mittelscheitel, Haar gewellt und in Korkenzieherlocken hinter die Ohren gekämmt. In der klassischen Zeit Mittelscheitel, Haar mit Bändern im Nacken zu Knoten gefasst. In der hellenistischen Zeit Mittelscheitel und Wirbelknoten. Haaraufhellungen mit Safran. Sklavinnen lockten mit dem Calamistrum das Haar ihrer Herrinnen.	Ältere Bürger trugen Vollbart und längeres Haar. Sportler und Soldaten waren bartlos und kurz gelockt. Die Stadtjugend trug längeres, gewelltes und gelocktes Haar mit Bändern. Für Männer gab es Haar- und Bartschneidestuben.
Körper- und Schönheitspflege	Den Griechen war der sportlich durchtrainierte Körper sehr wichtig. Massagetechniken, sowie Salben und Öle gehörten zur Schönheitspflege. Um eine schneeweiße, matte Haut zu bekommen, benutzte man Bleiweißschminken. Dadurch entstand ein starker Kontrast zu den roten Lippen. Diese Schminken waren giftig. Die die Schönheitspflege ausführenden Sklavinnen wurden Kosmeten genannt, daher stammt das heutige Wort **Kosmetik**.	

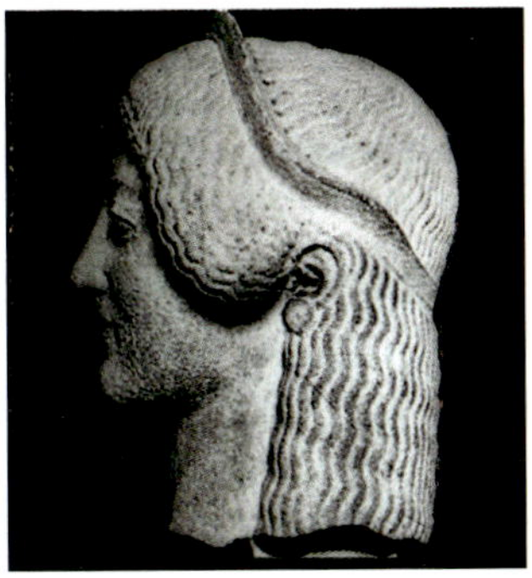

11.11 Archaische Frisur

Klassische Frisuren

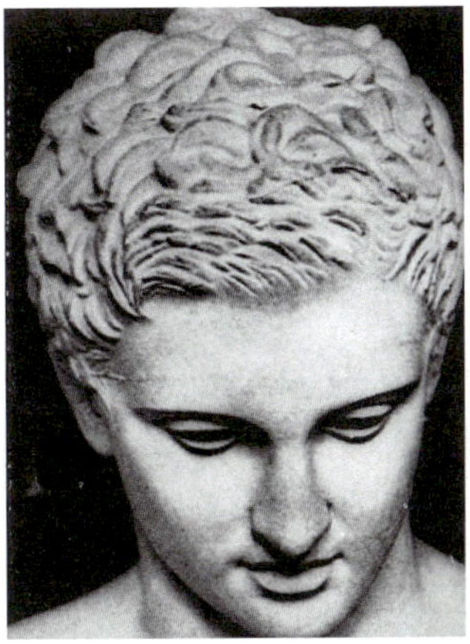

11.12 Griechische Männerfrisuren

11.1.3 Römer (etwa 500 v. – 500 n. Chr.)

11.13 Colosseum in Rom

Ursprünglich waren die Römer ein einfaches Landvolk. Durch kühne Eroberungszüge und kluge Politik schufen Sie ein Weltreich. Um Christi Geburt hatte das römische Imperium seine größte Ausdehnung. Es umfasste den gesamten Mittelmeerraum bis zum Schwarzen und Kaspischen Meer.

Im Norden war halb England besetzt und in Germanien war die Grenze, Limes genannt, am Rhein.

Römisches Recht, Straßen- und Brückenbauten, Viadukte und Aquädukte zeugen heute noch von dieser Zeit.

Tabelle **11**.14 Römer

	Frauen	**Männer**
Kleidung	Die Kleidung der Römerin bestand aus drei Teilen: Die Tunika (Untergewand) nur knöchellang und aus Leinen. Die Toga (Obergewand) war häufig aus weißer Wolle gefertigt. Das Haar und die Schultern der Frauen wurden auf der Straße mit einem Schleier bedeckt.	Die Männer trugen meist nur zwei Kleidungsstücke. Die Tunika (Untergewand) war kniekurz und aus Wolle gefertigt. Die Toga (Obergewand) bestand zum größten Teil aus weißer Wolle.
	Das Schuhwerk waren meistens geschnürte Sandalen.	
Frisuren 	Anfangs einfache Frisur mit Mittelscheitel und Knoten. Später ein Lockenkopf oder geflochtene Frisuren mit Haarersatzteilen. Häufig trug man Perücken, die täglich gewechselt wurden. Seit die Römer mit den rot- oder weizenblonden Germanen Kontakt hatten, war blond Modefarbe. Aus dem blonden Haar germanischer Sklavinnen wurden Perücken hergestellt. Reiche Römerinnen puderten ihr Haar mit Goldstaub. Zum Aufhellen der eigenen Haare benutzte man beizende Seifenpomaden oder Haarwäschen mit alkalischer Birkenasche. Zusätzlich wurde das Haar mit dieser Mischung der Sonne ausgesetzt.	Römer der Republik trugen häufig einen Vollbart und volles Haar. In der Kaiserzeit waren sie glatt rasiert, das scheitellose Kurzhaar wurde zum Gesicht hin frisiert. 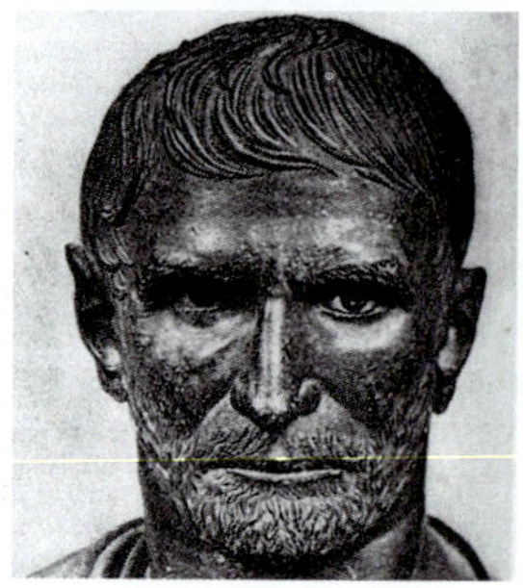
Körper- und Schönheitspflege	Bad und Massage waren für die Römer selbstverständlich. Man hatte Schwitzbäder, die von unten beheizt waren und Thermen, die aus warmen Quellen gespeist wurden. Wohlhabende Römer hatten einen eigenen Rasiersklaven, den Tonsor. In der frühen Zeit beschränkte sich die Kosmetik auf die Pflege. Während der Kaiserzeit behandelten die Sklavinnen ihre Herrinnen reichlich mit Puder, Schminke und Lippenrot.	

11.15 Kaiser Augustus Kaiser Hadrian

11.16 Römische Frauenfrisuren

11.17 Römische Kleidung

11.2 **Mittelalter** (etwa 500–1500 n. Chr.)

Das frühe Mittelalter ist die Zeit des zerfallenden römischen Imperiums und der erstarkenden germanischen Stämme. Die Völkerwanderung brachte große Teile der germanischen Stämme in Bewegung. Germanische Heerführer befehligten römische Legionen. Allmählich vermischten sich germanische Sitten und Gebräuche mit römischem Kulturgut. Die Stämme schlossen sich unter Karl dem Großen zusammen und übernahmen die Vorherrschaft in Europa.

11.2.1 **Germanen** (etwa 1600 v. Chr.–800 n. Chr.)

Die Germanen lebten in kleinen Siedlungen zusammen, meist im Familienverband. Mehrere Sippen bildeten einen Stamm. Städte kannten die Germanen nicht. Man betrieb die Jagd, Viehzucht und Ackerbau. Die Frau war für Haus und Hof zuständig. Eine eigene Schrift (Runen) gab es erst um 100 v. Chr. Die meisten Überlieferungen stammen allerdings von den Römern.

11.18 Germanische Siedlung um 450 (Archäologisches Freilichtmuseum Oerlinghausen)

Tabelle **11**.19 Gernanen

	Frauen	Männer
Kleidung	Die Germanin trug ein langes, ärmelloses Kleid. Darüber wurde eine Art Mantel getragen, der mit einem Gürtel gehalten wurde. Eine Brosche (Fibel) schloss und zierte zugleich. Die Kleidungsstücke wurden aus Flachs oder Wolle hergestellt.	Der Mann trug eine Unterkleidung aus Leinen und darüber wollene Hosen. Zum Schutz gegen Eis und Schnee trug man Tierfelle.
	Die Bundschuhe waren aus einem Stück Leder gearbeitet.	
Frisuren	Langes Haar galt als Zeichen der Freiheit. Frauen trugen ihr Haar lose, gescheitelt, geflochten, oder mit Netzen im Nacken zusammen genommen.	Männer trugen Vollbart. Häufig gab es spezielle Stammesfrisuren.
Körper- und Schönheitspflege	Die Germanen wuschen sich nach dem Schlafen. Sie benutzten dazu eine Seife aus Holzasche und Tierfett. Es gab Kämme, Rasiermesser und Scheren.	

11.20 Germanen auf einem römischen Fries

11.21 Frühmittelalterliche Schere

11.22 Mädchenfrisur

Stammesfrisur

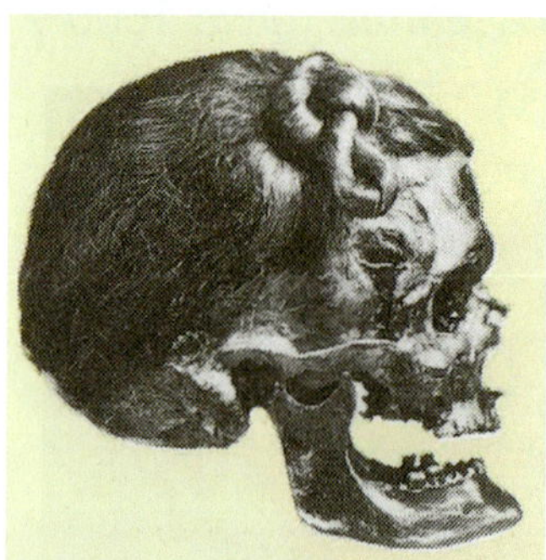

Kopf einer Moorleiche mit Suebenknoten

11.2.2 **Romanik** (etwa 900 – 1500)

11.23 Maria Laach

Die Romanik ist die Zeit der Reichsgründung. Im Schutz der Kaiserpfalzen, Adelsburgen und in Klosternähe entstehen Städte. Kennzeichen für den Baustil dieser Zeitepoche sind die römischen Rundbogenfenster. Deshalb heißt sie Romanik. Die Kreuzritter bringen viele kulturelle und künstlerische Anregungen mit. Der mittelalterliche Mensch lebt in einer Ständeordnung, von der er glaubt, sie sei von Gott gewollt. Vor allem die Kirche mit ihren strengen Regeln bestimmt den Tagesablauf der Menschen.

Tabelle **11**.24 Romantik

	Frauen	**Männer**
Kleidung	Langes Untergewand bis zum Boden. Darüber ein ärmelloses Oberkleid. Schultermantel und Kopftuch ergänzten die Kleidung. Die Kleidung war sehr schlicht.	Männer trugen lange Beinkleider, ähnlich einer Strumpfhose. Dazu ein hemdartiges Untergewand bis an die Knöchel. Darüber ein langes Obergewand, das über den Kopf gestreift wurde. Bei kalter Witterung einen Mantel, der mit einer Fibel an der Schulter gehalten wurde.
Frisuren 	Unverheiratete trugen das Haar offen. Verheiratete Frauen flochten das Haar und steckten es zu Schnecken. Ab dem 12. Jahrhundert musste das Haar verdeckt sein. Tücher für Bauersfrauen, Schleier für die Bürgerinnen und Gebende für Edelfrauen.	Kurzer Pagenkopf für Bauern, Handwerker und Knappen, längerer, gewellter und gelockter Pagenkopf für Ritter. „Mann“ war meist glatt rasiert. Mönche trugen als Zeichen der Demut die Tonsur, eine rasierte Glatze auf dem Oberkopf.
Körper- und Schönheitspflege	Auf den Kreuzzügen lernten die Ritter auch das Warmbaden kennen. Nach ihrer Rückkehr entstanden in den Städten öffentliche Badestuben. Der Bader bereitete in Kesseln heißes Wasser. An bestimmten Tagen badeten die Männer, an anderen die Frauen. Der Bader übernahm die Aufgaben des römischen Tonsors. Er schnitt Männern die Haare und rasierte sie. Außerdem zog er Zähne und behandelte kleine Wunden. Die Frauen brauchten keinen Friseur, da sie ihr Haar nicht offen zeigen durften. Schminke und andere farbige Mittel waren verboten.	

11.25 Kaiser Otto I.

Edelfrau mit Schapel

Edelfrau mit Gebende
(Uta von Ballenstedt)

11.26 Walther von der Vogelweide

Handwerker

Junges Paar mit Ruderern

11.2.3 Gotik (etwa 1250–1500)

11.27 Gotische Kathedrale
Seitenschiff vom Kölner Dom

Dieser Kunststil ist stark vom Orient beeinflusst. Die Gotik verbreitete sich von Frankreich aus über ganz Europa. Nach den Kreuzzügen verfällt das Rittertum und der Stand der Bürger wird aufgewertet. Die Kaufleute reisten bis in die entferntesten Gegenden Europas und brachten so Wohlstand in die Städte.

Kennzeichnend für diese Zeit ist eine tiefe Religiosität. Dies ist an den monumentalen Sakralbauten dieser Epoche zu sehen (Kölner Dom, Notre Dame). In der Gotik schwindet der antike römische Einfluss. Die Formen der Bauten sind hochstrebender und die Fenster werden spitzer.

Tabelle **11**.28 Gotik

	Frauen	Männer
Kleidung	Geschlossene Gewänder, die nach und nach enger anliegend wurden und schmal wirkten. Die engen Ärmel weiteten sich und hingen herab. Später sogar bloße Arme sowie Hals- und Rückenausschnitt.	Kurzer Schoßrock mit eng anliegender farbiger Strumpfhose. Dazu trug man Schnabelschuhe.
Frisuren	Unverheiratete Mädchen trugen die Haare offen. Verheiratete Frauen kamen unter die „Haube“. Man verdeckte die Haare mit einem spitzen Hut, dem Hennin, oder einer Hörnerhaube. Herausstehende Haare wurden abrasiert. Rothaarige mussten aufpassen, dass sie nicht als Hexen verbrannt wurden.	Halblange bis lange Haare, gelockt oder gewellt. Meistens glatt rasiert.
Körper- und Schönheitspflege	Das Bad in den öffentlichen Badestuben artete in recht freizügige Festgelage aus. Badestuben gerieten in Verruf. Der Bader wird unehrenhaft, und es entsteht ein neuer Beruf: der Barbier.	

11.29 Bürgersfrau mit Schleierhaube

Bürgersfrau mit Kruseler

Bürgersfrau mit Hörnerhaube

11.30 Albrecht Dürer

11.31 Gotische Trachten, Frauen mit Hennin

11.32
Mittelalterliche Badestube

11.3 Neuzeit (etwa 1500–1914)

Der Übergang vom Mittelalter zur Neuzeit ist durch tief greifende Wandlungen auf fast allen Gebieten gekennzeichnet. Viele Erfindungen und Entdeckungen verdrängten die Anschauungen des Mittelalters. Kirche und Jenseitsglaube beherrschten die Menschen nicht mehr.

11.3.1 Renaissance (1450–1600)

11.33 Rathaus Bremen

Die Renaissance geht um 1450 von Italien aus. Man besinnt sich auf alte Werte. Man schätzt **die klassische Kunst und die geistige Welt der Antike**. Renaissance bedeutet Wiedergeburt (der Antike).

- Erfindung des Buchdruckes, 1440 Johannes Gutenberg
- Entdeckung Amerikas, 1492 Christoph Kolumbus
- Reformation, Martin Luther
- Erfindung der Taschenuhr, Peter Henlein
- Moderne Rechenmethode, Adam Riese
- Erfindung des Mikroskops, Janssen
- Paracelsus erkennt Zusammenhang zwischen Schmutz und Seuchen
- Elisabeth I., Königin von England, Maria Stuart

Tabelle **11.**34 Renaissance

	Frauen	**Männer**
Kleidung	Die Damen betonten durch Dekolleté, Schnürung und fließende Kleider die Figur. Ein langer faltiger Rock endet in einem reich verzierten Mieder. Die langen Ärmel wurden geschlitzt und ließen ein weißes Hemd durchscheinen. Gegen Ende der Renaissance zwang die Gegenreformation die Frauen in eine dunkle, hochgeschlossene Kleidung mit steifem Kragen.	Über die meist verschiedenfarbenen Beinkleider zog man eine Pluderhose, die geschlitzt und mit kontrastfarbenem Stoff unterlegt war. Mit der Reformation kam die Schaube auf, ein pelzgefütterter weiter Ärmelrock, dazu das Samtbarett. In der Spätrenaissance schloss sich der modische Herr der spanischen Mode an. Schwarzes Wams mit ausgestopften Schultern, Spitzenkrause am Hals, Pumphose und Seidenstrümpfe.
	Die Kleidung zeigt den Wohlstand der Träger. Kostbare Stoffe wie Samt, Seide und Brokat wurden verarbeitet. Pelzwerk und Spitze ergänzten die Gewänder.	
Frisuren	Frührenaissance: Frisuren nach antikem Vorbild mit Knoten, Flechten und Schmuck, ausrasierte Stirn, Modefarben rot und blond. Hochrenaissance: kleine Frisuren mit Flechten und Knoten, reich verzierten Netzen und Baretten. Spätrenaissance: gelockte und geflochtene Frisuren zur Halskrause. Die Haare wurden mit Kamillenwäschen und Sonnenbleichen aufgehellt. Mit Henna gab es einen rötlichen Schimmer, tizianrot.	Eine Art scheitelloser Pagenkopf, die Kolbe, häufig mit Vollbart.  In der Spätrenaissance kurze Frisur mit Spitz- und Schnurrbart zur Halskrause.
Körper- und Schönheitspflege	Mit der Reinlichkeit war es in dieser Zeit schlecht bestellt. Die schweren Stoffe konnten nicht gewaschen werden. Aus Angst vor Ansteckung mit Krankheiten ging die Badefreudigkeit zurück. Die Bürger rieben sich stattdessen mit Parfüm ein. Zur Abwehr von Ungeziefer trugen die Damen „Flohpelze“. Die Damen rasieren sich die Stirnkonturen und teilweise die Augenbrauen. Schminke und Puder wurden häufig benutzt.	

11.35 Frührenaissance

Modefarbe Rot

Hochrenaissance, Frisur mit Haarnetz und Barett

11.36 Spätrenaissance

11.37 Zweispitziger Bart

11.38 König Franz I., Frankreich

11.39 Brokat und Pelz bestimmten die Mode

Spanische Mode

11.3.2 **Barock** (1600–1720)

11.40 Barockbauwerk, Dresdner Zwinger

Das Barock ist eine der prunkvollsten Epochen der europäischen Geschichte. Barock kommt vom portugiesischem *barocco* und bedeutet soviel wie unregelmäßige Perle. Dieser Stil ist sehr verschnörkelt und überladen. Am meisten wurde er durch den französischen König Ludwig XIV. geprägt. Überall in Europa entstanden Schlösser nach dem Vorbild von Versailles. Der Sonnenkönig und seine „Kollegen" herrschten in ganz Europa absolut und gottgleich. Während die Herrscher im Überfluss lebten, hungerte das Volk. Der 30-jährige Krieg, 1618–1648, verwüstete ganze Landstriche mehrfach.

Tabelle **11**.41 Barock

	Frauen	**Männer**
Kleidung	Über einem glockenartigen Unterrock wurde ein schwerer verzierter Oberrock getragen. Dazu ein schleifenbesetztes Mieder. Ergänzt wurde die Kleidung durch Handschuhe. Das Korsett war am Hofe unverzichtbar. Das Dekolleté wurde immer tiefer.	Kniehose mit Seidenstrümpfen in Schnallenschuhen oder mit Stulpenstiefeln. Der Mann trägt zum weißen Hemd eine Weste und darüber einen reich verzierten Knopfrock. Auf der Perücke saß der Dreispitz.
	Die schwere Halskrause wurde gegen den Spitzenkragen ausgetauscht.	
Frisuren  J.S. Bach	In der ersten Hälfte des Jahrhunderts entsprachen breite, füllige Frisuren dem Schönheitsideal. Garcette-Frisur: Ein dünner Querscheitel über der Stirn ließ eine Reihe zierlicher Locken ins Gesicht fallen. Um 1680 Fontange-Frisur, benannt nach der Geliebten Ludwig XIV.	Die vornehmen Männer hatten zu dieser Zeit schwer zu tragen. Die Mode verlangte eine Allongeperücke. Der hoch angesehene Beruf des Perückenmachers entstand.
Körper- und Schönheitspflege	Man scheut immer noch die reinigende Wirkung des Wassers. Es gilt sogar als gesundheitsschädlich. Parfüm überdeckte den Geruch. Bleiweißpuder verdeckte verschmutzte Haut. Kleine Pickel oder Entzündungen wurden unter einem „Schönheitsfleck" verborgen.	

11.42 Quetschpapilloten und Stocklocken

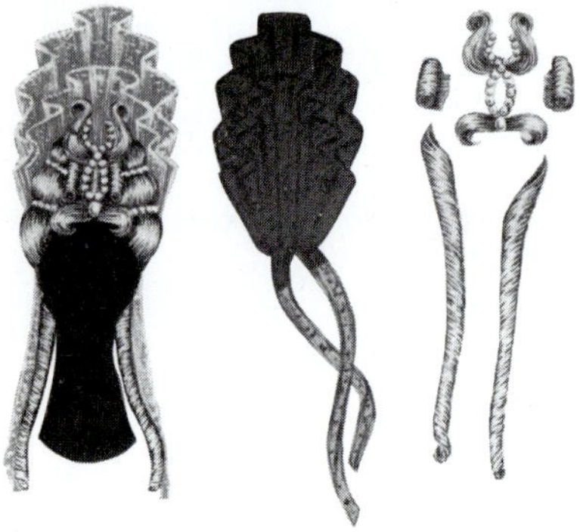

11.43 Fontange mit Accessoires

11.44 Hofszene Barock

11.45 Garcette Frisur

Fontange Frisuren

Allongeperücke

11.46 Frühbarock

Mode aus dem Barock

Ludwig XIV.

11.3.3 Rokoko (1720–1789)

11.47 Rokokoschloss Wilhelmsthal bei Kassel

Noch immer herrschte der Absolutismus der Fürsten, doch bildete sich mit den aufstrebenden Wissenschaften der Aufklärungszeit ein neues Bewusstsein. Philosophen wie Kant, Rousseau und Voltaire, Dichter wie Lessing lehrten, dass Menschen als vernunftbegabte Wesen von Natur gleich seien. Die Realität sah jedoch anders aus. Künstler dieser Zeit sind Haydn, Schiller, Goethe und Mozart.

Es war aber auch das Zeitalter der Erfindungen und des technischen Fortschritts. Die Dampfmaschine (1769), die Spinnmaschine und der mechanische Webstuhl veränderten das Gesicht der Welt.

Künstlerisch ist das Rokoko die Vollendung des Barocks. Rokoko stammt vom französischen *rocaille*, der Muschelform. Das Rokoko zeichnet sich durch eine zierliche, elegante Leichtigkeit in der Dekorationskunst aus.

Tabelle **11**.48 Rokoko

	Frauen	Männer
Kleidung	Der große Reifrock war Pflicht. Darüber kam ein mit Rüschen und Volants verziertes Untergewand. Die Robe bestand aus dem spitz zulaufenden Mieder mit Wespentaille und dem vorn geöffneten Rock. Rüschen und Bänder verzierten den tiefen Halsausschnitt. Materialien waren Brokat, Damast, und Seide. Die Kleider wurden so breit, dass die Damen nur seitwärts durch die Türen passten.	Männer trugen ein spitzenverziertes Hemd, dazu Kniehosen mit Seidenstrümpfen und Schnallenschuhen. Über dem Hemd eine bestickte Weste und darüber den reich mit Knöpfen verzierten Rock.
Frisuren	Frührokoko: kleine weiße Puderfrisuren á la Pompadour; Hochrokoko: hohe Puderfrisuren mit kunstvollen Aufbauten á la Marie Antoinette; Spätrokoko: breite Puderfrisuren á la Prinzessin Lamballe.	Frührokoko: ungepuderte Zopffrisur aus Eigenhaar, später weißgepuderter Zopf oder Beutelperücke mit waagerechten Lockenrollen an den Seiten.
Körper- und Schönheitspflege	Es wurde nur noch gepudert. Zeitweise wurde soviel Puder (Mehl) verbraucht, dass die Ernährung der Bevölkerung gefährdet war. Haare, Haut und Kleidung wurden gar nicht mehr gereinigt. Die Damen hatten ein langstieliges, hölzernes „Kratzhändchen" (Grattoir), um die Läuse und Flöhe zu verjagen. Vom Kind bis zur Greisin wurde stark geschminkt. Bleiweißschminke, Wimperntusche, nachgezogene Augenbrauen, runde kräftige Rougeklekse und ein knallroter Lippenstift ließen die Gesichter maskenhaft verzerrt erscheinen.	

11.49 Rokoko Kleidung

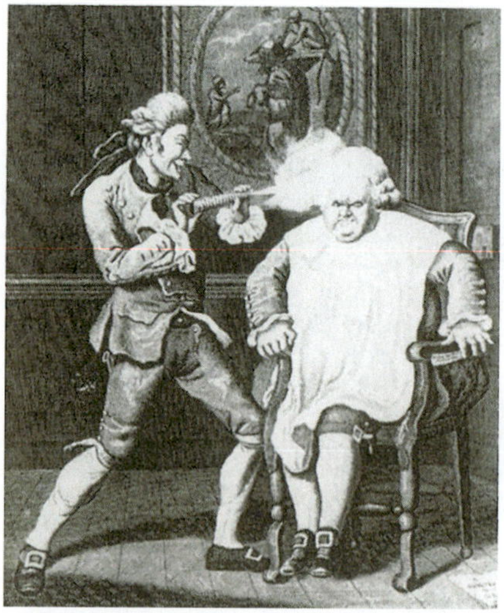

11.50 Puderszene

11.51 Beutelperücke Zopfperücke Ludwig XV

11.52 Madame Pompadour Prinzessin Lamballe Königin Marie-Antoinette

11.53 Hofszene

11.3.4 Französische Revolution – Directoire – Empire (1789–1815)

11.54 Französische Revolution

Die rauschenden Feste der Adeligen glichen angesichts der Not und Verzweifelung der Bevölkerung einem Tanz auf dem Vulkan. 1789 brach dieser Vulkan aus. Die Bürger stürmten das verhasste Pariser Gefängnis Bastille. Die Revolution führte einen Großteil der Adeligen unter die Guillotine, das Fallbeil.

Auch Gelehrte und Künstler wurden nicht verschont. Nach den blutigen Revolutionsjahren wurde die Ordnung durch ein Direktorium von fünf Männern wiederhergestellt. Die französische Republik nahm sich das Rechtssystem der antiken Staaten zum Vorbild. Der junge General Bonaparte kehrte 1799 von seinen erfolgreichen Feldzügen nach Paris zurück und stürzte das unfähige Direktorium. Er ließ sich zum ersten Konsul ausrufen. 1804 ernannte er sich selbst zum Kaiser. In den Napoleonischen Kriegen marschierten seine Armeen bis nach Moskau.

Tabelle 11.55 Französische Revolution – Directoire-Empire

	Frauen	Männer
Kleidung 	Während der Revolution bewusst unordentlich, ohne Mieder und Reifrock. Directoire und Empire Die Kleidung der Damen war an die Antike angelehnt. Man trug lose fallende Gewänder, die unter der Brust hoch geschnürt wurden.	Während der Revolution lange Matrosenhosen, häufig blau-weiß-rot gestreift mit einem schlecht sitzendem Frack kombiniert. Dazu die phrygische Mütze der Galeerensklaven. Im Directoire übernahmen die Männer von England den blauen Reiterfrack zu heller, enger Lederhose mit Stiefeln. Im Empire war eine uniformähnliche Kleidung modern.
Frisuren	Während der Revolution bewusst zottelige Haare. Zöpfe und Puder verschwanden ganz.	
	Nach antikem Vorbild Frisuren á la greque mit Knoten und Ziernadel oder eine gelockte Titusfrisur mit Stirnband.	Römischer gelockter Tituskopf, meist mit Backenbart oder Windstoßfrisur nach Cäsarenart.
Körper- und Schönheitspflege	Endlich erkannte man die reinigende Wirkung des Wassers wieder. Napoleon badete selbst auf seinen Feldzügen so oft wie möglich und ließ seine Bürger anhalten, sich zu waschen und die Wäsche zu wechseln. Zur Wohnungseinrichtung gehörten nun Wasserkanne und Waschschüssel.	

11.56 Mode im Directoire

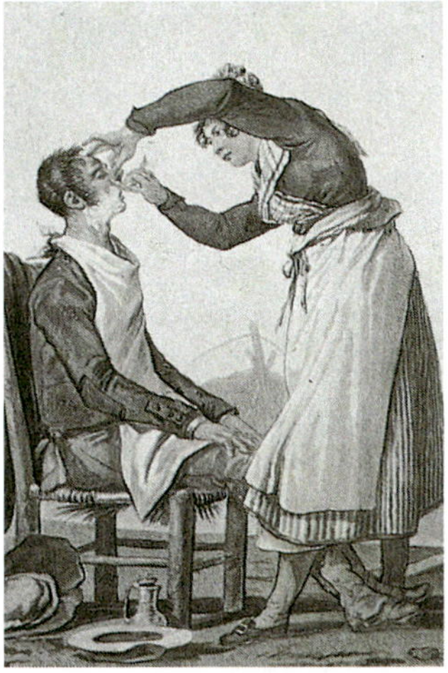

11.57 Rasierszene

11.58 Frisuren nach griechischem Vorbild

Königin Luise von Preußen

11.59 Lockenfrisur

Napoleon

Titusfrisur

11.3.5 **Biedermeier** (1815–1848)

Nach den Napoleonischen Kriegen sollte Europa neu geordnet werden. In Wien tagte der Kongress unter der Leitung von Fürst Metternich. Während der Kongress tanzte und nicht weiter kam, bildete sich ein Bürgertum, das nichts von Politik wissen wollte. Die Bürger strebten nach Beschaulichkeit und Behaglichkeit in den eigenen vier Wänden. Man hatte einen Hang zur Romantik. Dazu gehörten die Dichter Brentano und Eichendorff, die Komponisten Schubert und Schumann. Die Gebrüder Grimm sammelten Sagen und Hausmärchen. Zugleich fuhren die ersten Eisenbahnen und Dampfschiffe.

Tabelle **11**.60 Biedermeier

	Frauen	**Männer**
Kleidung 	Verspielt wirkende weite Röcke zur eng geschnürter Wespentaille. Die breite Form wurde verstärkt durch Volants an den Schultern. Die Figur bekam eine Eieruhr-Form. Zuhause trug man ein leichtes Häubchen und draußen einen Florentiner Hut mit breiter Krempe, später den charakteristischen Schutenhut.	Enge lange Hosen mit geblümter Weste. Hemden mit hochgestelltem Stehkragen (Vatermörder) und Halstuch. Dazu einen braunen, blauen oder grünen Frack. Vervollständigt wurde das Ganze durch einen Zylinder.
Frisuren	Schwerpunkte waren Scheitel an Oberkopf, Seiten und Hinterkopf. Bis 1835 Frisuren mit Aufbau, teils Flechten, teils Schluppen, Seiten aus Flechten oder Locken, Hinterkopf meist geflochtene Knoten. Später ohne Aufbau, Mittelscheitel, an den Seiten Hängelocken oder geflochtene Girlanden.	Mittellanges, füllig geschnittenes Haar mit Backenbart. Die Haare waren häufig pomadisiert und mit dem Eisen gelockt.
Körper- und Schönheitspflege	Natürliche Pflege. Schminke lehnte man ab. Duftwässer kamen zusätzlich zum Einsatz. Aus den Perückenmachern und Barbieren wurden die Damen- und Herrenfriseure.	

11.61 Frühbiedermeier

Studentenfrisur

Künstler

11.62 Frau mit Florentinerhut

Annette von Droste-Hülshoff

Häusliche Haube

11.63 Schluppenfrisuren

11.64 Frisuren des Spätbiedermeiers

11.3.6 **Zweites Empire** (1848–1870)

Jäh wurden die braven Bürger 1848 aus ihrer Biedermeier-Idylle gerissen. Der Arbeiteraufstand in Paris griff auch auf Deutschland und Österreich über und machte die sozialen Probleme deutlich.

Die Aufstände wurden blutig niedergeschlagen. Die Bestrebungen nach einer parlamentarischen Volksvertretung scheiterten. Vorbei war es mit der Romantik angesichts der fortschreitenden Industrialisierung und Technisierung.

Tabelle **11**.65 Zweites Empire

	Frauen	**Männer**
Kleidung	Zur stark geschnürten Taille trug „Frau“ einen weiten Glockenrock, der nach hinten auslud und mit Rosshaar, später auch durch Fischbein und Stahlgestelle, gestützt wurde. Die Krinoline war bis 1870 in Mode. Diese Reifröcke waren kokett mit Schleifen und Bändern geschmückt. Auf der Straße trug die Frau ein Umschlagtuch und einen Kapotthut mit Bändern unter dem Kinn.	Die Männer blieben beim Frack oder Gehrock mit bunter Weste und langer Hose. Ab etwa 1860 trug man Rock, Weste und Hose auch aus gleichem, vorwiegend dunklem Stoff: Der Anzug war entdeckt.
Frisuren	Vorbild war Kaiserin Eugenie. Aufgebauschter Seiten- und Nackenchignon, mit Hängelocken, Wellenscheitel. Ausladende Frisur mit Chignon auf dem Hinterkopf. Haarschmuck, Haarnetze, Haarersatz.	Volles Haar mit langen Koteletten und Voll-, Spitz- und Schnurrbart.
Körper- und Schönheitspflege	Modern war der bleiche Teint. Sonnengebräunte Haut galt als unfein. Man fuhr aber schon ins schicke Seebad, wo Damen und Herren getrennt in modischen Badeanzügen mit den Füßen mutig im Wasser planschten.	

11.66 Zweites Empire, Kleidung vornehmer Damen

11.67 Breite Frisur | Hinterkopf mit Chignon | Napoleon III.

11.68 Wellenscheitel | Kaiserin Elizabeth von Österreich | „Walzerkönig" Johann Strauß

11.3.7 **Gründerjahre** (1870–1910)

Deutschland war Weltmacht. Das Deutsche Reich, in vergangenen Jahrhunderten in viele Kleinstaaten zerfallen, wurde nach dem Krieg 1870/71 geeint. Unter Reichskanzler Bismarck und den Kaisern Wilhelm I. und II. erwarb Deutschland Kolonien.

Zahlreiche Industrieunternehmen und Fabriken wurden gegründet, z. B. Thyssen, Henschel, Krupp. Eisenbahnbau, die Erfindung des Kraftwagens und die Verwendung von Elektrizität waren der Aufbruch in eine neue Welt.

Neben diesen glanzvollen Ereignissen wuchs das Heer schlecht bezahlter Arbeiter, die in düsteren Slums und Elendsquartieren lebten.

Tabelle **11**.69 Gründerzeit

	Frauen	**Männer**
Kleidung	Die Damen besannen sich wieder auf die schlankere Linie. Um eine weiblichere Betonung zu erreichen, raffte man das Kleid über dem Gesäß. Später trug man ganz enge Kleider, mit denen die Damen nur Trippelschritte machen konnten.	Bei den Herren setzten sich immer mehr dunkle Stoffe und sachliche Formen durch. Das Sakko verdrängte den Frack, Anzug mit Weste wurde modern. Den Hals zwängte man wieder in Vatermörder mit Schleife oder Krawatte. Der Zylinder wurde flacher, oder durch den „steifen Runden“, die Melone, ersetzt.
Frisuren	Frisuren mit hoch liegendem Chignon und Locken auf der Stirn, gebrannte Wellen. Deutsche Einschlagfrisur. Erfindung der Ondulation	Praktische, schlichte Kurzhaarfrisuren, häufig mit Pomade geglättet. Viele Bartformen. Um 1880 wurde die Handhaarschneidemaschine erfunden.
Körper- und Schönheitspflege	Die Erkenntnisse und Forderungen der Ärzte nach Licht, Luft, Sonne und Bewegung wurden allmählich umgesetzt. Man wanderte und lernte, natürlich streng nach Geschlechtern getrennt – sogar beim Schwimmen. Schwarzkopf brachte das erste *Shampoon* auf den Markt.	

11.70 Kleidung der Gründerjahre

11.72 Kaiser Wilhelm II.

11.71 Großbürgerliches Zimmer um 1900 (Stadtmuseum Kassel)

11.73 Bismarck

11.74 Mann mit Vatermörderkragen

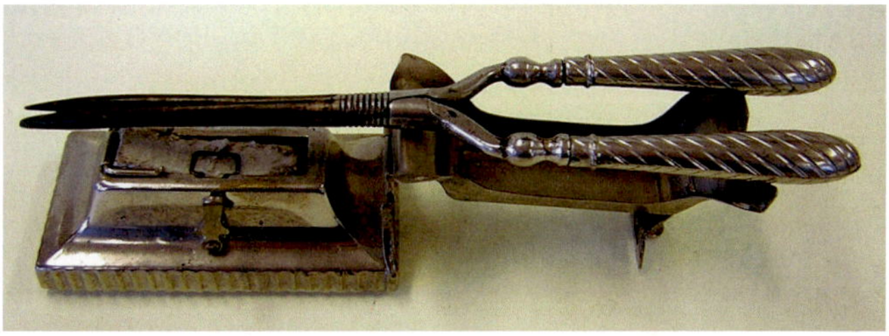

11.75 Schatulle mit Parfümflakons

Ondulierset für die Reise

11.4 20. Jahrhundert

Das zwanzigste Jahrhundert ist geprägt von einem rasanten technischen Fortschritt, der Weltwirtschaftskrise und den beiden Weltkriegen, aber auch vom Aufstieg und Wohlstand weiter Bevölkerungsteile.

11.4.1 Jugendstil (1890–1914)

Noch während der Gründerjahre entstand eine neue Kunstrichtung – der Jugendstil. Er brach mit der Nachahmung historischer Formen. Diese neue Kunstform löste sich von allem Überladenen und Künstlichen sowie Kitsch. Die Natur liefert die Vorbilder für die schwingenden, weichen Linien, die Geometrie trug sachlich geradlinige Ornamente bei. Der erste Weltkrieg beendet diese Epoche.

11.76 Jugendstil Giebel

Tabelle **11**.77 Jugendstil

	Frauen	**Männer**
Kleidung	Mit dem korsettlosen Reformkleid zu Beginn des Jahrhunderts kündigte sich auch in der Damenmode der tief greifende Wandel durch den Jugendstil an.	Der Mann trug Anzug mit Weste und Krawatte oder Fliege.
Frisuren	Die zu Zöpfen geflochtenen Haare wurden hochgesteckt, Wellen onduliert. Reformerinnen trugen die Haare toupiert und streng eingeschlagen.	Kurzhaarschnitt mit Mittel- oder Seitenscheitel.
Körper- und Schönheitspflege	Schminken gilt immer noch als unseriös.	

11.78 Reformfrisuren

Jugendstil Einsteckkamm

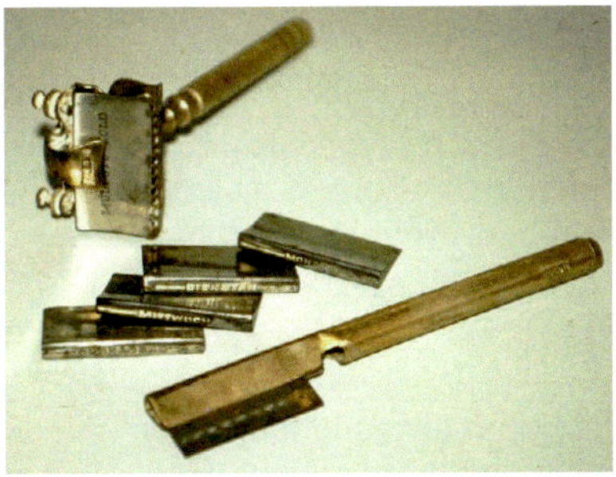

11.79 Rasierhobel mit Wechselklingen für jeden Tag. Die Eigenrasur brachte viele Barbiere in Existenznöte

11.80 Jugendstil Fassade

11.81 Frisuren 1914–1916

11.4.2 Die Goldenen Zwanziger

Nachdem Kaiser Wilhelm II. abgedankt hatte, rief Philipp Scheidemann am 9. November 1918 in Berlin die erste deutsche Republik aus.

1919 gründete Walter Gropius das Bauhaus. Noch einmal wurde hier die Einheit von Kunst, Handwerk und Leben als Ziel gesetzt. Die Bauhaus Künstler forderten klare Formen, Maße und Funktionstüchtigkeit. Auf Ornamente verzichtet man zugunsten nüchterner Zweckmäßigkeit.

Schlechte Arbeitsbedingungen und niedrige Löhne ließen viele Arbeiter nahe der Armutsgrenze existieren. Demgegenüber stand aber ein ausschweifendes Nachtleben in Clubs und Bars der „besseren" Leute. Aus den USA kamen Jazz, Swing und Charleston nach Deutschland. Ein Star dieser Zeit war die Tänzerin Josephine Baker. Die Weltwirtschaftskrise setzte diesem Zeitraum ein Ende. In Europa und Amerika waren 1929 viele Millionen Menschen arbeitslos.

Tabelle **11**.82 Die Goldenen Zwanziger

	Frauen	Männer
Kleidung	Statt üppiger Rundungen war eine knabenhaft schlanke Figur mit flacher Brust gefragt. Selbstbewusstes Auftreten und öffentliches Rauchen provozierten die konservative Männerwelt.	Nach den Uniformen des Krieges kleidete man sich betont locker. Weite Hosen, Zweireiher und halbhohe Kragen, dazu weiche Filzhüte.
Frisuren	Da die Frauen im Krieg in den Fabriken arbeiten mussten, stellten sich lange Haare als hinderlich heraus. In den zwanziger Jahren fielen die Haare, der Kurzhaarschnitt für Damen setzte sich durch. Der Bubikopf war geboren. Begünstigt wurde die neue Mode durch die Erfindung der Dauerwelle. 1928 Erfindung der Effilierschere.	Deckhaare etwas länger, nach hinten gekämmt oder leicht gescheitelt. Mit Pomade fixiert.
Körper- und Schönheitspflege	Blasses Make-up mit kräftig geschminkten Lippen, dünn gezupfte Augenbrauen, wenig Rouge.	

11.83 Der Bubikopf

11.84 Haartrockner

11.85 Paar um 1928

11.4.3 Die dreißiger und vierziger Jahre

11.86 Kleinwagen 1933

Nach der Weltwirtschaftskrise 1929 kamen 1933 die Nationalsozialisten mit Adolf Hitler an die Macht.

Durch gezielten Ausbau der Industrie und der Verkehrsmittel kam die deutsche Wirtschaft wieder in Gang. Diese Maßnahmen dienten dem Diktator zur Kriegsvorbereitung.

Tabelle **11**.87 Dreißiger und vierziger Jahre

	Frauen	**Männer**
Kleidung	Eine sehr figurbetonte Mode. Große Kragen, Puffärmel und Rüschen. Zum Kostüm wurden eng anliegende Kappen oder kleine randlose Hüte getragen. In den Kriegsjahren wurden Tücher und Schals zu einem Turban gebunden, um die Haare vor Staub und Schmutz zu bewahren.	Nadelstreifenanzüge, schmale Linie aber Betonung der Schulterpartien. Passend dazu der weiche Filzhut. Für sportliche Herren gab es die Knickerbockerhosen. Dazu wurde eine Schirmmütze getragen.
Frisuren	Handgelegte Wasserwellen am Bubikopf. 1936 Olympiarolle. Während des Krieges häufig nach oben hochgesteckt und die Vorderpartie zum Lockentuff frisiert.	Kurz gescheitelt. Später der Militärschnitt mit streichholzkurzem Deckhaar und wegrasierten Seiten.
Körper- und Schönheitspflege	Schminke war bei den Nationalsozialisten verpönt. Natürlichkeit und Sport gehörten zum Parteiprogramm. Kriegsbedingte Einschränkungen der Wasserversorgung ließen Produkte wie Trockenshampoo aufkommen.	

11.88 Dreiwellenfrisur 1935

„Olympiarolle“ 1936

„Entwarnungsfrisur“ 1944

11.89 Junges Paar in Motorradkleidung

Knickerbocker und Schirmmütze

Röhrentrockenhaube

11.4.4 Die fünfziger Jahre

Der Krieg war zu Ende und Deutschland geteilt. Der Westen richtete sich nach den Amerikanern aus. Nierentische, Fernseher, Vespa und der erste Kleinwagen waren die Vorboten einer neuen Zeit.

Rock'n Roll ließ die Eltern um ihre Kinder bangen. Bill Haley, Elvis Presley, James Dean aber auch Peter Kraus und Conny Froboess waren die neuen Namen.

Tabelle **11**.90 Fünfziger Jahre

	Frauen	**Männer**
Kleidung	Figurbetonte Kleider, für junge Frauen Petticoat.	Die Konservativen trugen ein- und zweireihige Anzüge. Die Jugend lernte die Jeans kennen und lieben. Bei den Eltern war die *Nietenhose* stark umstritten.
Frisuren	Kurze Haare, gewellt oder gelockt, Dauerwelle. Zum Petticoat langes Haar mit Pony und Pferdeschwanz.	Die Amerikaner brachten den Bürstenschnitt mit nach Deutschland. Hier wurde er nach dem Zeitungsigel „Meckifrisur" genannt. George Hardy kreierte den Messerhaarschnitt. Die Jugend frisierte die Bombage, eine mit Pomade hochgestellte Tolle. Am Hinterkopf wurden die längeren Seiten zu einem „Entenpopo" zusammengeführt.
Körper- und Schönheitspflege	Filmidole wurden zum Vorbild für Frisur und Make-up.	

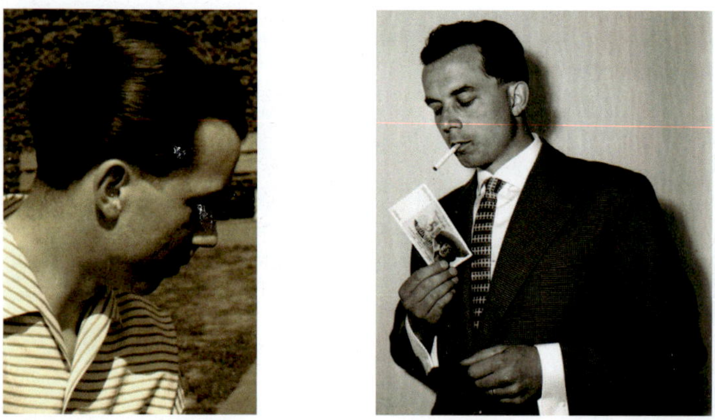

11.91 Männerfrisuren der 50er Jahre

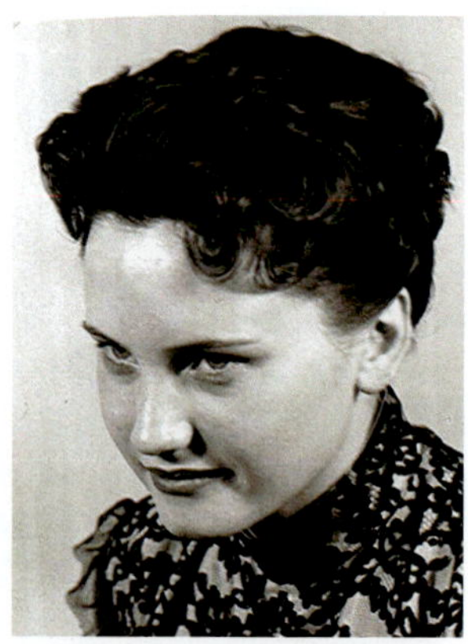

11.92 Damenfrisur

11.93 Frisuren der 50er Jahre

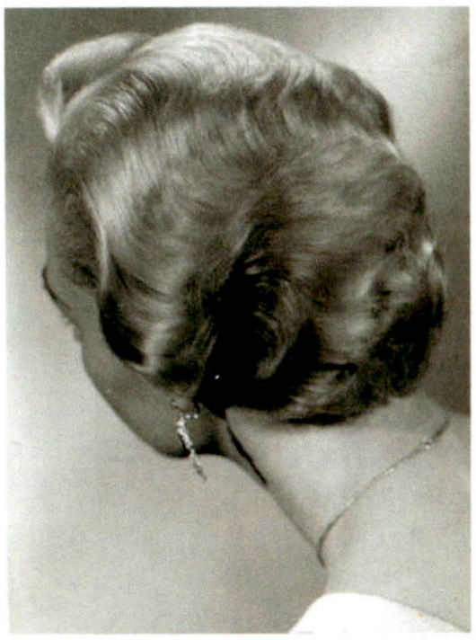

11.94

11.4.5 Die sechziger Jahre

Im August 1961 fand der Mauerbau in Berlin statt. Die DDR riegelte ihr Staatsgebiet systematisch ab.

Der Vietnamkrieg war Auslöser für Studentenunruhen. Die Kultur der Hippies entwickelte sich.

Die Amerikaner siegten im Wettlauf der Raumfahrt. Neil Armstrong betrat als erster Mensch den Mond.

Der Twist und Beat verdrängten den Rock'n Roll. Die Beatles und die Rolling Stones brachten die Jugendlichen zum Rasen.

Tabelle **11**.95 Sechziger Jahre

	Frauen	**Männer**
Kleidung	Elegante Kostüme, farbige schlicht fallende Kleider, Hosenanzüge und Minirock.	Die Herrenmode wurde farbiger. Sie wirkte nicht mehr so steif. Die Kombination löste den Anzug ab. Unter dem Sakko wurden häufig dünne Rollis getragen. Für Hemdträger gehörte die auffallende, breite Krawatte oder ein Halstuch dazu. Das Extrem dazu war die schlampige Hippiemode.
Frisuren	Der Engländer Vidal Sassoon entwickelte eine neue Schnitttechnik. In den meisten Salons wurde hauptsächlich eingelegt. Es dauerte noch eine ganze Zeit, bis sich die glatte Mode durchsetzte. Die schlichten Frisuren wurden nur glatt geföhnt. Hochsteckfrisuren nach Farah Diba erforderten viel Geschick.	Pilzkopf der Beatles. Längere Haare setzten sich durch. Viele Männer gingen nur noch selten zum Friseur. „Offizielle" Frisur war der mäßig lange, gescheitelte Rundschnitt. Die Koteletten wurden länger getragen, häufig aber auch ein Schnurr- und Vollbart.
Körper- und Schönheitspflege	Aufwändiges Make-up, Augenbrauen schmal gezupft, kräftig getuschte Wimpern.	

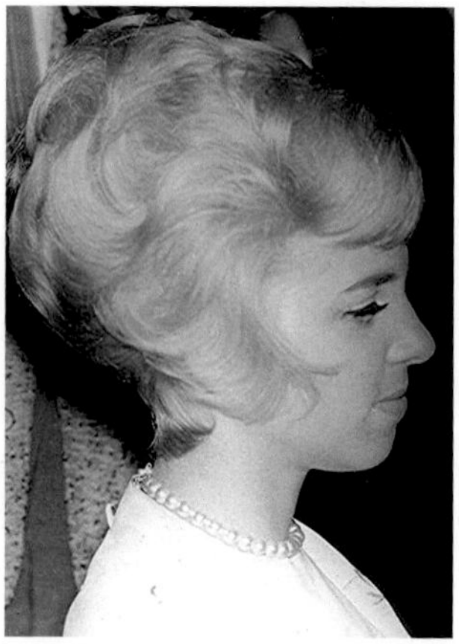
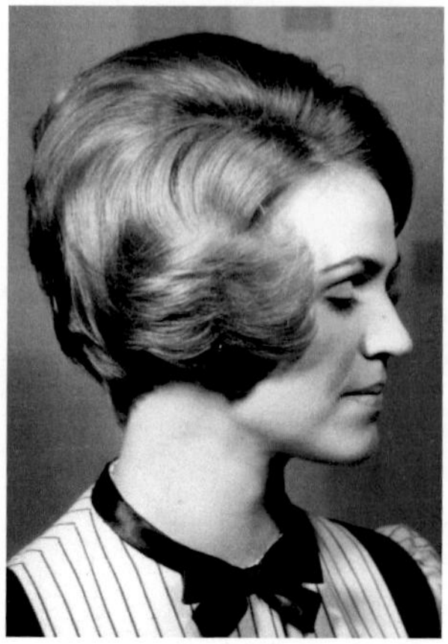

11.96 Frisuren der 60er Jahre

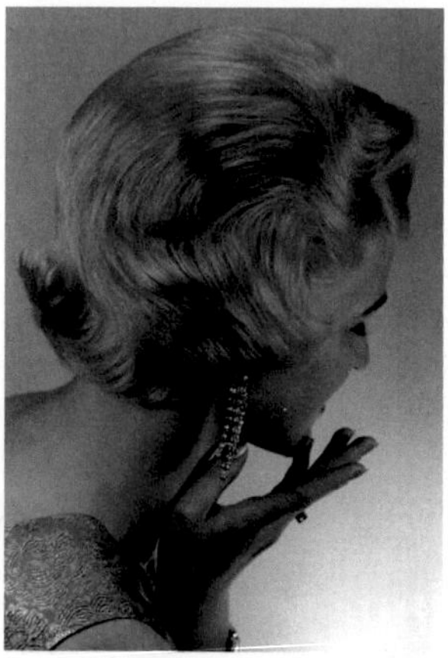
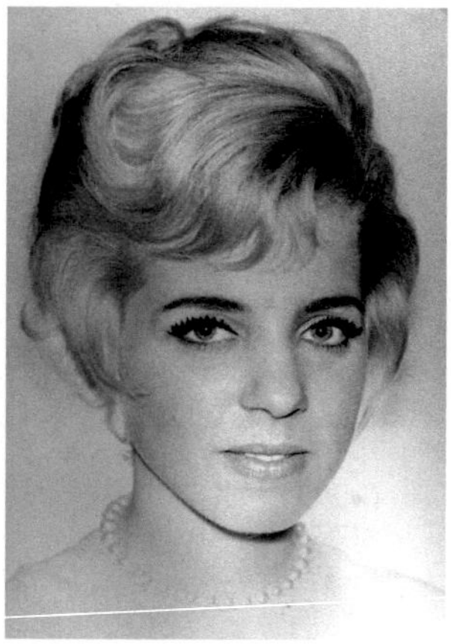

11.97 Frisuren der 60er Jahre

11.4.6 Die siebziger Jahre

Deutschland wird von den Anschlägen der Baader Meinhof Bande terrorisiert. Unter dem Einfluss der Ölkrise kommt es zur Rezession und zu Arbeitslosigkeit. 1974 wird Deutschland Fußballweltmeister, Telly Savalas wird mit Glatze und Lolli zum Superstar. „Kojak" ist der Renner im deutschen Fernsehen.

Von England schwappte die Punkszene nach Deutschland über. Sie stand im krassen Gegensatz zum Disco-Kult.

Tabelle **11**.98 Siebziger Jahre

	Frauen	Männer
Kleidung	Bei Kleidern und Röcken wurden alle Formen und Farben getragen. Jeans waren in, von der ländlichen Latzhose bis zur knackigen Hot Pants. Durch Hippie- und Ethnowelle wurden Muster aus Asien und Afrika eingebracht.	Sehr enge Hosen in Kombination mit legeren Sakkos. Das Hemd wurde weit offen getragen und die Kragen für die Disco aufgestellt. Man ging wieder etwas eleganter aus.
Frisuren	Anfang der 70er: Afro Look. Später: lange romantische Wellen- und Lockenfrisuren. Damen jenseits des Teeniealters trugen Pagenkopf oder Frisuren mit unterschiedlichen Gestaltungsmerkmalen. Vorderkopf glatt, hinten lockig.	In der ersten Hälfte schulterlanges Haar mit langen Koteletten. Später gepflegte Föhnfrisuren und die Dauerwelle für den Mann.
Körper- und Schönheitspflege	Das Make-up wurde deutlich natürlicher. Duschen und die Verwendung von Deos wurden selbstverständlich.	

11.99 Frisur 1973

Frisur 1975

11.100 Frisuren der 70er Jahre

11.4.7 Die achtziger Jahre

Die 80er Jahre waren sehr konsumorientiert. Fitnesscenter schossen wie Pilze aus dem Boden. 1982, Falklandkrieg. Neue Deutsche Welle, freche Deutsche Musik tönt aus den Lautsprechern.

Nena, Markus, Spliff, Spider Murphy Gang, Trio, Falco hießen die neuen Idole. Megastar der 80er war Michael Jackson.

Tabelle **11**.101 Achtziger Jahre

	Frauen	Männer
Kleidung	Legere sportliche Kleidung. Kräftige Farben.	
Frisuren	Obwohl die Punkfrisuren sich in abgemilderter Form in der aktuellen Frisurenmode wieder fanden, gab es einen starken Gegentrend, den „Popper“. Die Frisuren wurden unisex getragen. Der „Drei-Tage-Bart“ war in.	
Körper- und Schönheitspflege	Fitness und künstlich gebräunte Haut.	

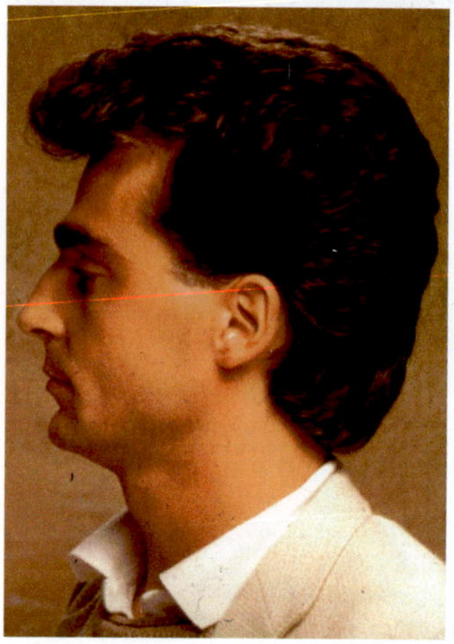

11.102 Frisuren der 80er Jahre

12 Die Prüfung

Die Anforderungen im Friseurberuf verändern sich ständig, Mode und Techniken wandeln sich. Um mit diesen Veränderungen Schritt zu halten, muss man eine möglichst große Bandbreite von Arbeitstechniken beherrschen. Deshalb werden bei den Prüfungen nicht nur die neuesten Arbeitsmethoden abgefragt, die sowieso beherrscht werden, sondern auch grundlegende Basistechniken. Seit August 2008 ist die überarbeitete Ausbildungsordnung in Kraft getreten. Die Ausbildung und Prüfung ist seitdem moderner und praxisgerechter geworden. Kreativität und Kommunikation in Dienstleistung und Beratung stehen ganz weit vorn in den Anforderungen. Nur Mut, es kommt nichts dran, was Sie nicht in Schule und Betrieb gesehen und gehört haben. Wichtig ist die rechtzeitige Vorbereitung. Fangen Sie mindestens ein halbes Jahr vor der Prüfung an, denn sechs Wochen Vorbereitungszeit sind zu wenig.

Kontinuierliches Training in Theorie und Praxis sichern einen guten Erfolg. Stellen Sie sich vor, sie wollen einen 1000-Meter-Lauf machen. Ungeübt erreichen Sie bestimmt nicht das Siegertreppchen. Genauso ist es im Beruf. Es ist noch kein Meister und Geselle vom Himmel gefallen, nur Üben und Trainieren bringen Erfolg.

12.1 Anforderungen und Tipps zur „gestreckten“ Gesellenprüfung

Seit 2008 besteht die Gesellenprüfung aus zwei zeitlich auseinander fallenden Teilen. Der erste Teil beinhaltet klassische und der zweite Teil modische Friseurtätigkeiten. Der Prüfling soll zeigen, dass er eine berufliche Handlungsfähigkeit erworben hat. Beide Prüfungsteile bestehen aus einem theoretischen und einem praktischen Teil. Normalerweise werden Sie von drei Prüfern geprüft. Die Kommission besteht aus einem Meister, einem Gesellenvertreter und einem Lehrer der Berufsschule. Jeder gibt unabhängig seine Punkte für die einzelnen Leistungen. Die Summe der Punkte wird nach einem vorgegebenen Schlüssel in die Note umgerechnet.

Kenntnisprüfung

Das Wichtigste bei der Vorbereitung auf die Kenntnisprüfung ist das Zeitmanagement. Fangen Sie früh genug mit der Wiederholung an. Schon am Ende jeder Lerneinheit empfiehlt es sich, Lernkärtchen zu erstellen. Schreiben Sie auf die Vorderseite eine mögliche Prüfungsfrage. Benutzen Sie die Rückseite für die Antwort. So haben Sie am Ende Ihrer Berufsschulzeit einen großen Fragenkatalog zum Lernen zur Verfügung. Mit diesen Karten können Sie allein oder auch in Gruppen lernen. Zu zweit oder in der Gruppe macht das Lernen mehr Spaß und ist häufig auch effektiver.

Bringen Sie funktionierende Stifte zur Prüfung mit. Für Zeichnungen benötigen Sie Bleistift, Anspitzer und Radiergummi, ein Lineal sollten Sie auch dabei haben. Zum Lösen der Mathematikaufgaben dürfen Sie einen Taschenrechner ohne programmierbaren Speicher benutzen.

Lesen Sie die Fragen in Ruhe durch. Fragen Sie, wenn Sie Wörter nicht verstanden haben. Erwarten Sie dabei aber nicht, dass der Prüfer Ihnen eine richtige Antwort vorsagt. Stellen Sie sich die Frage, was will man hier genau von mir wissen? Gerade bei programmierten Fragen sind die vorgegebenen Antworten häufig recht ähnlich.

Lösen Sie erst die Aufgaben, die Sie können. Das gibt Sicherheit und Selbstvertrauen. Beißen Sie sich nicht an einzelnen Fragen fest, das kostet zu viel Zeit. Wenn Sie merken, dass Sie nicht weiterkommen, nehmen Sie sich gleich die nächste Frage vor. Kontrollieren Sie am Schluss, ob Sie alle Fragen gelöst haben.

Die Chance durch Raten noch „glückliche" Punkte zu holen, ist besser als gar nichts anzukreuzen oder zu schreiben.

Fertigkeitsprüfung

Bei der praktischen Prüfung sollen Sie nachweisen, dass Sie zu einer qualifizierten beruflichen Tätigkeit befähigt sind. Sie sollen bestimmte Arbeiten planen, durchführen und kontrollieren können.

Alle von Ihnen gezeigten Arbeiten werden nach folgenden Kriterien bewertet:

- Einhaltung der TRGS 530
  (Zur Erinnerung: das sind die Hygiene- und Schutzvorschriften)
- saubere und angemessene Arbeitskleidung
- eine eigene ordentliche Frisur
- vollzähliges, professionelles Handwerkszeug und Arbeitsmaterial. (z. B. Kämme mit allen Zähnen)
- Organisation und Sauberkeit Ihres Arbeitsplatzes
- der fachgerechte Umgang mit Werkzeugen und Geräten
- Geschicklichkeit und Fingerfertigkeit bei der Ausführung der Arbeiten
- Ausführung der Prüfungsteile

Prüfungsmappe

Da Sie den Ablauf Ihrer Prüfung selbst bestimmen müssen, beginnen Sie mit der Planung Ihrer Prüfung spätestens am Anfang des zweiten Ausbildungsjahres. Dazu gehört eine ausführliche Dokumentation aller Arbeiten, die in die Prüfungsmappe vom Zentralverband des Deutschen Friseurhandwerks eingetragen werden muss.

Bei einigen Aufgaben sollen Sie die Arbeitstechnik in Stichworten und/oder mit Zeichnungen erklären. Außerdem benötigen Sie Bilder von der zu erarbeitenden Frisur. Das Frisurenbild muss mindestens Postkartengröße haben, aber ein DIN A4 großes Bild auf dem nur ein Miniaturkopf zu erkennen ist, erfüllt diese Anforderung nicht. Fotos vom Modell sind dabei erlaubt, handschriftliche Einzeichnungen oder komplette Zeichnungen sind möglich. Die Änderungen am Bild dürfen aber nicht so stark sein, dass man von einer anderen Frisur sprechen kann. Mündliche Absprachen mit den Prüfern sind nicht erlaubt.

Während der Prüfung darf nichts an diesen Prüfungsmappen verändert werden. Sie dienen als Bewertungsgrundlage und sind eine umfassende schriftliche, theoretische Aufgabe in Teil 1 und 2 der Gesellenprüfung. Fehlende, unvollständige oder schlecht gestaltete Prüfungsmappen führen zu einem deutlichen Punktabzug.

Die Mappen werden zu Beginn der Prüfung von der Prüfungskommission eingesehen und bei der Bewertung der einzelnen Aufgaben hinzugezogen.

Die Prüfungsmappe wird für beide Prüfungsteile benötigt. Heben Sie diese Mappe deshalb sorgfältig auf.

Führen Sie während der Prüfung keine Privatgespräche mit Ihren Kolleginnen oder dem Modell. Das lässt Sie unkonzentriert erscheinen und stört die übrigen Prüflinge.

Oberstes Gebot: Kommen Sie pünktlich und ausgeschlafen zur Prüfung!

12.2 Teil 1 der Gesellenprüfung

Teil 1 der Gesellenprüfung wird nach 18 Monaten abgenommen. Dabei soll der Ausbildungsstand festgestellt werden, nämlich für Sie als Auszubildenden und für Ihren Ausbilder zur Kontrolle, in welchen Bereichen noch Schwachstellen sind. Teil 1 der Gesellenprüfung besteht aus einer untergliederten Arbeitsaufgabe, dem Prüfungsstück, einem Fachgespräch und schriftlichen Aufgaben aus dem Prüfungsbereich „klassische Friseurarbeit“.

Das Ergebnis der Prüfung des 1. Teils geht mit 25 % in das Gesamtergebnis der Gesellenprüfung ein.

12.2.1 Schriftliche Prüfung

Im schriftlichen Teil der Zwischenprüfung werden alle theoretischen Inhalte der ersten 18 Ausbildungsmonate abgefragt. Die Grundlage für die Erstellung der Fragen sind der Ausbildungsrahmenplan und der Rahmenlehrplan der Berufsschule. Prüflinge müssen also über alle darin vorkommenden Themen Kenntnisse haben.

Die Prüfung dauert maximal 60 Minuten.

Sie werden zu folgenden Themen geprüft:

1. Haar und Kopfhaut beurteilen, reinigen und pflegen.
2. Kopfhaut mit verschiedenen Techniken massieren.
3. Haare mit klassischen Techniken schneiden.
4. Haare mit verschiedenen Umformungstechniken gestalten.
5. Geräte, Materialien und Arbeitsmittel auswählen und einsetzen. Den Arbeitsplatz unter Berücksichtigung hygienischer und ergonomischer Anforderungen einrichten und pflegen.
6. Kunden serviceorientiert betreuen.
7. Die für die Prüfungsaufgaben relevanten fachlichen Hintergründe aufzeigen und die Vorgehensweisen erläutern.

Die Gewichtung innerhalb der Arbeitsaufgabe „klassische Friseurarbeit an der Dame“ beträgt 20 %.

12.2.2 Praktische Prüfung – Klassische Friseurarbeit

Teil 1 der „gestreckten“ Gesellenprüfung bezieht sich auf eine klassische Friseurarbeit. Sie müssen beweisen, ob Sie in der Lage sind, eine Arbeit selbstständig zu planen, durchzuführen und zu kontrollieren. Das fängt mit der richtigen Auswahl von Geräten, Materialien und Arbeitsmitteln an. Dabei sollen Sie auch zeigen, dass Sie ihren Kunden serviceorientiert betreuen können.

Teil 1 der Gesellenprüfung besteht aus einer Arbeitsaufgabe die sich in Unteraufgaben gliedert und dem Prüfungsstück. Die Prüfungszeit mit allen Vor- und Nacharbeiten beträgt 7 Stunden inklusive Pausen. Den genauen Prüfungsablauf müssen Sie eigenständig planen. Um Ihnen diese Arbeit zu erleichtern, haben wir Ihnen *Richtwertzeiten* angegeben. Diese sind nicht verbindlich, sondern können von Ihnen im Rahmen der Gesamtzeit variiert werden.

Die Prüfer sind während der Arbeitsproben anwesend.

Bei den Arbeitsproben bewertet die Prüfungskommission die Vorgehensweise, Zwischenergebnisse, Endergebnis und die Prüfungsmappe. Die gesamte Arbeitsprobe wird an *einem* Damenmodell ausgeführt. Die Wahl der Haarlänge des Modells bleibt dem Prüfling überlassen. Bei dem Prüfungsstück am Herrenmodell wird nur das Endergebnis gewertet.

Arbeitsaufgabe:

Ausführen einer klassischen Friseurarbeit an der Dame mit dauerhafter Umformung und zwei Einlegetechniken

Diese komplexe Aufgabe gliedert sich in mehrere Arbeitsproben, die mit einer gewichteten Note in das Endergebnis eingehen.

a) Haar und Kopfhaut beurteilen, reinigen und pflegen

Sie sollen eine Analyse und Beurteilung von Haar und Kopfhaut durchführen, einschließlich einer Empfehlung zu Reinigung und Pflege.

Das Ergebnis wird mittels eines auszufüllenden Diagnosebogens (Vordruck in der Prüfungsmappe) festgehalten.

Zum Lösen dieser Aufgabe wird Ihnen ein Fremdmodell gestellt. Die Prüfer sind bei der Arbeitsaufgabe anwesend.

Richtwertzeit: 15 Minuten inklusive „Kopfhaut mit verschiedenen Techniken massieren".

Die Gewichtung innerhalb der Arbeitsaufgaben beträgt 5%.

Bewertet wird die kundenorientierte Begrüßung. Wichtig ist dabei die Nennung des eigenen Namens. Führen Sie die Haar- und Kopfhautdiagnose durch und füllen Sie den Diagnosebogen aus. Er entspricht den gängigen Vordrucken. Es wird nach Kundenwunsch, Kopfhautzustand, Haarstruktur, Haarschädigungen und auffälligen Kopfhautveränderungen gefragt. Hier treten häufig Unsicherheiten bei den Auszubildenden auf. Die Haar- und Kopfhautdiagnose muss genauso trainiert werden, wie der Haarschnitt und das Wickeln mit Volumenwicklern. Erläutern Sie der Kundin, was Sie festgestellt haben und erklären Sie, warum es wichtig ist. Stellen Sie zielgerichtete Fragen. Drücken Sie sich so aus, dass die Kundin Sie versteht. Achten Sie auf Ihre Körpersprache. Vermeiden Sie ein sinnloses „Herumgewurstel" in den Haaren der Kundin.

Zur Kopfhautdiagnose brauchen Sie als Arbeitsmittel einen Kamm, den Sie selbst mitbringen müssen.

Zum Schluss müssen Sie eine Pflege- und Produktempfehlung geben und den Kundennutzen erläutern.

Achtung: Das Gespräch bezieht sich auf Ihre Prüfungsarbeit „klassische Friseurarbeit", das heißt, Sie müssen auch die Dauerwellbehandlung mit Vorbehandlung berücksichtigen.

b) Kopfhaut mit verschiedenen Techniken massieren

Diese Arbeitsaufgabe wird aus fachlichen Gründen (Kopfhautwasser vor oder nach einer Dauerwelle kann zu Kopfhautreizungen führen) am Herrenmodell durchgeführt, gehört aber nicht zum Prüfungsstück sondern wird als Arbeitsaufgabe zur „klassischen Friseurarbeit an der Dame" gerechnet.

Richtwertzeit: 15 Minuten inklusive „Beurteilung von Haar und Kopfhaut".

Welche Massageabläufe Sie durchführen, bleibt Ihnen überlassen. In Ihrer Prüfungsmappe sollen Sie den Ablauf und eine Begründung der ausgeführten Massagegriffe darstellen. Zeichnungen oder Fotos können dies verdeutlichen.

Bewertet wird das gleichmäßige Auftragen des Kopfhautwassers. Dabei müssen geeignete Handschuhe getragen werden (TRGS 530). Sie sollen mindestens drei Massagearten zeigen: Durchblutungsmassage, Lockerungsmassage und Ausstreichgriffe werden verlangt. Ein ruhiger, systematischer Ablauf wird erwartet. Wenn Sie absetzen und den Hautkontakt nicht halten, bedeutet das Punktabzug.

Außerdem sollten Sie alle Griffe und den Massageverlauf erklären und begründen können.

c) Haare mit klassischen Techniken schneiden

Sie müssen einen klassischen Basishaarschnitt erstellen. Geschnitten wird am nassen Haar. Eine deutliche Veränderung der Haarlänge (mindestens 2 cm) und Haarfülle wird erwartet. Schnittlinien und Verbindungspunkte sollen erkennbar sein. Dabei dürfen Sie alle Werkzeuge und Techniken einsetzen.

In Ihrer Prüfungsmappe müssen eine detaillierte Arbeitsplanung mit Zeichnungen zu Abteilungen und Schnittlinien, sowie eine Schnittbeschreibung mit Angaben der Haarlängen enthalten sein. Ergänzend ist eine Frisurenvorlage (Bild des Kopfes mindestens 10 x 15 cm) vorgeschrieben. Hier darf auch ein Foto des Modells verwendet werden.

Richtwertzeit: 45 Minuten.

Die Gewichtung innerhalb der Arbeitsaufgaben beträgt 40 %.

Achtung: Da Sie für die Planung Ihrer Prüfung selbst verantwortlich sind, können Sie entscheiden, ob Sie erst die Dauerwelle oder erst den Schnitt durchführen wollen!

Bewertet wird die Veränderung von Haarlänge und Fülle. Sie sollen einen Neuschnitt zeigen, ein vorgearbeiteter Haarschnitt führt zu deutlichem Punktabzug. Wichtig ist, dass Vorlage und Frisurenergebnis übereinstimmen. Die Prüfungskommission muss Ihren Haarschnitt anhand der Prüfungsmappe nachvollziehen können. Wenn der Schnitt zu weit von der Vorlage abweicht, handelt es sich um einen anderen Schnitt. Auch dafür gibt es deutliche Punktabzüge.

Weitere Punkte gibt es für die Sauberkeit der Schnittausführung. Die Prüfer kontrollieren die Schnittlinien und die Übergänge an den Verbindungspunkten. Die Prüfungskommission kann deutlich zwischen gewollten Fransen und einem unsauberen Schnittergebnis unterscheiden. Berücksichtigt werden dabei auch die Handhabung des Handwerkszeugs und die ergonomische Arbeitshaltung.

In die Bewertung fließt ebenfalls ein, ob der Haarschnitt zur Trägerin passt. Achten Sie deshalb auf die Proportionen.

d) Haare mit verschiedenen Umformungstechniken gestalten

Bei dieser Dauerwellbehandlung handelt es sich um eine klassische Umformung mit einer Basiswicklung. Es dürfen dazu nur klassische Dauerwellwickler verwendet werden. Die Größe der Wickler bestimmt der Prüfling anhand des Wunschwellbildes. Ob zick-zack abgeteilt werden darf, entscheidet die Prüfungskommission vor Ort.

Spitzenpapier und Stäbchen sind als Hilfsmittel erlaubt. Der gesamte Kopf muss gewickelt werden. Die Wahl des Wellmittels muss der Haarstruktur entsprechen. Achten Sie auf die Anwendung von entsprechenden Hautschutzmaßnahmen für die Kundin und ihre eigene Gesundheit (TGRS 530).

In Ihrer Prüfungsmappe müssen Sie eine detaillierte Arbeitsplanung unter Berücksichtigung von Haarqualität und Umformungsziel erarbeiten. Die Wickeltechnik muss ausführlich beschrieben und anhand von Zeichnungen oder Fotos verdeutlicht werden.

Richtwertzeit: 45 Minuten ohne Einwirkzeiten

Die Gewichtung innerhalb der Arbeitsaufgaben beträgt 20 %.

Bewertet werden die Gleichmäßigkeit und die Platzierung der Wickler. Die Spitzen müssen sauber eingedreht sein. Es darf keine Schlaufenbildung sichtbar sein. Die Haltegummis müssen ohne Druckstellen auf den Wicklern liegen. Das Auftragen der Wellflüssigkeit muss fachgerecht durchgeführt werden. Neben den vorstehenden Einzelkriterien wird auch der Gesamteindruck bewertet.

Ausschlaggebend für die Punktierung ist das Wellergebnis. Das Wellbild muss dem Behandlungsplan und der gewünschten Frisur entsprechen. Bei Abweichungen gibt es Punktabzug, ebenso werden Punkte abgezogen, wenn Haar- und Hautschäden auftreten.

e) Frisurengestaltung mit zwei Einlegetechniken

Sie sollen am Modell eine klassische Frisur mit Einlegen, Ausfrisieren und Frisurengestaltung erarbeitenund dabei mindestens zwei verschiedene Einlegetechniken zeigen. Als Einlegetechniken gelten: Einlegen mit Volumenwicklern oder Steilformern, Papilottieren und die handgelegte Wasserwelle. Dabei muss der *gesamte* Kopf eingelegt werden. Bei Abweichung von dieser Vorgabe gibt es Punktabzug. Viele Prüfungskommissionen verbieten Klett- bzw. Borstenwickler. Bei handgelegten Wasserwellen dürfen nur Kämmchen oder Clipse benutzt werden, Wellenreiter sind verboten. Erkundigen Sie sich rechtzeitig bei Ihren Prüfern, welche Vorschriften gültig sind. Nach dem Trocknen darf das Haar mit Wärmegeräten wie Glätteisen oder Lockenstab nachbearbeitet werden.

Ihre Prüfungsmappe muss eine detaillierte Arbeitsplanung mit einer Beschreibung und einer Zeichnung der Wickeltechniken, der Wicklergrößen und den Abteilungen enthalten. Ergänzend ist eine Beschreibung der Frisur und eine Frisurenvorlage (Bild des Kopfes mindestens 10 x 15 cm) vorgeschrieben. Hier darf auch ein Foto des Modells verwendet werden.

Richtwertzeit: 45 Minuten. Die Trockenzeit wird hinzugerechnet.

Die Gewichtung innerhalb der Arbeitsaufgaben beträgt 10 %.

Bei der klassischen Frisur wird keine Gala- oder Langhaarfrisur erwartet. Sie sollte aber die Elemente Welle, Fläche und Locke enthalten. Sie können die Frisur nach eigenen Vorstellungen gestalten.

Bewertet wird die Qualität der technischen Arbeit. Dabei kommt es auf korrekte Abteilungen und sauber eingedrehte Spitzen an. Achten Sie beim Frisieren auch auf Einhaltung der Proportionen. Die Prüfungskommission überprüft Ihre Arbeitsplanung mit dem Endergebnis.

f) Situatives Fachgespräch

Das Fachgespräch bezieht sich auf die Arbeitsaufgabe und wird nach der Arbeitsaufgabe geführt. Das situative Fachgespräch ist eine Erörterung bzw. ein Meinungsaustausch zwischen Fachleuten. Sie sollen im Gespräch erläutern, wie Sie ihre Arbeit geplant und ausgeführt haben. Dabei können Sie ihre Arbeiten kritisch bewerten und auf mögliche Verbesserungen hinweisen.

Das Fachgespräch ist kein Beratungsgespräch und keine mündliche Prüfung. Fragen, die in keinem Zusammenhang mit der Arbeitsaufgabe stehen, sind nicht zulässig.

Richtwertzeit: maximal 10 Minuten

Die Gewichtung innerhalb der Arbeitsaufgaben beträgt 5 %.

Zur Bewertung wird die Prüfungsmappe hinzugezogen. Die Prüfer wollen von Ihnen eine Begründung Ihrer Arbeiten hören. Dabei können das Erkennen von Fehlern und deren mögliche spätere Behebung die Bewertung positiv beeinflussen.

Prüfungsstück

Ausführen einer klassischen Friseurarbeit am Herren einschließlich Föhnen

Bei der Gesellenprüfung Teil 1 – Prüfungsstück ist ein Haarschnitt mit klassischem Übergang an Seiten und Nacken zwingend vorgeschrieben. Der Fassonhaarschnitt wird am nassen Haar durchgeführt, eine Haarwäsche wird während der Prüfung nicht verlangt. Beim Herrenhaarschnitt muss genügend von der Haarlänge abgeschnitten werden. Die Anforderung sagt, dass das Deckhaar mindestens um 2 cm gekürzt werden muss. Eine deutliche Veränderung von Form und Fülle sind zwingend vorgeschrieben. Schneiden Sie zu wenig ab, gilt der Haarschnitt als vorgearbeitet. Sorgen Sie dafür, dass Ihr Modell rechtzeitig die Haare wachsen lässt.

In Ihrer Prüfungsmappe müssen eine detaillierte Arbeitsplanung mit Zeichnungen zu Abteilungen und Schnittlinien, sowie eine Schnittbeschreibung mit Angaben der Haarlängen enthalten sein. Ergänzend ist eine Frisurenvorlage (Bild des Kopfes mindestens 10 x 15 cm) vorgeschrieben. Hier darf auch ein Foto des Modells verwendet werden.

Zum Lösen dieser Aufgabe haben Sie 60 Minuten Zeit.

Besonderes Augenmerk legen die Prüfer auf die Sauberkeit des Schnittes. Die Schnittlinien müssen nachvollziehbar sein. Auch der Konturenverlauf wird genau angesehen. Wenn Sie einen Übergang schneiden, dürfen keine Treppen erscheinen.

Der Nacken darf nicht „abgestochen" werden. Sie erzielen sonst einen *Rundschnitt.*

Ein Rundschnitt entspricht nicht den Prüfungsanforderungen. Auch wenn der Haarschnitt in Ordnung ist, wird er mit 0 Punkten benotet.

Grundsätzlich dürfen Sie alle Werkzeuge und Techniken einsetzen. Haarschneidemaschine, Effilier- und Modelliergeräte, Rasiermesser, sowie die Haarschneideschere sind zugelassen. Eine Einschränkung gilt für die Haarschneidemaschine. Sie darf nur *ohne Aufsatz* eingesetzt werden.

Zur Frisurenerstellung können Sie alle Finishprodukte verwenden. Bewertet wird die technische Ausführung. Die Frisur kann frei gewählt werden. Bedenken Sie aber, dass die Haare am Oberkopf zum Frisieren noch etwa 5 cm lang sein müssen. Häufig gibt es Punktabzug, weil in die zu kurzen Stoppeln nur Gel „geklatscht" wird. Dies ist keine Frisur im Sinne der Prüfungsvorgaben, denn es wird eine erkennbare Föhntechnik erwartet.

Der Prüfungsausschuss bewertet ausschließlich das Endergebnis auf der Basis der Arbeitsplanung.

Anmerkung zum Teil 1 der Gesellenprüfung

Alle hier vorgestellten Regelungen sind Teil der Ausbildungs- und Gesellenprüfungsordnung. Einige Bereiche unterliegen aber einem Spielraum, die durch die jeweilige Prüfungskommission autonom entschieden werden können.

Die Arbeiten der Arbeitsaufgabe sowie der Theorieprüfung werden mit 70 % gewichtet. Die Arbeiten aus dem Prüfungsstück werden mit 30 % gewichtet.

Teilergebnisse der Prüfung dürfen nicht einzeln zertifiziert werden, d. h. Teil 1 ist keine eigenständige Prüfung. Deshalb kann Teil 1 nur komplett wiederholt werden, wenn die Prüfung im Gesamtergebnis nicht bestanden ist. Einzelarbeiten aus Teil 1 können nicht wiederholt werden.

Der Anteil von Teil 1 der Gesellenprüfung am Gesamtergebnis wird mit 25 % gewichtet.

Viel Erfolg!

12.3 Teil 2 der Gesellenprüfung

In der Fertigkeits- und Kenntnisprüfung soll der Prüfling nachweisen, dass er zu einer qualifizierten beruflichen Tätigkeit befähigt ist. Voraussetzung zur Prüfungszulassung ist die abgelegte Gesellenprüfung Teil 1. Sie müssen das vollständig ausgefüllte Berichtsheft aus dem 2. und 3. Ausbildungsjahr vorlegen. Vergessen Sie nicht die Unterschriften von Ausbilder und Erziehungsberechtigten. Genaue Angaben, wann Sie wo geprüft werden, erfahren Sie von der Prüfungskommission.

12.3.1 Schriftliche Prüfung

Die schriftliche Prüfung besteht aus drei Teilen. Die Aufgaben sollen möglichst praxisnah gewählt sein.

Wenn es für die Festlegung der Berufsbefähigung nötig ist, können alle Themen der drei Ausbildungsjahre relevant sein, auch wenn sie schon einmal geprüft wurden.

Die Theorieprüfung unterteilt sich in folgende Bereiche:

1. Prüfungsbereich Friseurtechnik
   In der Prüfung können komplexe Aufgaben gestellt werden. Mathematikaufgaben werden integriert.

   Zum Lösen der Aufgaben haben Sie maximal 90 Minuten Zeit.

   a. Fachliche Zusammenhänge:
      - der Haarbehandlung
      - der Frisurengestaltung
      - der dekorativen Kosmetik

   b. Analyse und Bewertung tätigkeitsbezogener Sachverhalte
   c. Entwicklung und Darstellung von Lösungsmöglichkeiten

2. Prüfungsbereich Betriebsorganisation und Kundenmanagement
   In der Prüfung können komplexe Aufgaben gestellt werden. Mathematikaufgaben werden dabei integriert.

   Zum Lösen der Aufgaben haben Sie maximal 90 Minuten Zeit.

   a. Systematische Planung von Arbeitsabläufen
   b. Mitwirkung bei der Betriebsorganisation
      Umsetzung von Marketingmaßnahmen im Salon
      Maßnahmen zur Qualitätssicherung
   c. Betriebswirtschaftlich handeln
      Kunden- und Dienstleistungsorientiert handeln

3. Prüfungsbereich Wirtschafts- und Sozialkunde
   In der Prüfung können komplexe Aufgaben gestellt werden. Mathematikaufgaben werden dabei integriert.

   Zum Lösen der Aufgaben haben Sie maximal 60 Minuten Zeit.

   Es werden von Ihnen Kenntnisse in allgemeinen wirtschaftlichen und gesellschaftlichen Zusammenhängen der Berufs- und Arbeitswelt verlangt.

Die Gesamtdauer der schriftlichen Prüfung beträgt maximal 4 Stunden ohne Pausenzeiten.

12.3.2 Praktische Prüfung

Teil 2 der Gesellenprüfung besteht aus einer Arbeitsaufgabe die sich in Unteraufgaben gliedert, nämlich dem Prüfungsstück und einem der fünf Wahlmodule. Die Prüfungszeit mit allen Vor- und Nacharbeiten beträgt neun Stunden inklusive Pausen. Den genauen Prüfungsablauf müssen Sie eigenständig planen. Um Ihnen diese Arbeit zu erleichtern, haben wir Ihnen *Richtwertzeiten* angegeben. Diese sind nicht verbindlich, sondern können von Ihnen im Rahmen der Gesamtzeit variiert werden.

Die Prüfer sind während der Arbeitsproben anwesend.

Bei den Arbeitsproben bewertet die Prüfungskommission Ihre Vorgehensweise, Zwischenergebnisse, das Endergebnis und die Prüfungsmappe. Die gesamte Arbeitsprobe wird an *einem* Damenmodell ausgeführt. Die Haarlänge des Modells bleibt dem Prüfling überlassen. Bei dem Prüfungsstück am Herrenmodell wird nur das Endergebnis gewertet.

Arbeitsaufgabe:

Ausführen einer modernen Friseurarbeit an der Dame zu einem besonderen Anlass mit einem darauf abgestimmten Make-up

Diese komplexe Aufgabe gliedert sich in mehrere Arbeitsproben, die mit einer gewichteten Note in das Endergebnis eingehen. Bestandteil dieser Aufgabe ist eine der Wahlqualifikationen.

a) Beratungsgespräch

Sie sollen eine Gesprächssimulation in Form eines Kundengespräches durchführen.

Für diese Aufgabe wird Ihnen ein Fremdmodell gestellt. Berücksichtigen Sie bei Ihrer Arbeitsplanung, dass diese Aufgabe zu Beginn der Prüfung durchgeführt wird.

Richtwertzeit: 10 Minuten.

Die Gewichtung innerhalb der Arbeitsaufgaben beträgt 10 %.

Die Bewertungskriterien beim Beratungsgespräch sind Gesprächsführung, Beratungsdurchführung und fachliche Richtigkeit.

Beginnen Sie mit einer kundenorientierten Begrüßung. Wichtig ist dabei die Nennung Ihres eigenen Namens. Sie müssen die Kundenwünsche deutlich ermitteln. Stellen Sie zielgerichtete Fragen. Der Prüfer muss erkennen können, wo Sie hinwollen. Drücken Sie sich so aus, dass die Kundin Sie versteht. Achten Sie auf Ihre Körpersprache. Vermeiden Sie sinnloses „Herumwursteln" in den Haaren der Kundin.

Die Beratung soll ganzheitlich sein. Berücksichtigen Sie dabei Haarqualität, Kopf- und Gesichtsform, Gesamterscheinung und auch ästhetische Aspekte. Ihre Vorschläge müssen dem modischen Trend entsprechen.

Vorgelegt werden muss außerdem ein Behandlungsplan, der Ihre Feststellungen und Vorschläge dokumentiert. Erläutern Sie der Kundin den Behandlungsablauf und wie sie hinterher aussehen soll. Um die Haarfarbe zu erklären, sollten Sie eine Farbkarte benutzen. Zum Zeigen der Frisur können Sie Frisurenhefte und Handspiegel einsetzen. Geben Sie Frisurentipps und Pflegehinweise für zu Hause. Warenproben verdeutlichen die Produktberatung. Nehmen Sie sich Zeit für Kundenwunsch und Argumentation. Eine Kurzberatung von einer Minute ist deutlich zu wenig.

Tipp: Bringen Sie einen gut sortierten Arbeitswagen mit. Wenn Sie alle Beratungsmittel dabei haben, kann die Beratung nur ein Erfolg werden.

Achtung: Das Gespräch bezieht sich auf Ihre Prüfungsarbeit „modische Friseurarbeit", das heißt, Sie müssen Haarschnitt, Frisur, Haarfarbe und Haarpflege berücksichtigen.

b) Haarfarbe in Farbtiefe und -richtung verändern

Sie sollen eine komplette Farbveränderung in Ansatz, Längen und Spitzen durchführen. Alle Haare müssen oxidativ gefärbt werden. Es muss eine deutliche Veränderung in der Farbtiefe und Farbrichtung (mindestens 2 Töne) erfolgen.

In Ihrer Prüfungsmappe müssen Sie eine detaillierte Arbeitsplanung mit Farbdiagnose und der Angabe der Zielfarbe erstellen. Außerdem sind die Arbeitsschritte und die Nachbehandlung mit einer Begründung darzustellen. Die Prüfungskommission bezieht die Prüfungsmappe mit in die Bewertung ein.

Richtwertzeit: 60 Minuten.

Die Gewichtung innerhalb der Arbeitsaufgaben beträgt 20 %.

Bei der Haarfärbung soll eine oxidative Färbung durchgeführt werden. Tonspülungen, Schaumtönungen oder Farbfestiger sind **zusätzlich** erlaubt, dürfen die Färbung jedoch nicht ersetzen. Sie müssen keine Neufärbung durchführen. Die Tonhöhe/Farbtiefe bei einer Ganzfärbung soll nicht dunkler als Hellbraun = Farbtiefe 5 sein. Bei Mehrfarb- oder Stufentechniken sind auch dunklere Tonhöhen möglich. Hellerfärbungen sind erlaubt. Achtung: eine Blondierung ist keine oxidative Färbung und darf deshalb nicht eingesetzt werden.

Je schwieriger die angewandte Technik, desto mehr Punkte kann man erzielen.

Achten Sie auf Sauberkeit beim Auftragen, denn Farbreste und Hautanfärbungen führen zu Punktabzug, ebenso wie ungleichmäßige Farbergebnisse. Die Einhaltung von Hautschutzmaßnahmen und der Hygienevorschriften sollte selbstverständlich sein.

Die Prüfungskommission kontrolliert die Übereinstimmung des Ergebnisses mit der Arbeitsplanung in der Prüfungsmappe. Ein weiteres Kriterium ist die typ- und anlassgerechte Auswahl der Farbe bzw. der Farbtechnik.

c) Haare mit modernen Techniken schneiden

Gefordert wird ein modischer Haarschnitt nach deutschen oder internationalen Trends. Geschnitten wird am nassen Haar. Sie müssen eine deutliche Veränderung der Haarlänge (mindestens 2 cm) und Haarfülle schneiden, dabei dürfen Sie alle Werkzeuge und Techniken einsetzen.

In Ihrer Prüfungsmappe soll eine detaillierte Arbeitsplanung mit Zeichnungen zu Abteilungen und Schnittlinien sowie eine Schnittbeschreibung mit Angaben der Haarlängen enthalten sein. Ergänzend ist eine Frisurenvorlage (Bild des Kopfes mindestens 10 x 15 cm) vorgeschrieben. Hier darf auch ein Foto des Modells verwendet werden.

Richtwertzeit: 50 Minuten

Die Gewichtung innerhalb der Arbeitsaufgaben beträgt 40 %.

Bewertet wird die Veränderung von Haarlänge und Fülle. Sie sollen einen Neuschnitt zeigen. Ein vorgearbeiteter Haarschnitt führt zu deutlichem Punktabzug. Wichtig ist, dass die Vorlage in der Prüfungsmappe und das Frisurenergebnis übereinstimmen. Wenn der Haarschnitt zu weit von der Vorlage und der Schnittbeschreibung abweicht, handelt es sich um einen anderen Schnitt. Beachten Sie die Gesichts- und Kopfform sowie die Proportionen zum Körper; der Haarschnitt muss zur Trägerin passen. Bewertet wird auch die modische Aktualität der ausgewählten Frisur. Dabei gelten die Frisurenvorschläge der Verbände und Fachzeitschriften aus dem letzten halben Jahr.

Weitere Punkte gibt es für die Sauberkeit der Schnittausführung. Die Prüfungskommission kann deutlich zwischen gewollten Fransen und einem unsauberen Schnittergebnis unterscheiden. Die Handhabung des Handwerkszeugs und eine ergonomische Arbeitshaltung werden dabei auch berücksichtigt.

d) Styling und Finishtechniken einsetzen

Beim Styling der modischen Damenfacharbeit handelt es sich um eine Föhnfrisur.

Lufttrocknen oder Trockenpusten wird nicht als fachgerechte Arbeit gewertet. Sie sollen eine typgerechte, aktuelle Trendfrisur erstellen, die dem Anlass entspricht.

Nach dem Föhnen darf das Haar mit Wärmegeräten wie Glätteisen oder Lockenstab nachgearbeitet werden. Alle Finishprodukte sind erlaubt.

Ihre Prüfungsmappe muss eine detaillierte Arbeitsplanung mit einer Beschreibung der Arbeitsschritte, den Arbeitsmethoden und den gewählten Produkten enthalten. Ergänzend ist eine Beschreibung der Frisur und eine Frisurenvorlage (Bild des Kopfes mindestens 10 x 15 cm) ist anzufertigen. Hier darf auch ein Foto des Modells verwendet werden.

Richtwertzeit: 30 Minuten.

Die Gewichtung innerhalb der Arbeitsaufgaben beträgt 5 %.

Beim Föhnen müssen Sie darauf achten, möglichst viel Technik zu zeigen. Die Prüfer bewerten Föhntechnik, Stand, Fülle, Sprungkraft und die anlass- und typgerechte Gesamtform, sowie die modische Aktualität. Außerdem wird die Übereinstimmung mit der Arbeitsplanung in der Prüfungsmappe bewertet.

e) Kosmetische Behandlung durchführen

Bei dieser kosmetischen Behandlung sollen Sie ein typgerechtes Make-up zu einem besonderen Anlass erstellen. Auch hierbei ist der aktuelle nationale und internationale Trend zu berücksichtigen.

Ihre Prüfungsmappe muss eine Arbeitsplanung mit der Beschreibung der Arbeitsschritte, der Werkzeuge und der gewählten Produkte enthalten. Eine Gestaltungsvorlage sollen Sie farbig und detailliert ausarbeiten.

Richtwertzeit: 30 Minuten.

Die Gewichtung innerhalb der Arbeitsaufgaben beträgt 5 %.

Das Make-up muss auf das Modell abgestimmt sein. Typ, Haarfarbe, Augenfarbe und der vorgesehenen Anlass sollen harmonisch zueinander passen. Achten Sie auf die Übergänge an den Konturen und am Hals.

Achtung: Es darf kein Fantasie Make-up erstellt werden.

Wahlqualifikation

Bei der Wahlqualifikation sollen Sie Expertenwissen bzw. -fähigkeiten in dem von ihnen gewählten Bereich zeigen. Die Arbeiten in der Wahlqualifikationseinheit sollen an einem gesonderten Modell durchgeführt werden.

Für alle Module muss eine detaillierte Arbeitsplanung in der Prüfungsmappe vorliegen.

Zum Lösen der Aufgabe haben Sie maximal 90 Minuten Zeit. Die Gewichtung innerhalb der Arbeitsaufgabe beträgt 20 %.

Wahlqualifikation Pflegende Kosmetik/Visagistik

Sie müssen eine umfassende kosmetische Behandlung mit Hautbeurteilung, Reinigung, Massage und Auftragen einer Packung am eigenen Modell zeigen. Die Behandlung wird auf einer Kosmetikliege ausgeführt.

In ihrer Prüfungsmappe benötigen Sie eine Arbeitsplanung und einen Behandlungsplan, in dem Sie die einzelnen Arbeitsschritte erläutern. Dabei sind Präparate und Vorschläge zur Heimbehandlung mit einzubeziehen.

Bei der Hautreinigung kommt es auf eine gute Verteilung der Reinigungsmilch an.

Die Reinigungsmassage muss systematisch durchgeführt werden. Das Reinigungsmittel wird mit Kompressen abgenommen. Vergessen Sie nicht die Nachreinigung mit Gesichtswasser.

Bei der Gesichtsmassage werden verschiedene Techniken verlangt. Sie sollen die Massage im Bindegewebe, die Streich- und Friktionsmassage unterscheiden und anwenden können.

Alle Griffe sollen in einer systematischen Reihenfolge gezeigt werden.

Beim Auftragen der Packung wird auf die Auftragstechnik geachtet, dazu gehört auch fachgerechtes Abnehmen der Packung.

Vergessen Sie nicht, den Hals und das Dekolleté mit zu behandeln.

Danach führen Sie eine umfangreiche Gestaltung des Gesichtes in Form eines Make-ups aus. Dabei ist ein Ausgleich der Gesichtsform zu berücksichtigen.

Als Spezialist sollten Sie auch das Anbringen von künstlichen Wimpern beherrschen.

Achten Sie bei allen Arbeiten auf die Einhaltung der Hygienevorschriften (TRGS 530).

Wahlqualifikation Langhaarfrisur

Die Langhaarfrisur soll durch Einlegen, Stecken oder Flechten gestaltet werden, dabei sind Haarschmuck, Haarteile (dürfen nicht mehr als 1/3 des Kopfes bedecken) und alle bekannten Hilfsmittel erlaubt.

In Ihrer Prüfungsmappe muss eine detaillierte Arbeitsplanung mit einer Beschreibung der Arbeitsschritte, den Materialien und den Werkzeugen enthalten sein. Ergänzend ist eine Beschreibung der Frisur und eine Frisurenvorlage (Bild des Kopfes mindestens 10 x 15 cm) vorgeschrieben. Hier darf auch ein Foto des Modells verwendet werden.

Die Prüfer bewerten die Linienführung, die Einhaltung von Proportionen und die Sauberkeit der Ausführung. Wichtige Punkte erreicht man durch Kreativität und Originalität, dabei wird aber immer auf das typgerechte Aussehen geachtet.

Sie führen die Arbeit am Modell durch, der Einsatz eines Mediums ist nicht gestattet.

Wahlqualifikation Nageldesign/-modellage

Sie sollen an beiden Händen eines Modells eine Nagelmodellage durchführen.

Dabei können Sie die Arbeitstechnik (Fiberglas, Covernails, Tips, Gel, Acryl) frei wählen.

In Ihrer Prüfungsmappe muss eine detaillierte Arbeitsplanung mit einer Beschreibung der Arbeitsschritte, Materialien und Werkzeuge enthalten sein. Ergänzend ist eine Gestaltungsvorlage zu erstellen.

Achten Sie darauf, dass Sie keinen Schmuck tragen. Waschen Sie sich vorher die Hände. Saubere, kosmetische Handtücher sind selbstverständlich. Die Prüfungskommission achtet bei dieser Aufgabe besonders auf die Einhaltung der Hygienevorschriften.

Bei der Nagelmodellage werden von ihnen fachgerechte Arbeiten erwartet. Achten Sie auf die gleichmäßige Formung der Nägel. Wählen Sie Ihr Arbeitsmaterial entsprechend aus.

Das Nageldesign wird je nach der zur Verfügung stehenden Zeit eventuell nur an einer Hand durchgeführt. Darüber entscheidet die Prüfungskommission.

Bei dieser Aufgabe wird eine dekorative Gestaltung der Nägel von Ihnen erwartet. Dabei gilt: Ein einfacher farbiger Nagellack ist noch keine Dekoration. Je aufwändiger die Technik ist, desto mehr Punkte sind zu erreichen. Wichtig ist aber die gekonnte, verkaufbare Ausführung.

Wahlqualifikation Haarersatz

Bei dieser Aufgabe sollen Sie einen Haarersatz durch eine fachgerechte Einarbeitung bzw. Befestigungsmethode erstellen. Sie entscheiden selbst, ob Sie mit Hülsen-, Web-, Klebe-, Clips- oder Schweißtechnik arbeiten.

In Ihrer Prüfungsmappe muss eine detaillierte Arbeitsplanung mit einer Beschreibung der Arbeitstechnik, den Arbeitsschritten, den Materialien und Werkzeugen enthalten sein. Ergänzend ist eine Frisurenvorlage (Bild des Kopfes mindestens 10 x 15 cm) vorgeschrieben. Hier darf auch ein Foto des Modells verwendet werden. Außerdem sollen Sie eine Gestaltungsvorlage ausarbeiten.

Da die Zeit begrenzt ist, kann nicht der ganze Kopf bearbeitet werden. Mindestens 1/5 des Kopfes (20 %) sollen mit Haarersatz = Haarverlängerung oder –verdichtung bearbeitet werden.

Anschließend verlangt die Prüfungskommission einen Korrekturschnitt und ein Styling von Ihnen.

Die Prüfer achten auf die fachlich korrekte Anbringung der Haare. Dabei wird genau auf die Gestaltung der Bondings geachtet, auch die Anordnung und Verteilung der Haarsträhnen werden bewertet.

Wahlqualifikation Coloration

Von ihnen werden Colorations- und Strähnentechniken mit einem typgerechten Styling erwartet, die über die Anforderungen aus der Arbeitsaufgabe hinausgehen.

Als Farbspezialist müssen Sie mindestens zwei unterschiedliche Farben in der Technik verarbeiten. Sie können auch Freihandtechniken anwenden.

In Ihrer Prüfungsmappe müssen Sie eine detaillierte Arbeitsplanung mit einer Farbdiagnose und der Angabe der Zielfarbe erstellen. Außerdem sind die Arbeitsschritte und die Nachbehandlung mit einer Begründung darzustellen. Ergänzend ist eine Frisurenvorlage (Bild des Kopfes mindestens 10 x 15 cm) zur Strähnentechnik vorgeschrieben. Hier darf auch ein Foto des Modells verwendet werden. Die Prüfungskommission bezieht die Prüfungsmappe mit in die Bewertung ein.

Bewertet wird die Farbgestaltung bzw. der Farbverlauf. Dabei achten die Prüfer auch auf eine Harmonie zwischen Farbgebung und Styling. Sauberes Arbeiten und die Einhaltung von Hautschutzmaßnahmen sollten selbstverständlich sein.

Prüfungsstück

Ausführen einer modernen Friseurarbeit am Herren

Bei der Gesellenprüfung Teil 2 - Prüfungsstück ist ein Trendhaarschnitt mit einem modischem Styling vorgeschrieben. Der Trendhaarschnitt wird am nassen Haar ausgeführt.

In Ihrer Prüfungsmappe müssen Sie eine detaillierte Arbeitsplanung mit Zeichnungen zu Abteilungen und Schnittlinien sowie eine Schnittbeschreibung mit Angaben der Haarlängen vorweisen. Ergänzend ist eine Frisurenvorlage (Bild des Kopfes mindestens 10 x 15 cm) vorgeschrieben. Hier darf auch ein Foto des Modells verwendet werden.

Zum Lösen dieser Aufgabe haben Sie 45 Minuten Zeit.

Sie müssen genügend von der Haarlänge des Modells abschneiden. Die Anforderung sagt, dass am Deckhaar mindestens 2 cm abgeschnitten werden müssen, eine deutliche Veränderung von Form und Fülle sollen erfolgen. Schneiden Sie zu wenig ab, gilt der Haarschnitt als vorgearbeitet. Sorgen Sie dafür, dass Ihr Modell rechtzeitig die Haare wachsen lässt.

Besonderes Augenmerk legen die Prüfer auf die Sauberkeit des Schnittes. Die Schnittlinien müssen nachvollziehbar sein, auf den Konturenverlauf wird genau geachtet.

Grundsätzlich dürfen Sie alle Werkzeuge und Techniken einsetzen. Also Haarschneidemaschine, Effilier- und Modelliergeräte, Rasiermesser sowie die Haarschneideschere sind zugelassen.

Zur Frisurenerstellung können Sie alle Finishprodukte einsetzen. Die Frisur kann frei gewählt werden. Bewertet wird die technische Ausführung. Bedenken Sie aber, dass die Haare am Oberkopf zum Frisieren noch lang genug, ca. 5 cm, sein müssen. Häufig gibt es Punktabzug, weil in kurze Stoppeln nur Gel eingearbeitet wird. Dies gilt nicht als Technik bzw. Frisur. Im Styling muss eine fachliche Arbeitstechnik erkennbar sein.

Die Frisurenvorlage muss mit dem Haarschnitt übereinstimmen und soll zum Typ des Trägers passen. Eine zu hausbackene Frisur bei einem jungen Modell ist nicht typgerecht.

Der Prüfungsausschuss bewertet ausschließlich das Endergebnis auf der Basis der Arbeitsplanung in der Prüfungsmappe.

Anmerkungen zum Teil 2 der Gesellenprüfung

Die Arbeiten der Arbeitsaufgabe und der Wahlqualifikation werden mit 70 % gewichtet. Die Arbeiten aus dem Prüfungsstück werden mit 30 % gewichtet.

Das Ergebnis der Theorieprüfung fließt erst bei der Gesamtnote ein.

Teilergebnisse der Prüfung dürfen nicht einzeln zertifiziert werden, d. h. Teil 1 und Teil 2 sind keine eigenständigen Prüfungen.

Ergebnis der Gesellenprüfung

Tabelle **12**.1 Gewichtung des Prüfungsergebnisses:

25 %		**Teil 1 Gesellenprüfung Klassische Friseurarbeit“**
	70 %	Arbeitsaufgabe inkl. Theorie
	30 %	Prüfungsstück
75 %		**Teil 2 Gesellenprüfung „Friseur- und Kosmetikdienstleistungen“**
	45 %	Arbeitsaufgabe, Wahlqualifikation, Prüfungsstück
	30 %	Theorie
100 %		**Gesamtergebnis - Note**

Die Prüfung gilt als bestanden, wenn:

a) das Gesamtergebnis aus Teil1 + Teil 2 mindestens **ausreichend** ist.

b) das Ergebnis aus Teil 2 mindestens **ausreichend** ist.

c) das Ergebnis aus Teil 1 ausreichend ist und mindestens in zwei der Prüfungsbereiche des Teils zwei ausreichende Ergebnisse erzielt wurden und kein Prüfungsbereich des Teils 2 mit ungenügend bewertet wurde.

Auf Antrag des Prüflings können schriftliche Prüfungsbereiche aus Teil 2, die nicht ausreichend bewertet wurden, durch eine mündliche Ergänzungsprüfung von ca. 15 Minuten ausgeglichen werden. Sie wird nur dann durchgeführt, wenn sie für das Bestehen der Prüfung notwendig ist. Die schriftliche Note wird dabei gegenüber der mündlichen Note doppelt gewertet.

Alle hier vorgestellten Anforderungen und Zeiten sind Richtwerte, die auf der Ausbildungsordnung basieren. Änderungen sind möglich. Den genauen Ablauf und die Anforderungen ihrer Prüfung erfahren Sie bei der für Sie zuständigen Prüfungskommission.

Viel Erfolg!

Bildquellenverzeichnis

Basler Haar Kosmetik, Bietigheim-Bissingen: **5.**66, **5.**67

Bergmann Laupheim **5.**117, **5.**118

Max von Broehn, Die Mode (Bruckmann, München 1976) **11.**89a

Braun-Falco/Plewig/Wolff, Dermatologie und Venerologie (Springerverlag, Berlin): **2.**2 (Pilze, Herpes) bis **2.**5, **2.**8a b, **2.**10, **2.**11, **9.**13, **9.**14, **9.**34, **9.**35, **9.**39, **9.**40, **9.**42 bis **9.**46a, **9.**51b, **9.**53, **9.**55, **9.**56, **9.**66, **9.**80 bis **9.**86

Doering, Manfred, Marburg: **5.**10, **10.**8 bis **10.**10

Dome Extensions, Köln **5.**101 bis **5.**110

Jakob von Falke, Costümgeschichte der Culturvölker (1888) **11.**20, **11.**22a b, **11.**31, **11.**39b

Gillies/Dodds, Illustrierte Baktereologie (Verlag Hans Huber, Bern) **2.**2 (Bakterien)

Goldwell, Darmstadt **5.**1, **5.**46, **5.**51, **5.**60, **5.**61, **5.**62, **8.**29, **12.**15c d

Gustav Herzig, Fabrik für Haarwaren und Friseurbedarf, Schwetzingen: **5.**96, **5.**116, **11.**89b, **11.**94, **11.**100

Institut für Film und Bild in Wissenschaft und Unterricht, München **9.**1, **9.**4b, **9.**14b c, **11.**22c, **11.**29, **11.**30, **11.**42, **11.**43, **11.**44, **11.**53, **11.**58b c, **11.**60a c, **11.**75a, **11.**62a c, **11.**78b c, **11.**66b, **11.**67c d, **11.**83, **11.**84

Kadabell GmbH & CoKG (Lenzkirch) **7.**1, **7.**2

Dozent Dr. med. habil. H.D. Jung: **3.**25, **3.**40, **3.**41, **3.**47

Kaske, Winfried, Kassel **5.**2a, **5.**92, **5.**93,

New York Hamburger Gummi-Waren Compagnie, Hamburg **5.**63,

Nilsson, Ein Kind entsteht (Mosaik Verlag München) **3.**4

Rassner, Atlas der Dermatologie und Venerologie (Urban & Schwarzenberg, München) **9.**41, **9.**46b

Alfred Röver, Hamburg **5.**97

Manfred Schuster, Titisee **3.**11b, **3.**12a

Hans Schwarzkopf GmbH, Hamburg **1.**3, **3.**9, **3.**10, **3.**19, **3.**21, **3.**22b, **3.**23, **3.**27b, **3.**31, **3.**34, **3.**35, **3.**39, **3.**45, **9.**1

Wella AG, Darmstadt **3.**5b, **3.**11a c d e, **3.**12b c d, **3.**13 bis **3.**17, **3.**25 bis **3.**27a, **9.**4a, **11.**50

Wiesmann, Medizinische Mikrobiologie (Georg Thieme, Stuttgart) **2.**3 (Protozoen, Poliovirus)

Wittmann, Weiss und Bauert GmbH, Eckental-Brand **5.**92

Zentralverband Friseurhandwerk, Köln **5.**18, **5.**23a b, **5.**29, **5.**33, **5.**34, **5.**43, **5.**49, **5.**75b, **5.**76, **5.**83a, **8.**27c, **11.**100 bis **11.**102

Wolfgang Klein, Hamburg **5.**2b, **5.**6c

Jacques Schumacher, Hamburg **5.**6d, **5.**7b d,

Pedro Volkert, München **5.**6a

Wolfgang Neeb, Hamburg **5.**2c, **5.**7a c, **5.**8a b, **5.**11a c, **5.**96c

Ingrid Weiner **5.**98, **5.**99a b, **5.**100

Fotopli Ltd. London **5.**6b, **5.**11b

Petra Jany, Karsten Diekmann **1.**1, **1.**4, 1.5, **1.**6, **1.**7, **4.**1, **4.**2, **4.**11, **4.**13, **5.**14, **5.**15, **5.**16, **5.**17, **5.**19, **5.**21, **5.**22, **5.**24, **5.**25, **5.**26, **5.**27, **5.**28b c, **5.**38, **5.**39 bis **5.**42, **5.**44, **5.**45, **5.**47, **5.**48, **5.**50, **5.**52 bis **5.**59, **5.**64, **5.**71 bis **5.**74, **5.**77 bis **5.**85, **5.**88 bis **5.**94, **5.**111, **5.**112, **5.**114, **6.**23, **6.**24, **6.**30, **7.**7 bis **7.**9, **7.**12 bis **7.**18, **8.**15, **8.**18 bis **8.**28, 8.30, **9.**12, **9.**19, **9.**24 bis **9.**30, **9.**32, **9.**48, **9.**49, **9.**58 bis **9.**65, **9.**68 bis **9.**75, **9.**88 bis **9.**93, **9.**98, **9.**99, **10.**1 bis **10.**7, **10.**11, **10.**12, **11.**4 bis **11.**6, **11.**8, **11.**13, **11.**17, **11.**18, **11.**21, **11.**27, **11.**47, **11.**49, **11.**81, **11.**85 bis **11.**87, **11.**91 bis **11.**93, **11.**96 bis **11.**97, **11.**99, 11.102, **11.**85, 11.86, 11.99

Alle übrigen Bilder stammen von Dieter Lück, Hanna Lipp-Thoben, M. Martini und aus dem Verlagsarchiv.

Sachwortverzeichnis

A

B

C

D

E

F

L

M

N

O

P

Z